U0620377

『十三五』国家重点出版物出版规划项目

长江三峡工程文物保护项目报告 乙种第四十二号

重庆市文物局 重庆市水利局 主编

云阳旧县坪

（1999～2006）

吉林省文物考古研究所 编著

科学出版社

内 容 简 介

云阳旧县坪遗址位于云阳县城西南15千米的双江镇，面积约100万平方米。发现有夯土城墙、城门、道路、建筑、衙署、排水沟渠等城市基础设施以及冶铸作坊、制陶区等生产遗迹，出土墨书木牍、印章、封泥等大量遗物，其中“汉巴郡朐忍令景云碑”最为有名。该遗址被确认为汉朐忍县故址。

本书可供考古学、历史学研究者，以及大专院校相关专业师生和考古爱好者阅读、参考。

图书在版编目（CIP）数据

云阳旧县坪：1999～2006 / 吉林省文物考古研究所编著. —北京：科学出版社，2023.8

（长江三峡工程文物保护项目报告. 乙种第四十二号）

“十三五”国家重点出版物出版规划项目

ISBN 978-7-03-076142-2

Ⅰ.①云… Ⅱ.①吉… Ⅲ.①文化遗址-发掘报告-云阳县 Ⅳ.①K878.05

中国国家版本馆CIP数据核字（2023）第153686号

责任编辑：赵 越 / 责任校对：邹慧卿

责任印制：肖 兴 / 封面设计：陈 敬

科学出版社 出版

北京东黄城根北街16号

邮政编码：100717

http://www.sciencep.com

北京中科印刷有限公司 印刷

科学出版社发行 各地新华书店经销

*

2023年8月第 一 版 开本：880×1230 1/16

2023年8月第一次印刷 印张：23 插页：18

字数：725 000

定价：368.00元

（如有印装质量问题，我社负责调换）

"13th Five-Year Plan" National Key Publications Publishing and Planning Project

Reports on the Cultural Relics Conservation in the Three Gorges Dam Project
B(site report) Vol.42

Cultural Relics and Heritage Bureau of Chongqing
Chongqing Water Resources Bureau

Jiuxianping Site in Yunyang County

(1999—2006)

Jilin Provincial Institute of Cultural Relics and Archaeology

Science Press

长江三峡工程文物保护项目报告

重庆库区编委会

重庆市人民政府三峡文物保护专家顾问组

长江三峡工程文物保护项目报告

乙种第四十二号

《云阳旧县坪（1999～2006）》

主　编

安文荣

副主编

徐　坤　顾聆博　陈　昀

项目承担单位

吉林省文物考古研究所

云阳县文物保护管理所

目　　录

插 图 目 录

图版目录

第一章　概　　述

第一节　历史沿革与地理环境

一、历史沿革

旧县坪遗址位于重庆市云阳县，云阳县地理位置优越，东连奉节，西接万县，南与湖北利川市毗邻，北与巫溪、开县接壤。依据《云阳县志》[①]，云阳县境古为巴人活动区域，东周赧王元年（前314年），秦灭巴国置巴郡，《汉书·地理志》中所列巴郡辖县中即有“朐忍”，是为云阳地域建县之始。建县之前因“其地下湿，多朐忍虫”故称为“朐忍”县。

西汉初年，袭秦郡县制。汉武帝元封五年（前106年）分全国为十三州，朐忍属益州巴郡。东汉献帝兴平二年（195年），益州牧刘璋分巴为二郡，朐忍属永宁郡。汉献帝建安六年（201年），刘璋改永宁郡为巴东郡。建安二十一年（216年），改隶固陵郡。蜀汉章武元年（221年），改固陵郡为巴东郡。晋朝时朐忍隶属未变。南北朝时期，宋、齐、梁、西魏国，朐忍县名、隶属未变。北周武帝天和三年（568年），将朐忍县治从万户驿迁移至汤口（今云阳镇），改为云安县。

隋朝建立，开皇三年（583年）撤郡改州，云安县隶属于信州，隋炀帝大业三年（607年），又废州设郡，云安县隶属于巴东郡。唐高祖武德元年（618年），复隶信州。武德二年（619年），改信州为夔州。唐玄宗天宝元年（742年），废夔州置云安郡，后废云安郡复夔州。唐德宗贞元元年（785年），在云安盐场设云安监，治所在今云阳县云安镇。

五代时期，史籍对云安县均少有记载，但从宋朝承袭唐制的情况看，云安县的县境及隶属夔州当无所变化。

宋朝，对州、县大加调整，改道为路。云安先后属西川路、峡西路、川陕路。宋太祖开宝六年（973年），云安县升云安军，领云安县、云安监。宋神宗熙宁四年（1071年）撤云安监，置安义县。熙宁八年（1075年），撤安义县，并入云安县。宋末，废云安军，云安县直属夔州路。

元初设夔州路总管府，元世祖至元十五年（1278年），复置云安军。至元二十年（1283年）云阳军改置云阳州。至元二十三年（1286年），设四川行中书省，云阳州隶属于夔路。

明初于县、州、府之上设“道”。洪武四年（1371年）改“路”为“府”，云阳州隶属下川东道夔府。明太祖洪武六年（1373年）十二月，改州为县，始为“云阳县”，以地两山夹江，四时多云，而邑当山水之阳，故名云阳。洪武九年（1376年）废行中书省，夔府降为夔

---

① 云阳县志编纂委员会编纂：《云阳县志》，四川人民出版社，1999年。

州，云阳县改隶重庆府。洪武十四年（1381年）夔州复升为府，云阳仍为其属县。

清朝，沿袭明制，云阳仍隶属于川东道夔州府。

民国元年（1912年）废府存道，云阳县直属于四川省川东道，民国二年（1913年）川东道改名为东川道。1917年起，先为国民革命军20军防地，后为国民革命军21军防地。1935年实行新县制，云阳隶属于四川省第九行政督察区万县专员公署。

中华人民共和国成立后，1949年12月16日成立云阳县人民政府，隶属于万县地区专员公署；1955年1月，更名为“云阳县人民委员会”；1955年5月，属万县专员公署；1969年10月，更称“云阳县革命委员会”，隶万县地区革命委员会；1981年4月恢复“云阳县人民政府”称谓，属万县地区行政公署；1992年12月，改属万县市，云阳县隶属于四川省万县市；1997年6月18日，重庆直辖市人民政府挂牌，云阳改由万州开发区代管；2000年7月14日，直属重庆直辖市管辖。

二、地理环境

云阳地处川东褶皱带由西南转向东北走向的转折部位，属喀斯特地貌，长江由西向东中分县境。地形近似以东南西北为顶点的菱形，南、北高，中部低，由南、北向中间倾斜。全县山大、坡陡，主要山脉包括云峰山、七曜山、方斗山、无量山和杉木尖山等，土地构成为“七山一水两分田”呈现出“一山二岭一槽”“一山三岭两槽”或“一山一岭、岭谷交错”的明显岭谷特征。境内海拔最高1809米，最低139米，海拔高低悬殊1670米。云阳县水资源十分丰富，全县溪河纵横，河谷遍地，径流丰富，主要溪河流域除长江外，流经县境且流域面积5000平方千米的有澎溪河，5000平方千米以下、1000平方千米以上的有汤溪、磨刀溪、长滩河；1000平方千米以下、500平方千米以上5条，500平方千米以下、100平方千米以上13条，100平方千米以下、50平方千米以上21条。

云阳县地处四周环山的长江河谷地区，亚热带季风气候区，春季气温回升较早，初夏雨量充沛，盛夏炎热多伏旱，秋季多绵雨，冬季暖和。受地形和地势条件制约，日照时数较长，光能、风能资源比较充足。云阳山多坡陡，高低悬殊，立体气候特征显著，气温随海拔高度不同而变化，低海拔沿河地区年平均气温在18℃，海拔在500～600米的地区在17～18℃，1000米以上地区仅在14℃以下。由于受东南季风的影响，云阳县水量充沛，气候温暖湿润，土壤类型多样，分布着种类繁多的亚热带针阔叶林及多种竹林。

第二节　发掘工作概述与报告编写体例

一、遗址发掘工作概述

云阳县旧县坪遗址是长江三峡淹没区内一处重要古代文化遗址，遗址位于重庆市云阳县双江镇建民村二队，西距云阳新县城约12千米，其地理坐标为东经108°47′18″，北纬30°56′20″。

该遗址背山面江，坐落在长江左岸的台地上，即原云阳县城至双江镇公路南侧。其海拔多在三峡大坝三期蓄水位175米线以下。长江在此折一"U"形小弯从遗址西南至东北环流东去。遗址地势较为开阔，西南窄，东北宽略近狭长梯形，其东北部较平坦，四周环绕低山矮丘，中心较低（图1.1；图版一）。

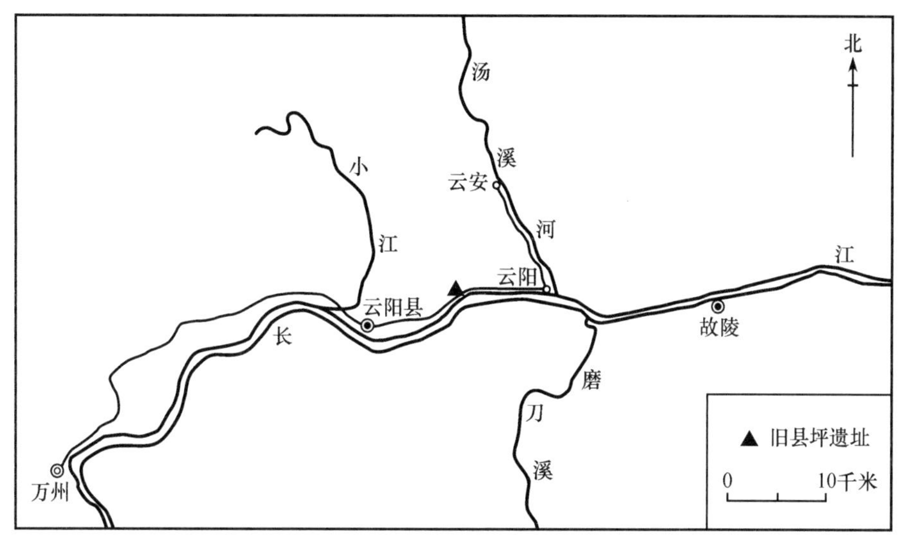

图1.1　旧县坪遗址位置示意图

旧县坪遗址1958年调查发现，1987年复查。1994年三峡库区文物复查时，四川大学曾对其进行过试掘，1998年黑龙江省文物考古研究所对该遗址进行了第一次发掘[①]。1999年，受国家文物局、重庆市文化局的委托，吉林省文物考古研究所又进行了再次的勘查和发掘。1999～2006年，吉林省文物考古研究所先后7次对该遗址进行发掘，总发掘面积近2万平方米，取得了许多重要成果。

旧县坪遗址的分布范围东西长约1000米，南北宽约600米。7次发掘均采取分区发掘法，即依据地形和地势将整个遗址划分为不同的区，并以区进行编号。1999～2006年发掘工作主要包括A、B、C、D、E、K、R、S、W九个发掘区。A区位于遗址东北部，地势较高，当地俗称"老鹰包"，其东侧崖下即为长江。B区位于整个遗址的东北部，北半部接近山根，南面为较平的台地，南与A、E两区间隔一条乡路，西隔冲沟与C区相邻，东面是断崖。C区位于遗址北部B、D两区中间。D区位于遗址西部，距东北的C区60米。E区表面较平坦，俗名大坪，东西长150米，南北长180米，形状不甚规则；东为A区，北为B区，西为D区，南为S区。K区俗称长坪，其东南、南侧为陡崖毗邻长江，东侧为沟壑，北依高坡地，西靠人工梯田岗地，中间有一条山洪冲沟向东通向与D、E两区之间的檀木湾。R区位于整个遗址的南部，北与D区交界，东北与E、S两区相邻，西接Z区，南为K区，东边则是断崖和长江。S区位于遗址南端临江高台上，地势呈现南高北低的斜坡，北部隔一条小路与中心大坪（E区）相望。W区当地称为指路碑大田，位于遗址的西南部，是三个台地中最西的也是最大的一个，南部临江，西北与K区相邻（图1.2）。

① 黑龙江省文物考古研究所：《旧县坪遗址发掘报告》，《重庆库区考古报告集》（1998卷），科学出版社，2003年。

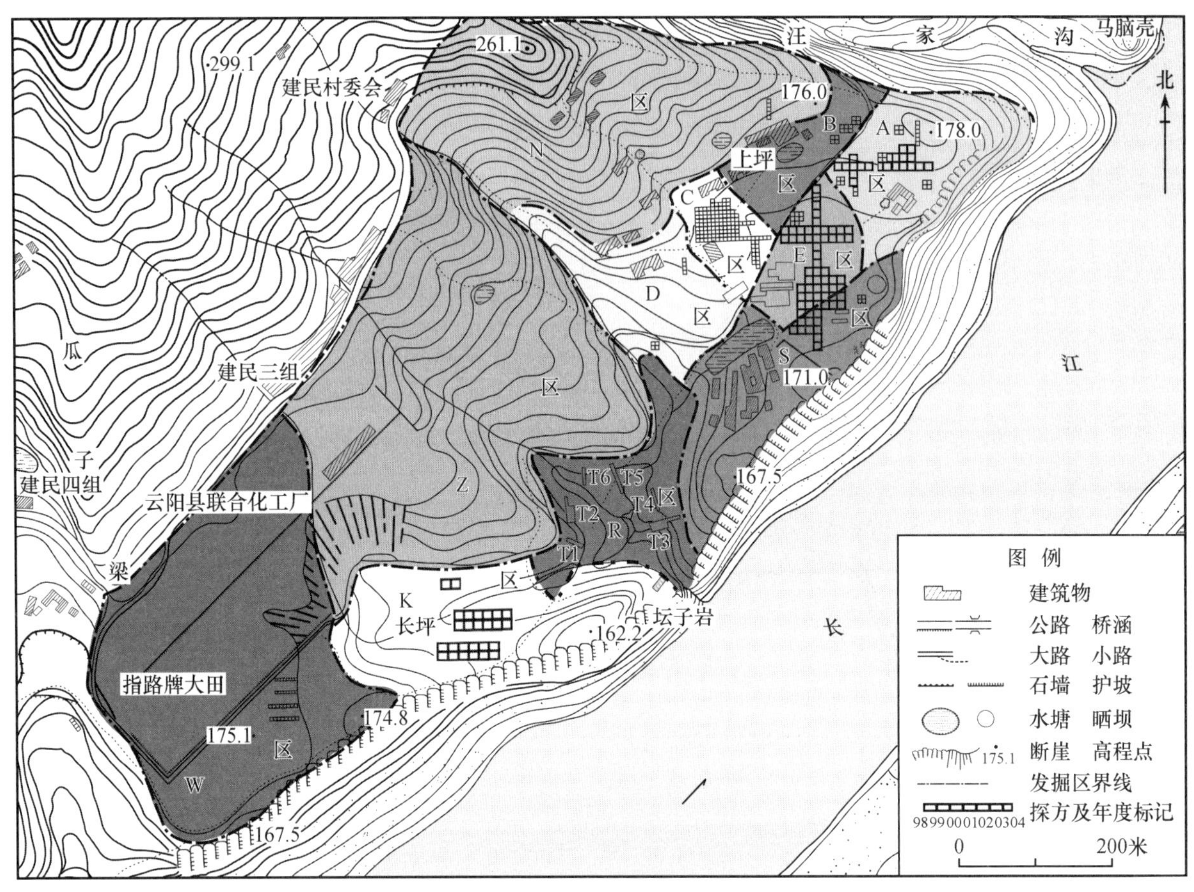

图1.2 旧县坪遗址发掘区分区图

1999年的勘查、发掘工作是1999年12月～2000年1月完成的。发掘以寻找城墙和建筑基址为目的，故采取小面积分散布方，发掘工作集中在遗址的东北部，发掘地点选在A、B、C、D、S五个发掘区的相对高处。共布5米×5米探方27个，2米×10米探沟2条，总发掘面积715平方米。其中，A区布5米×5米探方6个，从南向北依次编为1999YJAT1～T6，发掘面积150平方米；B区，南北一字形布5米×5米探方5个，从南向北依次编为1999YJBT1～T5，发掘面积125平方米；C区分三次布5米×5米探方12个，发掘面积300平方米。首批布了东边1999YJCT1～T5探方5个，后于1999YJCT5西北15米处向北排布了5个方，编号为1999YJCT6～T10，并在T2、T3西侧扩开5米×5米的探方2个，编号1999YJCT12、1999YJCT13；D区共布一排5米×5米探方4个，编号1999YJDT1～T4，发掘面积100平方米；S区共布2米×10米的南北向探沟2条，编号为1999YJSG1和1999YJSG2，发掘面积40平方米。1999年发掘领队傅佳欣，执行领队王洪峰，参加发掘人员有刘景文、何明、庞志国、宋玉彬、唐音、石肖原、程建民、聂勇、杨立新和张建宇。

2000年工作自2000年11月开始，至2001年的5月结束，先后在遗址的C、B、E、W四个发掘区布方，总发掘面积5178平方米。其中，C区共开了5米×5米南北向探方100个，将北半区全部覆盖，南半部亦做了十字形的探沟解剖发掘；E区发掘选在台地中央，自西向东分两排连续布10米×10米探方18个；B区发掘选在东边断崖附近，开5米×5米探方10个，并向东、南两面扩方16平方米，希望找到城墙的遗迹；W区台地东侧边缘低洼处开了5米×5米探方26个，探方布列为东西向四排，间隔均为10米，每排六七个。2000年发掘领队傅佳欣，执行领队王洪峰，参加发掘人员有刘景文、何明、庞志国、宋玉彬、唐音、石肖原、聂勇和杨立新。

2001年发掘工作从2001年10月开始，2002年2月结束，主要在K区进行，旨在通过对K区的大面积揭露，全面了解这一区域的遗迹性质、文化面貌、布局特点等问题。同时，根据专家的建议在E、S两区做了17个10米×10米连方的南北大探沟，进一步了解两区地层堆积。其中，在K区冲沟两侧海拔150米以下的三个地点布方发掘，总计布10米×10米探方30个，实际发掘面积3000余平方米；S区布10米×10米探方5个，南北向排列与E区十二连方呈一排，以全面了解遗址整体堆积，获得完整的地层剖面；在E区继2000年东西向连方探沟发掘过后，又以西起第十列探方为轴，向南北两侧布了2001YJET0410～T1710个共12个10米×10米连方，与小路南侧S区的5个连方呈一直线。2001年发掘领队傅佳欣，执行领队王洪峰，参加发掘人员有唐音、石肖原、李光日、翟敬元、姚启龙、全仁学、杨立新和聂勇。

2002年集中发掘了大坪东侧的A区。发掘区选在1998、1999年各试掘方之间A区的中心地点，共布10米×10米探方22个，其中2002YJAT0303、2002YJAT0606因农田水利关系各发掘一半，连同2002YJAT0707、2002YJAT0708北部扩方，实际发掘面积2150平方米。2002年发掘领队傅佳欣，执行领队王洪峰，参加发掘人员有何明、庞志国、聂勇、王志刚、谷德平、王新胜和谷芃。

2003年发掘任务为4000平方米，分2003年和2004年两次完成，实际发掘面积4800平方米，主要涉及E、S、R区，发掘以探沟为主，包括E区6条，S区3条，R区6条。R区发掘主要是为了保证一期水位线以下的地层及文化堆积能全部发掘清楚，经过发掘发现该部分堆积主要为淤积土，主要遗迹有一些较为残破的房址等。E、S区经发掘并结合2001年的发掘结果，发现该处存在一个较大规模的遗址集中区域，因此在2004年通过连续布方予以全面揭露，其中E区共布10米×10米探方17个，S区共布10米×10米探方11个。2003年发掘领队傅佳欣，执行领队王洪峰，参加发掘人员有王志刚、聂勇、赵海龙和谷芃。

2004年的发掘，由于客观原因，推迟至2005年11月份才开始正式发掘，主体探方皆于2006年1月份发掘完毕，但尚有个别的探方、探沟直至2006年四五月份才将其清理完毕。本次发掘主要集中在B区和R区，B区共布正南北方向5米×5米的探方40个，50米×2.5米的探沟1条，6米×2米的探沟1条；按地势以北偏西30°的方向在B区中部偏东区域布20米×2.5米探沟2条，其间距18米。R区的发掘仍以探沟为主，仅布一个正南北的探方。布沟（方）位置多选在R区北部，三峡移民区宅地基址之上，另外在与S区交界的石墙处亦布了3条探沟。R区此次所布探沟限于地形，规格都较小，共布5米×1.5米的探沟2条，7米×2米的探沟2条，9.5米×2米的探沟1条，18米×2米的探沟1条，外加一个10米×10米的探方，编号为2005YJRT7～T13。2004年发掘领队傅佳欣，执行领队王洪峰，参加发掘人员有徐坤、梁会丽、聂勇和谷德平。

2005年发掘范围主要涉及A、B、C、E四个区，实际发掘面积1300平方米。其中，A、B、E三区发掘以探沟发掘为主要形式，A区发掘共布探沟26条，位于该区南部及东北部，主要是对码头及其周边道路分布进行探寻；B区共布探沟7条，后由于发掘需要经扩方后基本合为1条，位于该区东北部，主要为了对该范围内可能存留下来的城墙遗迹予以发掘；E区布探沟

4条，主要分布于该区北半部，目的是对以前发掘出的道路遗迹从走向和层位上予以确认；C区发掘是继2000年对该区冶铸遗址发掘后的进一步发掘，根据该区原有布方继续向北布10米×10米探方一个，后因故仅发掘该方东北部5米×5米的面积，并向东面和北面有一定范围的扩方。2005年发掘领队傅佳欣，执行领队王洪峰，参加发掘人员有徐坤、刘玉成、聂勇和王新胜。

二、报告编写体例

本报告将对1999～2006年吉林省文物考古研究所主持的旧县坪遗址七次发掘的考古材料进行汇编，并发表所有的发掘成果。

旧县坪遗址发掘材料时间跨度大，内容零碎，各个时期和各分区资料不平衡。在章节的安排上分战国时期遗存、两汉时期遗存、六朝时期遗存和其他遗存四个部分，其中其他遗存部分包括了跨越不同时代的遗存和宋元时期等遗存，需要说明的是其年代和文化归属都是整理者现有的认识，还需要今后研究者的深化和修正。

本报告编号采用前缀、主干、后缀构成，由于发掘年度不同，发掘的区域差异，各次发掘使用的编号系统存在着一定的差异。为了减少混乱，又不改变原始编号，报告内的遗迹、探方、遗物都采用原始编号前一律加年度号再加分区的办法。具体编号方法如下。

编号的前缀由年度号、云阳旧县坪遗址代号和分区号组成，即“1999YJA”代表1999年云阳旧县坪A区。编号的主干与后缀完全沿用各个年度发掘所使用的实际编号。主干是探方号、探沟号或遗迹号。遗迹号是按照每次发现的顺序数字编号。探方编号沿用各次发掘的实际编号。后缀是器物在本单位中排序的数字，按照考古报告的惯例前面加比号“：”，如果是地层则在此号前加地层号。

旧县坪遗址自1999年发掘以来，曾以各种简报的形式发表了年度的考古资料和部分研究成果。主要包括《云阳旧县坪遗址发掘报告》［《重庆库区考古报告集》（2000卷）］、《云阳旧县坪遗址发掘简报》［《重庆库区考古报告集》（2002卷）］、《云阳旧县坪遗址2003—2004年度发掘简报》［《重庆库区考古报告集》（2003卷）］、《重庆云阳旧县坪台基建筑发掘简报》（《文物》2008年第1期），若以往发表的考古资料如有与本报告相悖之处，当以本报告为准。

第二章　探方分布和地层堆积

旧县坪遗址东西长约1000米，南北宽约600米，地势较为开阔，西南窄，东北宽，略近狭长梯形，1999～2006年发掘工作主要包括A、B、C、D、E、K、R、S、W九个发掘区（图版二）。从发掘的情况看，因海拔和地势不同造成的淤积情况参差，各区之间的地层堆积差别较大，同一发掘区内的堆积也不尽相同，以下将分区举例加以说明。

一、A　区

1999年、2002年和2005年三个年度都对A区进行了发掘，A区位于遗址东北部，地势较高，其东侧崖下即为长江。

1999年A区布5米×5米探方6个，从南向北依次编为1999YJAT1～T6，发掘面积150平方米。其地势北高南低，文化堆积简单，北部最厚处可达1.4米，分五层，第1层表土层，第2～4层出土青瓷片等器物；第5层及其下有瓮棺墓1座，沟1条。

2002年A区共布10米×10米探方22个，其中2002YJAT0303、2002YJAT0606因农田水利关系各发掘一半，连同2002YJAT0707、2002YJAT0708北部扩方，实际发掘面积2150平方米。地层堆积东西厚中间薄，文化堆积不连贯，下面以2002YJAT0601东壁、北壁为例（图2.1），介绍2002年A区文化堆积如下。

第1层：耕土层。灰褐色、土质疏松，含少量粗绳纹瓦片，厚25～30厘米。

第2a层：黄褐色、土质较疏松，含少量青花瓷片、粗绳纹残瓦，本方西北角无此层分布，应为近代耕土层，厚0～25厘米。

第2b层：黑灰土，土质较疏松、含砂，含少量粗绳纹瓦片、青花瓷片。仅分布于本方东北部，可能为水流冲击形成的再生堆积层，厚0～25厘米。

第2c层：红褐土，土质较疏松，含少量粗绳纹瓦片、青瓷片及少量的泥质灰陶片。仅分布于本方西部，可能为水流冲击形成的再生堆积层，厚0～25厘米。

第3层：黑褐土，土质较紧密，其中夹杂大量碎瓦、碎陶片，并出土黄绿釉瓷片、陶钵、铁刀、铜镞、半两钱等，应为六朝文化层，厚25～70厘米。

第4a层：青灰土，细腻、较黏，内含较多瓦片，未有瓷片出土，本方西南角无此层分布，厚0～65厘米。

第4b层：黄土，较黏且硬，内含少量粗绳纹瓦片、泥质灰陶片，厚25～40厘米。其下为生土层。

2005年A区发掘共布探沟26条，均为从高处平地向江面方向倾斜的斜坡，所布探沟主要沿斜坡向下分布。斜坡上地层堆积较为简单，而且主要为淤积地层；高处平地的堆积则较为复杂。现以探沟2005YJATG24东壁为例介绍地层堆积情况（图2.2）。

第1层：表土层现代耕土，仅包含少量陶片瓦片，灰褐色，极为疏松，厚15～40厘米。

第2a层：扰土层，红褐色，包含少量瓦片、红烧土块，较为致密，厚0～40厘米。与流水沉积有关。

第2b层：淤土层，黄褐色，包含少量瓦片、红烧土块，较致密，厚0～80厘米。与流水沉积有关。

第3层：黑绿土层，包含少量瓦片陶片，含红烧土块、石块、炭削，含沙量大，含水量大，黏性大，厚0～50厘米。根据出土物特征，结合其他探沟出土物情况可认定该层为魏晋时期文化堆积。

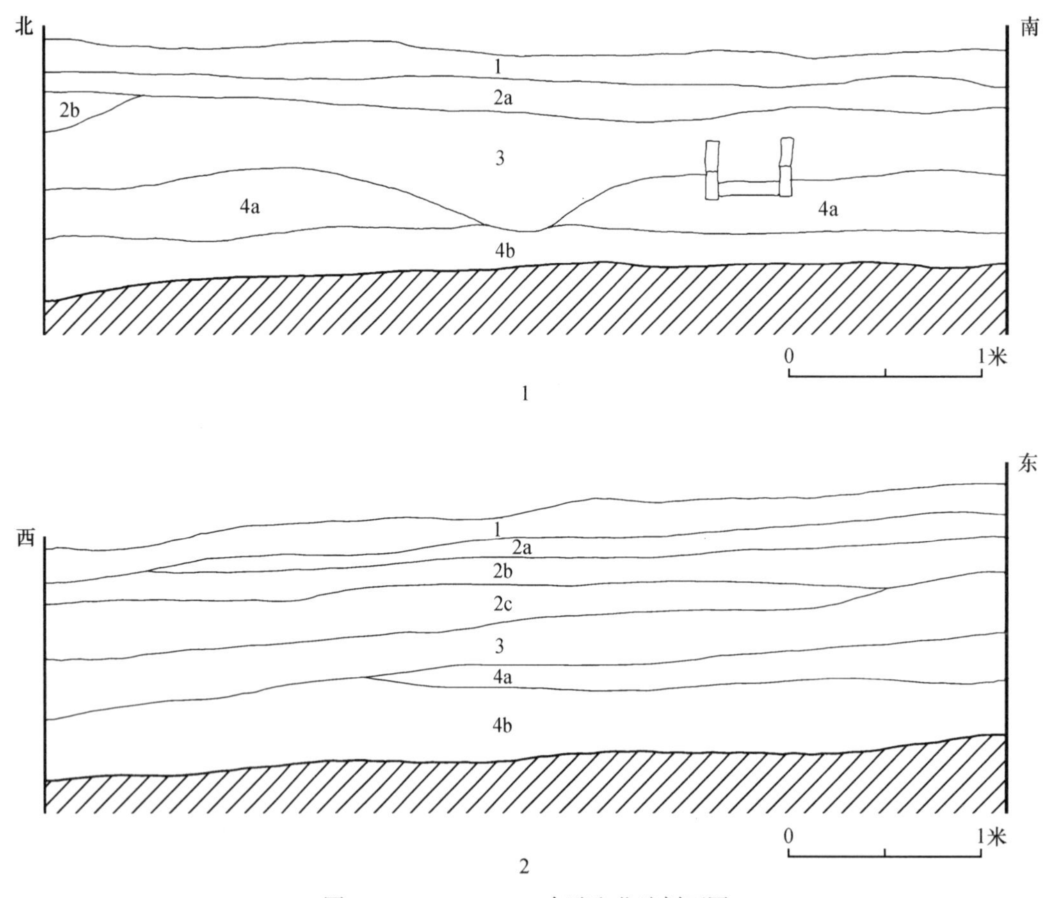

图2.1　2002YJAT0601东壁和北壁剖面图

1. 东壁剖面图　2. 北壁剖面图

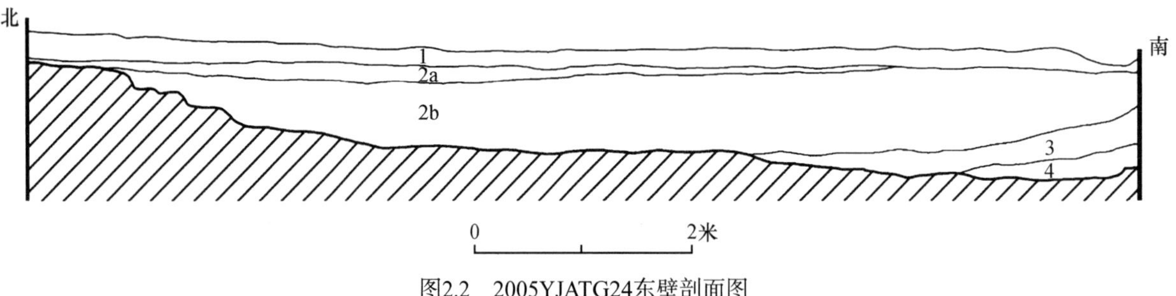

图2.2　2005YJATG24东壁剖面图

第4层：黄褐土，含沙量大，黏性大，极为致密，未发现包含物，厚0～50厘米。为淤积土，形成年代应较早。

二、B　区

1999年、2000年、2004年和2005年都对B区进行了发掘。

1999年B区，南北一字形布5米×5米探方5个，从南向北依次编为1999YJBT1～T5，发掘面积125平方米。B区位于遗址北侧山坡下部，东南距A区150米。表土下即为生土，无文化堆积。

2000年B区发掘选在东边断崖附近，开5米×5米探方10个，并向东、南两面扩方16平方米，以2000YJBT3024～BT3124扩方东壁为例，可将2000年的B区分为6层（图2.3）。

第1层，耕土，厚30～46厘米。

第2层，黑褐土，厚30～35厘米，含陶片较少，在2000YJBT2822此层下见晚清灰坑。

第3层，黄褐土，略含细沙，厚65～90厘米，局部可达1.2米，遗物很少。

第4层，黑土，厚45～60厘米，含六朝时期青瓷和瓦砾残片。

第5层，浅黄黏土，厚15～60厘米，含泥质灰陶绳纹瓦片较多。

第6层，棕黄黏土，表面有一层碎瓦和料姜石砸成的硬面，厚15～30厘米，层表有一道用东汉墓砖及石块排成的护坡。其下为生土。

2004年B区共布正南北方向5米×5米的探方40个，50米×2.5米的探沟1条，6米×2米的探沟1条，另外在B区中部偏东区域布20米×2.5米探沟2条。从已发掘的探方、探沟剖面看，其南部，亦即此次发掘探方所分布的区域，文化层堆积普遍以较大的幅度由西向东倾斜，南北向的倾斜则不甚明显；耕土层下的非文化层堆积则与之相反，呈南北向大幅倾斜的态势，东西向的倾斜则不甚明显。关于其中部及东部大部分区域，由于只采取较分散的小规模发掘，地层堆积的倾斜走向情况尚未获得整体的印象。我们以一个纵向剖面（2004YJBT0803、2004YJBT0903

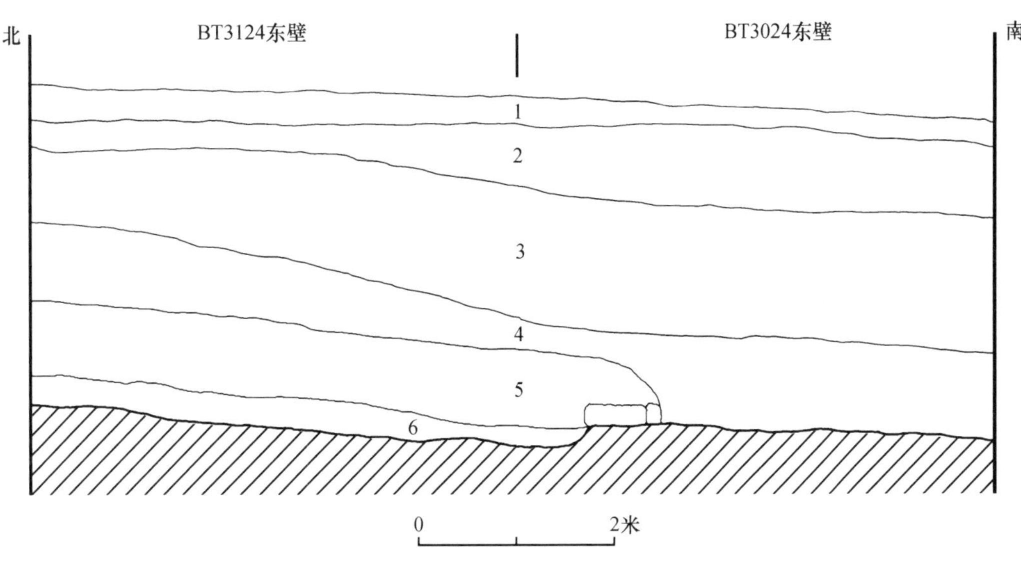

图2.3　2000YJBT3024～BT3124东壁剖面图

的东壁）和一个横向剖面（2004YJBT1104、2004YJBT1105的南壁）为例，将2004年B区划分为6层（图2.4）。

第1层，耕土，灰褐色，土质较疏松，包含大量的植物根系和少量的碎瓦、石子。厚15～55厘米。

第2层，自然堆积层，按土质土色可细分为三个亚层：第2a层，红褐色土，土质较紧密，包含较多的钙化石子（当地俗称鸡骨石）和少量的碎瓦，厚15～40厘米。第2b层，灰色土，土质疏松，包含较多的碎石子和少量的碎瓦，厚0～40厘米。第2c层，红褐色土，土质紧密，土壤颗粒细腻，包含物极少，厚55～180厘米。

第3层，按土质土色可细分为两个亚层：第3a层，黑色土，土质紧密，有一定的黏度，此层包含大量的瓦片、瓷片及少量的铜镞等物，厚17～50厘米，深115～270厘米。Q1、L1等遗迹叠压于该层之下。第3b层，灰色土，土质紧密，土壤颗粒细腻，较软，含少量的陶、瓦片

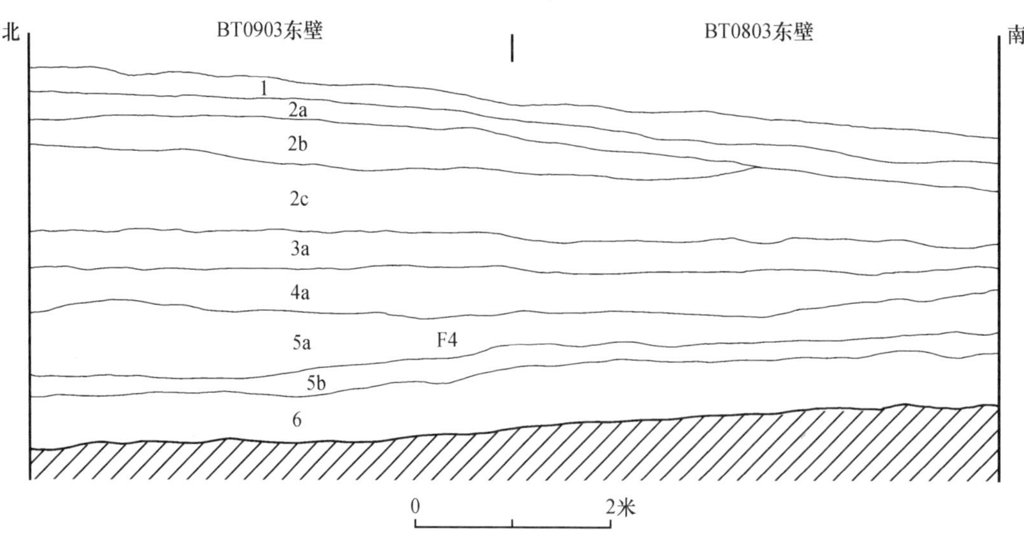

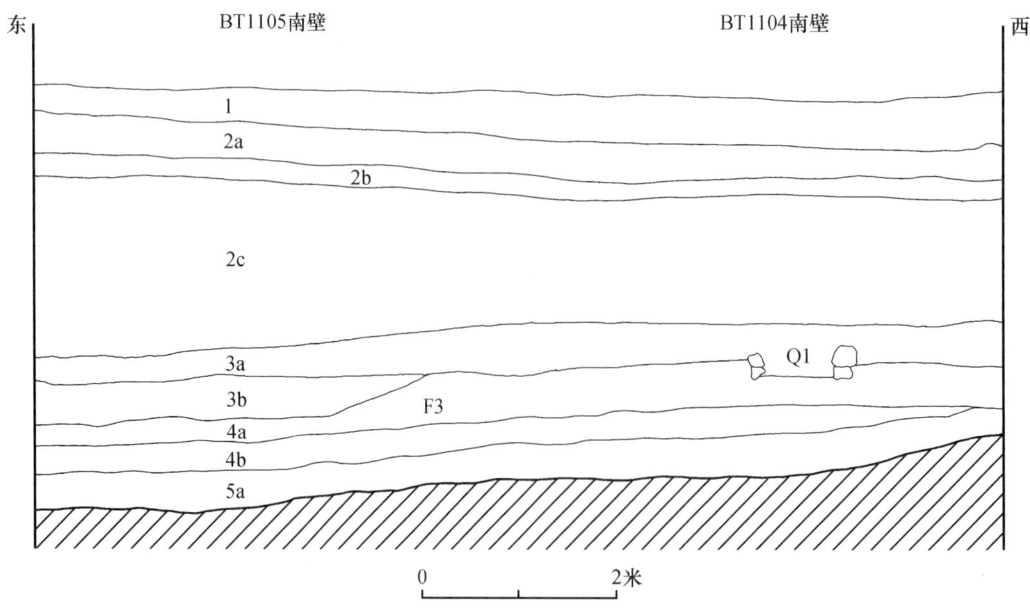

图2.4　2004YJBT0803、2004YJBT0903东壁和2004YJBT1104、2004YJBT1105南壁剖面图

等，厚0～43厘米，深290厘米。多数探方没有该层分布，K1发现于该层之下。其中第3a、3b层的年代均为六朝时期。

第4层，按土质土色可细分为两个亚层：第4a层，黄灰色土，土质紧密，包含少量的瓦片，偶见红瓦，厚16～48厘米，深130～340厘米。F3发现于该层之下。第4b层，黄灰色土，土色比第4a层略深些，包含物极少，厚0～28厘米，深315～360厘米。其中第4a、4b层的年代大约为东汉时期。

第5层，按土质土色可细分为两个亚层：第5a层，青灰色土，土质呈粉沙性，较软，偶见瓦片，似洪水淤积而成，厚25～76厘米，深150～385厘米。F4发现于该层之下。第5b层，黄灰色土，土质亦呈粉沙性，较软，包含少量的陶片、瓦片及极少量的铜器残片等，厚18～30厘米，深195～310厘米。其中第5a、5b层的年代很有可能为西汉时期。

第6层，灰色土，土质较紧密，略呈沙性，较软，在该层出土少量的绳纹陶片、低柄豆、鬲足等，厚43～48厘米，深210～330厘米。其年代为战国晚期至西汉早期，其下为生土层。

2005年共布探沟7条，后由于发掘需要经扩方后基本合为1条，堆积上部主要以滑坡堆积为主，下部为原生堆积。现以2005YJBTG601的剖面为例介绍一下2005年B区地层堆积情况（图2.5）。

第1层：表土层，现代耕土，一般厚60～70厘米，灰褐色，包含少量瓦片和料姜石残块，较为疏松，一般该层下即为生土或残留夯土，只有少部分有多层堆积。

第2层：扰土，淤土层，厚0～50厘米，较疏松，纯净，土色为黄色，包含大量灰烬。

第3层：黑色土，厚0～20厘米，土色纯净，包含物为少量瓦片，较为致密。

第4层：灰色土，厚0～60厘米，较为致密，包含大量瓦片，青釉和酱黄釉瓷片等，分布较为散乱。

通过对第3、4层包含物的观察，可以认定应为魏晋到南朝时期的堆积，但应非原生堆积，可能为多次滑坡而形成。

第5层：黄褐色，厚0～150厘米，较为致密，包含大量绳纹瓦片，多为灰褐色，其下为夯土或生土层，夯土分层不是很明显，其中还夹杂一些瓦片、陶片等包含物。通过对该层包含物特征和分布形态进行观察，可以认定该层亦非原生堆积，也应与滑坡堆积有关。

通过发掘发现，夯土建于修整平面的生土上，并发现城墙可能经过改建或修补，有L2和L3两个城门门道，L2部分叠压于L3，L1为两期城墙公用马道。

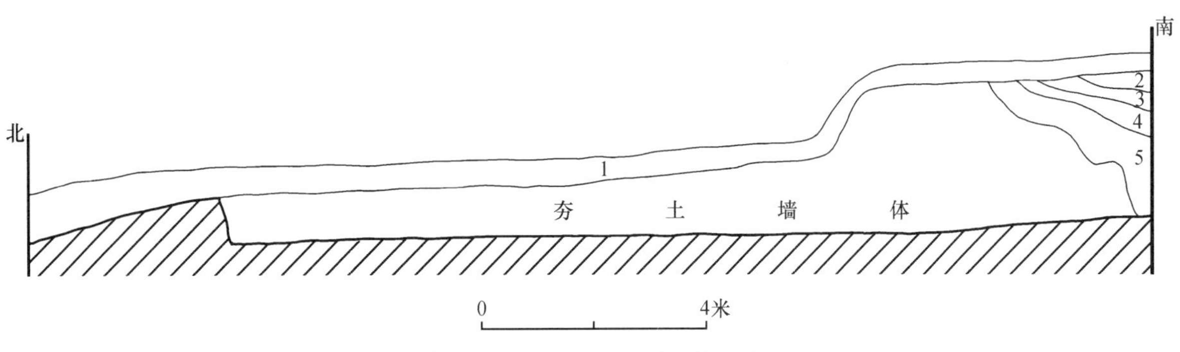

图2.5　2005YJBTG601地层剖面图

三、C 区

1999年、2000年和2005年分别对C区进行了发掘。C区为铸造工业区，此区位于坡脚，地势呈西北高、东南低的斜坡状，长、宽均在190米左右，南、北都有民宅，西南部为橘林，林中有一口大塘。C区遗迹、遗物都很丰富，文化堆积较厚，而东南部地势较低的地方，耕土下全部是很细的黄沙。沙层厚0.6～1.5厘米，基本不含遗物，其下大部分为生土。黄沙层的分布大致在东西60、南北80米的范围内，疑是制作陶范的料场。西北部作坊区的堆积东厚西薄，北边靠近山根一带也有较厚的堆积，西北高处的生土表面有许多大小不一的深坑，有些可能和制范取土有关。此外，在C区还发现了一条自西北向东南一直通到E区的自然冲沟，这条冲沟的形成和淤埋时间很晚，并且破坏了相当一部分遗迹。

1999年C区分三次布5米×5米探方12个，发掘面积300平方米。分东西两区，东区以1999YJCT1～CT5西壁剖面为例，共分6层（图2.6）。

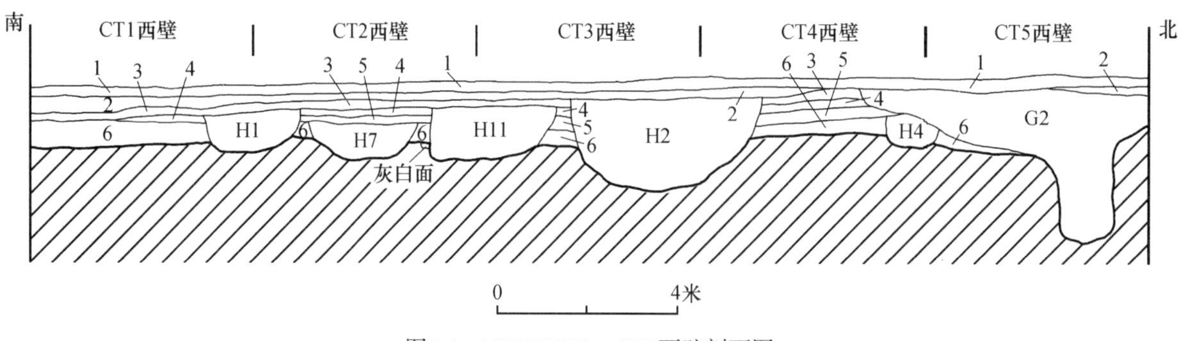

图2.6　1999YJCT1～CT5西壁剖面图

第1层：黑色耕土层，厚15～45厘米，土质疏松，夹少量粗砂和小石子。

第2层：浅黑灰烬层，厚0～60厘米，结构松散，多呈烟黑色，出土少量绳纹碎瓦片，灰坑1999YJCH2和灰沟1999YJCG2开口于此层下。

第3层：黄褐土，厚0～35厘米，结构紧密，含少量的灰烬、烧土块，出土许多鹿、獐角器，陶鼓风管，残陶器，石铸范，泥质灰陶或褐陶、灰色绳纹瓦片，以及大量的铁炼渣，少量铜炼渣。灰坑1999YJCH1、1999YJCH11开口于此层下。

第4层：五花硬黏土，厚0～25厘米，多为黑黄相杂，夹杂小石子，土质紧密，较硬。含较多红烧土块和灰烬，粗细绳纹残板、筒瓦、泥质灰陶片，器形以罐、豆为主，还有铜镞、鹿角、獐牙、猪骨、鱼骨、残炉壁、铁渣等。

第5层：黑黄花土，厚0～40厘米，结构紧密黏硬，夹杂许多红烧土块，少量陶片和较多绳纹瓦及铜饰件、铁器、磨石等。灰坑1999YJCH4、1999YJCH7开口于此层下。

第6层：细黄砂层，厚20～80厘米，结构松软，夹杂少量黄黏土，上部出大量的绳纹板、筒瓦及瓦当、石斧等，下部较纯净，仅有少量绳纹瓦片。一片白灰面压于此层下。其下为生土。

西区以1999YJCT6～CT10东壁剖面为例，分7层（图2.7）。

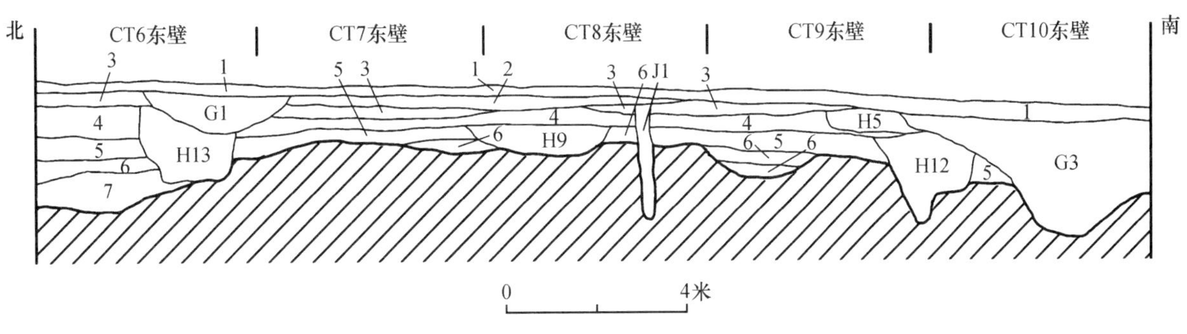

图2.7　1999YJCT6～CT10东壁剖面图

第1层：耕土层，厚20～40厘米，含少量泥质灰陶片，绳纹瓦片。1999YJCG1、1999YJCG3开口于此层下。

第2层：含砂黑褐土，厚0～30厘米，结构紧密，较硬，含大量泥质素面灰陶片、少量绳纹瓦片及陶钵、陶纺轮、铜镞、铜锯、铜鱼钩、剪轮五铢等。灰坑1999YJCH5和储水井1999YJCJ1开口于此层下。

第3层：含细沙黄黏土，厚0～50厘米，结构较紧密，内中泥质灰陶、瓦片较多，陶器少量饰绳纹，可辨器形有罐、豆、盆等，瓦均饰绳纹，有板、筒瓦。灰坑1999YJCH5、1999YJCH13开口位于此层下，此层表有方砖铺砌的甬路一段。

第4层：棕黄色黏土，厚0～30厘米，结构紧密坚硬，含较多绳纹瓦片和泥质灰陶绳纹罐、素面盆、矮豆柄等。灰坑1999YJCH9、1999YJCH12开口于此层下。

第5层：绿斑黄黏土，厚0～60厘米，结构紧密，含陶瓦片较少，陶片有泥质灰陶罐、钵、豆，器物有陶豆、陶网坠、铁䦆等。瓦皆饰绳纹。

第6层：黄绿相间沙层，厚0～60厘米，结构疏松，含炭灰，中间有一层烧结面，底部含料姜石和大量的陶瓦片。陶瓦片以南部较多。陶片中除泥质灰陶罐、盆、钵、豆外，还有少量圆柱状鬲足。

第7层：红、黄色间杂黏土，厚0～90厘米，土质细腻，似为淤积而成。内中炭渣、烧土块和陶片较多，出土豆、罐及粗绳纹的鬲、鼎口沿和器足。第7层下为黄黏土，亦即生土。

2000年C区共开了5米×5米南北向探方100个，总体来说可分为5个大层，以2000YJCT1506的南壁和2000YJCT1708的西壁为例（图2.8），其堆积情况是如下。

第1层：耕土，厚40～55厘米，为松散的红褐土。2000YJCG8和2000YJCG6开口于此层下。其中2000YJCG6可分2层，第1层：浅黑褐土，结构较紧密，厚20～40厘米，含一定数量陶、瓦碎片。第2层：深黄褐土，较黏，厚0～85厘米，含少量瓦片。

第2层：黑褐土，结构稍紧密，厚10～30厘米，含陶、瓦碎片较多，亦见少量六朝时期的青瓷。此层在东部和东南部不见，可能是局部的再生堆积。

第3层：黄褐土，较黏，厚45～55厘米，集中分布在西北部，含泥质灰陶的豆、罐、盆等残片和卷云纹瓦当、粗绳纹板瓦等。

第4层：深黄色黏土，厚20～70厘米，含少量瓦片，只见于西北部高处。2000YJCG10开口于此层下，可分为2层，第1层：浅黄褐色黏土，厚55～65厘米，含极少量瓦片。第2层：浅黑

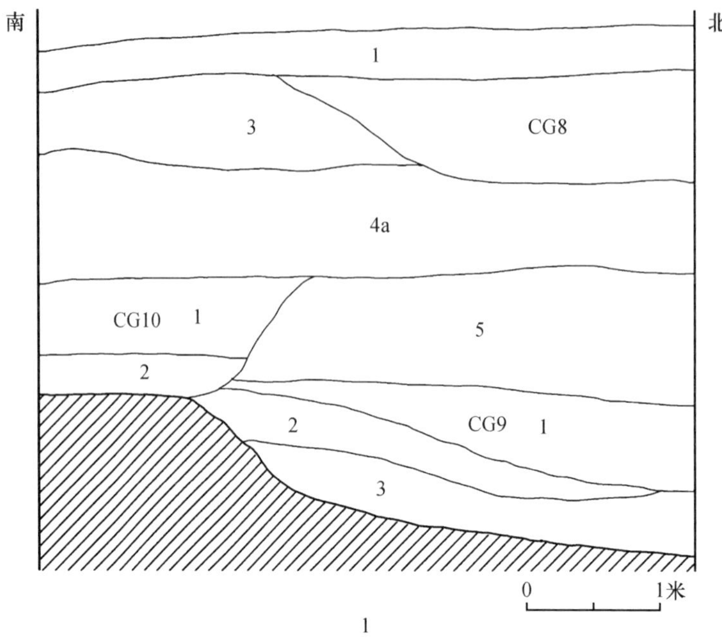

1

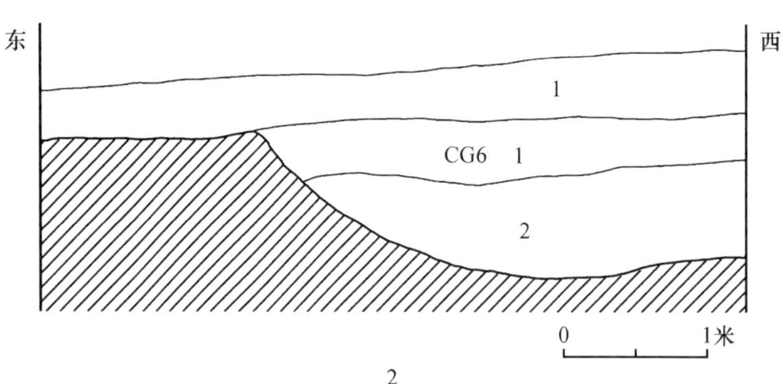

2

图2.8 2000YJCT1708的西壁和2000YJCT1506的南壁剖面图

1. 2000YJCT1708西壁剖面图 2. 2000YJCT1506南壁剖面图

褐色黏土，厚20～30厘米，含极少量烧土块和炭粒，陶片极少。

第5层：灰黄色黏土，含烧土块和炭粒，陶片较少，厚38～50厘米，只见于北部边缘。2000YJCG9开口于第5层下，可分为3层，第1层：浅黄色黏土，厚10～50厘米，含极少量陶片。第2层：浅灰黄色黏土，厚0～40厘米，含极少量瓦片和炭粒。第3层：浅黄褐色黏土，厚30～45厘米，含极少量烧土块，陶片较少。其下为生土。

2005年C区仅发掘一5米×5米的探方，地层堆积层次较为明显，现以2005YJCT2006东壁为例予以说明。

第1层：耕土层，厚20～40厘米，灰褐色夹杂少量瓦片石块等，包含大量植物根系。

第2层：扰土，厚25～35厘米，红褐色夹杂大量石块，根据当地人介绍，应为清末到民国时期修建坟墓时遗留。

第3层：黄褐土层，极为致密，包含少量瓦片，分布较为均匀，厚105～175厘米。可能为滑坡堆积。

2005YJCH601发现于第2层下，部分第1层下即为该坑，打破第2、3层直至基岩，坑内堆积可以分为三层：黑土层、黄绿土层、黑绿土层，其中包含大量瓦片、陶器。

四、D 区

1999年D区发掘5米×5米探方4个，编号1999YJDT1～T4，发掘面积100平方米，原拟依一条东南—西北走向的山梁布两排5米×5米连方找寻西墙，但第一排1999YJDT1～T4四方未见文化堆积，亦无残垣，其坡下经1998年发掘也无汉至六朝文化层，故在D区暂停发掘。

五、E 区

2000年、2001年、2003年、2005年都对E区进行过发掘。

2000年的发掘选在台地中央，自西向东分两排连续布10米×10米探方18个，整个区域的生土东高西低，两端的堆积厚度相差悬殊。从堆积的内容来看，相当一部分地层是水成的淤积层或大范围滑坡所造成的，仅第5层似为正常的文化堆积。以2000YJET1106和2000YJET1113南壁为例，地层堆积大体可分为7层（图2.9）。

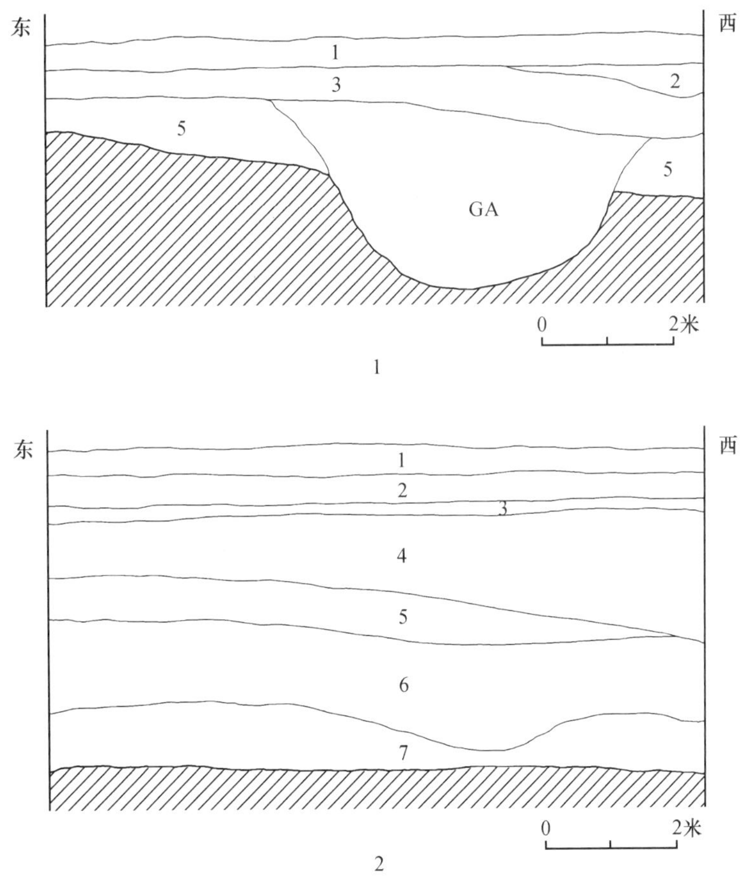

图2.9 2000YJET1106和2000YJET1113南壁剖面图

1. 2000YJET1106南壁剖面图 2. 2000YJET1113南壁剖面图

第1层，耕土，厚20～35厘米，松散的红褐土。

第2层，红黏土，厚60～90厘米，基本纯净，可能是淤积所致。

第3层，青灰土，厚15～65厘米，略含沙，遗物较杂。由于清庚午年（公元1870年）洪水涨没此处，故此层也可能是这次洪水的淤积。

第4层，灰黄土，厚50～165厘米，含少量青瓷及泥质灰陶片。

第5层，黑灰土，厚15～60厘米，含泥灰陶片和六朝时的青瓷片，层下有房址等遗迹。

第6层，黄褐土，厚65～130厘米，出土绳纹碎瓦、泥质灰陶豆、盆、罐等残片，层表无遗迹。

第7层，棕红色黏土，局部含细沙，厚25～75厘米，含少量陶、瓦片，和第6层一样，都属淤积的再生堆积。

第7层下为生黄土，表面凸凹不平，有许多自然形成的大坑。

2001年E区以西起第十列探方为轴，向南北两侧布了2001YJET0410～2001YJET1710共12个10米×10米探方，发掘表明，E区东南北三面原生地表较高，中部为一条长约160米，内宽80、外宽30米的“U”形深沟，向西南经过檀木湾与长江相连。沟内下部为含细沙的灰色、黑灰色细腻黏土，最多可分7层，内有漂木和鬲足、豆类等东周时期陶器残片。中部为多次滑坡淤积的黄黏土，厚0～2.7米，局部可分出五六层，各层内均有汉代陶器和瓦砾，无遗迹，只南北两侧局部见六朝时期房址和沟渠残迹。沟内上部为洪水冲刷的红褐土、黄土、灰褐土间隔堆积，各层表近乎水平，层内亦很少遗物，最厚处1.2～1.8米。本次发掘止于7.8米深度，北半部掘至岩盘，中部进入黑灰淤积层而止，从钻探得知最深处有10米以上。

2003～2004年E区共布探沟6条，10米×10米探方17个，现以2003YJST705、ST805、ET309、ET409等方西壁为例，将地层堆积情况介绍如下（图2.10）。

第1层：厚20～45厘米，黄褐色，泛灰，土质疏松，包含少量塑料煤渣等现代杂物等。

第2a层：厚0～31厘米，距地表深20～45厘米。棕红色，土质较为疏松，略含沙，未发现包含物出土。

第2b层：厚0～40厘米，距地表深38～65厘米，浅灰色，较致密，未见包含物出土。

第3层：厚0～38厘米，距地表深25～75厘米，浅黄色，略泛灰，土质致密，较纯，略含沙，仅见零星绳纹灰褐色陶片。

第4层：厚0～35厘米，距地表深70～120厘米。黄色土，包含少量瓦片、白瓷片等，较致密。

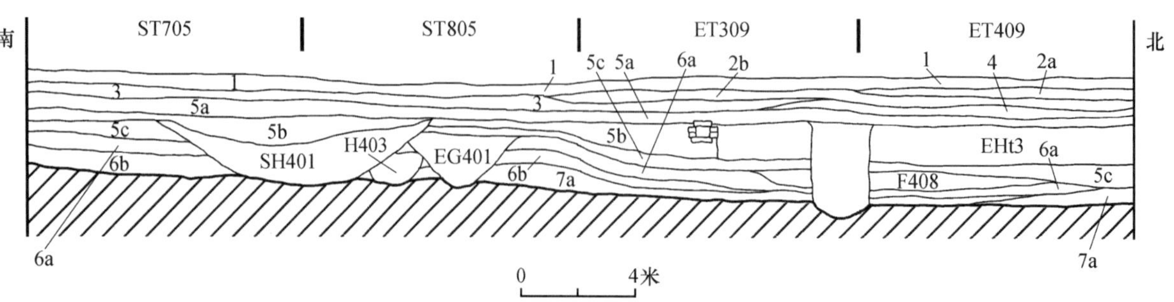

图2.10　2003YJST705、ST805、ET309、ET409西壁剖面图

第5a层：厚20～65厘米，距地表深60～140厘米。黑灰色，土质致密，于该层中下部发现大量红烧土块，炭屑，以及少量灰褐陶瓦片，出土物包括陶纺轮、陶网坠、铁镞、铜镞、瓷钵、铜钱等。

第5b层：厚20～95厘米，距地表深125～180米。红褐色，略泛灰，土质较为致密，包含少量红色砂岩风化物。

第5c层：厚24～62厘米，距地表深140～290厘米。黑绿色，土质较疏松，含水量较大，含沙，包含大量炭屑、绳纹褐色瓦片、陶片等，出土物包括铜钱、铜镞、铁镞、瓷钵等。

第6a层：厚0～68厘米，距地表深210～365厘米，灰绿色土，含沙量大，包含较多陶片及少量瓦片。

第6b层：厚0～70厘米，距地表深220～395厘米，黄褐色，土质较致密，无包含物出土。

第7a层：厚0～85厘米，距地表深280～415厘米，黑绿色土，土质较密，包含物较少。

第7b层：厚0～57厘米，距地表深379～445厘米，黄色土，土质疏松，含有少量陶片。其下为生土。

2005年E区布探沟4条，E区与A区相邻，地层堆积与2005年A区地层一致，而且均为平行分布，较少见打破关系，分布比较均匀，因此不予以单独介绍。

六、K 区

2001年发掘K区3000平方米，总计布10米×10米探方30个。K区的现代地表较为平坦，原始地貌系淤积和耕作所成。从发掘中观察，第2层以下地貌坡度较大，呈东高西低的走势，以2001YJKT0815南壁为例，可将K区地层堆积划分6层（图2.11）。

第1层：耕土层，厚20～35厘米，红褐色，含细砂，土质松散，含少许遗物。

第2层：淤积土层，厚20～40厘米，红褐色黏土，地质稍密，内含少许遗物。

第3层：汉魏至六朝文化层，厚79～90厘米，可划分三个亚层：第3a层：黑灰色瓦砾层，

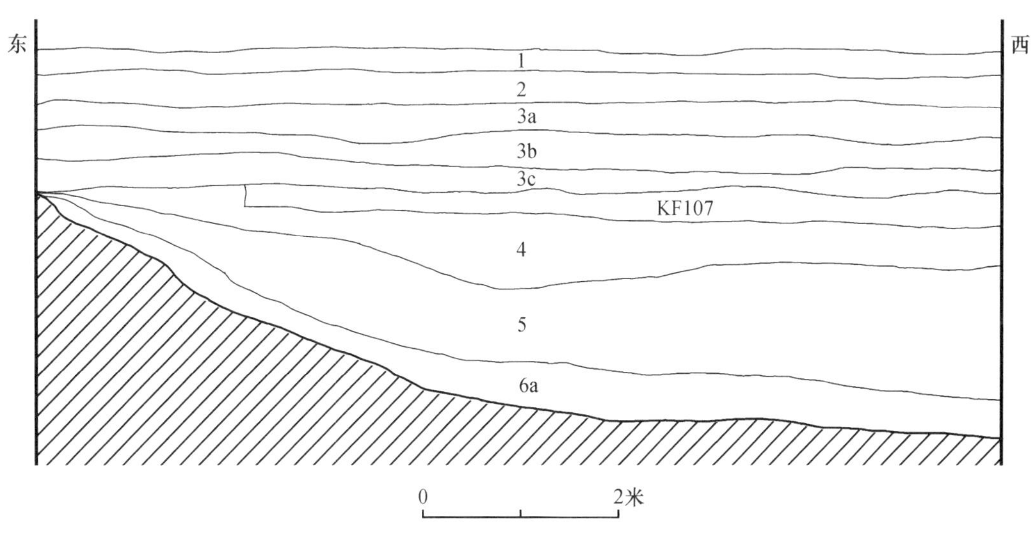

图2.11 2001YJKT0815南壁剖面图

内含大量的砖瓦碎片和陶、瓷残片及铜、铁、银等生产、生活用品，此外还有少量完整陶器，有折腹罐、仓、碗、纺轮等。此层应是房屋废弃后堆积，此层下开口有房址、灰坑等遗迹。第3b层：红褐垫土层，由烧土、黄土、黑灰土构成，较坚硬，内含陶、瓦碎片等。第3c层：灰褐土层，内含大量陶片，器形有折腹平底罐、大陶瓮、折腹盆、深腹盆等。此层下开口有房址、灰坑、窑址、墓葬等遗迹。

第4层：汉代文化层，厚45～120厘米，黄褐色，土质较致密，内含绳纹瓦、绳纹罐、钵及实、空心豆等，此层不见瓷器。

第5层：淤沙土层，厚60～110厘米，黄色泛绿，土质疏松，内含少量绳纹瓦碎片。

第6层：次生土，厚50～70厘米，上层浅黄色，下层土黄色，土质致密坚硬，无包含物。

第6层下为黄色生土。

七、R 区

2003年和2004年对R区进行发掘，主要以探沟为主，发掘区位于R区北部，三峡移民区宅地基址之上，另外在与S区交界的石墙处亦布了3条探沟。R区所布探沟限于地形，规格都较小，发掘显示其北部的地层堆积，近地表部分或遭破坏或为再生堆积，原生堆积层多为年代较早的汉文化层，下面以2004YJRT7的北壁为例加以说明（图2.12）。

第1层，纯净的红褐色垫土层，土质紧密，厚10～20厘米。

第2层，灰色土，土质紧密，含较多的碎瓦，厚40～50厘米，深10～20厘米。

第3层，土质土色与第1层极为相似，厚0～25厘米，深55～65厘米。

第4层，灰褐色土，土质紧密，较软，夹杂大量的陶片等，出土陶豆、铜镞等遗物。厚10～70厘米，深60～100厘米，在该层下发现2004YJRH1，2004YJRH2开口于2004YJRH1下。

第5层，为较纯且质密的灰土层，厚0～100厘米，深113～145厘米。

第5层下为黄色生土。

其中，第1～3层为修筑近代房屋的垫土层，第4、5层为汉文化层。

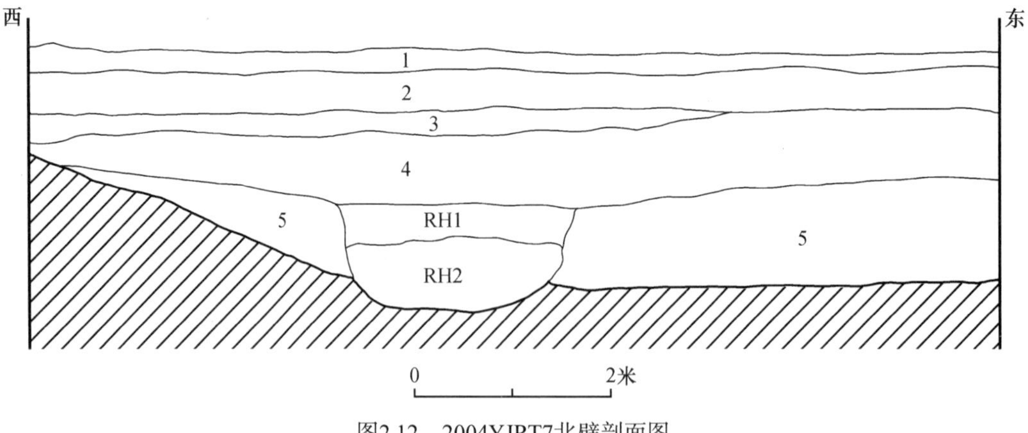

图2.12 2004YJRT7北壁剖面图

八、S　区

1999、2001、2003年都对S区进行了发掘，1999年共布2米×10米的南北向探沟2条，编号为1999YJSG1和1999YJSG2，发掘面积40平方米。其南端表土下即是生土，北部最厚处可达1.5米，堆积可分3层，第1层为表土层，含有塑料等现代杂物。第2、3层有较多青瓷片及铁镞、铜镞、铜镜、铜钱等，层下各发现一石条垒砌的曲尺形墙角，角部相叠压，均为六朝时期遗存。第3层下为生土。

2001年S区布10米×10米探方5个，南北向排列与E区十二连方成一排。S区的堆积呈斜状，南部生土层面较高，文化层厚度不足1米，只局部含六朝或汉代堆积。北部以2001YJST0706东壁为例可分6层，堆积相对较厚（图2.13）。

第1层：耕土，深褐色，厚40～60厘米。

第2层：淤积土，黄褐色，厚50～90厘米，含少量泥质灰陶和青花瓷片。

第3层：六朝堆积，厚0～280厘米，为一坑状堆积，内中又可分三个亚层。第3a层：黑褐色厚25～50厘米，含青瓷和泥质灰陶片；第3b层：灰褐色，厚60～130厘米，陶瓷片以外还有大量瓦砾；第3c层：黑灰色，厚50～150厘米，含较多烧土块，并出土青瓷和小件青铜器。

第4层：汉代堆积，黄褐色黏土，厚0～70厘米，出少量泥质灰陶绳纹片。

第5层：汉代堆积，黄灰色，黏性不大，厚0～100厘米，含陶片、瓦片较多。2001YJSH2开口于此层。

第6层：东周层，仅见于1999YJST0706方中，呈东西向沟状堆积厚10～120厘米，含沙呈黄色土，陶片多薄胎，泥质褐陶较多，可识尖底盏、鬲、豆等器形。

第6层下为生土。

2003～2004年S区共布探沟3条，10米×10米探方11个，其北邻为E区，地层堆积情况与同年发掘的E区一致，详见上文E区的地层情况介绍。

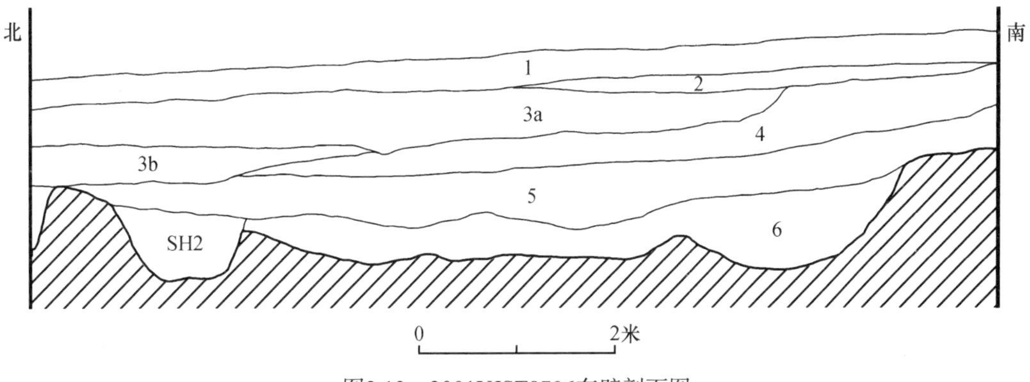

图2.13　2001YJST0706东壁剖面图

九、W　区

2000年对W区台地进行发掘，在东侧边缘低洼处开了5米×5米探方26个，洼地狭长和大田略有高差，堆积自东向西渐厚，但是遗迹较少。W区可以划分为4层，以偏西侧的2000YJWT067西壁为例介绍如下（图2.14）。

第1层：耕土，土质疏松，厚30～35厘米。

第2层：灰褐土，厚80～98厘米，基本无遗物。

第3层：黑褐土，土质较松软，厚15～25厘米，含泥质灰陶绳纹罐、素面豆残片及汉代比较常见的几何花纹砖等。

第4层：黄褐土，较黏，厚10～40厘米，出土豆、罐残片和绳纹瓦片。

第4层下为黄黏土，即生土。

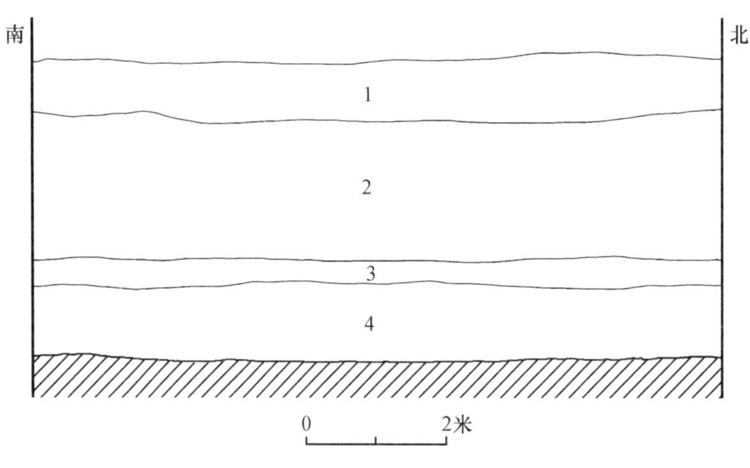

图2.14　2000YJWT067西壁剖面图

十、文化发展阶段

根据地层堆积的叠压关系，结合对出土遗物的整理，大体可以将旧县坪遗址划分为三个主要的发展阶段：第一阶段为战国时期遗存；第二阶段为两汉时期遗存；第三个阶段为六朝时期遗存。六朝时期以上的地层大多是明清和近现代的扰乱层或洪水淤积层，故不再本报告的讨论范围之内。从战国到六朝时期各区域典型的地层与遗迹如下。

1. 战国时期遗存

战国时期遗存数量较少，主要地层包括2004年B区第6层；1999年C区的第5～7层；2001年S区的第6层；2000年W区的第4层。

2. 两汉时期遗存

两汉时期遗存发现十分丰富，主要地层包括1999年A区第5层；2002年A区第4层；2000年B

区第5～7层；2004年B区第4、5层；1999、2000年C区的第3、4层；2000、2003～2004年E区的第6层；2001年K区的第4层；2003、2004年R区的第4、5层；2001年S区的第4、5层；2000年W区第3层等。

3. 六朝时期遗存

六朝时期遗存比较丰富，主要地层包括1999年A区第2～4层；2002年A区第3层；2005年A区第3层；2000年B区第4层；1999、2000年C区的第2层；2004年B区第3层；2005年B区第3、4层；2000、2003～2004年E区的第4、5层；2001年K区的第3层；1999年S区的第2、3层；2001年S区的第3层；2003年S区的第3～5层。

此外，还有部分跨越不同时代的遗存和少量更晚期的遗存，我们将单独介绍。

第三章　战国时期遗存

旧县坪遗址发现的战国时期遗存数量较少，主要地层包括2004年B区第6层；1999年C区的第5～7层；2001年S区的第6层；2000年W区的第4层。

第一节　遗迹和出土遗物

属于这一时期的遗迹仅在C区、S区、E区发现，其中C区1999年发掘灰坑5个，白灰面遗迹1处；S区2003年埋葬坑1个；E区埋葬坑1个，墓葬1个。由于各区发现的属于这一时期的遗迹数量较少，我们将合在一起介绍如下。

1. 灰坑

灰坑共发现5个，编号分别为1999YJCH4、1999YJCH6、1999YJCH7、1999YJCH10和1999YJCH12。

1999YJCH4　位于1999YJCT4的西北角，第5层下开口，打破第6层和生土。坑口平面为椭圆形，沟壁接近直壁。坑口距地表45厘米，坑底距地表85厘米，坑口直径105厘米，坑底直径85厘米（图3.1-1）。坑内堆积不分层，堆积层为淡黄土，稍微发黑，夹少量红烧土及小石粒。出土2件可复原的陶豆、1件骨器和少量陶片，出土器物具体介绍如下。

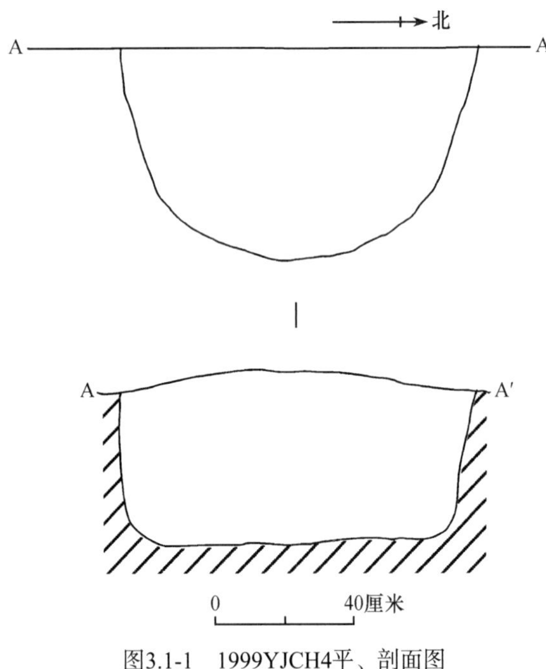

图3.1-1　1999YJCH4平、剖面图

陶豆　2件。1999YJCH4：1，残。泥质灰陶，浅盘变柱把，喇叭形座，把略显竹节状，盘为方唇，盘近底部有两周矮棱。轮制。高12.6厘米，盘径13厘米，盘高3.8厘米，座径7.2厘米，座高2.8厘米，柄径2.8～3厘米（图3.1-2，1）。1999YJCH4：2，残。泥质灰陶，浅盘，细柄，矮喇叭形座。轮制。高11.5厘米，盘径12厘米，盘高3.8厘米，座径7.2厘米，座高2.4厘米，柱径2.7厘米（图3.1-2，2）。

板形骨器　1件。1999YJCH4：3，完整。黄色，略呈长条板状，两端锯割，上面及两侧面大致削磨，另一面切削后未再加工，保持原角髓槽。长14.5厘米，中宽3.3厘米，中厚0.9厘米（图3.1-2，3）。

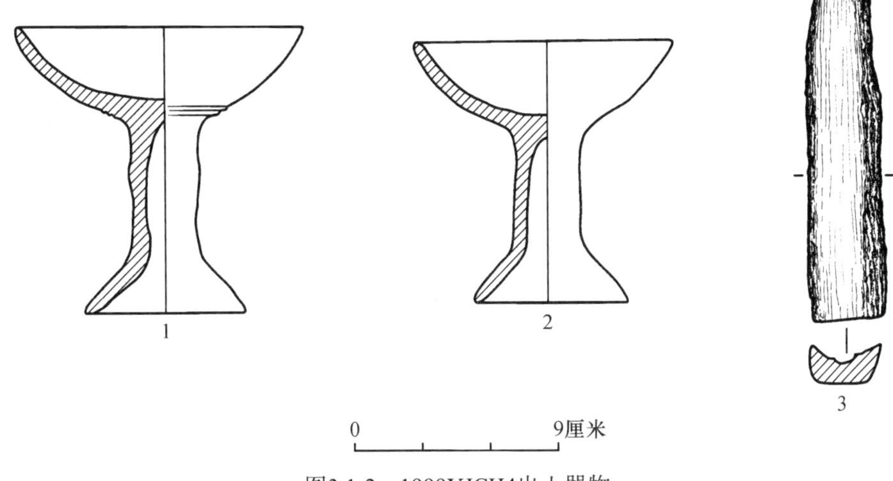

图3.1-2　1999YJCH4出土器物

1、2. 陶豆（1999YJCH4：1、1999YJCH4：2）　3. 板形骨器（1999YJCH4：3）

1999YJCH6　位于1999YJCT2的东北部，开口第5层下，打破第7层，其东边被1999YJCH3打破。坑口平面为不规则圆形，穴壁接近直壁稍倾斜无加工痕迹。坑口距地表60厘米，坑底距地表115厘米，坑口东西长径92厘米，南北短径86厘米，坑底直径78厘米（图3.1-3）。坑内堆积为夹少量灰烬的松软黑灰土。出土少量泥质灰陶片，绳纹瓦片及骨锥和骨管各1件，具体介绍如下。

骨管　1件。1999YJCH6：1，残。黄白色，兽角切割后磨成的多面体圆柱，中间钻空。磨制。长8厘米，长径1.8厘米，短径1.3厘米（图3.1-4，1）。

骨锥　1件。1999YJCH6：2，残。黄白色，呈尖锥，剖面略呈椭圆形。磨制。残长6.4厘

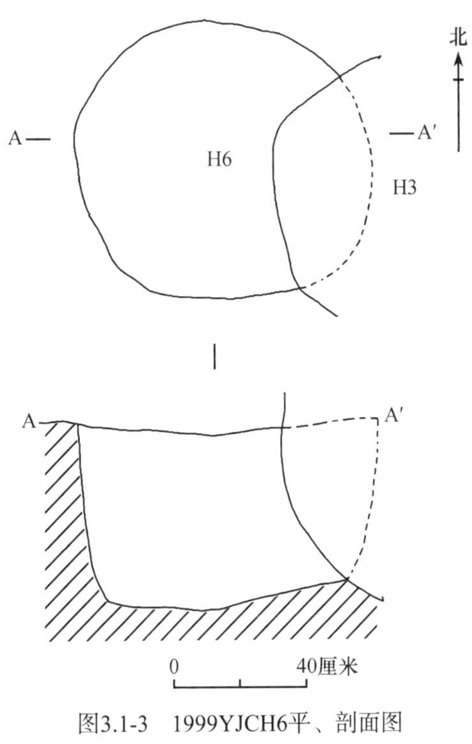

图3.1-3　1999YJCH6平、剖面图

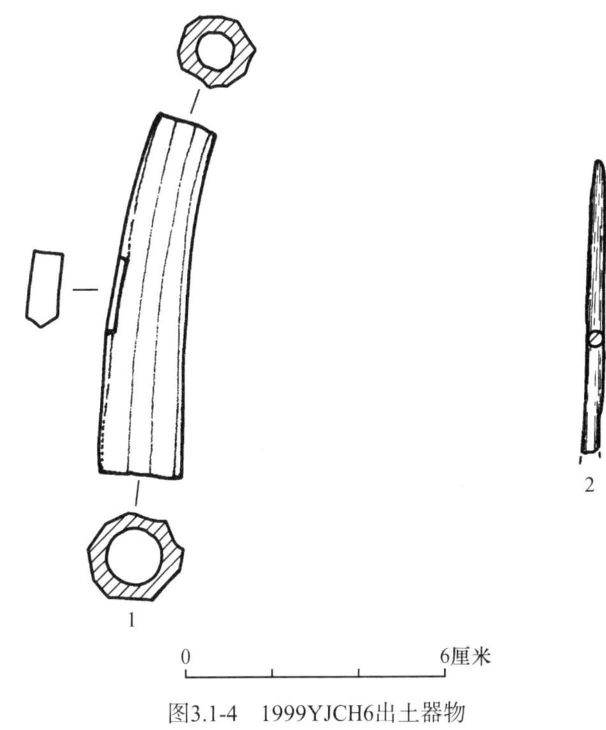

图3.1-4　1999YJCH6出土器物

1. 骨管（1999YJCH6：1）　2. 骨锥（1999YJCH6：2）

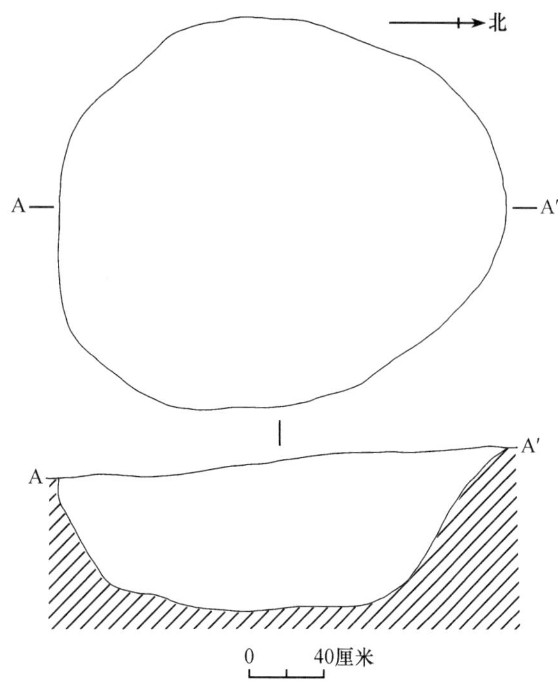

图3.1-5　1999YJCH7平、剖面图

米，直径0.3～0.4厘米（图3.1-4，2）。

1999YJCH7　位于1999YJCT2的西部（跨1999YJCT2西北和1999YJCT12东部），第5层下开口，打破第7层。坑口平面为接近椭圆形，斜弧壁，平底。坑口距地表105厘米，深60～80厘米，坑口长径240厘米，短径140厘米，坑底长径140厘米，短径105厘米（图3.1-5）。坑内堆积为层夹杂灰烬、黄砂土的黄土。因为坑壁修整不明显，无人工加工痕迹，坑内多为废弃物，出土石范、陶范、骨器各1件，还出土2块铁渣和少量陶片，具体介绍如下。

陶范　1件。1999YJCH7：1，残。细砂红陶，圆柱状，两侧偏内有两级凸起，相距1.2厘米的另两侧亦有稍高的两级凸起，与本体形成三层环台，一端残，疑为母范。手制。残高4.5厘米，直径3.8厘米，外径4.6～4.8厘米（图3.1-6，1）。

石范　1件。1999YJCH7：2，残。浅绿色，截面呈三角形，长条形。手制。残长8.6厘米，残宽2.5厘米（图3.1-6，2）。

骨器　1件。1999YJCH7：3，残。黄色，用骨料切割成的两端细、中间有对称凹槽的器物。切割。残长5.4厘米，宽0.9厘米，厚0.7厘米（图3.1-6，3）。

1999YJCH10　位于1999YJCT8东部（1999YJCT6东北部），南北向，开口层位不清，上部被1999YJCG3、1999YJCG1打破，本坑打破第6、7层（打破第7层和生土层打破）。坑口平面为圆形，坑底为圜底，坑壁近乎垂直中部稍收，有竖条铲痕。坑口距地表220厘米，坑底距地

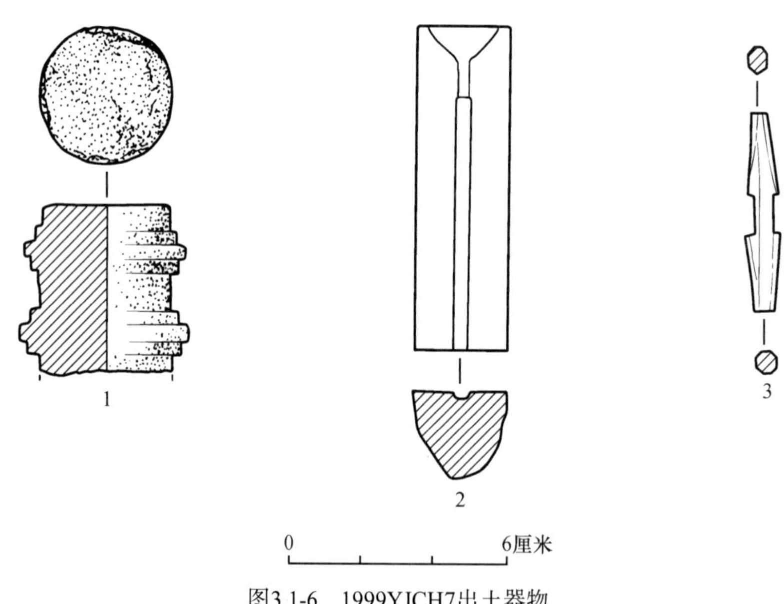

图3.1-6　1999YJCH7出土器物
1. 陶范（1999YJCH7：1）　2. 石范（1999YJCH7：2）　3. 骨器（1999YJCH7：3）

表455厘米（深235厘米），坑口直径115厘米，坑底直径106厘米（图3.1-7）。坑内堆积第1层为黑色炭灰土，松软，含大量的铸范、泥质和夹细砂灰陶片等，堆积物最浅35厘米，最厚达60厘米；第2层黑褐土，较软，含一些泥质夹细砂灰陶片，最浅30厘米，最厚60厘米；第3层黄褐相杂的淤积土，有水锈痕，含陶片较少，出土夹细砂灰陶豆1件，最浅约55厘米，最厚约80厘米。遗迹上口被1999YJCG3、1999YJCG1打破，且挖在生土之上，年代可能较早，上部铸范和冶铸相关，但初始可能是井类，下部基本纯净，中段含陶片、瓦片，上部积厚约60厘米的铸范残块。此坑小且深，用途推定应为水井废弃后用作废料堆弃地，出土器物具体介绍如下。

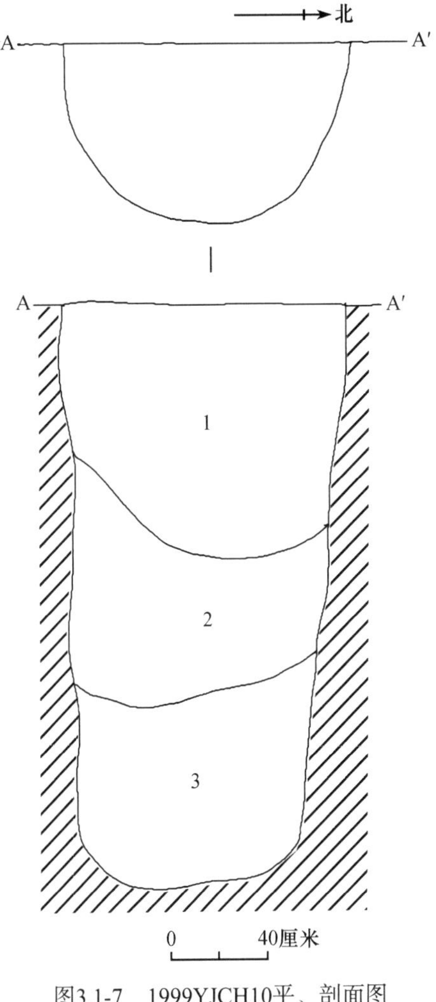

图3.1-7　1999YJCH10平、剖面图

陶范　1件。1999YJCH10：2，残。灰黄色，长方形陶范，为3个横向平行的圆棍范，上端有注口，有铸痕。手制。残长12厘米，残宽7厘米，厚3.6厘米（图3.1-8，2）。

陶豆　1件。1999YJCH10：3，残。夹细砂灰陶，圆唇较方，口部较斜直，腹斜鼓，腹上部饰一周凸弦纹。轮制。口径21.6厘米，残高9.4厘米（图3.1-8，1）。

石范　1件。1999YJCH10：1，残。灰色，镞范之1/3，似未完成，范面呈120°内角，中脊中上部有一浅凹坑，左面存半个注口，右下部有钻孔似合范用，背面刻斜向沟痕。磨制。长15.6厘米，宽3～3.5厘米，厚2.1～2.5厘米（图3.1-8，3）。

1999YJCH12　位于1999YJCT7东南及1999YJCT6北隔梁，方向230°，开口于第5层下，打破第6层及生土层，上部被1999YJCG3打破，且为1999YJCH5叠压。坑口平面为长方形，坑壁内斜坡状，表面光滑，有明显的加工痕迹。坑口距地表95厘米，坑底距地表310厘米，坑口直径130～210厘米，坑底直径26～130厘米（图3.1-9）。坑内堆积分两层：上半部为松软黑灰土，含陶范、鹿角、铜铁渣块等；下半部为结构紧密的黑褐土，含较多的泥质绳纹灰陶片、瓦片，较完整器物有陶戈范、陶范盖、陶鼓风管、陶罐、铜镞、铁镬等。坑上有水槽和地面等遗

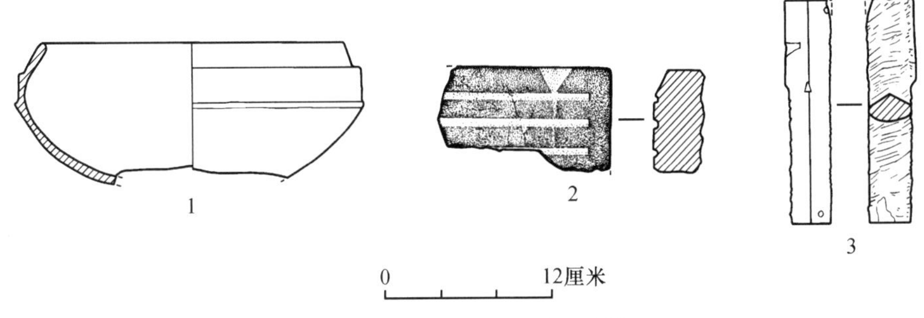

图3.1-8　1999YJCH10出土器物

1. 陶豆（1999YJCH10：3）　2. 陶范（1999YJCH10：2）　3. 石范（1999YJCH10：1）

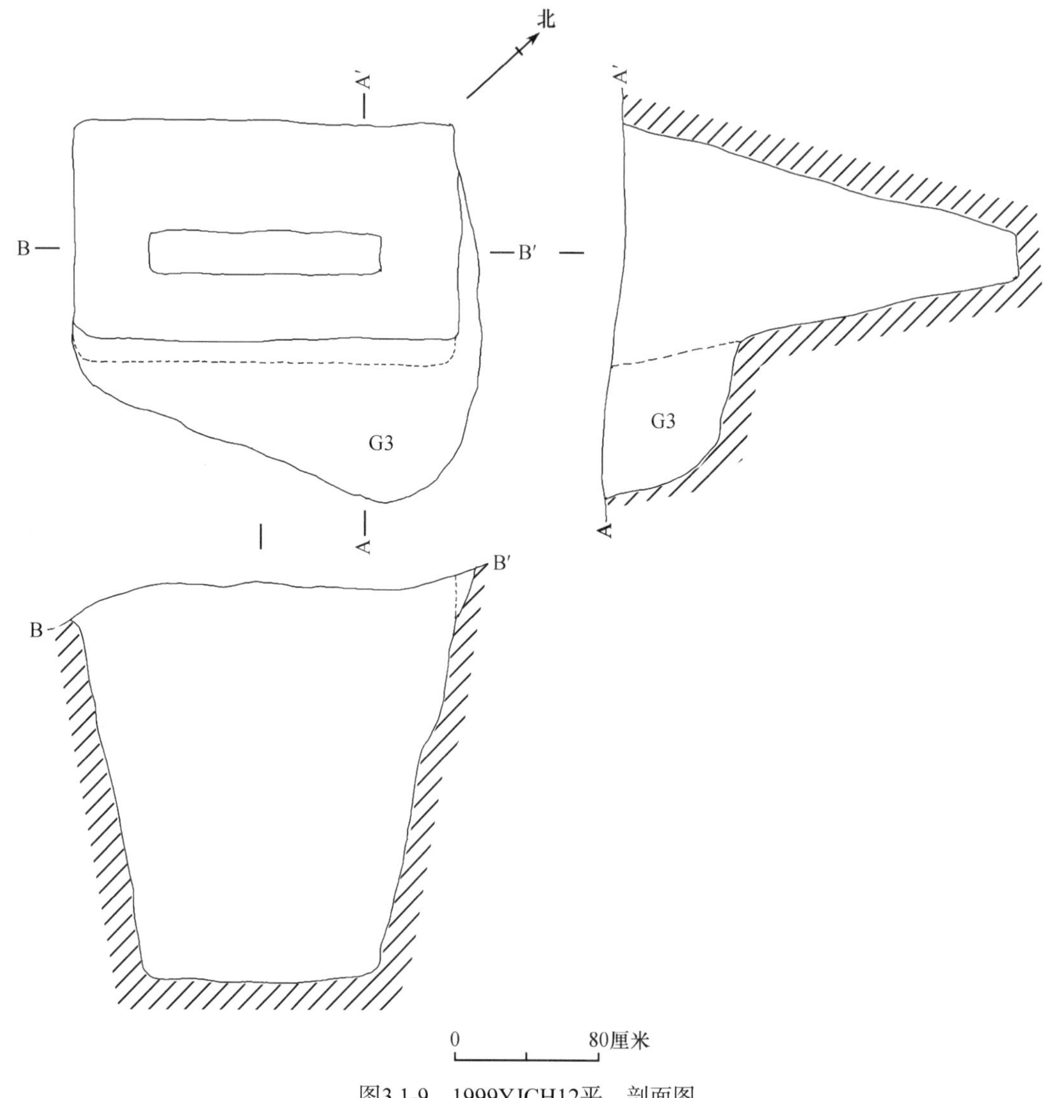

图3.1-9 1999YJCH12平、剖面图

迹，出土较多范块工具，当为稍早的和冶铸相关遗迹。出土泥质灰陶绳纹瓦片，陶器残片，夹细砂低火候铸范残块，角质工具和材料，炼渣较多。灰坑有明显的人工加工痕迹，且四壁均呈内收铲形，整体作大口小底的轴对称镢形，显然是有意而为，推测用于范料的搅拌和沉淀，具体出土器物介绍如下。

陶范 5件。1999YJCH12：1，残。红色，长方形有刃器范，残余方形或长方形刃部，似为刀或铲类。手制。残长8厘米，残宽5.5厘米，厚3.6厘米（图3.1-10，1）。1999YJCH12：4，残。红色，方形或长方形器范，范中直角凹槽，槽缘略斜，底面有台，中刻斜沟痕，半部烧灼严重已融熔。残长8厘米，残宽6.6厘米，厚3.8厘米（图3.1-10，2）。1999YJCH12：6，戈范，残。红色，正锋弧刃，高脊缓，内略斜上，内尖有排气孔，下为注口，有使用痕迹。长30.8厘米，宽19.2厘米，厚4.4厘米（图3.1-10，5）。1999YJCH12：9，残。红色，长方形铸范平盖，表面平整无刻痕，中部有烧灼痕，背面修有略小的平台，台面刻网状沟纹。残长16厘米，宽9.5厘米，厚4.2厘米（图3.1-10，3）。1999YJCH12：3，残。红色，长方形陶范平盖，范面平整无痕，范背刻斜沟痕，端面环周有一周凹槽，土质疏松，有较多气孔。长14.5厘米，宽11.5

厘米，厚3.5～4厘米（图3.1-10，4）。

陶鼓风管　1件。1999YJCH12：2，残。红色，圆柱状空心管，口窄尾宽，中心通道向口渐细，出口向与通道成120°角。长24厘米，口径4厘米，尾径5厘米，外径11厘米（图3.1-10，6；图版二五，4）。

陶绳纹罐　1件。1999YJCH12：8，残。红褐色，唇部残损，直颈鼓腹罐，腹下拍交叉绳纹，肩上有两周抹光弦纹，手制。口径10.5厘米，腹径26.8厘米，底径9.5厘米，颈高3厘米（图3.1-10，7）。

陶圈　1件。1999YJCH12：10，残。泥质红陶，半弧不规则形，似为捏制在某一平面上的护圈。长15.5厘米，宽7～7.6厘米，厚2.4～3.2厘米（图3.1-10，8）。

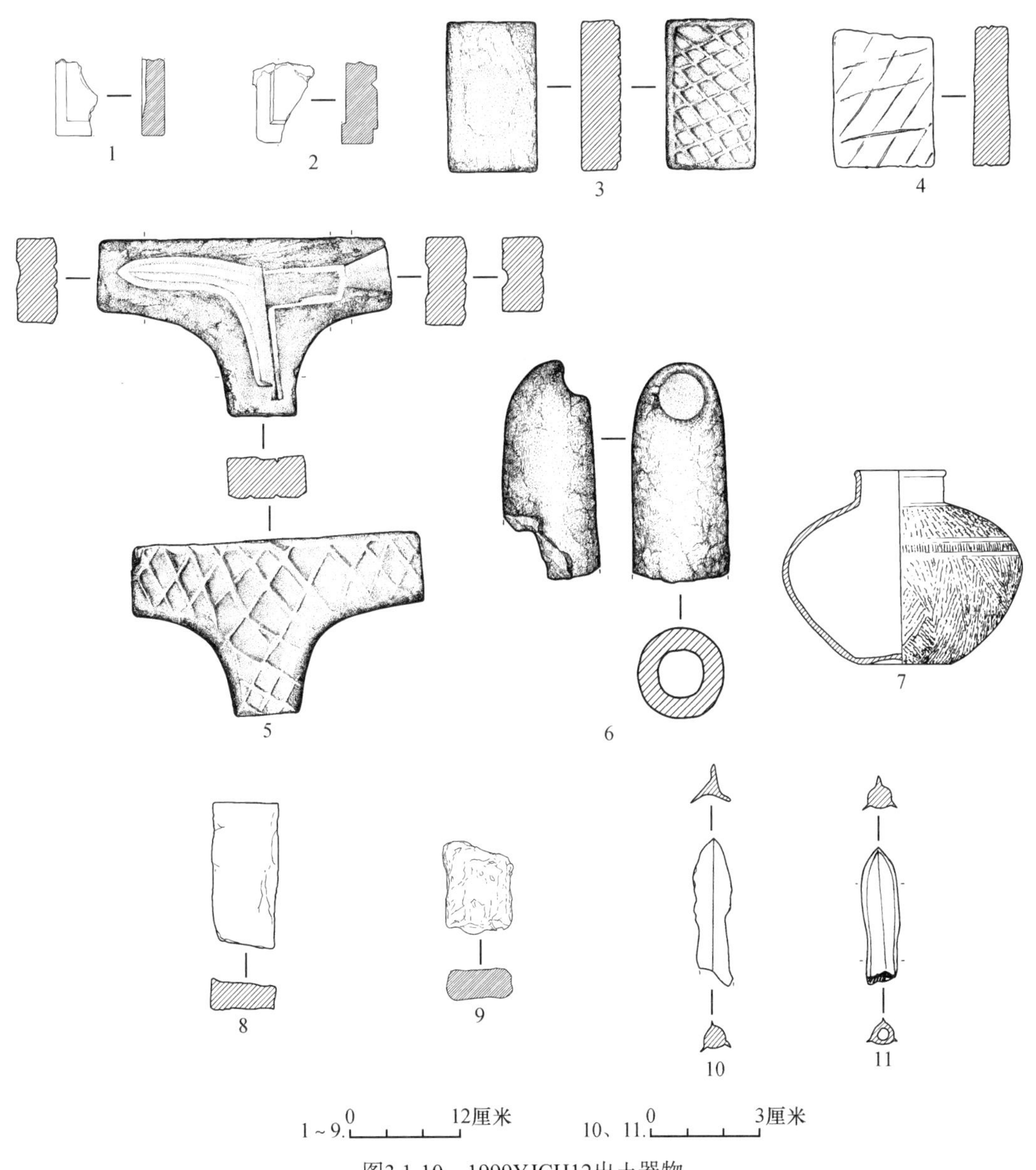

图3.1-10　1999YJCH12出土器物

1～5. 陶范（1999YJCH12：1、1999YJCH12：4、1999YJCH12：9、1999YJCH12：3、1999YJCH12：6）
6. 陶鼓风管（1999YJCH12：2）　7. 陶绳纹罐（1999YJCH12：8）　8. 陶圈（1999YJCH12：10）　9. 铁镢（1999YJCH12：5）
10、11. 铜镞（1999YJCH12：7-1、1999YJCH12：7-2）

铜镞 2件。1999YJCH12：7-1，残。三翼形，三翼均宽而锐，前锋圆钝，无明确关。铸造。残长3.9厘米，翼间宽1.1厘米（图3.1-10，10）。1999YJCH12：7-2，残。从残器看为三翼形，前锋圆钝，铤部残断似有銎。铸造。残长3.2厘米，宽1.1厘米（图3.1-10，11）。

铁镢 1件。1999YJCH12：5，残。锈蚀较重。铸造。残长9.5厘米，宽7厘米，厚3.6厘米（图3.1-10，9）。

2. 埋葬坑

发现属于这一时期的特殊性质的埋葬坑2个，其中S区发现1个，编号2004YJSK2；E区发现1个，编号2004YJEK1。

2004YJSK2 该坑位于S区中部，发现于第4b层下，基本为正方形，上部部分因塌方形状不规格，一些部分压于2004YJSH401之下，坑作于生土或基岩之上。2004YJSK2基本为正方形，上口略大下部收小的竖穴式土坑，内侧四角有伸入东西两壁之长方形坑洞，坑下部以木板构筑成方形，围成四壁，直接坐落于基岩上。坑深8米，上口最宽处3.7米，距离坑口1.9米处发现东西两壁坑洞，每往下1米均有同样发现，距离坑口6米处发现连续之挡板，最上层已经腐蚀殆尽，下层存约1.6米高，边长2.3米之木框，其底部直接构筑于基岩上（图3.1-11；图版三）。堆积可以分为两层，第1层黄土层，包含铁锈斑点，较为细腻致密，与部分灰土混合一起，黄土与坑壁生土完全一致，可能为塌方所致。其中，出土大量陶器残片、竹木残段，发现陶壶1件较为完整。第2层为青膏泥，极细，黏性大，可以分层若干小层，每层约20厘米，夹杂大量竹席残片，含砂土，该层堆积一直延伸至坑底，出土较完整之陶器——凹底罐、双耳罐、鬲、豆、壶等。从该坑的构筑方式，并结合2004年发掘的K1的特征，确定该坑应该是构筑的墓坑，

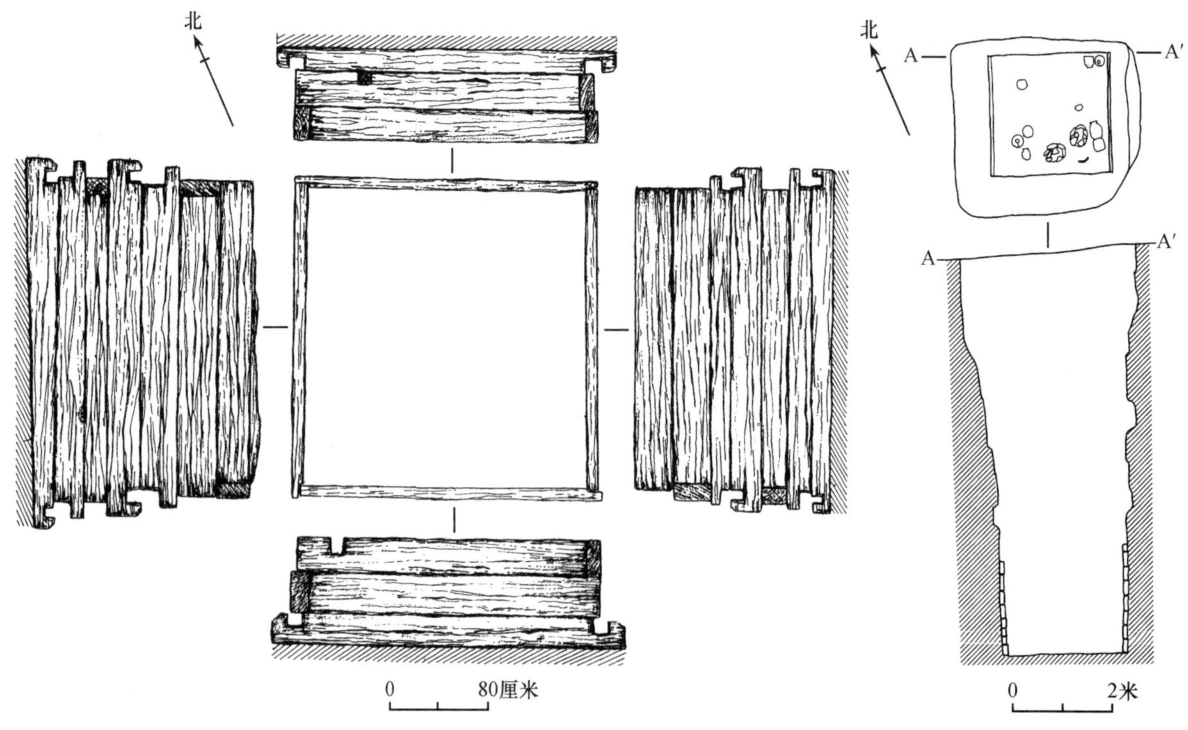

图3.1-11 2004YJSK2平、剖面图

但是从堆积分析，该坑没有葬入墓主。后期可能因为长期塌方废弃作为灰坑。

陶凹底罐　11件。2004YJSK2①：6，残。灰陶，侈口，方唇，高领，圆肩，鼓腹，凹底，颈部以下饰绳纹，肩部及腹部有压印纹，轮制。口径16.5厘米，底径10厘米，最大腹径7.5厘米，高28.5厘米（图3.1-12，9）。2004YJSK2②：7，残。灰陶，侈口，方唇，短颈，圆肩，斜弧腹，底微凹，最大径处饰三条弦纹，轮制。口径23.5厘米，底径10厘米，最大径24.5厘米，高15厘米（图3.1-12，2）。2004YJSK2②：11，灰黑陶，口微敞，方唇，短颈，圆肩，斜弧腹，底微凹，颈部有竖条纹，肩部以下饰交错绳纹，轮制。口径31厘米，底径12.5厘米，肩径32厘米，高21厘米（图3.1-12，1）。2004YJSK2②：24，灰陶，侈口，方唇，短颈，鼓腹，底微弧，颈部饰竖条纹，其他部位饰绳纹，肩部有一条压弦纹，轮制。口径13.5厘米，底径8厘米，最大径19.5厘米，高18.5厘米（图3.1-12，6；图版一八，2）。2004YJSK2②：30，黑陶，侈口，方唇，短颈，圆肩，鼓腹，底微凹，通体饰绳纹，有五条压按形成的弦纹，轮制。口径13.5厘米，底径10厘米，最大径4.5厘米，高24厘米（图3.1-12，4）。2004YJSK2②：31，灰陶，侈口，折沿，短颈，圆肩，鼓腹，凹底，颈部以下饰绳纹，肩部有三条压印纹，轮制。

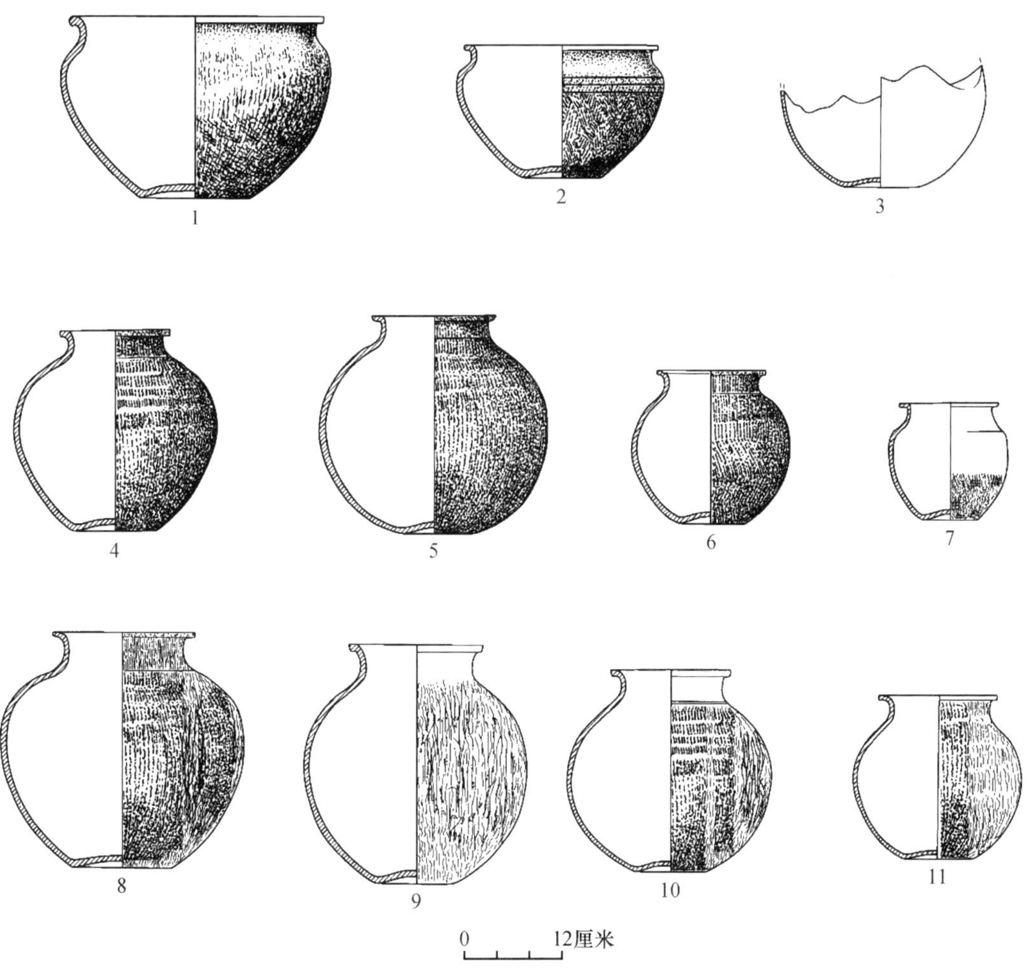

图3.1-12　2004YJSK2出土的陶凹底罐

1. 2004YJSK2②：11　2. 2004YJSK2②：7　3. 2004YJSK2②：37　4. 2004YJSK2②：30　5. 2004YJSK2②：31　6. 2004YJSK2②：24　7. 2004YJSK2②：35　8. 2004YJSK2②：32　9. 2004YJSK2①：6　10. 2004YJSK2②：33　11. 2004YJSK2②：34

口径15.2厘米，底径9厘米，最大径28.2厘米，高26厘米（图3.1-12，5）。2004YJSK2②：32，灰陶，侈口，方唇，长颈，圆肩，鼓腹，底微凹，颈部以下饰绳纹，轮制。口径16.8厘米，底径12厘米，最大径29.8厘米，高28厘米（图3.1-12，8；图版一八，3）。2004YJSK2②：33，黑陶，侈口，方唇，高颈，圆肩，鼓腹，凹底，颈下饰绳纹，轮制。口径15.2厘米，底径9厘米，最大径25厘米，高24厘米（图3.1-12，10；图版一八，4）。2004YJSK2②：34，黑陶，侈口，方唇，圆颈，鼓腹，底微凹，通体饰绳纹，轮制。口径14.5厘米，底径8厘米，最大腹径20.5厘米，高19.5厘米（图3.1-12，11；图版一八，5）。2004YJSK2②：35，灰陶，直口，方唇，短颈，圆肩，鼓腹，底内凹，腹部及底部有绳纹，变成漫漶不清的交错绳纹，轮制。口径12.5厘米，底径7.5厘米，肩径14厘米，最大腹径13厘米，高14厘米（图3.1-12，7；图版一八，1）。2004YJSK2②：37，残。黑陶，鼓腹，凹底，轮制。最大径24厘米，底径9厘米，残高14.5厘米（图3.1-12，3）。

陶豆 13件。2004YJSK2①：1，残。灰陶，敞口，斜腹，喇叭底。素面，轮制。口径11.5厘米，底径6.5厘米，高9.5厘米（图3.1-13，12）。2004YJSK2①：3，已复原。青灰陶，敞口，浅盘，喇叭口，素面，轮制。口径12厘米，底径7.5厘米，高9.5厘米（图3.1-13，8）。2004YJSK2②：12，灰陶，底盘弧壁，高柄，喇叭底，素面，轮制。口径15.2厘米，底径9厘米，高17.5厘米（图3.1-13，2）。2004YJSK2②：13，灰陶，浅盘，高柄，喇叭口，素面，轮制。口径13.5厘米，底径8厘米，高15厘米（图3.1-13，1）。2004YJSK2②：14，黑陶，深盘，柄高，喇叭底，素面，轮制，口径15厘米，底径8.5厘米，高14厘米（图3.1-13，3）。2004YJSK2②：15，灰陶，浅盘，矮柄，底壁外弧，素面，轮制。口径11.5厘米，底径7.5厘米，高9厘米（图3.1-13，11）。2004YJSK2②：16，灰陶，盘底弧形，高柄，喇叭底，素面，轮制。口径13.5厘米，底径8.2厘米，高12.2厘米（图3.1-13，4）。2004YJSK2②：17，灰陶，盘底弧形，柄短，底壁微弧，素面，轮制。口径11.5厘米，底径6.5厘米，高8厘米（图3.1-13，10）。2004YJSK2②：18，灰陶，浅盘，盘底微凹，矮柄，喇叭口，素面，轮制。口径11.5厘米，底径7.8厘米，高9厘米（图3.1-13，6）。2004YJSK2②：19，灰陶，盘底较深，弧底，短柄，喇叭口，素面，轮制。口径13厘米，底径7厘米，高11厘米（图3.1-13，5）。2004YJSK2②：20，灰陶，浅盘，底部斜壁外弧，素面，轮制。口径11.5厘米，底径7.5厘米，高9.5厘米（图3.1-13，7）。2004YJSK2②：21，黑陶，浅盘，盘底较平，短柄，底部斜壁外凸，素面，轮制。口径11.5厘米，底径7.8厘米，高9.5厘米（图3.1-13，13；图版一七，5）。2004YJSK2②：22，灰陶，浅盘，柄稍短，喇叭口，素面，轮制。口径12厘米，底径6厘米，高10厘米（图3.1-13，9）。

陶鬲 5件。2004YJSK2①：9，残。黑陶，侈口，折沿，短颈，腹微鼓，三足柱形，颈部以下饰绳纹，肩部有一条压印弦纹，轮制。口径24.5厘米，肩径27.5厘米，高26厘米（图3.1-14，4）。2004YJSK2②：4，残。灰黑陶，鼓腹，柱状三足向外撇，器壁饰绳纹，肩部有一条压印纹，轮制。残高27厘米，足间22厘米，裆高9厘米（图3.1-14，3）。2004YJSK2②：6，残。灰陶，侈口，方唇，圆肩，鼓腹，柱状三足，平裆，颈下饰绳纹，肩部有若干条压按形成的弦纹不是很明显，轮制。口径20.5厘米，最大径37.5厘米，高38厘米，

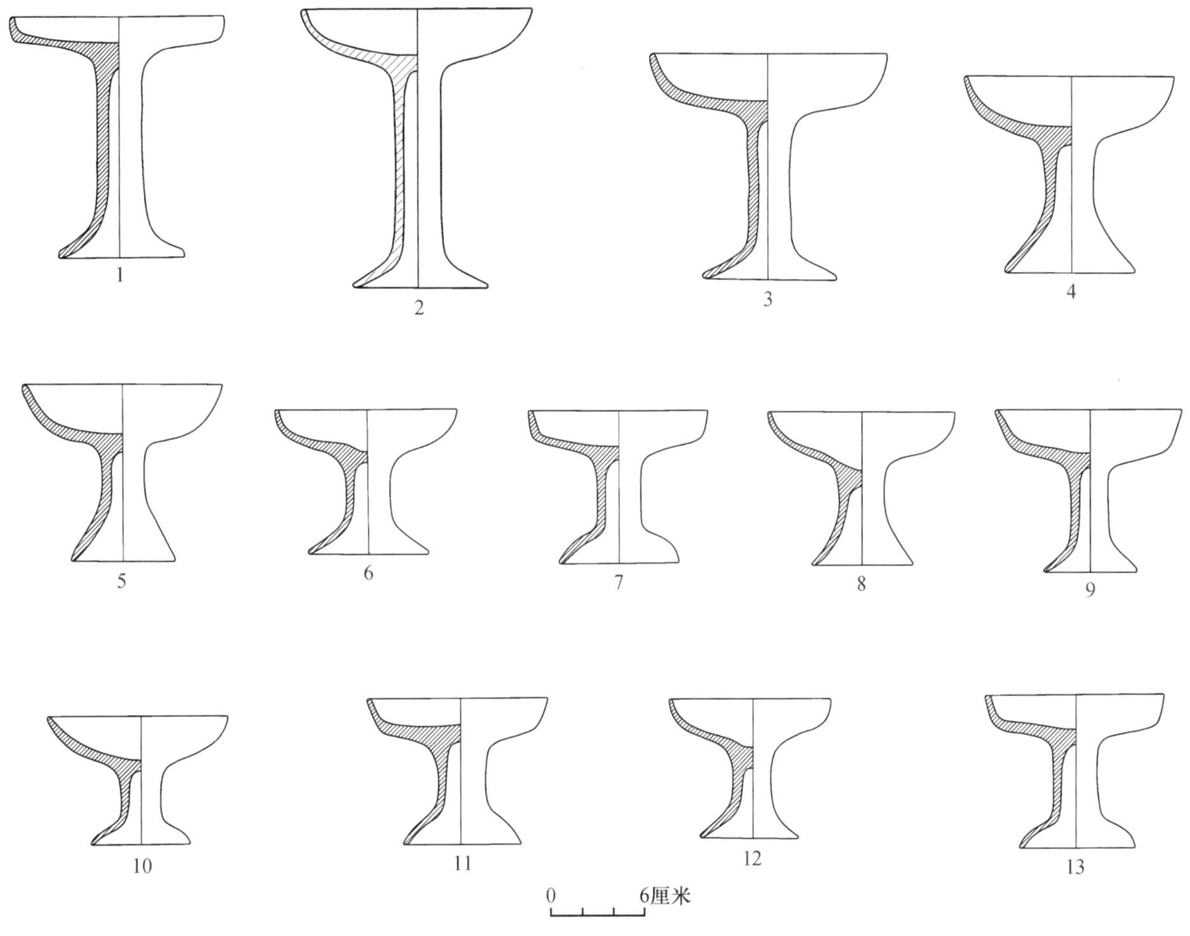

图3.1-13　2004YJSK2出土的陶豆

1. 2004YJSK2②：13　2. 2004YJSK2②：12　3. 2004YJSK2②：14　4. 2004YJSK2②：16　5. 2004YJSK2②：19
6. 2004YJSK2②：18　7. 2004YJSK2②：20　8. 2004YJSK2①：3　9. 2004YJSK2②：22　10. 2004YJSK2②：17
11. 2004YJSK2②：15　12. 2004YJSK2①：1　13. 2004YJSK2②：21

足间距26厘米，裆高8.5厘米（图3.1-14，1；图版一七，2）。2004YJSK2②：8，黑陶，侈口，方唇，圆肩，柱状三足，颈部有竖条纹，颈下饰绳纹，肩部有一条压按形成的弦纹，轮制。口径25厘米，最大径28.5厘米，高28厘米，足间距17厘米（图3.1-14，2；图版一七，1）。2004YJSK2②：10，残。灰黑陶，侈口，方唇，短颈，圆肩，斜腹，柱状三足，颈部以下饰有抹断绳纹，轮制。口径27厘米，最大径31.6厘米，高27厘米，足间距18厘米（图3.1-14，5；图版一七，3）。

陶甗盆　4件。2004YJSK2①：10，残。灰陶，侈口，方唇，圆肩，斜弧腹，颈部有竖条纹，颈以下饰绳纹，肩部有一条压按纹，轮制。口径27厘米，残高27厘米，最大径32厘米（图3.1-15，3）。2004YJSK2②：1，残。灰黑陶，侈口，方唇，圆肩，弧腹，颈部以下饰有抹断绳纹，轮制。口径52厘米，残高34厘米，肩径58厘米（图3.1-15，1）。2004YJSK2②：2，残。黑陶，侈口，方唇，圆肩，斜弧腹，无底，颈部有不甚明显竖条纹，颈部以下饰绳纹，肩部有一条压按形成的弦纹，轮制。口径31.5厘米，下口径12厘米，肩径36.5厘米，高27厘米（图3.1-15，4）。2004YJSK2②：9，残。灰黑陶，侈口，方唇，圆肩，斜弧腹，小口，无

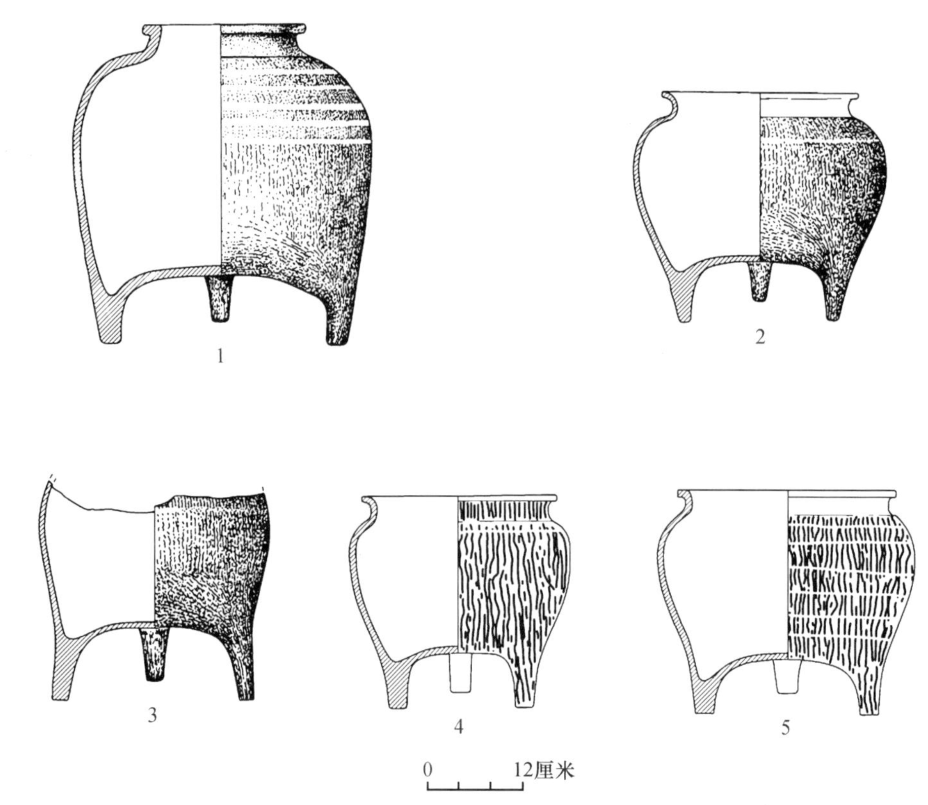

图3.1-14 2004YJSK2出土的陶鬲

1. 2004YJSK2②：6 2. 2004YJSK2②：8 3. 2004YJSK2②：4 4. 2004YJSK2①：9 5. 2004YJSK2②：10

底，颈部以下饰绳纹，肩部有三条压按形成的弦纹，轮制。上口径36厘米，肩径42厘米，残高30厘米，下口径11.5厘米（图3.1-15，2；图版一七，4）。

陶壶 3件。2004YJSK2①：5，残。灰陶，直口直径，鼓腹，平底微凹，最大腹径以下饰粗绳纹，轮制。内口径9厘米，外口径10.5厘米，底径6.7厘米，最大腹径16厘米，高16.2厘米（图3.1-16，7）。2004YJSK2①：7，灰陶，直口，圆唇，高颈，圆肩，斜腹，微弧平底，素面，轮制。口径13厘米，底径12厘米，肩径22.5厘米，高22厘米（图3.1-16，4）。2004YJSK2②：25，灰黑陶，侈口，长径，方唇，圆肩，斜弧腹，平底，颈部饰竖条纹，肩部有三条弦纹，内饰三角纹，轮制。口径14厘米，底径12厘米，肩径22厘米，高21厘米（图3.1-16，1）。

陶双耳罐 1件。2004YJSK2②：23，灰黑陶，侈口，平唇，圆肩鼓腹，底微凹，肩部有对称底耳，通体饰绳纹，轮制。口径12.6厘米，底径5厘米，最大径21厘米，高20厘米（图3.1-16，3；图版一七，6）。

陶釜 1件。2004YJSK2②：36，灰陶，敞口，圆唇，长弧颈，鼓腹，圜底，肩部以下饰网络纹，轮制。口径13.5厘米，最大腹径21.5厘米，高25厘米（图3.1-16，2；图版一八，6）。

其他陶罐 8件。2004YJSK2①：8，灰陶，侈口，方唇，短颈，底部残，鼓腹，颈部以下饰绳纹，轮制。口径19厘米，最大腹径30厘米，残高36厘米（图3.1-15，6）。2004YJSK2①：11，残。灰陶，侈口，圆唇，鼓腹，饰绳纹，并有若干条压印的弦纹，轮制。口径23厘米，最大径41厘米，残高24.5厘米（图3.1-15，7）。2004YJSK2②：3，残。黑陶，

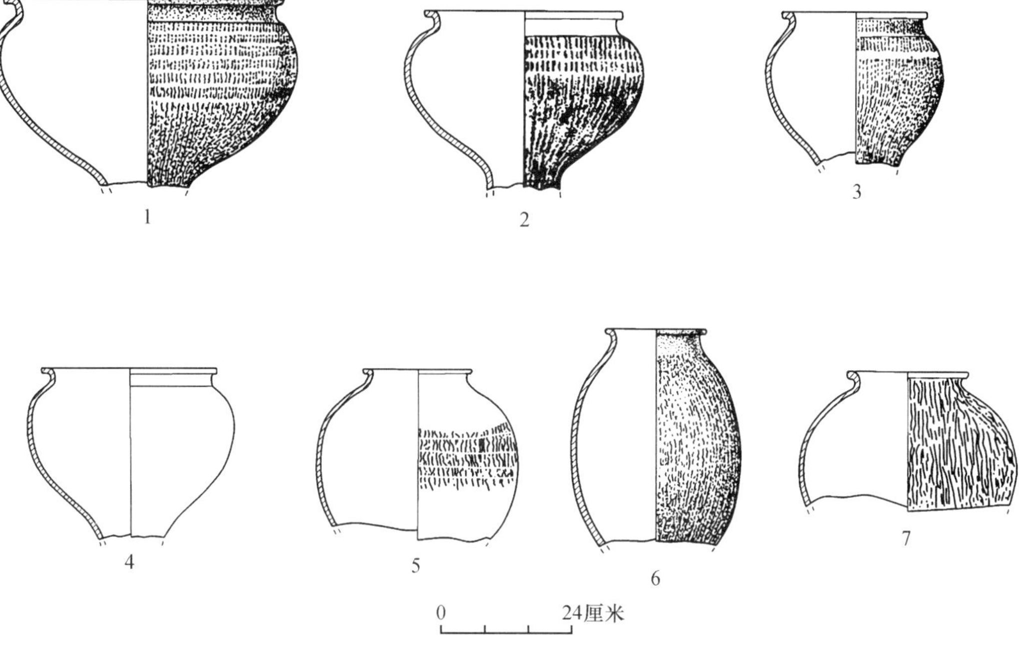

图3.1-15 2004YJSK2出土的陶甗盆和部分残陶器

1～4. 陶甗盆（2004YJSK2②：1、2004YJSK2②：9、2004YJSK2①：10、2004YJSK2②：2） 5～7. 残陶罐（2004YJSK2②：3、2004YJSK2①：8、2004YJSK2①：11）

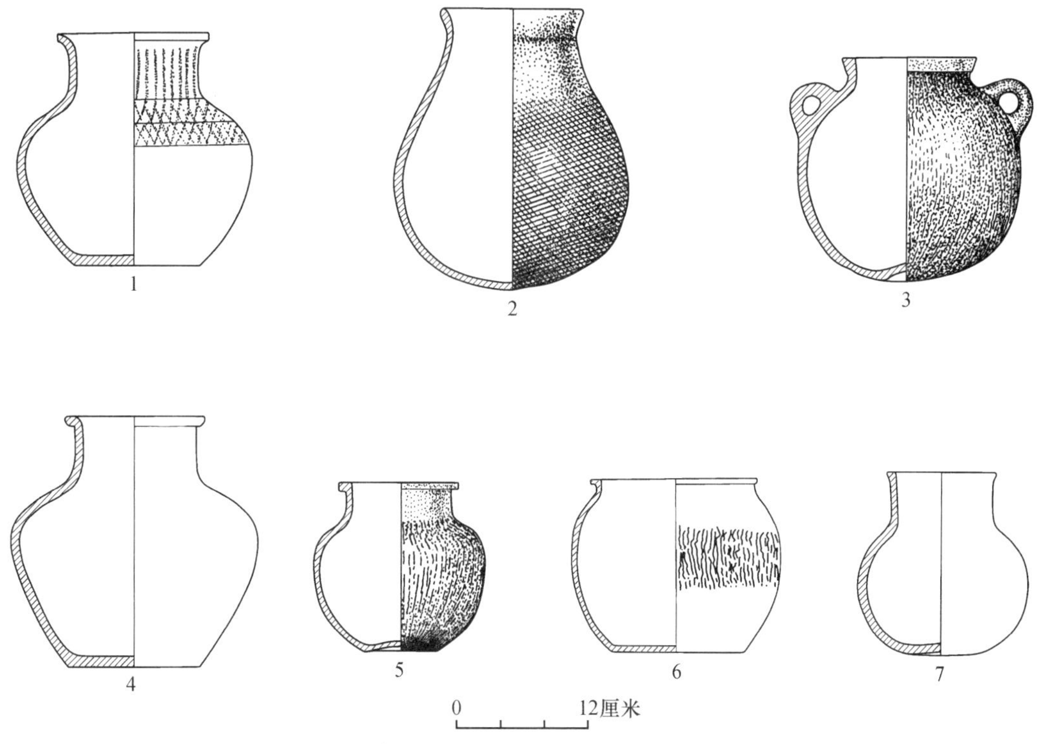

图3.1-16 2004YJSK2出土的其他陶容器

1、4、7. 陶壶（2004YJSK2②：25、2004YJSK2①：7、2004YJSK2①：5） 2. 陶釜（2004YJSK2②：36） 3. 陶双耳罐（2004YJSK2②：23） 5、6. 陶罐（2004YJSK2②：26、2004YJSK2②：5）

直口，方唇，圆肩，鼓腹，通体饰绳纹，轮制。口径20厘米，残高30厘米（图3.1-15，5）。2004YJSK2②：5，残。灰陶，方唇，弧腹，平底，腹部饰绳纹，轮制。高15厘米，底径12厘米（图3.1-16，6）。2004YJSK2②：26，灰陶，直口，折沿，方唇，高颈，圆肩，鼓腹，底微凹，通体饰纵面绳纹，轮制。口径11厘米，底径7厘米，最大径16厘米，高15厘米（图3.1-16，5）。2004YJSK2②：27，残。灰陶，鼓腹，平底，素面，轮制。最大径19厘米，底径10厘米，残高10厘米。2004YJSK2②：28，残。灰陶，鼓腹，底微凹，通体饰绳纹，肩部有两条压印形成底弦纹，轮制。最大径21厘米，底径8厘米，残高16厘米。2004YJSK2②：29，残。灰陶，斜弧腹，平底，素面，轮制。底径11.5厘米，残高11厘米。

木陶拍　1件。2004YJSK2①：15，残。木质，长方形，长13.7厘米，宽6.8厘米，厚1厘米（图3.1-17，3）。

陶纺轮　1件。2004YJSK2①：2，黑陶，平面呈圆形，中间有孔，剖面大致呈三角形，壁上饰四道粗弦纹，轮制。直径3.5厘米，孔径0.4厘米，高1.5厘米（图3.1-17，6）。

铜三棱锥　1件。2004YJSK2①：4，残。直长条形，一端有尖，截面三棱形，铸造，残长7.3厘米（图3.1-17，5）。

铜器口沿　1件。2004YJSK2①：14，残。条形，有弧度，铸造，残长5.5厘米，宽1.1厘米（图3.1-17，4）。

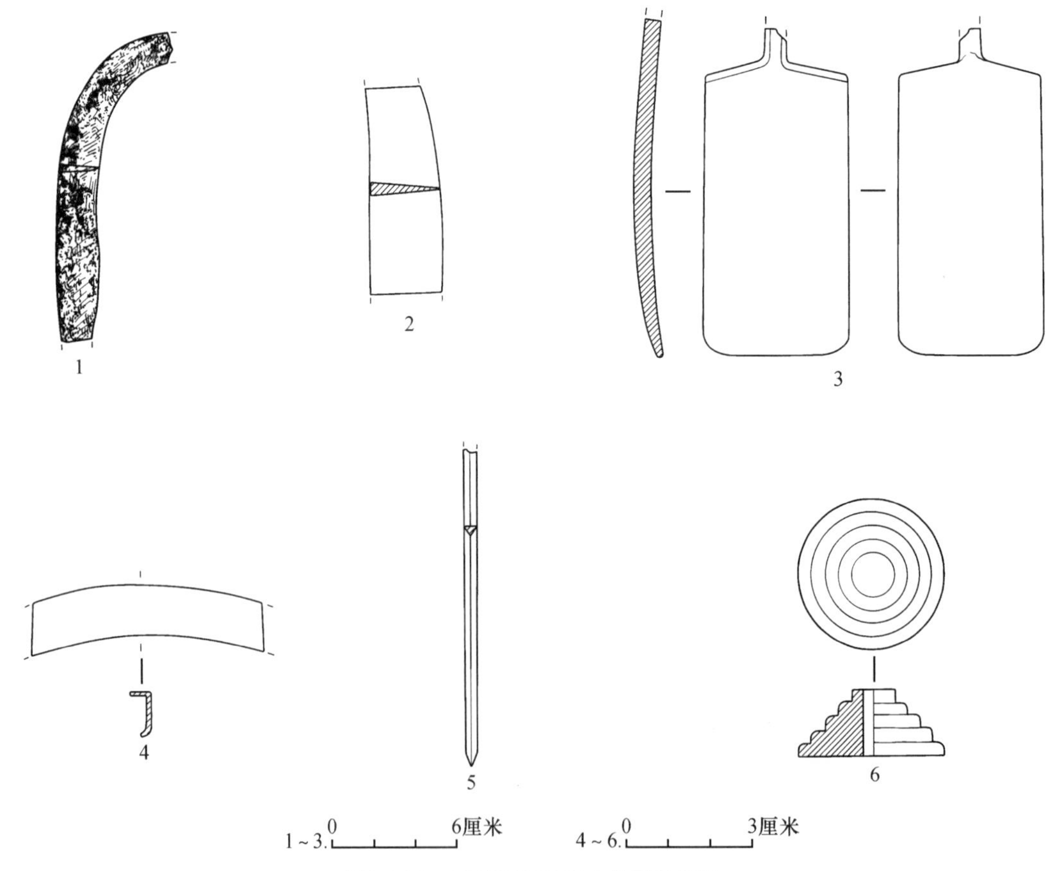

图3.1-17　2004YJSK2出土的其他器物

1、2. 铁刀（2004YJSK2①：13、2004YJSK2①：12）　3. 木陶拍（2004YJSK2①：15）　4. 铜器口沿（2004YJSK2①：14）　5. 铜三棱锥（2004YJSK2①：4）　6. 陶纺轮（2004YJSK2①：2）

铁刀　2件。2004YJSK2①：12，残。长方形，直脊，弧刀，铸造，长9.5厘米，宽3.5厘米，背厚0.5厘米（图3.1-17，2）。2004YJSK2①：13，残。片状，弧形，内侧有刃，铸造，残长15厘米，宽2厘米（图3.1-17，1）。

2004YJEK1　位于E区西南部，开口于第6b层下，椭圆形，方向28°，内有38具人骨，大部分呈东北—西南向分布，其中仅3具有墓圹及简易木葬具，这些人骨有的比较完整，相互叠压堆积，有的残缺不全，人骨周围多见陶器残片，主要器形有豆、鬲、罐等。人骨具体状况如下：1号仰身直肢，头向242°，面向微偏右，左股骨折断，骨架长170厘米；2号仰身屈肢，头向62°，面向左，骨架长155厘米；3号侧身屈肢，头向152°，面向东北，下肢已朽，上肢细小，应为一儿童；4号位于3号东部，扰乱，除头骨和若干肢骨外，未见其他部位骨骼；5号位于1号下部，侧身直肢，头向242°，面向西北，6号仅残存一头骨，头向62°，面向右；7号侧身，肢体已朽，头向30°，面向南；8号位于东北部，仰身直肢，头向60°，面向上，右臂屈置于胸前，骨架身长160厘米；9号仰身直肢，头向260°，面向右，双臂置于身两侧，骨架长170厘米；10号仅有一头骨，头向25°，面向南；11号仅有一根股骨；12号仅有几根肢骨；13号仅有一头骨，头向180°，面向东；14号仰身直肢，头向30°，面向右，左手上臂置于胸前，骨架长160厘米；15号仰身直肢，头向30°，面向左，左手臂屈曲置于胸前，骨架长150厘米；16号仰身直肢，头向30°，面向上，骨架长175厘米；17号仰身直肢，头向240°，面向不明，下肢长70厘米；18号仰身屈肢，头向60°，面向右，左臂置于胸前；20号仰身直肢，头向232°，面向左，骨架残长140厘米，略呈弧状，男性；21号俯身直肢，下肢微弯曲，头向118°，面向右前侧，左臂弯曲，肘上翘，右臂弯折于身右侧，骨架长150厘米，男性；22号为一儿童，仰身屈肢，年龄在十岁以内，头向237°，面向上，左臂弯曲置于身左侧，右前臂置于腹前，小腿并拢，骨架长80厘米；23号俯身直肢，头向165°，面向右，小臂残，小腿无，残长120厘米，男性；24号仰身直肢，头向340°，面向上，双臂自然下垂，无右下肢；25号仰身屈肢，身向348°，头向158°，面向上，左臂置于腹前，右臂弯曲置于胸前，下肢弯曲，膝盖上翘，骨架长150厘米；26号上半身遭破坏，仅剩下肢骨，判断该人骨仰身直肢，方向25°，残长90厘米；27号仰身直肢，身体微弯曲，头向28°，面向微偏左，左臂自然下垂，右臂弯曲置于胸前，盆骨残缺，小腿交叉，左在下，右在上，骨架长165厘米；28号仅一具头骨，无身躯，头向上，面向前（东北）微上仰；29号仰身直肢，头向298°，面向上，左臂自然下垂，下肘置于盆骨处，右臂弯曲置于胸前，小腿交叉，左在上，右在下，身长150厘米；30号有木质葬具，长方形，长180厘米，宽40厘米，高30厘米，人骨俯身直肢，头向296°，面向左，上臂反折于背后，下肢小腿并拢，骨架长150厘米；31号仅一具头骨，头向上，面向西，下颌骨与颅骨分离，颅骨下压着一根肢骨；32号俯身直肢，左臂残，右臂向上伸出，压于颅骨之下，头向28°，面向左，骨架长160厘米；33号俯身屈肢，头向10°，面向左，左臂弯曲置于身左侧，右臂压于身下，下肢弯曲，在膝盖处叠压，身长150厘米；34号仅发掘出头部，头向227°，面向右；35号仅发掘出头部，头向30°，面向右；36号有木质葬具，长方形，长190厘米，宽40厘米，高40厘米，人骨仰身直肢，头向142°，面向左，两手臂自然下垂，下肢长而直骨架长175厘米，男性；37号仰身直肢，方向160°，无头，两上肢自然下垂，左手位于盆骨下，右手位于盆骨上，骨架残长140厘米；38号仰身直肢，头向169°，面向左，两手臂自然下垂，下肢也自然摆放，骨架长165厘米，男性（图3.1-18；图版四）。具体出土器物介绍如下。

陶大口罐　1件。2004YJEK1：1，灰黑陶，平沿，尖圆唇，直口，束颈，圆肩，斜腹，凹底，轮制。口径27.4厘米，肩径20厘米，底径7厘米，高10.5厘米（图3.1-19，1）。

陶罐　1件。2004YJEK1：2，灰陶，平沿，圆唇，高颈，鼓腹，凹底。颈部以下通体绳纹，轮制。口径16厘米，最大腹径28.5厘米，底径10厘米，高26.4厘米（图3.1-19，2）。

陶豆　1件。2004YJEK1：3，红褐陶，浅盘圆唇，矮座。口径13.4厘米，底径8厘米，高12.5厘米（图3.1-19，3）。

陶甑底　1件。2004YJEK1：4，残。红褐陶，平底，密集分布两圈小圆形孔。底径15厘米，孔径1厘米，残高6厘米（图3.1-19，4）。

3. 墓葬

墓葬只发现1座，编号2004YJEM1。

2004YJEM1　位于2004YJET0308第7a层中，墓平面形状为圆角长方形，墓口距地面3.5米。墓口长1.9米，宽0.55米；墓底长1.9米，宽0.55米；墓坑深0.25米。墓坑填土为含沙极大的灰色土。内发现一具人骨，仰身直肢，方向225°，面向上，保存较差。葬具为木棺顶盖板瓦，棺底垫瓦和石块。无随葬品。

4. 白灰面

白灰面发现一处，位于1999YJCT2和1999YJCT12之间的生土层上，西南—东北走向，平面呈南宽北窄的长条形，长约3.5米，宽1～1.5米，厚约0.05米。白灰面的中部有一长0.2、宽0.15米的椭圆形红烧土面，可能为一处残破的居住面，但由于保存较差，无法进一步明确其属性。

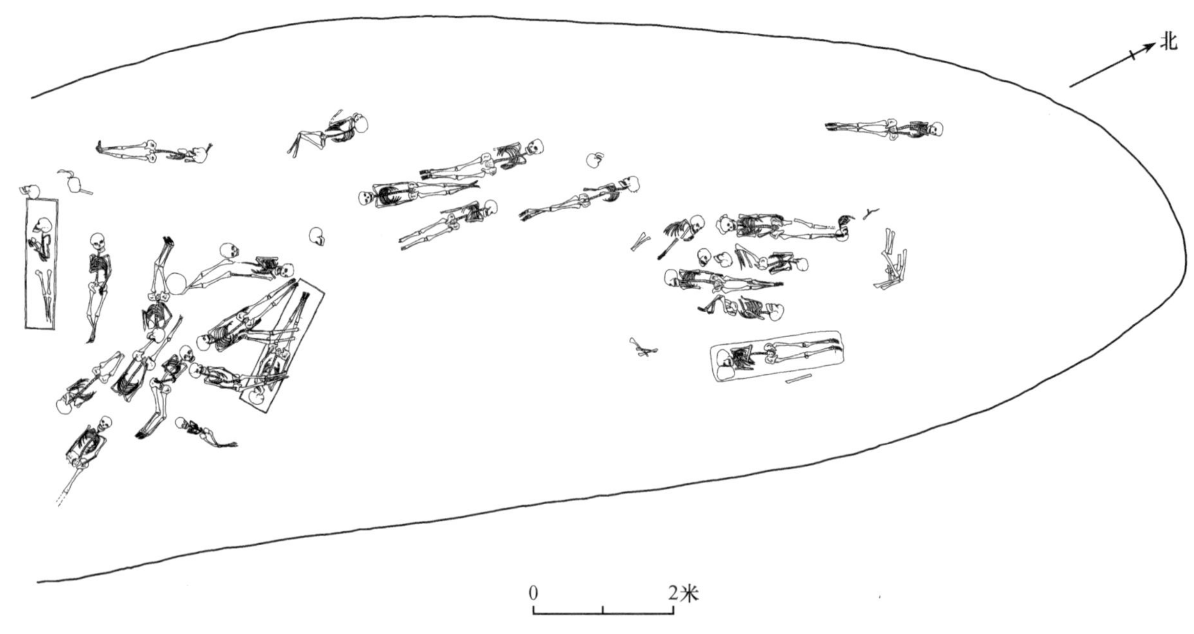

图3.1-18　2004YJEK1平、剖面图

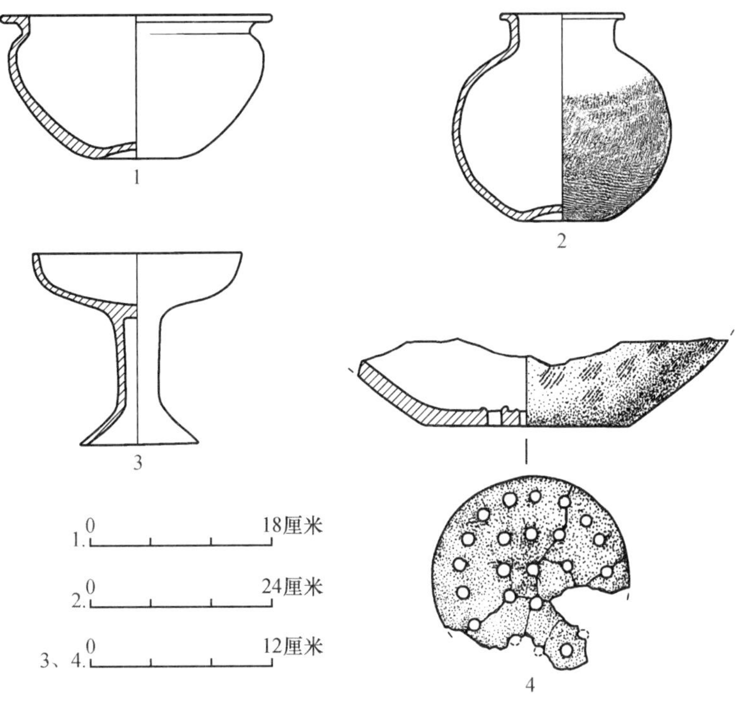

图3.1-19　2004YJEK1出土器物

1. 陶大口罐（2004YJEK1：1）　2. 陶罐（2004YJEK1：2）　3. 陶豆（2004YJEK1：3）　4. 陶甑底（2004YJEK1：4）

第二节　其他遗物

除了遗迹中出土的器物外，在地层中也发现了少量的遗物，大都出自1999年C区第5～7层，2004年B区的第6层和2001年S区的第6层。主要有陶器、石器、铜器、铁器、骨器等，以下将具体介绍。

1. 陶器

陶器器形有瓦、豆、罐、盆、钵、瓮等，以泥质灰褐陶为主，夹砂红陶及黑皮陶仅有少量。

陶筒瓦　3件。1999YJCT3⑤：4，残。红色，近半弧形剖面，外侧饰细绳纹较深，内侧素面纹，制作精细，前端有一完整素面瓦当，瓦脊有一穿孔。轮制。长26厘米，宽14厘米，厚1.2厘米（图3.2-1，11）。1999YJCT3⑤：3，残。红色，剖面近半弧形，外侧饰粗绳纹，内侧素面。手制。汉代。长42.5厘米，宽13厘米，厚1.1厘米，舌长2.4厘米。1999YJCT3⑤：5，残。红色，剖面近半弧形，除舌外，外侧面饰细绳纹，内侧饰布纹，制作较精。手制。长42.5厘米，宽13厘米，厚1.1厘米，舌长2.4厘米。

陶瓦当　1件。1999YJCT8⑤：7，残。泥质灰陶，卷云纹，中心乳突较大，云纹为单线，边框较高但较窄。模制。直径14.7厘米，乳突直径4.4厘米（图3.2-1，7）。

陶豆　6件。1999YJCT8⑤：6，残。泥质灰陶，浅盘，柱状把，喇叭形座。高10.8厘米，盘径13.8厘米，底径7.6厘米，柄径3厘米（图3.2-1，1）。1999YJCT10⑦a：5，残。泥质灰陶，圆唇，浅盘，矮把喇叭状座。轮制。高9厘米，盘径13.2厘米，盘高2.8厘米，把高2.8厘米，柄径3厘米（图3.2-1，2）。1999YJCT8⑦：8，残。泥质灰陶，浅盘，柱状矮柄，喇叭形座。轮制。高9.6～10.2厘米，盘径11.8厘米，盘高3厘米，柄径3厘米，座高2.6厘米（图3.2-1，3；图版二一，5）。1999YJCT10⑦c：2，灰色，尖唇，浅盘，细高把，浅喇叭形座。轮制。高18厘米，盘径13厘米，座高3厘米，座径9.2厘米（图3.2-1，4）。2005BT0803⑥：5，泥质灰陶，圆唇，口微敛，浅盘，低柄，喇叭形足。口径11.2厘米，底径7.2厘米，高10.4厘米（图3.2-1，5）。2001YJST0706⑥：14，泥质灰陶，弧形豆盘，圈足柱把，底中空内凹。素面，轮制。豆盘直径15厘米，豆柄高6厘米，底宽7.5厘米（图3.2-1，6）。

陶钵　3件。1999YJCT10⑦a：2，残。泥质灰陶，近底部饰宽凹纹。轮制。口径17.2厘米，底径8厘米，高7.2厘米（图3.2-1，9）。1999YJCT10⑦a：6，残。泥质灰陶，圆唇，敛口，上腹稍鼓，下腹斜收成平底。轮制。高5.6厘米，口径12.8厘米，底径6.6厘米（图3.2-1，10）。1999YJCT10⑦c：3，残。泥质陶，灰色，方唇敛口，腹微鼓，平底，腹底有凸棱状明显接痕，器表里外有明显凹凸不平外，器底内面轮制凸棱，饰三周凸弦纹。轮制。口径15.2厘米，高5.8厘米，底径6厘米（图3.2-1，8）。

除了可复原陶器外，还出土了部分陶容器标本主要包括陶鬲、陶罐、陶甗盆、陶瓮、陶盆等器物残片，我们选取以下标本进行介绍。

陶鬲残片　2件，1999YJCT8⑥b：14，上腹饰抹断绳纹，夹砂灰黑陶，圆唇，侈口，颈部较圆滑，口径13厘米（图3.2-2，1）。1999YJCT10⑦c：22，口沿均饰指压状花边，颈部外斜较大，夹粗砂黄褐陶，方唇略圆，侈口，微鼓腹，残长4厘米（图3.2-2，2）。

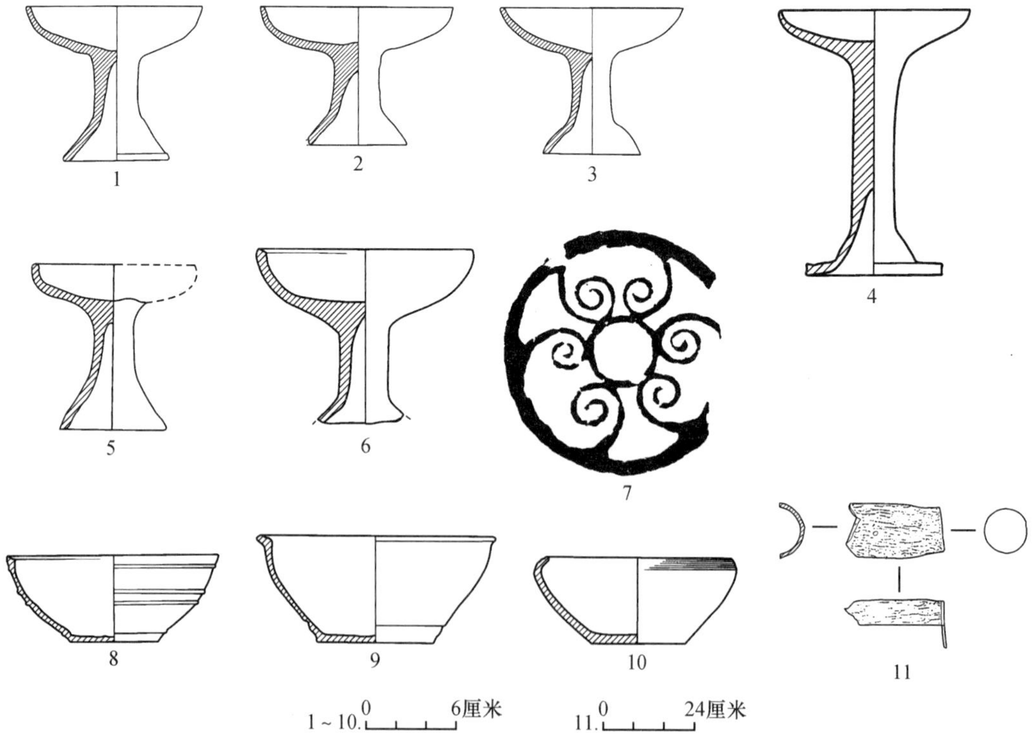

图3.2-1　战国时期地层中出土的陶容器和陶瓦

1～6. 陶豆（1999YJCT8⑤：6、1999YJCT10⑦a：5、1999YJCT8⑦：8、1999YJCT10⑦c：2、2005BT0803⑥：5、2001YJST0706⑥：14）　7. 陶瓦当（1999YJCT8⑤：7）　8～10. 陶钵（1999YJCT10⑦c：3、1999YJCT10⑦a：2、1999YJCT10⑦a：6）　11. 陶筒瓦（1999YJCT3⑤：4）

陶鬲足　5件。其中，圆柱状3件。1999YJCT8⑥b：10，夹粗砂灰陶，足根部加粗并向内斜，足及足底均饰绳纹，高6.2厘米（图3.2-2，3）。1999YJCT8⑤：12，夹粗砂灰陶，饰粗绳纹，足高8.6厘米（图3.2-2，4）。2005YJBT0903⑥：4，夹砂红褐陶，略呈圆柱状，其上饰绳纹。残高12厘米（图3.2-2，7）。圆锥形2件。1999YJCT8⑥b：15，夹粗砂红褐陶，袋稍深，足向一侧弧曲，饰绳纹，高9厘米（图3.2-2，5）。1999YJCT10⑦c：17，圆锥形夹粗砂灰陶，饰粗绳纹，浅袋足较直，高9厘米（图3.2-2，6）。

陶罐残片　6件。1999YJCT8⑤：15，高领，颈肩连接处有明显凸棱，方唇，平折沿，泥质灰陶，颈下饰粗绳纹，口径17.6厘米，颈4厘米（图3.2-2，8）。1999YJCT10⑦c：24，侈口，高领，夹砂灰陶，仅口部能复原。圆唇，口部近直，颈以下饰绳纹，口径15.2厘米（图3.2-2，9）。1999YJCT10⑥b：16，侈口，高领，口内有折棱，黑灰陶，残片较大。圆尖唇，直颈，侈口明显，颈以下饰凸棱状网格纹，口径13厘米，残高11.2厘米（图3.2-2，10）。2005BT0903⑥：2，夹砂红陶，圆唇，弧领，素面。口径14厘米，残高4.5厘米（图3.2-2，11）。2005BT0803⑥：1，泥质灰胎黑皮陶，卷折沿，斜领，素面。口径21厘米，残高5.5厘米（图3.2-2，12）。2005BT0903⑥：1，泥质灰陶，圆唇，束颈，其残片未见纹饰。口径17厘米，残高6.5厘米（图3.2-2，13）。

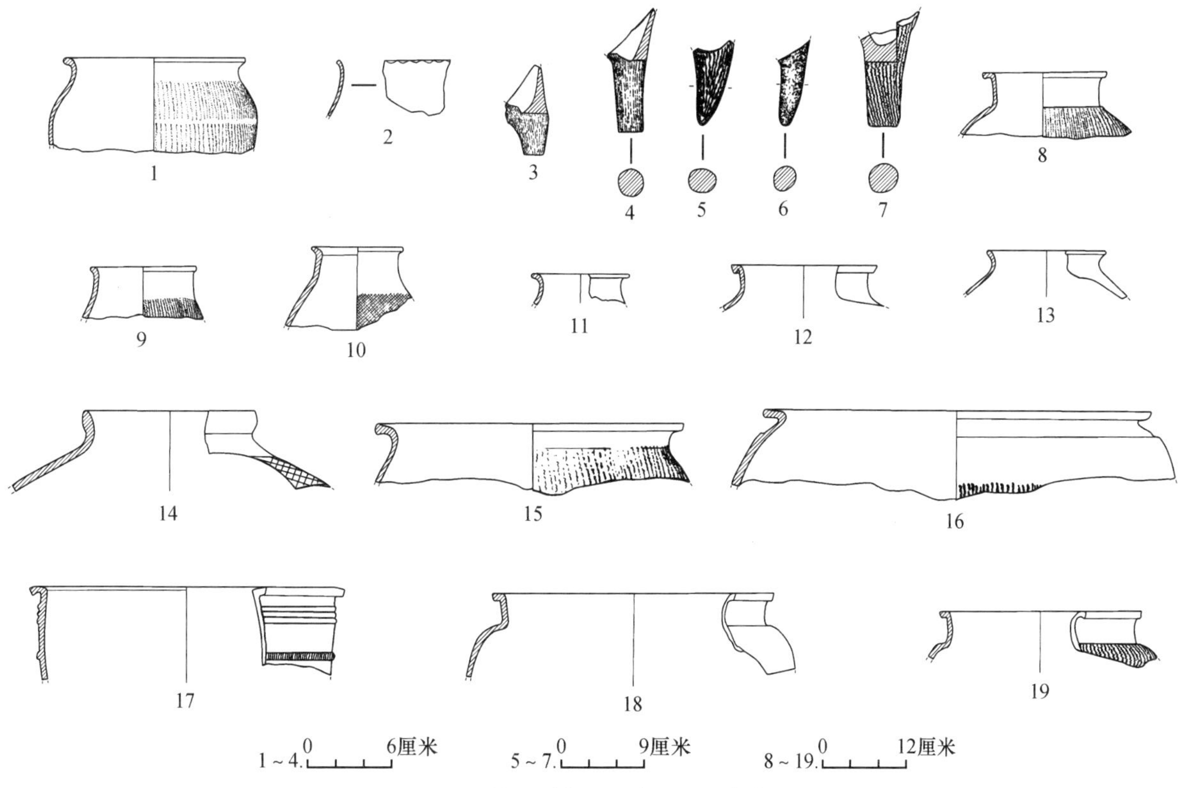

图3.2-2　战国时期地层中出土的陶容器

1、2. 陶鬲（1999YJCT8⑥b：14、1999YJCT10⑦c：22）　3～7. 陶鬲足（1999YJCT8⑥b：10、1999YJCT8⑤：12、1999YJCT8⑥b：15、1999YJCT10⑦c：17、2005YJBT0903⑥：4）　8～13. 陶罐（1999YJCT8⑤：15、1999YJCT10⑦c：24、1999YJCT10⑥b：16、2005BT0903⑥：2、2005BT0803⑥：1、2005BT0903⑥：1）　14～16. 陶瓮（2005BT0803⑥：6、1999YJCT10⑦c：11、1999YJCT10⑦c：24）　17. 陶盆（2005BT0803⑥：2）　18、19. 陶甗盆（2005YJBT0803⑥：4、2005BT0903⑥：3）

陶瓮残片　3件。2005BT0803⑥：6，泥质灰胎褐皮陶，尖唇，颈微束，颈部以下饰网格纹，其壁较厚。口径25厘米，残高11厘米（图3.2-2，14）。1999YJCT10⑦c：11，束颈，外侈口，泥质灰陶，口部可复原。方唇，短束颈，颈下饰绳纹。口径44厘米（图3.2-2，15）。1999YJCT10⑦c：24，折沿，外侈口，泥质灰陶，存上半部。圆唇，宽沿平折，束颈下有一凸棱，自上腹部始饰细绳纹。口径56.4厘米（图3.2-2，16）。

陶盆残片　1件。2005BT0803⑥：2，泥质灰褐陶，方唇，卷折沿，腹壁较直，上腹部有三道凸棱，中腹饰一条箍带，其上饰竖线纹。口径45厘米，残高12厘米（图3.2-2，17）。

陶甗盆残片　2件。2005YJBT0803⑥：4，泥质灰褐陶，平折沿，方唇，斜领，弧肩，素面。口径40厘米，残高11厘米（图3.2-2，18）。2005BT0903⑥：3，泥质褐胎黄灰陶，平折沿，方唇，弧领，弧肩，肩部以下饰竖绳纹。口径29厘米，残高7厘米（图3.2-2，19）。

陶塑　1件。1999YJCT10⑥：2，残。青灰色，呈鸟形，身部上边略弧曲，头部两边各有一圆球状眼睛，一侧眼后有一小圆凸，为耳，前部微下略尖作嘴，上部有一扁翼，下有两扁凹足。手制。长6.9厘米，宽2.5厘米，厚1.1厘米（图3.2-3，1）。

陶网坠　9件。1999YJCT10⑤：4，完整。红褐色，略近圆筒形，两端稍细，中间稍粗，中间有一圆形透孔。长7厘米，直径2厘米，孔径0.8～1厘米（图3.2-3，2）。1999YJCT10⑦A：4，完整。泥质红陶，略呈圆鼓形，中间有一圆形穿孔。长5.5厘米，最大直径1.8厘米，孔径0.7厘米（图3.2-3，3）。1999YJCT10⑤：5-1，残。泥质褐陶，略呈圆柱状，从两端向中部渐粗，中间通一圆孔。长5.1厘米，最大直径1.8厘米，孔径0.5厘米（图3.2-3，4）。1999YJCT10⑤：5-2，残。泥质褐陶，略呈圆柱状，从两端向中部渐粗，中间通一圆孔。长6厘米，最大直径1.2～1.4厘米，孔径0.4厘米（图3.2-3，5）。1999YJCT10⑤：5-3，残。泥质褐陶，略呈圆柱状，从两端向中部渐粗，中间通一圆孔。长7.1厘米，最大直径2.1厘米，孔径0.7厘米（图3.2-3，6）。1999YJCT10⑥：3，残。泥质红陶，略呈圆鼓形，中间有一圆形穿孔。长4.7厘米，最大直径1.4厘米，孔径0.6厘米（图3.2-3，7）。1999YJCT10⑥A：10，残。泥质黄陶，近长圆鼓形，中间有一圆形通孔。长6.6厘米，最大直径2.1厘米，孔径0.8厘米（图3.2-3，8）。1999YJCT10⑥B：11，残。泥质黄陶，近长圆鼓形，中间有一圆形通孔。长7厘米，最大直径1.9～2.2厘米，孔径0.6厘米（图3.2-3，9）。1999YJCT10⑥B：12，稍残。泥质灰陶，略呈长鼓状，中间有一圆孔。长6.5厘米，最大直径2厘米，孔径0.6厘米（图3.2-3，10）。

2. 石器

共发现4件，主要有石斧、磨石和石矛等器物。

石斧　2件。1999YJCT5⑤：1，完整。浅绿色，石片打磨面成，刃部两侧均打磨光滑，刃部锋利。手制。长11厘米，宽4.8厘米（图3.2-4，2；图版三五，5）。1999YJCT10⑦B：2，完整。淡绿色，弓背弧刃，通体磨光，两面斜磨成刃。磨制。长7.7厘米，宽4.8厘米，厚1.8厘米（图3.2-4，1；图版三五，4）。

磨石　1件。1999YJCT3⑤：2，残。灰色，不规则形，断面呈多曲面椭圆形，通磨。磨制。残长13.5厘米，直径4.2～5厘米（图3.2-4，4）。

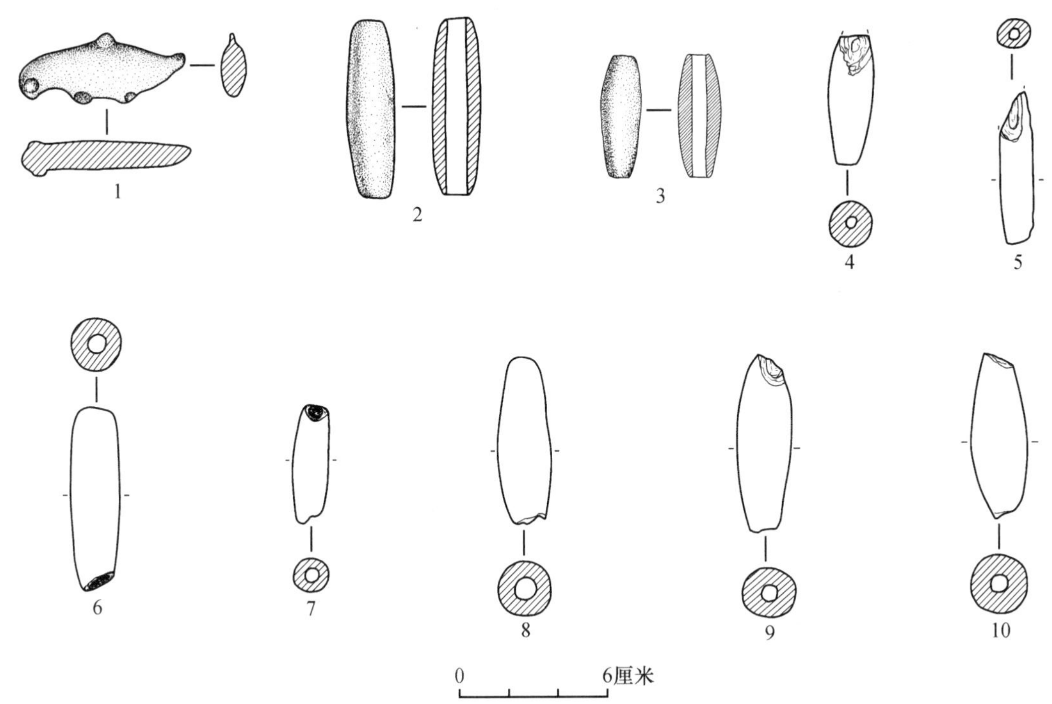

图3.2-3　战国时期地层中出土的陶塑和陶网坠

1. 陶塑（1999YJCT10⑥：2）　2～10. 陶网坠（1999YJCT10⑤：4、1999YJCT10⑦A：4、1999YJCT10⑤：5-1、1999YJCT10⑤：5-2、1999YJCT10⑤：5-3、1999YJCT10⑥：3、1999YJCT10⑥A：10、1999YJCT10⑥B：11、1999YJCT10⑥B：12）

石矛　1件。2001YJST0706⑥：5，残。页岩质，通体磨制而成，双面刃，扁平，矛柄呈扁体状。长12厘米，宽4.5厘米（图3.2-4，3）。

3. 铜器

共发现3件，其中铜带钩1件，铜镞1件，铜矛柄1件。

铜带钩　1件。1999YJCT10⑥：1，残。略呈龟头形，圆钉帽状钩座，近圆形短钩。铸造。长5.2厘米，身宽1.3厘米，高1.1厘米（图3.2-4，9）。

铜镞　1件。1999YJCT10⑥：7，残。长三角棱形镞身，关呈圆翼状，短铤略呈三角形。铸造。长5.8厘米，身长4.2厘米，关长0.8厘米，铤长0.8厘米（图3.2-4，7）。

铜矛柄　1件。2001YJST0706⑥：3，矛柄为銎口，柄的两侧各有一装饰，一侧已残，铸制。长8厘米（图3.2-4，6）。

4. 铁器

共2件，其中铁镢1件，铁镞1件。

铁镢　1件。1999YJCT10⑤：6，残。銎上部及器身上部一面残断，略呈长方形，长方形銎，弧刃。铸造。残长10厘米，宽5.8厘米（图3.2-4，8）。

铁镞　1件。1999YJCT10⑦B：1，腐蚀残损严重仅能辨别出形状。

5. 骨器

1件。1999YJCT10⑦C：1，鹿角，完整。浅黄白色，两端锯平，四面削平，略呈上细下粗的方柱状，下端有一圆形自然孔。锯削。长8.8厘米，中部宽1.9厘米，厚1.4厘米（图3.2-4，5）。

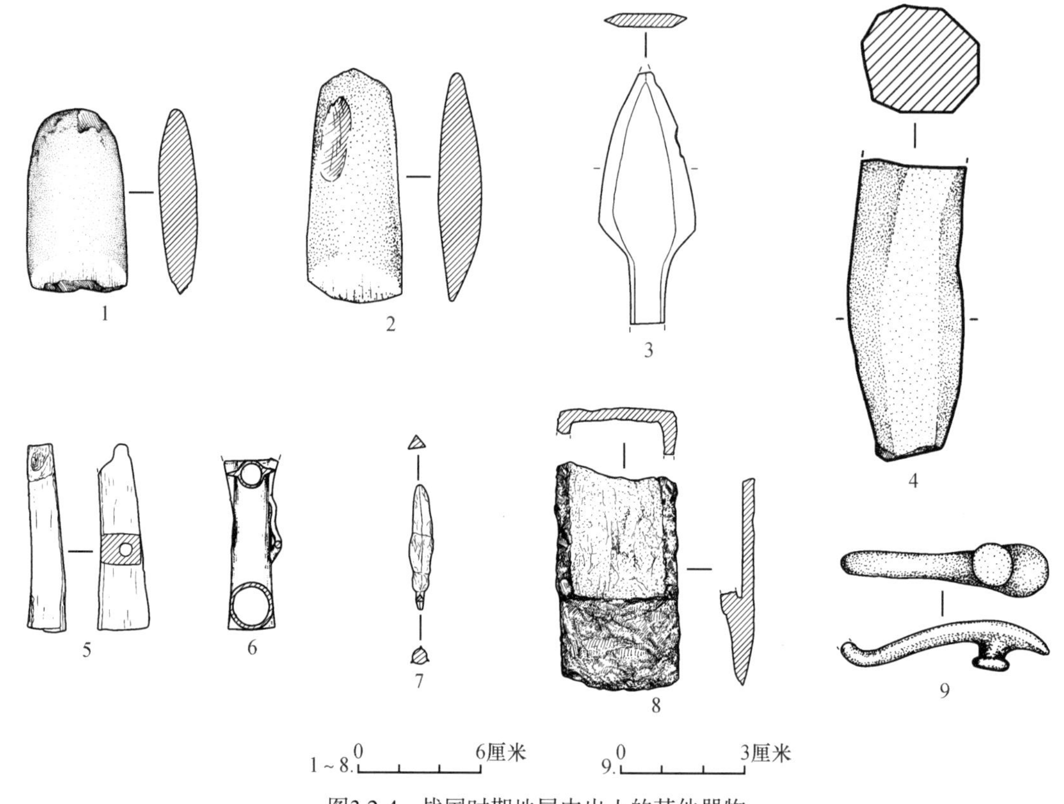

图3.2-4　战国时期地层中出土的其他器物

1、2. 石斧（1999YJCT10⑦B：2、1999YJCT5⑤：1）　3. 石矛（2001YJST0706⑥：5）　4. 磨石（1999YJCT3⑤：2）　5. 骨器（1999YJCT10⑦C：1）　6. 铜矛柄（2001YJST0706⑥：3）　7. 铜镞（1999YJCT10⑥：7）　8. 铁镢（1999YJCT10⑤：6）　9. 铜带钩（1999YJCT10⑥：1）

第三节　小　　结

旧县坪遗址属于战国时期的遗存数量不多，地层出土物主要集中在2004年B区的第6层和1999年C区的第5～7层。尤其是在1999年发掘的C区，属于战国时期的灰坑遗迹均出自这里。这一时期陶器以火候较高的泥质灰陶、黑皮褐陶、夹粗砂灰陶、红褐陶为主，流行粗细绳纹；器形以罐、瓮、鬲、釜、盆、豆、钵为组合，器物具有显著的时代特征及与周边文化的一致性。尤其是釜、鬲、豆等与李家坝遗址东周时期遗存同类器形制相似，时代约为战国晚期前后[①]。在1999YJCH12中木炭的^{14}C年代为2385年±65年，与遗物所表现出的时代特征相一致。

① 四川大学历史文化学院考古系等：《重庆云阳县李家坝遗址1997年度发掘简报》，《考古》2004年6期；四川大学考古学系、重庆市云阳县文物管理所：《重庆云阳李家坝1999年度发掘简报》，《南方民族考古》（第七辑），科学出版社，2011年；四川大学历史文化学院、重庆市云阳县文物管理所：《重庆云阳李家坝遗址2000年度发掘简报》，《江汉考古》2016年6期。

1999YJCH12出土的陶戈范，应为战国时期“中原式戈”无疑，其刃中部的缓折似乎带秦文化的因素，是其年代的重要佐证。这种中原式戈在四川地区屡有发现①，年代均为战国晚期。此外，在C区遗物中还包括了许多陶石铸范，其中三翼形镞在李家坝东周墓中多有出土，应是东周十分流行的形制，而短身长铤三棱锥形镞亦是战国晚期的流行器物。从灰坑中各种陶鼓风管、陶铸范、石铸范、铜炼渣、铁炼渣和大量骨、角器看，这里的冶铸业已初具规模，并已专门化，绝非个体小作坊可比。

位于遗址南端的S区及与S区相接的E区在东周时期地势较陡，南高北低，地层堆积呈斜坡状，未见东周时期的文化堆积层及早于战国的文化层。但发现了这一时期使用的是由于地势落差而自然形成的沟状埋葬（2004YJEK1）和一个初步确认为墓葬的深坑（2004YJSK2），再无房址等其他遗迹发现，由此初步判断该区在战国时可能为墓葬区，富庶者或等级较高的人使用有木椁葬具的规整的墓葬，下层贫民及战俘刑犯人等则被较集中地葬在一起，没有修建规整的墓葬，那些地势低洼的地方成了他们的天然墓地。逐年的洪水冲击形成了较厚的淤积层，将原有的沟壑填平，使这一带地势逐渐平缓。进入汉代，已成为一片难得的宜居之地，并逐渐有人居住，尤其东汉、六朝时期在此建了大量房屋。

① 四川省文物考古研究所等：《荥经县同心村巴蜀船棺葬发掘报告》，《四川考古报告集》，文物出版社，1998年；尹显德：《四川青川出土九年吕不韦戟》，《考古》1991年1期。

第四章　两汉时期遗存

两汉时期遗存发现十分丰富，主要地层包括1999年A区第5层；2002年A区第4层；2000年B区第5～7层；2004年B区第4、5层；1999、2000年C区的第3、4层；2000、2003～2004年E区的第6层；2001年K区的第4层；2003～2004年R区的第4、5层；2001年S区的第4、5层；2000年W区第3层等。另外还包括大量的遗迹，以下将具体介绍这一时期的遗存。

第一节　遗迹和出土遗物

属于两汉时期的遗迹数量很多，主要分布于A区、B区、C区、E区、K区、R区和S区，以下将分区介绍。

一、A区遗迹

A区发现的两汉时期的遗迹数量不多，仅有房址 1 座、灰沟1条、灰坑2个，瓮棺葬1座。

1. 房址

2002YJAF204　跨2002YJAT0707、2002YJAT0708、2002YJAT0807、2002YJAT0808四方，建于第4b层上，方向30°，长方形，东西长10.2米，南北宽约8米，现存柱洞9个。南墙现存柱洞5个，间距0.8～2米，其中2002YJAD3外以2件筒瓦包合，且与其余4个柱洞不在同一直线上，可能并非南墙柱洞。西墙现存柱洞4个，墙中部现存1块础石。东段未见柱洞、础石，可能已缺失。东墙中部现存2块础石，中心间距约0.8米，应为门址。房址南墙西段残存长约4.5、宽约0.4米河卵石铺设的散水，北墙东段、东墙北段现存方砖铺设的散水，方砖外侧加一排立砖以加固。房址中部现存3块础石，与东墙门址间存断续碎石，可能为隔间墙基，整个房址可能面阔进深均两间（图4.1-1）。房内填土黑褐色，出土大量陶、瓦片及青瓷钵、青瓷盘片，以及部分“大泉五十”等。另外，还发掘到三条排水沟，这些沟分布在房址周边或高处。

2. 灰坑

灰坑2个，编号2002YJAH114和2002YJAH117。

2002YJAH114　平面呈圆形，位于2002YJAT0602内。开口于第4a层下，坑口距地表1.85米，坑底距地表2.39米。直壁，平底，坑口直径0.79米，坑底直径0.79米。坑内出土粗绳纹板瓦残片（图4.1-2）。

2002YJAH117　平面呈长方形，位于2002YJAT0602内，方向40°。开口于第4b层下，坑口距地表1.3～1.8米，坑底距地表2.4～2.5米。坑口长1.2米，宽0.5米，坑底长1.04米，宽0.4米（图4.1-3）。

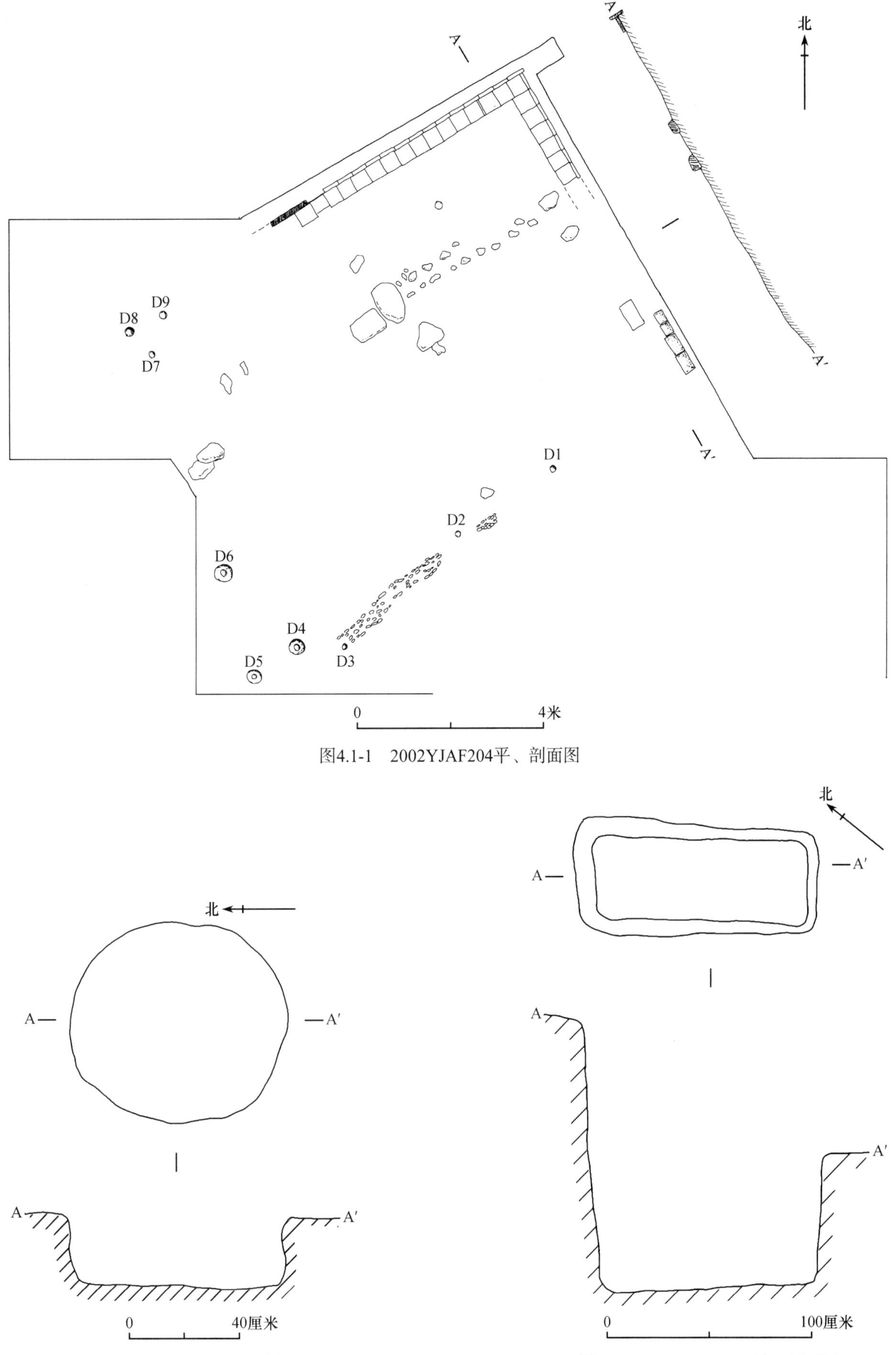

图4.1-1　2002YJAF204平、剖面图

图4.1-2　2002YJAH114平、剖面图

图4.1-3　2002YJAH117平、剖面图

3. 灰沟

1999YJAG1　平面形状呈长条形，位于1999YJAT1东南至西北部，方向28°。开口于第5层下，打破生土层。沟口长3.16米，宽0.75～0.95米，沟深0.25～0.3米，距地表1～1.15米。直边，圜底。填深褐土，含烟灰、烧土，出土大量素面泥质灰陶和红褐、黄褐陶片、绳纹瓦片，可辨器形有罐、瓮、壶等（图4.1-4）。

4. 墓葬

1999YJAW1　平面形状近圆形，位于1999YJAT1西中部。开口于第4层下，距地表0.85米，打破第5层和生土层。墓口直径0.4米，底径0.36米，深0.36米。有圆形圹穴。葬具为立置的陶罐，扣覆一陶盆，瓮棺内仅存火烧过的头骨薄片（图4.1-5）。

陶罐　1件。1999YJAW1：2，泥质灰陶，圆唇，直口，广肩，鼓腹偏上，腹下部斜收呈平底。肩部、腹下部饰细弦纹，腹中部饰竖短绳纹。轮制。高20.5厘米，口径16.8厘米，底径17.8厘米，腹径29厘米（图4.1-6，1）。

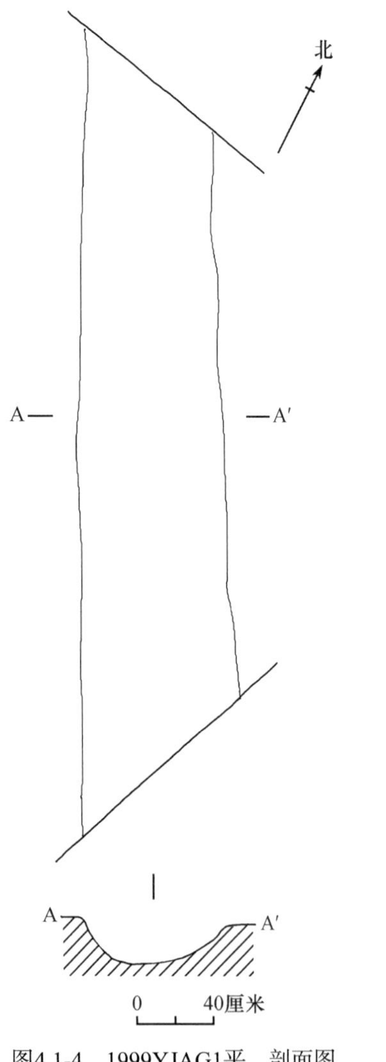

图4.1-4　1999YJAG1平、剖面图

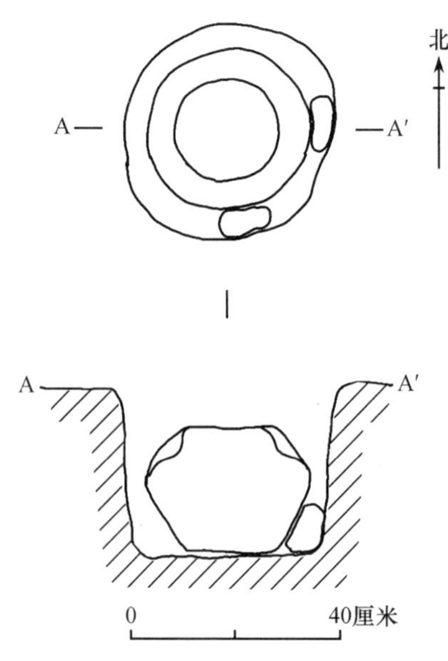

图4.1-5　1999YJAW1平、剖面图

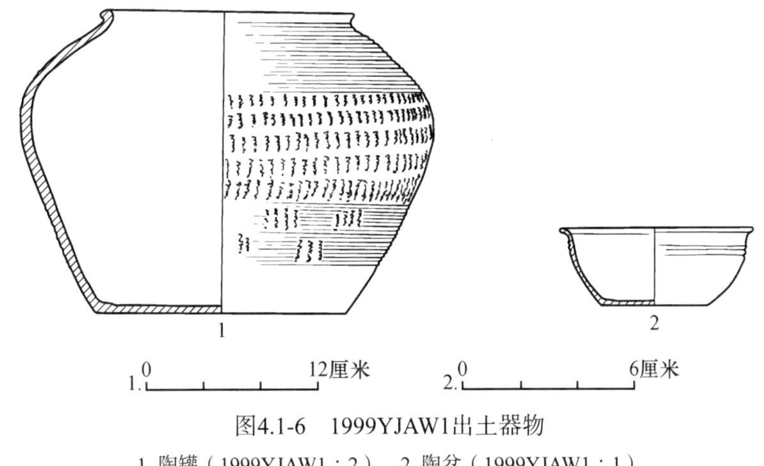

图4.1-6　1999YJAW1出土器物

1. 陶罐（1999YJAW1：2）　2. 陶盆（1999YJAW1：1）

陶盆　1件。1999YJAW1：1，泥质浅黄陶，圆唇，敞口，直腹微鼓，平底，腹上部饰二道凹弦纹。轮制。高10.5厘米，口径27.5厘米，底径15.5厘米（图4.1-6，2）。

二、B区遗迹

B区共发现房址2座，灰坑2个和墓葬2座。

1. 房址

2座，编号2005YJBF3和2005YJBF4。

2005YJBF3　地面建筑。大部分位于2005YJBT1105内，局部跨越2005YJBT1104的东部，2005YJBT1004的东北角及2005YJBT1005的北部，并向2005YJBT1105的北隔梁内延伸。叠压于第4a层下，打破第4b层，其陶水管被2005YJBK1打破。受发掘面积、时间等因素所限，未能全面揭露。该房址受破坏程度较大，仅发现两块础石，其连线呈西北—东南走向，间距1.4米，推测其可能为门廊或门道的柱础石。在础石的西南侧，有两排近似平行的陶水管，该水管由许多满饰绳纹的筒瓦上下相扣组成，仰瓦与仰瓦之间、覆瓦与覆瓦之间有瓦榫相接。从仰瓦之间叠压的部位看，水流的方向应该是西北—东南。已揭露的陶水管，长的一排达6米，短的亦有3.3米，其所用筒瓦规格大都在长40厘米，宽18～20厘米。紧邻水管西南侧的是1块近似五边形的仅有1层的卵石面，最长2.8米，最短2.7米（图4.1-7）。

采集筒瓦标本2件。2005YJBF3：1，灰陶，短榫，半圆筒体。凸面斜向绳纹。长41厘米，宽16厘米，高8厘米（图4.1-8，1）。2005YJBF3：2，灰陶，短榫，半圆筒体。凸面饰斜向绳纹。长43.5厘米，宽17厘米，厚1厘米（图4.1-8，2）。

2005YJBF4　地面建筑。面积较大，跨越2005YJBT0803、2005YJBT0804、2005YJBT0903、2005YJBT0904、2005YJBT0905、2005YJBT1004、2005YJBT1005等方。房址叠压于第5a层之下，其磉堆打破第5b层和第6层，在2005YJBT0905内被2005YJBQ1打破。其平面为长方形的可能性较大。该房址发现墙基和磉堆，没有发现居住地面和屋内堆积。其墙基构造较为独特，

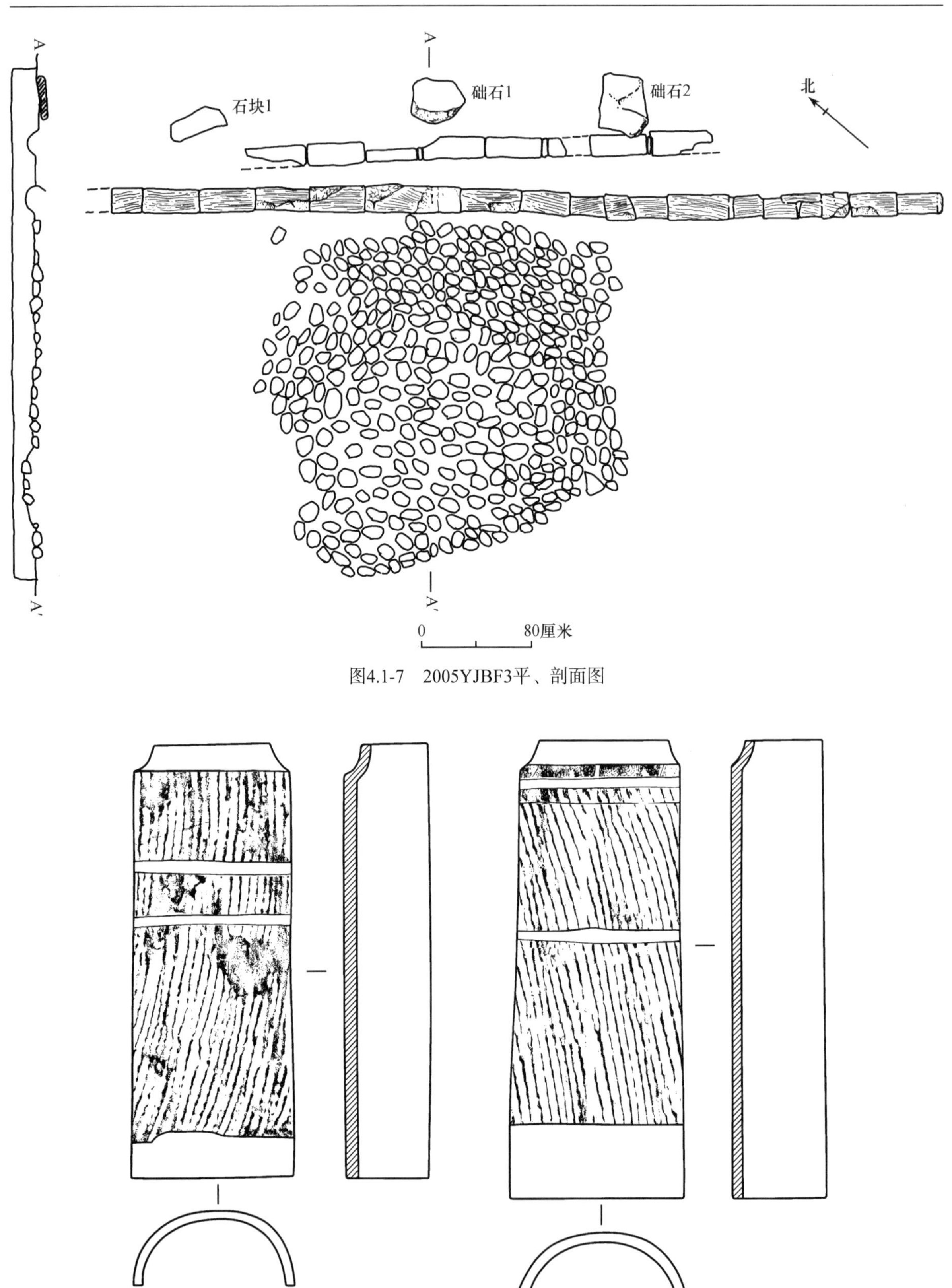

图4.1-7　2005YJBF3平、剖面图

图4.1-8　2005YJBF3出土器物

1、2. 筒瓦（2005YJBF3：1、2005YJBF3：2）

大部分都由四排河卵石紧密排列而成，卵石与卵石之间略有斜压。在2005YJBT0803内的一段则换用碎瓦紧密排列而成，碎瓦与卵石都只有1层，上下厚度为10～15厘米。墙基因地层的沉降而高低起伏，最大水平高差达半米之多。在其西北向的拐角处，亦有碎瓦斜插于地，紧密有序，略呈扇形，似作为柱础之用。墙基长11米，宽8.5米。磉堆能确认的共有4个，分布在墙基框架内的东部和中央，其中有2个紧贴着散水。磉堆经解剖发现有两种形式：一种深，另一种浅，深的有半米之多，浅的只有10余厘米。这两种形式不仅平面形状几乎都呈方形，构造也极为相似：最底下放1块较平的石块，其上填以黄褐色的黏土，该层土夹少量的鸡骨石和碎瓦，最上面放的应该是础石，但发掘时都已不见。其他相应的位置未发现磉堆痕迹，要么被破坏掉，要么只用础石，没构筑磉堆。该房址被一层较厚较纯的青灰色粉沙土叠压，受破坏程度较大，东部的墙基也被2005YJBQ1打破，故有关该房址的其他情况则不甚清楚（图4.1-9；图版九，1）。

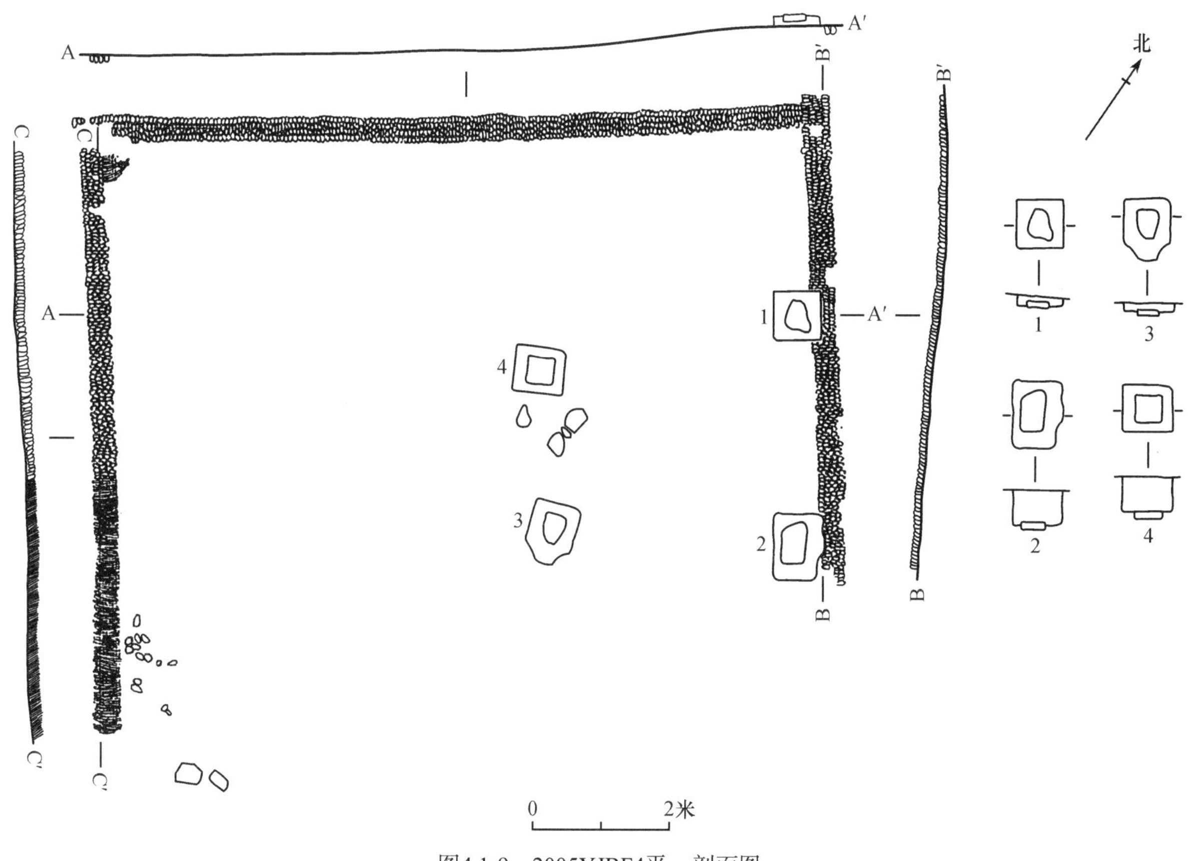

图4.1-9　2005YJBF4平、剖面图

2. 灰坑

2个，编号分别为2000YJBH2和2005YJBH5。

2000YJBH2　平面呈长方形，位于2000YJBT2822中。开口于第4层下。此坑较浅，平面作长方形，斜壁，平底，坑口长0.93米，宽0.86米，坑底长0.83米，宽0.77米，深0.5米。坑中填土呈黑褐色，土质较为疏松，出土残断作三截的铁刀1件，猪左下颌骨1块，右侧桡骨1块，或许与祭祀有关（图4.1-10）。

2005YJBH5　位于2005YJBT1102的东部中央，小部分向东伸入隔梁。开口于第4a层下，打破第5a层。坑口呈不规则形，斜壁，圜底。已发掘部分，坑的长径为1.8米，短径1.6米，坑口距坑底0.76米，距地表3.8米。坑内堆积仅1层，青灰色土，较黏，含水量大，包含大量的陶器残片和少量的草木灰等，除南壁处竖放着的陶盒外，尚有不少陶鬲足、豆柄、豆盘等残件（图4.1-11）。

陶盒　1件。2005YJBH5：1，泥质灰胎黑皮陶，子母口，方唇，直腹弧收。上腹部有两圈间隔1.8厘米的凹弦纹，其间饰斜向的弧线纹。口径17厘米，残高11厘米（图4.1-12）。

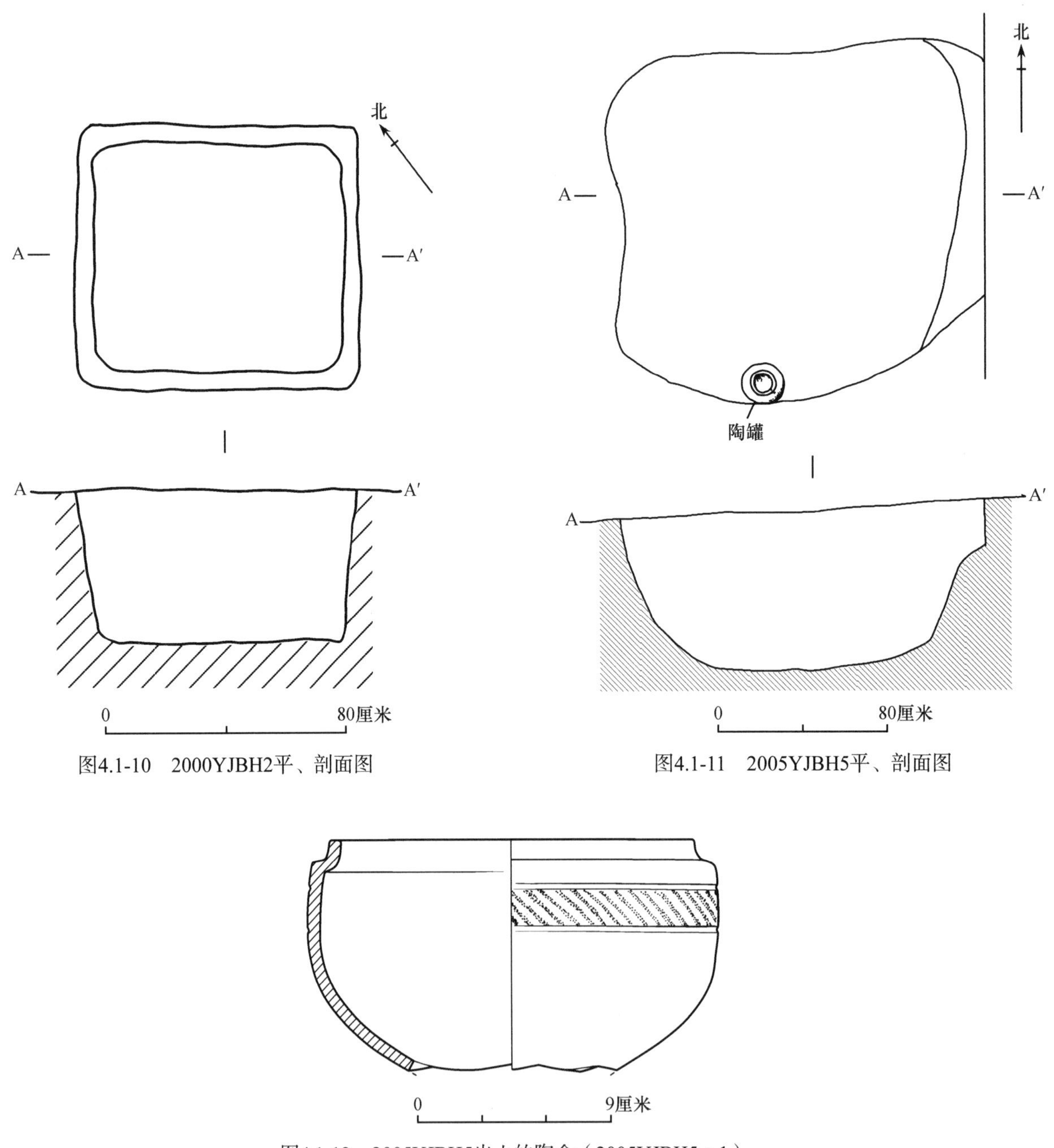

图4.1-10　2000YJBH2平、剖面图

图4.1-11　2005YJBH5平、剖面图

图4.1-12　2005YJBH5出土的陶盒（2005YJBH5：1）

3. 墓葬

墓葬分为竖穴土坑和瓮棺葬两种，其中竖穴土坑墓2000年清理1座，编号2000YJBM1；2005年清理瓮棺葬1座，编号2005YJBW1。

2005YJBW1　平面呈圆形，位于2005YJBT0800中部偏南，被2005YJBH3叠压。开口于第4层下，距地表1.2米，打破第5层。墓口直径0.65米，底径0.6米，深0.4米。墓内堆积与第5层较为接近，纯净，无包含物。墓底横置一红陶泥质深腹罐，上覆1件泥制绳纹圜底釜，深腹罐内残留极少的婴儿的骨骼和牙齿，罐和釜都残缺，或被压碎（图4.1-13）。

2000YJBM1　平面呈长方形，位于2000YJBT2821内。开口于第4层下。土坑浅穴，长2.1米，宽0.66～0.82米，深0.15米。单人葬，仰身直肢，头向45°。骨骼保存不好，仅存下肢（图4.1-14）。填土中发现有铜簪和残断的铁刀各1件，刀下有3枚五铢钱，腹部及双手一带散落着11颗珠子，出土器物具体介绍如下。

铜簪　1件，2000YJBM1∶1，铜丝锻制，折弯曲，剖面呈三角形，开口两端凸圆状，簪身残断。

铁刀　1件，2000YJBM1∶2，柄部已残，似为环首，弧背直刃，刀身呈条形，断为两截，前端尖锐。全长20厘米，柄长9厘米，刀身宽2厘米（图4.1-15，1）。

串饰　1件，2000YJBM1∶3，可能是一串饰，内中6件为棕红色玛瑙石，3件为黄灰色琉璃质，此外还有1件陶珠。珠身均磨作四棱柱状，大小不一，高1～1.8厘米，径0.3～0.6厘米（图4.1-15，2）。

剪轮五铢　3件，编号2000YJBM1∶4，平背无郭，方穿，钱文剪去一半，直径7.8厘米，穿0.8～0.9厘米。

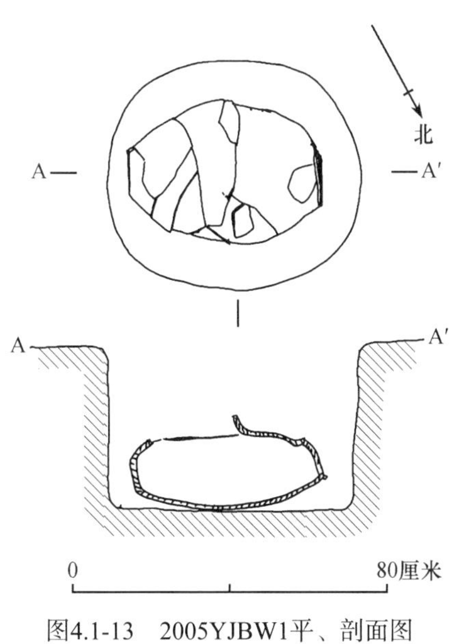

图4.1-13　2005YJBW1平、剖面图

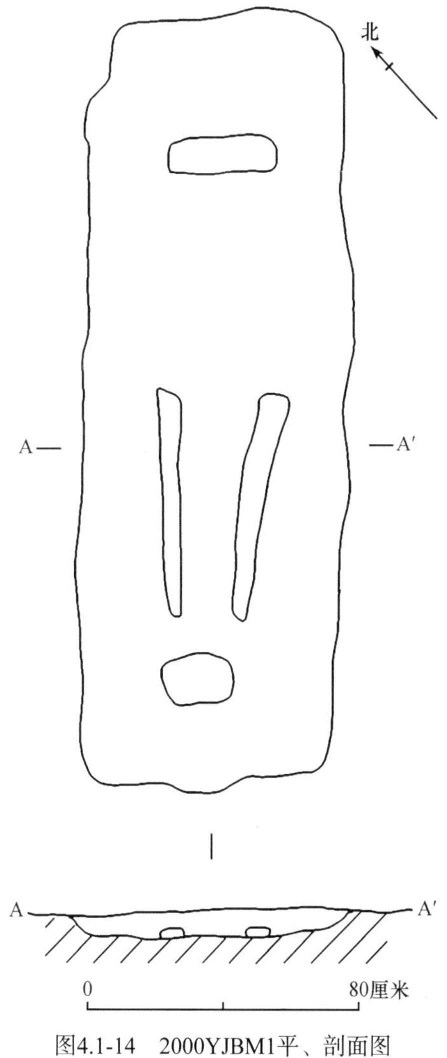

图4.1-14　2000YJBM1平、剖面图

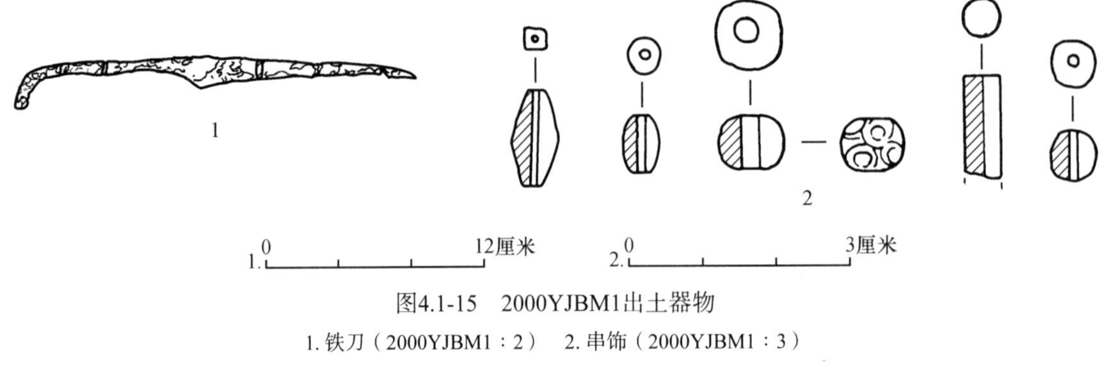

图4.1-15 2000YJBM1出土器物

1. 铁刀（2000YJBM1：2） 2. 串饰（2000YJBM1：3）

三、C区遗迹

C区共发现灰坑42个，灰沟8条，井1口，窑2座。

1. 灰坑

共42个，1999年发现8个，2000年发现34个。

1999YJCH1 位于1999YJCT1西北角，北偏西43°向，第3层下开口，打破第4层、第5层和生土层，与1999YJCT2的1999YJCH12同为灰烬层下开口并存，早于1999YJCH3，晚于1999YJCH6、1999YJCH7。坑口平面为略近长方形，坑底为不规则椭圆形，坑壁漫弧。坑口距地表50厘米，坑底距地表135厘米，坑口直径170～240厘米，坑底直径65～95厘米。坑内堆积为1层，黄沙土夹杂许多灰烬（图4.1-16）。出土器物有陶范、陶鼓风管、陶磨器、陶楔状砖、鹿角、陶片和瓦片等，具体介绍如下。

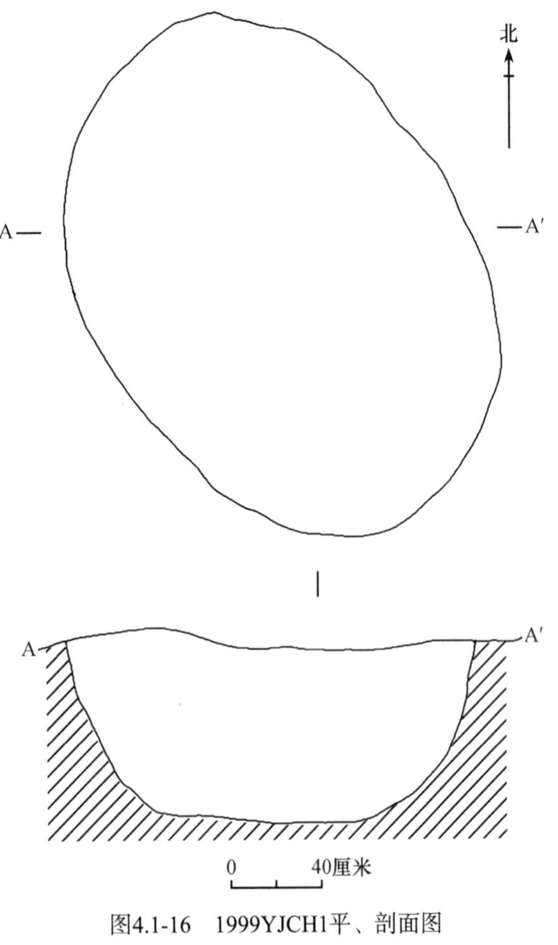

图4.1-16 1999YJCH1平、剖面图

陶范 8件。1999YJCH1：1，残。红色，圆管范，近一端时有半圆形管箍凹槽，端头有凹沟以固定用，有使用痕。手制。长11厘米，宽6.5厘米，厚6厘米（图4.1-17，22）。1999YJCH1：10，残。红色，圆环范之一部，从注口方向分析至少有两个环，仅存其一，范腰有凹槽，背面有斜沟痕。手制。长5.6厘米，残宽3.8厘米，厚2.6厘米（图4.1-17，1）。1999YJCH1：12，残。红褐色，镞范三铤部，上部已损，范面为扇形，内角120°，中间为圆铤，铤径0.4厘米，背面有斜向沟痕。手制。残长11.6厘米，宽4.5厘米，厚3.2厘米（图4.1-17，10）。1999YJCH1：13，残。赭红

色，镞范之上部尚存镞尖大半，范身呈120°内角，为1/3范，左扇面有钻孔一个，背面为磨成的多个平面磨钻。残长4.6厘米，宽4厘米，厚3厘米（图4.1-17，6）。1999YJCH1：22，残。红色，管状物半范，范之一端内壁变径并外侈，另一端有箍痕，铸造痕迹明显。手制。长9.4厘米，残宽7厘米，厚4.8厘米（图4.1-17，23）。1999YJCH1：24，残。红色，长方形。磨制。残长4.5厘米，宽4厘米，高3.2厘米（图4.1-17，2）。1999YJCH1：25，残。红褐色，长方形双条物范，漏斗状注口，向内分左右两个注口，分别注入两个方形条状沟槽内，有铸造痕。手制。长11.8厘米，宽6.4厘米，厚3.6厘米（图4.1-17，8）。1999YJCH1：26，完整。红色，圆形箍范，帽头高1.6厘米，外径3.4厘米，内径2.4厘米，范径8厘米，高9厘米，注口处宽4厘米，范面环周有两个半圆凹窝似对范，另一个残。手制（图4.1-17，5）。

陶砖　1件。1999YJCH1：27，略残。淡红色，上部残，略呈楔状。轮制。残长15.4厘米，上宽10～13厘米，下宽5.2～8.8厘米。

陶鼓风管　3件。1999YJCH1：6，残。红色，弯折成直角的圆柱形空心管，尾粗口细，内径自尾向口渐细，口部残。手制。残长25厘米，尾外径14厘米，内径6厘米，口径3厘米（图4.1-17，17；图版二五，5）。1999YJCH1：7，残。橘红色，管状，系头部残断。手制。高13厘米，最大径9厘米，孔径3.4～3厘米（图4.1-17，20）。1999YJCH1：9，残。陶，红色，圆柱形，近口处渐细，开口平面与通风孔成45°角，后半残。手制。残长20厘米，口径7.5厘米，内径4.5厘米（图4.1-17，16；图版二五，3）。

陶磨器　1件。1999YJCH1：15-1，残。褐色，长条形，多边角器。磨制。残长9厘米，宽5厘米（图4.1-17，19）。

陶炉壁　1件。1999YJCH1：23，残。红色，圆形炉壁。手制。残长9.5厘米，高10.5厘米（图4.1-17，21）。

陶器　1件。1999YJCH1：28，残。灰色，底面一端平齐，渐宽并外张，上梯形銎口状，有高出的顶盖，全器分两次烧成，底面与上面结合外有一周扁棱，底面火候较高，向上渐次之，已残断。手制。长18厘米，宽9～12厘米，高11.2厘米（图4.1-17，24）。

磨石　5件。1999YJCH1：14，残。砂岩，赭红色，近正方体，四面有磨成的曲面。磨制。长8.6厘米，边长3.4厘米（图4.1-17，15）。1999YJCH1：15-2，砂岩，残。灰色，断面为不均等七面体，每面有平滑的磨面。磨制。残长10厘米，厚4～5.5厘米（图4.1-17，18）。1999YJCH1：16，残。灰黑色，不规则七面体柱状，有逆向磨面，部分烧成黑色。磨制。长9厘米，直径3.2～4.2厘米（图4.1-17，9）。1999YJCH1：19，残。灰绿色，五棱形，各面磨制平直。磨制。长7.6厘米，上宽2.5厘米，下宽2厘米。1999YJCH1：20，砂岩，残。砂岩磨成的多面体，剖面略圆。磨制。残长6厘米，直径2.8厘米（图4.1-17，7）。

石范　2件。1999YJCH1：17，残。赭红色，镞之1/3范，镞尖及注口已残，余下半，范身断面呈扇形，内角120°，中脊为圆形铤铸槽，背面有浅横沟，左扇面下方有钻孔一个。磨制。残长10.5厘米，宽3.4厘米，厚3.2厘米（图4.1-17，4）。1999YJCH1：18，残。赭红色，镞范之下半部，范面呈内120°角，中脊处为铤槽，铤径0.5厘米，左面有一个钻孔似为对范用，背面有菱形沟痕。磨钻。残长7厘米，宽3.5厘米，厚2.5厘米（图4.1-17，3）。

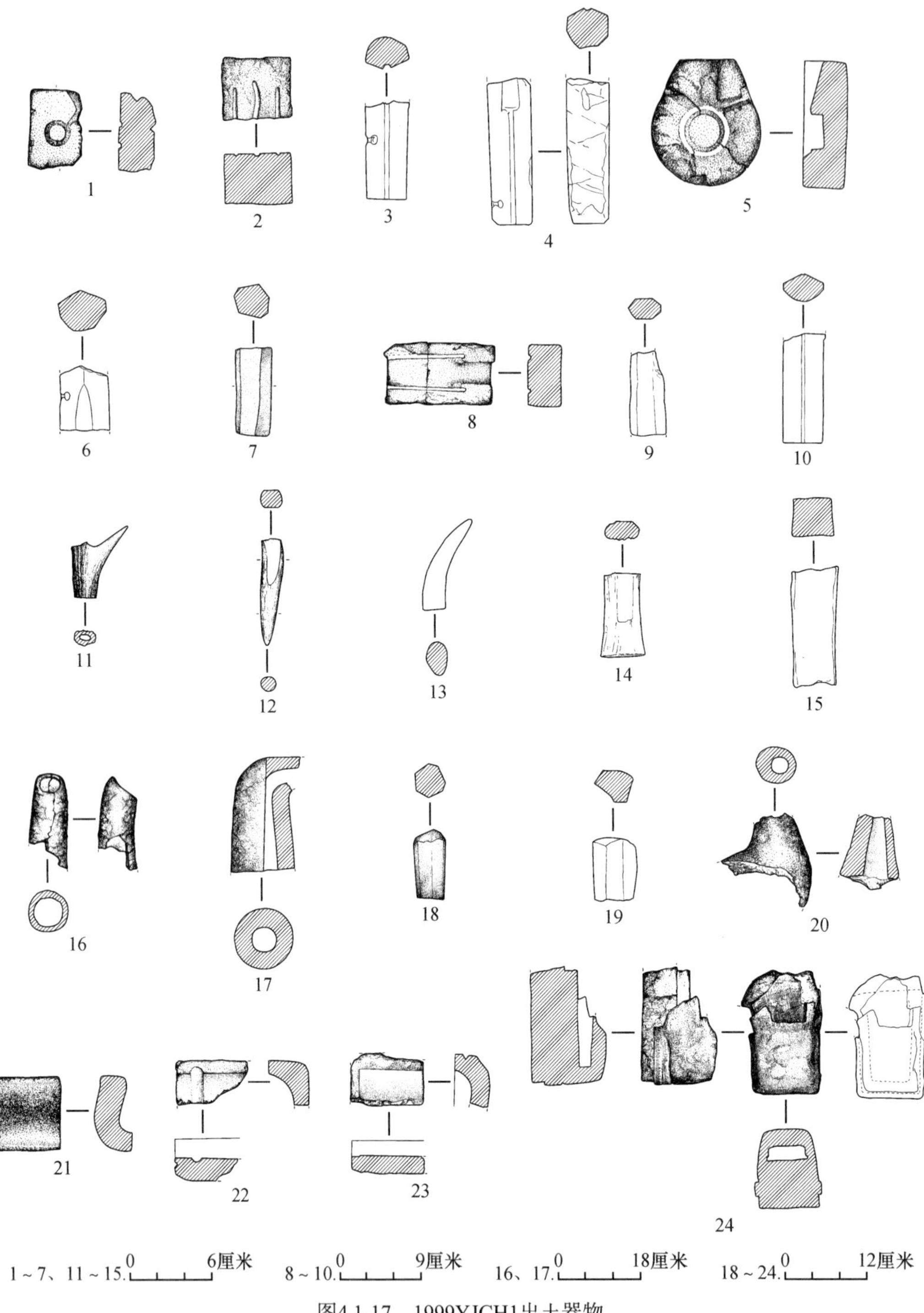

图4.1-17　1999YJCH1出土器物

1、2、5、6、8、10、22、23. 陶范（1999YJCH1：10、1999YJCH1：24、1999YJCH1：26、1999YJCH1：13、1999YJCH1：25、1999YJCH1：12、1999YJCH1：1、1999YJCH1：22）　3、4. 石范（1999YJCH1：18、1999YJCH1：17）　7、9、15、18. 磨石（1999YJCH1：20、1999YJCH1：16、1999YJCH1：14、1999YJCH1：15-2）　11、13、14. 角器（1999YJCH1：5、1999YJCH1：5-3、1999YJCH1：5-2）　12. 角锥（1999YJCH1：21）　16、17、20. 陶鼓风管（1999YJCH1：9、1999YJCH1：6、1999YJCH1：7）　19. 陶磨器（1999YJCH1：15-1）　21. 陶炉壁（1999YJCH1：23）　24. 陶器（1999YJCH1：28）

角器　3件。1999YJCH1：5，残。黄色，鹿角主干之一部和支杈被切割下而成，支杈尖部磨损较重。切割。长10.5厘米，底径2.5～3.3厘米（图4.1-17，11）。1999YJCH1：5-2，残。黄色，鹿角两端被切割而成。切割。长6厘米，底径2.4～3厘米（图4.1-17，14）。1999YJCH1：5-3，残。黄色，鹿角尖部切割而成，磨损较重。割磨。长6.5厘米，底径1.7～2.3厘米（图4.1-17，13）。

角锥　1件。1999YJCH1：21，鹿角，完整。黄色，上部略磨成长方形，下部磨成极光滑的圆锥形。切割。长7.8厘米，中径1.4厘米（图4.1-17，12）。

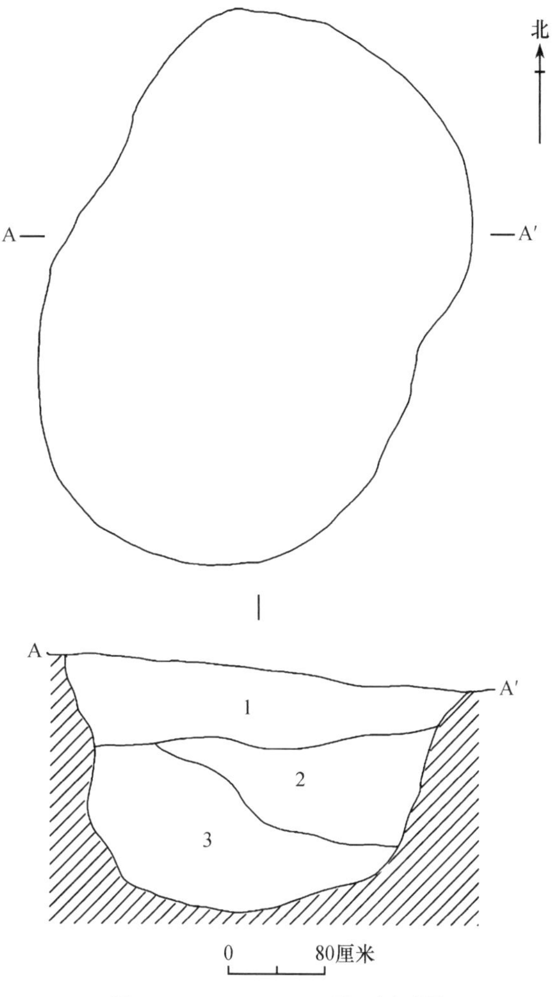

图4.1-18　1999YJCH2平、剖面图

1999YJCH2　位于1999YJCT3的西北角，方向35°，第2层下开口，打破第3层、第4层、第5层和生土层，与1999YJCH8为同时代并存。坑口平面为不规则椭圆形，坑底为长方形，坑壁不规则漫弧。坑口距地表40厘米，坑底距地表225厘米，坑口直径250～410厘米，坑底直径145～305厘米（图4.1-18）。坑内堆积可分三层，第1层灰烬层，出土陶器、石器、铁器、铜器、陶片等；第2层为瓦砾层，出土瓦片；第3层为黄土层，仅出土瓦片、陶片。其用途推定应为垃圾坑，因为坑内出土器大多为残器，具体介绍如下。

陶罐　1件。1999YJCH2：1，修复。泥质灰陶，平沿，尖唇，直口，短直颈，广肩，球形腹，腹底无明显折角，底微凹，肩以下和底均饰绳纹上部有三周抹痕。轮制。口径16.6厘米，腹径31.6厘米，底径12厘米，高26.4厘米，颈长3.5厘米，颈径14.6厘米（图4.1-19，17；图版二一，4）。

陶范　7件。1999YJCH2：2，残。红色，圆管状物半范，一端半弧形，管范近此端时内收一层似为插入内范之处，此段正侧面各有一凹坑似为固定之用，有铸痕。手制。长13厘米，宽8.6厘米，厚5.2厘米，管径3.6厘米（图4.1-19，12）。1999YJCH2：40，残。红色，平板形器范，方形，中间有凹槽。手制。残长9.5厘米，宽7厘米（图4.1-19，14）。1999YJCH2：41，残。红色，管范，1/4圆形，整范的一部分。手制。残长7厘米，宽6厘米（图4.1-19，8）。1999YJCH2：42，残。红色，棒状，截面呈圆形。手制。残长8厘米，直径4厘米。1999YJCH2：43，残。棒状，断面呈圆柱。残长8厘米，直径4厘米（图4.1-19，9）。1999YJCH2：44，残。红色，棒状，截面呈圆形。手制。残长7.5厘米，直径4厘米（图4.1-19，10）。1999YJCH2：3，残。红色，长方形陶范平盖，范面平整无痕，范背刻斜沟痕，端面

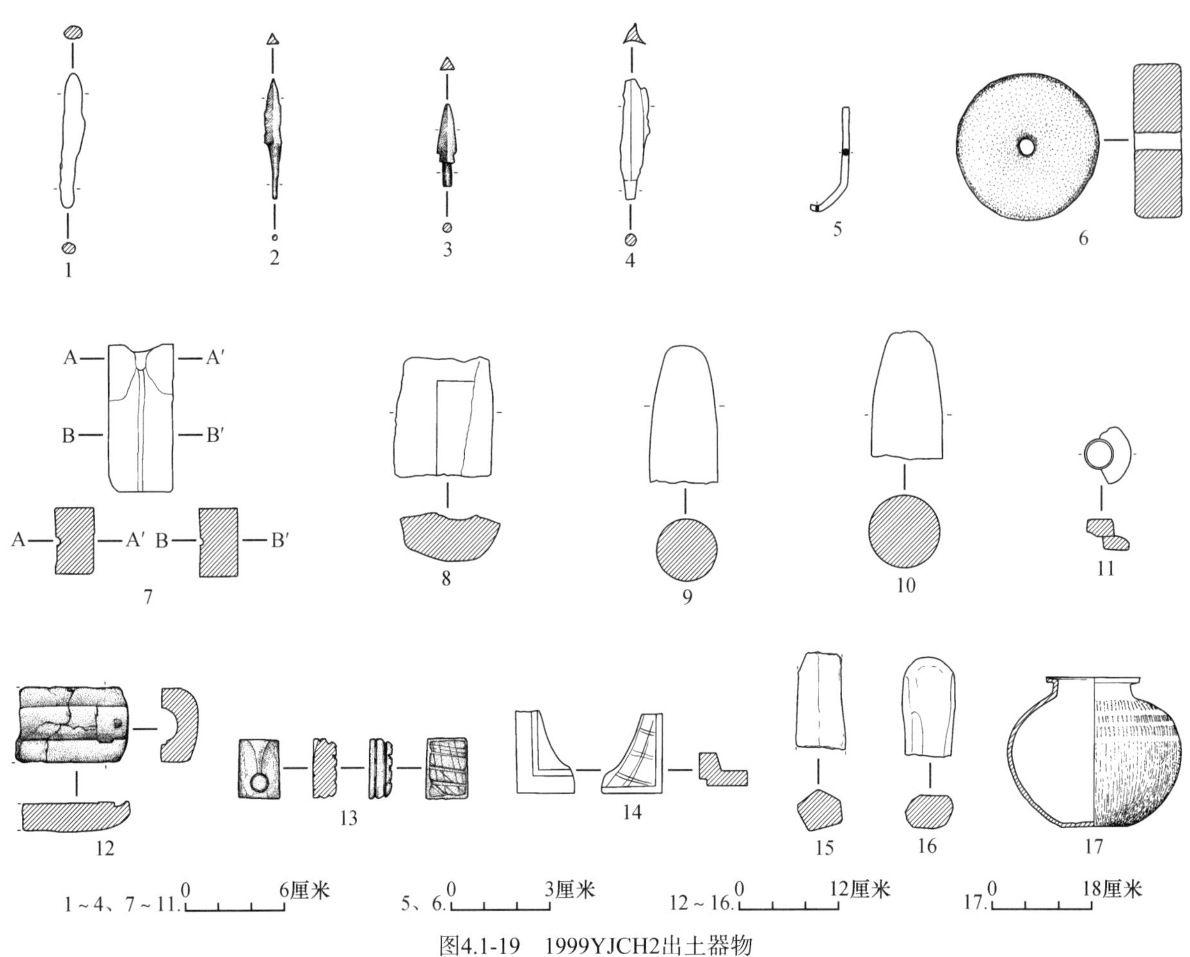

图4.1-19　1999YJCH2出土器物

1. 铁器（1999YJCH2：17）　2～4. 铜镞（1999YJCH2：39、1999YJCH2：6、1999YJCH2：37）　5. 铜鱼钩（1999YJCH2：38）　6. 陶纺轮（1999YJCH2：5）　7. 石范（1999YJCH2：35）　8～10、12～14. 陶范（1999YJCH2：41、1999YJCH2：43、1999YJCH2：44、1999YJCH2：2、1999YJCH2：3、1999YJCH2：40）　11. 陶拍（1999YJCH2：4）　15、16. 磨石（1999YJCH2：47、1999YJCH2：7）　17. 陶罐（1999YJCH2：1）

环周有一周凹槽，土质松疏，有较多气孔。手制。长14.5厘米，宽11.5厘米，厚4～3.5厘米（图4.1-19，13）。

陶拍　1件。1999YJCH2：4，残。红色，有把和拍面。残长3.3厘米（图4.1-19，11）。

陶纺轮　1件。1999YJCH2：5，完整。灰色，圆形。手制。直径4.3厘米，孔径0.4厘米（图4.1-19，6）。

陶鼓风管　9件。1999YJCH2：18，残。红色，圆柱形空心管，自出口向内径渐粗，出口平面与通风主孔平行，即呈90°弯道，主管外敷一层护衬，已烧灼呈融熔状。手制。残长20厘米，口径4厘米，尾径4.8厘米，外箍径11厘米（图4.1-20，6）。1999YJCH2：19，残。红色，圆柱形空心管，内径向口沿外渐粗，出口平面与本体轴线间夹角30°左右，后部残。手制。残长27厘米，口径4厘米，尾径5.5厘米（图4.1-20，7）。1999YJCH2：20，残。红色，略呈圆筒形，上粗下细，近底部向一侧弧曲，并在近另一侧边底部有一圆孔。手制。汉代。残长14.5～23厘米，上口外径10厘米，内径6厘米，下口内径5.8厘米，外径9厘米（图4.1-20，9；图版二五，6）。1999YJCH2：21，残。红色，略呈圆筒状，下端斜开在偏一侧

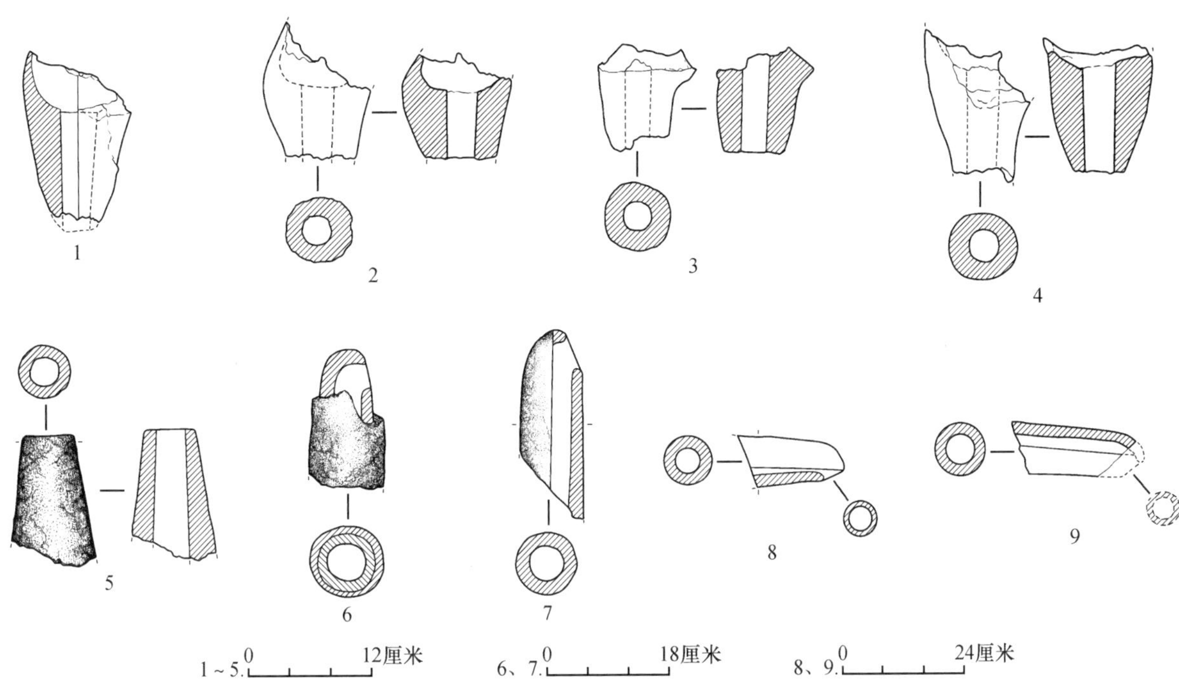

图4.1-20　1999YJCH2出土的陶鼓风管

1. 1999YJCH2：45　2. 1999YJCH2：46　3. 1999YJCH2：25　4. 1999YJCH2：24　5. 1999YJCH2：23　6. 1999YJCH2：18　7. 1999YJCH2：19　8. 1999YJCH2：21　9. 1999YJCH2：20

壁，器表粗糙不规范，火候很低。手制。长12.8～21厘米，直径8～9.5厘米，孔径4.6～5.2厘米（图4.1-20，8；图版二五，1）。1999YJCH2：23，残。红色，管状，平面正视为楔形。手制。残长13.5厘米，直径8厘米，孔径3.4厘米（图4.1-20，5；图版二五，2）。1999YJCH2：24，残。黄褐色，上粗下细，呈管状。手制。长13厘米，最大径9厘米，孔径3厘米（图4.1-20，4）。1999YJCH2：25，残。红色，上粗下细，呈管状。高10厘米，最大径9厘米，孔径5厘米（图4.1-20，3）。1999YJCH2：45，残。红色，锥形，尖端平齐，中部有穿孔。手制。残长17厘米，直径11厘米，孔径3.4～4厘米（图4.1-20，1）。1999YJCH2：46，残。黄褐色，上粗下细，呈管状。手制。高13厘米，最大直径11厘米，孔径3～3.3厘米（图4.1-20，2）。

铜镞　3件。1999YJCH2：6，残。前半部为三棱锥形，铤为圆柱形。铸造。汉代。残长4.8厘米（图4.1-19，3）。1999YJCH2：37，残。镞前部呈三翼状，刃部锋利，铤为圆柱状。铸造。长3.5厘米（图4.1-19，4）。1999YJCH2：39，残。前半部为三翼形，铤部呈圆柱状。铸造。残长7.2厘米（图4.1-19，2）。

铜鱼钩　1件。1999YJCH2：38，完整。弯形，前半部呈扁状。手制。汉代。长3厘米，直径0.2厘米（图4.1-19，5）。

铁器　1件。1999YJCH2：17，残。条形器物。铸造。汉代。残长7.8厘米，最宽1.5厘米（图4.1-19，1）。

磨石　2件。1999YJCH2：7，残。灰白色，不规则多面椭圆形体，通磨，磨面有弧度。磨制。汉代。长11.6厘米，直径4～5.7厘米（图4.1-19，16）。1999YJCH2：47，残。黑灰色，不规则五面体，每面均磨，有的面有弧面。磨制。汉代。长11.2厘米，直径5.5～6.4厘米（图4.1-19，15）。

石范　1件。1999YJCH2：35，残。浅绿色，镞范，长方形。磨制。汉代。残长8.6厘米，宽3.8厘米（图4.1-19，7）。

角器　24件。1999YJCH2：8，完整。黄色，鹿角小杈被切割下而成，尚存部分主杈，尖部磨损较重。切割。长9.4厘米，底径2.1～4厘米。1999YJCH2：9，完整。黄色，切割鹿角顶端之两杈而成，主杈有磨痕。切割。长13.2厘米，底径2～3.2厘米（图4.1-21，12；图版三六，1）。1999YJCH2：10，完整。黄色，截断鹿角主杈之一段而成，连带的分杈尖部有磨损痕迹。割磨。高7.4厘米，长12.5厘米，底径2.3～3厘米（图4.1-21，4）。1999YJCH2：11，完整。黄色，切割成高低两叉的獐角，长角尖端磨尖。割磨。高8.4厘米，宽6厘米。1999YJCH2：13，完整。黄色，獐角尖端部分，有明显磨痕。切割。长6.8厘米，底径1.7厘米（图4.1-21，2）。1999YJCH2：14-1，完整。灰黄色，板形器，略呈弧鼓板状，四边锯割整齐，两端及一边磨光，另两面保持鹿角原面和角内壁原形。锯磨。长8.3厘米，宽2厘米，厚0.9厘米（图4.1-21，11）。1999YJCH2：14-2，完整。灰黄色，尖状角器，略呈等腰长三角形，两面保持鹿角面和角内壁。1999YJCH2：14-3，完整。灰黄色，板形器，鹿角，略呈弧弯形板状，两端锯割，四面基本磨光。锯磨。长11.2厘米，宽1.1厘米，厚0.6厘米。1999YJCH2：15，完整。黄黑色，鹿角尖部切割而成，经火烧变黑。割磨。长6.5厘米（图4.1-21，3）。1999YJCH2：16-1，完整。黄色，鹿角。切割。高4.5厘米，底径3.9～3.8厘米（图4.1-21，9）。1999YJCH2：16-2，残。黄色，切割成的一段鹿角，残余其半面，表面有鹿角的凸棱。锯割。长9.2厘米，宽4.2厘米（图4.1-21，10）。1999YJCH2：16-3，完整。黄色，鹿角之一段，底部切割，表面光滑似磨成。割磨。残长20.8厘米（图4.1-21，13）。1999YJCH2：27，完整。黄色，从主杈上带同分杈切割成的鹿角。割磨。长13厘米。1999YJCH2：28，完整。黄色，鹿角分杈处之一部，三端切割成平面，右杈根部存锯痕。切割。高7厘米，底径3～5厘米。1999YJCH2：29-1，完整。黄色，鹿角尖部切割而成。割磨。长9厘米，直径1.9～2.4厘米（图4.1-15，6）。1999YJCH2：29-2，残。鹿角分杈处切割而成（图4.1-21，15）。1999YJCH2：30，残。黄黑色，鹿角尖部切割下的一部分，经火烧变黑。割磨。长10.8厘米。1999YJCH2：31，完整。黄色，鹿角尖部之一段。割磨。长6.5厘米，直径1.8厘米（图4.1-21，7）。1999YJCH2：32，完整。灰黄色，尖状角器，剖面略呈等腰三角形，整器略呈长三角形似镞头。切割。长6.6厘米，宽1～1.2厘米。1999YJCH2：33，完整。黄色，板形角器，略近长方形，两端锯成平面，两侧为斜劈面，剖面近扇形。磨制。长8.4厘米，中宽1.6厘米，厚1.1厘米（图4.1-21，1）。1999YJCH2：34-1，完整。黄色，鹿角根部，分杈处被切断。切割。高8.5厘米，底径7.5～8.5厘米（图4.1-21，5）。1999YJCH2：34-2，完整。黄色，鹿角切割成，尖部有磨痕，支杈残断。割磨。长19.6厘米，底径2.6～3.2厘米（图4.1-21，14）。1999YJCH2：36，残。黄绿色，鹿角尖部切割而成，尖部残，有磨痕。割磨。长5.5厘米，径1.5厘米（图4.1-21，8）。

1999YJCH3　位于1999YJCT2东北部，开口于第2层下，打破第5～7层，要晚于1999YJCH1、1999YJCH11、1999YJCH7和1999YJCH6白灰面，打破1999YJCH6。坑口平面为近圆形，坑壁不规则漫弧，有明显加工痕迹光滑。坑口距地表35厘米，坑底距地表125厘米，

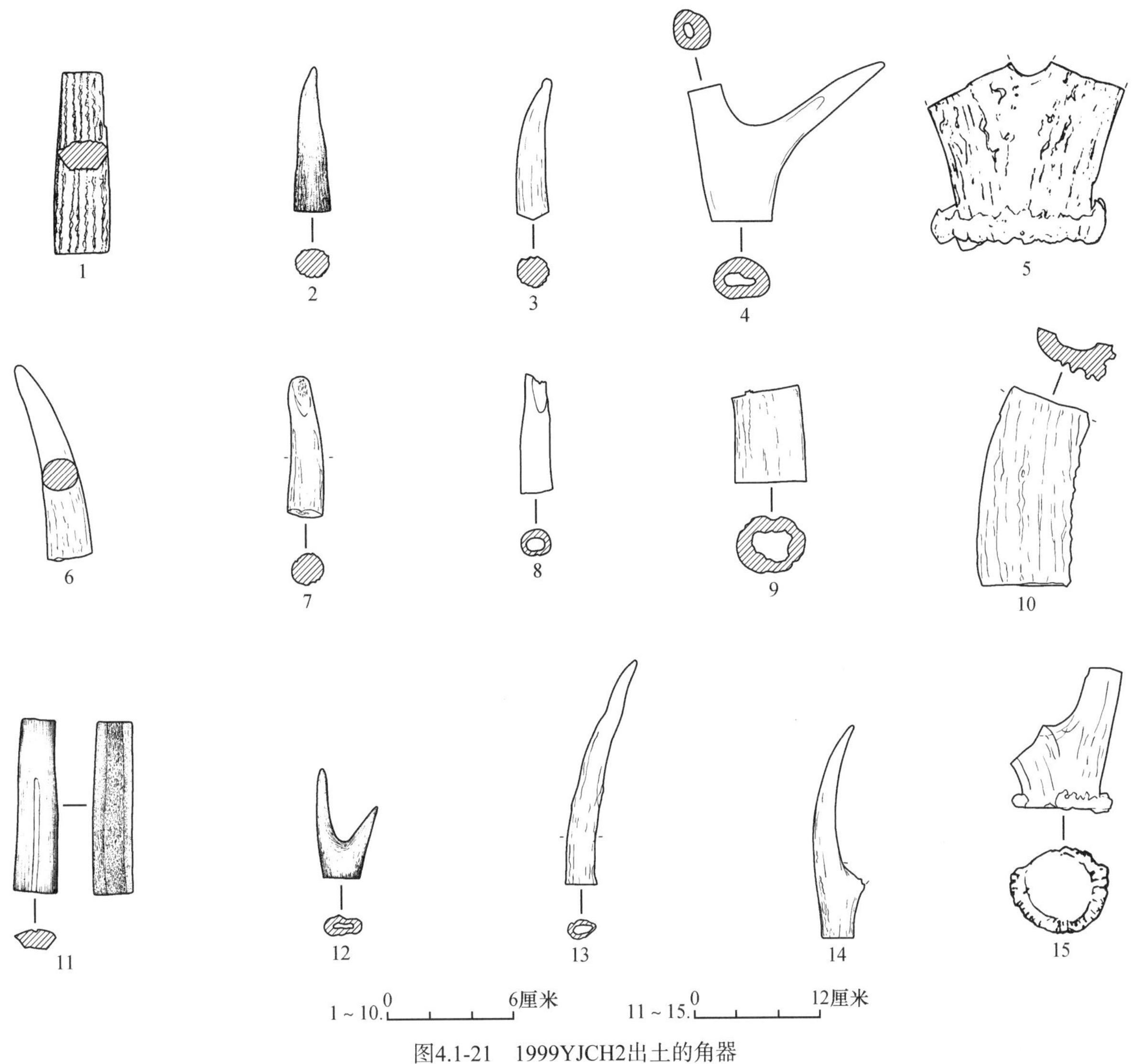

图4.1-21 1999YJCH2出土的角器

1. 1999YJCH2：33 2. 1999YJCH2：13 3. 1999YJCH2：15 4. 1999YJCH2：10 5. 1999YJCH2：34-1 6. 1999YJCH2：29-1 7. 1999YJCH2：31 8. 1999YJCH2：36 9. 1999YJCH2：16-1 10. 1999YJCH2：16-2 11. 1999YJCH2：14-1 12. 1999YJCH2：9 13. 1999YJCH2：16-3 14. 1999YJCH2：34-2 15. 1999YJCH2：29-2

坑口直径195厘米，坑底直径90厘米。坑内堆积不分层，土色为黑色，土质松软，颗粒大，夹石头粒（图4.1-22）。出土3件角器，少量铁渣，较多瓦片和少量的陶片，陶片以素面为主，具体介绍如下。

角器 3件。1999YJCH3：1，完整。黄色，切割成的一段鹿角，又从中劈开，磨出平面，表面有鹿角的凸棱。锯割。长9厘米，宽3.2厘米（图4.1-23，1）。1999YJCH3：2，残。黄色，鹿角尖部切割下的一部分，尖部磨损严重。割磨。长7.4厘米，直径1.6～2厘米（图4.1-23，2）。1999YJCH3：3，残。黄色，鹿角。切割。高8.8厘米，直径5.6～6.4厘米（图4.1-23，3）。

1999YJCH5 位于1999YJCT4的西北角，长轴东西向，南部上口为1999YJCG3打破，且被一水槽叠压。坑口平面为椭圆形，坑底圜底稍平，沟壁规则。坑口距地表25厘米，坑底距地表80厘米，坑口直径210厘米，坑内堆积为黑灰土，下半部有厚约20厘米的铸范残块层。1999YJCH5底部有一层红黏土面，范围超出灰坑范围，1999YJCH5之上有两条石砌水槽，推

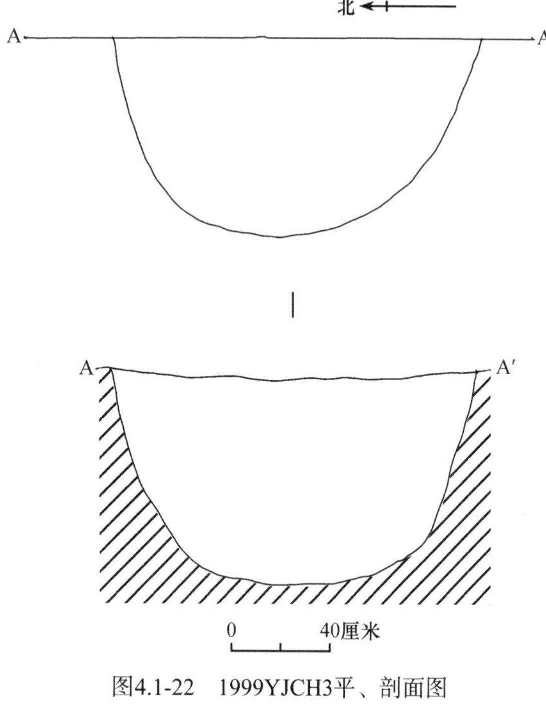

图4.1-22 1999YJCH3平、剖面图

测均与冶铸相关，1999YJCH5是原地废弃后形成的堆积稍平后，此址又用为其他作坊址（图4.1-24）。出土铸范、空心砖、陶鼓风管、鹿角工具、铜渣、铁块、砖瓦残片等。推定其应为冶铸过程中废料堆弃地，具体出土器物介绍如下。

陶范 39件。1999YJCH5：1，略残。红色，圆环半范，上部注口两侧各有一排气孔，外缘各有一凹槽，底部正中有凹槽，范内芯痕迹尚存，背面捏制，有铸造痕。手制。残长10.8厘米，宽8.6厘米，环径6厘米，内径4厘米（图4.1-25，2）。1999YJCH5：2，略残。红色，圆环范，上部有注口，注口两侧为排气孔，顶部外侧各有两凹窝，底部亦有凹槽似合范用，中间环内原有内芯已损，左面有对范记号。手制。残长11厘米，宽8厘米，厚2.6厘米，环径6厘米。1999YJCH5：3，略残。红色，圆环范，上部有注口，注口两侧各有一排气孔，表面两侧及底部有三个凹窝似对范所用，环内原有内芯已破坏掉。手制。残长10.6厘米，宽8厘米，厚4.4厘米，环径6厘米（图4.1-25，4）。1999YJCH5：4，残。红色，套管形器范，似为1/3，底管最粗，中央次之，范面一侧有凸棱，范体内夹铁器为骨，磨蚀较重，线条不清晰，有铸痕。手制。残长9厘米，残宽6.5厘米，厚3厘米（图4.1-25，14）。1999YJCH5：5，残。红色，圆环半范，上部残缺，底部正中有凹槽，环体圆形，中间有内芯已破损，左范表面有三道浅线，似为范记。手制。残长8厘米，宽8厘米，厚4厘米，环内径4厘米，外径6厘米（图4.1-25，5）。1999YJCH5：6，残。红色，圆环半范，注口残半，左侧尚可见排气孔，外缘及底部有2个凹槽，环内芯已损坏，

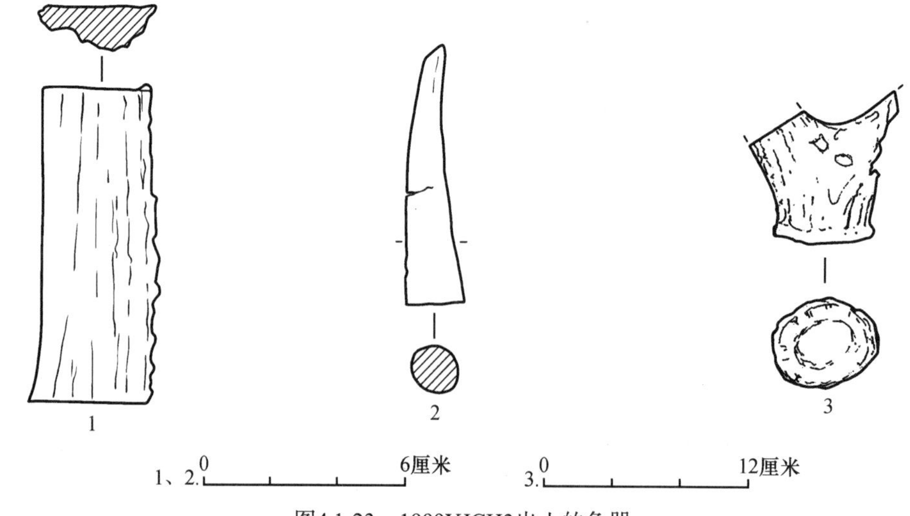

图4.1-23 1999YJCH3出土的角器

1. 1999YJCH3：1 2. 1999YJCH3：2 3. 1999YJCH3：3

有铸痕。手制。残长10.6厘米，宽8.4厘米，厚4厘米，外环径6厘米，内径4厘米（图4.1-25，3）。1999YJCH5：7，略残。红色，钩范。手制。残长9.4厘米，宽5.8厘米，厚3.4厘米（图4.1-26，13）。1999YJCH5：8，略残。红色，圆环范，上部有注口，注口两侧为排气孔，外侧及底部有凹槽似合范所用，中间原有一内芯，已破坏掉。手制。长10.8厘米，宽8.6厘米，厚4.6厘米，环径6厘米（图4.1-25，1）。1999YJCH5：9，残。红色，双面双器范，下面为双弧圆形凹槽，残半，背面见中有方脊相隔的两个半圆，是否与正面连体不可知。手制。残长7厘米，宽8.4厘米，厚3.6厘米（图4.1-25，17）。1999YJCH5：10，残。褐色，双面双器范，范表面为双弧圆形器，对称分布左右，下半残，范背面端处弧收变窄，宽处似为两分圆形器，此器与正面器是否同体，尚不可知。手制。长7厘米，宽8.4厘米，厚3.4厘米（图4.1-25，24）。1999YJCH5：11，残。红色，怀疑为匜范，此系1/4范，范外敷色稍红的泥质陶贴护，有铸痕。手制。残长11厘米，残宽12厘米，高9厘米（图4.1-25，21）。1999YJCH5：13，残。红色，器形不详，可知为圆形器，圆弧正中有预埋的铁钉。手制。残长7厘米，残宽6厘米，厚3.8厘米（图4.1-26，4）。1999YJCH5：14，完整。红褐色，中间粗两端细的柱形，似内范。手制。长12.5厘米，直径4厘米（图4.1-25，6）。1999YJCH5：15，残。红色，手制镞范，范中有三翼状镞形，下接长圆铤，右翼中为注口，范面呈对的两个平面，断面为扇形，角度120°，模中有浇铸痕迹，右侧似为对范记号，背面划粗糙的斜沟纹。手制。残长17厘米，宽4～5厘米，厚2.8～3厘米（图4.1-25，10）。1999YJCH5：17，完整。红色，长方形，正面有鼎足状范模，其上部较粗，渐向下细，底部呈凿形，估计另半范上有足尖部分，鼎足断面略圆角方形，不见注口，疑为二次铸造所用，范身有绳纹瓦做骨架，边缘有铁钉预埋。手制。宽9.2厘米，厚5.5厘米（图4.1-25，13）。1999YJCH5：18，残。红色，长方形陶制矛范，矛尖部残缺，矛身扁圆，近銎处两侧有半圆状凹坑，似为双环，有铸痕。手制。残长9.2厘米，宽8厘米，厚3.2厘米。1999YJCH5：19，残。红色，戈范，残余戈之后部连有注口及排气孔道，胡部为正锋，余残缺，有浇铸烧炙痕迹。手制。残长12厘米，宽9～10.2厘米，厚4.3厘米（图4.1-25，27）。1999YJCH5：20，残。红色，刀范，平面长方形，底边弧形，正面有通长刀形凹模，刀长16厘米，宽3.2厘米，刀背厚0.3厘米，宽折棱，刀柄长1.4厘米，宽1.2厘米，向外渐厚，端部厚0.5厘米，范腰偏下三面有凹槽，底面有浅凹平面，略残。手制。残长17.4～17.6厘米，宽9厘米，厚5.4～5.6厘米（图4.1-25，8）。1999YJCH5：22，残。红褐色，平板状器范，器形似砍刀类，一面中间有豁口，背面凸面有网状沟痕，有铸造痕。手制。长

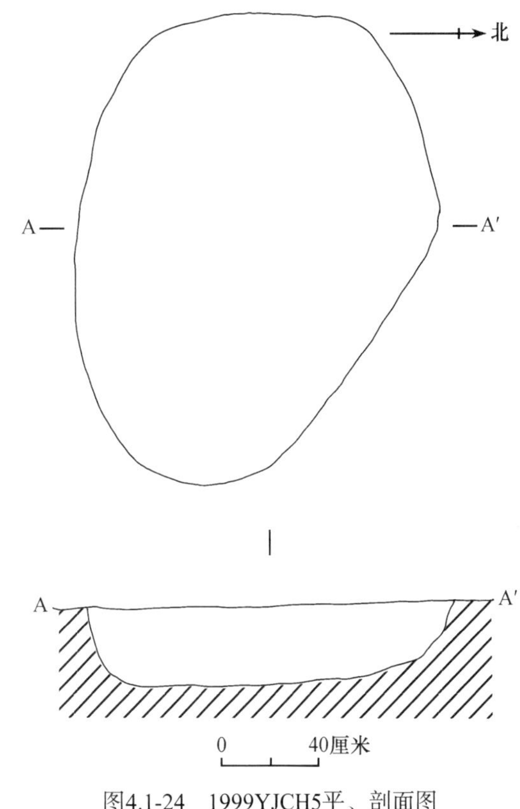

图4.1-24　1999YJCH5平、剖面图

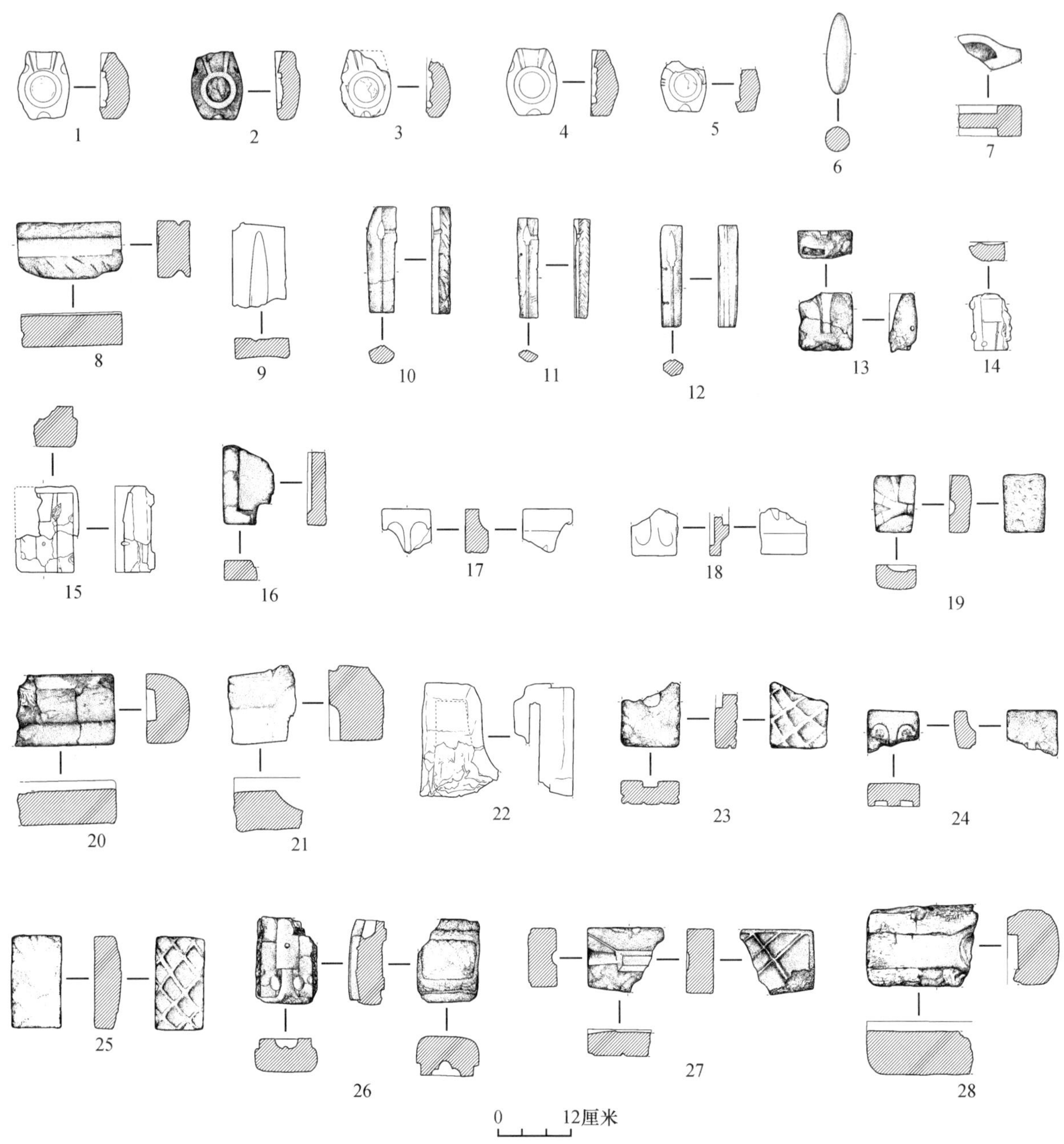

图4.1-25　1999YJCH5出土的铸范

1. 1999YJCH5：8　2. 1999YJCH5：1　3. 1999YJCH5：6　4. 1999YJCH5：3　5. 1999YJCH5：5　6. 1999YJCH5：14　7. 1999YJCH5：68　8. 1999YJCH5：20　9. 1999YJCH5：74　10. 1999YJCH5：15　11. 1999YJCH5：16　12. 1999YJCH5：30　13. 1999YJCH5：17　14. 1999YJCH5：4　15. 1999YJCH5：29　16. 1999YJCH5：60　17. 1999YJCH5：9　18. 1999YJCH5：69　19. 1999YJCH5：41　20. 1999YJCH5：25　21. 1999YJCH5：11　22. 1999YJCH5：24　23. 1999YJCH5：21　24. 1999YJCH5：10　25. 1999YJCH5：23　26. 1999YJCH5：54　27. 1999YJCH5：19　28. 1999YJCH5：48

11厘米，残宽9.8厘米，厚2.8厘米（图4.1-26，1）。1999YJCH5：25，残。红色，长方形物范，一端平齐，另一端渐宽，中似为圆形，制作较粗糙，范体厚重，中间夹瓦片，两次烧成痕明显。手制。残长16.5厘米，宽11.6厘米，厚7厘米（图4.1-25，20）。1999YJCH5：28，残。红色，戈之援部残范。手制。残长8.4厘米，宽8.2厘米，厚3.5厘米（图4.1-26，12）。1999YJCH5：29，残。褐色，细砂陶范身，外贴深灰色附衬，衬间夹瓦片为龙骨，范身长方形，方体为椭圆形筒状物，中间有预埋在范中间的铜柱，直径0.4厘米，高0.5厘米，注口漏斗形，似筒壁延长与注口平齐，合范表面见对称的凸棱似合范标志，外衬平面有两条贯通的凸棱，有使用痕迹。手制。长13.6厘米，范宽8.8厘米，总宽10.4厘米，厚5.4～6.6厘米（图4.1-25，15）。1999YJCH5：30，残。手制镞范， 范中有双翼状镞形，下接长圆铤，未见注口，范面呈对的两个平面，断面为六边形，模中有浇铸痕迹，右侧似为对范记号，背面较粗糙。手制。残长14.9厘米，宽2.8厘米，厚1.4～2.1厘米。1999YJCH5：41，残。红色，双管范，单筒变双筒的陶范，范主孔直径2.3厘米，两分叉孔直径1.2厘米，一侧有注口，有铸痕，据插入内范后观测，筒壁厚0.1厘米。手制。长9厘米，宽5.2～5.5厘米，厚2.8～3.5厘米（图4.1-25，19）。1999YJCH5：42，残。红色，戈之前缘部分，正锋，上锋平直，下锋略弧，刃身有沿边平行凹线，中有脊线，底面有凸合并饰交叉斜沟，有浇铸痕迹。手制。残长13.7厘米，最宽10.5厘米，胡部分厚0.3厘米，通厚4.1厘米。1999YJCH5：47，残。红色，长方形陶范，可见两根柱状凹槽，合范后应为圆条状，有铸痕，两柱间在一端“U”形相连。手制。残长9厘米，残宽3.8厘米，厚3厘米（图4.1-26，8）。1999YJCH5：48，残。红色，长方体条形物范，似为镢范，范体分两次烧成，器形为长条状，上端有镢状銎口痕迹，下端平齐，有铸造痕。手制。残长18厘米，残宽13厘米，高8.4厘米（图4.1-25，28）。1999YJCH5：54，陶质，残。红色，细砂陶范身，外敷深灰色附衬，平面长方形，正中为圆形存銎器单面范，銎两侧有圆形凹窝，似成品为环，銎口渐大，圆柱状范身中有预埋的铁钉，似成器有孔或支撑内范所用，略变形。手制。汉代。残长14厘米，宽10.2厘米，厚6厘米（图4.1-25，26）。1999YJCH5：56，残。红色，圆环半合范，上部注口两侧各有一条通气孔，外缘西侧范面有凹槽似为合范记号，底部亦有一凹槽，背面捏制简单，有铸造痕迹。手制。残长10.8厘米，宽8.6厘米，厚4厘米，环径6厘米。1999YJCH5：58，残。红色，长方形管状器范，范中有半弧形凹槽，管径约2.2厘米，冲蚀较重，线条不清晰，有铸痕。手制。残长7厘米，宽5.8厘米，厚3.2厘米（图4.1-26，11）。1999YJCH5：59，残。红褐色，整体不详，范面为平板状器，边缘略坡。手制。长8.8厘米，残宽8.4厘米，厚2.6厘米（图4.1-26，10）。1999YJCH5：60，残。红褐色，平板状器范，边缘呈斜状，下端边缘渐呈内凹形，中间有豁口，平板平面似不均厚，有铸造痕。手制。长12.4厘米，残宽8厘米，厚2.8～2.2厘米（图4.1-25，16）。1999YJCH5：61，残。红褐色，圆柱形陶范，一端残断，颜色略斑驳。手制。残长7厘米，直径5厘米（图4.1-26，14）。1999YJCH5：62，残。红褐色，器形不详，似1/3范。手制。残长6.5厘米，残宽5.6厘米，厚2.8厘米（图4.1-26，5）。1999YJCH5：64，残。红褐色，器形不详，范中有长方形凹槽，底边向外曲弧，器形较小。手制。残长4厘米，残宽5.5厘米，厚2.5厘米（图4.1-26，3）。1999YJCH5：68，残。红色，器形不明，似双面范之后部，两面有对称的半圆弧形凹槽。手制。残长4.8厘米，残宽3.5厘米，厚2.4厘米（图4.1-25，7）。1999YJCH5：69，残。红色，双面器范。手制。残长7.4厘米，宽8.8厘米，厚3.5厘米（图4.1-25，18）。1999YJCH5：70，残。红褐色，方形器范，器边斜向上方，一端弧向上方，类连铸一体的锄。手制。长9厘米，残宽6厘米，厚3.6厘米（图4.1-26，9）。1999YJCH5：75，残。红色，圆形器为1/3范，近端处圆范内收，似为插入内范之处，顶端被烧融。手制。残长6.6厘米，残宽5.6厘米，厚3厘米（图4.1-26，2）。1999YJCH5：76，残。红色，似直边容器半范，铸痕观察在下端破损处拐直角向外，类方边匜范。手制。残长8厘米，残宽9厘米，高5厘米。

石范　3件。1999YJCH5：16，完整。青灰色，断面为120°的扇形，两平面正中为镞范，右翼中为注口，镞与铤通连，左平面有相距9.3厘米的2个钻孔，孔径0.4厘米，右平面偏下有范模序号划记，背面凿出折线沟痕。磨制。长15.6厘米，宽2.8～3.4厘米，厚1.8～2.4厘米。1999YJCH5：30，残。赭红色，镞范，不规则六面体石材，每面均磨平，为镞的1/3范，镞为三翼，圆铤，铤平面上有对范的两个钻孔。磨制。长16.4厘米，宽3.5厘米，厚3厘米（图4.1-25，12）。1999YJCH5：67，残。灰绿色，长铤镞之1/3范，仅存铤部，右范表面存圆洞一个，似为合范标记。磨制。残长9厘米，宽4厘米，厚2.8厘米（图4.1-26，7）。

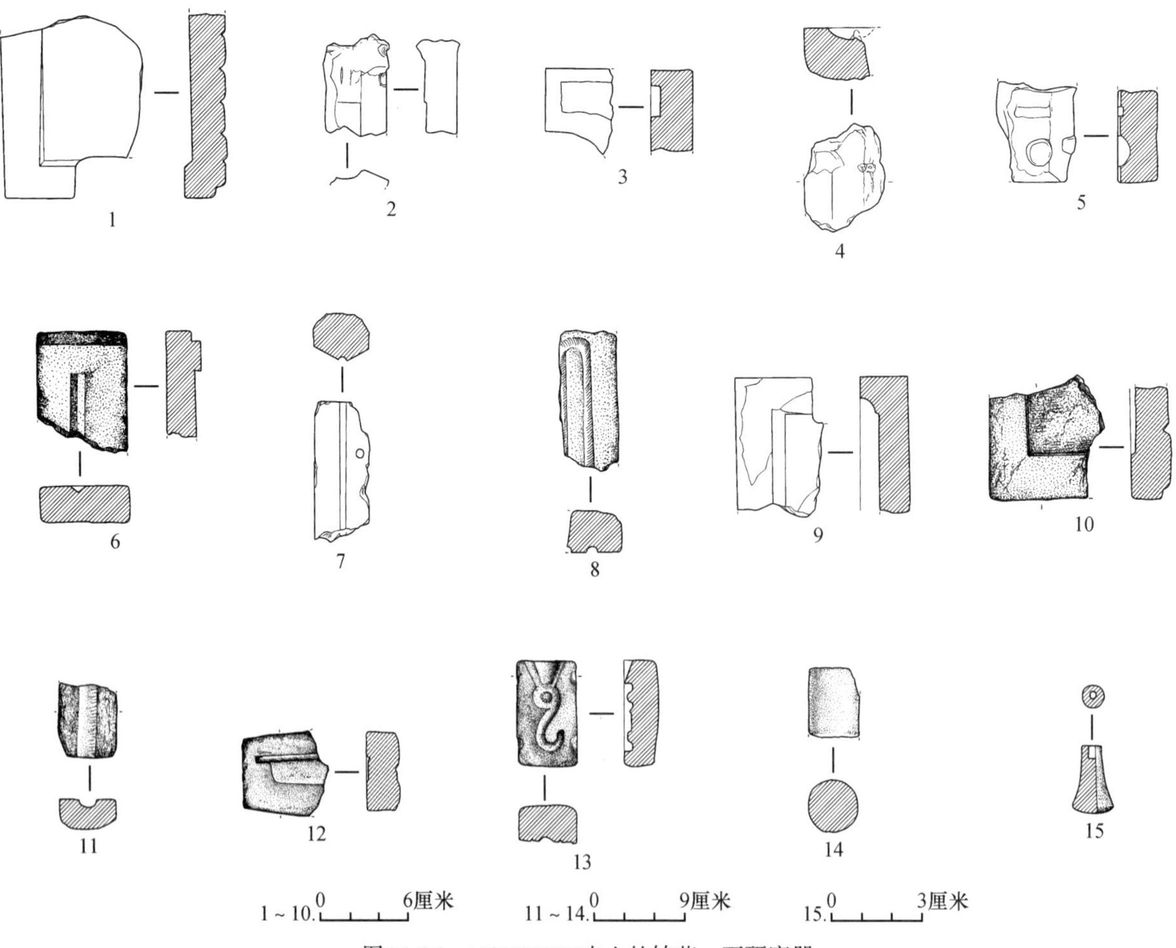

图4.1-26　1999YJCH5出土的铸范、石研磨器

1. 1999YJCH5：22　2. 1999YJCH5：75　3. 1999YJCH5：64　4. 1999YJCH5：13　5. 1999YJCH5：62　6. 1999YJCH5：57　7. 1999YJCH5：67　8. 1999YJCH5：47　9. 1999YJCH5：70　10. 1999YJCH5：59　11. 1999YJCH5：58　12. 1999YJCH5：28　13. 1999YJCH5：7　14. 1999YJCH5：61　15. 1999YJCH5：63

陶鼓风管　2件。1999YJCH5：21，完整。红色，略呈圆筒状，下端斜开在偏一侧壁，器表粗糙不规范，火候很低。手制。长12.8～21厘米，直径8～9.5厘米，孔径4.6～5.2厘米。1999YJCH5：23，残。红色，管状，平面正视为楔形。手制。残长13.5厘米，直径8厘米，孔径3.4厘米。

不明陶器　1件。1999YJCH5：24，残。灰色，底面一端平齐，向另一端渐宽并外张，断面为长方形，上面为梯形鋬状。手制。长18厘米，上残宽13.6厘米，下宽9.6厘米，高10厘米。

陶保温砖　1件。1999YJCH5：43，完整。灰色，烧结在一起的两块方砖，砖体近正方体，五面外表用夹砂灰陶为皮，砖体内为多孔结构，孔分15排，每排约17孔，孔径0.4厘米。手制。长14厘米，宽12厘米，高14厘米。

陶多孔器　1件。1999YJCH5：49，残。红色，残损的不规则多孔陶器，可见11个透孔，孔径约2厘米，一面有灼烧痕，另一面为草拌泥破损面，推测为浇铸工艺之物，可能为铸体上盖。手制。汉代。残长15厘米，残宽12厘米，厚2～2.6厘米（图4.1-27，14）。

陶漏斗形器　1件。1999YJCH5：52，残。泥质灰陶，圆方唇，大敞口，斜直腹，近底似有圈足，圈足下弧收成圆弧形，中间有一圆孔，上部饰模糊的竖绳纹。轮修。汉代。高10.8厘米，盘径13.8厘米，底径7.6厘米，柄径3厘米（图4.1-27，15）。

陶范坯　1件。1999YJCH5：57，残。灰色，长方形素坯，表面有浅划痕五道，两道平行贯长，两道平行与之交叉，另有一道附痕，分析为做模时草稿。手制。长7.6厘米，宽6厘米，厚2.4厘米（图4.1-26，6）。

铜镞　2件。1999YJCH5：46，残。锈甚，略呈三翼形，一翼中部有一直立柱形短物，似铸造时的固定钉，镞未经第二步修整。铸造。残长2.7厘米，宽1.7厘米。1999YJCH5：51，残。宽三翼形，两翼间内凹明显，铁铤残断，关呈圆形。铸造。残长4厘米，宽1.4厘米。

铜环　1件。1999YJCH5：53，残。略近椭圆形，剖面近扁圆形。锻造。残长4.9厘米。

铜匙柄　1件。1999YJCH5：66，残。残余铜匙柄与勺相接合部分。铸造。残长3.6厘米，宽0.2～0.7厘米（图4.1-27，9）。

铁锥　1件。1999YJCH5：27，残。把呈圆环状，把与锥身结合部似呈环状。铸造。残长7.4厘米，环径2.4～2.6厘米，剖面直径9.7厘米（图4.1-27，2）。

铁刀　1件。1999YJCH5：39，残。直背直刀，呈长条形。铸造。残长10.7厘米，宽1.4厘米，背厚0.3厘米（图4.1-27，7）。

铁钉　1件。1999YJCH5：77，残。锈蚀较重。铸造。残长6厘米，径约0.7厘米（图4.1-27，5）。

磨石　2件。1999YJCH5：31，残。黑灰色，近长方体一端磨圆，各面均有凹沟，火烧变黑。磨制。残长16厘米，边长3.2～4厘米（图4.1-27，11）。1999YJCH5：74，完整。黄白色，不规则四边形，两个平面中心线及两侧皆有磨成凹槽和痕迹，素面。磨制。长13.4厘米，宽7.6厘米，厚3.2厘米。

圆形石器　1件。1999YJCH5：35，残。黄白色，上小下大的圆台形，石质色纯类汉白玉，但硬底较软，类砂岩，两台面磨制光滑，似塞。磨制。底径2.6厘米，上径2.4厘米，高1.8

厘米（图4.1-27，6）。

石研磨器　1件。1999YJCH5：63，残。黄白色，弧面弧边柱状器，底面弧形似为研磨，素面。磨制。残高2.2厘米，直径0.8～1.9厘米，孔径0.15厘米（图4.1-26，15）。

角器　3件。1999YJCH5：36，完整。黄绿色，鹿角切割成的一段，中空，因铜离子污染成绿色。切割。高3厘米，长径3.8厘米，短径2.9厘米（图4.1-27，8）。1999YJCH5：44，完整。黄色，两次切割的鹿角，表面光滑，应属某种工具。切割。长23厘米，宽11厘米，直径3.5厘米（图4.1-27，12；图版三六，2）。1999YJCH5：45，完整。黄色，人工砍，锯的鹿角，一角残，另一角磨损光滑。切割。长28厘米，角间距21厘米，根径7厘米（图4.1-27，13）。

角料　1件。1999YJCH5：38，完整。黄色，鹿角切割成的方柱形料，一端有磨制平面。

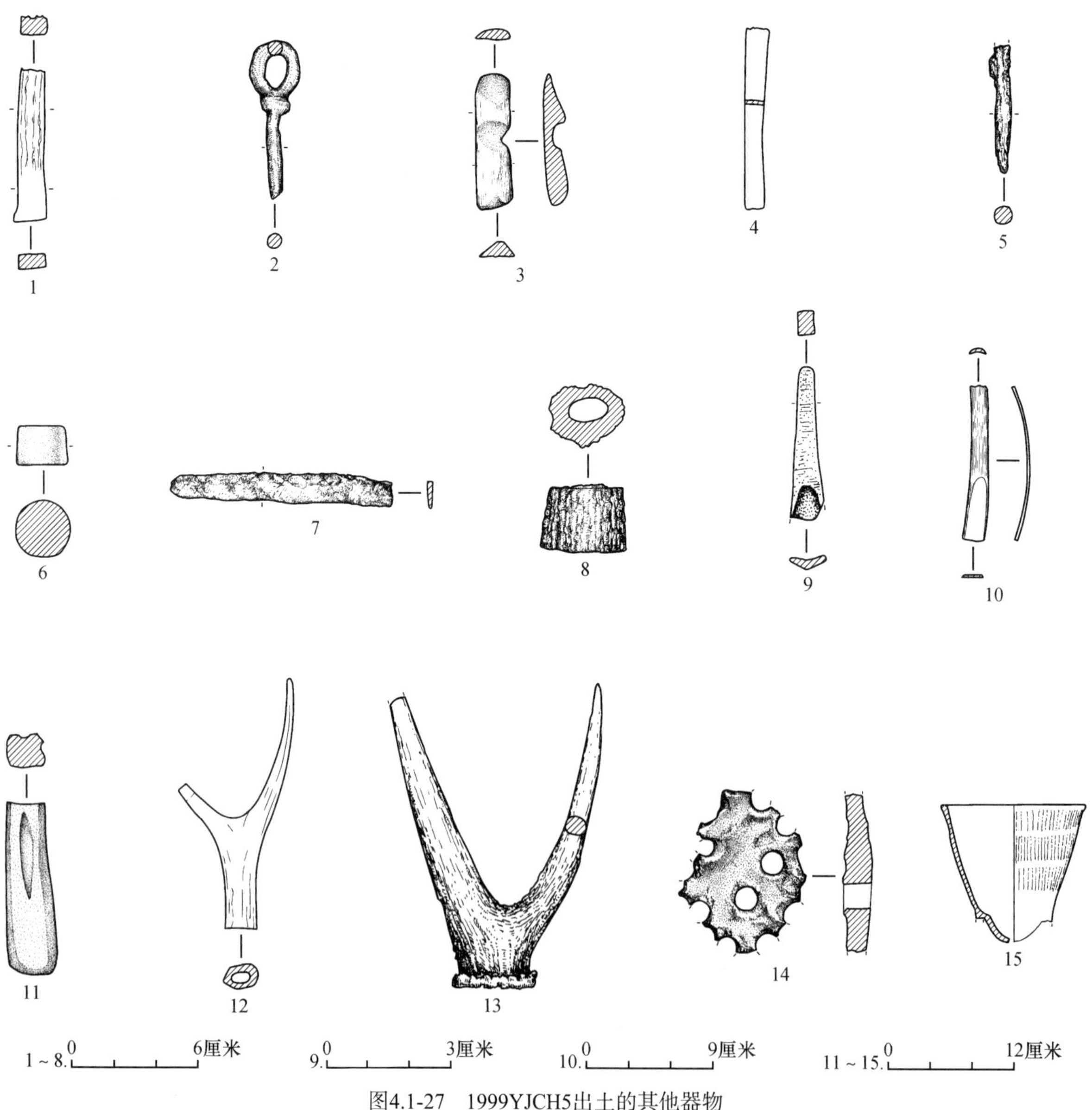

图4.1-27　1999YJCH5出土的其他器物

1. 角料（1999YJCH5：38）　2. 铁锥（1999YJCH5：27）　3. 骨器（1999YJCH5：37）　4. 骨料（1999YJCH5：72）　5. 铁钉（1999YJCH5：77）　6. 圆形石器（1999YJCH5：35）　7. 铁刀（1999YJCH5：39）　8、12、13. 角器（1999YJCH5：36、1999YJCH5：44、1999YJCH5：45）　9. 铜匙柄（1999YJCH5：66）　10. 骨片（1999YJCH5：71）　11. 磨石（1999YJCH5：31）　14. 陶多孔器（1999YJCH5：49）　15. 陶漏斗形器（1999YJCH5：52）

磨制。长7.7厘米，宽1.7厘米，厚1厘米（图4.1-27，1）。

骨器　1件。1999YJCH5：37，残。灰黄色，略呈长条片状，两端和背面未磨，正面上端成漫弧，以下磨成两个斜平面，使中间起一道凸棱，中间凿磨成一指肚状凹槽。长6.2厘米，宽1.7厘米，厚0.5～0.7厘米（图4.1-27，3）。

骨片　1件。1999YJCH5：71，残。灰色，动物肋骨磨成的薄片状，外面宽端磨平，似为工具。磨制。长11厘米，宽1.5～1.8厘米，厚0.1厘米（图4.1-27，10）。

骨料　1件。1999YJCH5：72，完整。黄色，长方形骨片，切割痕不整齐。磨制。长8.3厘米，宽1厘米，厚0.2厘米（图4.1-27，4）。

1999YJCH8　位于1999YJCT3的东部，第2层下开口，打破第3～5层和生土层。坑口平面为圆形，坑壁光滑，上半部敞口下半部直壁，坑壁的下半部光滑经人工加工（坑壁上斜下直，平底）。坑口距地表50厘米，坑底距地表160厘米（深104厘米），坑口直径210～205厘米，坑底直径120～125厘米。坑内堆积可分两层，第1层黑色土，夹大量灰烬；第2层为深黑色土，夹少量红烧土。出土器物7件，为陶罐、铜镞、铜器、鹿角器、石范等，还出有兽骨、瓦片和少量陶片。推定1999YJCH8的上层堆积应是1999YJCH8的外延，下层才是真正意义的1999YJCH8，根据加工光滑的壁，1999YJCH8应是储藏坑（下部光滑，有明显的加工痕迹，或为窖穴）（图4.1-28）。

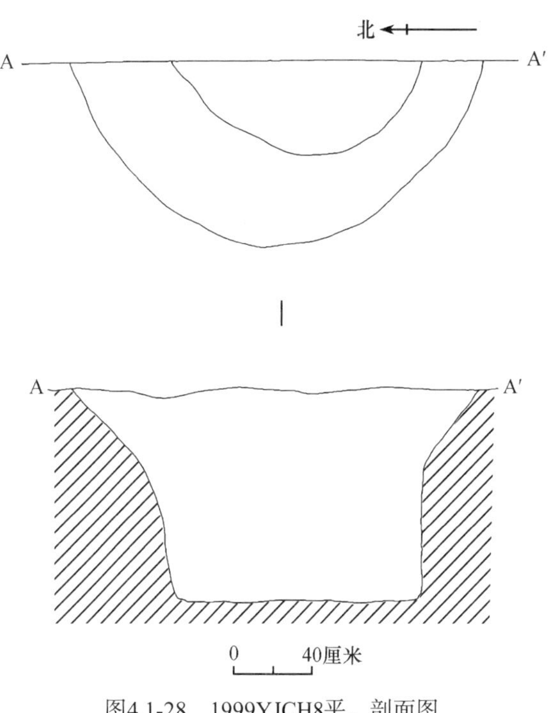

图4.1-28　1999YJCH8平、剖面图

陶罐　1件。1999YJCH8：7，残，可复原。泥质灰陶，宽平沿，尖唇，直口，短直颈，广肩，鼓腹偏上，底与腹折角不明显，底微凹，肩腹饰凹弦纹，颈部、底、腹下部饰抹绳纹。轮制。口径14厘米，腹径25.8厘米，高19.2厘米，底径10.5厘米（图4.1-29，1）。

铜镞　3件。1999YJCH8：1，残。三棱状，尾部逐渐变细。铸造。残长4.4厘米（图4.1-29，4）。1999YJCH8：3，残。圆柱形。铸造。残长1.9厘米，直径0.4厘米。1999YJCH8：4，残。前半部呈三棱锥，三翼形，刃部锋利，铤呈柱状，带銎。铸造。残长4.9厘米（图4.1-29，3；图版二九，5）。

铜器　1件。1999YJCH8：5，残。筒状器物。手制。汉代。残长3.1厘米，外径9厘米，内径6厘米（图4.1-29，5）。

石范　1件。1999YJCH8：2，残。灰绿色，大概是镞的1/3范，范面为扇形，内角120°，正脊破损，部分见铸痕，背面刻沟槽。磨制。残长5厘米。

鹿角器　1件。1999YJCH8：6，完整。黄色。割磨。残长10厘米（图4.1-29，2）。

1999YJCH9　位于1999YJCT8东部，南北向，开口于第6层表，打破第6～9层。坑口平面

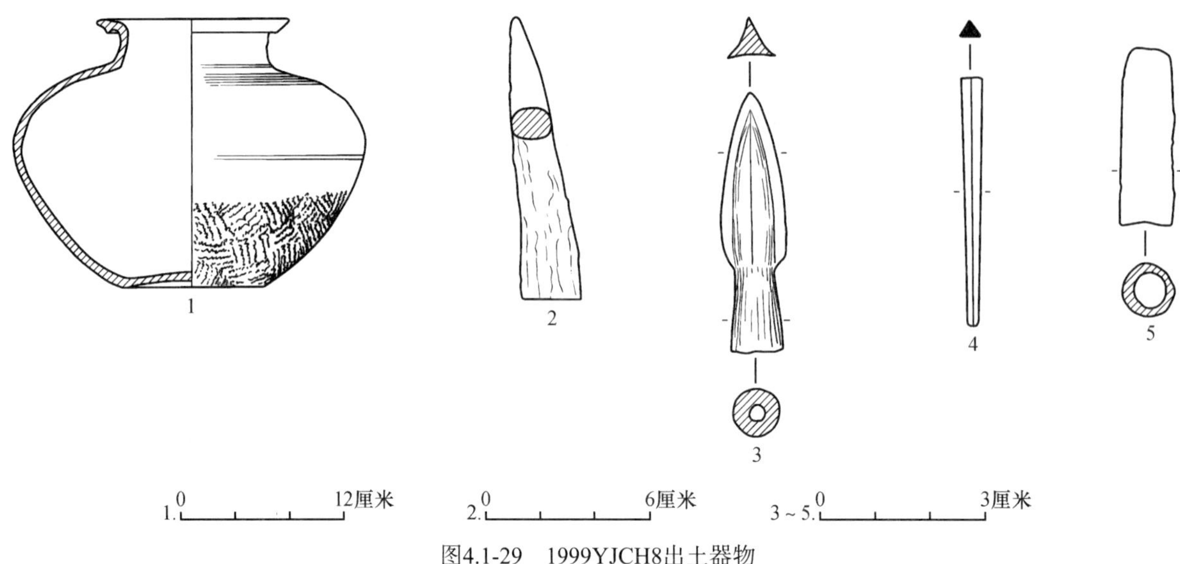

图4.1-29　1999YJCH8出土器物

1. 陶罐（1999YJCH8：7）　2. 鹿角器（1999YJCH8：6）　3、4. 铜镞（1999YJCH8：4、1999YJCH8：1）
5. 铜器（1999YJCH8：5）

略为椭圆形，坑底圜底稍平，坑壁斜坡状。坑口距地表10厘米，坑底距地表175厘米，坑口直径180厘米，坑底直径120厘米（图4.1-30）。坑内堆积分两层，下层南高北低呈坡状，灰褐土，含大片残瓦，显然系一次堆入，保留倾倒的斜面，上层黄褐土，出陶片较多。出土绳纹板瓦、筒瓦、泥质灰陶片，修复陶罐、陶钵各1件。用途推定应为灰坑。

陶钵　1件。1999YJCH9：1，残。泥质灰陶，圆唇，敞口，斜直折腹，小平底。轮制。汉代。高4.5厘米，口径12厘米，底径4厘米（图4.1-31，1）。

陶罐　1件。1999YJCH9：2，残。夹细砂灰黄陶，尖唇，广口，束颈，圆鼓腹，腹底转角不明显，底略平，肩上部饰凹弦纹，腹下部至底饰细绳纹。轮制。汉代。口径14.8厘米，腹径17.8厘米，底径7.5厘米，高13.2～13.7厘米（图4.1-31，2）。

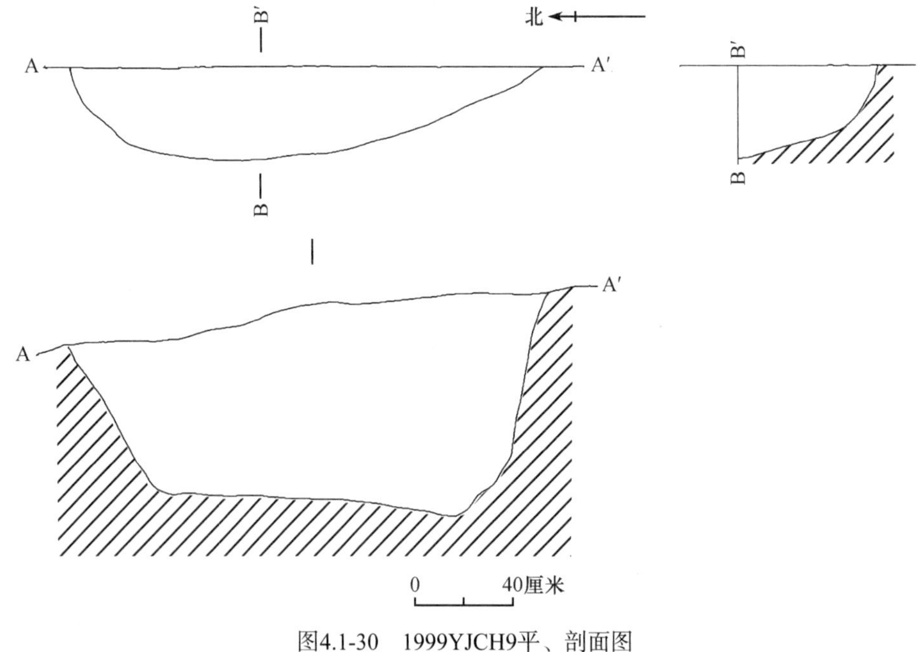

图4.1-30　1999YJCH9平、剖面图

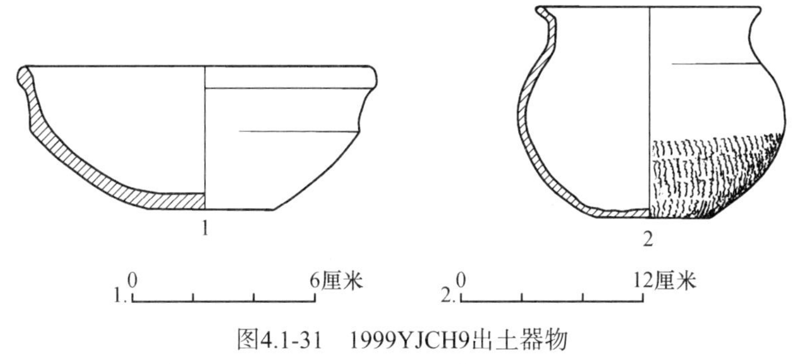

图4.1-31　1999YJCH9出土器物

1. 陶钵（1999YJCH9：1）　2. 陶罐（1999YJCH9：2）

1999YJCH11　位于1999YJCT3西南角，北偏西45°向，开口于第3层下，打破第4层、第5层和生土层。坑口平面为接近椭圆形，坑壁不规则漫弧。坑口距地表75厘米，坑底距地表195厘米，坑口直径230～324厘米，坑底直径150～245厘米（图4.1-32）。坑内堆积不分层，堆积呈淡黑色，土质松软，颗粒小，夹多量黄沙土。出土铜钱、铜镞、骨管、铁器、石范、磨石、彩绘陶片，还有兽骨、瓦片和陶片等。用途推定应为垃圾坑，因为1999YJCH11出土的器物杂乱，是经人工使用过后废弃的器物，出土器物介绍如下。

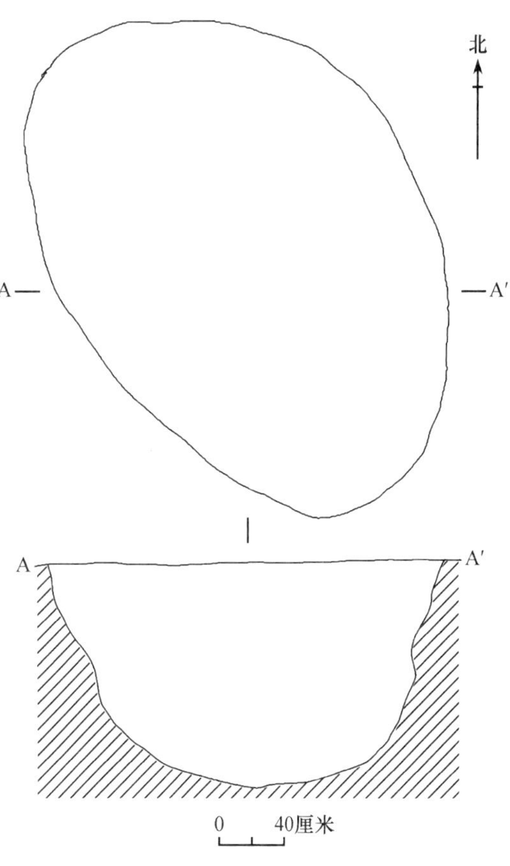

图4.1-32　1999YJCH11平、剖面图

彩绘陶片　1件。1999YJCH11：6，泥质陶，残。黑色，口沿卷沿，施红彩绘。轮制。残长8厘米。

铜镞　1件。1999YJCH11：1，残。镞的前部为三棱锥形，铤为圆柱形。铸造。汉代。残长4.7厘米（图4.1-33，1；图版二九，6）。

铜钱　2件。1999YJCH11：7，完整。半两钱，方穿无郭，字迹端正清晰。铸造。直径2.2厘米，穿径1厘米（图4.1-33，2）。1999YJCH11：8，完整。圆形，四枚连在一起，字迹不明显。铸造。直径2.4厘米，穿1厘米。

铁器　1件。1999YJCH11：5，残。长条形。铸造。残长20厘米，宽2.8厘米（图4.1-33，6）。

磨石　1件。1999YJCH11：2-1，残。赭红色，多面体柱状，磨面不甚平直。磨制。长12厘米，边长3.6～4.8厘米（图4.1-33，5）。

石范　1件。1999YJCH11：2-2，残。赭红色，镞范，范面呈120°角，断面呈扇形，背面磨成多面体。磨制。残长3厘米，宽2.5厘米，厚3厘米（图4.1-33，7）。

骨料　1件。1999YJCH11：3，完整。黄色，鹿角制成的长方形薄片。磨制。长7.5厘米，宽2厘米，厚0.4厘米（图4.1-33，4）。

骨管　1件。1999YJCH11：4，完整。黄色。磨制。长6.4厘米，径1.4～1.8厘米（图4.1-33，3）。

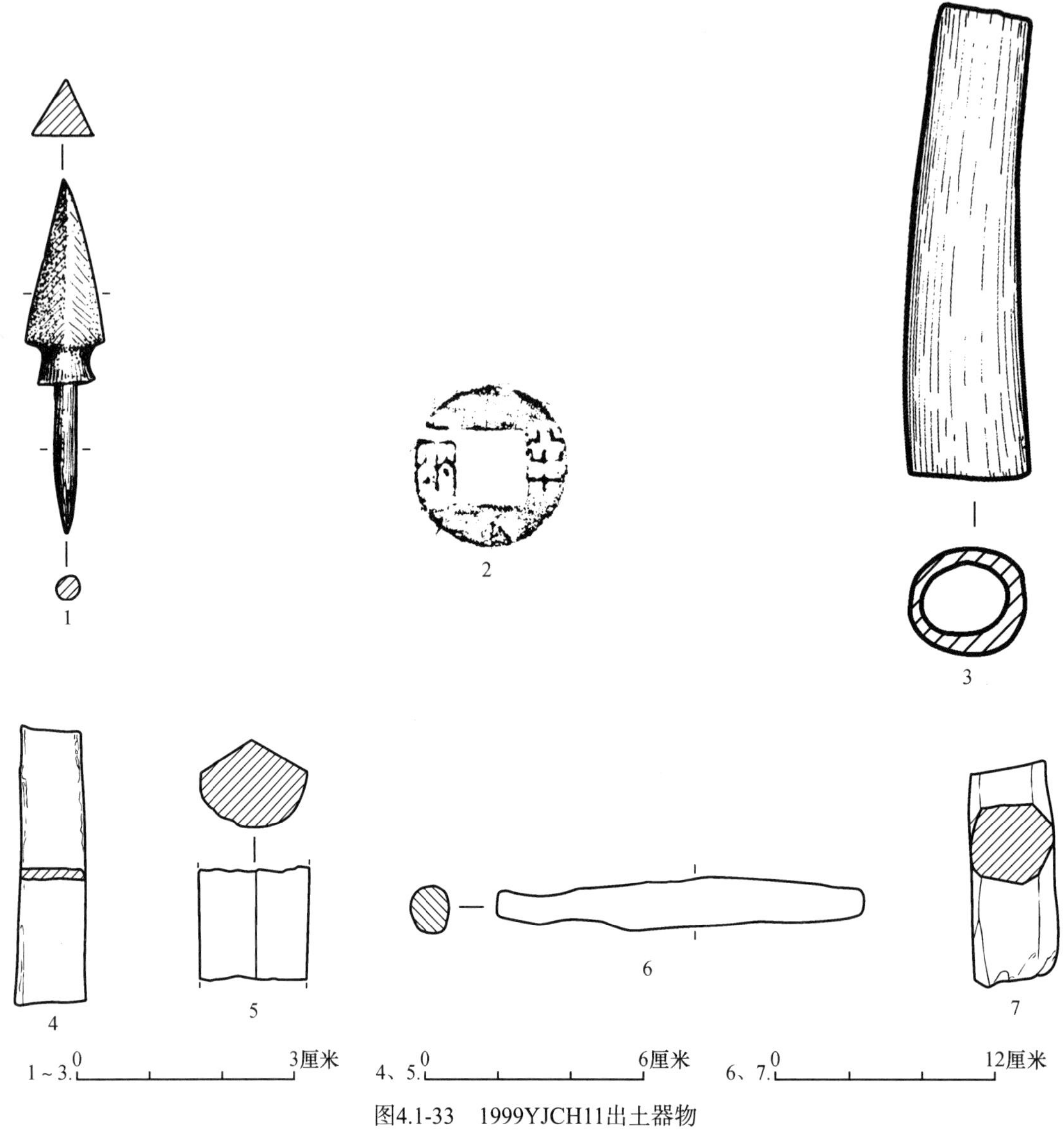

图4.1-33　1999YJCH11出土器物

1. 铜镞（1999YJCH11：1）　2. 铜钱（1999YJCH11：7）　3. 骨管（1999YJCH11：4）　4. 骨料（1999YJCH11：3）　5. 磨石（1999YJCH11：2-1）　6. 铁器（1999YJCH11：5）　7. 石范（1999YJCH11：2-2）

1999YJCH13　位于1999YJCT10及1999YJCT9北隔梁内，第4a层下开口。坑口平面为圆角长方形。坑口距地表90厘米，坑底距地表205厘米，坑口长200厘米，宽180厘米。坑内堆积一层，土色较纯。出土石器1件和少量陶片。1999YJCH13壁、底不规整，用途推定可能是取土坑（图4.1-34）。

石斧　1件。1999YJCH13：1，花岗岩，青色，长椭圆形，打制成弧刃。打制。长12厘米，宽5厘米，厚1.5～2厘米（图4.1-35）。

2000YJCH14　位于2000YJCT0907北部及2000YJCT1007南部，第3层下开口，平面呈椭圆形，斜弧壁，圜底，较规整，未见加工痕迹。坑口距地表35厘米，坑口长188厘米，坑口宽126厘米，坑深55～75厘米（图4.1-36）。坑内堆积一层，填土黄褐色，土质较为坚硬，内含少量炭粒和残瓦，出土少量泥质灰陶残瓦及1件骨角器。

骨角器　1件。2000YJCH14：1，残。兽角磨制，尖锐，有人工痕迹（图4.1-37）。

2000YJCH15　位于2000YJCT1504西部，第3层下开口，平面略呈椭圆形，直壁近底略内弧，底面平整，底呈椭圆形。坑口距地表100～125厘米，坑口长150厘米，坑口宽120厘米，坑底距地表125～150厘米，坑底长120厘米，坑底宽110厘米（图4.1-38）。坑内堆积一层，填土黄褐色，质地较为坚硬，内含少量残瓦、木炭颗粒，出土1件陶罐和1件陶网坠，具体介绍如下。

陶罐　1件。2000YJCH15：2，夹砂红褐陶，宽平折沿，方唇，折肩，弧腹，呈凹底，颈、肩、腹部饰粗绳纹。口径13.5厘米，腹径21.6厘米，高16.8厘米（图4.1-39，1）。

陶网坠　1件。2000YJCH15：1，夹砂红陶，呈长椭圆形，中心一圆孔，表面粗糙，手制。长5.9厘米（图4.1-39，2）。

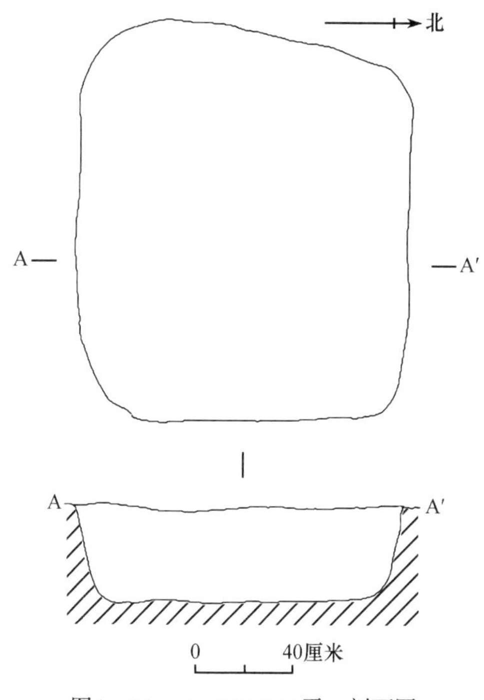

图4.1-34　1999YJCH13平、剖面图

2000YJCH16　位于2000YJCT1504、2000YJCT1503北部和2000YJCT1502东隔梁内，第3层下开口，在2000YJCT1502、2000YJCT1503内平面呈三角形，斜壁，底略有起伏。坑口距地表120厘米，坑口长900厘米，坑口宽380厘米，坑底长550厘米，坑深130～170厘米（图4.1-40）。坑内堆积一层，填土黄褐色，土色较纯，出土少量陶片。

2000YJCH18　位于2000YJCT1002南部第1层下开口，打破第2层，平面呈椭圆形，直壁微斜，坑壁加工较好，圜底。坑口距地表25厘米，坑口长130厘米，坑口宽115厘米，坑深80厘米。坑内堆积一层，灰色填土，夹灰烬，出土泥质灰陶片，陶范，兽骨，陶鼓风管残片（图4.1-41）。

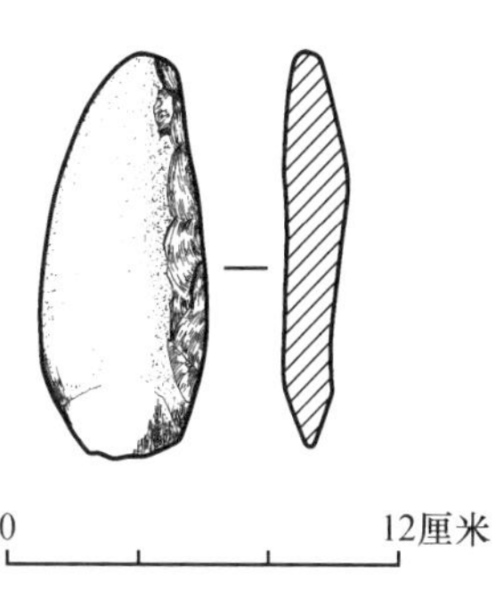

图4.1-35　1999YJCH13出土的石斧（1999YJCH13：1）

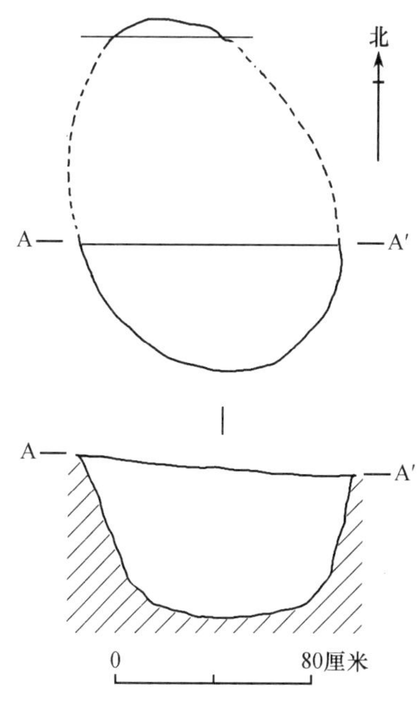

图4.1-36　2000YJCH14平、剖面图

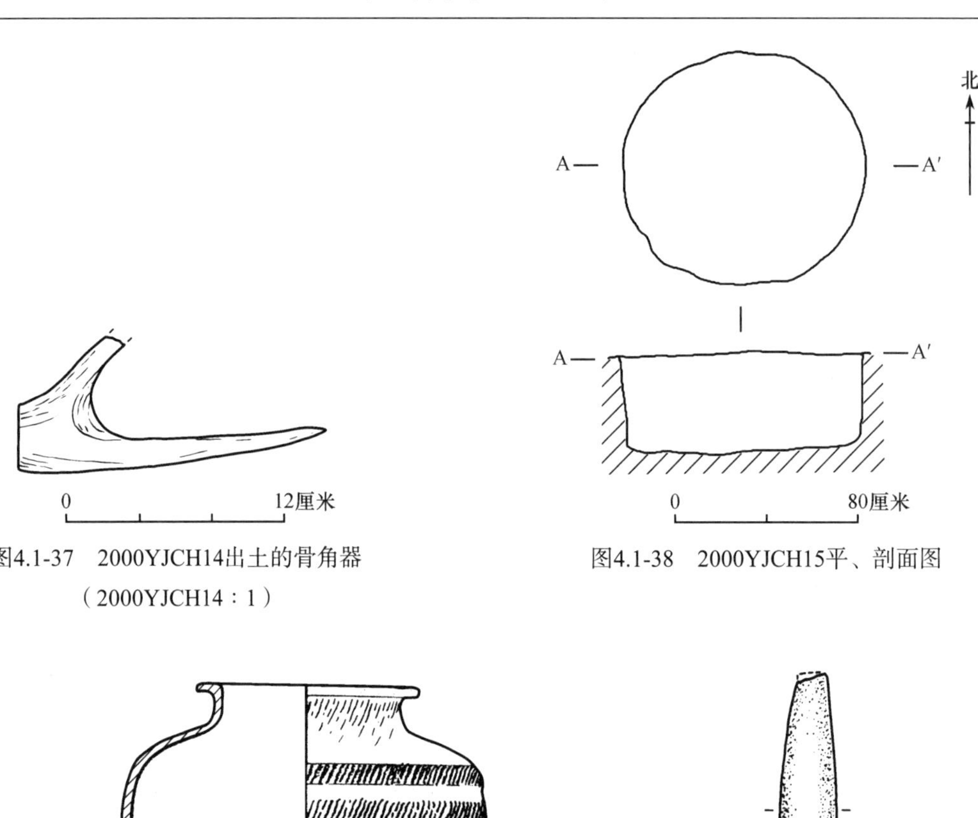

图4.1-37　2000YJCH14出土的骨角器（2000YJCH14：1）

图4.1-38　2000YJCH15平、剖面图

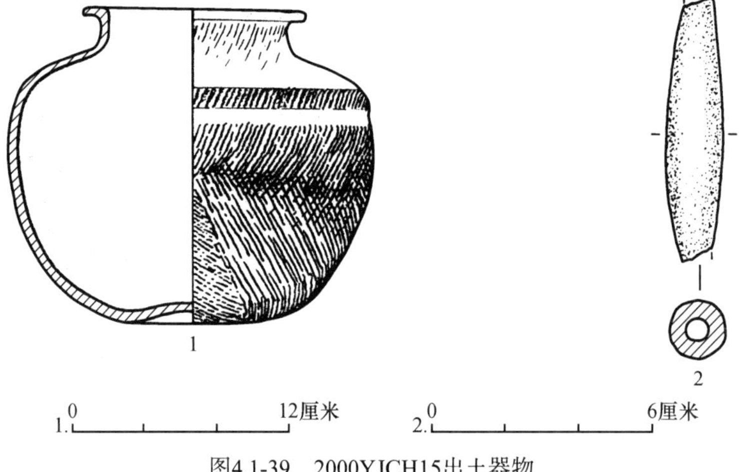

图4.1-39　2000YJCH15出土器物

1. 陶罐（2000YJCH15：2）　2. 陶网坠（2000YJCH15：1）

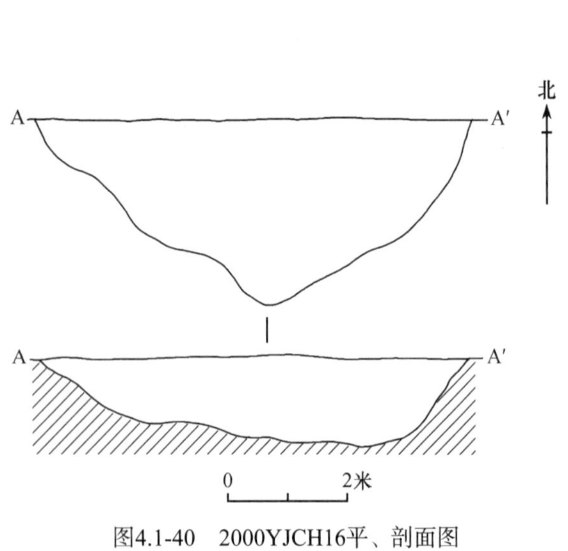

图4.1-40　2000YJCH16平、剖面图

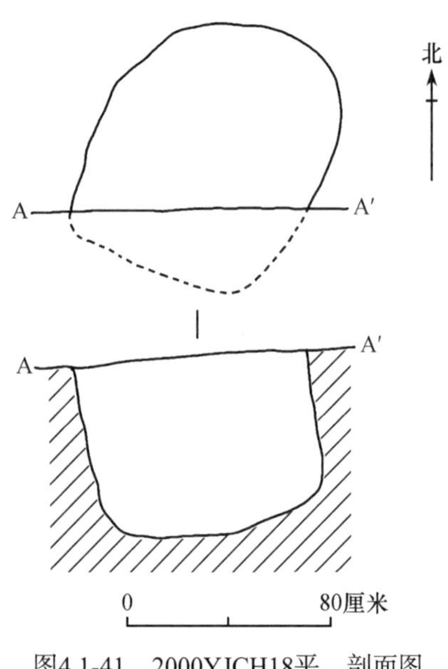

图4.1-41　2000YJCH18平、剖面图

2000YJCH19　位于2000YJCT1002南部，第2层下开口，平面呈圆角方形，斜壁，斜底，坑口距地表50～70厘米，坑口长240厘米，坑口宽230厘米，坑底长90厘米，坑深70～90厘米。坑内堆积一层，填土灰黄色，土质稍软，未见遗物（图4.1-42）。

2000YJCH20　位于C区的西北角部，跨2000YJCT1501、2000YJCT1502两方，开口第2层下。灰坑平面大致为圆形，南部被2000YJCG1打破。坑为斜壁，平底，上口直径180厘米，底部直径145厘米，深120厘米（图4.1-43）。坑中填土黑褐色，较黏，内中含大量外饰粗绳纹、内为素面的青灰色泥质板瓦残片，似为一次或短期内填平的。陶片中可识别有鼎、罐、豆、壶等，均为泥质灰陶，大多残破较甚。罐类多作敛口，方唇，圜底，折肩，肩以下饰竖向绳纹，有的再加一两道旋纹，鼎多残足。

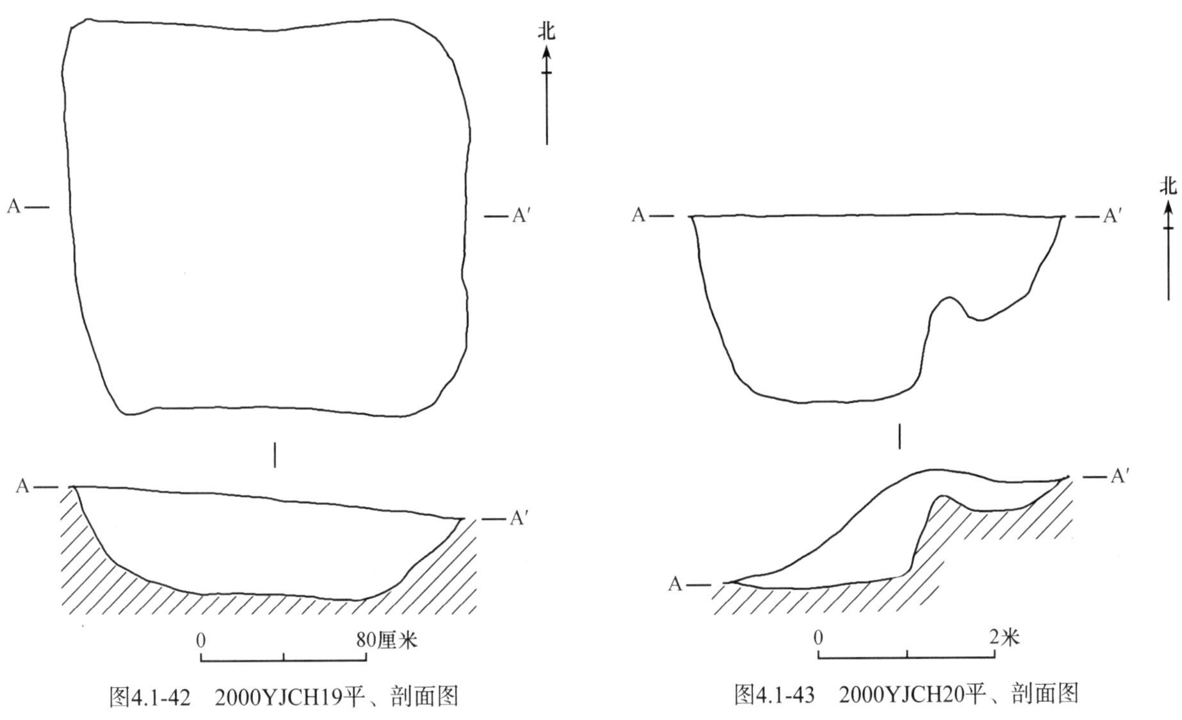

图4.1-42　2000YJCH19平、剖面图

图4.1-43　2000YJCH20平、剖面图

2000YJCH21　位于2000YJCT1404北部、2000YJCT1504南部，第1b层下开口，平面呈圆形，斜壁，圜底。坑口距地表40～60厘米，坑底距地表130～150厘米，坑口直径300厘米，坑底直径100厘米。坑内堆积一层，填土灰色，土质稍软，出土少量陶片（图4.1-44）。

2000YJCH22　位于2000YJCT1464北部，第3层下开口，平面近半椭圆形，斜弧壁，坑底不甚平整，无加工修整痕迹。坑口距地表85～130厘米，坑口长340厘米，坑底长260厘米，坑深110～155厘米（图4.1-45）。坑内堆积仅一层，填土灰黄色，质地略为坚硬，内含少量残瓦片，坑内出土少量残瓦片，以板瓦为主，多为黄灰褐陶，凸面饰绳纹，陶片较少并出少量夹砂灰陶鼎足，出1件铜饰件，可能为一取土坑。

铜饰件　1件。2000YJCH22：1，铜片一端呈锯齿状，另一端残。宽1.8、高2.4厘米（图4.1-46）。

2000YJCH23　位于C区西北部，跨2000YJCT1201、2000YJCT1202、2000YJCT1301、2000YJCT1302四方，开口第2层下。坑口平面为不规则形，长800厘米，宽720厘米，斜壁，圜

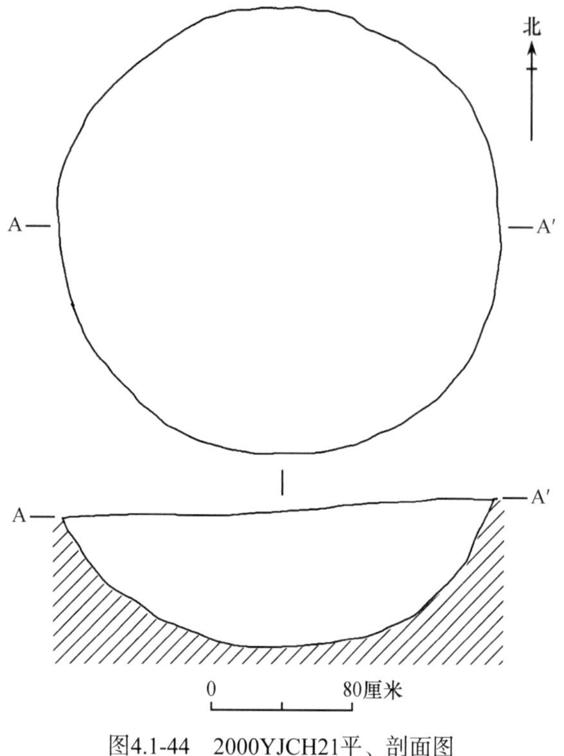

图4.1-44　2000YJCH21平、剖面图

底，坑壁亦不平整，深1.3米（图4.1-47）。坑内堆积分两层，上层黑灰土较松散，厚50厘米左右，含烧土、炭灰较多，出残破陶范数件。下层黄褐土，结构稍紧密，厚0.8～1.03米，有大量绳纹板瓦、筒瓦、陶绳纹罐、素面豆、盆残片，以及陶鼎、鬲残足。显然是分两次淤平的。

2000YJCH24　位于2000YJCT1002东侧，打破生土，坑口呈圆角长方形，被2000YJCH26打破。斜壁略斜，坑壁经加工，平底。坑口距地表45厘米，坑口长220厘米，坑口宽1.9米，坑深1.2米（图4.1-48）。坑内堆积一层，填土黄褐色，较坚硬，含少量红烧土，包含物较少，出少量残陶范，陶片及鹿角，可能与冶铸有关。

2000YJCH25　位于2000YJCT1103东南角，第2层下开口，打破生土，平面为椭圆形，被2000YJCH26打破。斜壁，未见加工痕迹，平底。坑口距地表0.35米，坑口长1.76米，坑口宽1.44米，坑深0.4米（图4.1-49）。坑内堆积一层，填土灰色，土质松软，包含物极少，仅出少量残瓦。

2000YJCH26　位于2000YJCT1003方内，第2层下开口，平面为椭圆形，打破2000YJCH24、2000YJCH25。直壁，加工明显，光滑，坚硬，底部有坎。坑口距地表0.2米，坑口长3.8米，坑口宽3.06米，坑深1.6米（图4.1-50）。坑内堆积三层，第1层为灰烬层，第2层为灰烬夹红烧土，第

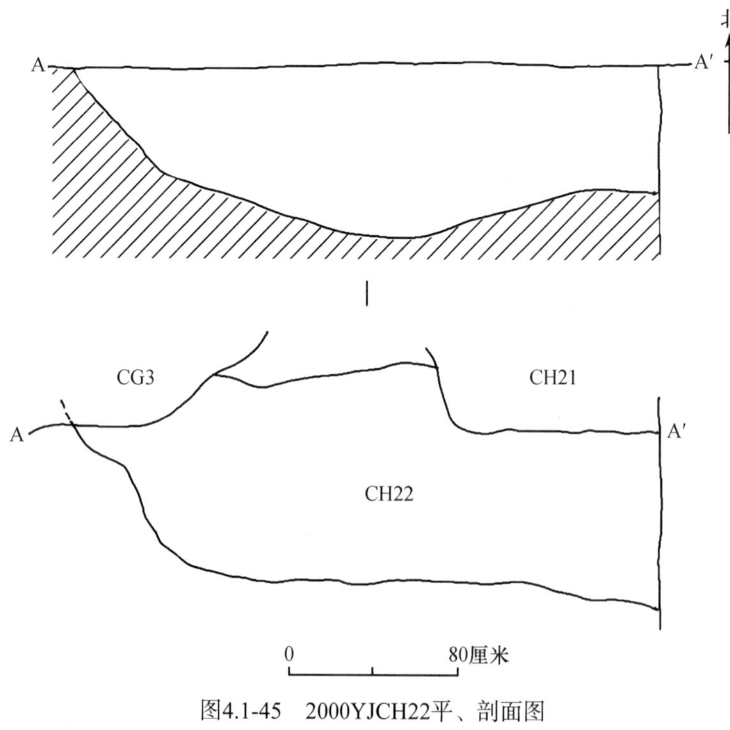

图4.1-45　2000YJCH22平、剖面图

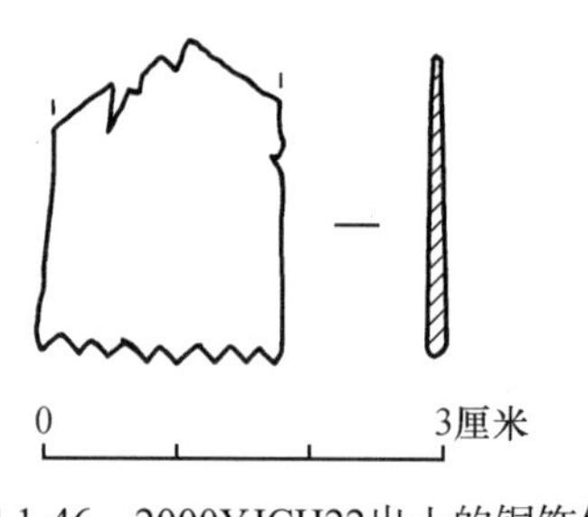

图4.1-46　2000YJCH22出土的铜饰件（2000YJCH22：1）

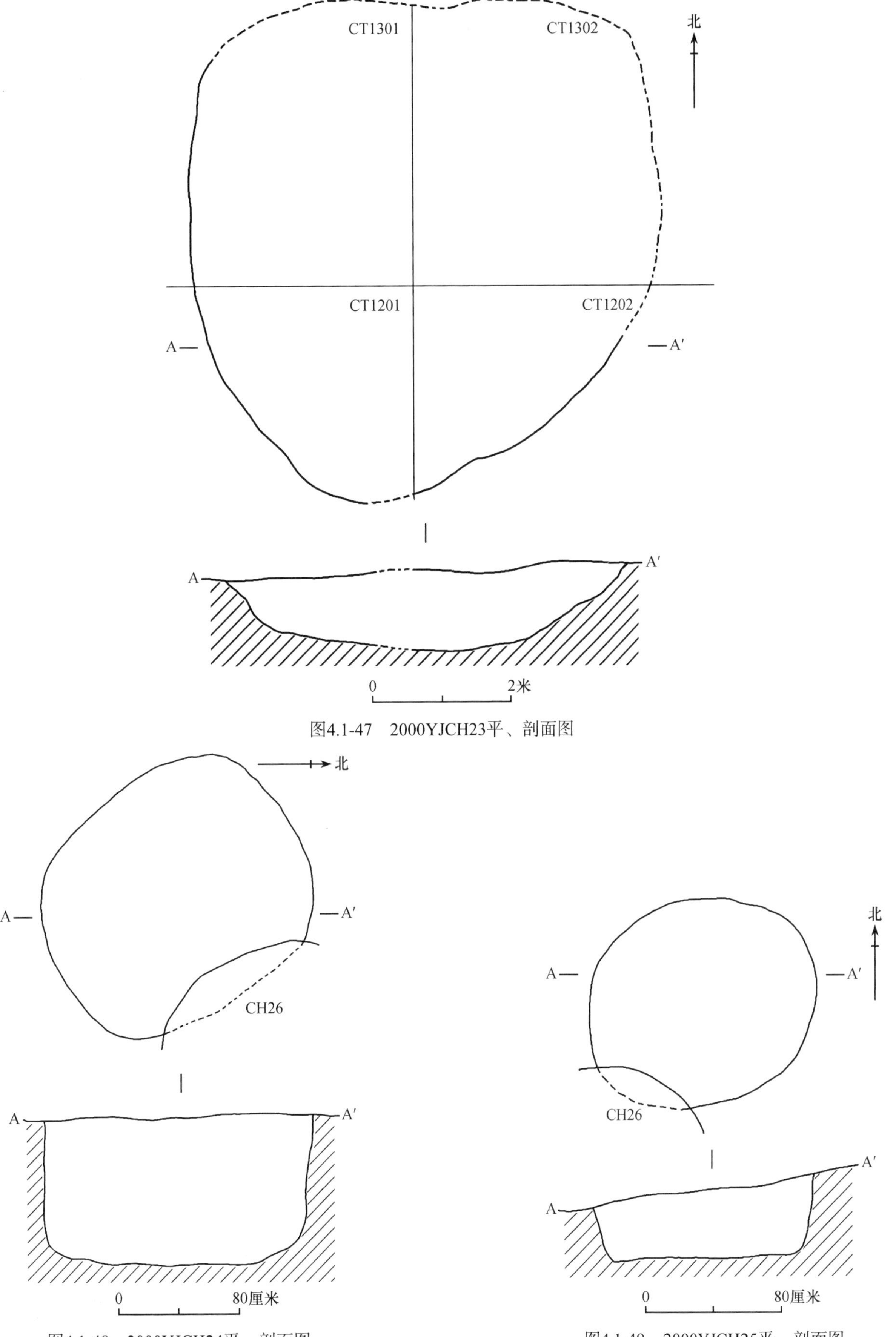

图4.1-47　2000YJCH23平、剖面图

图4.1-48　2000YJCH24平、剖面图

图4.1-49　2000YJCH25平、剖面图

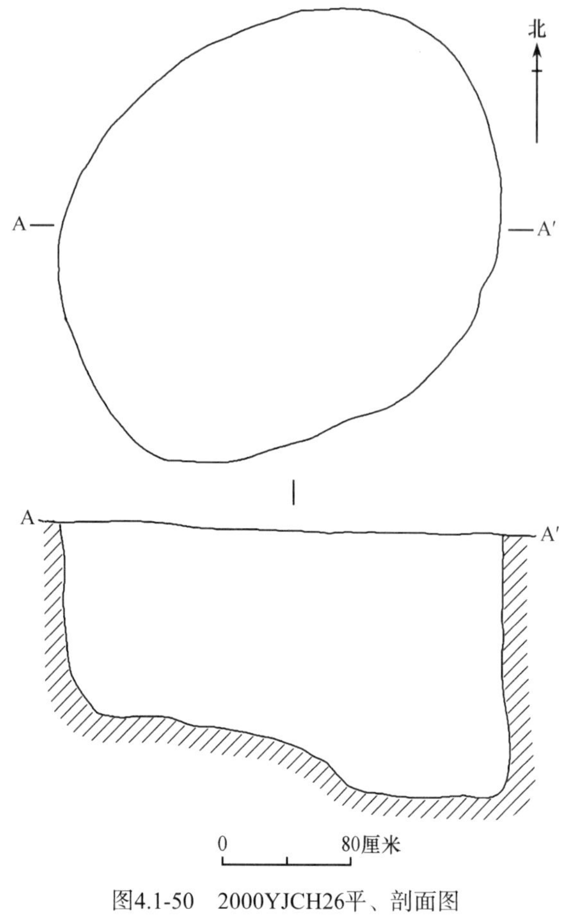

图4.1-50　2000YJCH26平、剖面图

3层为红烧土，出土大量残陶范，炉壁，耐火砖等，出土器物具体介绍如下。

陶范　11件。2000YJCH26：1-1，夹砂红陶，长12厘米，宽8.4厘米，高4厘米（图4.1-51，1）。2000YJCH26：1-2，夹砂红陶，长13厘米，宽8.8厘米，高3.8～4.2厘米（图4.1-51，2）。2000YJCH26：1-1与2000YJCH26：1-2为对合范。2000YJCH26：2，残。夹砂红陶，残长10厘米，宽9.6厘米，高4.8厘米（图4.1-51，3；图版二三，5）。2000YJCH26：3，夹砂红陶，长12.4厘米，宽8.8厘米，高3.6厘米（图4.1-51，4）。2000YJCH26：4，夹砂红陶，平面呈长方形，范内壁正中为范模，范模两侧分别有两榫卯，截面呈六边形。长12厘米，宽8.4厘米，高4.6厘米（图4.1-51，5；图版二四，3）。2000YJCH26：5，残。夹砂褐陶，长14.5厘米，宽8.6～11厘米，高10厘米（图4.1-51，6）。2000YJCH26：6-1，残。夹砂红陶，残长6.4～8厘米，宽9.5厘米，高5厘米（图4.1-51，7）。2000YJCH26：6-2，残。夹砂红陶，长7厘米，宽6厘米，高3厘米（图4.1-51，8）。2000YJCH26：6-3，夹砂褐陶，长10厘米，宽4厘米（图4.1-51，9）。2000YJCH26：6-4，残。夹砂红陶，长14厘米，宽8厘米，高6厘米（图4.1-51，10）。2000YJCH26：6-5，残。夹砂红陶，长14厘米，宽9.6厘米，高3厘米（图4.1-51，11）。

2000YJCH27　位于2000YJCT1303西北角，第3层下开口，打破生土层。平面近圆形，直壁未见加工痕迹，底部不平。坑口距地表55厘米，坑口长160厘米，坑口宽160厘米，坑深100厘米（图4.1-52）。坑内堆积仅分一层，填土黄绿色，较疏松，包含物极少，仅出少量残瓦。

2000YJCH28　位于2000YJCT1303中北部，被2000YJCG3打破，打破生土层，平面为正方形，直壁似经加工，平底。坑口距地表55厘米，坑口长70厘米，坑口宽70厘米，坑深60厘米（图4.1-53）。坑内堆积一层，填土黄褐色，土质较坚硬，出土较少绳纹、夹砂陶片，无可复原器物。

2000YJCH29　位于2000YJCT1103、2000YJCT1104、2000YJCT1203和2000YJCT1204之间，第2层下开口，打破2000YJCH30，平面近圆形，斜壁未经加工，平底。坑口距地表0.3米，坑口长1.56米，坑口宽1.52米，坑深0.7米（图4.1-54）。坑内堆积一层，灰绿色沙土，仅出少量泥质灰陶片。

2000YJCH30　位于2000YJCT1023、2000YJCT1024之间，第3层下开口，打破第5层。平面近椭圆形，直壁，平底，无明显加工痕迹。坑口距地表0.45米，坑口长3.8米，坑口宽2.7米，

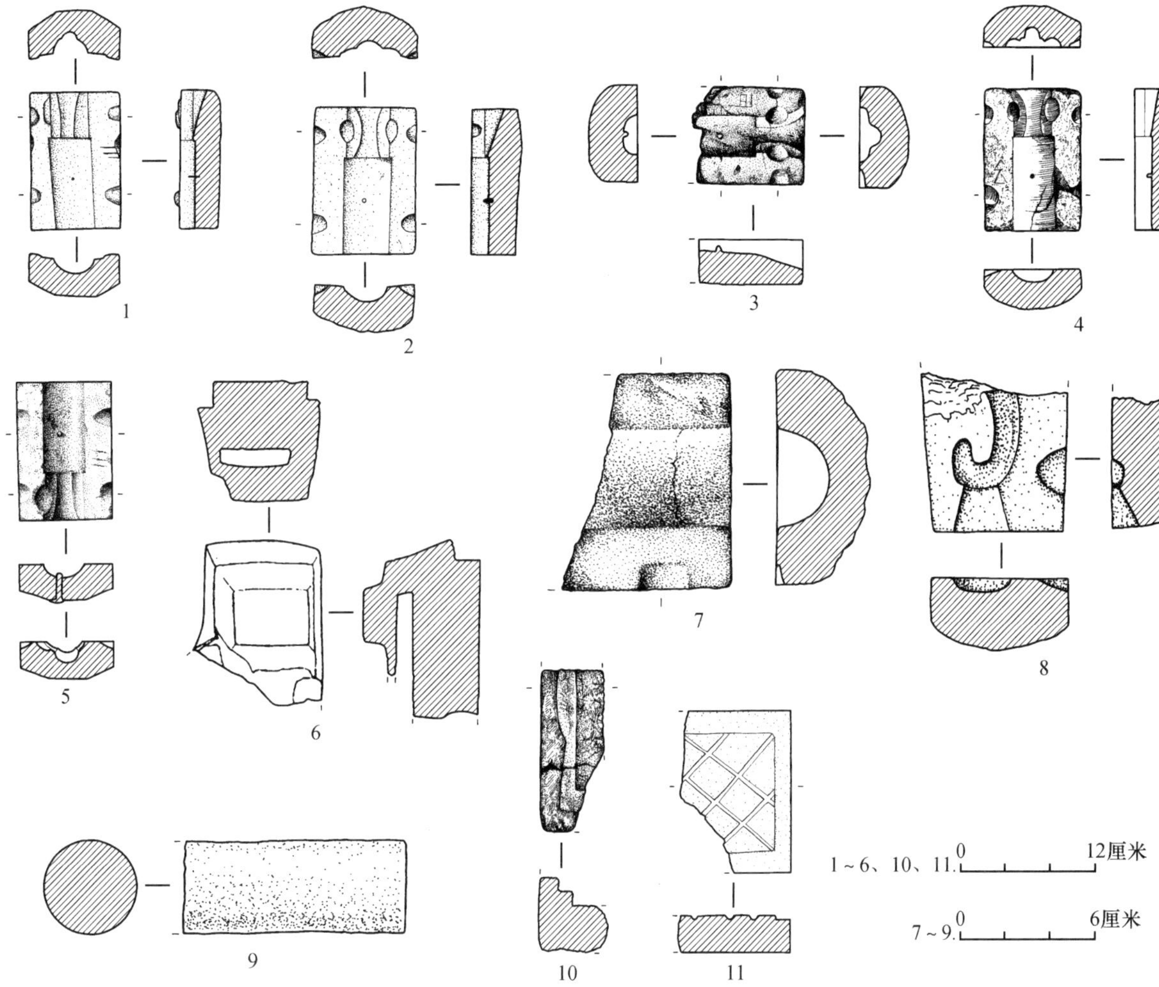

图4.1-51　2000YJCH26出土的陶范

1. 2000YJCH26：1-1　2. 2000YJCH26：1-2　3. 2000YJCH26：2　4. 2000YJCH26：3　5. 2000YJCH26：4　6. 2000YJCH26：5
7. 2000YJCH26：6-1　8. 2000YJCH26：6-2　9. 2000YJCH26：6-3　10. 2000YJCH26：6-4　11. 2000YJCH26：6-5

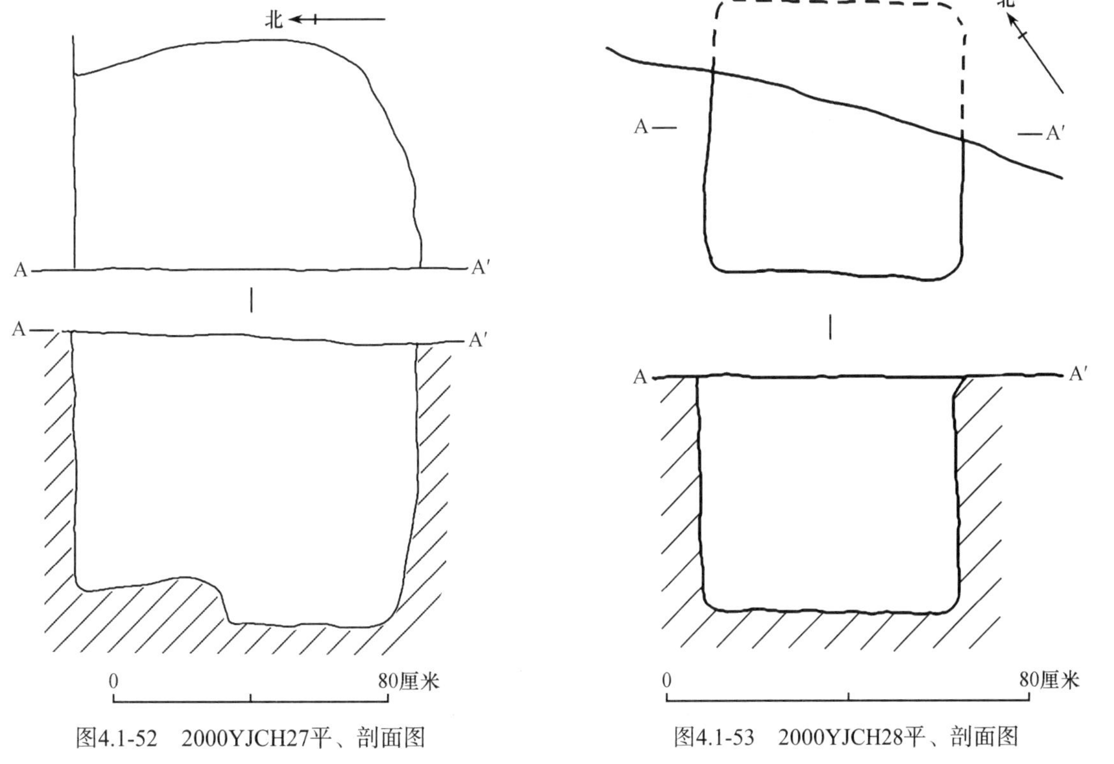

图4.1-52　2000YJCH27平、剖面图

图4.1-53　2000YJCH28平、剖面图

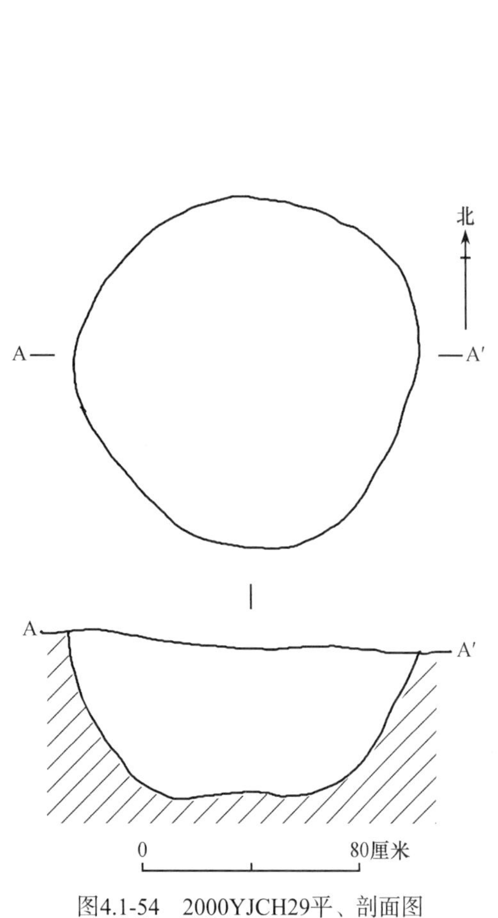

图4.1-54　2000YJCH29平、剖面图

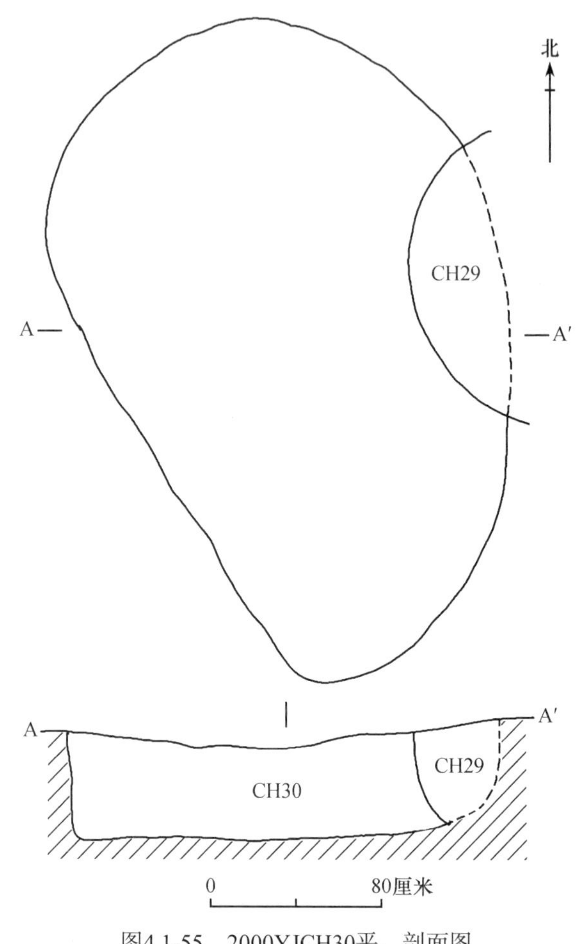

图4.1-55　2000YJCH30平、剖面图

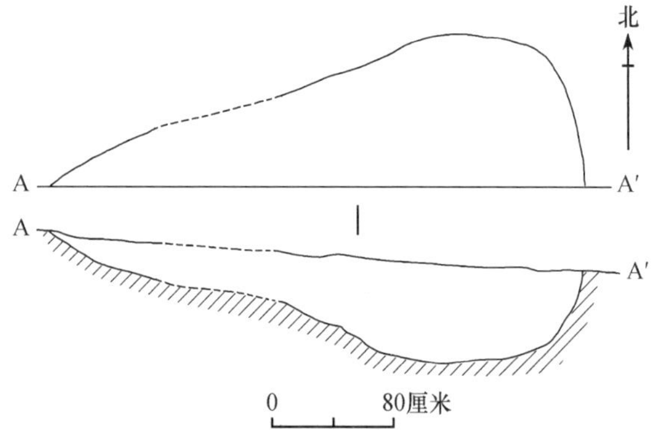

图4.1-56　2000YJCH31平、剖面图

坑深0.6米（图4.1-55）。坑内堆积一层，灰土松软，填土中包含大量陶片，纹饰以素面和绳纹为主，器形有豆、罐、鼎、鬲等。

2000YJCH31　位于2000YJCT1005南部，第2层下开口，打破生土，未全部揭露，原形可能近椭圆形，斜壁未经修整，底部凹凸不平（图4.1-56）。坑口距地表0.2米，坑底距地表0.2～0.9米，坑口长4.36米，坑口宽1.2米。坑内堆积一层，填土为灰色灰烬，出土2件陶豆、大量残陶范、2件铁镢、大量陶片、兽骨、鹿角、石器等，并出一完整镞范，出土器物具体介绍如下。

陶豆　2件。2000YJCH31：2，夹砂黑灰陶，敞口，斜腹浅盘，喇叭形高圈足，轮制。口径11.4厘米，底径7厘米，高12厘米（图4.1-57，1）。2000YJCH31：3，泥质灰陶，器身为敞浅盘，喇叭形高圈足，轮制。口径12.8厘米，底径8.5厘米，高15.3厘米。

陶范　2件。2000YJCH31：1，夹砂红陶，陶柱一面圆，二面平呈斜角，剖面呈扇形，底面刻“X”符号，一端残。残长8厘米，宽4厘米（图4.1-57，2）。2000YJCH31：4，夹砂灰

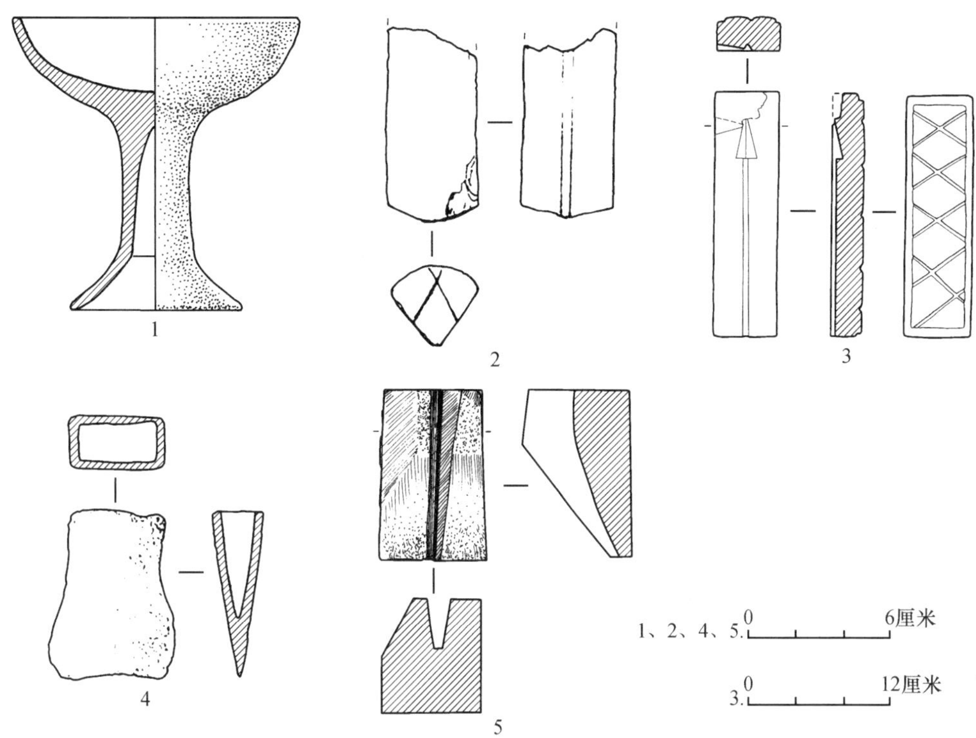

图4.1-57 2000YJCH31出土器物

1. 陶豆（2000YJCH31：2） 2. 陶范（2000YJCH31：1） 3. 陶镞范（2000YJCH31：5） 4. 铁镢（2000YJCH31：7） 5. 石器（2000YJCH31：8）

陶，长17厘米，宽9.8厘米，高4厘米。

陶镞范 2件。2000YJCH31：5，夹砂红陶，长20厘米，宽5厘米，高2.6厘米（图4.1-57，3）。2000YJCH31：6，夹砂红陶，长方形，一端残，范外壁遍布网格状凹槽，内壁平正中有一镞模，镞尖一侧有注口。长13厘米，宽4.8厘米，高3厘米。

铁镢 2件。2000YJCH31：7，亚腰形，长方銎略残，锈蚀较重。长7厘米，宽4.2～5.5厘米，高2.4厘米（图4.1-57，4）。2000YJCH31：9，长条形，长方銎残。长14厘米，宽7厘米，高3厘米。

石器 1件。2000YJCH31：8，残长7厘米，宽4.3厘米，高4.5厘米（图4.1-57，5）。

2000YJCH32 位于2000YJCT1005、2000YJCT1004间，第1层下开口，打破生土，平面为椭圆形，斜壁不平整，未经加工，圜底。坑口距地表0.2米，坑口长1.2米，坑口宽1米，坑深0.7米（图4.1-58）。坑内堆积一层，填土灰色，松软，出土大量残瓦和陶片。

2000YJCH33 位于2000YJCT1005、2000YJCT1006之间，第2层下开口，打破生土层，平面为圆角长方形，直壁，平底，加工痕迹不明显。坑口距地表0.35米，坑口长1.8米，坑口宽1米，坑深1～1.15米（图4.1-59）。坑内堆积一层，弃满红烧土，出少量陶片和5件陶范，可能与窑址有关，出土物具体介绍如下。

陶范 5件。2000YJCH33：1，夹砂红陶，残长11厘米，宽7.7～8厘米，高3.2厘米（图4.1-60，1）。2000YJCH33：2，夹砂红陶，残长9.2～11.5厘米，宽9厘米，高3.8厘米（图4.1-60，2）。2000YJCH33：3，夹砂红陶，残长9.4厘米，宽7.5厘米，高4.8～5.2厘米（图4.1-60，3）。

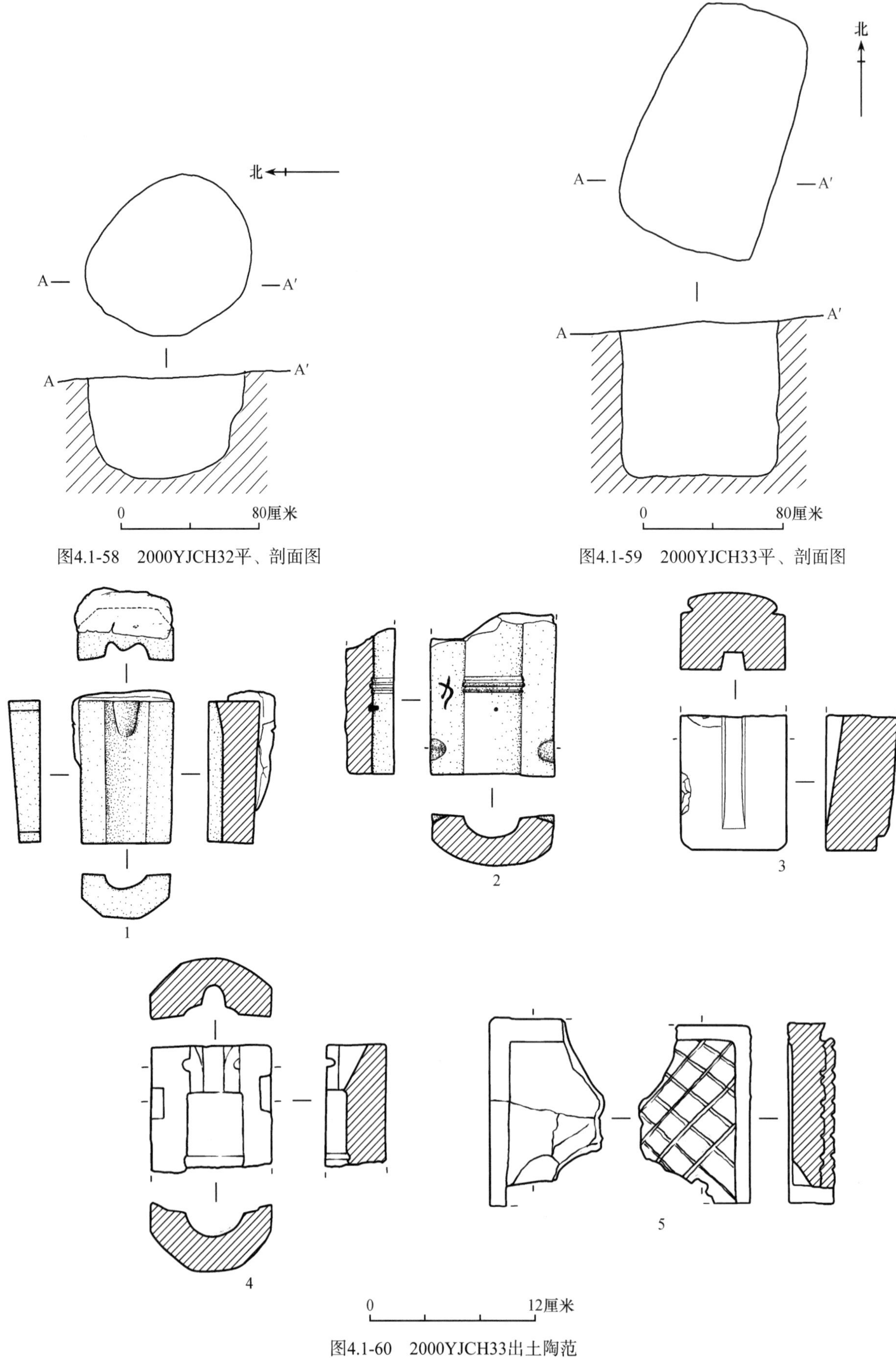

图4.1-58　2000YJCH32平、剖面图

图4.1-59　2000YJCH33平、剖面图

图4.1-60　2000YJCH33出土陶范

1. 2000YJCH33：1　2. 2000YJCH33：2　3. 2000YJCH33：3　4. 2000YJCH33：4-1　5. 2000YJCH33：4-2

2000YJCH33：4-1，夹砂红陶，长9.3厘米，宽9厘米，高4.2厘米（图4.1-60，4；图版二四，4）。2000YJCH33：4-2，夹砂红陶，残长18.5厘米，宽8厘米，高2.2厘米（图4.1-60，5）。

2000YJCH34　位于2000YJCT1104、2000YJCT1105间，第2层下开口，打破生土，平面为椭圆形，斜壁，圜底。坑口距地表0.2米，坑口长2.4米，坑口宽1.25米，坑深1米（图4.1-61）。坑内堆积一层，填土黄褐色，夹杂红烧土块和灰烬，包含遗物较少，仅出残陶拍1件。

陶拍　1件。2000YJCH34：1，夹砂灰陶，手捏制，器表有手捏凹槽。宽12厘米，高9.6厘米（图4.1-62）。

2000YJCH35　位于2000YJCT1002西侧，第2层下开口，打破生土，方向28°，平面为圆角长方形，直壁经加工修整，光滑，平底。坑口距地表30厘米，坑口长190厘米，坑口宽100厘米，坑深120厘米（图4.1-63）。坑内堆积一层，填土灰褐色，夹少量黄黏土及细砂，出少量陶片，可能与冶铸有关。

2000YJCH36　位于2000YJCT1102东部，开口于第2层下，平面为圆形，直壁，平底，上口直径100厘米，底部直径95厘米（图4.1-64）。坑中填土为黄褐色，较黏，内含少量泥质灰陶片，器形以盆、罐类残片较多。

2000YJCH37　位于2000YJCT0903西侧，第2层下开口，打破生土，长圆圜底袋状坑。坑口长3.25米，坑口宽2.6米，坑底长3米，坑底宽2.2米，坑深1.65米（图4.1-65）。坑内堆积可分四层，第1层红烧土层，内夹少量黑灰土，出土少量耐火砖和陶窑内烧结面残块；第2层灰褐土层，较硬，有黏性，出土大量板瓦、筒瓦、陶器残片；第3层细黄砂土层，松散，质软，出土大量方形布孔耐火砖；第4层红烧土层，碎土块堆积而成，出土陶范、石范、铁器等，出土器物具体介绍如下。

陶范　7件。2000YJCH37：2，泥质陶，为内范。长5～6厘米，宽4.4～5厘米（图4.1-66，

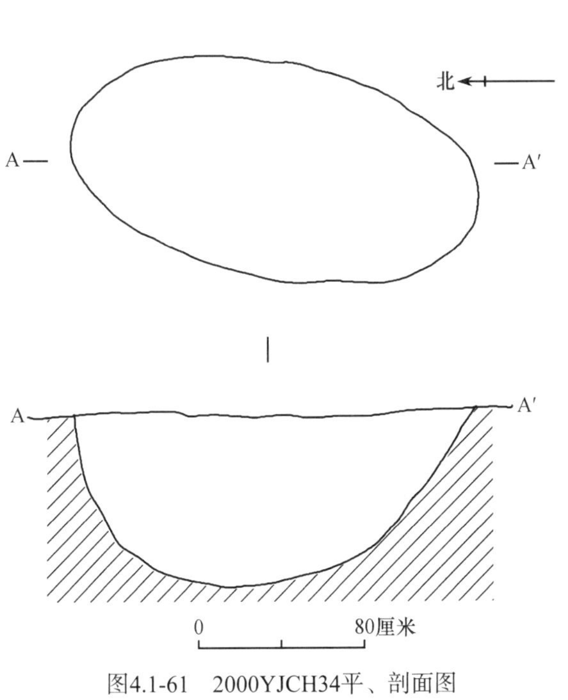

图4.1-61　2000YJCH34平、剖面图

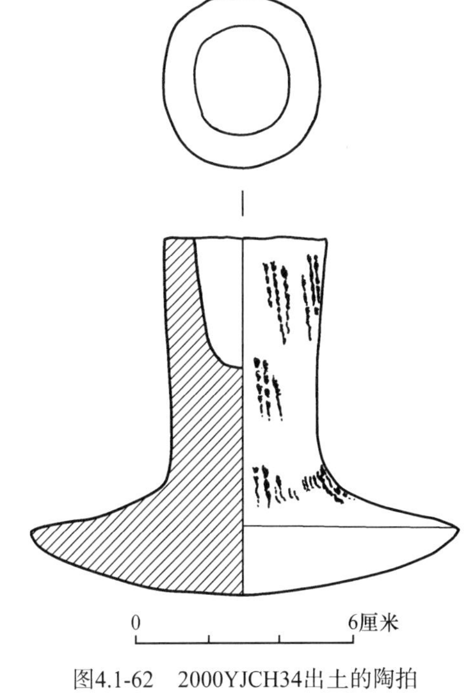

图4.1-62　2000YJCH34出土的陶拍
（2000YJCH34：1）

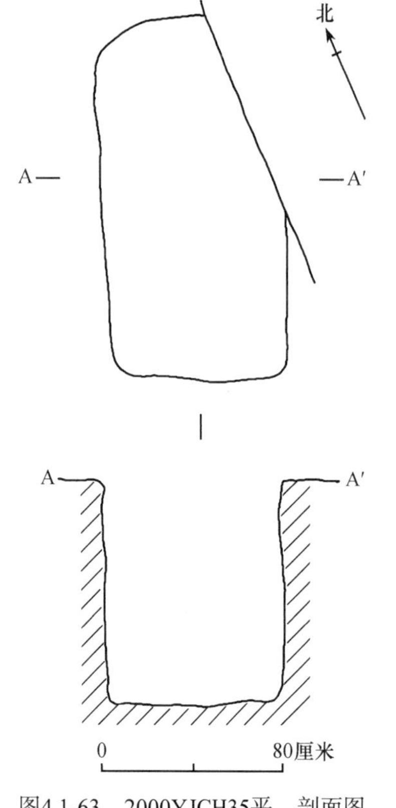

图4.1-63　2000YJCH35平、剖面图

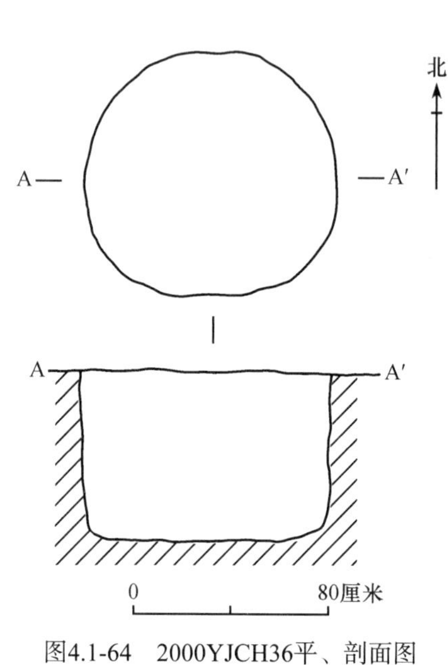

图4.1-64　2000YJCH36平、剖面图

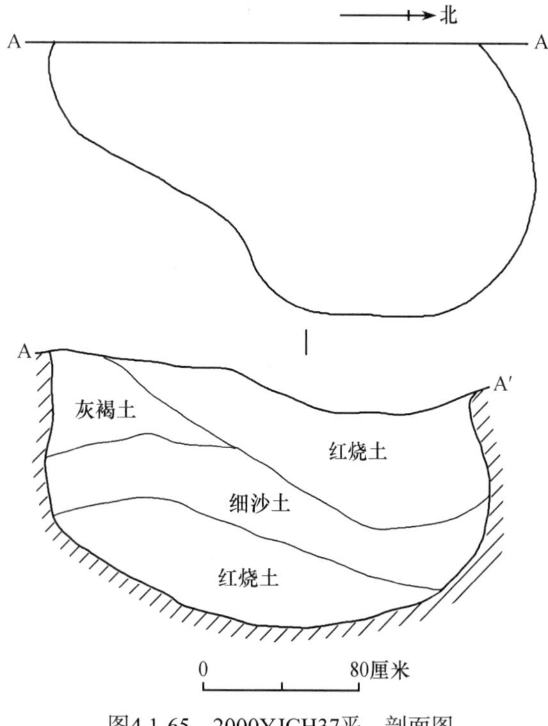

图4.1-65　2000YJCH37平、剖面图

1）。2000YJCH37：7，夹砂红陶，长方形，一面平，另一面中央微凸起，刻菱形网纹，残断。残长8.2～10.3厘米，宽9.6厘米，高3.8～4厘米（图4.1-66，2）。2000YJCH37：9，夹砂灰陶，长10.2厘米，宽4.5厘米，高3.2厘米（图4.1-66，3）。2000YJCH37：10，夹砂红陶，残长6.8～7.5厘米，宽9厘米，高3.6厘米（图4.1-66，4）。2000YJCH37：11，夹砂红陶，残长5.5～7厘米，宽5～6.5厘米，高4.2厘米（图4.1-66，5）。2000YJCH37：12-1，夹砂红陶，残长6厘米，宽7厘米，高6.5厘米（图4.1-66，6）。2000YJCH37：12-2，夹砂红陶，残长5.8厘米，宽5～7厘米，高3～6厘米（图4.1-66，7）。

耐火砖　1件。2000YJCH37：5，宽35厘米，高14厘米。

铁锤　1件。2000YJCH37：8，长方形，中间长方形穿孔，用于插锤柄。长2.25厘米，宽1.2厘米。整体长9厘米，宽3.6厘米，高2.8厘米（图4.1-67，1）。

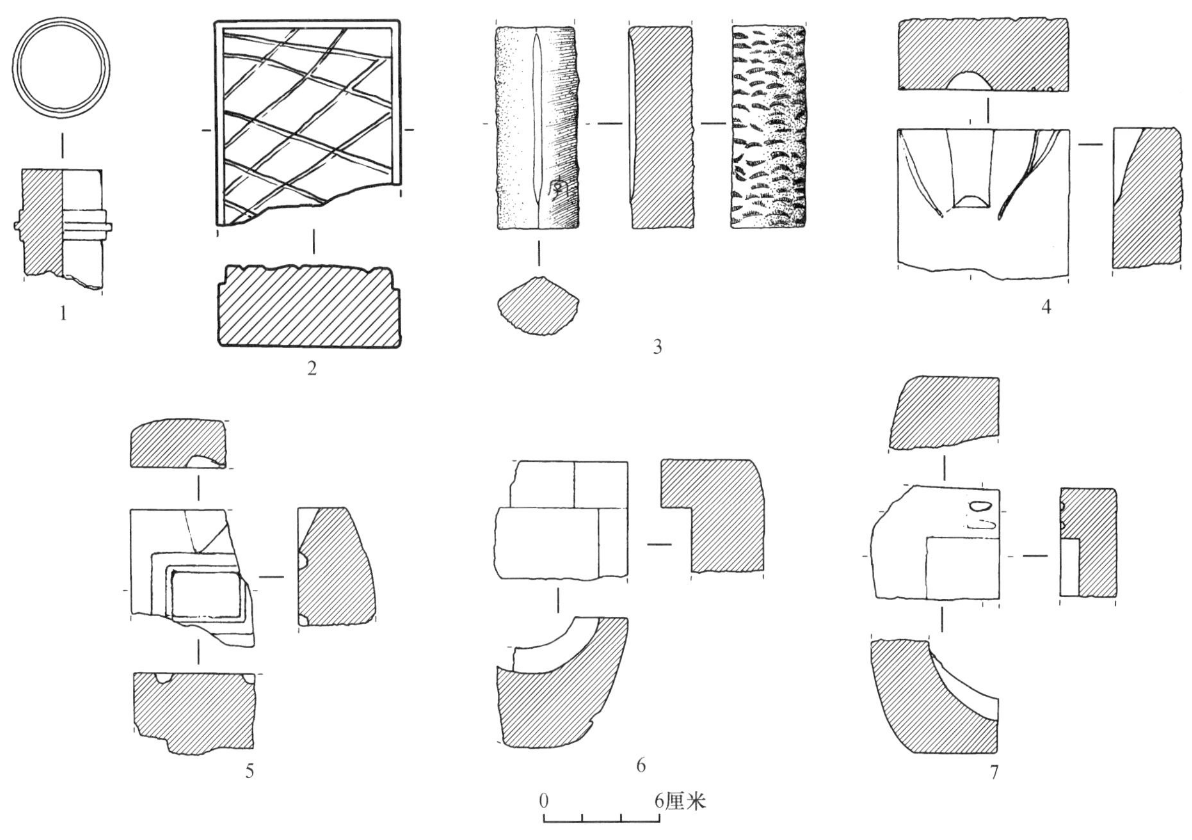

图4.1-66　2000YJCH37出土的陶范

1. 2000YJCH37：2　2. 2000YJCH37：7　3. 2000YJCH37：9　4. 2000YJCH37：10　5. 2000YJCH37：11　6. 2000YJCH37：12-1　7. 2000YJCH37：12-2

石范　2件。2000YJCH37：3，内范，近似圆柱形，一端磨成方圆形范身，三周凹弦纹，实心，残断。长9.2厘米，宽1.1～2.6厘米（图4.1-67，2）。2000YJCH37：13，长条形镞范，范面磨成，对称斜面，中间为镞模，一边有宽0.5～0.7厘米浇铸孔，另一边有2个0.4厘米铸钉孔，断面呈扇形。长14厘米，宽3.2厘米，高2～2.2厘米（图4.1-67，3）。

骨角器　2件。2000YJCH37：4，角状，中空，一端残。残长17.3厘米，宽3.2厘米（图4.1-67，4）。2000YJCH37：6，利用兽角磨制。长14.2厘米，宽2厘米（图4.1-67，5）。

鹿角　1件。2000YJCH37：14，角尖部分双枝，一枝折去，断痕不齐整并非切断，角根部亦似折断，断面不平整。通长11.5厘米（图4.1-67，6）。

2000YJCH38　位于2000YJCT0902北侧，仅暴露一部分，余者压在北壁隔梁下，第2层下开口，打破生土层，长圆形，斜壁，平底。坑口长145厘米，坑口宽130厘米，坑底长120厘米，坑底宽100厘米，坑深20厘米（图4.1-68）。坑内填充一层灰褐土，内含烧土块、炭粒，出土大量泥质红陶、泥质灰陶，可辨器形有豆、绳纹板瓦、瓦当等。

2000YJCH39　位于2000YJCT0802南侧，第2层下开口，叠压2000YJCH40，圆形，平底袋状坑。坑口直径1.7米，坑底直径1.85米，坑深0.8米（图4.1-69）。坑内填充黄褐色花土，较硬，有黏性，包含物较少，出土少量泥质灰陶绳纹板瓦、筒瓦，陶范，陶范大多已残，内夹细沙，背饰菱形网格纹，另外还有残炉壁、铜戒指、石范、骨器等，出土器物具体介绍如下。

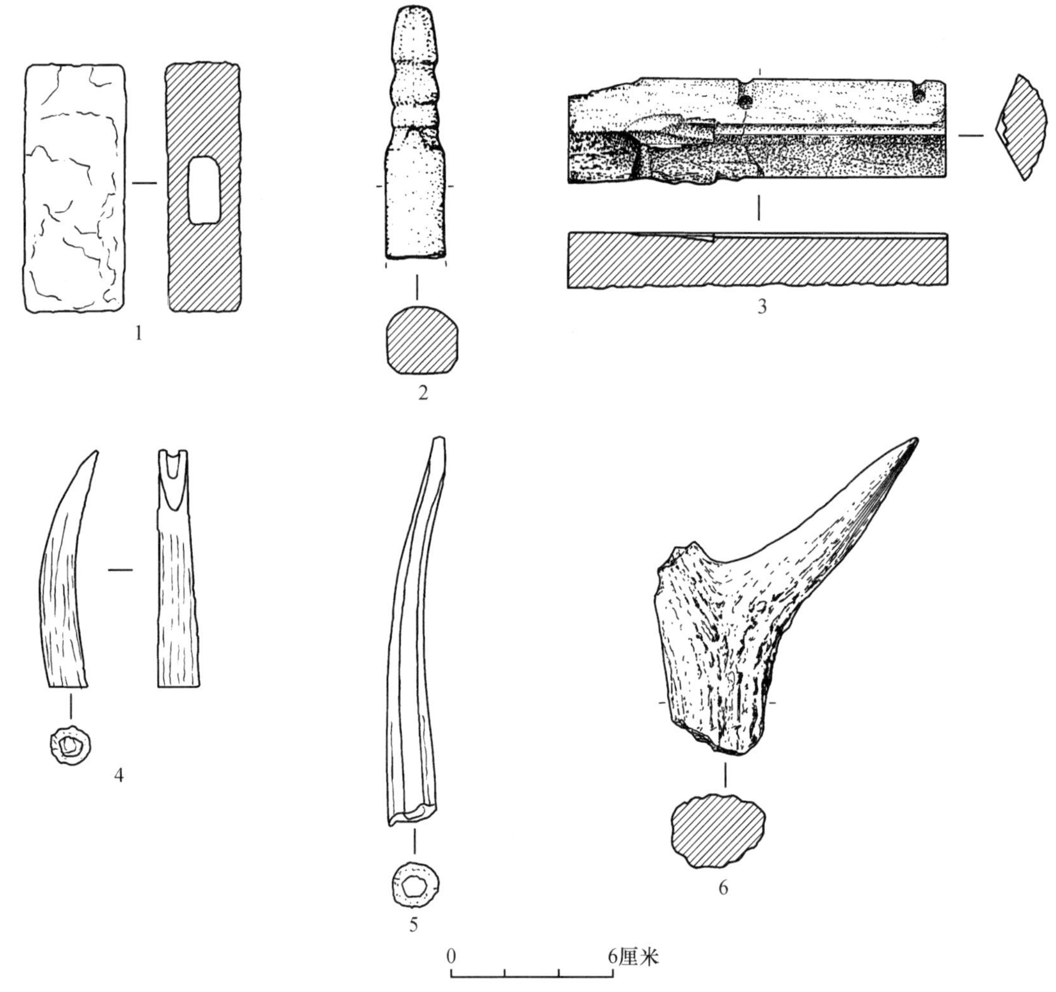

图4.1-67　2000YJCH37出土器物

1. 铁锤（2000YJCH37：8）　2、3. 石范（2000YJCH37：3、2000YJCH37：13）　4、5. 骨角器（2000YJCH37：4、2000YJCH37：6）　6. 角器（2000YJCH37：14）

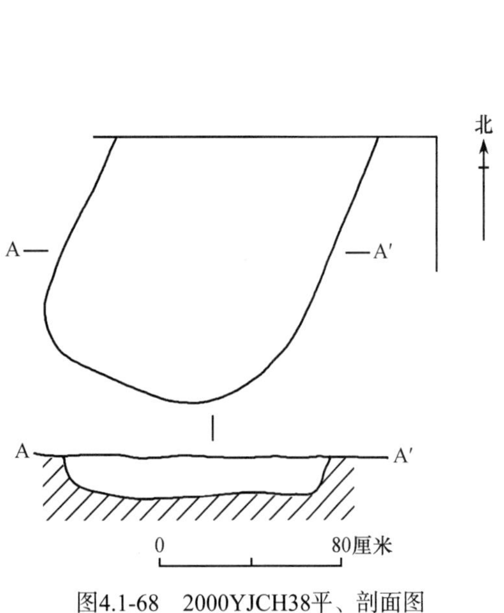

图4.1-68　2000YJCH38平、剖面图

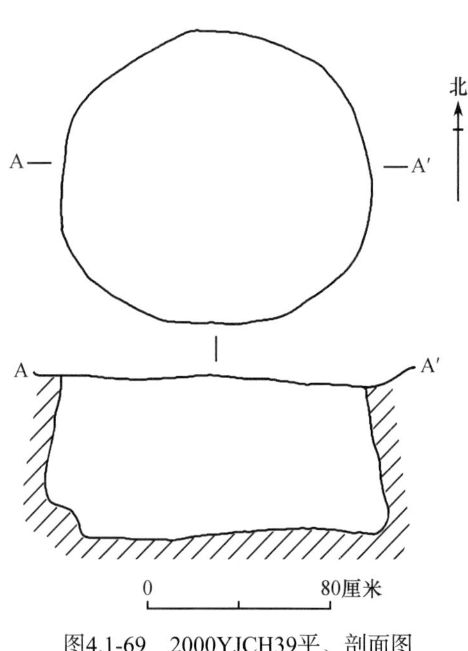

图4.1-69　2000YJCH39平、剖面图

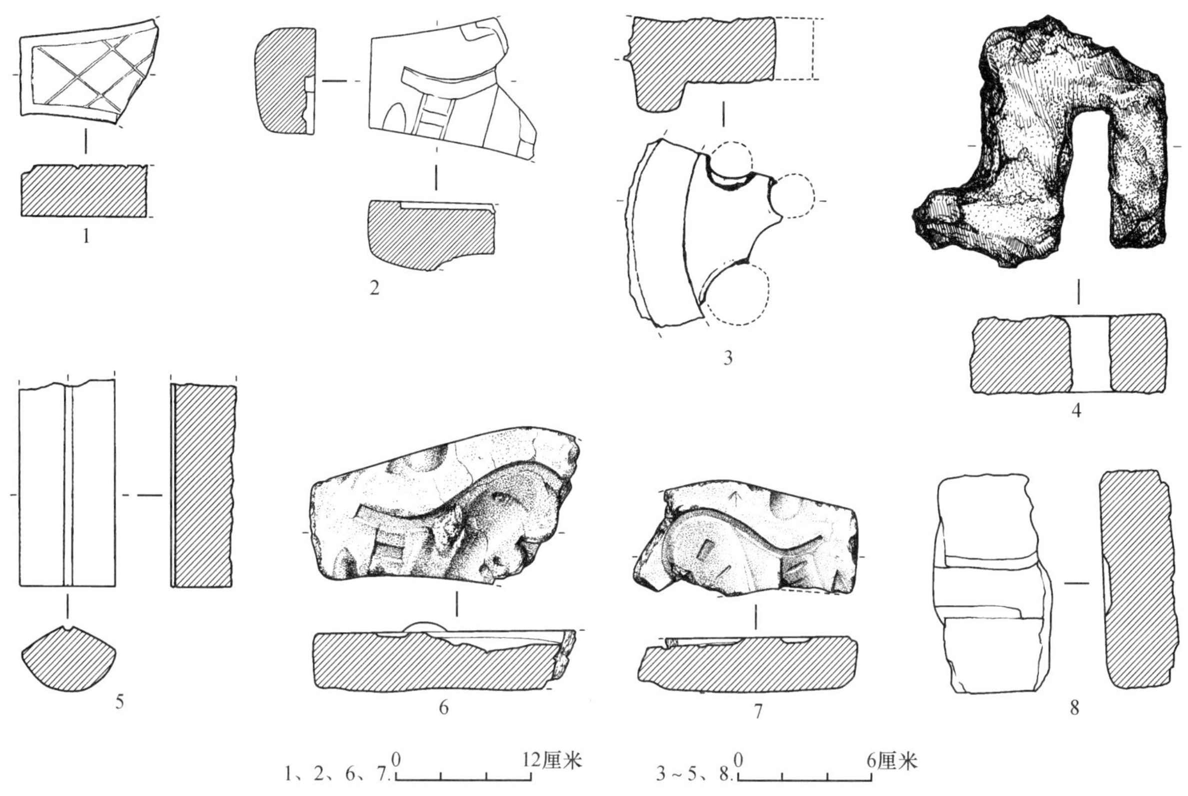

图4.1-70　2000YJCH39出土的陶范

1. 2000YJCH39：1　2. 2000YJCH39：1-2　3. 2000YJCH39：2　4. 2000YJCH39：6　5. 2000YJCH39：7　6. 2000YJCH39：8-1　7. 2000YJCH39：8-2　8. 2000YJCH39：9

陶范　8件。2000YJCH39：1，残。夹砂红陶，长方形，一端宽，两侧内收弧形，束腰状一面平，另一面微凸起，刻网格菱形纹。残长9～12.4厘米，宽7～10厘米，高4.4厘米（图4.1-70，1）。2000YJCH39：1-2，泥质红陶，长方形，一端略宽，中间束腰，模面较平，另一面隆起凸凹不平。残长11～15厘米，宽7.8～13厘米，高4.2～5.7厘米（图4.1-70，2）。2000YJCH39：2，残。夹砂红陶，边缘弧形，隆起的边框，底面不甚整，有穿孔。残长8.2厘米，宽6.8厘米，高2.6～4厘米，孔径均2厘米（图4.1-70，3）。2000YJCH39：6，夹砂红褐陶，残形为凹字形，烧制不好，器身布满气孔，功用不清。残长11厘米，残宽11厘米，厚3.1厘米（图4.1-70，4）。2000YJCH39：7，夹砂红陶，残长9厘米，宽4.5厘米，高3.1厘米（图4.1-70，5）。2000YJCH39：8-1，泥质红陶，长24厘米，宽12厘米，高6厘米（图4.1-70，6）。2000YJCH39：8-2，泥质红陶，长20厘米，宽12厘米，高6厘米（图4.1-70，7）。2000YJCH39：9，夹砂红褐陶，一面外凸上饰斜线纹，另一面平上有一凹槽。残长9.6厘米，宽5.6厘米，厚3.4厘米，槽口宽3厘米，底宽1.8厘米（图4.1-70，8）。

铜戒指　1件。2000YJCH39：4，由铜丝弯曲呈环状，无衔接处。直径1.4厘米（图4.1-71，1）。

石范　1件。2000YJCH39：5，横断面呈梯形，其上有镞形，凹缺，顶头一侧穿一斜空。长6.1厘米，宽2.3厘米，高1厘米（图4.1-71，2）。

骨器　2件。2000YJCH39：3-1，长方形，中间为0.6厘米宽平面两侧呈斜面，一侧面刻燕

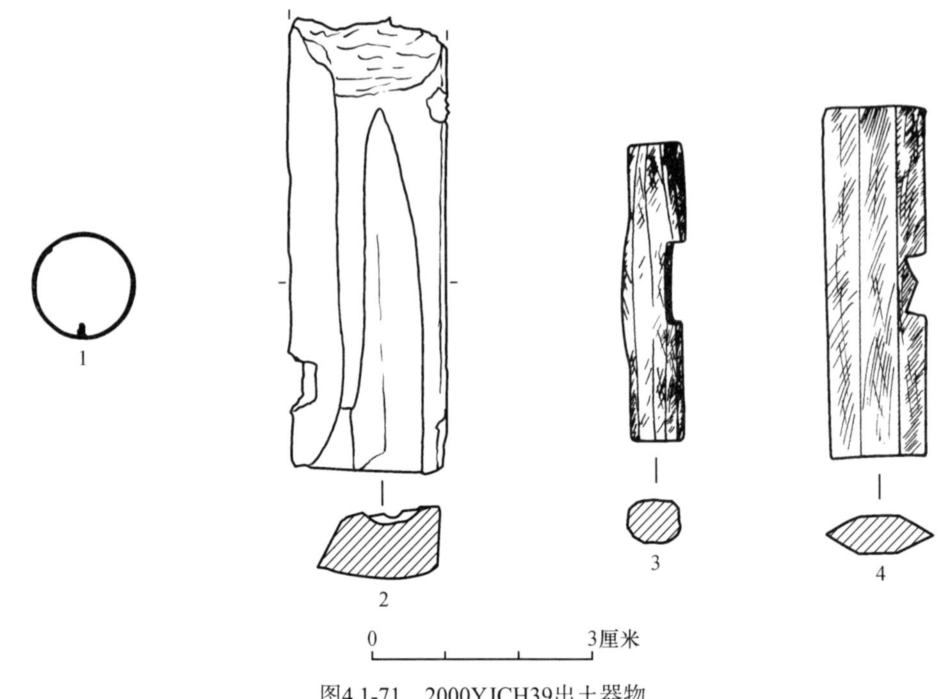

图4.1-71　2000YJCH39出土器物

1. 铜戒指（2000YJCH39：4）　2. 石范（2000YJCH39：5）　3、4. 骨器（2000YJCH39：3-2、2000YJCH39：3-1）

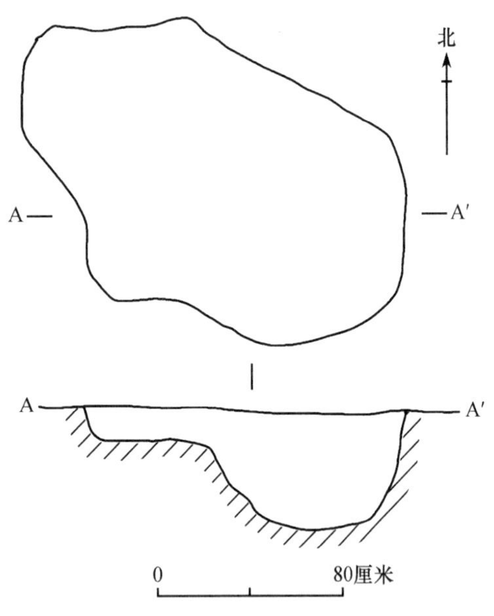

图4.1-72　2000YJCH40平、剖面图

尾形槽，长4.7厘米，宽1.5厘米，厚0.6厘米（图4.1-71，4）。2000YJCH39：3-2，圆柱形，中间有凹槽，长3.9厘米，宽0.6厘米，厚0.6厘米（图4.1-71，3）。

2000YJCH40　位于2000YJCT0802南侧，第2层下开口，不规则长圆形坑，斜壁，圜底。坑口距地表50厘米，坑口长560厘米，坑口宽300厘米，坑底长520厘米，坑底宽260厘米，坑深130厘米（图4.1-72）。坑内分别填充红烧土，黑褐土、黑灰、浅黄褐土。各种土层向上而下依次排列，黄褐土质较硬，最下一层10厘米的黑灰土较松软，且所出土遗物最多，包括陶范、陶鼓风管、少量兽骨和泥质绳纹板瓦和绳纹筒瓦，具体介绍如下。

陶范　5件。2000YJCH40：1-1，残。泥质红陶，镞范，残长9.5厘米，宽6.5厘米，厚3.5厘米（图4.1-73，1）。2000YJCH40：1-2，残。泥质红陶，戈范，残长8.5厘米，宽8.6～10.5厘米，厚4厘米（图4.1-73，2）。2000YJCH40：4-1，残。夹砂红陶，残长14厘米，宽11.5厘米，高5.4厘米（图4.1-73，3）。2000YJCH40：4-2，残。夹砂红陶，长14厘米，宽12厘米，高7.5～7.8厘米（图4.1-73，4）。2000YJCH40：5，夹砂红陶，范芯，宽上径3厘米，下径3.6厘米，高4厘米（图4.1-73，5）。

陶鼓风管　1件。2000YJCH40：2，残。泥质红陶，一端略宽，另一端弯。残长23.5厘米，宽8～10厘米（图4.1-73，6）。

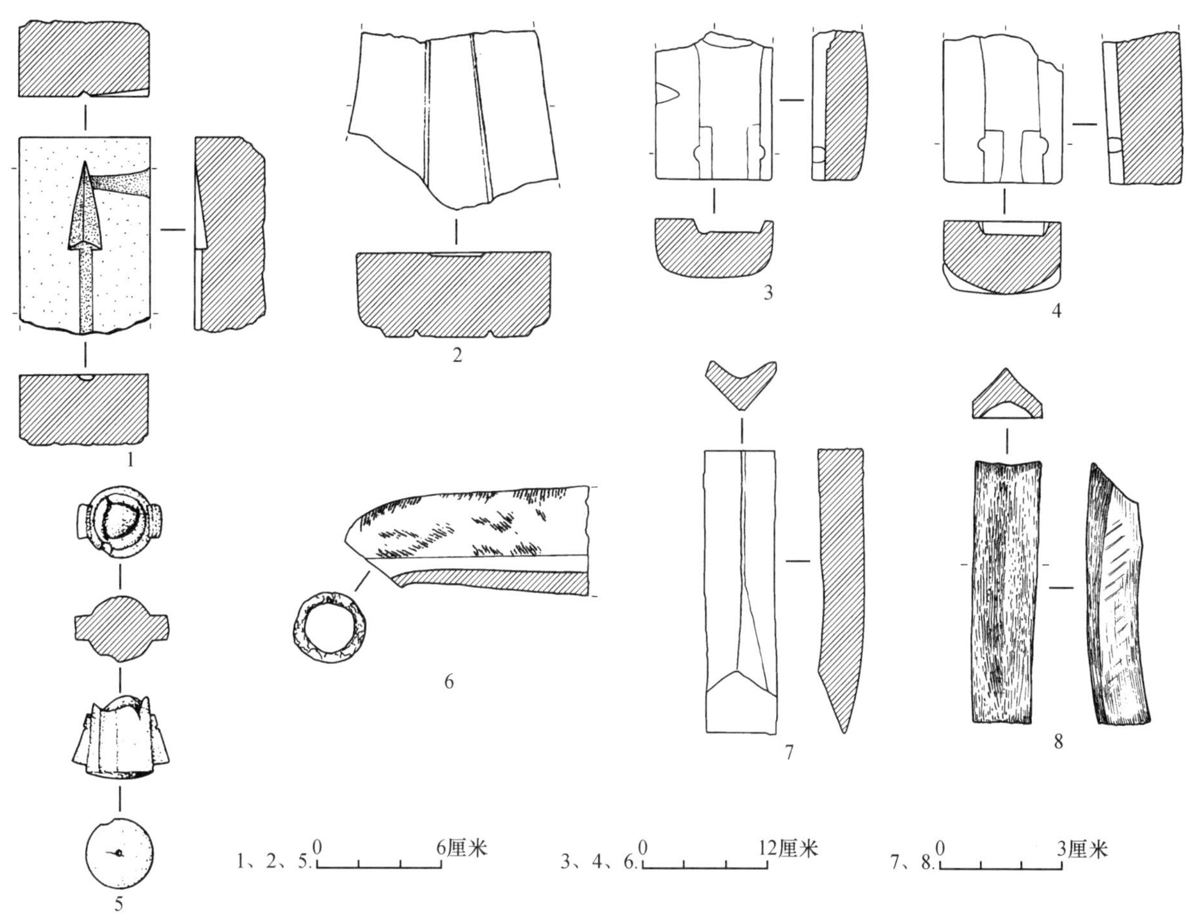

图4.1-73　2000YJCH40出土器物

1～5. 陶范（2000YJCH40：1-1、2000YJCH40：1-2、2000YJCH40：4-1、2000YJCH40：4-2、2000YJCH40：5）　6. 陶鼓风管（2000YJCH40：2）　7、8. 骨器（2000YJCH40：3-1、2000YJCH40：8-2）

骨器　2件。2000YJCH40：3-1，平面为长方形，一侧内凹。长6.7厘米，宽1.8厘米，高0.8～1.1厘米（图4.1-73，7）。2000YJCH40：8-2，平面呈长方形，截面由于一侧面为骨髓腔面呈一面内凹的五边形，从骨外壁磨出一斜面。通长6.2厘米，刃宽1.7厘米（图4.1-73，8）。

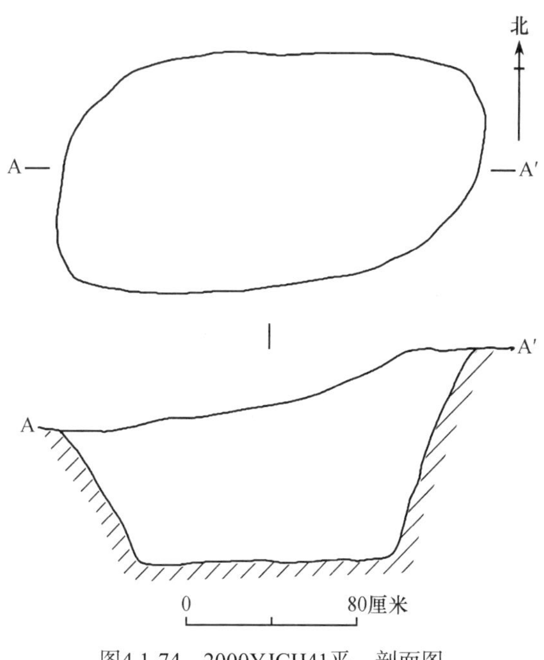

图4.1-74　2000YJCH41平、剖面图

2000YJCH41　位于2000YJCT1609北部和2000YJCT1709南部，第2层下开口，平面呈椭圆形，斜壁，平底。坑口距地表20厘米，坑口长240厘米，坑底长150厘米，坑深110～125厘米（图4.1-74）。坑内堆积一层，填土灰褐色，土质稍软，出土陶范1件。

陶范　1件。2000YJCH41：1，夹砂红陶，边缘弧线，高模面11厘米，呈直角，背面不平整残。长11厘米，宽5.4厘米，高2.2～3.8厘米（图4.1-75）。

2000YJCH42　位于2000YJCT1708南部，第3层下开口，打破2000YJCG10。坑口平面呈圆形，仅直壁，平底。坑口0.92米，宽0.86米，坑底长0.75米，宽0.63米，深0.67米。堆积层单一，为黑灰色土，结构疏松，较杂（图4.1-76）。包含物较多，包括陶仓、陶罐、陶钵、少量的板筒残瓦和铜带钩，具体介绍如下。

陶仓　1件。2000YJCH42：1，夹砂灰陶，圆唇，直口，折肩，深腹，微弧，大平底，颈部，肩部二周凹弦纹，腹部三道微凸起弦纹，压印方格菱形纹。口径10.8厘米，底径13厘米，高20厘米，最大腹径17.8厘米（图4.1-77，1；图版二〇，1）。

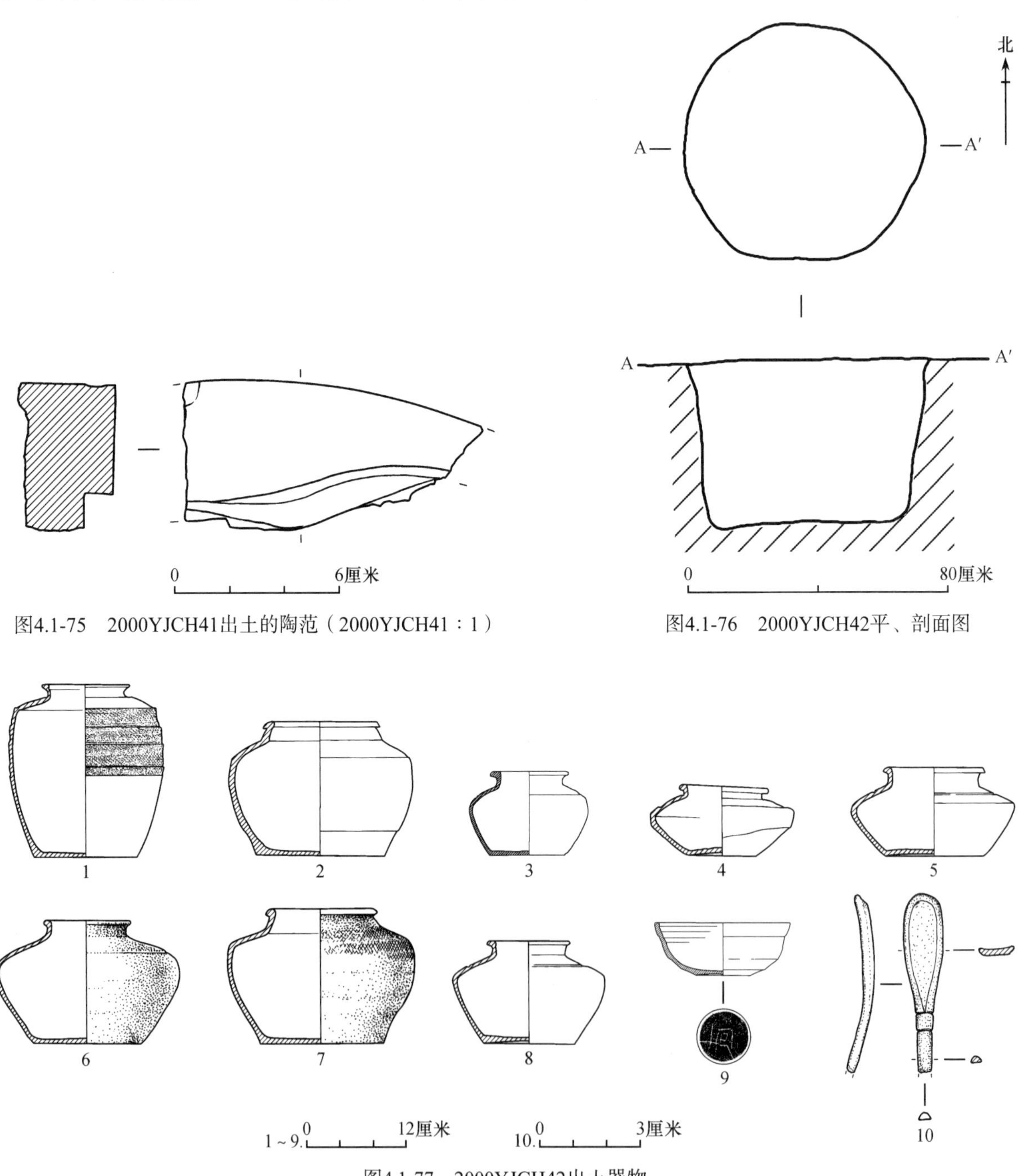

图4.1-75　2000YJCH41出土的陶范（2000YJCH41：1）

图4.1-76　2000YJCH42平、剖面图

图4.1-77　2000YJCH42出土器物

1. 陶仓（2000YJCH42：1）　2～8. 陶罐（2000YJCH42：2-1、2000YJCH42：2-2、2000YJCH42：3、2000YJCH42：6、2000YJCH42：7、2000YJCH42：8、2000YJCH42：9）　9. 陶钵（2000YJCH42：4）　10. 铜带钩（2000YJCH42：5）

陶罐　7件。2000YJCH42：2-1，泥质黑褐陶，尖唇，敛口，斜肩，折腹，腹下部微内弧，大平底。肩部压划菱形网格纹，腹下二周弦纹。口径13.7厘米，底径16厘米，高15.6厘米，最大腹径23厘米（图4.1-77，2）。2000YJCH42：2-2，泥质黑陶，侈口，束颈，溜肩，平底。口径9.5厘米，腹径14.5厘米，底径10.2厘米，高9.9厘米（图4.1-77，3；图版二一，2）。2000YJCH42：3，泥质黑陶，圆唇，直口，短颈，斜肩，折腹，斜直壁，底凹，颈肩接口，肩部有二周凹弦纹。口径10.5厘米，底径8厘米，最大腹径17.5厘米，高7.9～8.4厘米（图4.1-77，4）。2000YJCH42：6，泥质灰陶，圆唇，侈口，微折腹，斜壁，大平底，微凹，肩部饰一周凹弦纹。口径12.4厘米，底径12厘米，最大腹径20.4厘米，高10.5厘米（图4.1-77，5）。2000YJCH42：7，泥质黄褐陶，直口，圆唇，束颈，溜肩，鼓腹，斜壁，平底。肩部有一周凹弦纹。口径10.2厘米，底径13.8厘米，肩径22.2厘米，高14.5厘米（图4.1-77，6）。2000YJCH42：8，泥质黑褐陶，口微敛，圆唇，斜肩，弧腹，平底。肩部和腹上部饰压印斜方格纹。口径13.5厘米，肩径22.5厘米，底径16厘米，高15.5厘米（图4.1-77，7）。2000YJCH42：9，夹砂黑灰陶，圆唇，束颈，直口，折肩，弧腹，凹底，肩有一周凹弦纹，表面脱落，凹凸不平。口径10.7厘米。底径11.3厘米，腹径19厘米，高12厘米（图4.1-77，8）。

陶钵　1件。2000YJCH42：4，夹砂红褐陶，方唇，敞口，斜壁内折，底微凹，底心有刻划“朐”字，外壁二周弦纹，内壁隐见三周弦纹。口径17厘米，底6.5厘米，高6.2厘米（图4.1-77，9）。

铜带钩　1件。2000YJCH42：5，细长身带钩，窄腹，颈残断。残长5.2厘米，宽1.1厘米（图4.1-77，10）。

2000YJCH43　位于2000YJCT1507东北角，第2层下开口，打破2000YJCG7。坑口平面可能近似圆形。坑口直径0.8米，深0.8米。坑壁稍显袋状，加工较光滑，圜底，有明显加工痕迹（图4.1-78）。坑内堆积黄绿色土，颗粒大，较松软。出土3件完整陶罐，具体介绍如下。

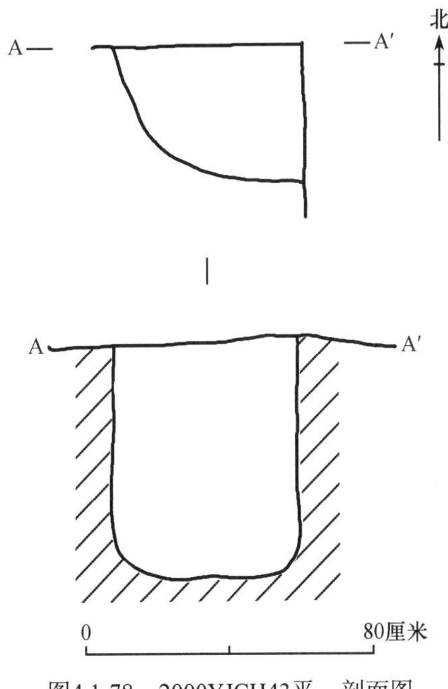

图4.1-78　2000YJCH43平、剖面图

陶罐　3件。2000YJCH43：1，夹砂灰褐陶，敞口，圆唇，短颈，折肩，斜腹，平底。口径10.5厘米，肩径15.7厘米，底径6.8厘米，高8.3厘米（图4.1-79，1）。2000YJCH43：2，泥质灰陶，尖唇，侈口，短束颈，折肩，斜壁，微弧，凹底，肩部有一周凹弦纹，腹部下隐见二道轮制弦纹。口径9.5厘米，底径5.5厘米，高8.7厘米，最大腹径15.2厘米（图4.1-79，2）。2000YJCH43：3，泥质褐陶，直口，圆唇，短颈，斜肩，微弧腹，小平底。肩部见一道弦纹。口径9.8厘米，肩径4.4厘米，底径6厘米，高8.7厘米（图4.1-79，3）。

2000YJCH44　被2000YJCG7打破，坑口平面呈狭长形，剖面为梯状。坑口长5.5米，宽1米，深2.2米（图4.1-80）。坑内堆积层单一，黑灰色土，结构疏松，土质较黏。出土少量陶绳纹筒、板瓦与素面瓦当。

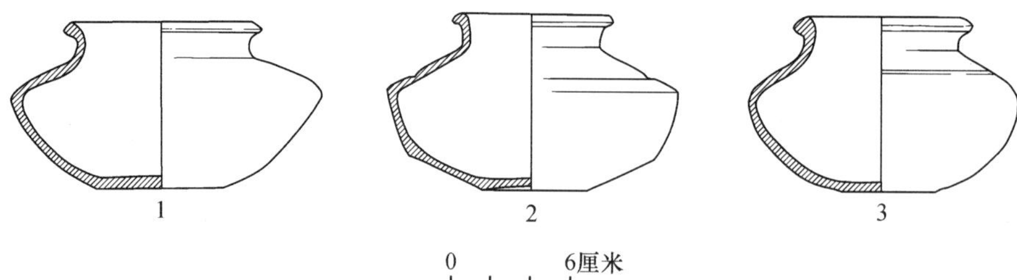

图4.1-79　2000YJCH43出土陶罐

1. 2000YJCH43：1　2. 2000YJCH43：2　3. 2000YJCH43：3

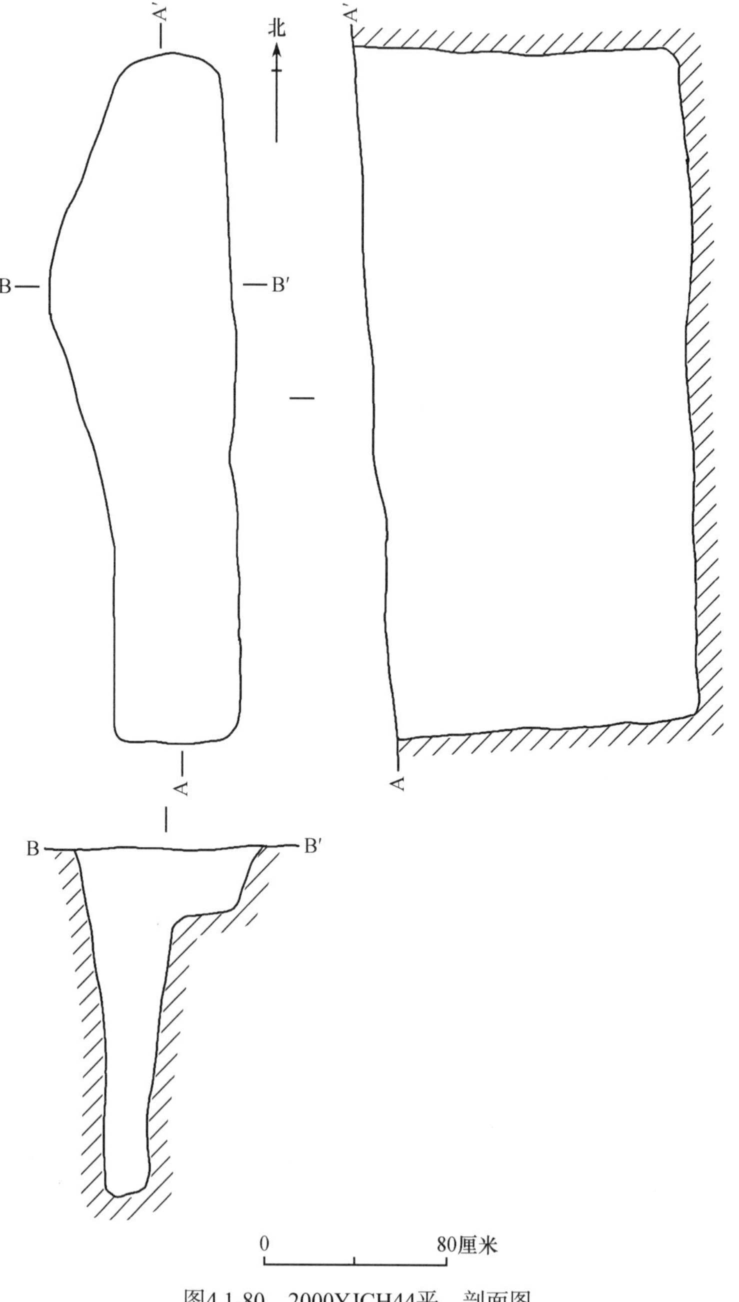

图4.1-80　2000YJCH44平、剖面图

2000YJCH45　跨17座探方，被2000YJCG3、2000YJCG7打破。坑口为不规则椭圆形，斜弧壁，圜底（图4.1-81）。坑内堆积分八层，第1层黑色，灰烬层，距地表深0.25～1.05米，厚0～0.98米；第2层土色为褐色土，土质紧密较黏，厚0～0.35米；第3层黄灰色土，结构松软，厚0～0.85米；第4层土色为黑色灰烬层结构疏松，厚0～0.9米；第5层黄褐土，结构紧密较黏，厚0～0.5米；第6层浅黄土，结构紧密，厚0～0.35米；第7层黑色灰烬层，结构松厚0～0.1米；第8层浅灰色灰烬层，结构松，厚0～0.5米。第1层包含陶范、陶片、铁钺、青铜镞、铁镢、骨角器等；第2层内含料姜石；第3层内含绳纹瓦砾；第4层包含陶范、石范、青铜镞、铜镢、骨器、鹿角等；第5层内含料姜石；第6层内含绳纹陶片等；第7层内含炭粒；第8层含残陶豆、鬲足、绳纹或印压方格泥质黑褐色陶片。出土器物具体介绍如下。

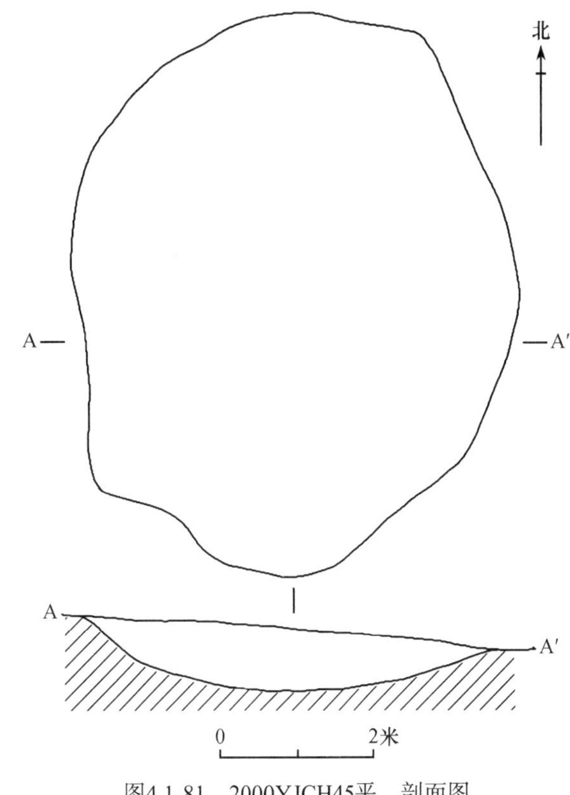

图4.1-81　2000YJCH45平、剖面图

陶范　63件。2000YJCH45：1，夹砂红陶，长4～5.3厘米，宽4.5厘米，高5.5～6厘米（图4.1-82，1）。2000YJCH45：2，残。夹砂红陶，残长18.5厘米，宽20～2.2厘米，高6.5厘米（图4.1-82，2）。2000YJCH45：3，夹砂红陶，长17厘米，宽15厘米，高9厘米（图4.1-82，3）。2000YJCH45：4，夹砂红陶，长13.6厘米，宽10.4厘米，高6～7厘米（图4.1-82，4）。2000YJCH45：5，残。夹砂红陶，长11.2厘米，宽6～9厘米，高5.7厘米（图4.1-82，5）。2000YJCH45：6，残。夹砂红陶，残宽6～7.5厘米，高4～4.5厘米（图4.1-82，6；图版二三，2）。2000YJCH45：7，夹砂红褐陶，镞范，长15.5厘米，宽4～4.7厘米，高3.4厘米（图4.1-82，7）。2000YJCH45：8，残。夹砂红陶，残。长10厘米，宽7.8厘米，高2.8～4厘米（图4.1-82，8）。2000YJCH45：9，残。夹砂红陶，戈范，残长13.7厘米，宽6.8～11厘米，高4厘米（图4.1-82，9）。2000YJCH45：10，残。夹砂红陶，残长14.5厘米，宽6.5～9.2厘米，高3.7厘米（图4.1-82，10）。2000YJCH45：13，夹砂红陶，长8厘米，宽4厘米，高2.6厘米（图4.1-82，11）。2000YJCH45：14，夹砂红陶，带扣范，长7.6厘米，宽6厘米，高3.2厘米（图4.1-82，12）。2000YJCH45：15，残。夹砂红陶，长5～5.4厘米，宽7.2厘米，高3.8厘米（图4.1-82，13）。2000YJCH45：16，泥质红陶，长15.5厘米，宽4～7厘米，高4～4.2厘米（图4.1-82，14；图版二三，6）。2000YJCH45：17，残。泥质红陶，残长11厘米，宽8.4厘米（图4.1-82，15）。2000YJCH45：18，残。夹砂红陶，戈范，残长17厘米，宽8～10.5厘米，高3.8厘米（图4.1-82，16）。2000YJCH45：19，残。夹砂红陶，残长4.5～6.5厘米，宽5.5厘米，高5～5.5厘米（图4.1-82，17）。2000YJCH45：22，夹砂红陶，长11.3厘米，宽5.2厘米，

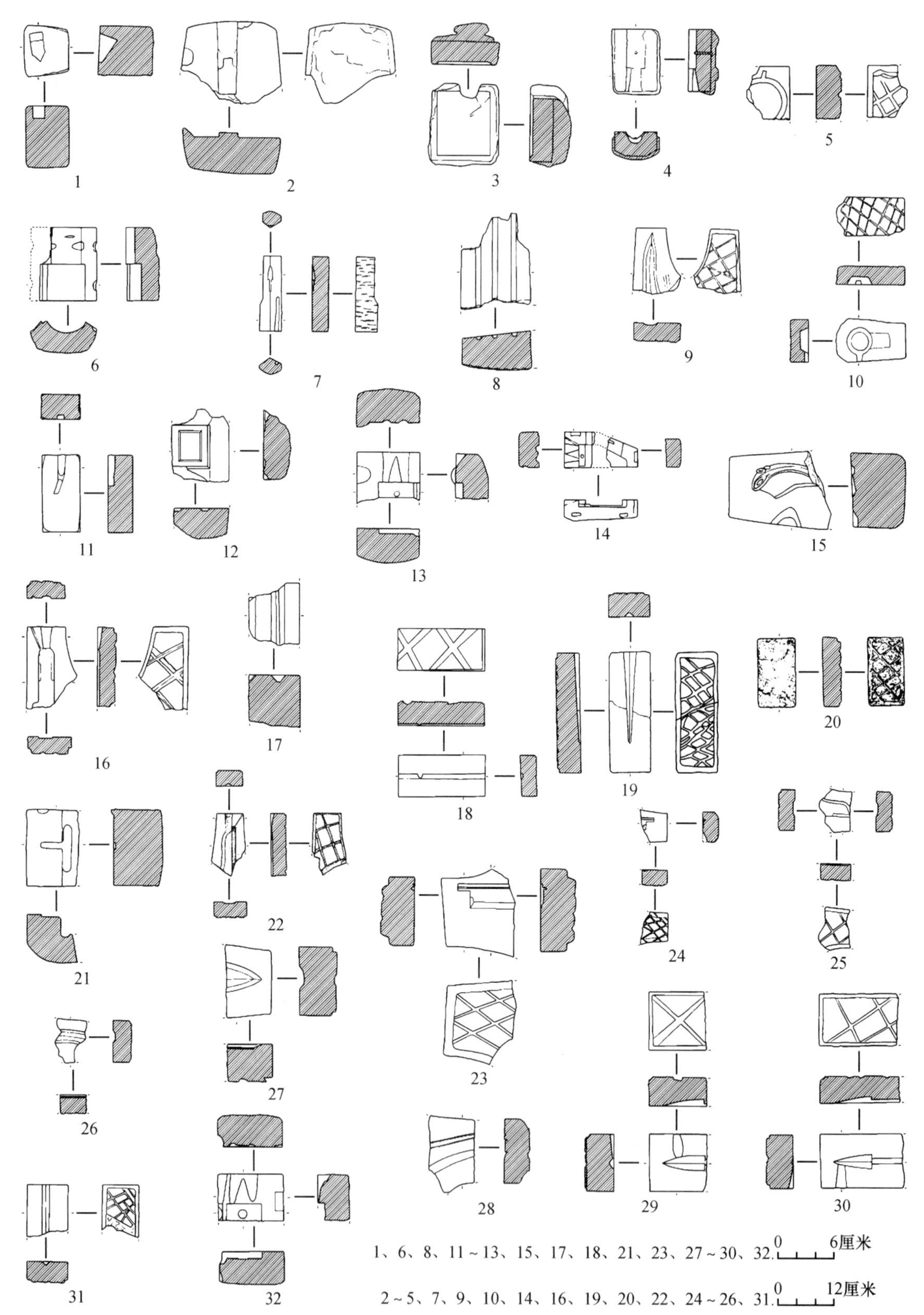

图4.1-82 2000YJCH45出土的陶范（一）

1. 2000YJCH45：1 2. 2000YJCH45：2 3. 2000YJCH45：3 4. 2000YJCH45：4 5. 2000YJCH45：5 6. 2000YJCH45：6 7. 2000YJCH45：7 8. 2000YJCH45：8 9. 2000YJCH45：9 10. 2000YJCH45：10 11. 2000YJCH45：13 12. 2000YJCH45：14 13. 2000YJCH45：15 14. 2000YJCH45：16 15. 2000YJCH45：17 16. 2000YJCH45：18 17. 2000YJCH45：19 18. 2000YJCH45：22 19. 2000YJCH45：24 20. 2000YJCH45：25-1-2 21. 2000YJCH45：26 22. 2000YJCH45：28-1 23. 2000YJCH45：28-3 24. 2000YJCH45：28-4 25. 2000YJCH45：28-5 26. 2000YJCH45：28-6 27. 2000YJCH45：28-7 28. 2000YJCH45：28-8 29. 2000YJCH45：29-1 30. 2000YJCH45：29-2 31. 2000YJCH45：30-1 32. 2000YJCH45：30-2

高3～3.3厘米（图4.1-82，18）。2000YJCH45：24，夹砂红陶，长方体，范外壁遍布菱形凹槽，内壁正中有一纵向锥形凹槽。长25厘米，宽8.5～9厘米，高5.4厘米（图4.1-82，19；图版二四，6）。2000YJCH45：25-1-2，夹砂红陶，长方形，一面平整，另一面凸起菱形方格纹。长14.4厘米，宽8厘米，高4厘米（图4.1-82，20）。2000YJCH45：26，残。夹砂红陶，残长5.7厘米，宽8厘米，厚5厘米（图4.1-82，21）。2000YJCH45：28-1，残。夹砂红陶，残长13厘米，宽6厘米，高3.5厘米（图4.1-82，22）。2000YJCH45：28-2，残。夹砂红陶，戈范，残长8，宽8.4～10厘米，高4厘米。2000YJCH45：28-3，残。夹砂红陶，戈范，残长7～9厘米，宽6.7～7.5厘米，高3.8厘米（图4.1-82，23）。2000YJCH45：28-4，残。夹砂红陶，戈范，残长3.8～6厘米，宽6.5厘米，高3.5厘米（图4.1-82，24）。2000YJCH45：28-5，残。夹砂红陶，戈范，边缘弧线，高模面11厘米，呈直角，背面不平整。残长7.5厘米，宽8.5～9厘米，高3.6厘米（图4.1-82，25）。2000YJCH45：28-6，残。夹砂红陶，戈范，残长7厘米，宽9.2厘米，高4厘米（图4.1-82，26）。2000YJCH45：28-7，残。夹砂红陶，戈范，残长5厘米，宽6～7.6厘米，高4厘米（图4.1-82，27）。2000YJCH45：28-8，残。夹砂红陶，戈范，残长6厘米，宽8厘米，高3.5厘米（图4.1-82，28）。2000YJCH45：29-1，残。夹砂红褐陶，镞范，残长5.7～6.1厘米，宽6厘米，高3厘米（图4.1-82，29）。2000YJCH45：29-2，残。夹砂红褐陶，镞范，残长8.6厘米，宽5.5厘米，高2.6厘米（图4.1-82，30）。2000YJCH45：30-1，残。夹砂红陶，上有网格纹，残长9.5～11厘米，宽8.2厘米，高4.5厘米（图4.1-82，31；图版二三，1）。2000YJCH45：30-2，残。泥质红陶，残长5厘米，宽7.2厘米，高3.5厘米（图4.1-82，32；图版二四，2）。2000YJCH45：31-1，残。泥质红陶，残长12厘米，宽9.3厘米（图4.1-83，1）。2000YJCH45：31-2，残。泥质灰陶，残长4.4厘米，宽5.5厘米，高3厘米（图4.1-83，2）。2000YJCH45：32，残。夹砂红陶，残长8.2厘米，宽7.3厘米，高2.7厘米（图4.1-83，3；图版二三，3）。2000YJCH45：33，残。夹砂红陶，残长7.4厘米，宽7.6～10.6厘米，高2.5厘米（图4.1-83，4）。2000YJCH45：34，残。夹砂红陶，残长3.1～4.3厘米，宽2.8厘米，高0.9厘米（图4.1-83，5）。2000YJCH45：35，残。夹砂陶，残长8.6～9厘米，宽5.2～5.3厘米，高2.8厘米（图4.1-83，6）。2000YJCH45：36，残。夹砂红陶，残长4.5厘米，宽7.2厘米，高2.6～3.2厘米（图4.1-83，7）。2000YJCH45：38，残。泥质红陶，残长10.2厘米，宽3.8～4厘米，高3.4厘米（图4.1-83，8）。2000YJCH45：39，残。夹砂红陶，残长7厘米，宽5.3厘米，高3.2厘米（图4.1-83，9）。2000YJCH45：42，残。夹砂红陶，残长11.2厘米，宽6厘米，高7厘米（图4.1-83，10）。2000YJCH45：43-1，夹砂灰陶，圆柱形。长11.8厘米，直径3.8厘米（图4.1-83，11）。2000YJCH45：43-2，夹砂灰褐陶，圆柱形。长10.5厘米，直径4.7厘米（图4.1-83，12）。2000YJCH45：44，残。夹砂红陶，圆柱形，略束腰，中间夹铁柱残断。残长7～8厘米，宽5.5～6.2厘米（图4.1-83，13）。2000YJCH45：45，夹砂红陶，平面呈圆角长方形，范外壁中部微鼓，内壁平整，正中有一钩形凹槽，钩两侧有四个榫卯。长8.3厘米，宽3.5～4.2厘米，高2.5厘米（图4.1-83，14；图版二四，5）。2000YJCH45：47，泥质灰陶，长5.2厘米，宽7.6厘米，高4.5厘米（图4.1-83，15）。2000YJCH45：48，夹砂红陶，长8.4厘米，宽7.5厘米，高5厘米（图4.1-83，16）。2000YJCH45：49，残。泥质红陶，残长

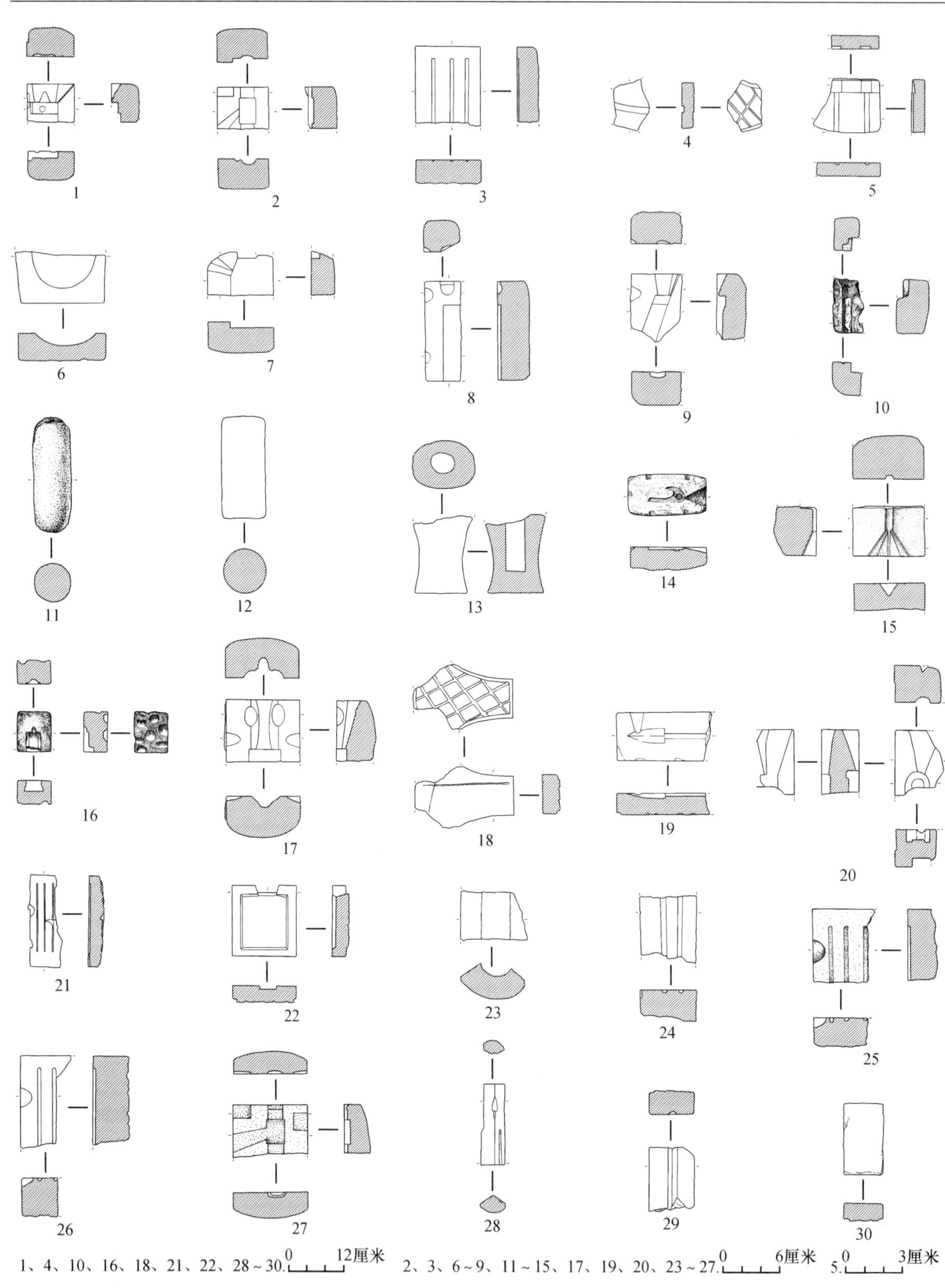

图4.1-83 2000YJCH45出土的陶范（二）

1. 2000YJCH45：31-1 2. 2000YJCH45：31-2 3. 2000YJCH45：32 4. 2000YJCH45：33 5. 2000YJCH45：34 6. 2000YJCH45：35 7. 2000YJCH45：36 8. 2000YJCH45：38 9. 2000YJCH45：39 10. 2000YJCH45：42 11. 2000YJCH45：43-1 12. 2000YJCH45：43-2 13. 2000YJCH45：44 14. 2000YJCH45：45 15. 2000YJCH45：47 16. 2000YJCH45：48 17. 2000YJCH45：49 18. 2000YJCH45：50 19. 2000YJCH45：52 20. 2000YJCH45：53 21. 2000YJCH45：54 22. 2000YJCH45：56 23. 2000YJCH45：61 24. 2000YJCH45：62-1 25. 2000YJCH45：62-2 26. 2000YJCH45：62-3 27. 2000YJCH45：64 28. 2000YJCH45：69 29. 2000YJCH45：70 30. 2000YJCH45：72

6.5厘米，宽8厘米，高4厘米（图4.1-83，17）。2000YJCH45：50，残。夹砂红陶，上有菱格纹，残长21厘米，宽8～12厘米，高3.6厘米（图4.1-83，18）。2000YJCH45：52，夹砂红陶，长条形，范外壁有凹槽内壁平整，正中有一镞形凹槽，镞尖部一侧有注口，注口入口宽接镞外窄二合范。长8.9～10厘米，宽5～5.3厘米，高2.6厘米（图4.1-83，19）。2000YJCH45：53，残长6.5厘米，宽5厘米，高3.5厘米（图4.1-83，20）。2000YJCH45：54，长方形，外壁布满沟槽，中部微凸，内壁平整上布三道半圆截面长条沟槽，应为镞铤范。长19厘米，宽6.2厘米，厚2.2厘米（图4.1-83，21）。2000YJCH45：56，泥质陶，长14.6厘米，宽14.1厘米，厚3.4厘米（图4.1-83，22）。2000YJCH45：61，泥质红陶，残长5.5厘米，残宽7厘米，厚4厘米（图4.1-83，23）。2000YJCH45：62-1，泥质红陶，残长6～7厘米，宽6厘米，厚2.5～3厘米（图4.1-83，24；图版二三，4）。2000YJCH45：62-2，夹砂黄陶，残长7.6厘米，宽5.5～6.5厘米，厚2.5～3厘米（图4.1-83，25）。2000YJCH45：62-3，夹砂红陶，残长9.5厘米，宽3.6～5.5厘米，厚3.8厘米（图4.1-83，26）。2000YJCH45：64，夹砂红陶，残长5～5.4厘米，宽8.2厘米，厚1.6～2.5厘米（图4.1-83，27）。2000YJCH45：69，夹砂红褐陶，外表面为圆弧形内为平面，应是三合范，内侧面上的一镞身带短铤和一圆铤凹坑应是范模，外面饰戳印纹。长16.5厘米，宽4.4～5厘米，厚3.1～3.4厘米（图4.1-83，28）。2000YJCH45：70，夹砂红陶，长方形，已残断，一面外凸上饰刻划纹，另一面为平面上有一截面为三角形的长条形凹槽。残长13.2厘米，宽8.2厘米，厚4.2厘米，槽宽1.7厘米，槽深0.6厘米（图4.1-83，29）。2000YJCH45：72，黄褐陶，长方形，一面外凸，素面。通长14.5厘米，宽8.7厘米，厚3.8厘米（图4.1-83，30）。

瓦当　1件。2000YJCH45：64-1，泥质黑灰陶，边缘略残，将圆瓦当直接附着在筒瓦上，筒瓦饰绳纹。直径10.5～11厘米（图4.1-84，1）。

陶底　1件。2000YJCH45：55，泥质黑陶，内钵心印宝相花，轮制。

铁镢　2件。2000YJCH45：57，长条形，顶部有銎孔，尖端较薄。长11厘米，宽5厘米，厚2.4厘米（图4.1-84，2）。2000YJCH45：59，长条形，顶部有銎孔，尖端较薄。长13.5厘米，宽6厘米，厚3.5厘米（图4.1-84，3）。

铁钺　1件。2000YJCH45：60，长条状，尖端较宽，顶部有銎孔。长11.2厘米，宽5～7厘米，厚2.8厘米（图4.1-84，4）。

石范　9件。2000YJCH45：11，镞范，长12.6厘米，宽2.8～3.2厘米，高1.4～1.8厘米（图4.1-84，5；图版三五，6）。2000YJCH45：12，镞范，长16厘米，宽3.8～4.4厘米，高2.4厘米（图4.1-84，6）。2000YJCH45：27，长10厘米，宽3～4.6厘米，厚2.5～3.5厘米（图4.1-84，7）。2000YJCH45：28，长方形，一面平整，另一面低凹不平。残长8.6厘米，宽6厘米，高1.8～2厘米（图4.1-84，8）。2000YJCH45：37，残长6.6厘米，宽5.3厘米，高2～2.7厘米（图4.1-84，9）。2000YJCH45：40，残。镞范，现存铤部，范面一侧有刻划符号，残断面有人工锯断痕迹。残长6.8厘米，宽1.4厘米，高1.5厘米（图4.1-84，10）。2000YJCH45：41，残。镞范，残长6.8厘米，宽1.4厘米，高1.5厘米（图4.1-84，11）。2000YJCH45：58-1，残长8.7厘米，宽3.8～4.6厘米，厚2.9～3.2厘米（图4.1-84，12）。2000YJCH45：58-2，长8厘米，宽3厘

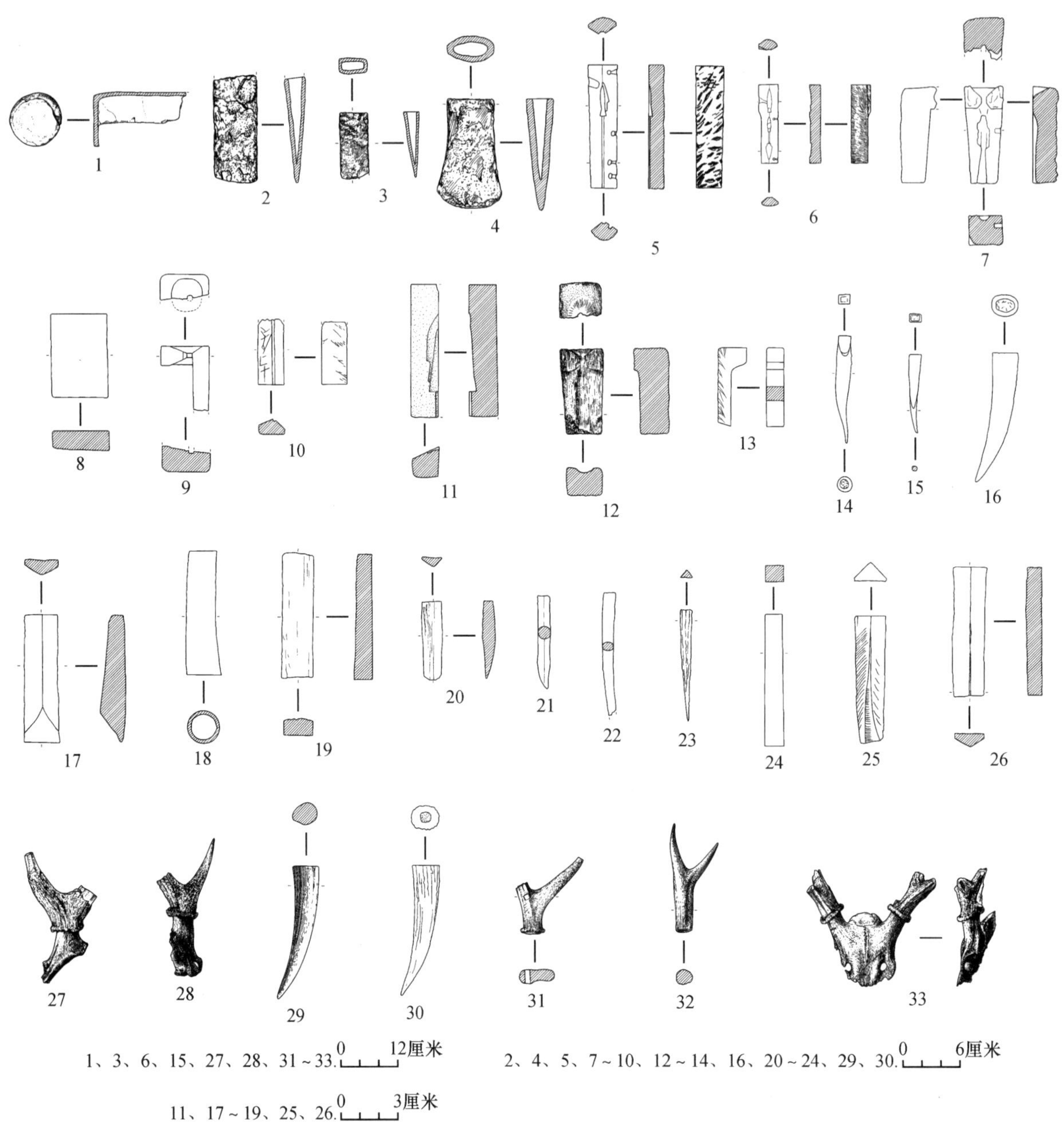

图4.1-84　2000YJCH45出土的其他器物

1. 瓦当（2000YJCH45：64-1）　2、3. 铁镢（2000YJCH45：57、2000YJCH45：59）　4. 铁钺（2000YJCH45：60）　5～13. 石范（2000YJCH45：11、2000YJCH45：12、2000YJCH45：27、2000YJCH45：28、2000YJCH45：37、2000YJCH45：40、2000YJCH45：41、2000YJCH45：58-1、2000YJCH45：58-2）　14～16. 骨角器（2000YJCH45：20、2000YJCH45：23、2000YJCH45：65-1）　17～26. 骨器（2000YJCH45：46-1、2000YJCH45：46-2、2000YJCH45：51-1、2000YJCH45：51-2、2000YJCH45：51-3、2000YJCH45：51-4、2000YJCH45：51-5、2000YJCH45：51-6、2000YJCH45：63-1、2000YJCH45：63-2）　27～33. 鹿角（2000YJCH45：65-2、2000YJCH45：65-3、2000YJCH45：65-4、2000YJCH45：66、2000YJCH45：67、2000YJCH45：68、2000YJCH45：71）

米，厚1.9厘米（图4.1-84，13）。

骨角器　3件。2000YJCH45：20，利用兽角一端削成近似正方形。长11厘米，宽1.3～1.7厘米（图4.1-84，14）。2000YJCH45：23，兽角削磨成近似方形，前端为尖状。长16厘米，宽2～2.5厘米（图4.1-84，15）。2000YJCH45：65-1，鹿角根部锯断尖部磨光。高13.2厘米，直径2.4～2.8厘米（图4.1-84，16）。

骨器　10件。2000YJCH45：46-1，骨中间刻开，削成斜刃。长6.5厘米，宽1.8厘米，高1.2厘米（图4.1-84，17）。2000YJCH45：46-2，管状，鹿角两端锯断，中间钻孔。外径1.7厘米，内径1.3厘米（图4.1-84，18）。2000YJCH45：51-1，长方形，中间将骨劈开两半，略打磨成平面，一面保留骨的自然面。残长6.4厘米，宽1.6～1.8厘米，高0.8～1厘米（图4.1-84，19）。2000YJCH45：51-2，将骨中间劈开两半，一面略呈三角中残起棱，另一面内弧，磨成单刃。残长8厘米，宽1.8厘米，高1～1.6厘米（图4.1-84，20）。2000YJCH45：51-3，骨削成圆柱状，一端锯断成平面，另一端磨尖状。残长9.5厘米，直径1.1厘米（图4.1-84，21）。2000YJCH45：51-4，残。长条圆柱状。残长12.5、宽0.8～1.3厘米（图4.1-84，22）。2000YJCH45：51-5，鹿角劈制成长三角形，前锋略磨。残长11.5厘米，宽1.1厘米，高0.8厘米（图4.1-84，23）。2000YJCH45：51-6，鹿角锯磨成长方柱形，剖面近似正方形，四边光滑，做工规整。残长13.4厘米，宽1.9～2厘米（图4.1-84，24）。2000YJCH45：63-1，三棱条形，刃部已残去。残长6.5厘米，宽1.1～1.6厘米（图4.1-84，25）。2000YJCH45：63-2，三棱长条状，长6.6厘米，宽1.6～1.8厘米，厚0.8厘米（图4.1-84，26）。

鹿角　7件。2000YJCH45：65-2，连一块颅骨，双枝，一枝在近根外锯断，断处之下见削磨的痕迹，另一枝尖部锯成一小段，剩余部分尖部被纵向削出多个平面，使角截面呈多边形，应为制作角器之毛坯。通长26.5厘米（图4.1-84，27）。2000YJCH45：65-3，角根部连接一块头盖骨，角为双枝，一枝尖部被锯断，根部亦有锯痕。通长28厘米（图4.1-84，28；图版三六，4）。2000YJCH45：65-4，一锯下的单枝角，断处有锯痕，观其为多向切割，角外壁至内腔后折断。通长13.5厘米（图4.1-84，29）。2000YJCH45：66，鹿角根部锯断，尖部磨光。高13.2厘米，直径2.5～3厘米（图4.1-84，30）。2000YJCH45：67，利用鹿角钻孔成1.2～1.2厘米方孔。长14～10厘米，直径5厘米（图4.1-84，31；图版三六，3）。2000YJCH45：68，鹿角上截下的枝，尖部分双小枝，截断处切痕与错。通长22厘米（图4.1-84，32；图版三六，5）。2000YJCH45：71，基部连一大块颅骨，双角上段均被截去。残长24厘米（图4.1-84，33；图版三六，6）。

2000YJCH46　位于2000YJCT1508方中，开口于第4层下，打破生土。坑近正方形，直壁平底，上口长2.04米，宽1.98米，底面长1.94米，宽1.8米，深2.34米。坑中堆积分四层，上部黄褐土，厚约1米，出土陶豆柄、鹿角器和残陶范等。第2层黑灰土，厚0.6～0.8米，含陶、瓦片较多，瓦均饰绳纹，板瓦多于筒瓦，陶片皆泥质灰陶，主要是罐、豆两种。第3层浅黄黏土，厚0.2～0.3米，基本不见遗物。底部为灰褐色淤沙，厚约40厘米，比较纯净，仅有素面夹砂红陶的圆唇侈口罐和泥质黑褐陶的方唇折沿绳纹罐口沿各1件。坑壁总体看来整齐光滑，一些地方尚可见到挖掘时留下的印痕，但未见脚窝等攀登痕迹，显然是一个人工挖掘的但并不经

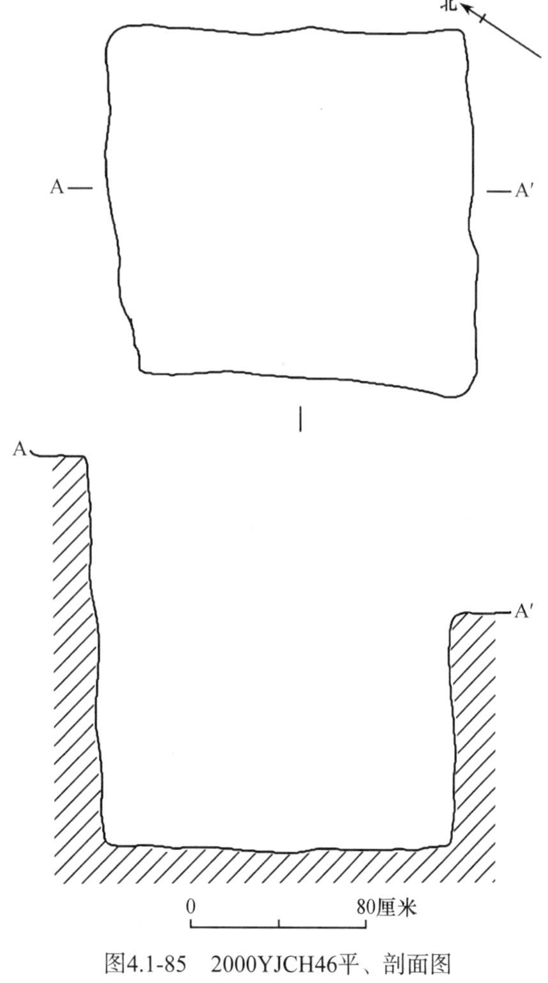

图4.1-85　2000YJCH46平、剖面图

常上下的遗迹。从层位和坑内堆积情况，特别是下部的黄土和淤沙来看，此坑可能和冶铸活动相关，用于储水或沉淀（图4.1-85）。

2000YJCH47　位于2000YJCT0902西侧，第2c层下开口。坑口形状为长方形，直壁，平底。坑口长1.9米，宽1米，深2.1米。坑上部填充黄褐色花土，下部堆积黄绿土。包含物较多，多为残片，包括泥质灰陶绳纹板瓦和筒瓦、陶素面豆、陶平底碗和夹细沙红陶砖等（图4.1-86）。

2000YJCH48　位于2000YJCT1046中南部，2000YJCG7下开口，打破2000YJCH45。方向为北偏西35°。坑口平面形状为梯形，坑口长2.05米，宽0.95米，坑底长1.7米，宽0.5米，坑深1.3～1.6米（图4.1-87）。坑壁及坑底加工修整，光滑，形制较规整。坑口堆积分一层，且夹大量灰烬和少量花土。出土残陶范、骨器、经人工切割的鹿角及极少量灰色绳纹瓦片，出土器物具体介绍如下。

陶范　14件。2000YJCH48：1-1，夹砂红褐陶，长8.8厘米，宽5.2～5.8厘米，高2.4～2.8厘米（图4.1-88，1）。2000YJCH48：1-2，夹砂红褐陶，长8厘米，宽6.2厘米，高2.5～3.2厘米（图4.1-88，2）。2000YJCH48：1-3，夹砂红褐陶，范上下两端磨平，外壁微鼓，合范内壁平整，范形的"丫"字，分叉处略深，侧有一榫，对应一侧稍残似应为一卯。残长7.5厘米，宽6.2厘米，高2.4厘米（图4.1-88，3）。2000YJCH48：2，泥质红陶，残长11.5厘米，宽3～8.8厘米，高2～3.3厘米（图4.1-88，4）。2000YJCH48：3，夹砂红褐陶，残长13厘米，宽7.2厘米，高3.8厘米（图4.1-88，5）。2000YJCH48：4，夹砂红陶，残长8厘米，宽6.4～8厘米，高3.6厘米（图4.1-88，6）。2000YJCH48：5，夹砂灰陶，长32.5厘米，宽9～21.5厘米，高10.4厘米（图4.1-88，7）。2000YJCH48：6，泥质灰陶，残长6厘米，残宽6.4厘米，高3.2厘米（图4.1-88，8）。2000YJCH48：7，夹砂红陶，残长12.5厘米，宽9.6厘米，高5.5厘米（图4.1-88，9）。2000YJCH48：9，泥质陶，残长6厘米，宽4.1～5.6厘米，高1.9～2.3厘米（图4.1-88，10）。2000YJCH48：10，夹砂红陶，残长6.6厘米，宽5厘米，高3.8厘米（图4.1-88，11；图版二四，1）。2000YJCH48：11，夹砂红陶，残长9.5厘米，宽9.8厘米，高5～6厘米（图4.1-88，12）。2000YJCH48：12，夹砂灰陶，长方形范盖，背面凸起，刻方菱形纹，火候较高，陶质坚硬。长14.7厘米，宽8.5厘米，高3厘米（图4.1-88，13）。2000YJCH48：14，夹砂灰褐陶，残长6.3厘米，宽5.5厘米，高3.3厘米（图4.1-88，14）。

骨器　2件。2000YJCH48：8，三棱长条形，残长6.9厘米，宽1.8厘米，高1厘米

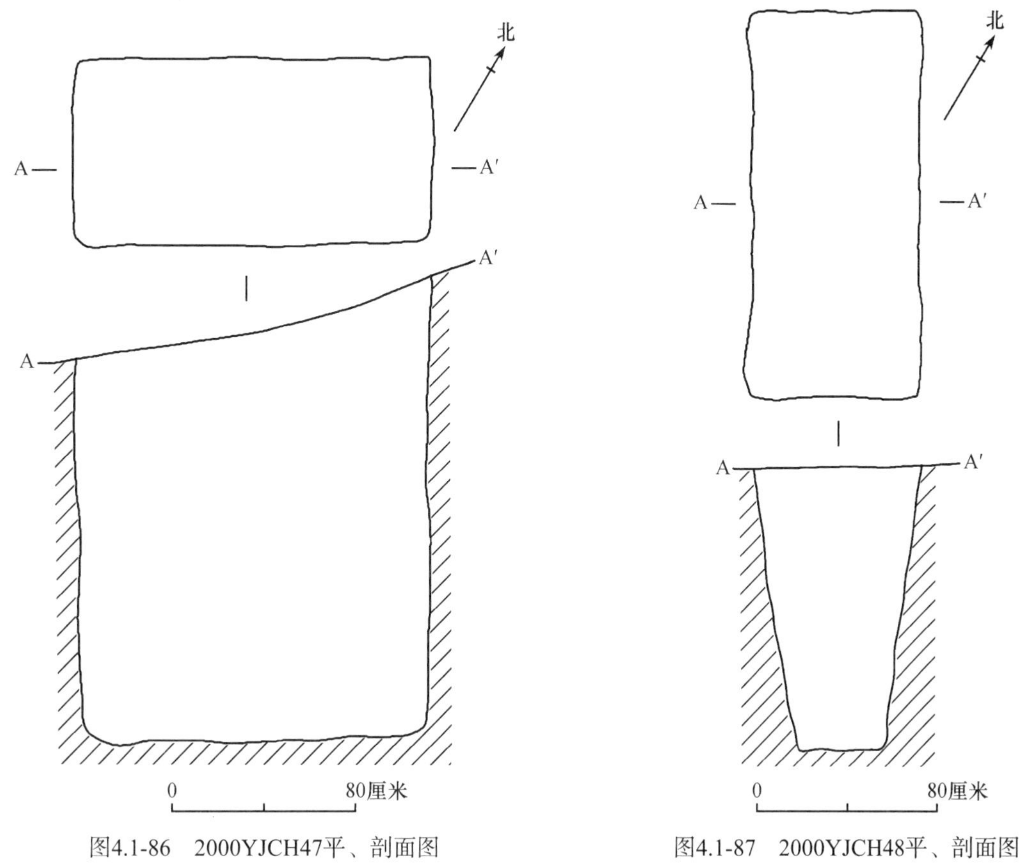

图4.1-86　2000YJCH47平、剖面图

图4.1-87　2000YJCH48平、剖面图

（图4.1-88，15）；2000YJCH48：13，骨头锯断，前端削成尖状。长5.4厘米，直径1.8厘米（图4.1-88，16）。

2. 灰沟

共发现灰沟8条，1999年发现3条，2000年发现5条。

1999YJCG2　位于1999YJCT5探方内，东西向，第2层下开口，打破第3～5层和生土层，在1999YJCT1～CT5区域内属于较晚的遗迹。坑口平面为略近长方形，坑底长条形圜底，坑壁的下部为直壁上半部为斜坡，坑的下部坑壁光滑有加工痕迹。坑口距地表20～40厘米，坑底距地表290～315厘米，坑口直径135厘米，坑底直径135厘米。坑内堆积只能分一层，为红色土，黏性大，胶性大，夹较多石头粒。出土3件器物：鎏金铜饰、铜钱、铜镞等，另外出土大量瓦片和陶片、少量兽骨。因在沟的底部和壁上均发现流水痕迹和经水磨过的沙粒，所以用途推定应为水沟。出土器物介绍如下。

鎏金铜饰　1件。1999YJCG2：1，残。圆柱形。铸造。长2.3厘米，大径0.8厘米，小径0.5厘米（图4.1-89，1）。

铜钱　1件。1999YJCG2：2，完整。圆形，五铢。铸造。直径2.6厘米，穿径1厘米（图4.1-89，3）。

铜镞　1件。1999YJCG2：3，残。箭头呈三棱锥状，铤部呈圆柱形。铸造。长2.8厘米（图4.1-89，2）。

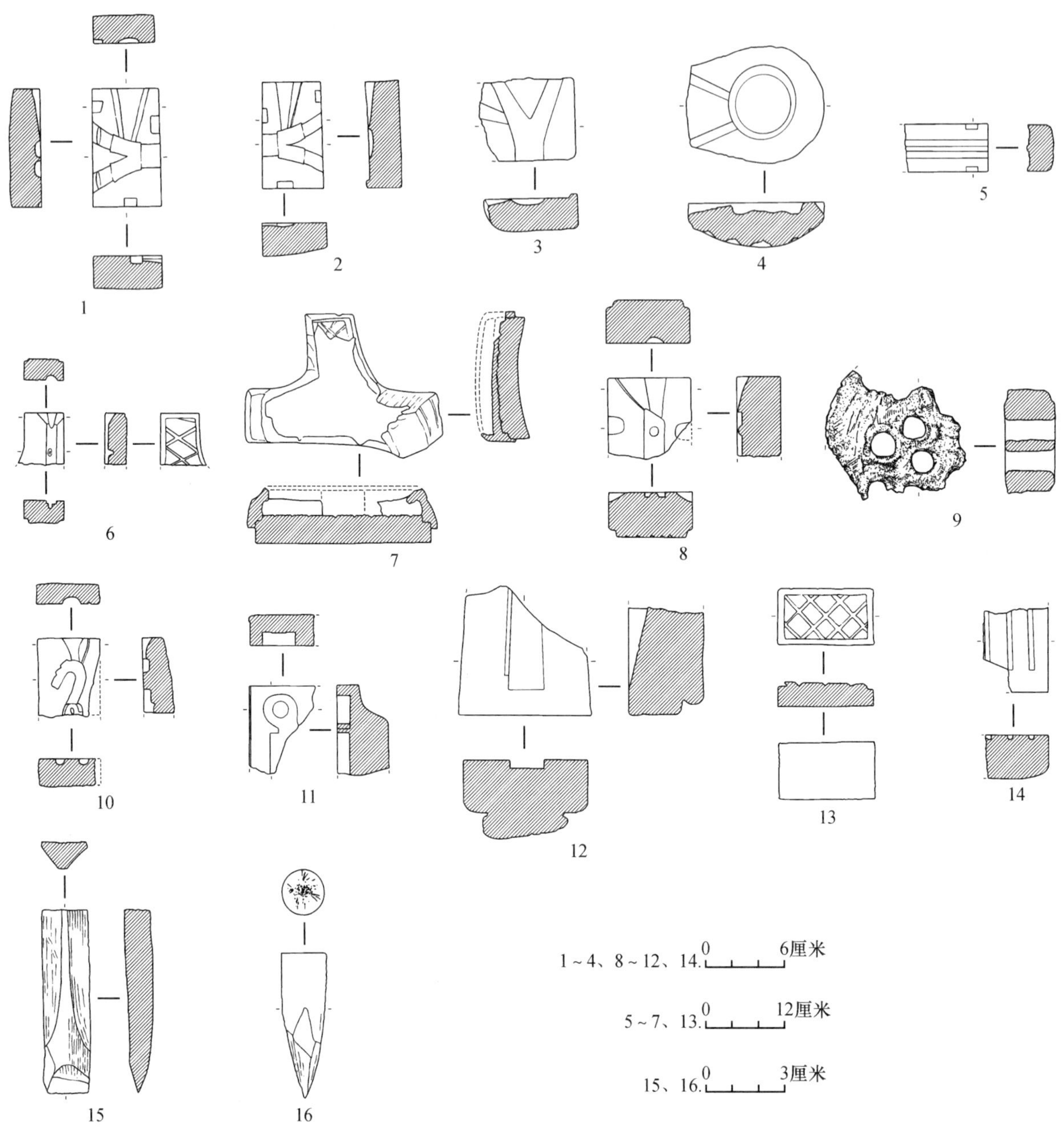

图4.1-88　2000YJCH48出土器物

1～14. 陶范（2000YJCH48：1-1、2000YJCH48：1-2、2000YJCH48：1-3、2000YJCH48：2、2000YJCH48：3、2000YJCH48：4、2000YJCH48：5、2000YJCH48：6、2000YJCH48：7、2000YJCH48：9、2000YJCH48：10、2000YJCH48：11、2000YJCH48：12、2000YJCH48：14）　15、16. 骨器（2000YJCH48：8、2000YJCH48：13）

1999YJCG4　位于1999YJCT12的中南部，北偏西59°向，开口于第3层下，打破生土。坑口平面为长条形，沟壁为直壁。坑口距地表50厘米，坑底距地表65厘米（深13～20厘米），坑口直径42～62厘米，坑底直径37～57厘米（图4.1-90）。坑内堆积可分一层，黄土（五花土，含少量红烧土），松软，颗粒小，夹杂细沙，稍发黑。仅出土少量陶片、绳纹瓦片和1件石范。

石范　1件。1999YJCG4：1，完整。赭红色，三翼镞之1/3范，范面呈扇形，内角120°，正中为镞面和圆铤，左面上下各有一钻孔似对范用，背面磨出多条平面几近椭圆，有浅沟痕，有铸痕。磨制。长13厘米，宽3.8厘米，厚3.3厘米（图4.1-91）。

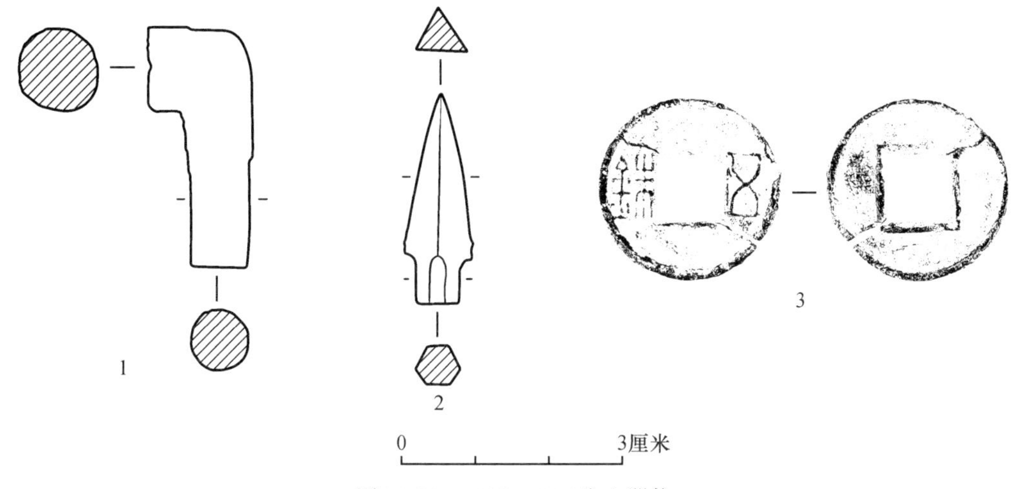

图4.1-89　1999YJCG2出土器物

1. 鎏金铜饰（1999YJCG2：1）　2. 铜镞（1999YJCG2：3）　3. 铜钱（1999YJCG2：2）

1999YJCG5　位于1999YJCT12的西南部，北偏西59°，开口于第3层下，打破1999YJCH1、生土。坑口平面为长条形，壁漫弧，东壁修整光滑（斜边平底，上口南端漫弧，北端平齐）。坑口距地表80厘米，坑底距地表100厘米（深15厘米），沟口宽40～56厘米、沟底宽35～50厘米。坑内堆积为一层杂土，黄土夹杂黑土，有少量红烧土颗粒（松软的夹细砂黄土）。灰沟出土少量瓦片和陶片，陶片均素面，浅灰色或灰褐色（图4.1-92）。

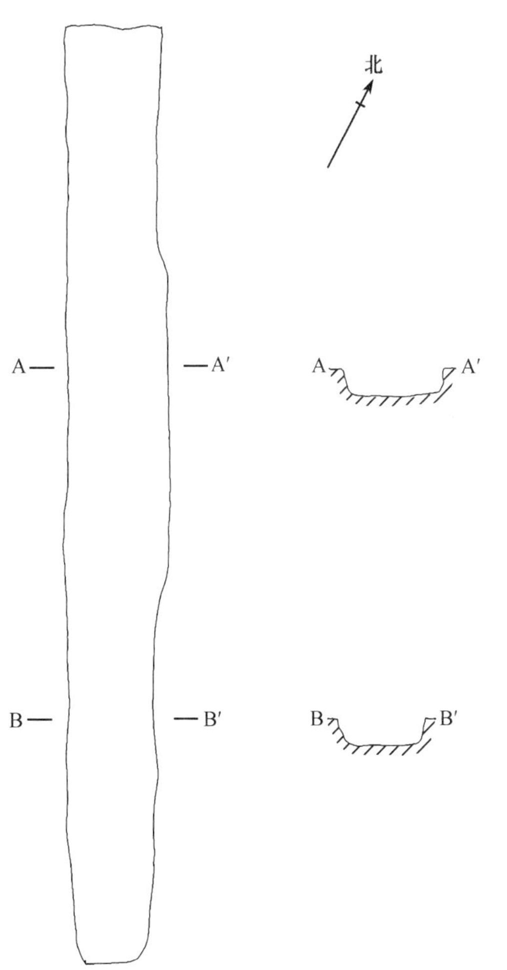

图4.1-90　1999YJCG4平、剖面图

2000YJCG6　沟口形状为长条形，长1000厘米，宽270厘米，深94厘米。沟内堆积分两层，第1层为黄褐土，土质较坚硬，颗粒大；第2层为黄褐土，夹杂较多的灰烬，颜色较第1层发黑，土质较松软（图4.1-93）。第1层包含少量陶片，出土1件铜器，1件铜环，1件铁臿；第2层包含较多瓦片少量陶片，灰色，绳纹为主，少量素面，主要器形为陶绳纹折肩罐，此层出土物较少。具体出土器物介绍

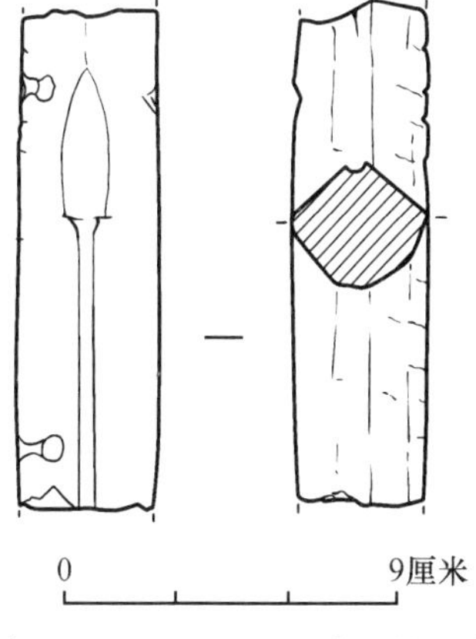

图4.1-91　1999YJCG4出土的石范

（1999YJCG4：1）

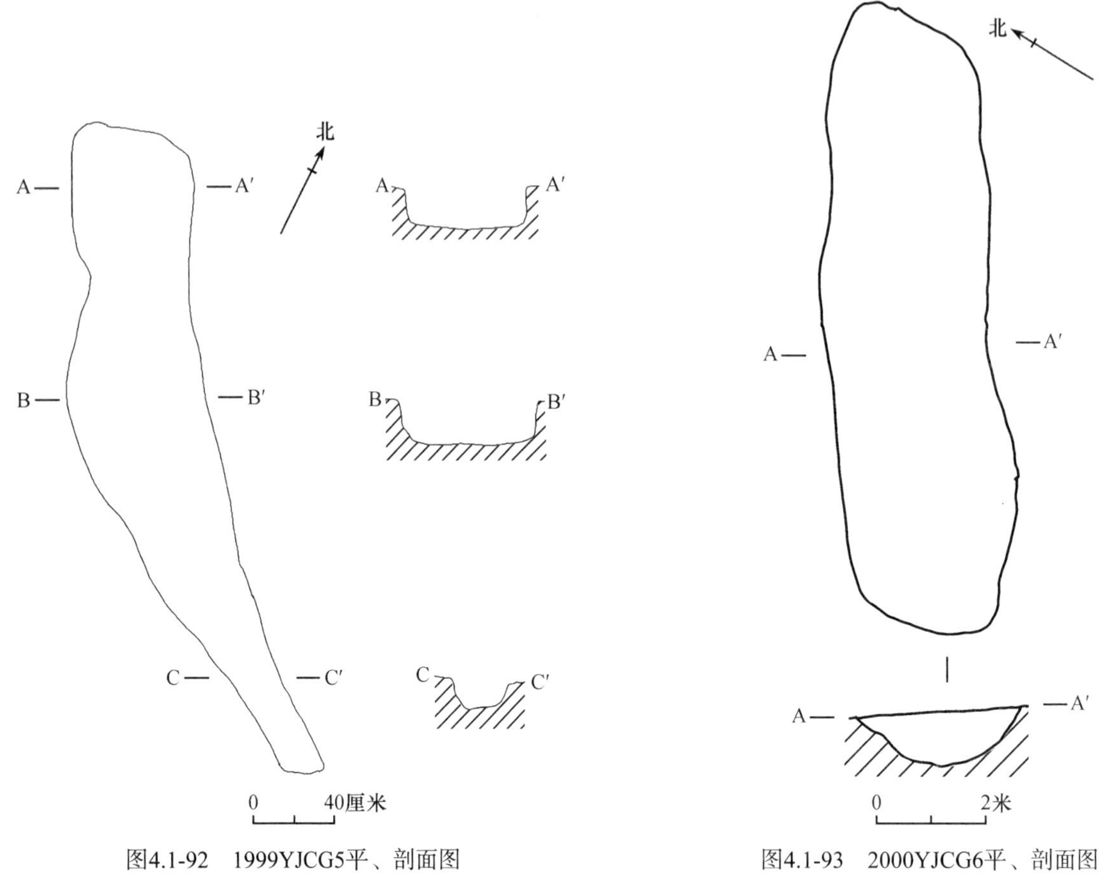

图4.1-92　1999YJCG5平、剖面图

图4.1-93　2000YJCG6平、剖面图

如下。

铜器　1件。2000YJCG6：1，长3.3厘米，宽2.1厘米，高3.2厘米（图4.1-94，1）。

铜环　1件。2000YJCG6：2，系用0.3厘米铜丝弯曲成椭圆形环。外径3.6厘米，内径3厘米（图4.1-94，2）。

铁臿　1件。2000YJCG6：3，残。侧边较直，弧刃。素面，表面锈蚀严重。残宽2.5厘米，高1.8厘米（图4.1-94，3）。

2000YJCG7　被2000YJCG8打破，平面呈曲折长条形，沟口距地表1.2米，沟口长18米，宽8.5米，沟底长18米，宽0.6米，沟深1.3米。此沟自西南向东北流向，沟内未发现人工加工痕迹与遗物，是雨水冲刷而成的（图4.1-95）。沟内堆积可分四层，第1层灰黄土，土质较黏，厚0～0.5米；第2层灰褐土，土质紧密，厚0.3～0.78米；第3层为黄黏土，土质紧密，厚0～0.57米；第4层土色为黑土，土质疏松，厚0～0.9米。第1层包含瓦与陶；第2层内含绳纹瓦砾；第3层内包含料姜石；第4层包含炭粒、瓦砾，出土少量陶豆、陶范残片、石范、铜镞等。具体出土器物介绍如下。

铜镞　2件。2000YJCG7：4-1，三棱形镞身，扁圆铤。长7.7厘米，宽1厘米，高0.8厘米（图4.1-96，1）。2000YJCG7：4-2，三棱形镞身，铤截面为六棱形。长5厘米，宽0.9厘米（图4.1-96，2）。

铁器　1件。2000YJCG7：5，残。一端为环状。长9厘米，宽1.4～3.3厘米，高0.5厘米（图

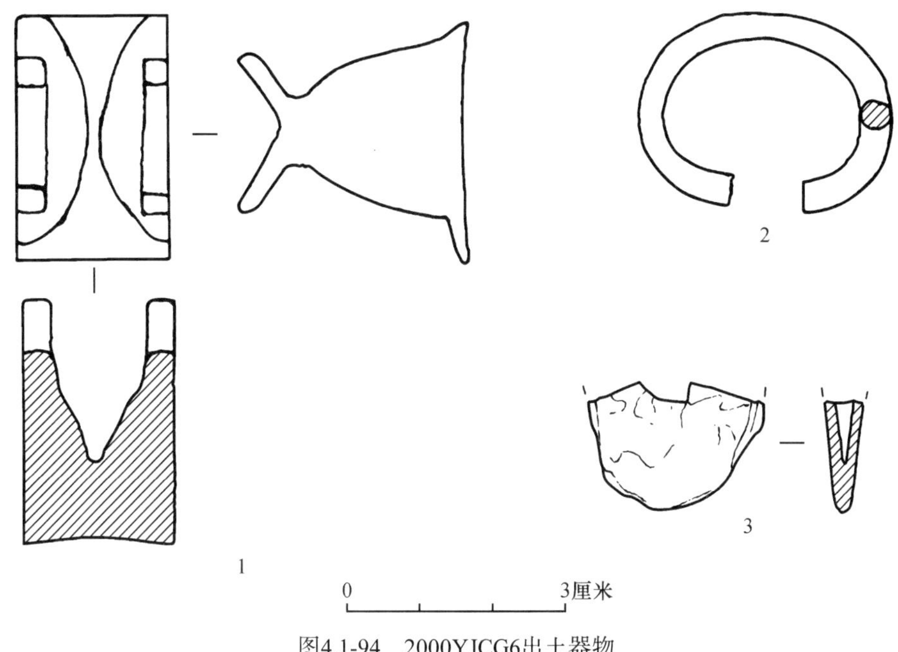

图4.1-94　2000YJCG6出土器物

1. 铜器（2000YJCG6：1）　2. 铜环（2000YJCG6：2）　3. 铁臿（2000YJCG6：3）

4.1-96，3）。

石范　1件。2000YJCG7：3，长方形，一端残，外壁中高两侧边斜，截面呈六边形，内壁上设两模，形为盖弓帽。残长10.2厘米，宽10.2厘米，高4.5～4.8厘米（图4.1-96，4）。

2000YJCG8　打破2000YJCG9。方向为东北向。平面呈不规则长条状，沟口长16米，宽9.7米，深2.5米（图4.1-97）。沟内堆积分两层，第1层黑色土土质松散，厚0～0.75米分布全沟内；第2层灰黄土，土质较紧密，厚0.2～0.75米，仅分布一小部分。第1层包含残绳纹板瓦、陶罐、陶盆残片、铜镞和封泥等；第2层包少量绳纹板瓦与灰色泥质陶片等。出土器物具体介绍如下。

陶盆　2件。2000YJCG8：2，泥质黑陶，尖唇，仰沿，直肩折腹，大平底微凹，肩饰三凸弦纹，二周压印菱形方格纹，轮制。口径26.4厘米，底径13.4厘米，高10.6厘米（图4.1-98，1）。2000YJCG8：4，夹砂黑灰陶，圆唇，敛口，折腹，斜壁大平底，口沿下肩部，隐约可见二周凹弦纹及菱形方格纹。口径30厘米，底径17厘米，高12厘米（图4.1-98，2）。

陶罐　1件。2000YJCG8：6，夹砂灰陶，圆唇，短颈，球腹，平底，腹部四周压印方格纹。口径10.4厘米，腹径17.2厘米，底径10.4厘米，高14厘米（图4.1-98，3）。

封泥　1件。2000YJCG8：1，泥质红陶。长2厘米，宽2厘

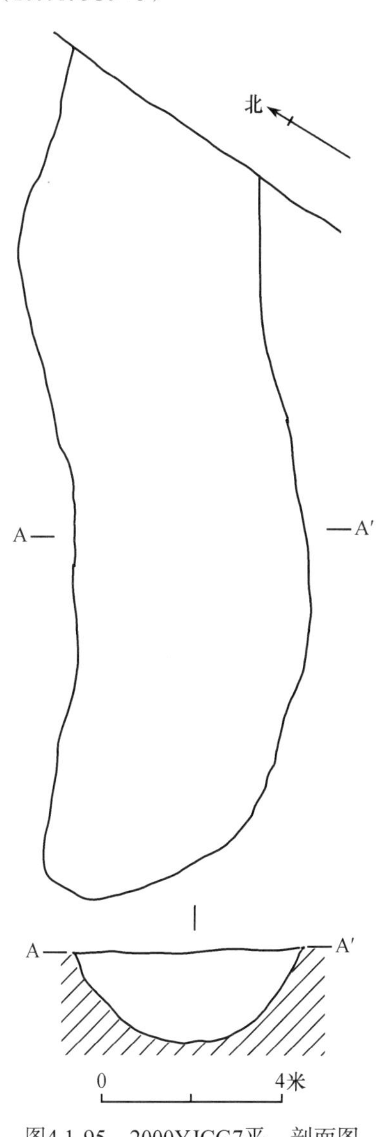

图4.1-95　2000YJCG7平、剖面图

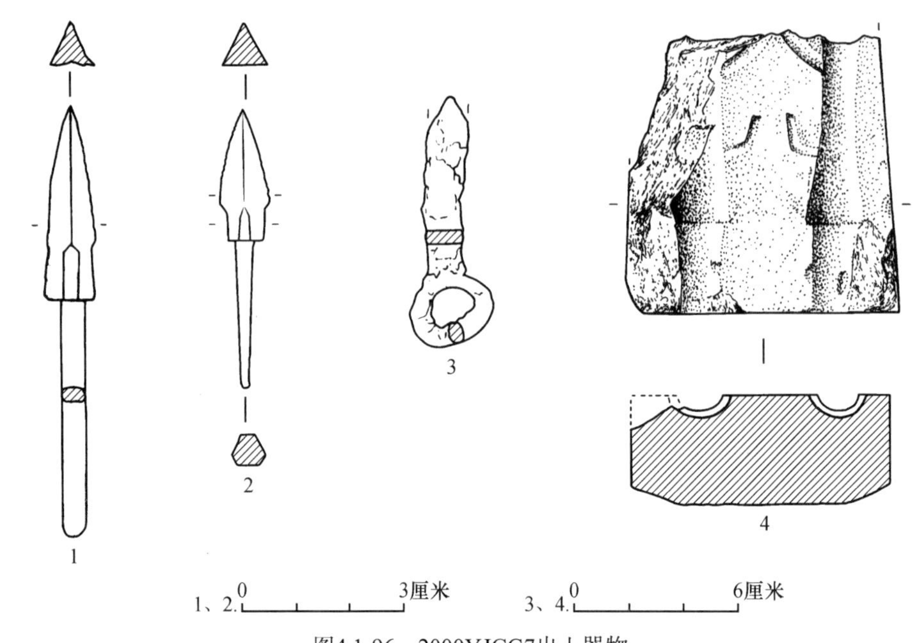

图4.1-96　2000YJCG7出土器物

1、2. 铜镞（2000YJCG7：4-1、2000YJCG7：4-2）　3. 铁器（2000YJCG7：5）　4.石范（2000YJCG7：3）

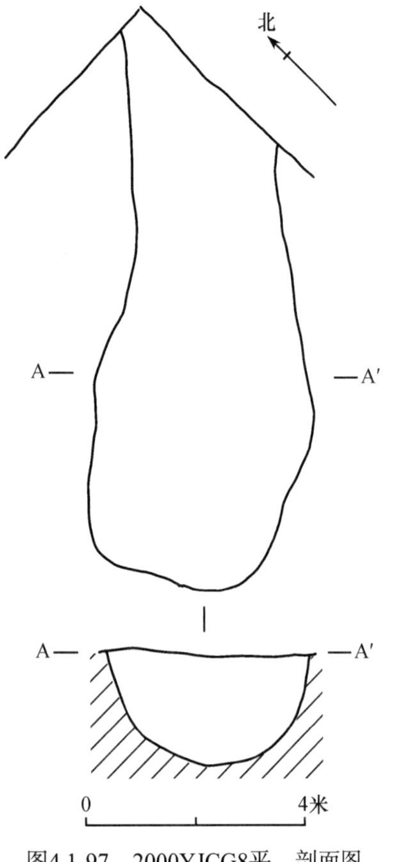

图4.1-97　2000YJCG8平、剖面图

米（图4.1-98，4）。

板瓦　1件。2000YJCG8：5，泥质陶，上有阴刻文字，表面有轮制凹凸弦纹，压印长2、宽1.7厘米方印纹，背面隐匀布纹。长7厘米，宽6.4厘米，厚1厘米。

花纹砖　1件。2000YJCG8：7夹砂红褐陶，近似正方形，表面饰方菱形纹，中间有乳钉。长32厘米，宽31厘米，厚7厘米（图4.1-98，5）。

铜镞　1件。2000YJCG8：3，镞身呈三角形，刃锋利，后锋分出三翼，圆柱形铤。长7.2厘米，宽1厘米（图4.1-98，6）。

2000YJCG9　开口于第5层下，打被生土层。此沟自西南向东北流，横跨2000YJCT1708、2000YJCT1709探方内的北侧，沟是雨水冲刷而成的不规则自然沟。沟平面呈不规则长条形，沟壁为斜坡状，沟底不详（图4.1-99）。沟内堆积分三层，第1层黄灰色淤土，结构紧密，细腻，较黏，厚0～0.55厘米，此层堆积分布全沟内；第2层红烧土，结构松，厚0.3米，分布沟内小部；第3层灰色淤土，结构细腻较黏，厚0.2～0.35厘米。第1层包含微量炭粒未出遗物；第2层包含灰烬炭粒，遗物有陶花边口沿、鬲足、尖底钵和豆残片等；第3层包含少量炭粒，遗物可辨别的器类有极少量陶鬲口沿、豆柄、豆残片等。

2000YJCG10　开口于第4层下，自西南向东北，主要横跨6个探方。沟口距地表0.65米，沟口长19米，宽6米，沟深0.15米。沟为不规则的自然沟，是雨水冲刷而成。沟壁为斜壁，沟

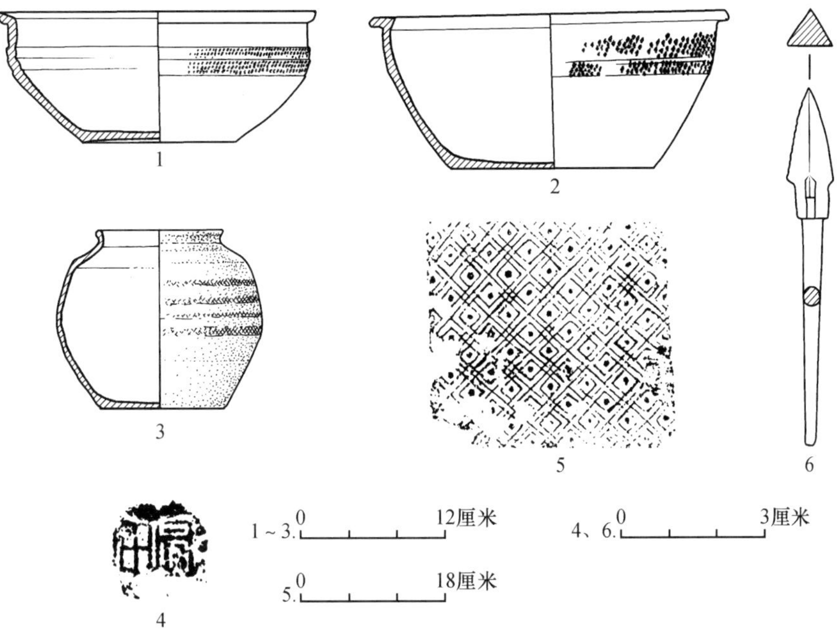

图4.1-98　2000YJCG8出土器物

1、2. 陶盆（2000YJCG8：2、2000YJCG8：4）　3. 陶罐（2000YJCG8：6）　4. 封泥（2000YJCG8：1）　5. 花纹砖（2000YJCG8：7）　6. 铜镞（2000YJCG8：3）

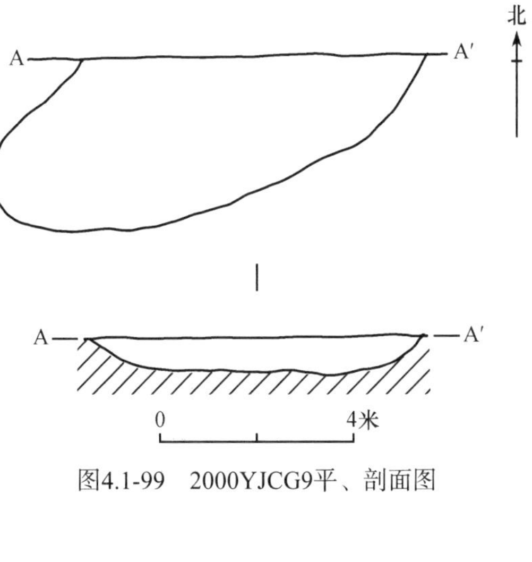

图4.1-99　2000YJCG9平、剖面图

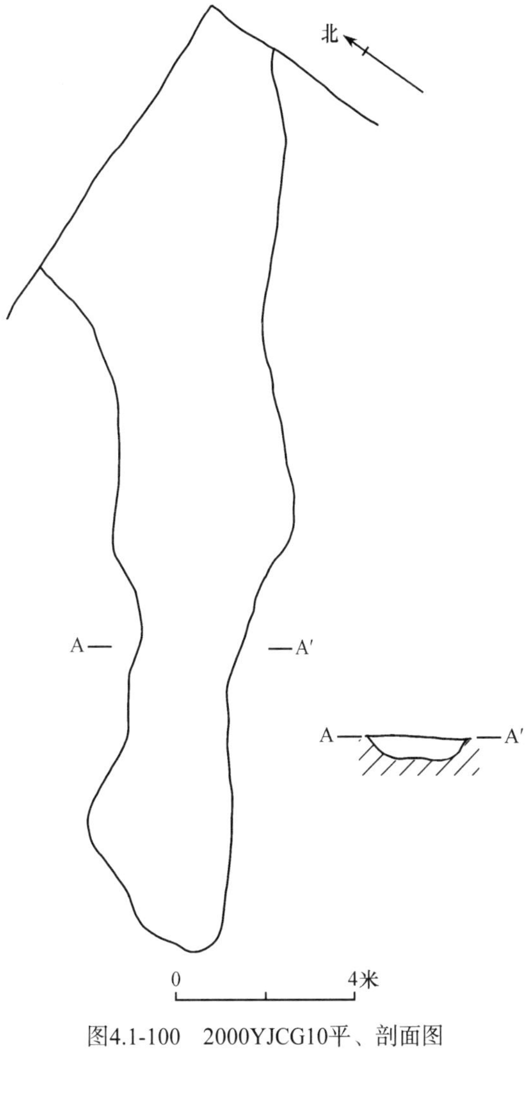

图4.1-100　2000YJCG10平、剖面图

底高低不平。沟内未发现遗迹与人工痕迹。沟内堆积为两层，第1层为褐色土，结构较松黏，厚0.12～0.75米，此层分布全沟内；第2层灰色土，结构细腻较松，厚0～0.25米，此层分布全沟。第1层包含陶片较少，为陶盅、陶器口沿、陶鬲足等，还出土骨器1件；第2层包含灰烬、细砂，出土少量陶片（图4.1-100）。

陶盅　1件。2000YJCG10：1，泥质红陶，尖唇，敛口，腹略内弧，斜壁，平底。捏制。口径2.7厘米，底径2厘米，最大腹径3厘米，高2厘米（图4.1-101，2）。

骨器　1件。2000YJCG10：2，牛左侧胫骨边端，留有加工锯断痕迹。长4.8厘米，宽4～5厘米（图4.1-101，1）。

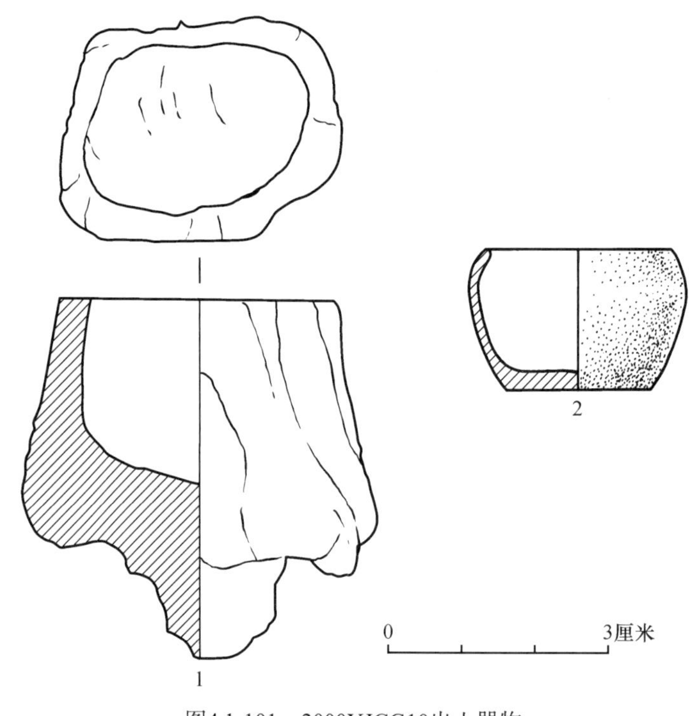

图4.1-101　2000YJCG10出土器物

1. 骨器（2000YJCG10：2）　2. 陶盅（2000YJCG10：1）

3. 井

井共清理1口，为1999年发掘，编号1999YJCJ1，位于1999YJCT8南部1999YJCT7北隔梁，开口于第2层下，打破第3～9层。坑口平面呈长方形，位于1999YJCT8南部及1999YJCT7北隔梁内，长轴方向为150°。开口于第2层下，井口距地表0.4米，打破第3～7层、生土层，井底距地表2.6米。井壁斜直光滑，井口长2.6米，宽2米，发掘至5.3米时，呈边长1.5～1.55米的近方形。由于井上部裂缝严重，没有发掘到底，经钻探，井深不少于7.4米（图4.1-102）。井内第1层堆积为黏土，呈红色，较纯净，厚1.8米，出土少量陶、瓦片；红色黏土以下堆积为水锈黏土，呈黄色，出土少量陶瓦片、泥质灰陶矮豆柄等。其南1999YJCCT7同层有冶铸过程中遗留的工作面及残范等，可能用作蓄水坑。出土泥质陶矮柄豆（盘柄）绳纹板瓦、筒瓦残片、尖唇侈口绳纹陶罐（腹、口）泥质红陶板瓦残片。用途推定为储物坑，与冶铸相关。

4. 窑

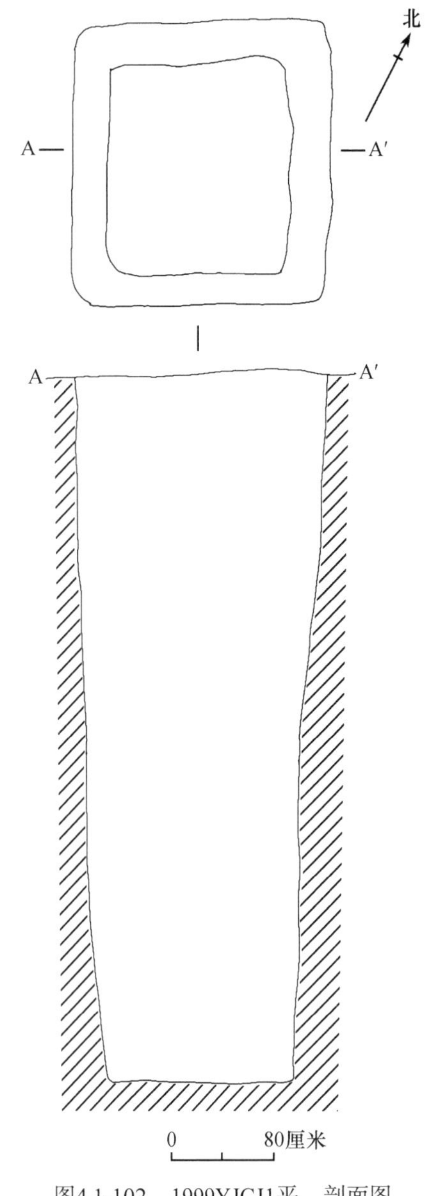

图4.1-102　1999YJCJ1平、剖面图

窑共清理2座，均为2000年发掘，编号2000YJCY1和2000YJCY2。

2000YJCY1　平面呈漏斗形，位于2000YJCT1004南部，起建于第2层下的生土，与2000YJCY2同层位，南北并列，间隔不到2米。2000YJCY1分火膛、窑床、烟道三个部分。火膛位于东部，平面呈梯形，由东到西渐深，火膛与窑床连接处垒砌一层耐火砖，厚约18厘米。窑床较平，高于火膛17厘米。窑床西侧及南壁中央已遭破坏，结构不甚清楚。窑床西侧设3个烟道，烟道平面近方形，正中的烟道已遭破坏。火膛底壁，窑床面烟道壁，窑壁均形成一层烧结面，厚4~6厘米，烧制而成起耐火作用。2000YJCY1为地上建筑，窑壁经夯筑后烧成，窑址通长3.76米，最宽处1.76米，残高0.3米，火膛长0.96米，窑床长2米。窑中填土包含大量红烧土块，出土较多陶范（图4.1-103）。

2000YJCY2　位于C区西北部2000YJCT1004方中，建于第2层下的生土上，与2000YJCY1同层位，南、北并列，间隔不到2米。2000YJCY2保存较好，窑室平面作梯形，宽1.25~1.85米，长1.5米，整个窑床西高东低，略有倾斜，其东接火室，西连出火口。东面的火室平面亦为梯形，长1米，宽0.6~1米，深45厘米，火膛底面低于窑床约30厘米，投料口应在正面。西侧的出火口有3个，分在两角和正中，出火口上部已毁，下部长30厘米，宽20厘米，基本呈长方形。窑室中部的右侧另有一条与外界相连的通道，高出窑室35厘米，向外伸出60厘米，推测是和鼓风或观察窑室情况相关的孔道。

由于长时期或反复的使用，窑室的表面烧结出厚6~7厘米的硬面，火室局部甚至有烧琉的情形。火室和窑室之间挡墙已经无存，硬面下有烧红的碎瓦，显然在建造之初对于这些薄弱处就有了预先的防范。窑室内的堆积为黄褐土，夹杂很多红烧土块，出土残碎的陶范多件，推测此窑主要用于烧制陶范或铸造前对陶范的预热加温。

此外，还发现一处红黏土面，可能是一个残破的居住面，位于2000YJCT7东部及东扩方的第4层层表。地面呈平的斜坡，红黏土垫成，略呈长方形，西南—东北向。此面结构紧密坚硬，厚3~8厘米，并叠压在2000YJCH12之上。现存范围南北长4米，东西宽2.2米，中间有一瓢形浅坑似灶，长径1.55米，短径1米，深0.14米。灶内堆黑灰土，在深10厘米许有一薄层红烧土面，其上平置一长40、宽30厘米的椭圆形大河卵石，其下仍为黑灰土。灶址的南北两侧有多个直径10~15、深6~25厘米的小圆坑，或为柱洞，但坑底无础石或硬面（图4.1-104）。

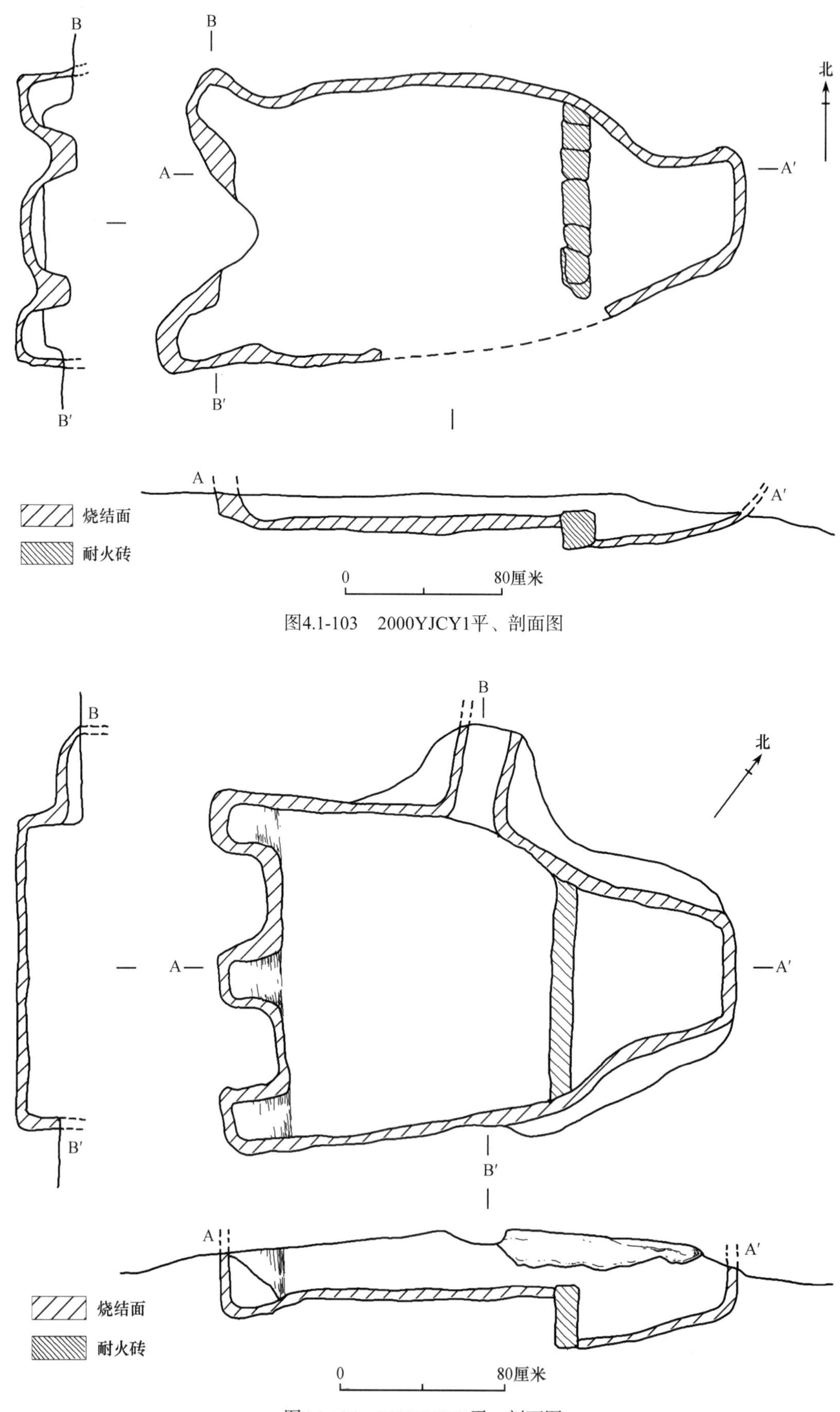

图4.1-103　2000YJCY1平、剖面图

图4.1-104　2000YJCY2平、剖面图

四、E区遗迹

E区发现的遗迹包括房址2座、渠2条和瓮棺葬3座。

1. 房址

房址2座，编号2000YJEF1和2000YJEF2。

2000YJEF1　位于2000YJET1109探方内，其西在2000YJET1108探方内，存在另一座房址2000YJEF2，在房址北部有一条引水渠2000YJEQ1，坐落在生土上，为第5层堆积所叠压。房址仅在2000YJET1109探方内得到局部体现，在其北的2000YJET1209、其东的2000YJET1110内均没有迹象，其南没有开方，加之破坏较为严重，因此无法判断其具体形状。据现存情况判断，房址大致呈东北—西南走向，属于地石式建筑。清理出来的条石基础直接坐落在生土之上，由于建房时地表凹凸不平，平整地面时，一些地方铺垫熟土，垫土的厚度不一，为20～40厘米。现存纵横2条条石迹象。纵向条石大致呈直线排列，长约6米，中间有约3.15米的残断缺口，为保持平面，有的条石下面垫熟土。目前残存的条石，有的已经移位，总计残存6块条石，其中南端的1块延入2000YJET1109的南壁。6块条石的规格不一，大者长约105厘米，宽约25厘米，厚20厘米；小者长约70厘米，宽约20厘米。厚约20厘米。横向条石长约4米，中部存在约0.8米的缺口，横纵向条石的折角处因缺少1块横向条石而存在缺口，横向条石的东端延入2000YJET1109的北隔梁，但并未在北隔梁北部的2000YJET1209、2000YJET1210露头，故横向条石的具体长度不明（图4.1-105）。房内堆积为黑褐土，其中含少量的陶片、建筑构件，与第5层堆积中出土的遗物相同，另外还出土铜环等，具体介绍如下。

陶瓦当　1件。2000YJEF1：3，红陶，当面中心为一大圆圈，中间双钩十字纹，其周围等距离四个呈放射状扇面栏相隔内饰卷云纹，瓦当残半。模制，直径13.6厘米，高2.3厘米。

铜环　2件。2000YJEF1：1，素面，直径1.4厘米，内径1.2厘米（图4.1-106，1）。2000YJEF1：2，锈蚀严重，素面，直径2.3厘米，内径1.1厘米（图4.1-106，2）。

2000YJEF2　建造于一条水渠（编号2000YJEQ1）东侧，西墙利用2000YJEQ1条石砌筑的东壁作为基础，东、北两面的墙基则全是摆放整齐的单层条石。条石长短规格不一，为长80、宽25、厚20厘米的细砂岩，多数加工精细。北墙基现存石条8块，残长5.6米，东墙有4块石条，总长1.6米，南面未见石条排砌的基础，但在靠近探方南壁处发现3块排列同样整齐且与北墙相平行的几何花纹砖。如果这是南墙的基础，则2000YJEF2东西宽6.5米，南北长7.2米，略呈长方形。2000YJEF2在建造前曾经有过场地的平整，西半部垫土较厚，垫层含瓦砾，黑褐色。居住面系黄土铺垫而成，但没有明显的路土践踏面，也未见门道。室内有2件半埋在地下的陶瓮。瓮为泥质褐陶，表面淡黑色，通体饰绳纹，圜底，折肩，折肩处有一道附加堆纹，堆纹表面也压印有粗绳纹，口沿已残，腹径约60厘米。由于陶质疏松起皮，已无法复原。和陶瓮相对应的房址西部偏南，垫土中有一块较大范围的块状烧土，大致为直径50厘米的圆形，可能是2000YJEF2用火之处（图4.1-107）。

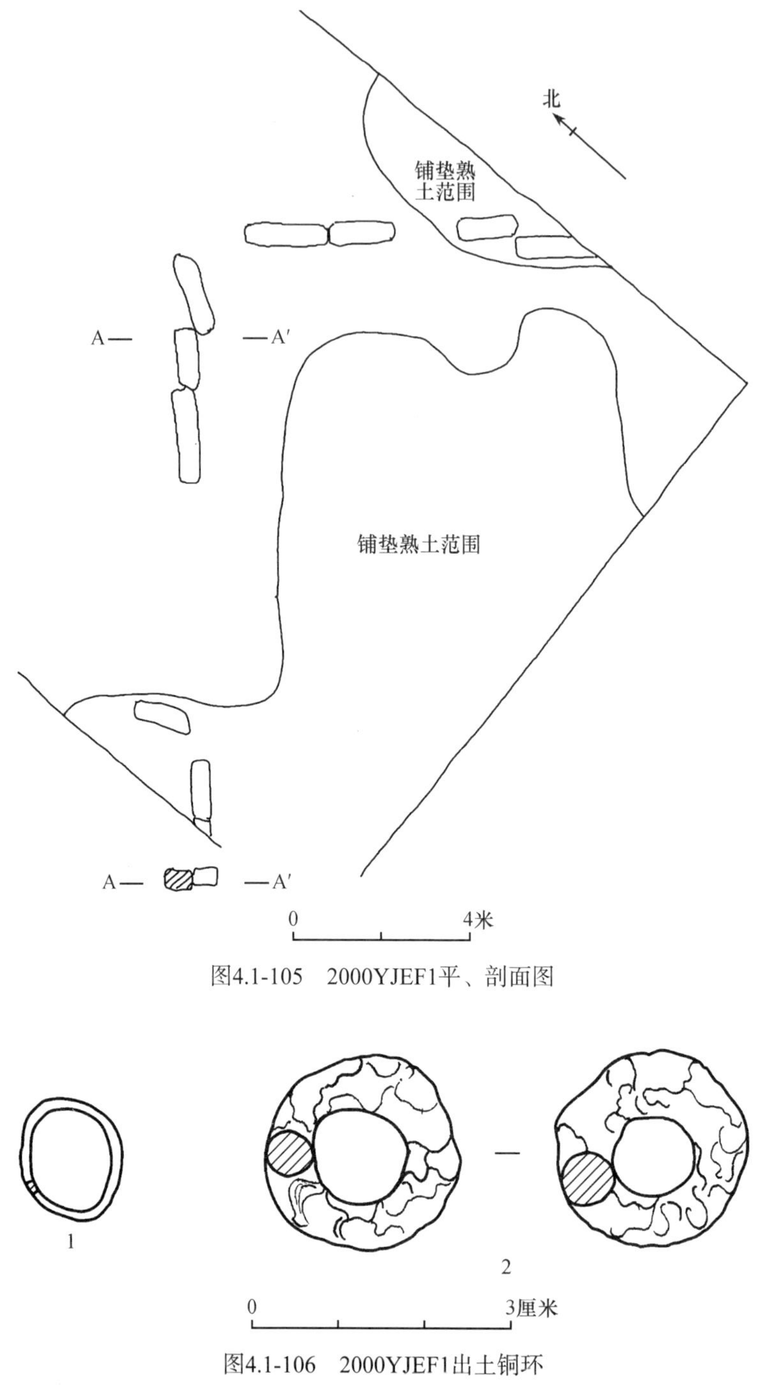

图4.1-105　2000YJEF1平、剖面图

图4.1-106　2000YJEF1出土铜环

1. 2000YJEF1：1　2. 2000YJEF1：2

2. 渠

渠2条，编号2000YJEQ1和2000YJEQ2。

2000YJEQ1　跨2000YJET1208及2000YJET1209两方，位于2000YJEF1和2000YJEF2的北面，开口于第5层下。水渠是用花纹砖砌筑的，铺砖底，横断面呈凹字形。渠槽外宽70厘米，内宽40厘米，深37厘米，现已分为两段，中间有5米许的断条，残迹全长约13.2米，整体呈东北—西南向，通向2000YJET1207东南角一个大坑之中。残渠之南段亦即2000YJET1208方中的

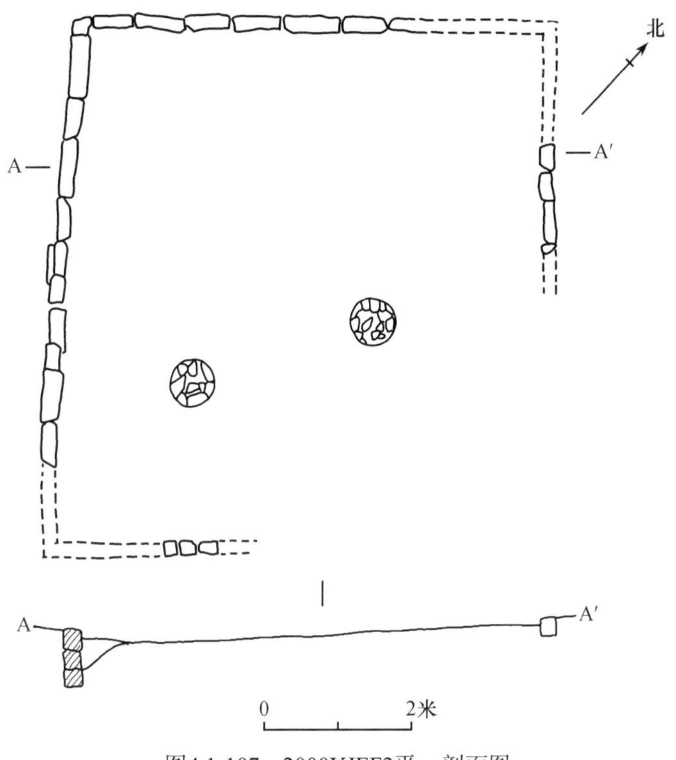

图4.1-107　2000YJEF2平、剖面图

一段长4.1米，大部分边壁已残；2000YJET1209方中一段长3.2米，保存相对较好。砌筑渠槽的砖多为有半圆形的榫卯的汉墓券顶用砖，侧面饰压印的几何图案。渠底为两列横砖平铺对接，两边以单层立砖为壁，渠口用两层平砖出沿，对缝严谨，构筑相当精细（图4.1-108）。

花纹砖　1件。2000YJEQ1∶1，红褐陶，榫卯砖，长短侧边，短侧面饰以斜方格纹，中心饰乳钉。模制，侧边长33～40厘米，宽20.5厘米，厚11厘米（图4.1-109）。

2000YJEQ2　位于2000YJET1108西部，亦开口于第5层下，西北—东南向，北端通过2000YJET1207西南角的大坑与2000YJEQ1相连接，南侧有一支渠。2000YJEQ2，宽1米，深0.8～1.02米，生土底。主渠西侧壁系以块石勾缝砌筑，内面平齐，南段间杂几何花纹砖，东壁则以3层规整石条砌筑，高75～80厘米。支渠长700厘米许，宽40厘米，深30厘米，两边均未砌石墙，但有铺地石，向西通向2000YJET1107方中另一个大坑。地石形状不一、大小参差，薄厚相若，起首的一块部分压在2000YJEQ2东壁之下，可能是和2000YJEQ2同时建造的。

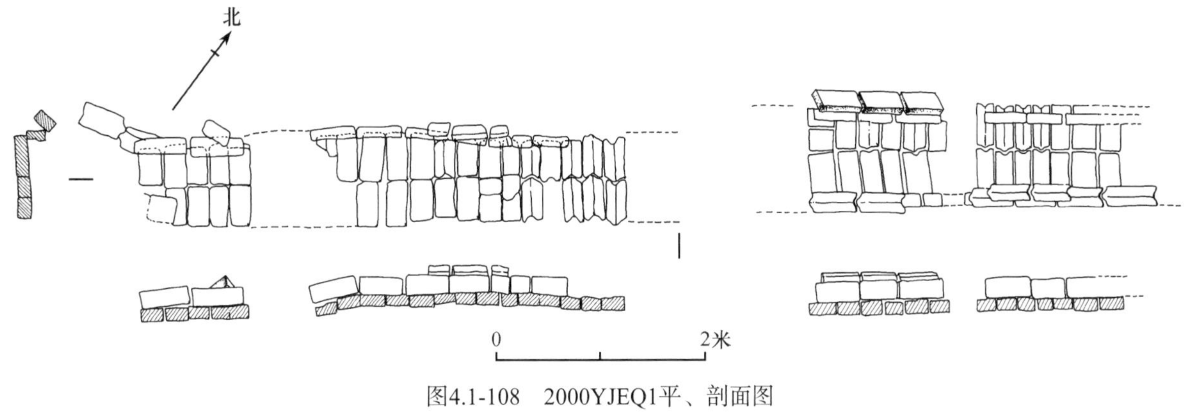

图4.1-108　2000YJEQ1平、剖面图

主支两渠的相交处接近直角，两边立倚护石条，北侧石条为一块独石，南侧则是较短的两块叠放的。2000YJEQ2底部有少量淤沙，渠内填土黑褐色，陶、瓦片较多，支渠内遗物较少（图4.1-110）。

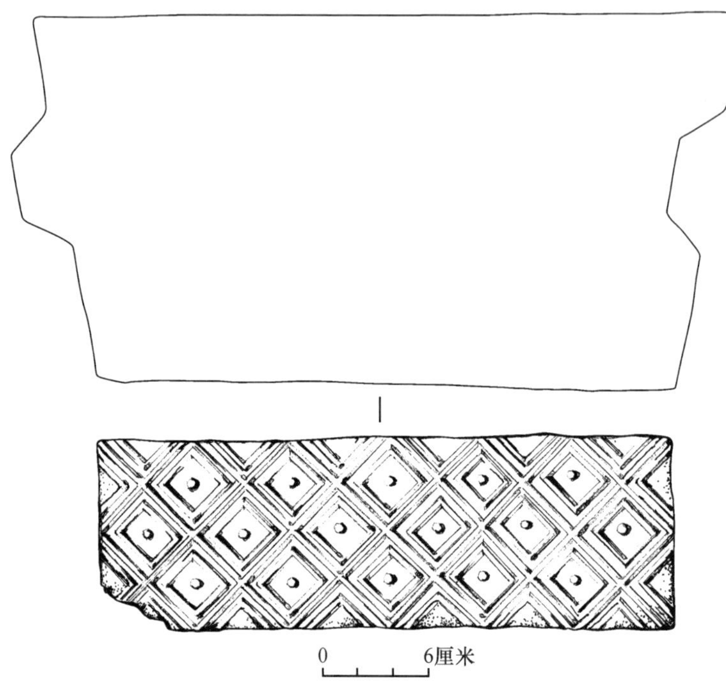

图4.1-109 2000YJEQ1出土的花纹砖（2000YJEQ1：1）

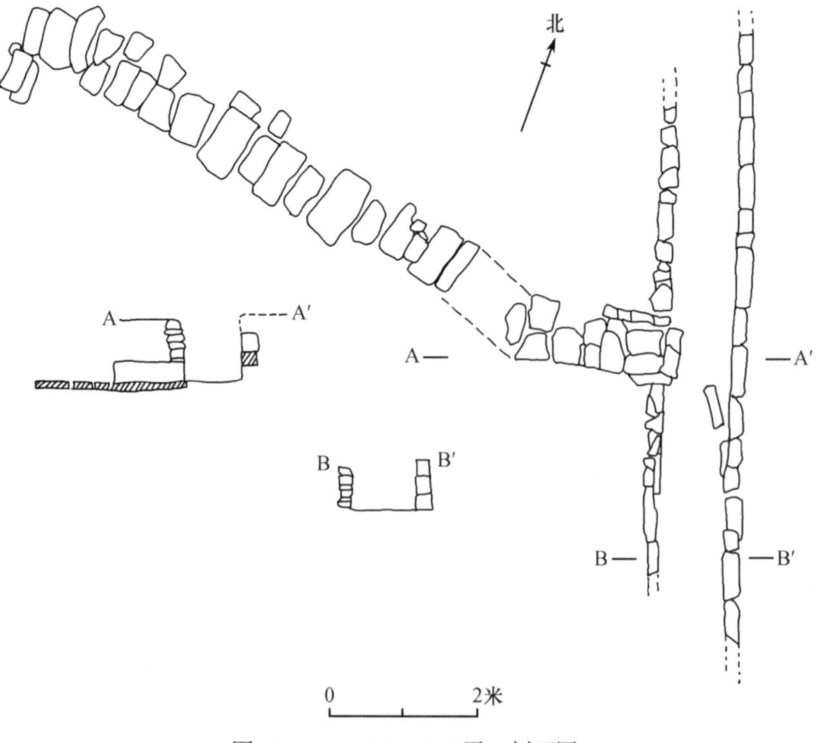

图4.1-110 2000YJEQ2平、剖面图

3. 瓮棺葬

E区还发现3座瓮棺葬，编号2004YJEW1、2004YJEW2和2004YJEW3。

2004YJEW1　位于E区西南部2004YJET0309内，开口于第5c层下，墓口圆角长方形，长90厘米，宽60厘米，距地面深230厘米，墓壁弧形，墓底圆角长方形，长60厘米，宽45厘米，距地面深280厘米。填土为黑色，土质较疏松，无包含物。该墓使用一陶瓮作葬具，瓮高56厘米，最大径33.6厘米，瓮棺躺置于墓坑内，瓮口方向315°，棺内葬一小孩，保存状况很差，仅剩几颗牙齿和一片头盖骨，葬式不明，无随葬品（图4.1-111）。由开口层位判断，该瓮棺应为东汉晚期的墓葬。

陶瓮　1件。2004YJEW1：1，灰黑陶，圆唇，圆肩，腹微鼓，平底，通身饰网络纹。轮制。口径20厘米，底径16厘米，高56厘米，最大径33.6厘米（图4.1-112；图版二〇，6）。

2004YJEW2　位于E区西南部2004YJET0309内，2004YJEF403的房基垫土之中。无墓圹，仅用一陶釜立于土中作为葬具，釜口向上，无盖，釜内葬一小孩，保存状况很差，仅剩几片头盖骨和若干细小的肢骨，头向西北，葬式不明，无随葬品。由所在层位判断，该瓮棺所处时代应为东汉晚期（图4.1-113）。

陶釜　1件。2004YJEW2：1，灰陶，侈口，尖唇微折，弧颈，鼓腹，圜底，颈部以下饰方格纹。轮制。口径18.5厘米，最大径32.5厘米，高32.5厘米（图4.1-114）。

2004YJEW3　位于E区西南部ET0308内第6a层中，无墓圹，仅有一陶罐作为瓮棺，罐口盖一厚0.6厘米的绳纹大口罐腹片。陶罐最大径31.6厘米，高22.4厘米，距地面深375厘米，墓内有人骨残块，保存状况较差，无随葬品。由所在层位判断，该瓮棺所处时代应为东汉（图4.1-115）。

陶罐　1件。2004YJEW3：1，灰色，方唇，折沿，高领，圆肩，斜弧腹，凹底，肩以下通体饰绳纹。轮制。口径13.6厘米，最大径31.6厘米，高22.4厘米（图4.1-116）。

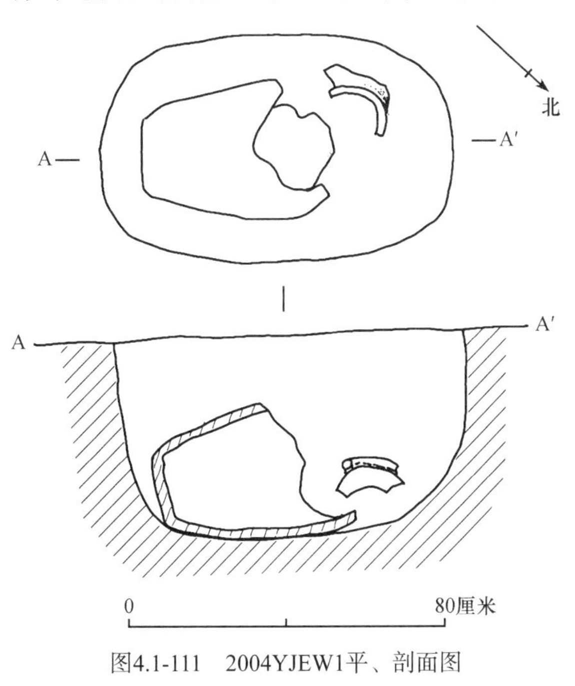

图4.1-111　2004YJEW1平、剖面图

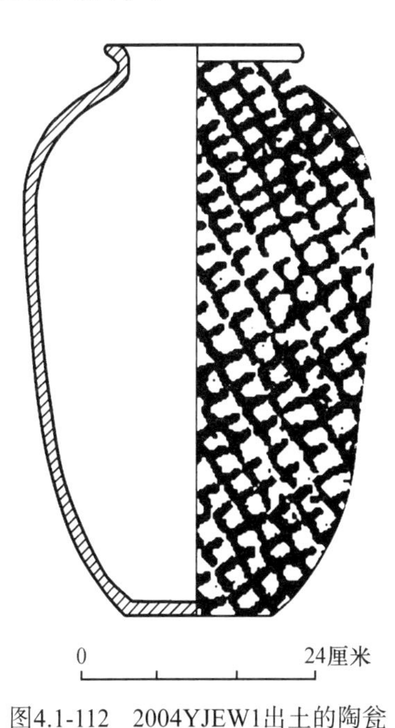

图4.1-112　2004YJEW1出土的陶瓮（2004YJEW1：1）

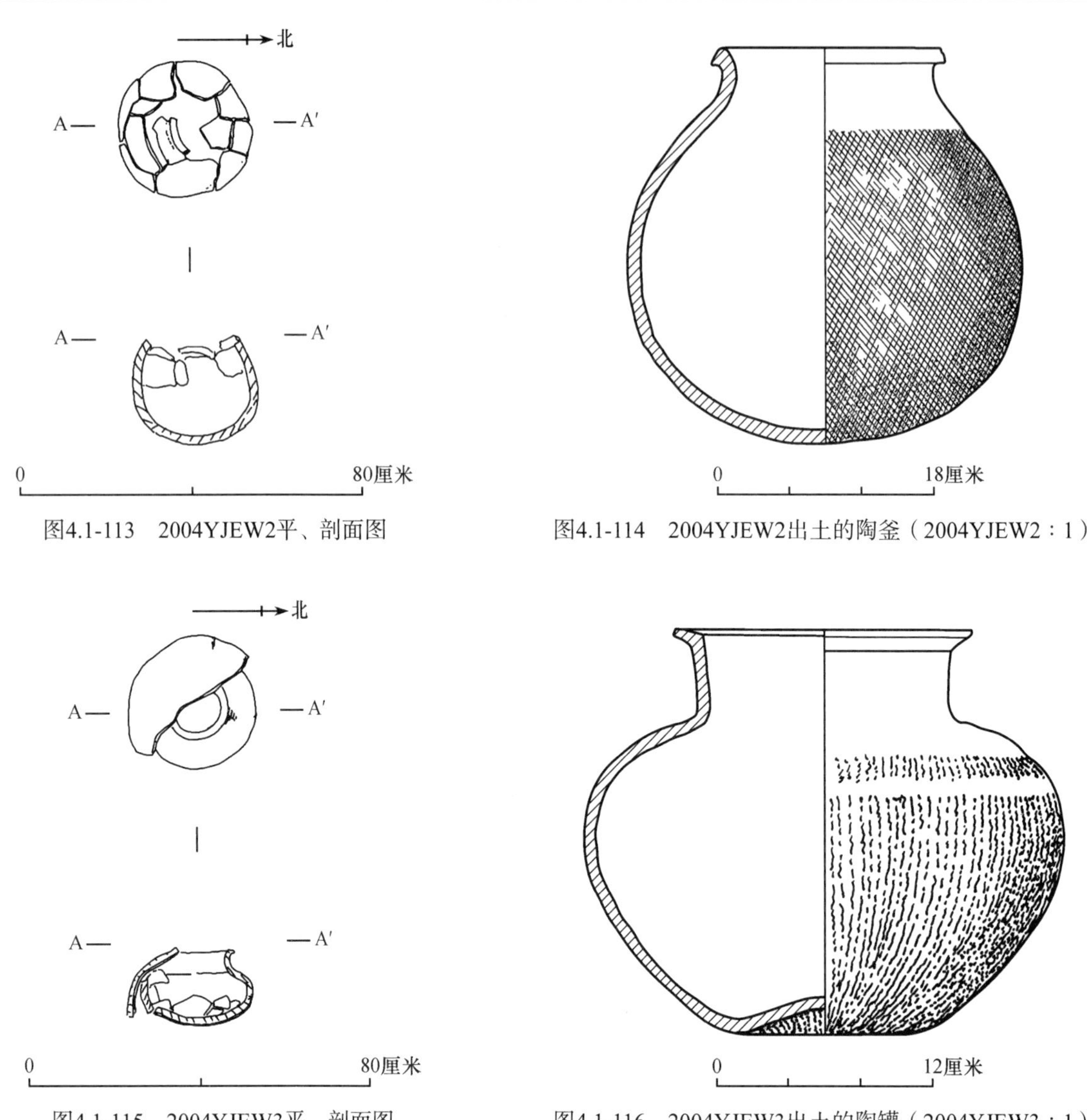

图4.1-113　2004YJEW2平、剖面图

图4.1-114　2004YJEW2出土的陶釜（2004YJEW2：1）

图4.1-115　2004YJEW3平、剖面图

图4.1-116　2004YJEW3出土的陶罐（2004YJEW3：1）

五、K区遗迹

K区发现的属于两汉时期的遗迹包括灰坑2个，窑3座，均为2001年发掘。

1. 灰坑

灰坑共2个，编号2001YJKH6和2001YJKH102。

2001YJKH6平面近长方形，位于2001YJET0811西南角，方向为北偏西8°。开口于第5层下，坑口距地表1.4米，打破第6层，坑底距地表3.8米。此坑东、北壁有明显人工修整痕迹，有两级土台。坑口长3.1米，宽2.05～2.35米，坑底长2.75米，宽1.7～2.05米。坑内堆积可分三层：第1层堆积为黄褐色沙土，土质疏松，包含黑色炭粒，厚约0.68米，出土少量细绳纹陶片；第2层堆积为红褐色沙土，较黏，厚约0.92米，出土大量瓦片、陶片，可辨器形的有陶盆、罐口；第3层堆积为褐色沙土，夹杂红褐色黏土，厚0.8米，出土陶豆座1件、粗绳纹瓦片若干（图4.1-117）。

2001YJKH102　平面近圆形，位于2001YJKT0611南部，东西向。开口于第4层下，坑口距地表1.4米，打破第5层，坑底距地表2米。此坑无加工痕迹，坑口长3.9米，宽1.2米，坑底长1.45米，宽1.2米，坑深0.6米。坑内堆积土质湿黏，含黑色炭灰（图4.1-118）。

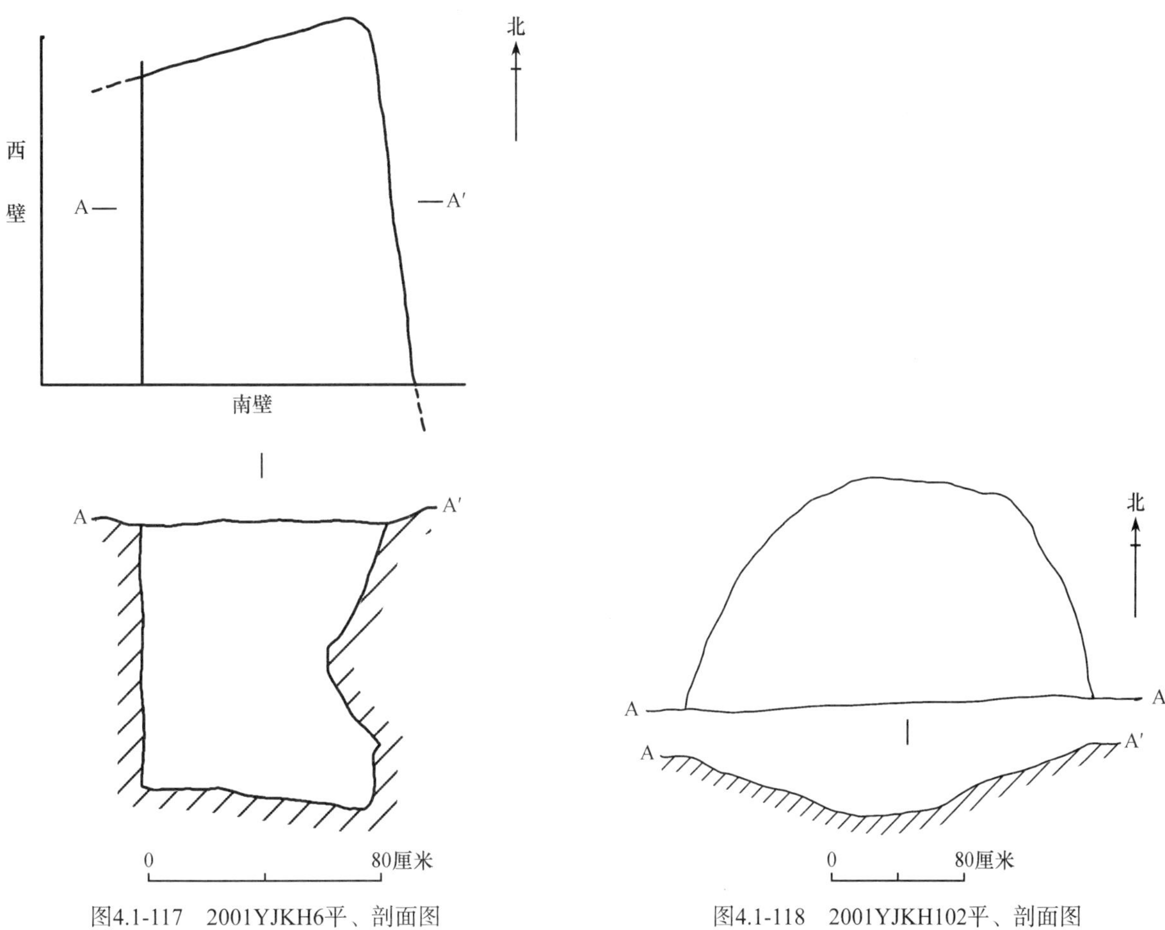

图4.1-117　2001YJKH6平、剖面图

图4.1-118　2001YJKH102平、剖面图

2. 窑

共发现3座，编号2001YJKY1～KY3。

2001YJKY1　长方形单室窑。位于2001YJKT0613西南部，除窑室上部及火膛一角（被2001YJKH105打破）外，保存较完整。长8.5米，宽4.6米，方向340°。2001YJKY1窑室呈长方形，略向北下倾斜，北端为火膛，低于窑床平面，南端接烟道及烟囱，较高。从制法看窑室，火膛部分为平地下挖修造而成，内壁修整平滑。且已烧烤以后有0.05～0.08米的灰色烧结层。2001YJKY1由火膛、分火墙窑室（床）、烟囱部分组成（图4.1-119）。

火膛：位于窑室北端，长方形斗状，灶口为2001YJKH105打破毁掉。火膛上部无存，残长1.1米，宽0.5～0.34米，深0.4米。

分火墙：位于火膛与窑室之间，清理时注意到砌于窑床最北端，且已塌入火膛内，从残存形状现象判断，整体为一厚约0.2米的土墙，底部与窑床相接处有数道火眼。

窑室：长方形，残留部分有窑床，高仅余0.2～0.25米的窑壁等。由于使用时间较长或受火温度高，受火面呈灰色。烧结面厚度有0.15～0.2米，极为坚硬。通长2.2米，宽1.66米，残高

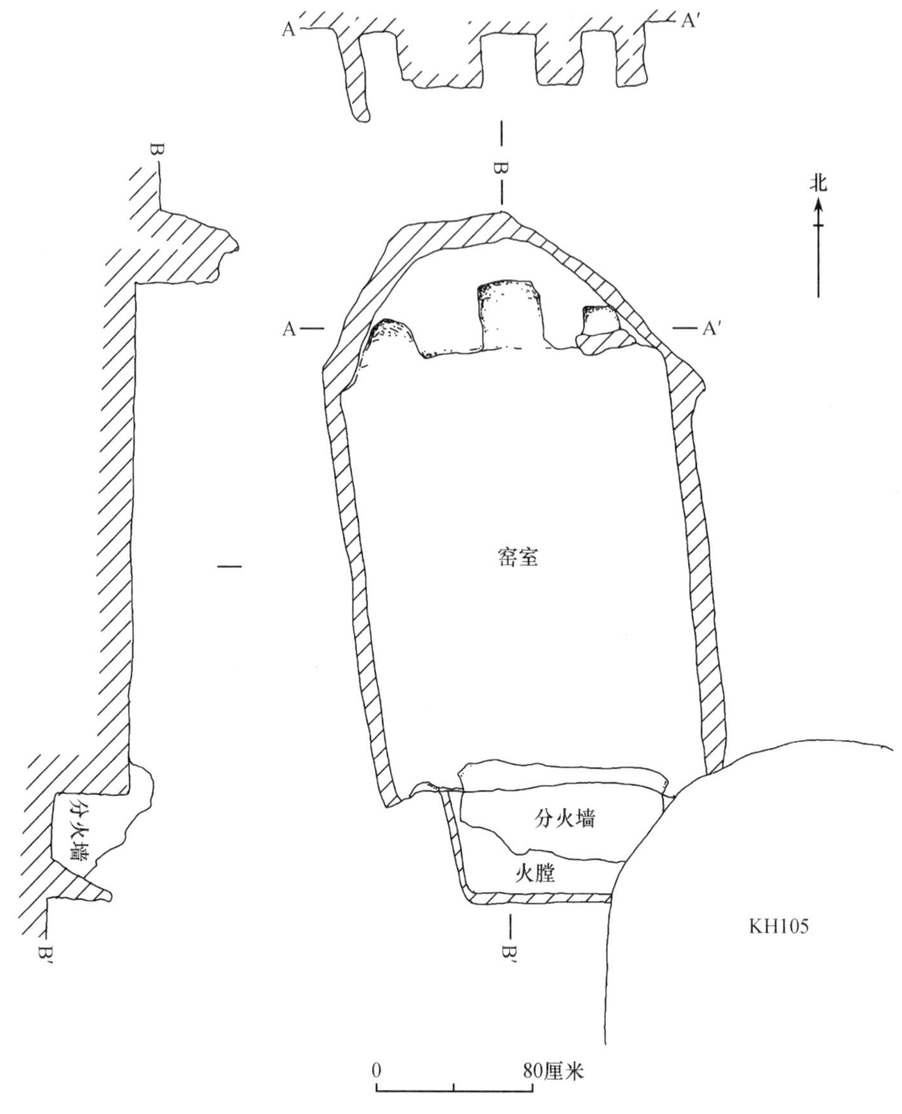

图4.1-119 2001YJKY1平、剖面图

0.2～0.25米。

烟囱：三条与窑室南端相接，横剖面呈方形或长方形，垂直于窑室向上汇集在一个隆起的平面上，因有烟灰熏烤迹象，此处应为烟囱根部，烟囱已无存。

2001YJKY2　双室窑。位于2001YJKT0615西北角及西北隔梁扩方处，局部遭到破坏，残长3.2米，宽2.4米，残高0.34米，方向14.5°。2001YJKY2开口于第4层下，平面呈长方形，结构为双火膛双窑室。两窑室间有单孔相连，制法为平地垒筑。该窑由火膛、窑室（床）、分火孔（火眼）、火膛口、烟囱等部分组成（图4.1-120）。

火膛口：位于窑室南端，东西室各一，间隔0.6米，其中东侧膛口保存完好。口外由于出灰形成一个锅底形浅坑，坑内烧土、炭屑厚约0.1米，膛口宽0.24米，高0.35米，向火膛内延伸约0.35米，与火膛相接处呈喇叭口状。

火膛：位于窑室（床）之下，面积较窑室略小0.16平方米，在部烧结面厚0.1米，顶部有三只大眼与窑室相通。

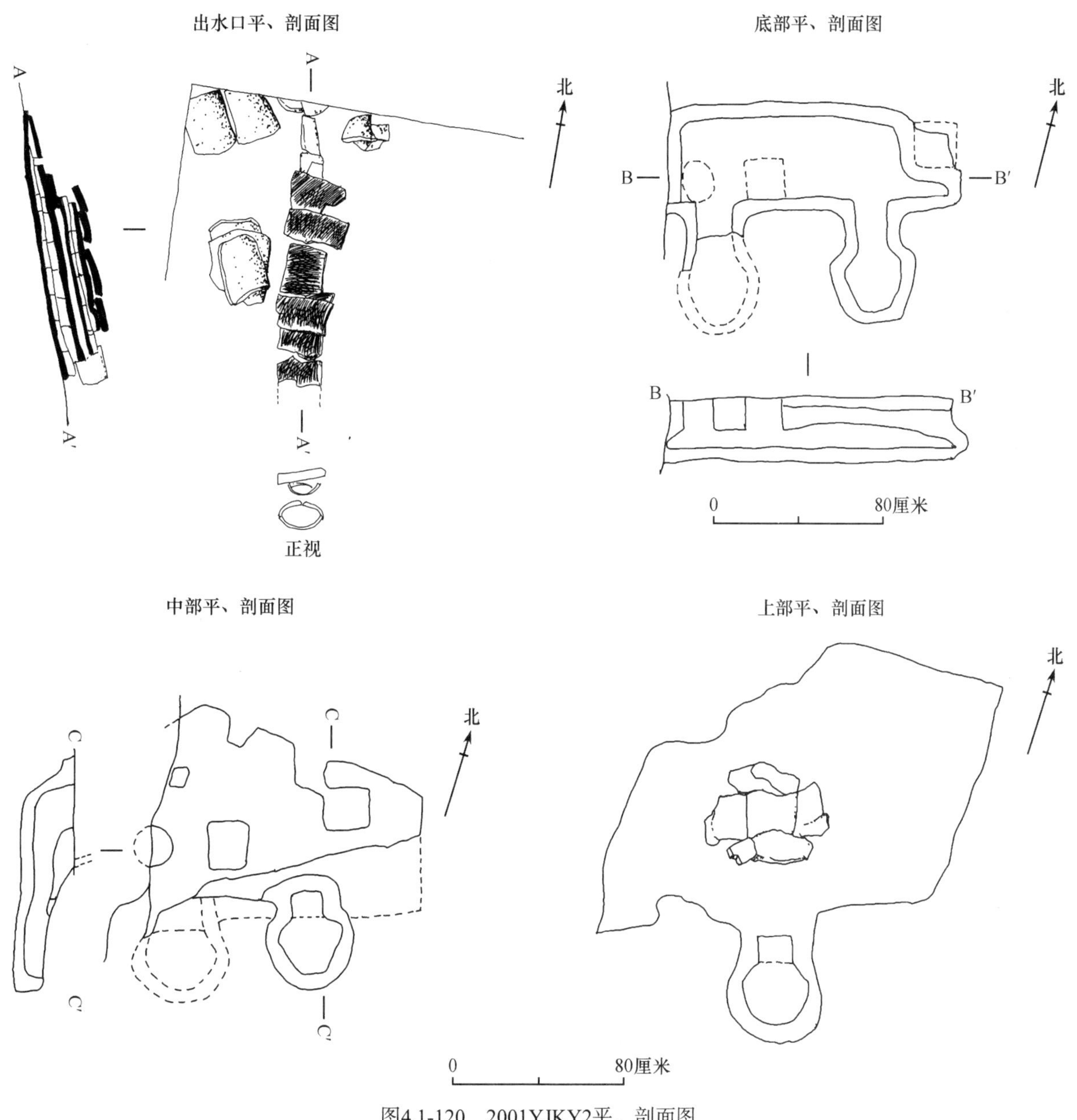

图4.1-120　2001YJKY2平、剖面图

分火孔（火眼）：位于火膛与窑室相隔的窑床中部，呈东西排列，其中，中部、东部二只为正方形，相距0.66米，宽约0.3米。距中部火眼向西0.3米处另有一只圆形火眼。

窑室（床）：清理时窑室顶部已塌落，仅存窑壁及窑床。室顶残厚0.12～0.15米，窑室（床）近似长方形，烧结面厚0.08米。窑床厚0.22米，上存三只火眼，下与火膛相通。

烟囱：位于窑室内塌落下的窑顶残土上，应与原垂直位置相差不大，由4块不规则的石板砌成，外壁参差，内壁整齐呈正方形，有明显的烟火熏烤痕迹。从制法看，应系烟囱与窑室相接处即烟囱根部，长0.36米，宽0.28米。

窑内堆积无明显层次，包含物较单一，有绳纹瓦及少量泥质灰陶、绳纹陶罐残片等。

2001YJKY3　长方形单室窑。位于2001YJKT0815南部，第3c层下开口，平面大体呈长方形，整体南高北低，随坡建造，就地下挖筑成，由火膛、窑室、烟道等部分组成。

火膛：圆角长方形，剖面呈斗状，烧炼面呈青灰色，坚硬，灶口无断定，长1.2米，宽0.4米。

窑室：圆角长方形，平面坡状，窑床呈青灰色，烧结面坚硬。窑室四壁下端呈灰色，向外呈红褐色，窑顶无存，长2.1米，宽1.7米，残高0.8米。

烟道：与窑室南端相连，在窑壁中部垂直向上连通，烟囱已湮没，高1.6米，宽0.25～0.35米。窑内堆积分两层：上层厚0.3～0.4米，为窑顶塌陷土，主要为大块烧土和灰色板结，下层厚0.4～0.5米，为黄黏土，含烧土及炭，包含物主要有绳纹瓦、泥质灰陶片。

六、R 区 遗 迹

R区发现的两汉时期遗迹有灰坑1个，2005年发掘，编号2005YJRH1。

2005YJRH1　平面呈不规则形，位于2005YJRT7中部偏北，一部分向北延伸至探沟外。开口于第4层下，距地表约1.5米，打破第5层和生土。斜壁，圜底，坑口长2.2米，最短0.7米，坑深1米。坑内堆积可分两层：第1层填土呈黄灰色，土质致密，包含物极少，厚0.3～0.4米；第2层填土呈黑灰色，土质较为致密，出土大量绳纹陶片，可辨器形主要为陶罐，厚约0.6米（图4.1-121）。

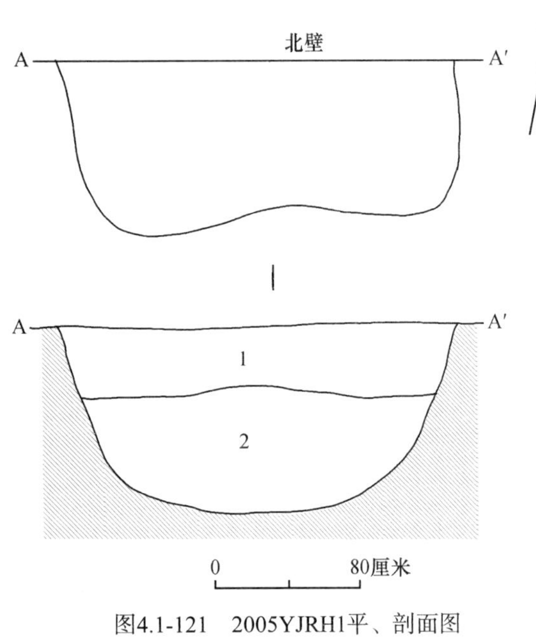

图4.1-121　2005YJRH1平、剖面图

七、S 区 遗 迹

S区发现的属于两汉时期的遗迹只有2001年发掘的1座遗迹，编号2001YJSK1。

2001YJSK1　位于S区中部偏北，跨2000YJST0606和2000YJST0706两方，一半在方外。开口于第4层下，打破第5层和生土，底部已凿入基岩。坑底长边方向140°，出土通道方向5°。

坑为圆口，方底，深直穴，总深15.7米。坑可分三段，上段为椭圆形，口径5.1～5.5米，底径4.2～4.5米，深5.5米。坑壁上部有东周文化层，下部为黄色生土，表面平整，向北有一条宽1、坡长6、外伸4米的斜坡通道。中段为圆角长方形，上口长3.25米，宽3米，下口长2.6米，宽2.3米，深3.5米。四壁上部为生土光滑整齐，未见攀缘的梯磴，下部半边为石壁，半边生土壁，石壁亦修整光滑，全无凿痕。下段4层均为灰砂岩向内斜收成边长2.2米的方形，深5.3～7米，底部为自东向西顺序低下的三级台阶状。上台宽0.8米，距坑口深14米，台面较平，周边转角圆弧，台上出木尺3件。中台宽1.2米，低于上台1米，台面东部略高，北角有一凸起小台。中台上遗物较多，中央竹条周围弧形排列6件泥质灰陶罐和1件残陶盆。陶罐均为凹底绳纹罐，2件只见器底，1件口底不能相连，仅修复3件。下台是利用岩石的裂隙凿成的，上口宽0.1

米，下部宽0.2米，西壁外斜出，低于中台0.7米。下台出土竹木简牍3件，棕绳一段，腐朽的竹木若干。

坑中填土分四层，第1层黄褐色五花土，含泥质灰，褐陶片较多；第2层黄黏土厚6米，陶片较少，见豆、罐残片；第3层黄灰色膏泥，厚2.5米，含朽木、朽竹、碎石等，出土铜斧、铜刀、铜臿、玉环等；第4层青灰膏泥，厚3～3.6米，所含陶片很多且很碎小，内中第3层膏泥的表面呈丘状突起，高出边缘1米有余。

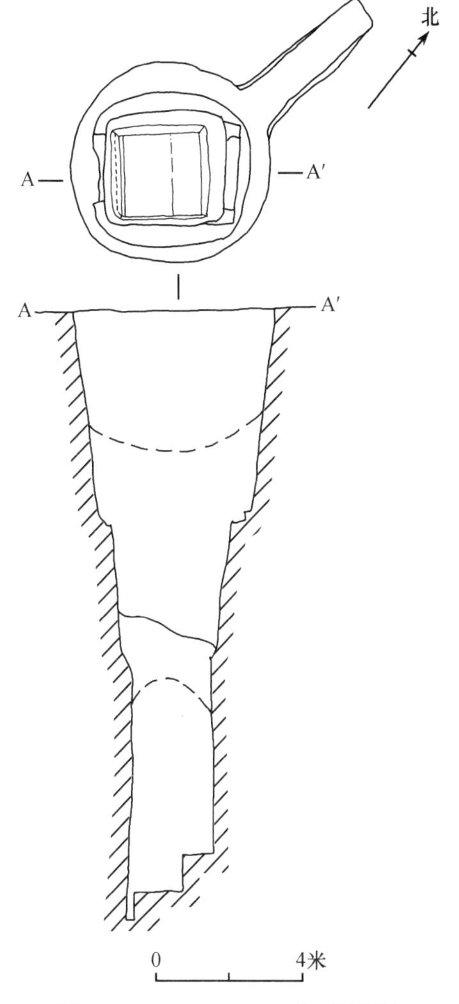

图4.1-122　2001YJSK1平、剖面图

中段土坑的上口，四面有小平台，宽约0.6米，西侧台面宽0.15～0.4米较其余三面为窄，东西两侧台面的南北两端，对称地挖4个长0.35～0.45、宽0.3～0.4、深0.25米左右的凹窝，北面的斜坡通道也恰好达到这个深度。我们推测这里曾有竹木结构的平台，中段以下的土石都是通过这一平台提升再运向地面，而第3、4层的膏泥填土也是由此向下倾倒的，方能造成其表面中间高边缘低的堆积情况（图4.1-122）。出土器物具体介绍如下。

陶罐　3件。2001YJSK1：17，灰陶，方唇，侈口，束颈，鼓腹，内凹小平底，口部烧制中有变形，近底外有一凹坑。中粗绳纹，上腹部拍印绳纹，后抹平横弦纹三条，轮制。口径15.2厘米，底径8.8厘米，腹径30厘米，高24.8厘米（图4.1-123，1）。2001YJSK1：18，灰陶，斜方唇，平沿，侈口，束颈，圆鼓腹，内凹小平底。细绳纹自上腹始，下腹交错，中腹以上有拍完抹平的三条弦纹，轮制。口径13.6厘米，高26厘米，腹径28厘米，底径6厘米（图4.1-123，2）。2001YJSK1：19，灰陶，方唇，小平折沿，侈口，束颈，鼓腹，内凹平底，上腹似有漫折肩。细绳纹自中腹平始，下腹拍中粗绳纹，颈部磨光，轮制。口径14.6厘米，底径8.8厘米，高18厘米，腹径24厘米（图4.1-123，3）。

陶盆　1件。2001YJSK1：20，残。灰陶，方唇，斜折沿，折腹，平底，下腹斜直。素面，轮制。口径20厘米，底径12厘米，高11厘米（图4.1-123，4）。

铜钺形斧　2件。2001YJSK1：1，钺形上部中空有銎。顶宽2.4厘米，刃宽4.5厘米，厚1厘米（图4.1-123，5）。2001YJSK1：3，残。形如钺，中空有銎。长11厘米，宽9厘米，厚1.8厘米。

铜臿　1件。2001YJSK1：7，残。中空有銎（图4.1-123，6）。

铜刀　1件。2001YJSK1：4，残。扁宽刀形，刃部略残。全长10.8厘米，柄长4厘米，厚0.8厘米（图4.1-123，7）。

玉环　1件。2001YJSK1：2，残。环形，隐约可见卷云阴刻纹饰三组。厚0.4厘米，宽1.8厘米，直径4.7厘米（图4.1-123，8）。

竹简　4件。2001YJSK1：5，残。无字，长方形木条，边缘整齐，表面光平。长24.5厘米，宽

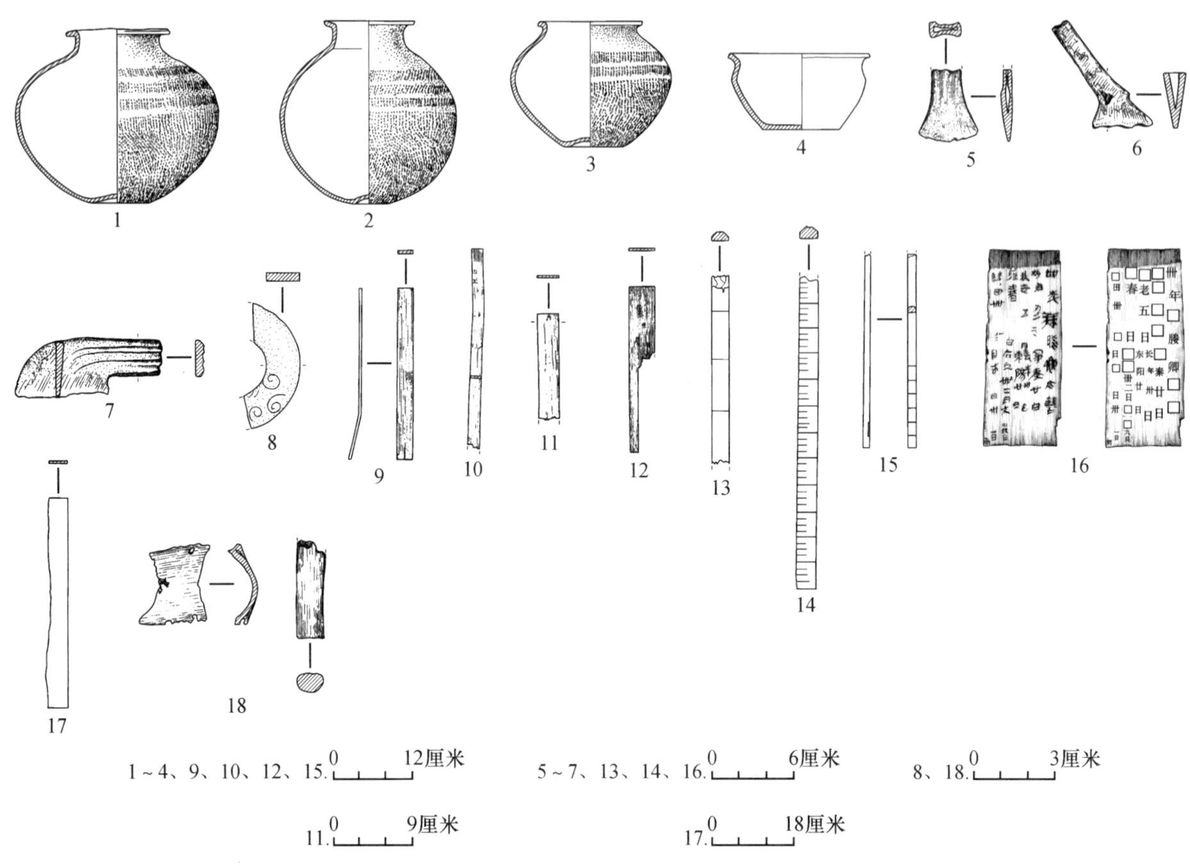

图4.1-123　2001YJSK1出土器物

1～3. 陶罐（2001YJSK1：17、2001YJSK1：18、2001YJSK1：19）　4. 陶盆（2001YJSK1：20）　5. 铜钺形斧（2001YJSK1：1）　6. 铜臿（2001YJSK1：7）　7. 铜刀（2001YJSK1：4）　8. 玉环（2001YJSK1：2）　9～12. 竹简（2001YJSK1：5、2001YJSK1：9、2001YJSK1：11、2001YJSK1：14）　13～15. 木尺（2001YJSK1：6-1、2001YJSK1：6-2、2001YJSK1：10）　16、17. 木牌和释文（2001YJSK1：8、2001YJSK1：12）　18. 骨料（2001YJSK1：13）

2.2厘米，厚0.5厘米（图4.1-123，9）。2001YJSK1：9，残。一端略残，齐端有字。长28.3厘米，宽2.2厘米，厚0.4厘米（图4.1-123，10）。2001YJSK1：11，残断。一端齐，竹简一端有墨。长11.5厘米，宽2.5厘米，厚0.3厘米（图4.1-123，11）。2001YJSK1：14，残。长方形竹片，边缘整齐，右下角残去，正面有墨书篆字。长23.8厘米，宽4厘米，厚0.4厘米（图4.1-123，12）。

木尺　3件。2001YJSK1：6-1，残。长条形，两端均残断，断面呈六边形，较宽的平面上有刻度，刻痕较细，间距3.6厘米，等距。长13.4厘米，宽1.3厘米（图4.1-123，13）。2001YJSK1：6-2，残。长条形，断面六边形，宽面有等距刻度，刻痕清晰，其中通线11条间距1.8厘米，两通线间又有短刻度3个，形成四等分通线刻度之状。残长22.5厘米，宽1.4厘米，厚0.9厘米（图4.1-123，14）。2001YJSK1：10，残。长条形。长27.6厘米，宽12.3厘米，厚1厘米（图4.1-123，15）。

木牌　2件。2001YJSK1：8，残。长方形木片，边缘较整齐，上端1～1.4厘米部分涂黑，正面有墨书篆字45个，近上端有小孔可穿系。长13.5厘米，宽5.6厘米，厚0.5厘米（图4.1-123，16）。2001YJSK1：12，长条形，四边整齐，无字。长45厘米，宽2.1厘米，厚0.3厘米（图4.1-123，17）。

骨料　1件。2001YJSK1：13，残（图4.1-123，18）。

第二节　其他遗物

除了遗迹中出土的遗物外，各区属于两汉时期的地层中也出土了大量遗物，这些遗物主要包括陶器、铜器、铁器、石器和骨器等。以下将分类介绍。

一、陶　器

两汉地层中出土的陶器数量较多，其中以陶容器数量最多，还出土陶拍、陶研磨器、陶管、陶网坠、陶范、陶球、陶纺轮等，另外还采集一些陶瓦和陶瓦当标本。

陶罐　24件，按底部形制分为圜底、平底和凹底三类，其中圜底罐数量最多，平底罐次之，另有少量凹底罐，器形间差异较大。

陶圜底罐　14件。圜底，多为折腹，少量为弧腹，部分出土时上覆盖碗。

2001YJKT0916④：2，泥质灰陶，直口，折沿，尖圆唇，短颈，广肩，最大腹部，在折肩处弧腹缓收到底；器盖：敛口，厚圆唇，弧腹，平底，喇叭状高圈足，口径10厘米，高14厘米（图4.2-1，1）。2001YJKT0608④：1，尖唇，直口，短束颈，弧肩，折腹，圜底，颈肩接口处一周凹弦纹，腹下绳纹。口径11.8厘米，腹径21厘米，高13.6厘米（图4.2-1，2）。2001YJKT0916④：3，直口，窄平沿，短颈，圆唇，广折肩，弧腹斜收到底，底部平缓。口径12厘米，高14厘米（图4.2-1，3）。2001YJKT0915④：2，泥质灰陶，小口，圆唇，平折沿，斜肩较阔，圜底，器身下半部饰纵向细绳纹，口径11.4厘米，腹径20厘米，高14.6厘米（图4.2-1，4）。2001YJKT0509④：3，尖唇，敛口，束颈，折肩，圜底，颈肩接口处制一周凹弦纹，腹压印绳纹。口径15.6厘米，腹径22.4厘米，高15.2厘米（图4.2-1，5）。2001YJKT0609④：3，灰色泥质陶，轮制，直口，尖唇，平折沿，斜颈，斜肩，弧腹，圜底，下腹部及底部饰细绳纹，口径12厘米，腹径20.5厘米，通高12.7厘米（图4.2-1，6）。2001YJKT0813④：1，罐上有盖碗，侈口，短颈，折肩，弧腹，圜底（图4.2-1，7）。2001YJKT0608④：3，宽平折沿，尖唇，直口，束颈，弧肩，折腹，圜底，颈肩接口处制一周凹弦纹，腹下部为绳纹。口径13.8厘米，腹径21.2厘米，高15.9厘米（图4.2-1，8）。2001YJKT0509④：1，方唇，宽沿外折，直口微敛，束颈，折肩，弧腹，圜底。肩部一周凹弦纹，腹下部绳纹。口径13.4厘米，高10.6厘米，腹径17.2厘米（图4.2-1，9）。2001YJKT0509④：2，宽平折沿，尖唇，直口，束颈，折肩，弧腹，圜底，颈肩接口处制一周凹弦纹。口径13.2厘米，腹径17.8厘米，高12.5厘米（图4.2-1，10）。2000YJWT064③：1，平折沿，直颈有一道凹弦纹，斜肩突出，弧腹，圜底，腹下压绳纹，火候较低，表面粗糙。口径11厘米，腹径22厘米，高14厘米（图4.2-1，11）。2001YJKT0511④：8，灰黑色泥质陶，轮制，直口，尖唇，平折沿，斜肩，微弧形腹，圜底，肩部饰多道平行弦纹，下腹部及底部饰细绳纹，口径13.5厘米，腹径22厘米，通高15.4厘米（图4.2-1，12）。2001YJKT0511④：4，灰色泥质陶，轮制，直口，尖唇，平折沿，短颈，弧

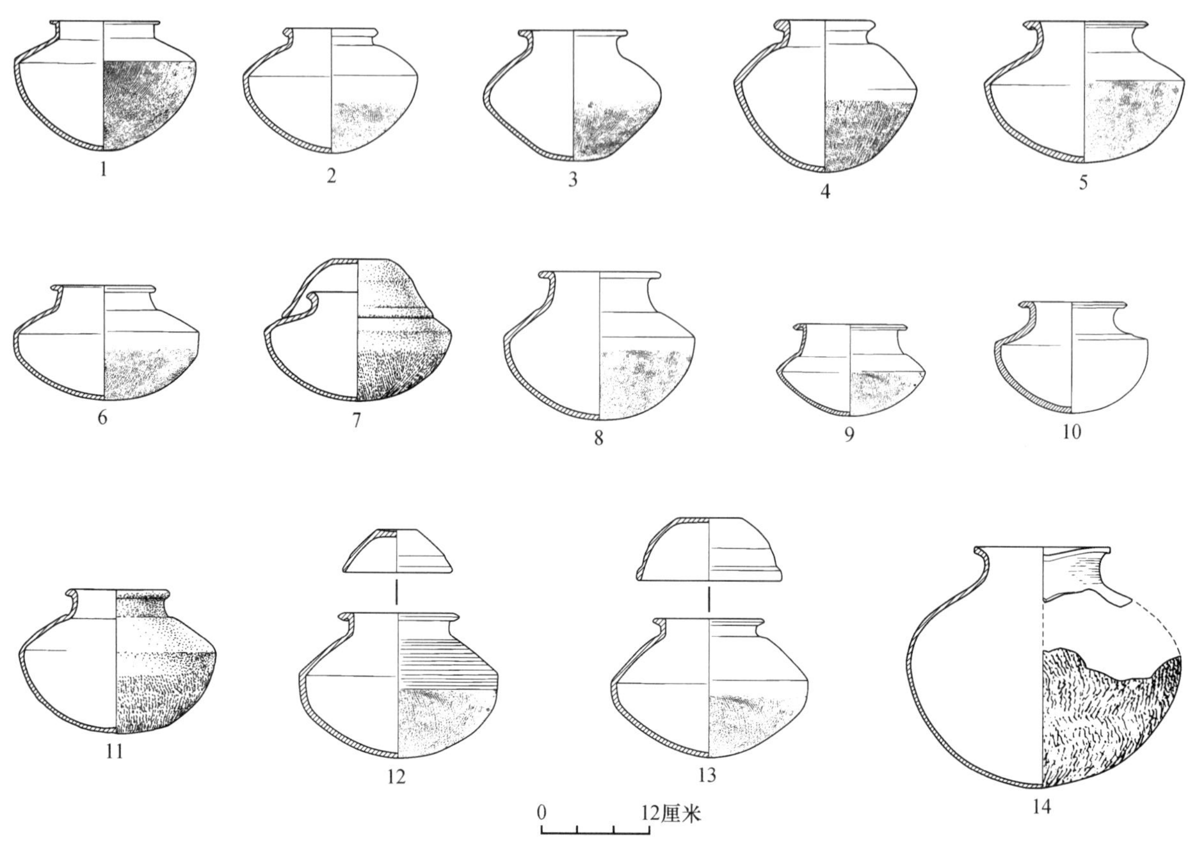

图4.2-1　两汉地层中出土的陶圜底罐

1. 2001YJKT0916④：2　2. 2001YJKT0608④：1　3. 2001YJKT0916④：3　4. 2001YJKT0915④：2　5. 2001YJKT0509④：3　6. 2001YJKT0609④：3　7. 2001YJKT0813④：1　8. 2001YJKT0608④：3　9. 2001YJKT0509④：1　10. 2001YJKT0509④：2　11. 2000YJWT064③：1　12. 2001YJKT0511④：8　13. 2001YJKT0511④：4　14. 2001YJST0706④：16

形广肩，弧腹，圜底微尖，下腹部及底部饰绳纹，口径12.3厘米，腹径21.8厘米，通高15厘米（图4.2-1，13）。2001YJST0706④：16，残。口变形，灰陶，敞口，束颈，鼓腹，圜底。腹部饰细绳纹。口径14～15.5厘米，腹径23厘米，高26厘米（图4.2-1，14）。

陶平底罐　6件。2000YJCT1608③：1，泥质黄褐陶，敞口，方唇，斜折肩，斜弧腹，平底。素面，轮制。口径14.5厘米，底径13.5厘米，肩径19.1厘米，高16.9厘米（图4.2-2，1）。2001KT0813④：6，罐上盖碗，侈口，尖唇，短颈，广肩，弧腹，平底，罐上腹部饰小网格纹，口径10.5厘米，底径12厘米，高23厘米（图4.2-2，2）。2001YJKT0609④：2，罐上盖碗，圆形束颈，微侈口，弧肩，折腹，斜壁，平底微凹，含砂较多表面粗糙，肩制一周凹弦纹，口径11.1厘米，底径13厘米，高14.3厘米（图4.2-2，3）。2004YJET0613⑥：1，罐上盖碗，残。灰色，碗为敛口、圆唇、斜腹，罐为敛口、尖唇、折肩、平底，碗外口沿饰凹弦纹，罐中腹饰凹弦纹。轮制。口径8.5厘米，高9.5厘米，底径5.75厘米（图4.2-2，6）。2001KT0812④：1，罐上盖碗，敞口，折沿，尖唇，低颈，折肩，平底，口径10.5厘米，底径7.8厘米，高10.8厘米（图4.2-2，7）。2001YJKT0915④：3，黑灰色泥质陶，轮制，直口，圆唇，平折沿，斜肩，垂腹，圜底，近底处及底部饰细绳纹，口径10厘米，腹径16.6厘米，通高6.8厘米（图4.2-2，8）。

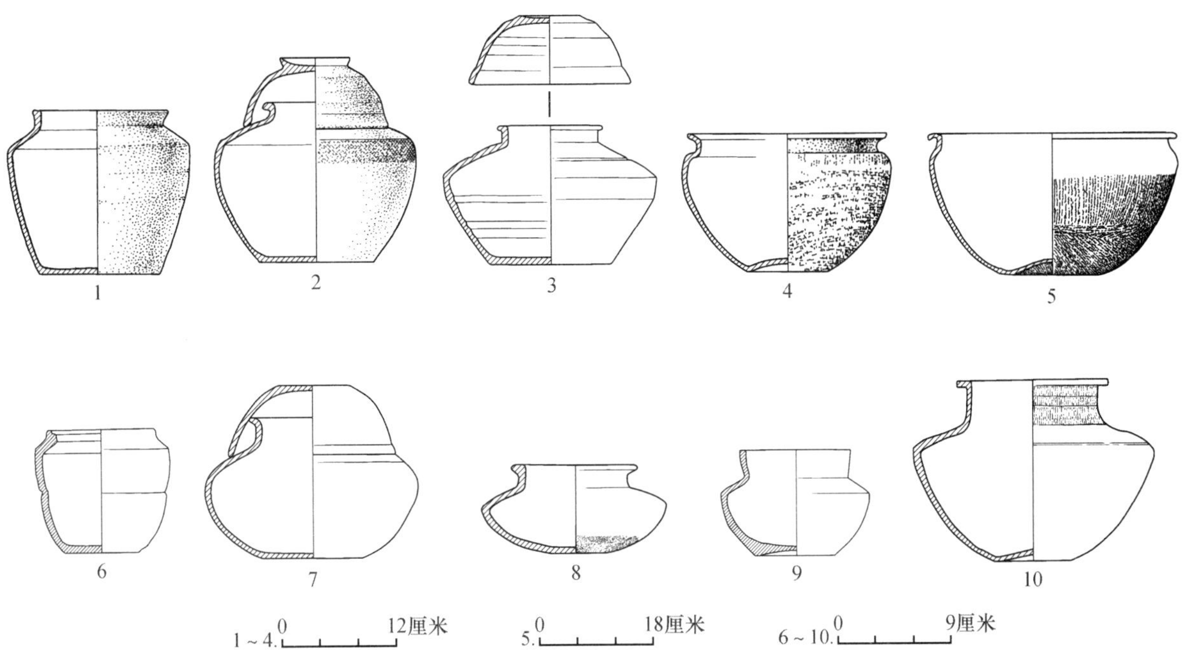

图4.2-2　两汉地层中出土的陶平底罐和陶凹底罐

1～3、6～8. 陶平底罐（2000YJCT1608③：1、2001KT0813④：6、2001YJKT0609④：2、2004YJET0613⑥：1、2001KT0812④：1、2001YJKT0915④：3）　4、5、9、10. 陶凹底罐（2001YJST0606⑤：8、2004YJET0308⑥：22、2001YJKT0611④：1、2011YJKT0916④：1）

陶凹底罐　4件。2001YJST0606⑤：8，泥质黄褐陶，敞口，折沿，尖圆唇，低颈，腹微鼓，底中部内凹。腹、底饰粗绳纹，轮制。口外径21.5厘米，内径18.8厘米，最大腹径22.2厘米，通高14.2厘米（图4.2-2，4）。2004YJET0308⑥：22，黄褐陶，折沿，方唇，束颈，圆肩，斜腹，凹底。通体饰绳纹，轮制。口径39.6厘米，底径12厘米，高21.6厘米（图4.2-2，5）。2001YJKT0611④：1，方唇，侈口，斜直颈，折肩，弧腹，凹底，素面。口径9厘米，底径6.6厘米，高8.2厘米（图4.2-2，9）。2011YJKT0916④：1，直口，外折平沿，方唇，短颈，广肩，弧腹，平底略内凹，颈部饰绳纹，口径12厘米，高14厘米（图4.2-2，10）。

陶碗　12件，此类器物多与陶罐组合出土（大多用于器盖），器形间差异较大。2001YJKT0511④：6，黑灰色泥陶，轮制，敞口，圆唇外侧凸起，斜腹，近底处内折，小平底微凹内侧底部下凹，口径16.8厘米，底径5.2厘米，通高6.4厘米（图4.2-3，4）。2001YJKT0611④：4，灰色泥质陶，轮制，敞口，圆唇，尖部微内敛，斜腹，近底处内折，平底微凹，口径18厘米，底径6.8厘米，通高7.8厘米（图4.2-3，1）。2002YJAT0809④：20，侈口，方唇，漫弧，平底，素面。口径19.6厘米，高6.9厘米，底径13厘米（图4.2-3，7）。2001YJKT0609④：5，方唇，斜弧腹，平底外唇加厚，素面。口径17.5厘米，底径6.5厘米，高6.4厘米（图4.2-3，2）。2005YJBT1400④：2，圆唇，敛口，弧腹，平底，素面，器壁较厚，口径12.4厘米，底径7厘米，高5.6厘米（图4.2-3，10）。2002YJAT0809④：21，敛口，圆唇，唇部较厚，斜弧腹，小平底，口径19厘米，底径12.8厘米，高6.7厘米（图4.2-3，6）。2001YJKT0612④：3，圆唇，敞口，斜折弧腹，底略凸，外壁折腹外凸起一周弦纹，内壁隐约可见轮制弦纹，素面。口径17.6厘米，底径6.2厘米，高7厘米（图4.2-3，3）。

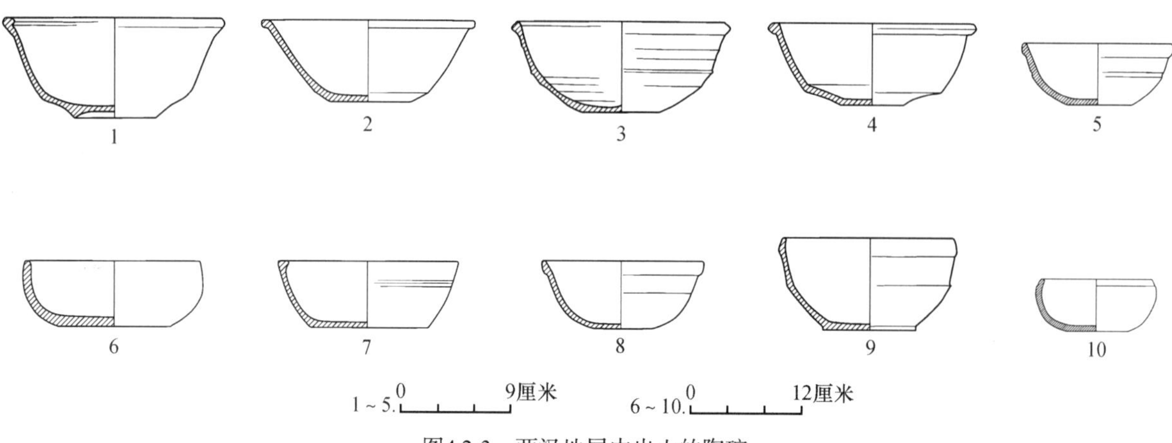

图4.2-3　两汉地层中出土的陶碗

1. 2001YJKT0611④：4　2. 2001YJKT0609④：5　3. 2001YJKT0612④：3　4. 2001YJKT0511④：6　5. 2005YJRT7④：2　6. 2002YJAT0809④：21　7. 2002YJAT0809④：20　8. 2001YJKT0813④：4　9. 2001YJKT0811④：4　10. 2005YJBT1400④：2

2001YJKT0811④：4，圆唇，弧腹，平底。口径21.2厘米，底径2厘米，高7厘米（图4.2-3，9）。2001YJKT0813④：4，敞口，圆唇，弧腹，平底。口径17.6厘米，底径6.8厘米，高7.2厘米（图4.2-3，8）。2005YJRT7④：2，尖圆唇，敞口，斜腹，小平底，腹部向外凸起，素面。口径12厘米，底径5厘米，高4.8厘米（图4.2-3，5）。2001YJKT0511④：8-1，为陶罐的覆碗，灰色泥质陶，轮制，敞口，尖圆唇，斜腹，平底微内凹，中腹饰一周凸带纹，口径12.4厘米，底径4.3厘米，通高4.6厘米。2004YJET0308⑥：24，灰陶，尖唇，敞口，斜弧腹，下腹部有几道棱，平底，轮制。口径11.4厘米，底径4.2厘米，高4厘米。

陶盆　5件。2001YJKT0613④：1，灰色泥质陶，轮制，敞口微内敛，尖唇外折，斜直腹，平底略内凹，上腹部饰一周凸弦纹，内侧口沿下饰二周凹弦纹，口径35厘米，底径18厘米，通高18.2厘米（图4.2-4，1）。2001YJST0606④：7，完整。泥质灰陶，折口，斜腹，平底。宽30厘米，高14厘米（图4.2-4，2）。2005YJRT10⑤：1，口微敞，斜折沿，腹部微鼓，平底，腹部饰四周弦纹，口径32.8厘米，底径18.4厘米，高14.6厘米（图4.2-4，3）。2004YJET0308⑥：21，黑灰陶，折沿，方唇，束颈，斜直腹，平底。口径21厘米，底径12.6厘米，高9.2厘米（图4.2-4，4）。2004YJET0308⑥：23，灰黑陶，平沿，方唇，矮领，束颈，斜弧腹，凹底，轮制。口径21.8厘米，高10厘米（图4.2-4，5）。

陶釜　1件。2000YJCT0216④：1，泥质黄褐陶，敞口，圆唇，束颈，鼓腹，圜底，轮制。口径15.3～16.4厘米，高12厘米，腹径15.5厘米（图4.2-4，6）。

陶豆　6件。2005YJRT7④：1，盘口较深，圆唇，敞口，喇叭状低柄，素面，口径12.8厘米，底径7厘米，高10.6厘米（图4.2-5，1）。2005YJBT1400④：1，豆盘较深，圆唇，敞口喇叭状柄，素面，口径12.6厘米，底径7.6厘米，高10.2厘米（图4.2-5，2）。2001YJST0706⑤：9，泥质灰陶，弧形豆盘，圈足柱把。素面，轮制。口径11厘米，底径6.5厘米，高8.6厘米（图4.2-5，3；图版二一，6）。2001YJST0706⑤：13，残。黄褐陶，盘形口，柱形把，圈足。素面，轮制。直径12厘米，圈足径7.2厘米，高9.6～10厘米（图4.2-5，4）。2001YJKT0916④：4，敛口，方圆唇，腹微鼓，豆把极短，圈足。口径18厘米，座径8.7厘米，

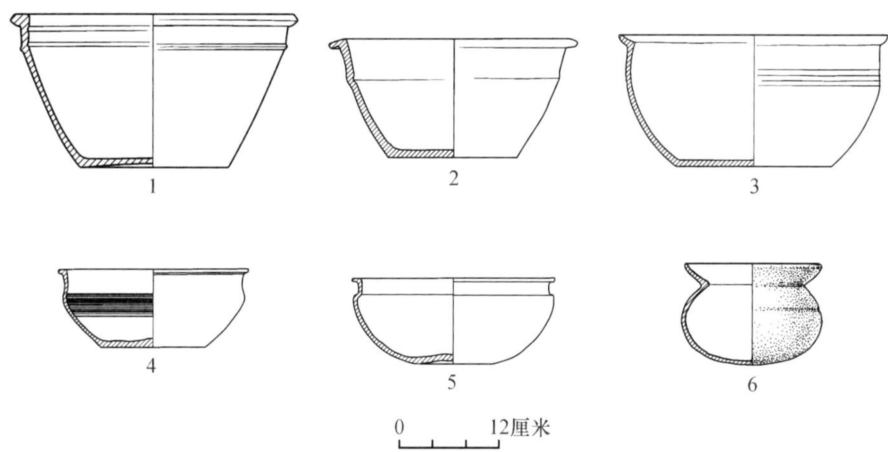

图4.2-4　两汉地层中出土的陶盆和陶釜

1～5. 陶盆（2001YJKT0613④：1、2001YJST0606④：7、2005YJRT10⑤：1、2004YJET0308⑥：21、2004YJET0308⑥：23）
6. 陶釜（2000YJCT0216④：1）

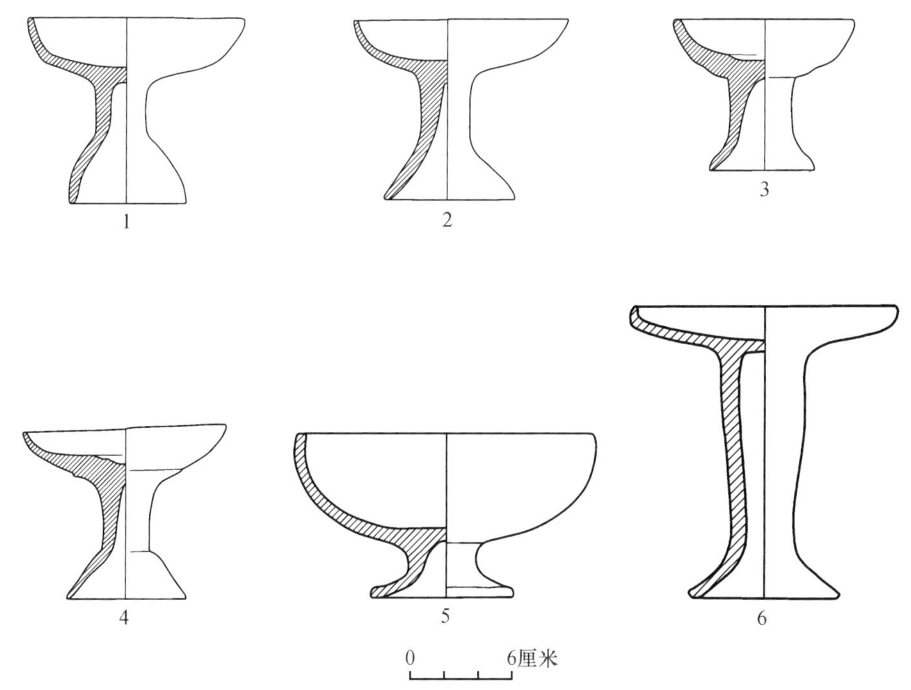

图4.2-5　两汉地层中出土的陶豆

1. 2005YJRT7④：1　2. 2005YJBT1400④：1　3. 2001YJST0706⑤：9　4. 2001YJST0706⑤：13　5. 2001YJKT0916④：4
6. 2004YJET0308⑥：20

通高9.5厘米（图4.2-5，5）。2004YJET0308⑥：20，灰褐陶，尖唇，敞口，浅盘，柄上粗下细。口径15.6厘米，底径8.6厘米，高17.4厘米（图4.2-5，6）。

陶瓮　4件。2001YJKT0513④：1，灰色泥质陶，轮制，方唇，口微敛，平折沿，短颈，斜直腹最大径下垂，接大环底，周身饰多组细绳纹，口径21.6厘米，底径40厘米，通高36厘米（图4.2-6，1）。2001YJKT0613④：3，灰色泥质陶，轮制，敛口，尖唇外折，短肩，垂腹，下接大环底，器身及底部饰多道组合绳纹，口径33厘米，底径56厘米，通高59.3厘米（图4.2-6，2）。2001YJKT0613④：4，灰色泥质陶，轮制，敛口，尖唇外折，短肩，垂腹下接大环底，器身及底部饰多道组合绳纹，肩下及接底外各饰一周附加堆纹。口径33厘米，底径56厘米，通高65厘米（图4.2-6，3）。2001YJST0606④：6，出土时上覆碗，泥质灰陶，折沿，折肩，直腹，圜底腹部下饰绳纹，轮制。罐口沿20.5厘米，肩径34厘米，高32厘米；覆碗口径30.5厘米，底径15.5厘米，高14厘米（图4.2-6，4）。

陶瓦　出土数量很多，分为筒瓦和板瓦两种。2002YJAT0610④：3，筒瓦，短唇，凹面素面，凸面饰粗绳纹。长47厘米，瓦身宽16厘米，唇长3厘米（图4.2-7，1）。2002YJAT0610④：4，筒瓦，长唇，唇尖加厚微翘，凹面素面，凸面饰粗绳纹。长42.5厘米，瓦身宽14.5厘米，唇长3.5厘米（图4.2-7，2）。2001YJKT0814④：1，筒瓦，一端内收应是套接部位。内壁饰布纹，外壁饰粗绳纹。长45厘米，径10.5～16.5厘米，壁厚1厘米（图4.2-7，3）。2000YJCT0116③：2，板瓦，泥质灰陶，两端宽窄相近，凸面饰粗绳纹，唇部无纹饰。长50厘米，宽40厘米（图4.2-7，4）。2001YJKT0915④：6，板瓦，两端宽度相近，瓦身曲度较大。凸面饰粗绳纹，凹面断续分布粗篮纹。长48厘米，宽32～35厘米（图4.2-7，5）。

陶瓦当　出土数量较多，皆为卷云纹，图形变化丰富，规格为直径13.8～15.8厘米。2000YJCT1110③：1，泥质灰褐陶，中心为一大乳突，外高边框内饰一周凸弦纹，两周凸弦纹之间被四组双线纹分隔成四区，每区内饰一组卷云纹图案。直径14.4厘米，厚2.1～3厘米，边框高1.4厘米（图4.2-8，1）。2000YJCT1110③：2，泥质灰褐陶，中心乳突，外饰一周凸弦纹，高边框，边框内饰一周凸弦纹，两周弦纹间被四组双线纹分隔成四区，每区饰一组卷云纹。直径14.8厘米，厚3.3厘米，边框高1.3厘米（图4.2-8，2）。2000YJCT1201④：1，泥质灰

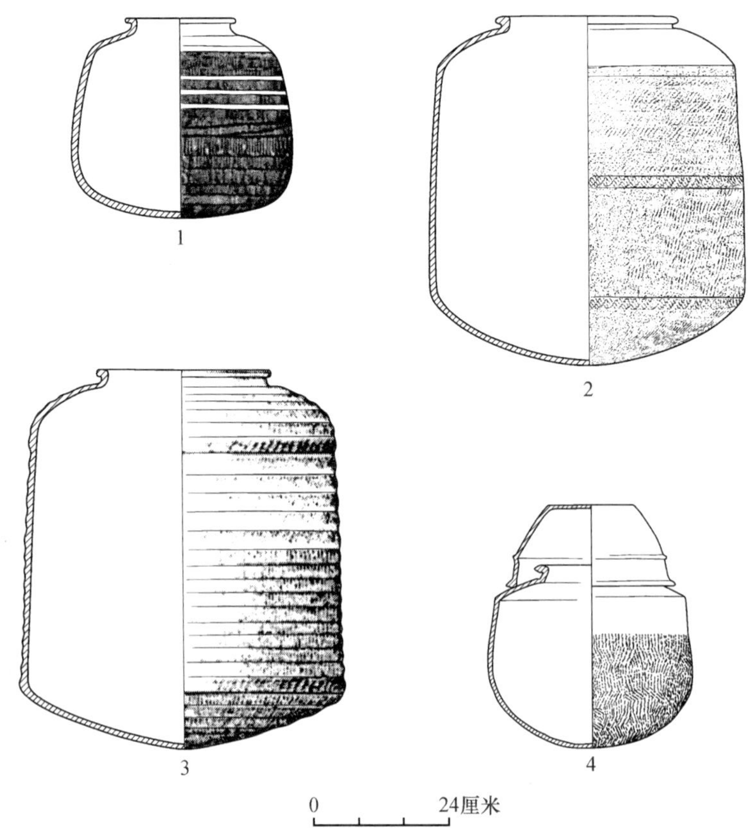

图4.2-6　两汉地层中出土的陶瓮

1. 2001YJKT0513④：1　2. 2001YJKT0613④：3　3. 2001YJKT0613④：4　4. 2001YJST0606④：6

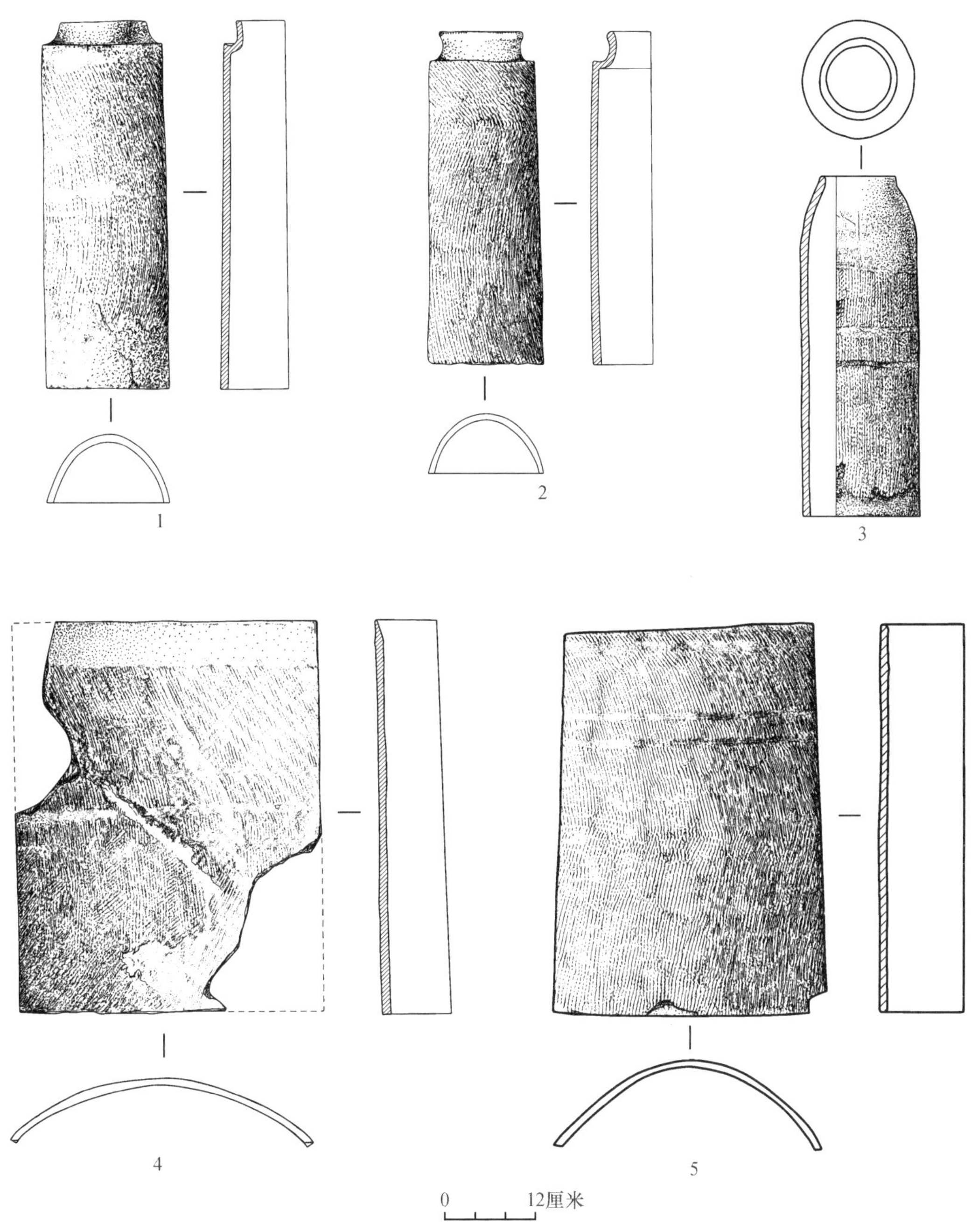

图4.2-7　两汉地层中出土的陶瓦

1～3. 筒瓦（2002YJAT0610④：3、2002YJAT0610④：4、2001YJKT0814④：1）　4、5. 板瓦（2000YJCT0116③：2、2001YJKT0915④：6）

陶，当面正中心一大圆圈，其周围三个卷云纹饰，边缘残半。直径14.8厘米，宽1.7厘米（图4.2-8，3）。类似形制的瓦当还发现有多件（图4.2-8，4～9）。

陶拍　1件。2001YJST0706④：15，灰陶，拍面呈圆形，拍纽中空。素面，轮制。直径8.4厘米，宽7.8厘米，高5.6厘米（图4.2-9，1）。

陶研磨器　1件。2004YJET0308⑥：2，黑陶，柱状足，中空，顶部椭圆，一端较尖。顶长9.5厘米，底直径4厘米，高8.4厘米（图4.2-9，2）。

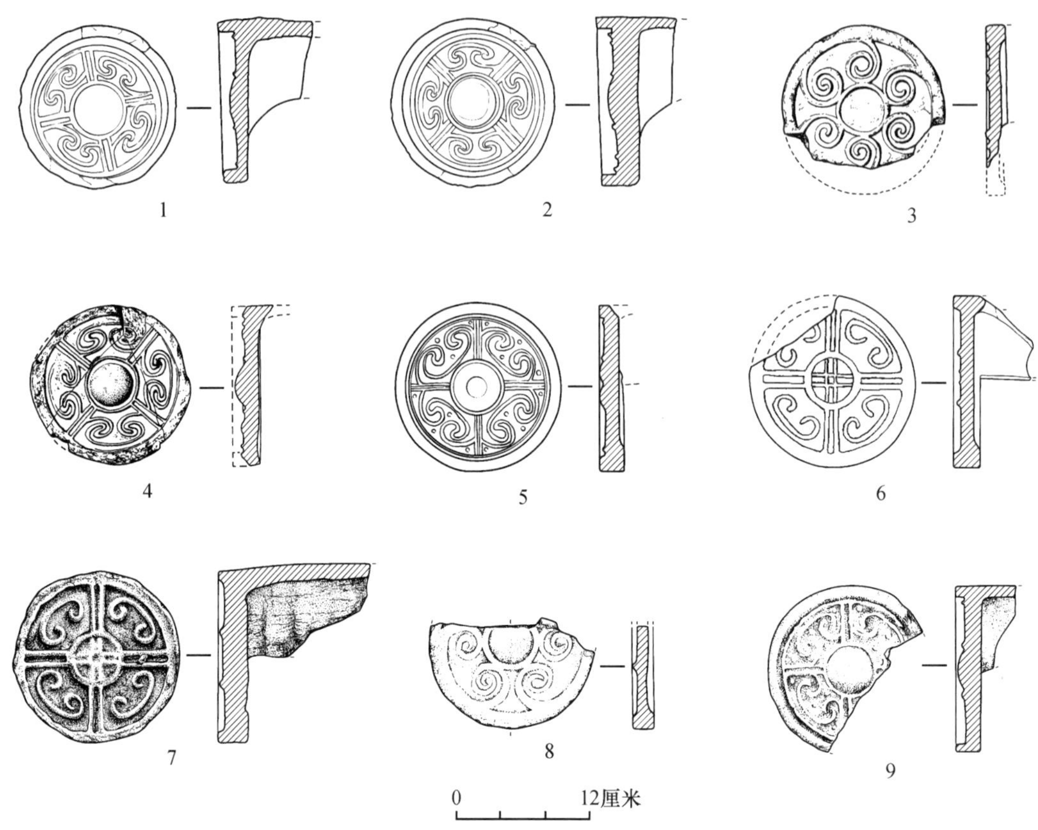

0 12厘米

图4.2-8 两汉地层中出土的陶瓦当

1. 2000YJCT1110③：1 2. 2000YJCT1110③：2 3. 2000YJCT1201④：1 4. 2002YJAT0608④：7 5. 2001YJKT0609④：4 6. 2005YJBT0903④：2 7. 2005YJBT0902④：1 8. 2005YJBT0903⑤：1 9. 2005YJBT1005④：1

陶管 1件。2001YJKT0511④：3，红色夹砂陶，手制，圆柱形，中部略外弧，纵向有一贯穿圆孔，长15厘米，直径6.5厘米。

陶范 1件。2001YJKT0811④：2，平面呈瓶状，下半部截面呈半球状，高6.3厘米，顶上宽2厘米，下宽3.4厘米，厚2.4厘米（图4.2-9，3）。

陶球 3件。2005YJBT1106④：1，泥质黄褐陶。最大剖面直径1.8厘米（图4.2-9，4；图版二二，6）。2004YJET0408⑥：8，红陶，球体。直径2.2厘米。2004YJET0408⑥：14，红褐陶，圆球形，素面。直径1.9厘米。

陶网坠 6件。2000YJCT0116③：1，泥质灰陶，梭形，素面。长5厘米，直径1.8厘米（图4.2-9，5）。2002YJAT0809④：12，圆形鼓状，两边细，中间鼓起，表面光滑，中有一穿孔。长4.9厘米，直径3.2厘米（图4.2-9，6）。2005YJBT1301④：1，泥质灰陶，近似圆柱形，中部有穿孔。最大径1.6厘米，残长5厘米（图4.2-9，7）。2001YJKT0511④：7，褐色泥质陶，手制，橄榄形，两端较平，中心纵向对穿圆孔，长2.6厘米，直径1.8厘米，孔径0.5厘米（图4.2-9，8）。2002YJAT0608④：4，圆柱形网坠，中间穿孔。长4.1厘米，直径1.6厘米，孔径0.6厘米（图4.2-9，9）。2004YJET0308⑥：11，棱形，中空，有柱状穿孔，外施黑陶衣。残长4.8厘米，最大径1.4厘米。

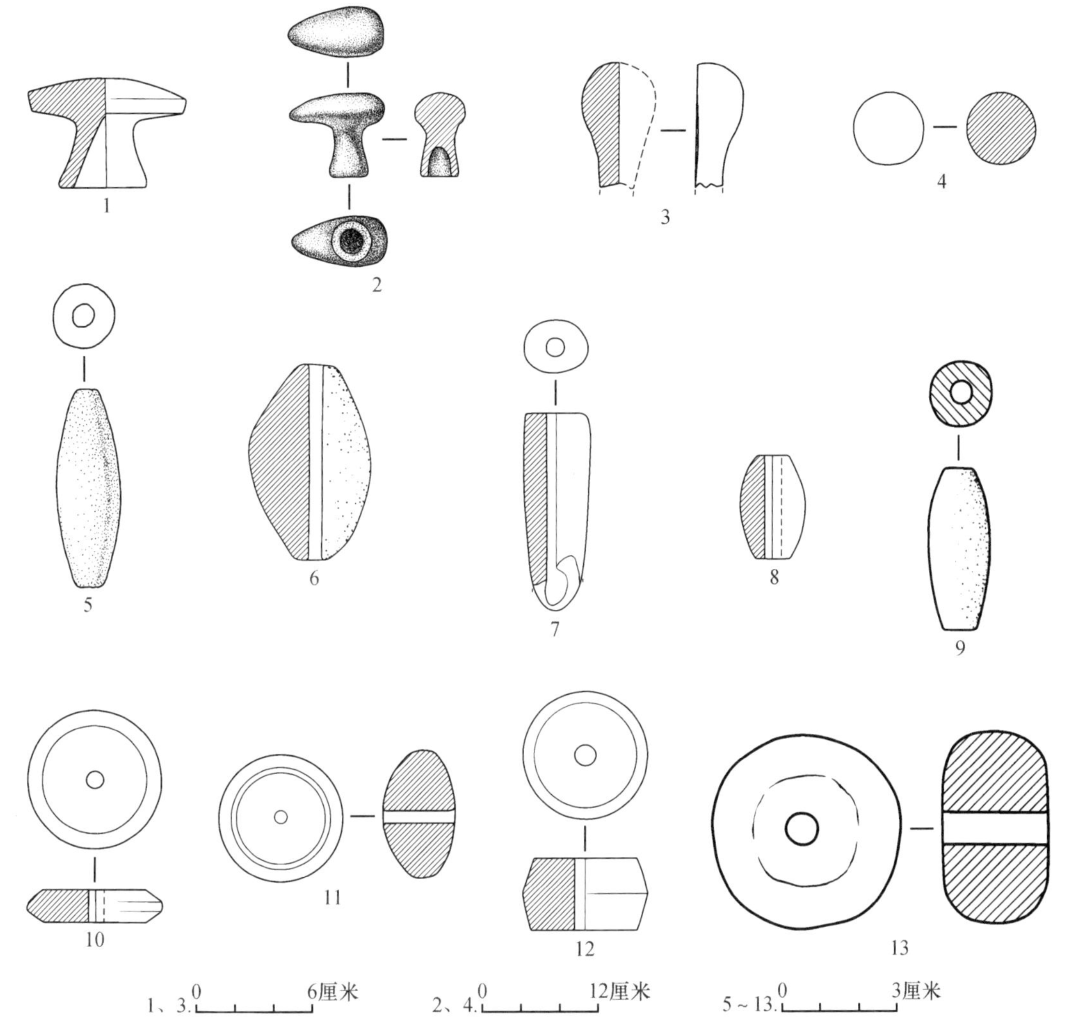

图4.2-9　两汉地层中出土的其他陶器

1. 陶拍（2001YJST0706④：15）　2. 陶研磨器（2004YJET0308⑥：2）　3. 陶范（2001YJKT0811④：2）　4. 陶球（2005YJBT1106④：1）　5～9. 陶网坠（2000YJCT0116③：1、2002YJAT0809④：12、2005YJBT1301④：1、2001YJKT0511④：7、2001YJKT0608④：4）　10～13. 陶纺轮（2000TJCT1606③：2、2005YJBT1201④：1、2001YJST0706⑤：3、2001YJST0706④：2）

陶纺轮　4件。2000TJCT1606③：2，夹砂黑陶，扁圆形。直径3.5厘米，孔径0.5厘米，厚0.8厘米（图4.2-9，10）。2005YJBT1201④：1，泥质灰陶，圆台状，其剖面以梯形上下对称。直径3.2厘米，最大腹径3.8厘米，高2.2厘米（图4.2-9，11）。2001YJST0706④：2，泥质灰陶，呈圆球状，两端扁平，中间有一穿孔，外径4.7厘米，高2.8厘米（图4.2-9，13）。2001YJST0706⑤：3，泥质灰陶，外径3.2厘米，高2厘米（图4.2-9，12）。

二、铜　　器

两汉地层中出土的铜器数量较多，其中铜镞的数量最多，还有铜钱、铜盖弓帽、铜带钩、铜环、铜镜、铜顶针、铜印、铜提梁、铜编钟、铜刀、铜钩等。

铜镞　24件。形状、大小均有不同，总体可分成棱锥和有翼的二型，其中镞身呈棱锥状的又有三棱、四棱之别，带翼者也有三翼和双翼的两种。

四棱镞　6件。2005YJBT1103④：3，扁形四棱镞，柳叶形，圆铤。残长5.9厘米（图4.2-10，1）。2002AT0709④：7，扁头状，两侧棱槽，尖部明显，柄把部与头部残两段。长5.9厘米，尖长1.3厘米（图4.2-10，2）。2005YJBT0904④：1，扁体四棱镞，圆铤，残长3.2厘米（图4.2-10，3）。2002YJAT0709④：8，扁体，尖刃清晰，铤残。长4.5厘米，宽1.1厘米（图4.2-10，4）。2002YJAT0710④：1，扁形四棱镞，圆铤，长5.9厘米（图4.2-10，5）。2004YJET0408⑥：4，残。镞身扁平，中脊微凸，两侧翼呈弧形，略外鼓，后铤呈圆杆状。总长6.3厘米，镞身长3.7厘米，铤长2.6厘米。

三棱镞　8件。2000YJET1114⑥：2，三棱形，中线起脊，横剖面呈人字形，残断，铤不详。长5.5厘米，宽0.8厘米（图4.2-10，6）。2002YJAT0710④：2，镞身呈三棱形，横剖面呈三角形，长3.1厘米（图4.2-10，13）。2001YJKT0813④：2，身铤连铸，整体小巧，镞身呈三棱形，横剖面呈三角形，铤较长呈圆柱形，长5.3厘米，宽0.8厘米（图4.2-10，14）。1999YJCT3③：1，残。箭头为三棱锥形，刃部锋利。铸造。长4.3厘米（图4.2-10，15）。2000YJET1114⑥：1，三棱形，圆铤残断。长2.5厘米，宽0.6厘米（图4.2-10，16）。1999YJAT2⑤：15，铁铤铜镞，断面呈等边三角形，镞身平滑过渡。镞身长2.8厘米，残长3.3厘米，翼尖宽1厘米（图4.2-10，17）。1999YJCT1③：1，残。箭头三翼形，刃部锋利。铸造。残长2.9厘米（图4.2-10，18）。2004YJET0308⑥：14，通长11厘米，镞身长1.5厘米，铤长9.2厘米。2004YJET0408⑥：3，残。锥状三棱形镞身，中翼锐棱，两侧翼抹角挫平，后铤为圆锥形。长6.9厘米，镞身长3.6厘米，铤长3.3厘米。

双翼镞　7件。2000YJET1114⑥：5，镞身呈柳叶形，双翼较薄，中间有柱脊，长关短铤，有倒刺。全长6.8厘米，宽1.3厘米（图4.2-10，7）。2005YJBT0904⑤：1，双翼镞，翼向后形成倒刺，圆铤。残长4.5厘米，铤残长0.9厘米（图4.2-10，8）。2005YJRT7④：3，翼向后掠形成倒刺，椭圆形铤。通长5.4厘米，铤1.6厘米（图4.2-10，9）。2001YJKT0511④：5，镞身略残，中线起圆脊，铤为四棱形，尾部尖状，长5.9厘米，宽1.5厘米（图4.2-10，10）。2004YJET0308⑥：4，残。双翼形镞身，方铤。残长3.1厘米。2004YJET0308⑥：8，残。双翼形镞身，铤残。残长3.8厘米。2004YJET0408⑥：7，残。扁平，两翼开刃，内收。长5.2厘米，翼宽1.7厘米。

三翼镞　3件。2000YJET1114⑥：4，刃前锋尖锐，圆柱关，中央一孔，铸圆实心铤，铤锈蚀残断。长4厘米，宽0.7厘米（图4.2-10，12）。2000YJCT0216③：1，三棱形镞身，圆铤。长4.6厘米，宽0.6厘米，高0.5厘米（图4.2-10，11）。2001YJKT0611④：3，身铤连铸，镞身由3个四边形叶片组成，刃锋利尖锐，尾部形成三翼，铤圆柱形，残断，长3.4厘米，宽1.4厘米。

铜钱　出土较多，大多锈蚀严重，主要有五铢、货泉和半两三种。

五铢　2001YJKT0608④：6和2001YJET1410⑤：9，圆郭，郭窄，方穿。上书“五铢”钱文（图4.2-11，1、2）。

货泉　2001YJKT0608④：5，圆形方孔，外有郭，面书“货泉”钱文，直径2.3厘米穿宽

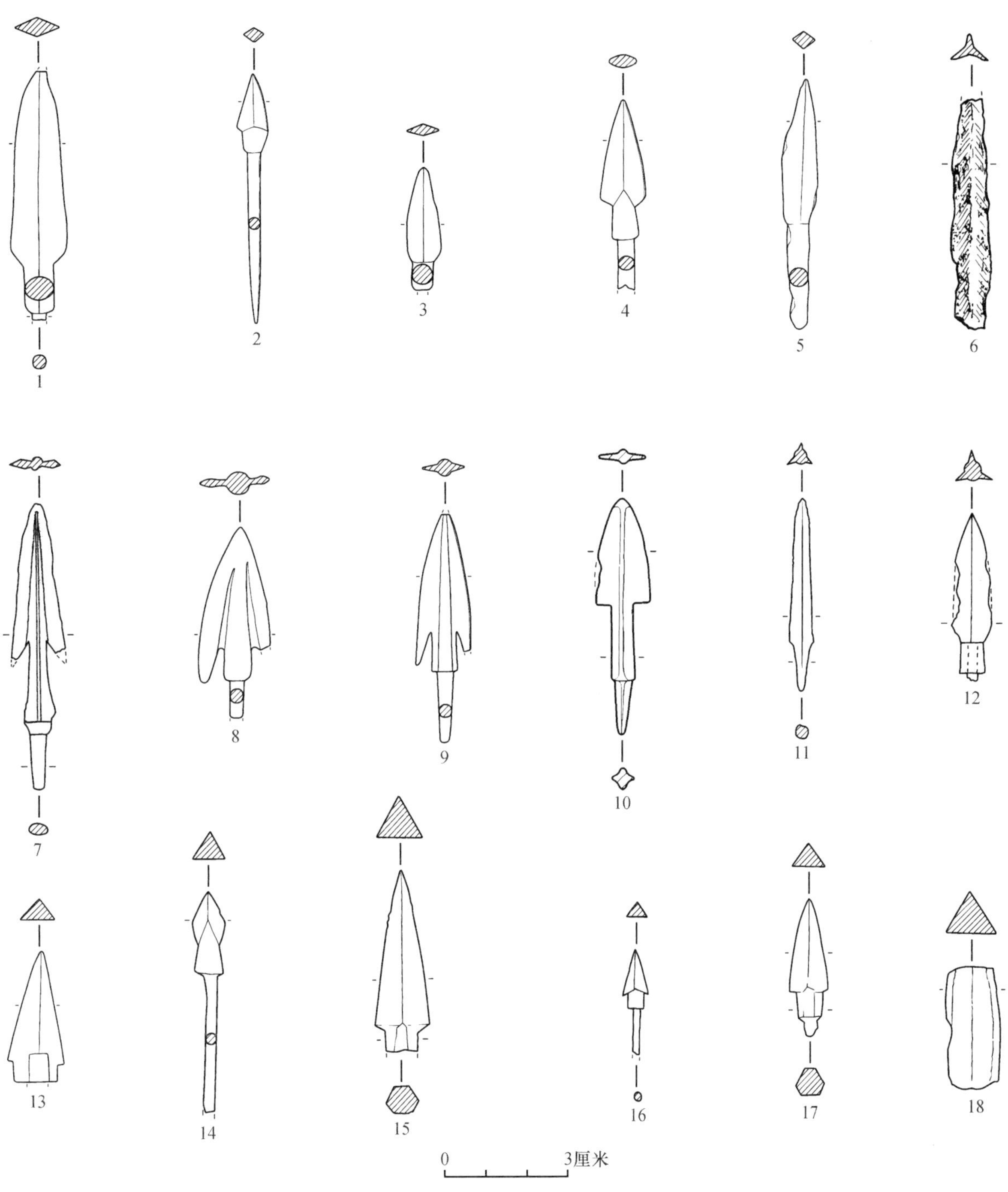

图4.2-10　两汉地层中出土的铜镞

1～5. 四棱镞（2005YJBT1103④：3、2002AT0709④：7、2005YJBT0904④：1、2002YJAT0709④：8、2002YJAT0710④：1）6、13～18. 三棱镞（2000YJET1114⑥：2、2002YJAT0710④：2、2001YJKT0813④：2、1999YJCT3③：1、2000YJET1114⑥：1、1999YJAT2⑤：15、1999YJCT1③：1）　7～10. 双翼镞（2000YJET1114⑥：5、2005YJBT0904⑤：1、2005YJRT7④：3、2001YJKT0511④：5）　11、12. 三翼镞（2000YJCT0216③：1、2000YJET1114⑥：4）

图4.2-11　两汉地层中出土的铜钱拓片

1、2. 五铢（2001YJKT0608④：6、2001YJET1410⑤：9）　3. 货泉（2001YJKT0608④：5）　4. 半两（2000YJCT1709④：1）

0.7厘米（图4.2-11，3）。

半两　2000YJET1709④：1，方孔圆钱，平背无郭，面书"半两"钱文，钱文线条粗，穿大。铸造，直径3.4厘米，穿宽1.5厘米（图4.2-11，4）。

铜带钩　6件。2002YJAT0709④：11，头部有圆纽，小头向下弯曲，为卷舌状。长3.3厘米，高0.9厘米（图4.2-12，1）。2001YJKT0612④：4-2，范铸，器形小巧，钩头呈鸟形，钩尾圆形，尾垂向连接一方形扁扣，上饰精细的卷云纹图案，通长3厘米，宽0.3 ~ 0.9厘米，高1厘米（图4.2-12，2）。2001YJKT0612④：4-1，带钩头部残，器身较长，中部上翘圆形带扣，长4.3厘米，宽1.1厘米，高1.5厘米（图4.2-12，3）。2004YJET0408⑥：13，琵琶形。前端钩部，为一鸭首形转向回首，扁圆形足。通长4.45厘米，高1厘米（图4.2-12，4）。2001YJCT1303③：1，钩头作鸟形，尾部椭圆状，刻卷云纹图，圆纽。长10厘米，宽1.5厘米，高1.1厘米（图4.2-12，6）。2000YJCT1606③：1，长条形，圆纽，两端残。长9厘米，宽0.8厘米（图4.2-12，7）。

铜盖弓帽　24件，2001YJKT0612④：2，范铸，器身短面细，上端封口为圆弧状，器身无孔，长4.2厘米，直径0.7厘米（图4.2-12，5）。2001YJKT0608④：6-1，范铸，锡比重较高，器表鎏金，整体管状，细端封口，中部偏上一侧有一向上的手状钩，器身中上部多有对穿小孔，长9.4厘米，直径1.1 ~ 1.3厘米（图4.2-12，10）。2001YJKT0608④：6-4，范铸，器身较短，器身已残，长4.4厘米，直径1厘米（图4.2-12，8）。2001YJKT0608④：6-11，整体呈圆形管状，尾部略粗，长4.4厘米，宽1厘米。2001YJKT0608④：6-2，长9.4厘米，宽1.1 ~ 1.3厘米（图4.2-12，9；图版三一，1）。

铜镜　仅出土4件残片，图案锈蚀严重，2005YJBT1004④：1，靠外侧一圈竖线纹，往内饰龙纹，并有铭文"吉羊注之"。厚约0.2厘米（图4.2-13，5）。2005YJBT1004④：2，残存铭

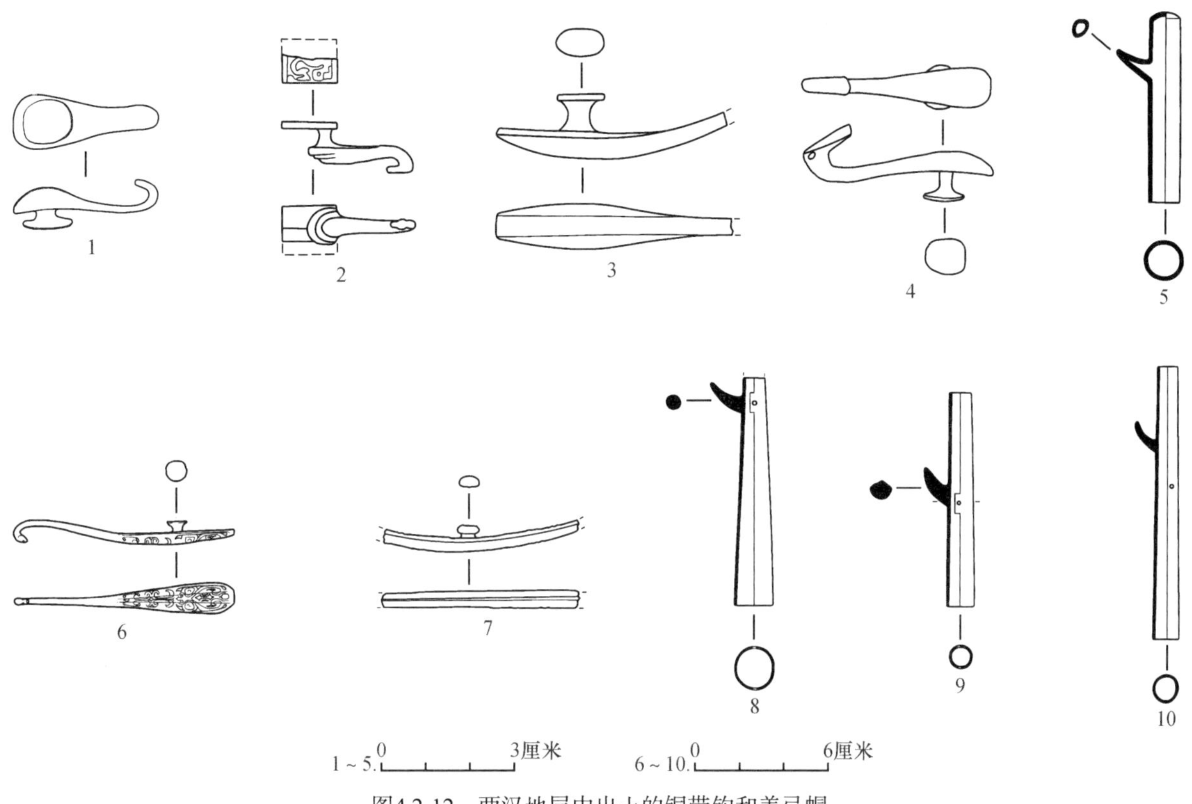

图4.2-12　两汉地层中出土的铜带钩和盖弓帽

1～4、6、7. 铜带钩（2002YJAT0709④：11、2001YJKT0612④：4-2、2001YJKT0612④：4-1、2004YJET0408⑥：13、2001YJCT1303③：1、2000YJCT1606③：1）　5、8～10. 铜盖弓帽（2001YJKT0612④：2、2001YJKT0608④：6-4、2001YJKT0608④：6-2、2001YJKT0608④：6-1）

文只可见“師”字（图4.2-13，8）。2002YJAT0609④：1，饼圆形，面平微鼓，背凹饰纹。背饰弦纹，其间填以条形纹。长6.8厘米，厚0.4厘米（图4.2-13，7）。2001YJKT0813④：3，圆形，已残，正面磨光，锈蚀严重，背面纹饰残不可见（图4.2-13，6）。

铜顶针　4件。圆形，扁宽，环外壁两缘较高，外壁之上遍布凹坑，大小相近。2002YJAT0609④：1，长1.9厘米，直径1厘米，厚0.3厘米（图4.2-13，1）。2002YJAT0809④：10，圆形环外表平整，直径2.1厘米，宽0.4厘米，厚0.1厘米（图4.2-13，2）。2002YJKT0611④：2，用薄铜片制成，表面有五道戳点纹。直径1.8厘米，宽0.7厘米（图4.2-13，3）。2001YJKT0813④：5，环状，表面遍布凹点（图4.2-13，4）。

铜环　10件。2000YJET1114⑥：3，剖面呈椭圆形，残半。残径5.8厘米，厚0.2厘米（图4.2-14，1）。2005YJBT1103④：2，戒指状，外径3.2厘米，内径2厘米（图4.2-14，2）。1999YJCT8④：5，完整。圆环合范铸成。铸造。直径2.8厘米，孔径1.4厘米（图4.2-14，3）。2005YJBT1105④：1，长径1.8厘米，短径1.6厘米（图4.2-14，4）。2002YJAT0809④：14，圆形指环，外表鼓起，外径1.5厘米，内径0.5厘米（图4.2-14，5）。2004YJET0308⑥：6，圆环形，截面圆角方形。外径2厘米，内径0.9厘米。2004YJET0308⑥：7，4件。圆环形，截面圆形。外径分别为2厘米、2厘米、1.5厘米、1厘米，内径分别为1厘米、1厘米、0.6厘米、0.3厘米。

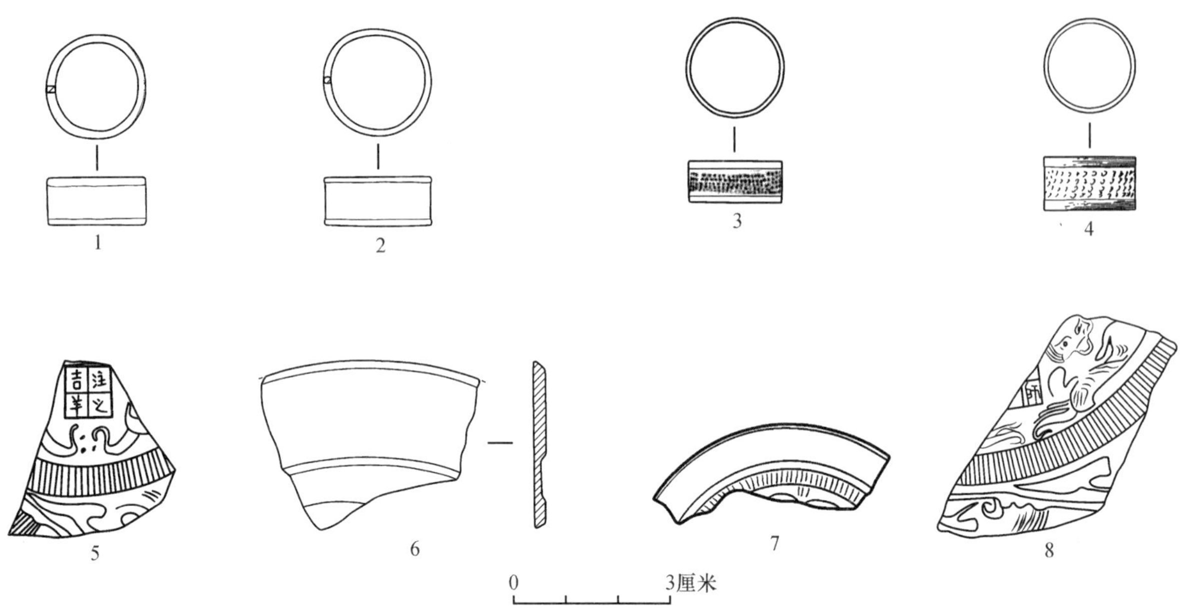

图4.2-13 两汉地层出土的铜镜和铜顶针

1～4. 铜顶针（2002YJAT0609④：1、2002YJAT0809④：10、2002YJKT0611④：2、2001YJKT0813④：5）

5～8. 铜镜（2005YJBT1004④：1、2001YJKT0813④：3、2002YJAT0609④：1、2005YJBT1004④：2）

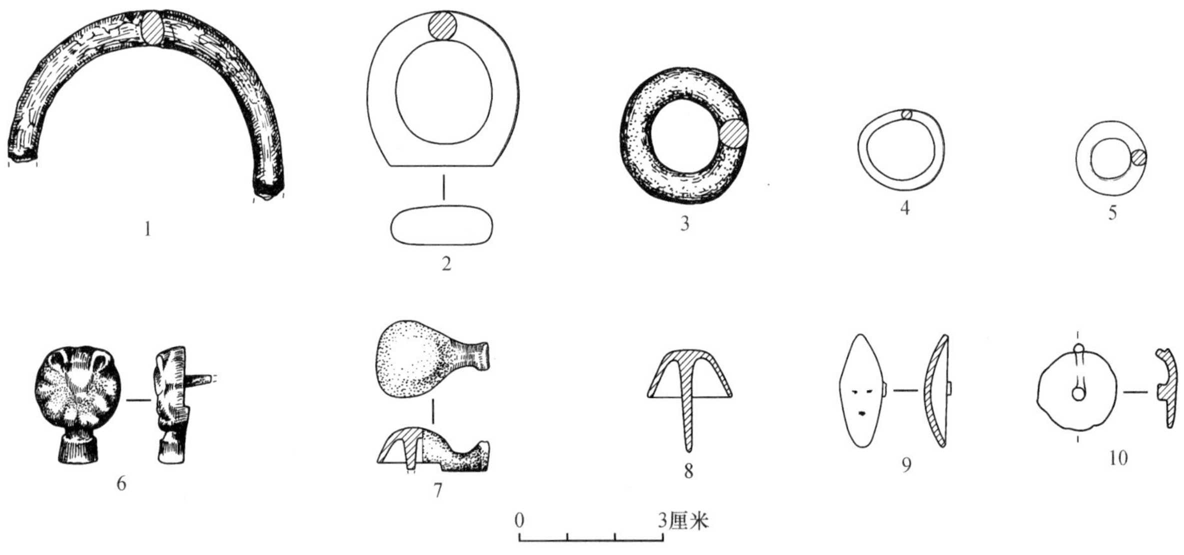

图4.2-14 两汉地层中出土的铜环、铜泡钉和铜泡饰

1～5. 铜环（2000YJET1114⑥：3、2005YJBT1103④：2、1999YJCT8④：5、2005YJBT1105④：1、2002YJAT0809④：14）

6～8、10. 铜泡钉（2001YJKT0608④：6-29、2001YJKT0608④：6-33、2001YJKT0608④：6-31、2001YJKT0811④：1）

9. 铜泡饰（2002YJAT0608③：5）

铜泡 7件。其中泡钉6件，泡饰1件。2001YJKT0608④：6-29，泡钉，主体部分圆弧形，上饰浮雕动物图案，弧内侧分锥形钉，连接弧形部分为一蹄形突心柄，直径1.7厘米（图4.2-14，6）。2001YJKT0608④：6-33，泡钉，长2.4厘米，宽1.7厘米（图4.2-14，7）。2001YJKT0608④：6-31，泡钉，长2.1厘米，宽1.8厘米（图4.2-14，8）。2001YJKT0811④：1，泡钉，范铸，弧形帽，颈部残，直径1.7厘米（图4.2-14，10）。

2004YJET0613⑥：6，泡钉，等边三角形钉帽下中央突出一锥形钉。锻制。钉帽边长1.9厘米，通高1.45厘米。2004YJET0408⑥：5，泡钉，钉帽为盔状，圆顶，内凹中心下突出一四棱锥钉。残高1厘米，直径2.13厘米，长0.3厘米。2002YJAT0608③：5，泡饰，椭圆形上有几个凸起的小圆点。长2.3厘米，宽约1厘米，壁厚0.1厘米（图4.2-14，9）。

铜刀　2件。2001YJKT0816④：1，铸造，连柄弧背，斜直刃器身有三道纵向凹起，刃锋利，整体小而厚重，通长10.5厘米，柄长3.8厘米，宽3.7厘米（图4.2-15，1）。2005YJRT11⑤：1，呈长条状，一端有圆形穿孔，正背两面各有三道凹槽。长6.1厘米，宽1.3厘米，厚0.4厘米（图4.2-15，6）。

铜勺形器　1件，2001YJKT0612④：1，铸，头端烟斗形，圆柱形，细长柄，柄端为精美的龙形饰，长12.4厘米，斗宽1.5厘米（图4.2-15，2）。

铜铆钉　3件。形体较小，圆形钉帽，圆柱钉身，钉尖部有一贯通穿孔。2002YJAT0809④：16，柱状铜器，宽1.2厘米，高9.4厘米（图4.2-15，3）。2002YJAT0709④：9，头部有一圆帽，下部有一孔穿。长5.8厘米，宽0.8厘米（图4.2-15，4）。2002YJAT0809④：22，通长4.5厘米，钉身直径0.7厘米（图4.2-15，5）。

铜铃　2件。2001YJKT0511④：2，椭圆形，两壁外撇，顶端有一半圆横鼻，残断，残长3～3.6厘米，宽1厘米，高1.6厘米（图4.2-15，7）。2001YJKT0611④：4，长3.2厘米，宽1.4厘米，高1.2厘米（图4.2-15，8）。

铜编钟　1件。2004YJET0308⑥：5，圆柱柄中空，顶部横梁，钟体平面长方形，下端弧形内凹。上部乳钉纹。通长37.5厘米，钟身25厘米，钟柄12.5厘米，宽18厘米（图4.2-15，16；图版三〇）。

铜构件　1件。2004YJET0308⑥：12，残。整体呈长方形，上部有一长条状凸起，中部饰三条凸弦纹。残长5.2厘米，宽2.6厘米，厚0.2厘米（图4.2-15，15）。

铜钉状器　1件。2005YJBT0903④：1，圆柱形，一端呈尖状，残长6.5厘米（图4.2-15，9）。

铜钉　1件。2002YJAT0709④：10，似马掌钉状，尖部弯曲。长4厘米，0.5厘米（图4.2-15，11）。

铜钩　2件。2005YJBT1101④：2，鱼钩形，残长2.8厘米（图4.2-15，10）。2004YJET0308⑥：3，钩形，尖端有倒刺。截面直径0.25厘米，高3.2厘米（图4.2-15，14）。

铜提梁　1件。2005YJBT1103④：1，呈拱形，长5.5厘米，拱高3.9厘米（图4.2-15，12）。

铜印　1件。2005YJBT0803④：1，长方体，拱形纽，纽中有圆形穿，铭文"於陶"。长1.2厘米，宽0.7厘米，高0.9厘米（图4.2-15，13）。

其他铜饰件　9件。其中铜鎏金饰件共5件，上装饰动物纹。2001YJKT0608④：6-28，长4.1厘米，宽2.3厘米（图4.2-16，1）。2001YJKT0608④：6-27，长4厘米，宽2.3厘米（图4.2-16，2）。2001YJKT0513④：2，长3.3厘米，宽1～1.6厘米，厚0.1～0.2厘米（图4.2-16，3）。2000YJCT1502③：2，残。扁长条形，片状，表面鎏金，锈蚀较重。长5厘米，宽1厘米（图4.2-16，4）。2000YJWT064③：2，青蛙头形，两合焊接，中央有接缝，铜制成横剖面呈橄榄形。长2.5厘米，宽1.3厘米，高2.1厘米（图4.2-16，5）。2002YJAT0809④：17，方形，四边有

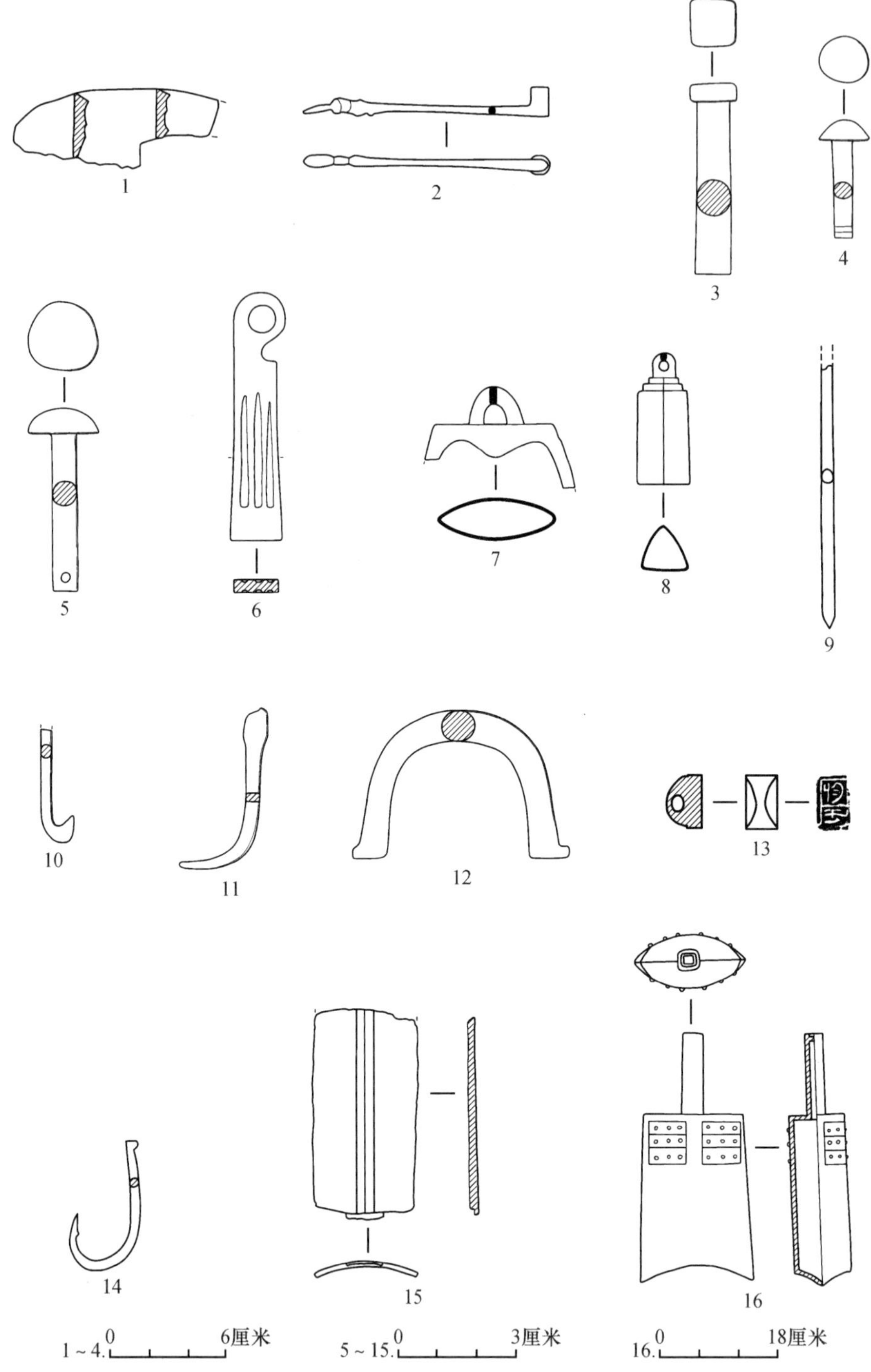

图4.2-15　两汉地层中出土的其他铜器

1、6. 铜刀（2001YJKT0816④：1、2005YJRT11⑤：1）　2. 铜勺形器（2001YJKT0612④：1）　3～5. 铜铆钉（2002YJAT0809④：16、2002YJAT0709④：9、2002YJAT0809④：22）　7、8. 铜铃（2001YJKT0511④：2、2001YJKT0611④：4）　9. 铜钉状器（2005YJBT0903④：1）　10、14. 铜钩（2005YJBT1101④：2、2004YJET0308⑥：3）　11. 铜钉（2002YJAT0709④：10）　12. 铜提梁（2005YJBT1103④：1）　13. 铜印（2005YJBT0803④：1）　15. 铜构件（2004YJET0308⑥：12）　16. 铜编钟（2004YJET0308⑥：5）

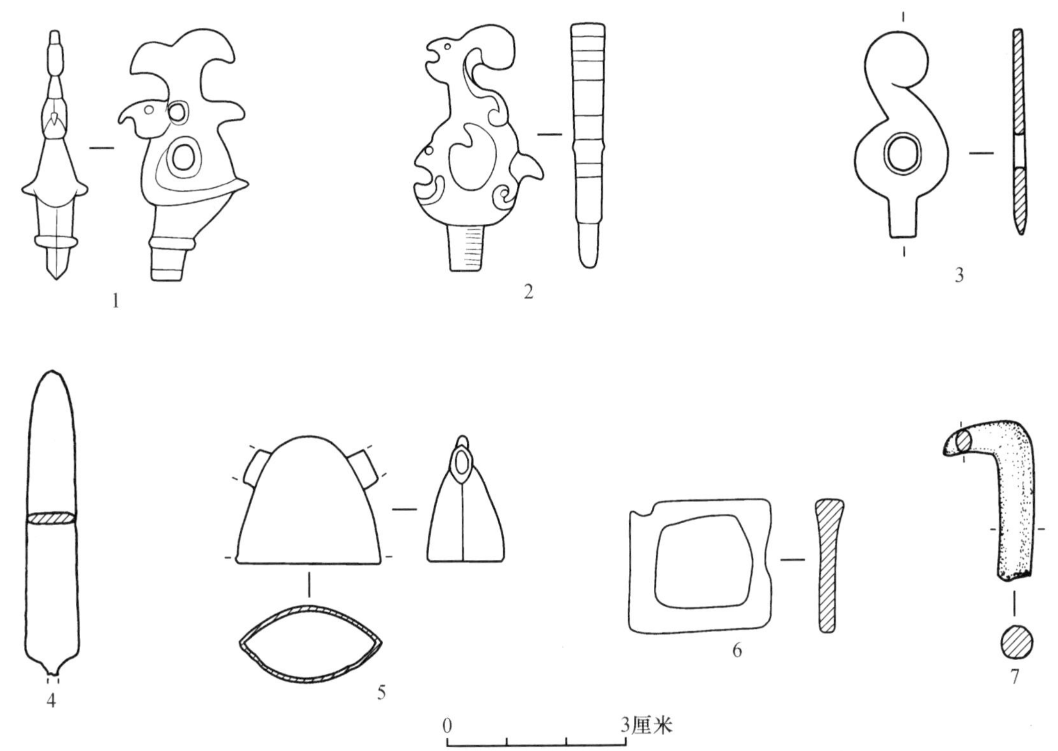

图4.2-16　两汉地层中出土的铜饰件

1. 2001YJKT0608④：6-28　2. 2001YJKT0608④：6-27　3. 2001YJKT0513④：2　4. 2000YJCT1502③：2　5. 2000YJWT064③：2　6. 2002YJAT0809④：17　7. 1999YJCT2④：4

框。厚0.3厘米，长2.5厘米，宽2.2厘米（图4.2-16，6）。1999YJCT2④：4，残。头部为兽鸟形，颈部呈圆柱状。铸造。残长2.6厘米（图4.2-16，7）。

三、铁　　器

铁镞　4件。1999YJCT8④：2，残。三棱三刃，无铤。铸造。残长2.3厘米，宽1.1厘米（图4.2-17，1）。2002YJAT0710④：3，镞尖较短厚，圆铤较长，稍残，长8.3厘米，铤长4.3厘米（图4.2-17，3）。2002YJAT0809④：24，镞尖厚重，呈柳叶形，方铤较细，铤稍残，残长9厘米，尖长7.2厘米，宽1.1厘米（图4.2-17，4）。2002YJAT0809④：15，镞尖较短厚，圆铤较长，长7厘米（图4.2-17，2）。

铁刀　3件。2001YJKT0509④：4，长条形，背平直，下单侧开刃，横截面呈三角形，长18.2厘米，宽2.2厘米，厚0.6厘米（图4.2-17，6）。2000YJCT0608④：1，残。平脊，单面刃，前锋略弧，残断。长21.5厘米，宽3.5厘米，高0.9厘米（图4.2-17，7）。2001YJKT0510④：5，长铁刀，平脊，双面刃，前锋残断，长65厘米，宽3.2～1.6厘米，厚0.2～0.4厘米（图4.2-17，8）。

铁钩　1件。2004YJET0613⑥：4，残。铁钩上部为一长扁柄，其下右侧长圆形小孔，素面。锻制。长15.8厘米，宽1.8厘米，厚0.65厘米。

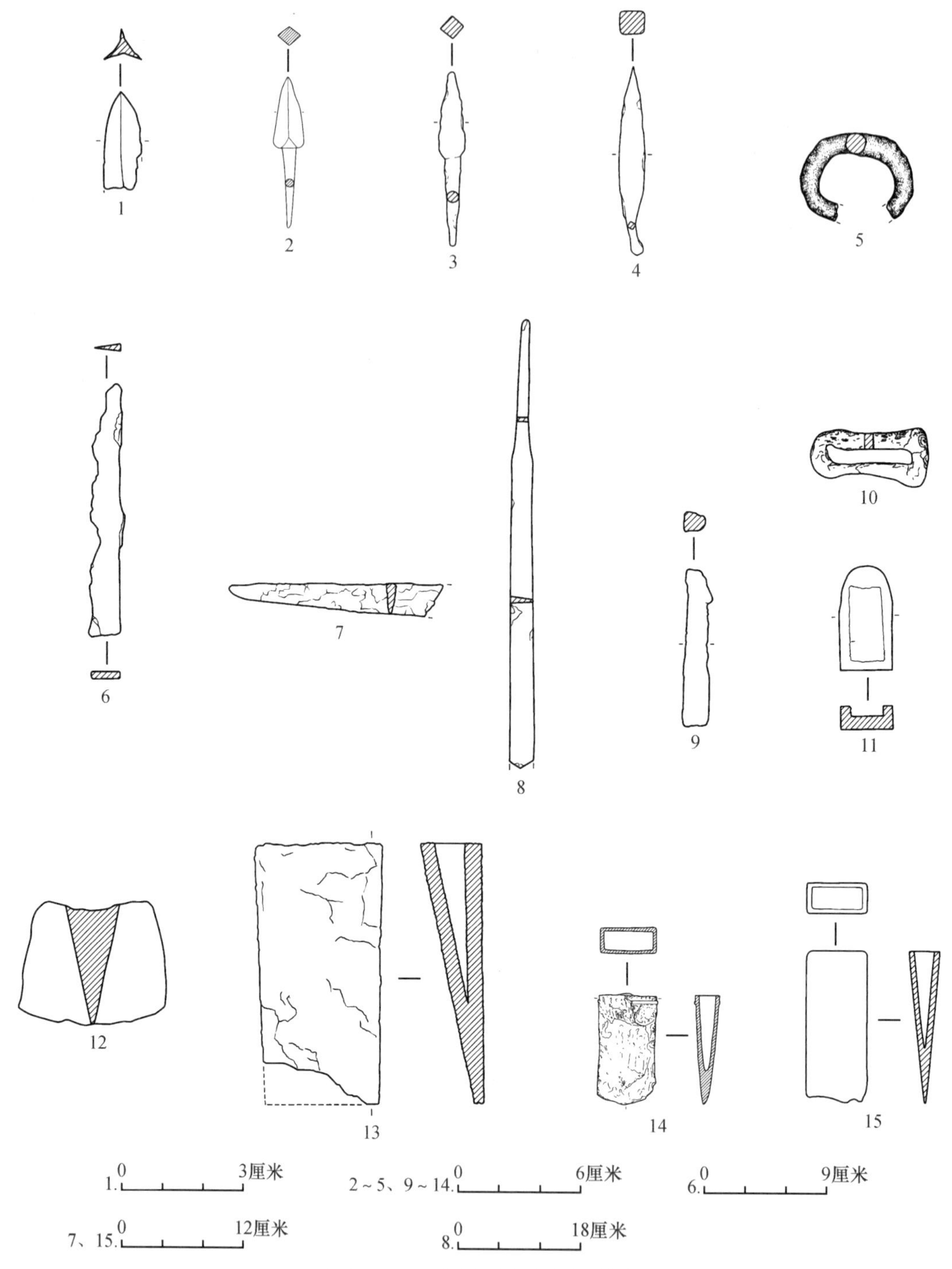

图4.2-17 两汉地层中出土的铁器

1～4. 铁镞（1999YJCT8④：2、2002YJAT0809④：15、2002YJAT0710④：3、2002YJAT0809④：24） 5. 铁环（1999YJAT1⑤：15） 6～8. 铁刀（2001YJKT0509④：4、2000YJCT0608④：1、2001YJKT0510④：5） 9、11. 残铁器（1999YJCT2④：2、1999YJCT2③：1） 10. 铁带扣（2001YJKT0511④：1） 12. 铁锄（2001YJKT0811④：5） 13. 铁斧（2004YJET0308⑥：16） 14、15. 铁镢（2000JCT1708⑤：1、2000YJCT1503③：1）

铁环　1件。1999YJAT1⑤：15，残断。呈椭圆形，剖面圆形。直径4.5～5.6厘米，剖面直径1厘米（图4.2-17，5）。

铁带扣　1件。2001YJKT0511④：1，长方形带扣，一端弧形，中间镂空。长5.8厘米，宽2.6～2.8厘米，高0.4厘米（图4.2-17，10）。

铁斧　1件。2004YJET0308⑥：16，残。上端截面呈椭圆形，下端较扁，弧刃。残长10厘米，宽5厘米，刃宽7.5厘米（图4.2-17，13）。

铁锄　1件。2001KT0811④：5，铸，仅存刃部，弧刃，双锋，厚背，残长5.5厘米，刃宽7.3厘米（图4.2-17，12）。

铁镢　2件。2000YJCT1708⑤：1，残。长条形，銎部截面为长方形，刃部较薄。锈蚀严重。长12.5厘米，宽5.6～6.2厘米，高3厘米（图4.2-17，14）。2000YJCT1503③：1，残。长条形，銎部截面为长方形，刃部较薄。长5厘米，宽1厘米（图4.2-17，15）。

其他铁器　2件。1999YJCT2③：1，残。长方形，中间有长方形凹槽。铸造。残长5厘米，宽2.3厘米（图4.2-17，11）。1999YJCT2④：2，残。长条形器物，器形不明。铸造。残长7.5厘米（图4.2-17，9）。

四、石　　器

石杵　1件。2000YJCT0216③：4，长椭圆形中间两面凿成下凹月形。残长22.5厘米，宽9厘米，厚5厘米（图4.2-18，1）。

石范　2件。1999YJCT13③：1，残。灰绿色，三翼镞之1/3范，范面为扇形，镞翼左有注口，铤及扇残破。磨制。残长14.2厘米，宽4.4厘米，厚2.8厘米（图4.2-18，2）。1999YJCT13③：2，残。赭红色，三翼镞之1/3范，范面呈扇形，内角120°，正中有铤，镞翼铸槽，右面钻两个孔似合范记号，翼面左下角被烧坏，左上为注口，背面多棱形。磨钻。残长13.4厘米，宽3.8厘米，厚3.4厘米。

磨石　1件。1999YJCT2④：3，残。灰白色，不规则形，断面不对称六面形，每面均有磨制平面。磨制。长10厘米，残厚3～4.3厘米（图4.2-18，3）。

石球　2件。2001YJST0806④：6，椭圆球状，上下两面都磨出凹槽一周，两球面均光滑。磨制，上球面直径5厘米，下球面直径7.8厘米，中轴直径9.3厘米，通高8厘米（图4.2-18，4）。2004YJET0308⑥：13，圆形稍微扁，表面粗糙。顶部有一圈白色弦纹，为石块本身所有。直径7.5厘米，高6.5厘米。

石纺轮　2件，2001KT0608④：2，黑色砂岩，磨制，圆饼状，中部穿孔，直径3.6厘米，孔径0.4厘米，厚1.2厘米（图4.2-18，5）。2004YJET0613⑥：5，饼形圆轮中间微凸，轮边微弧，正面沿边向内对称刻划一道楔形纹。打磨。直径3.8厘米，厚0.9厘米，中孔径0.5厘米。

石凿　1件。2004YJET0308⑥：1，残。顶部为圭首状，凿身为柱状。残长4厘米。

石斧　5件。2001YJKT0510④：1，灰绿色花岗岩，通体磨制，直背弧刃，双锋，通高11.9厘米，宽5～6.6厘米，厚2.2厘米（图4.2-18，6）。2001YJST0606④：1，页岩质，

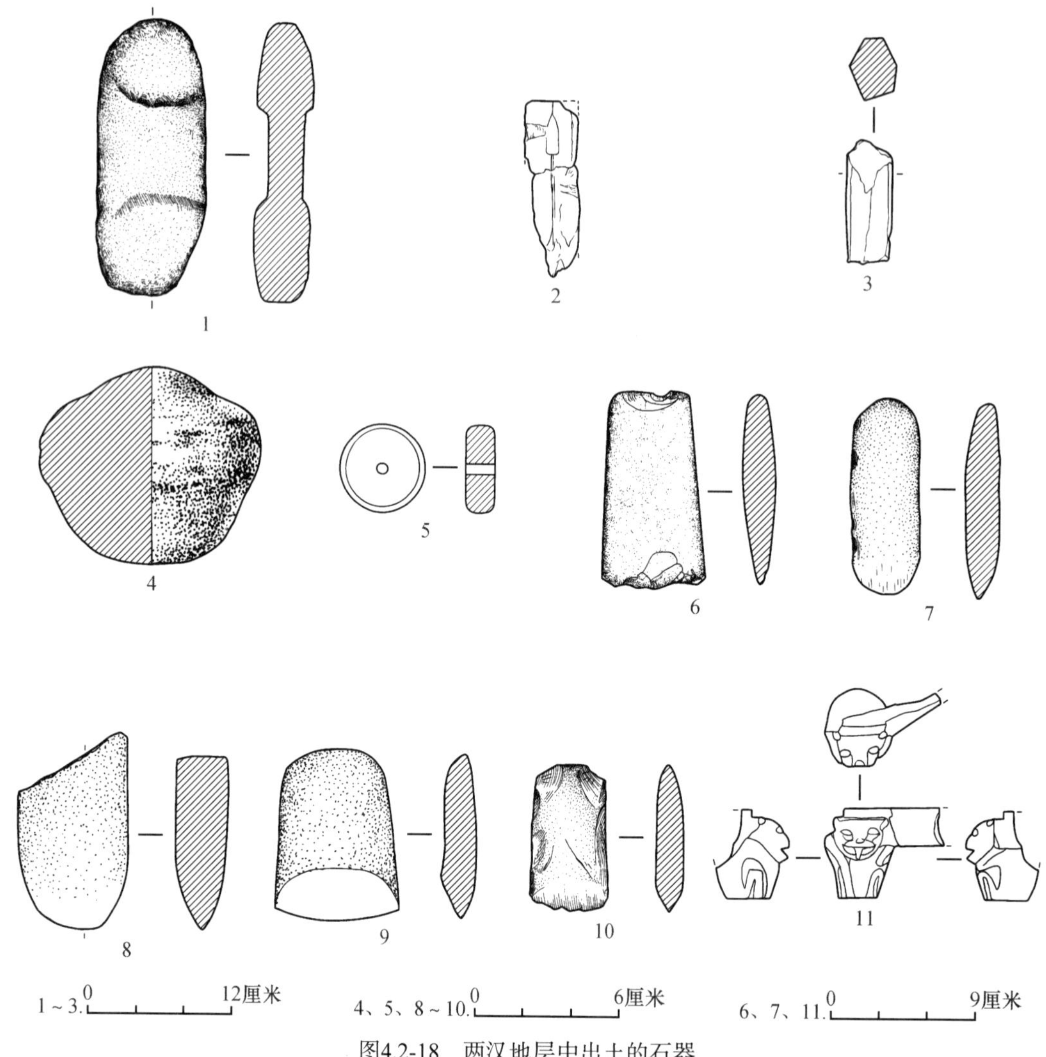

图4.2-18　两汉地层中出土的石器

1. 石杵（2000YJCT0216③：4）　2. 石范（1999YJCT13③：1）　3. 磨石（1999YJCT2④：3）　4. 石球（2001YJST0806④：6）　5. 石纺轮（2001KT0608④：2）　6～10. 石斧（2001YJKT0510④：1、2001YJST0606④：1、2001YJST0706⑤：6、2001YJST0706⑤：4、2001YJST0606⑤：2）　11. 石雕（2001YJKT0510④：3）

通体磨制，双面刃，刃部有使用痕迹。长12厘米，宽4厘米，高1.5厘米（图4.2-18，7）。2001YJST0706⑤：6，页岩质，通体磨制而成，双面刃，顶部残，刃部有使用痕迹。长8厘米，宽4.5厘米，高1.5厘米（图4.2-18，8）。2001YJST0706⑤：4，页岩质，通体磨制而成，双面刃，顶部有使用痕迹。长7厘米，宽5厘米，高1.5厘米（图4.2-18，9）。2001YJST0606⑤：2，砂岩，刃部磨制，单面刃，凿的两侧打制。长6厘米，宽3厘米，高1厘米（图4.2-18，10）。

石雕　1件。2001YJKT0510④：3，黄褐色砂岩，雕刻成怪兽形象，从器身判断应为某种器物的足部，残长4.8厘米，宽7.5厘米，高5.5厘米（图4.2-18，11）。

五、骨　角　器

角器　4件。1999YJCT1③：2，残。黄色，切割成的一段鹿角，残余半面，表面有鹿角的凸棱。锯割。长9.2厘米，宽3.8厘米（图4.2-19，1）。1999YJCT4③：4，完整。黄色，利用鹿角自然面切割成略呈长梯形板状，表面有鹿角的凸棱。锯割。长6.7厘米，中宽2.5厘米，厚1厘米（图4.2-19，2）。1999YJCT4③：2，完整。黄色，锯割面略呈板状梯形，两端稍磨，内外面保存鹿角原形，表面有鹿角的凸棱。锯割。长5.8～7厘米，宽3厘米，厚1厘米（图4.2-19，3）。1999YJCT4③：1，完整。黄色，兽角切割成的长方形坯料，断面五边形。磨制。长5.2厘米，宽1.3厘米，厚0.8厘米（图4.2-19，5）。

骨板形器　1件。1999YJCT4③：3，完整。骨黄，呈薄板状，两端锯割四面磨平。锯割、磨制。长7厘米，宽1.4厘米，厚0.3厘米（图4.2-19，4）。

圆柱形骨器　1件。2002YJAT0809④：11，骨器呈圆柱状，两头有铁锈迹，器身上装饰齿轮纹。长5.6厘米，直径1.1厘米（图4.2-19，6）。

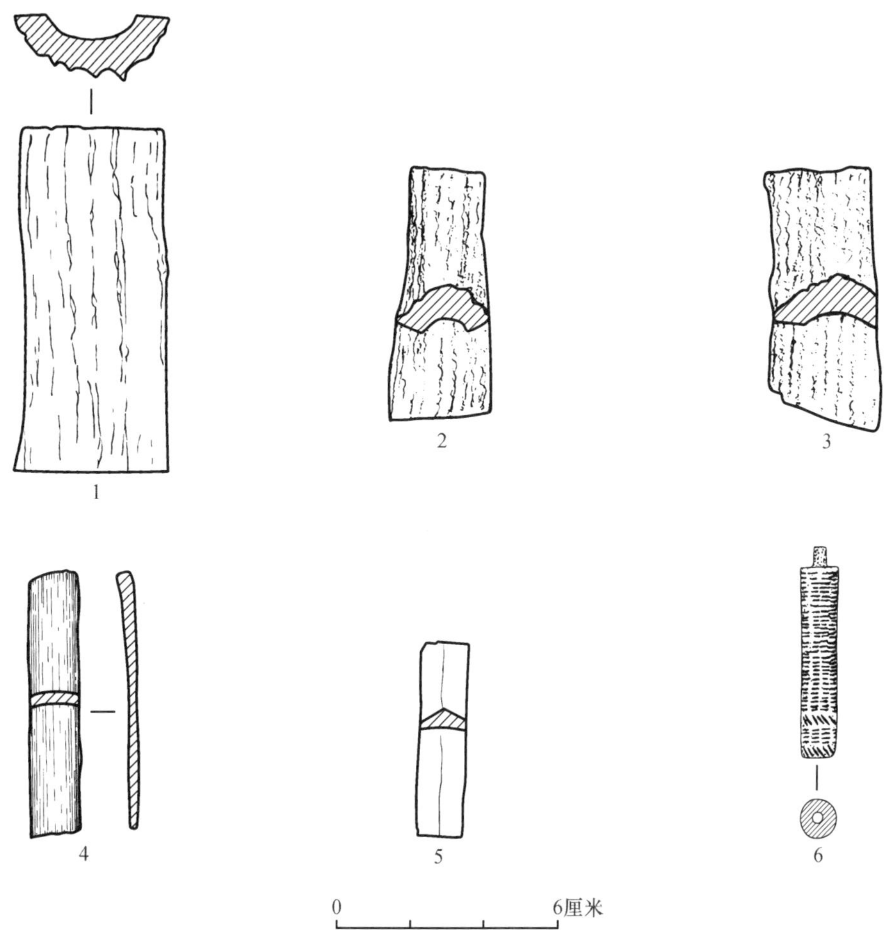

图4.2-19　两汉地层中出土的骨角器

1～3、5. 角器（1999YJCT1③：2、1999YJCT4③：4、1999YJCT4③：2、1999YJCT4③：1）　4. 骨板形器（1999YJCT4③：3）　6. 圆柱形骨器（2002YJAT0809④：11）

第三节 小 结

从旧县坪遗址的发掘看，属于两汉时期的遗存比较丰富。其中，C区发现的遗迹和遗物数量最多，C区共发现两汉时期灰坑42个，灰沟9条，井1口，窑2座，而且出土遗物较多。其陶器器形与战国时期相比有明显变化，厚沿的瓮、罐也已少见，但弧凹形方唇束颈、直颈罐仍在沿用。豆的形式变化不大，数量仍很多。纹饰中很少见粗绳纹，多为细绳纹、模糊绳纹，弦纹和抹绳纹状弦纹显著增多，器形仍与周边同类文化遗存有很多一致性。大量铜铁炼渣、红烧土块、木炭等，较多的鹿角、獐角、骨角器、残陶范、石范、陶鼓风管、陶模具，不仅包含于C区黑灰土堆积内，同时也见于灰坑之中。从遗物看，陶范、石范、陶鼓风管等制作规范，不只同类器形式统一，同形器的范体亦大致相近，其中一些镞、环、管、刀、钉等范上都有明显的铸造使用痕迹，发掘中亦有相应器物出土。以上种种都表明开始于战国时期的冶铸业仍在进行之中，从各种形式的绳纹筒、板瓦、瓦当，以及甬路、地面分析，此期应有相当规模的房舍建筑。旧县坪铸坊技术的成熟，铸造种类的丰富，已是当时较发达的铸造业了。另从其规模宏大，延续时间长久来看，很可能是战国至汉代的官办冶铸址。它对研究汉代的冶铸技术、手工业发展甚至铸造发展史等，均是弥足珍贵的资料。

A区2002年清理的2002YJAF204建于第4b层表，根据室内堆积中“大泉五十”钱币推断，其年代可能早至西汉。该房址前后有散水，础石、柱洞混用，柱间不用砖砌墙基，和六朝时期房址在结构上有较大区别。另外，还发掘到三条排水沟，这些沟都分布在房址周边或高处，这说明至少在汉代，居住区就有了有组织的排水系统。

B区、E区和R区虽然都发现了两汉时期的遗迹和遗物，但基本不见完整的汉代层位，表明这几个区都不是两汉时期的主要居民区。B区呈南低北高的倾斜状，值得注意的是，B区发现的2005YJBF4，其独特的构造为三峡库区所罕见。它属于一个房址，然而对其长条状河卵石堆积的性质则尚未形成定论。我们对其进行横向解剖时，未发现明显的沟槽痕迹，也就是说，该河卵石是直接摆放在地面上，还是摆放在事先挖好的浅槽里仍不得而知。从目前的考古资料来看，我们认为所发现的长条状河卵石堆积应该是墙基，理由有二：第一，该长条状河卵石堆积形状规整，窄而长，所有河卵石都呈纵向或斜向，非平铺式的排列。第二，从所发现的三条长条状河卵石堆积的交接部位看，并非对齐，而是略有出头，这与川东版筑墙基的接头十分相似。关于房址的磉墩，从磉墩的位置来看，磉墩与我们所判定的墙基很有可能分属于不同的房址。受发掘条件的限制，我们未能从实践上来证明这种观点的正确性。

E区各层并不连贯，东西两端生土层面相差3～4米，地表还有许多较大的坑沟，这种地貌可能不适合人们居住。但是在魏晋之前，由于坡上表土不断被水蚀滑落，E区已逐渐淤成平坝，房址和沟渠遗迹才扩展至此多了起来。所以，两汉时期人们主要的生产和生活区域，很可能是在B、C两区及其以北的坡上，六朝时期才向今天E区的平坝上扩展。

在K区发现了3座陶窑，从层位上看，3座窑址均构筑在黄土层上，被六朝时期的第3层或第3层下灰坑叠压和打破，应属于东汉晚期遗迹。3座窑址的发现及疑似棚户遗迹的存在和K区第

3b层下陶、瓦砾层的集中堆积现象，表明K区很可能是汉代的制陶区。

S区有保存较好的两汉地层和遗迹，两汉地层呈坡状堆积，向北越过小路延伸至E区南端，局部还见战国和六朝时期遗迹相叠压。

2001YJSK1是S区两汉时期遗存的重要发现。此坑开口于汉层下，坑中陶器均为西汉流行式样，木牍文字属早期隶书，其年代应不晚于汉武帝时期，据此推测，2001YJSK1的年代当于汉代早期。坑内3件木尺中2件刻度为1.8厘米，另1件刻度长3.6厘米，较之以往在贵县罗泊湾木尺、满城错金铁尺、东汉长沙子弹库铜尺、浙江绍兴漓渚残铜尺汉尺不同，如非巴人固有尺寸，则很可能有着特殊用途。尤为重要的是一批汉早期木牍的发现，从2001YJSK1牍上行文和排布看，除第一行外，都是记录某日发生了某事的内容，媵卿，其意不解，东阳，或为地名。《华阳国志·巴志》所引《水经注》谓朐忍坑内有一“东阳滩”，颇为险要，王国维《水经注校》卷三十三对东阳滩的记述更为详细。其注为：“江水又东，又迳朐忍县故城南……江水又东迳瞿巫滩，……又迳东阳滩，江上有破石，较以通谓破石滩，……江水又东迳复县之固陵。”[①]其与今云阳上游15千米的旧县坪亦即汉代朐忍之间，短短六十里水路就有两处大滩，江航水路险阻可知。如果简牍上所记“东阳”确为滩名，必在三滩中，即云阳至固陵之间，这不仅为朐忍故地认定补充了直接证据，同时也说明简牍上的记事可能多和江航里程有关，是历史地理研究中十分宝贵的资料。但是关于2001YJSK1的性质，目前还很难下结论。由于坑中无葬具骨骸显非墓葬，而水井在川东地区并无先例，若为窖穴似嫌太过费了周折，用于祭祀则遗物品级不够。从坑形上圆下方、底出三级台阶的结构看，可能有着某种宗教意义，有待进一步研究。

① 王国维校，袁英光、刘寅生整理标点：《水经注校》，上海人民出版社，1984年。

第五章　六朝时期遗存

六朝时期遗存比较丰富，主要地层包括1999年A区第2～4层；2002年A区第3层；2005年A区第3层；2000年B区第4层；1999、2000年C区的第2层；2004年B区第3层；2005年B区第3、4层；2000、2003～2004年E区的第4、5层；2001年K区的第3层；1999年S区的第2、3层；2001年S区的第3层；2003年S区的第3～5层。发现的遗迹数量也很多，主要分布于A区、B区、C区、E区、K区、R区和S区等，以下将具体介绍。

第一节　遗迹和出土遗物

一、A　区

A区共发现属于六朝时期的遗存包括房址3座，灰坑8个，灰沟1条，渠1条，墓葬3座。

1. 房址

共3座，分别编号为2002YJAF101、2002YJAF102和2002YJAF103。

2002YJAF101　平面形状呈方形，位于2002YJAT0609、2002YJAT0610、2002YJAT0709、2002YJAT0710之间，方向45°。开口于第3层下，建于第4a层上。房内堆积均为黑褐色，含大量碎瓦，未发现明确地面，亦未见门址。房内发现灶两处，均以石块摆成，一号灶（2002YJAF101Z1）三面砌石，二号灶（2002YJAF101Z2）四面砌石，石间均有较厚的烧土面（图5.1-1）。房内东北角黑褐土下发现一表面饰网格纹的泥质灰陶罐，罐中有部件齐全的铜弩机四套，应为房内窖藏，出土器物介绍如下。

陶罐　1件。2002YJAF101：1，泥质灰黄陶，轮制。系鼓腹罐，敛口，方唇，口微鼓，腹上部微鼓，平底，中部内凹。沿外侧加厚。腹上部饰三道平行横弦纹，其间饰细网格纹。口径22.6厘米，底径14厘米，高19.5厘米。壁厚0.3厘米（图5.1-2，1）。

花纹砖　1件。2002YJAF101：3，泥质灰陶，模制。两端有榫卯，侧面一长一短，短面饰纹。短侧面饰纹，中饰方格纹，两边饰以菱形纹。长35.2厘米，宽20厘米，厚11.5厘米（图5.1-2，2）。

弩机　4件。2002YJAF101：4，保存完好。铜铸，素面。构件齐全，铜郭、望山、悬刀及两贯通机身的卯钉组成完整的机，郭背有天道。通长20.5厘米，郭长16.5厘米（图5.1-2，3）。2002YJAF101：5，铜铸，素面。保存完好，构件齐全。郭长18厘米，宽4厘米（图5.1-2，4）；2002YJAF101：6，铜铸，素面。保存完好，构件齐全。郭长18.5厘米，宽4.3厘米（图

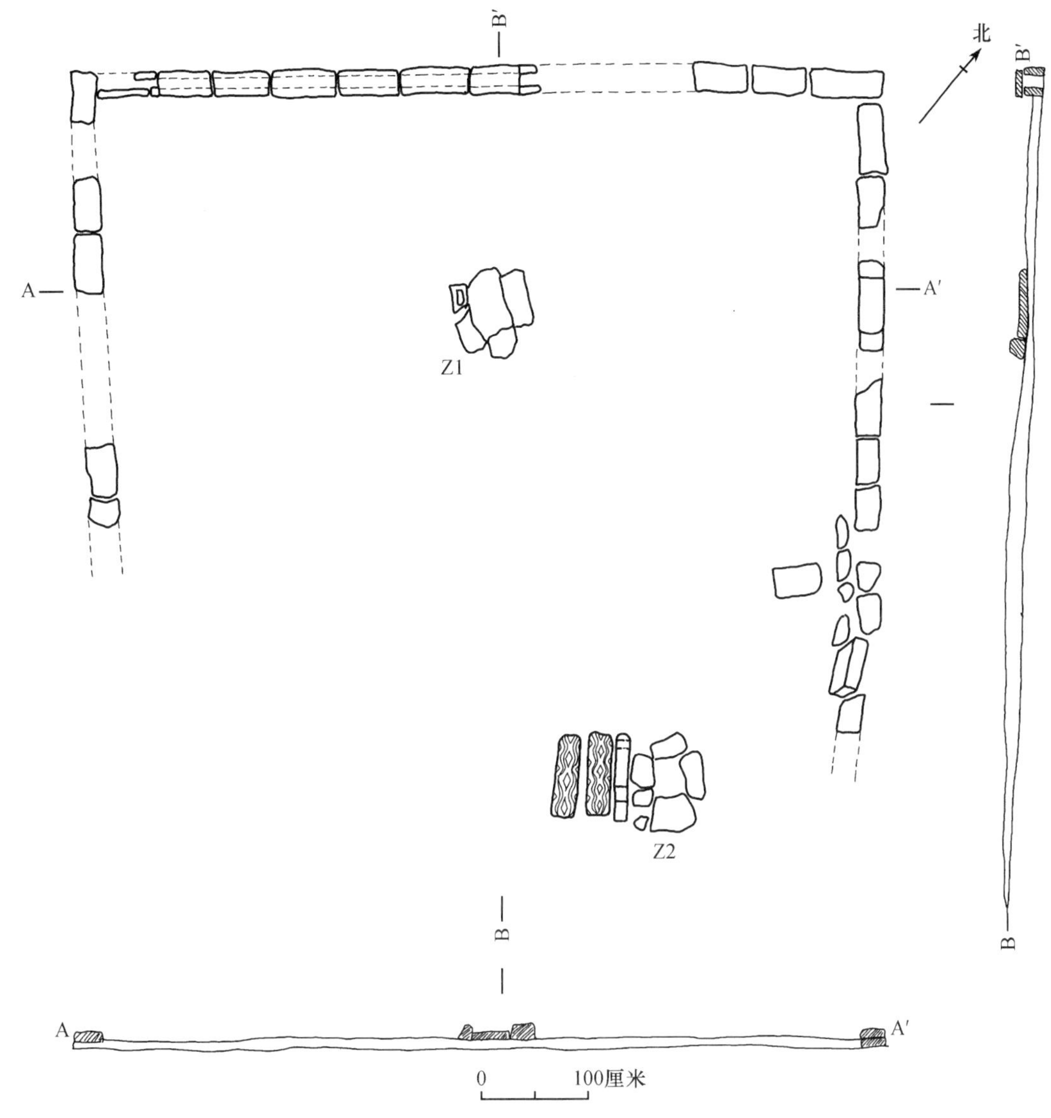

图5.1-1　2002YJAF101平、剖面图

5.1-2，5；图版三一，5）。2002YJAF101：7，铜铸，素面。保存完好，构件齐全。郭长18.5厘米，宽4.5厘米（图5.1-2，6；图版三一，6）。

2002YJAF102　位于2002YJAT0709西部，开口于第3层下，建于第4a层上，现仅存东南一角，原应为长方形或方形，以单层榫卯花纹砖摆砌，房内堆积为黑褐色，含大量陶瓦片但无成形器。房内未见其他遗迹，仅在房址外东南侧与2002YJAF101之间有一条单层筒瓦仰摆的散水沟槽，现存约5米（图5.1-3）。

2002YJAF103　位于2002YJAT0608东北角、2002YJAT0609西北角，开口于第3层下，方向约75°。建于第4a层上，破坏较严重，现仅存西北角和南墙中段墙基，墙基以单层榫卯花纹砖摆砌，仅西墙北段设以双排。房内堆积为黑褐色，厚约10厘米，内含大量陶瓦瓷片及铜钱。未见其他遗迹，仅在西墙下叠压2002YJAH107，坑内包含较多石块，可能为平整地面时填充（图5.1-4）。

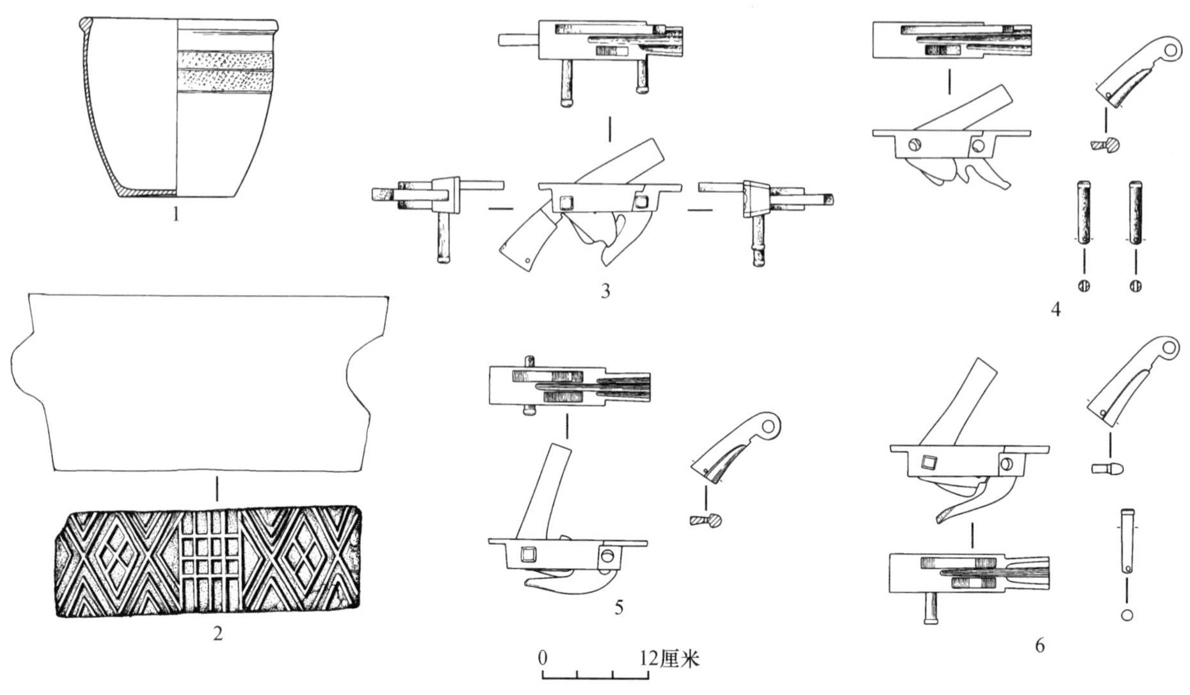

图5.1-2　2002YJAF101出土器物

1. 陶罐（2002YJAF101：1）　2. 花纹砖（2002YJAF101：3）　3～6. 弩机（2002YJAF101：4、2002YJAF101：5、2002YJAF7101：6、2002YJAF101：7）

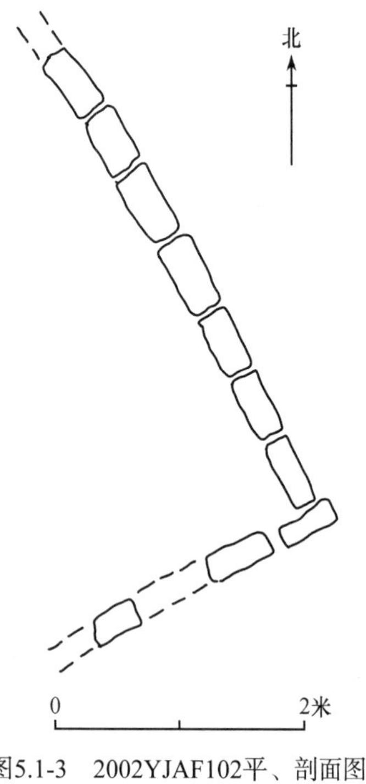

图5.1-3　2002YJAF102平、剖面图

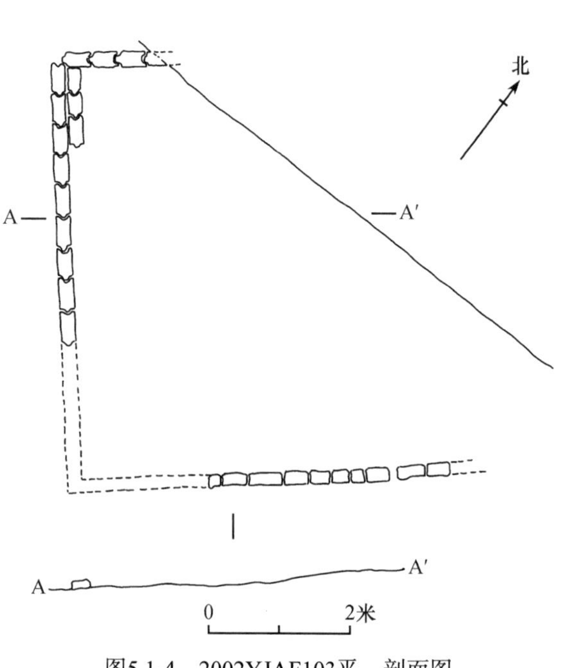

图5.1-4　2002YJAF103平、剖面图

2. 灰坑

灰坑共发现8个，编号为2002YJAH101、2002YJAH102、2002YJAH104、2002YJAH106、2002YJAH107、2002YJAH113、2002YJAH116和2002YJAH118。

2002YJAH101　平面呈椭圆形，开口于第3层下，打破第4层，坑口距地表1～1.1米，坑底距地表2～2.1米。斜壁，弧底，坑壁较光滑。坑口长2.4米，宽1.45米（图5.1-5）。坑内填土呈黄灰色，出土板瓦和残瓦当。

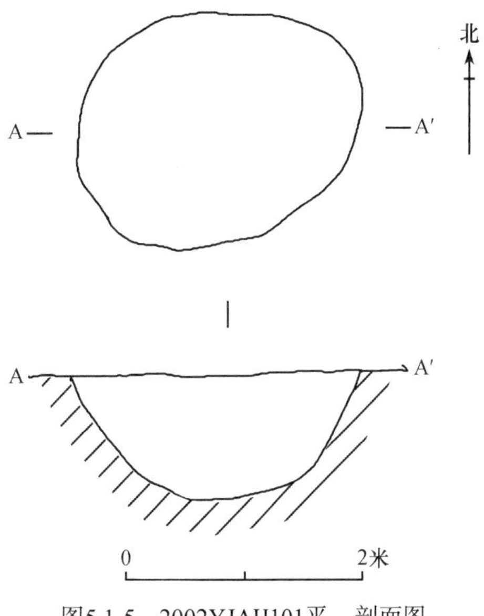

图5.1-5　2002YJAH101平、剖面图

2002YJAH102　平面呈椭圆形，位于2002YJAT0608西南部。开口于第3层下，坑口距地表0.7～0.9米，坑底距地表1.7～1.95米。弧壁，圜底，坑口长3.2米，宽1.6米（图5.1-6）。坑内填土整体呈黄灰色，出土素面或绳纹泥质陶片。

2002YJAH104　平面呈长方形，位于2002YJAT0810西北端，方向为315°。开口于第3层下，坑口距地表0.6米，坑底距地表1.25米。直壁，平底，形状较为规整。坑口长2.5米，宽1.2米，坑底长2.4米，宽1.15米（图5.1-7）。坑内填土呈红褐色，出土纹饰瓦片、纹饰青砖和铁镞等，具体介绍如下。

陶筒瓦　1件。2002YJAH104：1，泥质灰陶。短唇。凹面饰粗篮纹，凸面饰粗绳纹。长41.5厘米，唇长2.5厘米，身宽15～16厘米（图5.1-8，1）。

铁镞　1件。2002YJAH104：2，棱形状镞，有铤。长4.6厘米，直径0.7厘米（图5.1-8，2）。

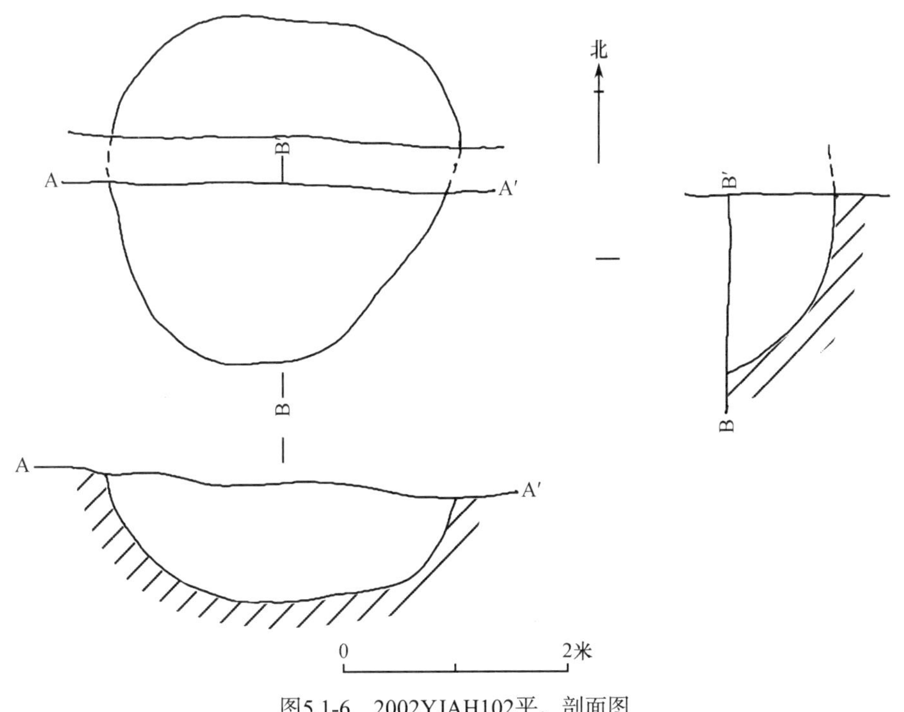

图5.1-6　2002YJAH102平、剖面图

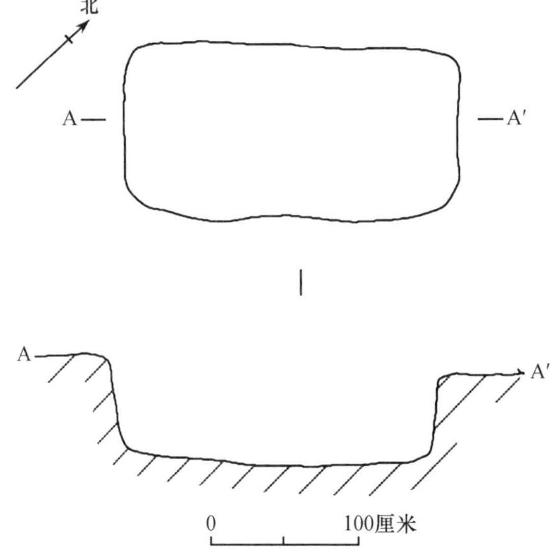

图5.1-7　2002YJAH104平、剖面图

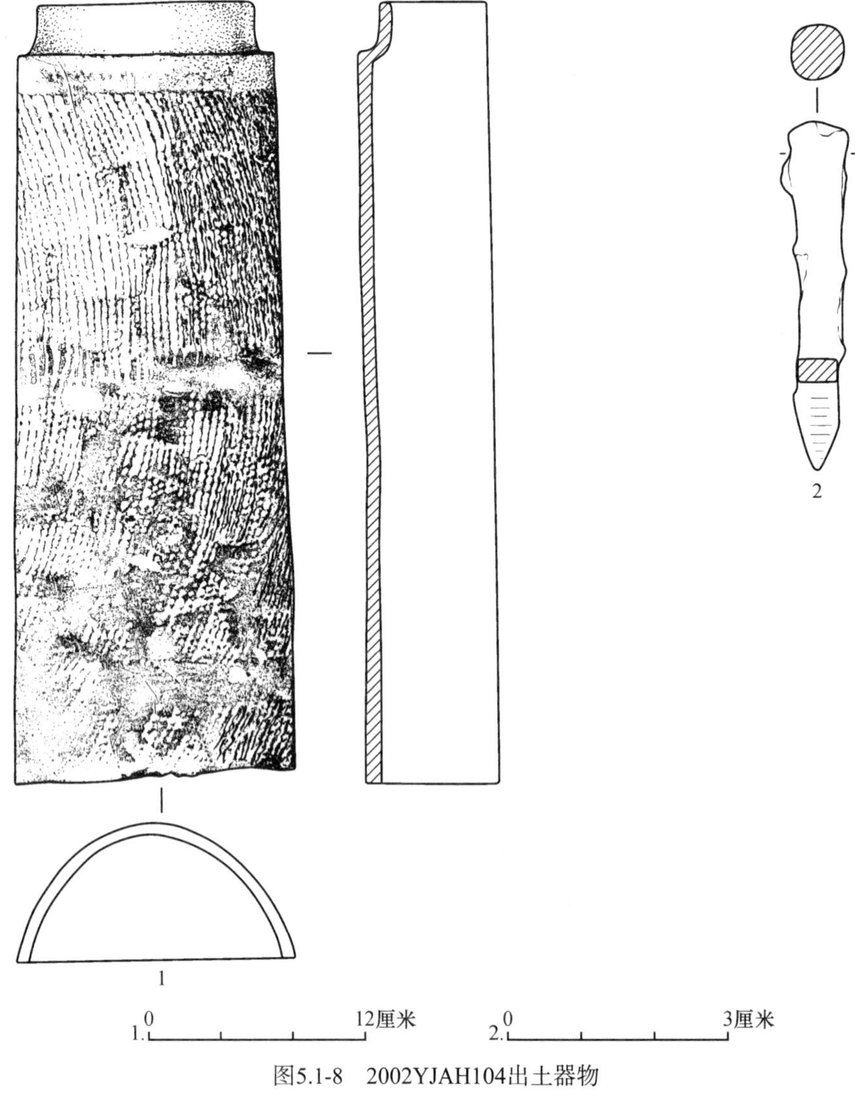

图5.1-8　2002YJAH104出土器物

1. 陶筒瓦（2002YJAH104：1）　2. 铁镞（2002YJAH104：2）

2002YJAH106　平面呈椭圆形，位于2002YJAT0608西北角。开口于第3层下，坑口距地表0.6米，坑底距地表2米，被一座房址的北墙—东墙转角叠压。坑壁不规则，东侧较陡直，西侧呈斜坡，弧形底。坑口长7.7米，宽1.8米（图5.1-9）。坑内填土上层呈黄褐色，下层土色略深，土质致密，夹杂大量烧土块，出土筒板瓦、泥质灰陶绳纹罐残片。

2002YJAH107　平面呈圆角长方形，位于2002YJAT0608中部，方向45°。开口于第3层下，打破第4b层。斜直壁，平底，坑口长2.8米，宽2.3米，坑底长、宽均为1.9米，深约1.6米。灰坑下部挖在生土中，边壁、底面均很平整光滑，应该是当时人们有意识挖出的窖穴一类设施（图5.1-10）。坑内填土黄灰色，上部颜色较深填土中夹杂石块较多，最大的有25厘米×20厘米×30厘米，但位置无规律并非有意摆砌，填土中含陶瓦片甚多，拣选修复者有人面卷云纹瓦当9件，还有泥质青灰陶钵、陶盆、青瓷四耳罐、花纹砖和铜镞等，以下将具体介绍。

陶瓦当　9件。2002YJAH107：1，泥质灰陶。卷云纹，中间凸起为人像（图5.1-11，1；图版二七，6）。2002YJAH107：2，泥质青灰陶。中心乳突外和框内均饰一周凸弦纹，之间被四组双短线分隔成四区，每区内饰一组卷云纹。乳突为人像，外饰四组卷云纹，四周为云朵。外径14.4厘米，厚1.5厘米，边框高0.9厘米（图5.1-11，2）。2002YJAH107：4。红褐陶。残半。以球面形乳突为中心，以双凸线分为四区，每区为双连卷云纹，间有四个乳钉。制作规范，线条清晰。四等分乳钉卷云纹。外径14厘米，图案区径11.5厘米，缘高0.5厘米，通厚2.4厘米（图5.1-11，3）。2002YJAH107：6，泥质黄陶。边框残缺较大，表面磨损。中心有乳突，乳突外饰一周凸弦纹，边枢下饰一周凸弦纹两者间饰四组三短线，将四组云纹分隔，云纹

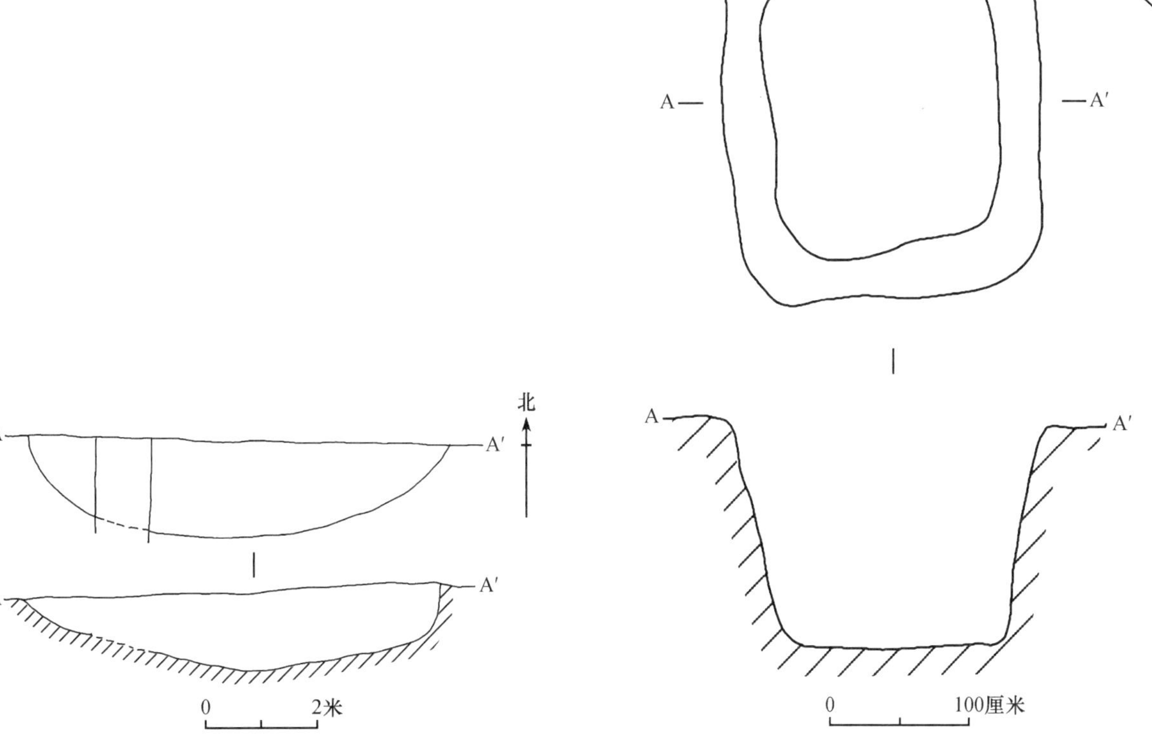

图5.1-9　2002YJAH106平、剖面图

图5.1-10　2002YJAH107平、剖面图

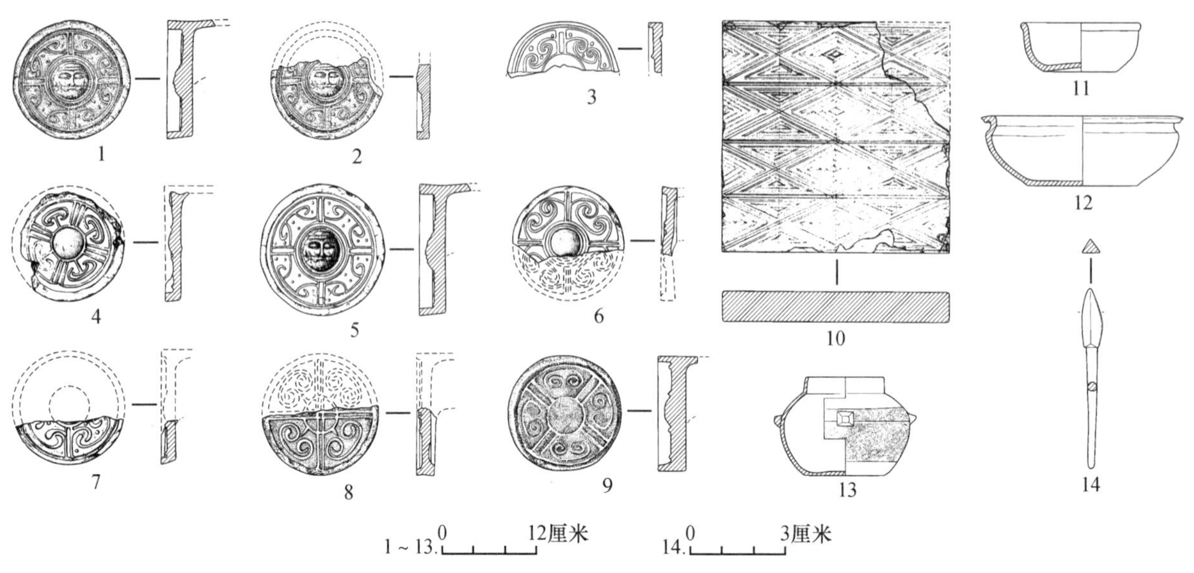

图5.1-11　2002YJAH107出土器物

1～9. 瓦当（2002YJAH107：1、2002YJAH107：2、2002YJAH107：4、2002YJAH107：6、2002YJAH107：8、2002YJAH107：14、2002YJAH107：15、2002YJAH107：16、2002YJAH107：17）　10. 花纹砖（2002YJAH107：9）　11. 陶钵（2002YJAH107：3）　12. 陶盆（2002YJAH107：13）　13. 瓷罐（2002YJAH107：7）　14. 铜镞（2002YJAH107：5）

简化，与内圈弦纹相连。中心乳突较低，略高于周边弦纹云纹，单线云纹中有一丁字形纹饰，与内圈弦纹相连，边框较高。乳突直径4厘米，边厚2～2.1厘米，边框宽1.1厘米，高0.9～1厘米（图5.1-11，4）。2002YJAH107：8，泥质灰黄陶。制作较精，圆形当面平整，边框窄而高，质地为泥质夹白石砂粒。当面由双股辐射线分四个小区，每区内饰卷云纹，相间饰圆珠纹6个，中央乳突为高浮雕人面像，乳突外围饰双同心圆。面径16厘米，边宽0.8～1.1厘米，边高1.9厘米，同心圆外径6.9厘米（图5.1-11，5；图版二七，2）。2002YJAH107：14，泥质灰陶。中心有乳突，外饰两周凸弦纹，弦纹外为四组卷云纹，被四组双线分隔。中心乳突较低，外饰凸弦纹粗且高卷云纹和双线均较细，边框低且窄。口径14厘米，边厚1.75～2厘米，边框厚0.6～0.7厘米，高0.5厘米（图5.1-11，6）。2002YJAH107：15，泥质灰陶。乳突已残缺，不知详情，突外弦纹，短线纹，小乳钉饰于云纹正中二枚，云纹两侧各一。四组双短线将四组云纹分隔云纹为三条，分断的线组成，两条勾形纹与云纹两侧短线纹相连，边框下饰一周弦纹，每组弦纹四周饰四小乳钉。直径14厘米，边厚1.9～2.5厘米，边框宽0.7～0.8厘米，高0.7厘米（图5.1-11，7）。2002YJAH107：16，泥质灰陶。残半，圆形，形制特殊，边框窄而矮，制作较粗。双道弦纹贯穿中央同心圆，以十字形将当面分割成四分区，中间同心圆为齿轮形。外径14厘米，边宽0.8厘米，边厚2.4厘米，同心圆直径4.7厘米，高0.8厘米（图5.1-11，8）。2002YJAH107：17，泥质黄陶。边框残缺较大，表面磨损。中心乳突较低，略高于周边弦纹云纹，单线云纹中有一丁字形纹饰与内圈弦纹相连，边枢较高。中心有乳突，乳突外饰一周凸弦纹，边枢下饰一周凸弦纹，两者间饰四组三短线，将四组云纹分隔，云纹简化，与内圈弦纹相连。口径14厘米，边厚2～2.1厘米，边枢宽1.1厘米，左右高0.9～1厘米（图5.1-11，9）。

花纹砖　1件。2002YJAH107：9，泥质灰黄陶。正方形。一面饰菱形纹。边长28.7厘米，厚3.6厘米（图5.1-11，10）。

陶钵　1件。2002YJAH107：3，泥质青灰陶。轮制。侈口，圆唇，直壁斜弧腹，内凹平底。口沿下有一道凸弦纹。口径15.2厘米，底8.8厘米，高6厘米（图5.1-11，11）。

陶盆　1件。2002YJAH107：13，泥质灰黄陶。侈口，折沿，方唇，低领，斜腹，腹外壁有一微折平底。外口径25.4厘米，底径14.5厘米，高8.4厘米，内径22厘米（图5.1-11，12）。

瓷罐　1件。2002YJAH107：7，酱釉瓷。直口鼓腹，圆唇，平底，溜肩，饰一周凸弦纹，腹部有四个对称横桥状耳，大部分釉色退掉。腹部压印布纹。口径9.8厘米，高12厘米，底径10.8厘米，腹径16.6厘米（图5.1-11，13）。

铜镞　1件。2002YJAH107：5，铜绿色。三棱形镞，带柱状铤。长5.5厘米（图5.1-11，14）。

2002YJAH113　位于A区东部，开口于第1层下，坑口距地面0.3～0.7米，坑底距地表1.85～2.15米，坑北部被2002YJAH115打破（图5.1-12）。坑内填土分为3层，第1层填土厚0.3～0.75米，呈灰黄色，土质略黏，包含物主要为残豆、鼎足等；第2层填土厚0.25～0.7米，呈灰褐色，出土陶器盖、铜带钩、铜器足、铜镞及灰陶素面陶三角器、陶拍等；第3层同第2层

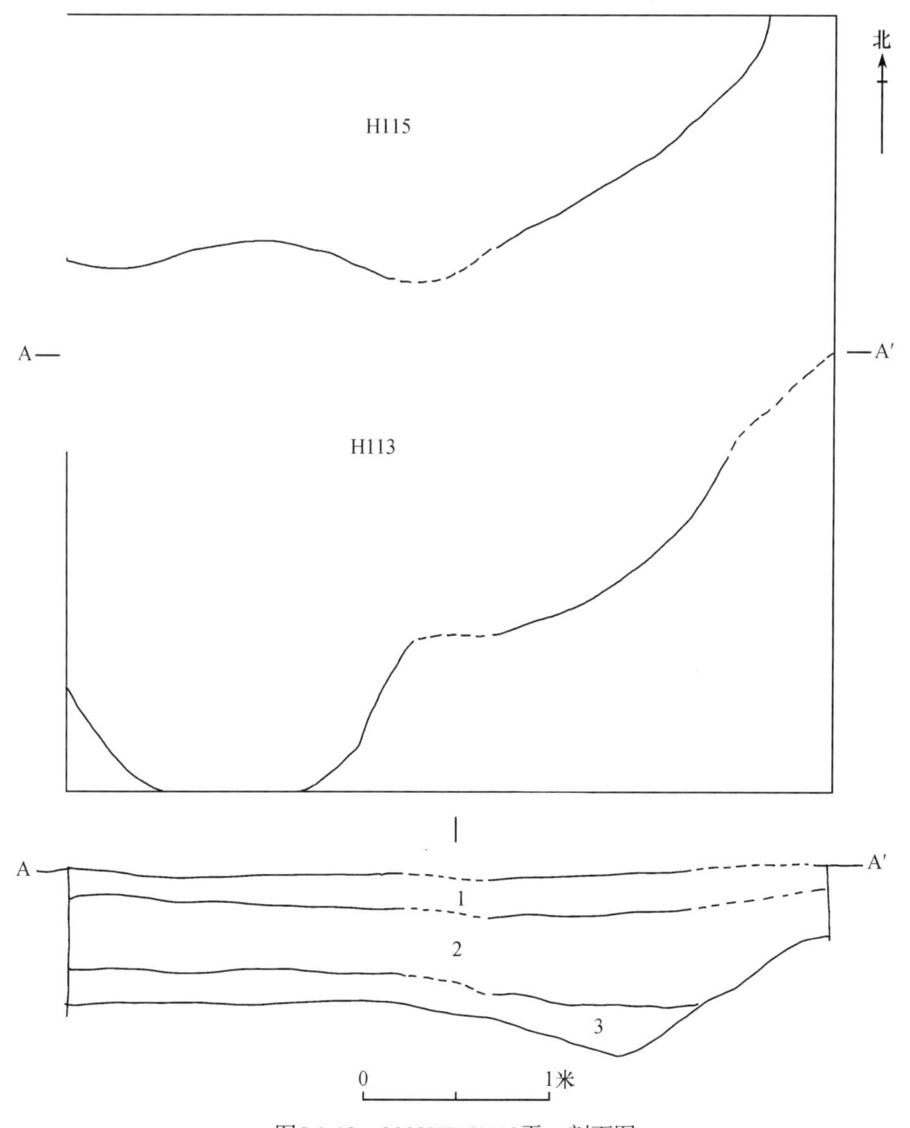

图5.1-12　2002YJAH113平、剖面图

较为接近，沙质土。出土器物介绍如下。

陶三角器 1件。2002YJAH113：3，夹砂灰陶。圆锥体，口开于器底，器壁侧有圆孔对应的另一壁上有戳痕。底径9厘米，高10.3厘米，器壁厚2～2.6厘米，内腔深6厘米（图5.1-13，1）。

陶拍 1件。2002YJAH113：4，夹砂灰陶。椭圆形拍头，管状拍把，素拍。高8.1厘米，拍把直径3.4～4.3厘米（图5.1-13，2）。

陶器盖 1件。2002YJAH113：5，泥质黑陶，红褐胎。圆形平盖连一段柱形把，可能为瓶盖，亦可能为大器盖的纽。盖直径6厘米，残高1.6～1.65厘米，柱把直径3.5厘米，盖厚0.75～0.8厘米（图5.1-13，3）。

铜带钩 1件。2002YJAH113：1，长方形基座，座上为鸭头形勾器尾部残。底座长1.2厘米，宽1.1厘米，通高2.5厘米（图5.1-13，4）。

铜器足 1件。2002YJAH113：2，柱足，圆底一面削平，足上与器物相接处表饰兽面纹，后设一卯钉。面饰兽面纹。通高2.7厘米，最宽处2.4厘米（图5.1-13，5）。

铜镞 1件。2002YJAH113：6，头部主体是三角形，刃部后延形成两侧翼，中间有一脊翼间有两道凹槽。残长4厘米，铤径0.3厘米（图5.1-13，6）。

2002YJAH116 平面呈长方形，位于2002YJAT0601中部，方向为30°。开口于第3层下，坑口距地表1.5米，坑底距地表2.34米。坑口长2.7米，宽2.3米，坑底长2.5米，宽2.1米（图5.1-14）。坑内出土铜镞和铜器各1件。

铜镞 1件。2002YJAH116：1，尖部较长，截面呈现五边形，尖后部呈多边形，铤

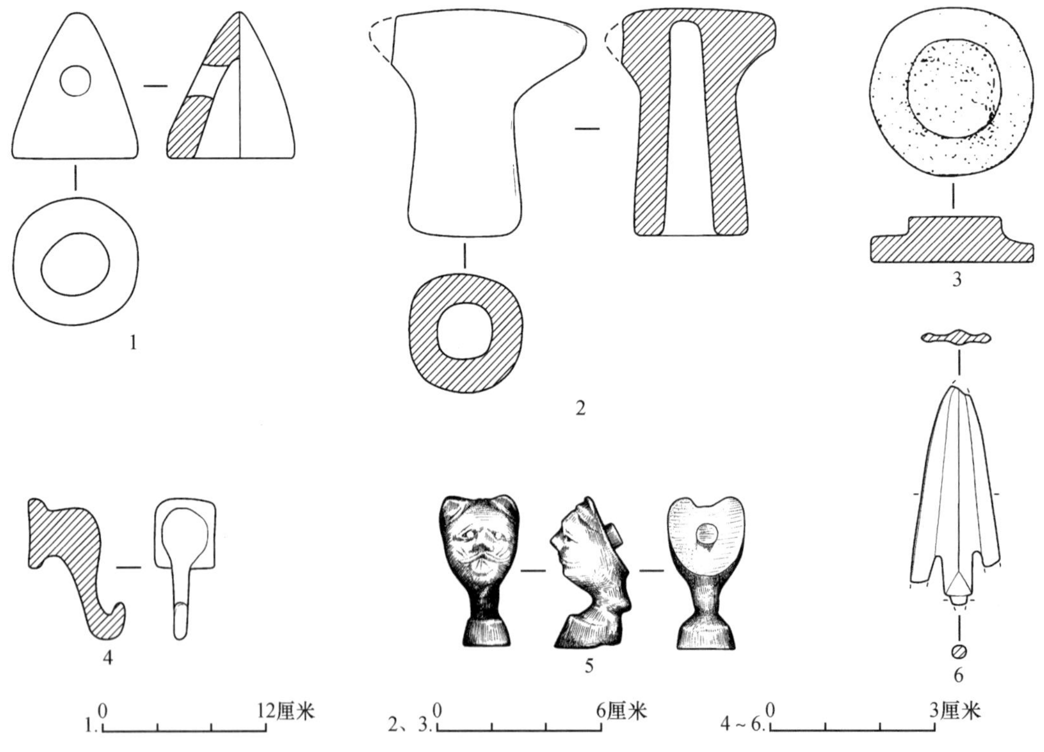

图5.1-13 2002YJAH113出土器物

1. 陶三角器（2002YJAH113：3） 2. 陶拍（2002YJAH113：4） 3. 陶器盖（2002YJAH113：5） 4. 铜带钩（2002YJAH113：1） 5. 铜器足（2002YJAH113：2） 6. 铜镞（2002YJAH113：6）

截面呈椭圆形。通长7.4厘米，铤长3.6厘米（图5.1-15，1；图版二九，1）。

铜器　1件。2002YJAH116：2，外观呈子弹头形，中空。通高3厘米，壁厚0.1厘米，孔径0.6厘米（图5.1-15，2）。

2002YJAH118　平面呈长方形，位于2002YJAT0708西北角，方向为北偏西30°。开口于第3层下，坑口距地表0.55米，坑底距地表1.13米。坑口长2.04米，宽1.7米，坑底长1.84米，宽1.5米（图5.1-16）。坑内填满粗绳纹瓦片。

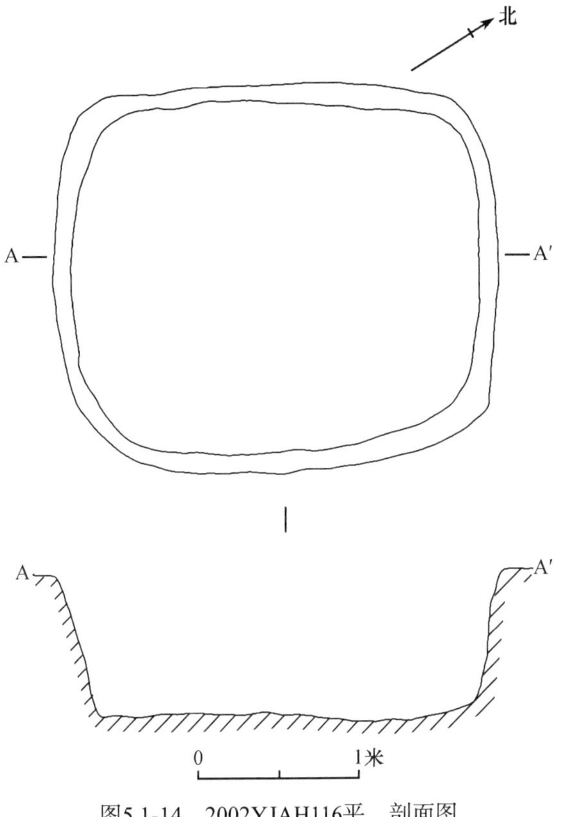

图5.1-14　2002YJAH116平、剖面图

3. 灰沟

共1条，编号2002YJAG102，平面呈不规则形，位于2002YJAT0611中部，南北向。开口于第3层下，坑口距地表0.25～0.4米，坑底距地表0.6米。沟口长2.5米，宽1.65米，沟底长1米，宽0.6米。沟西宽东窄，沟底西部略呈弧形，东部基本为平底（图5.1-17）。沟内为黑色淤泥积土，较纯净。

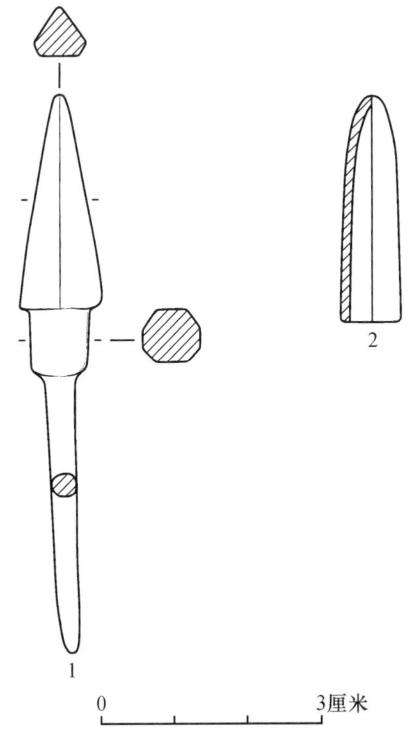

图5.1-15　2002YJAH116出土器物

1. 铜镞（2002YJAH116：1）　2. 铜器（2002YJAH116：2）

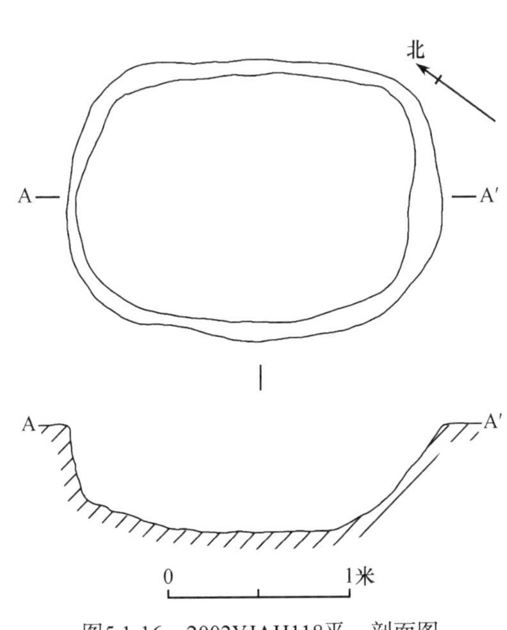

图5.1-16　2002YJAH118平、剖面图

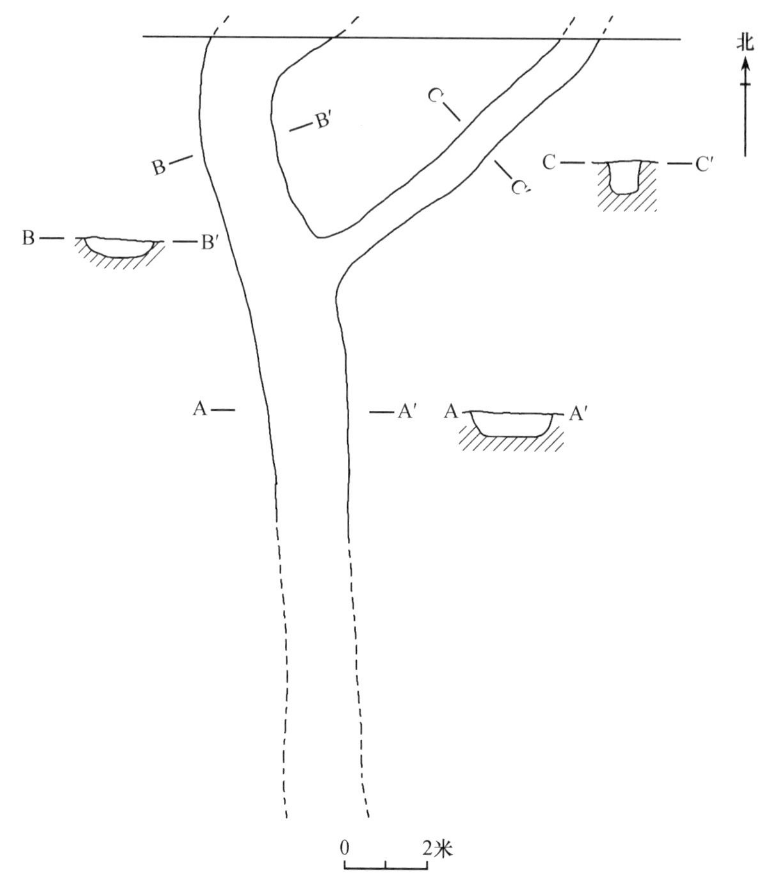

图5.1-17　2002YJAG102平、剖面图

4. 渠

共1条，编号2002YJAQ101，平面呈长方形，位于2002YJAT0601东部。开口于第3层下，渠口距地表0.75米，建于第4b层上，渠底距地表约1.3米。东南—西北走向，方向为北偏西75°。残渠长5.8米，外宽0.75米，内宽0.4米，渠深0.34米，东高西低两端约有5°的水平落差。渠壁两侧立以条石，底、盖均为板石。条石规格基本一致，宽约0.15米，厚约0.2米，长0.5～1米。板石亦经修整，底部铺设的板石均宽0.2米，厚0.04米，长0.48～0.75米。盖板制作较粗糙，且多已缺失，现仅存三块，厚0.08～0.1米。2002YJAQ101构筑巧妙，东段渠底有一个台阶，以一块厚0.18米的条石为界，东侧渠底与条石顶面平，西侧渠底与其底面平，最西端的一块底板略向下倾斜，是为出水口（图5.1-18）。渠内填土呈黑褐色，出土大量粗绳纹瓦片、泥质灰陶片及卷云纹瓦当残片，并出少量兽骨。

5. 墓葬

墓葬共清理3座，皆为长方形土坑竖穴墓，编号为2002YJAM101、2002YJAM102和2002YJAM103。

2002YJAM101　位于2002YJAT0612西北部，方向60°。开口于第3层下，距地表0.28～0.6米，打破生土。墓坑斜直壁，平底，墓口长2.3米，宽0.8米，坑底长2.13米，宽0.6米，深

0.26～0.3米（图5.1-19）。无葬具，仅以碎瓦垫底，覆盖以板瓦，人骨仅存少量残碎肢骨，应为单人葬，头向、葬式不清，无随葬品。

2002YJAM102　位于2002YJAT0609东北部，头向135°。开口于第3层下，距地表1.3米，打破第4b层。直壁，底部不甚平整，长1.7米，宽1米，深约0.1米（图5.1-20）。填土灰褐色，含少量碎瓦，无葬具，仅于墓坑中放置大块板瓦，或俯或仰，覆盖尸体，人骨保存较差，仅存头骨和少量肢骨，应为单人葬，无随葬品。

2002YJAM103　位于2002YJAT0609东北部，头向北偏西45°。开口于第3层下，距地表1.35米，打破第4b层。东、南壁较直，西、北壁略斜，底部北高南低且不平整，坑口长1.7米，宽1.2米，坑底长1.6米，宽1.18米，深0.1～0.16米（图5.1-21）。填土灰褐色，含少量碎瓦，无葬具，仅于墓坑中放置大块板瓦，或俯或仰，覆盖尸体，人骨保存较差，仅存头骨和少量肢骨、盆骨碎片，应为单人葬，无随葬品。

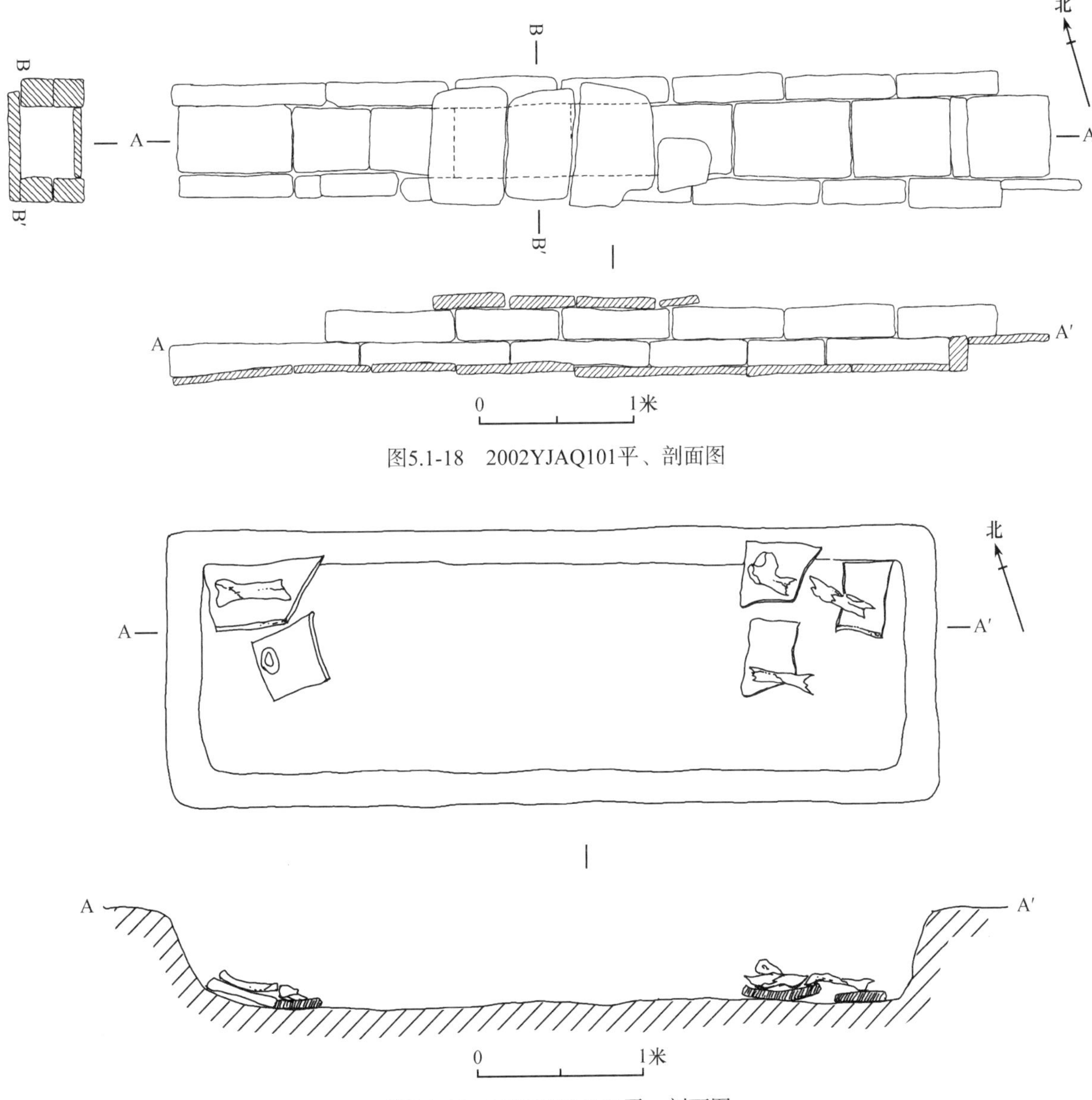

图5.1-18　2002YJAQ101平、剖面图

图5.1-19　2002YJAM101平、剖面图

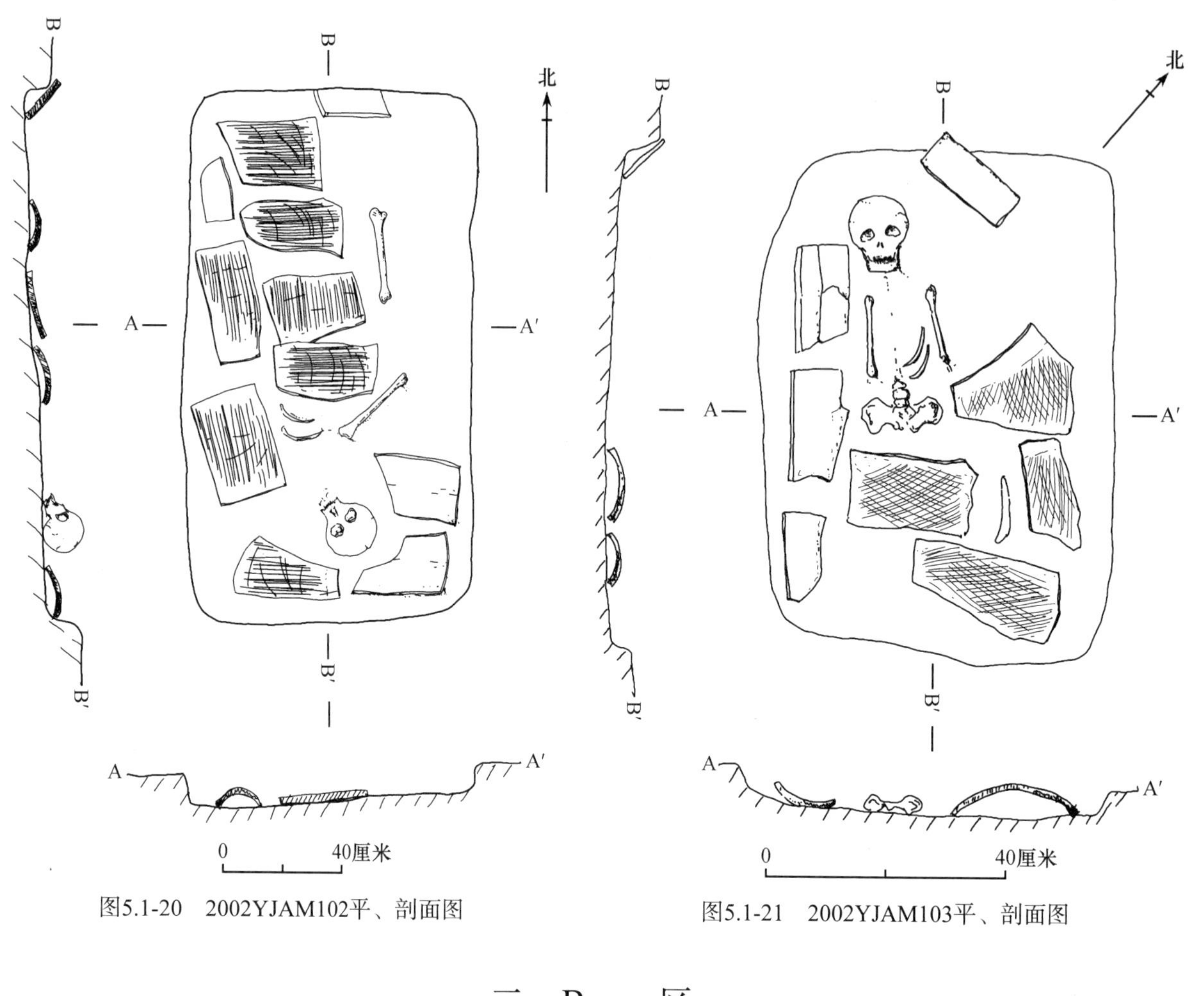

图5.1-20　2002YJAM102平、剖面图

图5.1-21　2002YJAM103平、剖面图

二、B　区

B区共发现房址2座，灰坑和其他填埋坑4个、甬路1条、渠1条和窑1座。

1. 房址

共2座，编号2005YJBF1和2005YJBF2。

2005YJBF1　地面建筑，位于2005YJBTG1的北部，叠压在第3a层下，打破生土。由于破坏严重，保存很不完整，仅发现两块础石。其北紧邻两条相互交接的石渠，渠俱由较规整的长条石垒砌，破坏严重，但仍可看出走向：一条呈东北—西南走向，另一条呈西北—东南走向。后者的南侧渠壁可能还兼作2005YJBF1的墙基使用。未见地面和灶址（图5.1-22）。房内堆积同地层第3a层，黑色土。

2005YJBF2　地面建筑。位于2005YJBT1300、2005YJBT1301内，叠压在第3a层下，打破第4a层。由于破坏严重，仅发现两段残缺的且相互垂直的墙基。墙基俱由条石垒砌，长的一段5.6米，短的一段2米。在房址内部还发现一块不成形状的卵石面，位于墙基拐角的内侧（图5.1-23）。房内堆积全部为地层第3a层土，黑色，土质较紧密，包含大量瓦片、陶片和瓷片。

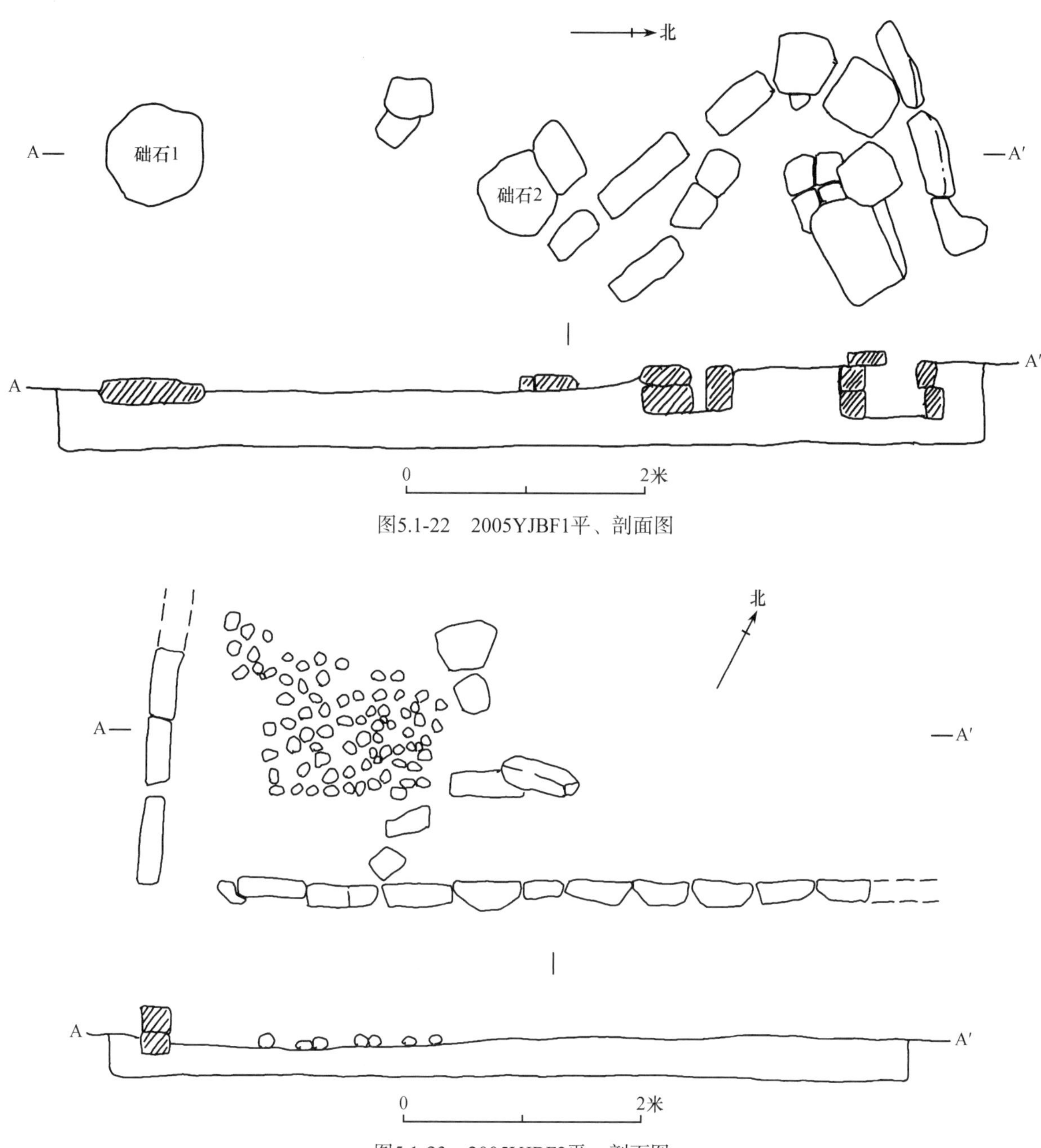

图5.1-22　2005YJBF1平、剖面图

图5.1-23　2005YJBF2平、剖面图

2. 灰坑和其他填埋坑

共4个，其中灰坑3个，编号为2005YJBH3、2005YJBH4和2005YJBH6，其他填埋坑1个，编号2005YJBK1。

2005YJBH3　平面略呈长方形，位于2005YJBT0800的东南部，部分叠压于该方的东隔梁下，小部分从南壁延伸至探方外。开口于第3a层下，打破第4a层。其平面形状从已发掘部分推测，应略呈长方形，斜壁，圜底。长3米，宽1.7米，坑口距坑底0.7米，距地表0.9米（图5.1-24）。坑内堆积仅一层，灰黑色土，土质较紧密，出土大量泥质素面灰陶片及少量的瓷片、瓦片和砖块等。可辨器形有陶盆、陶钵等，具体介绍如下。

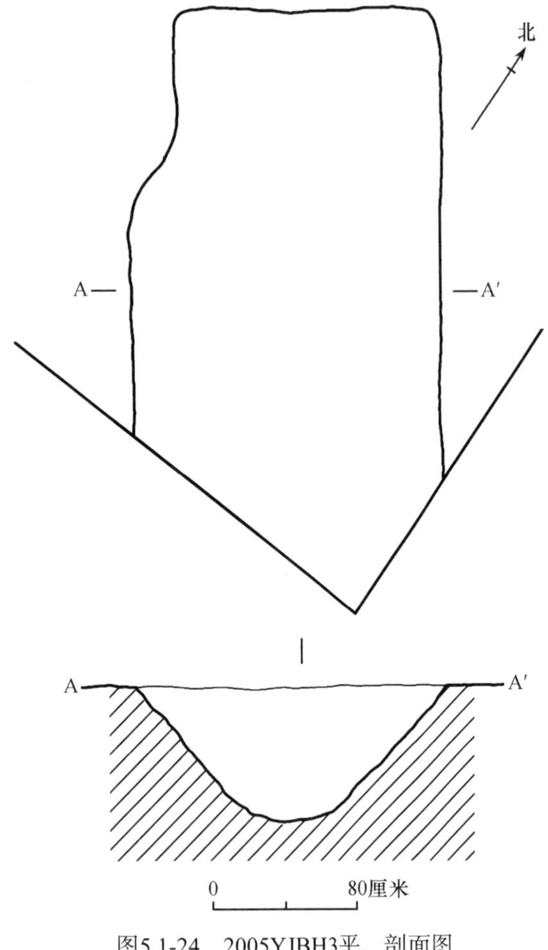

图5.1-24　2005YJBH3平、剖面图

陶筒瓦　1件。2005YJBH3：2，灰陶。其横截面呈半圆形，有榫。凸面有斜向绳纹。长44厘米，榫长3.5厘米，宽13厘米，高7厘米（图5.1-25，1）。

陶盆　2件。2005YJBH3：1，泥质灰陶，轮制。圆唇，宽沿，弧腹，平底。素面。口径40.8厘米，底径24厘米，高22.6厘米（图5.1-25，2）。另一件编号2005YJBH3：3，残高17厘米（图5.1-25，3）。

2005YJBH4　平面略呈长方形，位于2005YJBT0901的西部，部分叠压在2005YJBT0900东隔梁北半部之下，开口于第3a层下，打破第4a层。其坑口形状略呈长方形，斜壁，圜底。长3米，宽1.3米，坑口距坑底0.3米，距地表1.6米（图5.1-26）。坑内堆积仅一层，灰黑色土，土质较紧密，出土有较多的瓦片，少量的陶、瓷片，以及铜镞、铁镞、瓦当等，以下具体介绍。

陶瓦当　1件。2005YJBH4：1，泥质灰陶，模制。圆形瓦当。中心较大圆形乳突，外饰一圆圈，被双直线四等分，每格内饰卷云纹。直径15.2厘米（图5.1-27，1）。

铁镞　1件。2005YJBH4：2，表面氧化呈黄褐色。镞身呈四棱状。通长8.9厘米（图5.1-27，2）。

铜镞　1件。2005YJBH4：3，三棱状有铤镞，其铤剖面呈圆形。通长6.5厘米，铤长3.7厘米（图5.1-27，3）。

铜器残片　1件。2005YJBH4：4，明显可见扭曲变形的痕迹。长14厘米，宽4.1厘米，厚0.1厘米（图5.1-27，4）。

2005YJBH6　大部分位于2005YJBT1400及2005YJBTG1的扩方内，少部分向北伸入2005YJBT1500的西南角。开口于第3b层下，打破生土。坑口平面呈蛋形，坡状壁，斜底。长径5.65米，宽3.25米。坑内堆积有两层：第1层，灰黑色土，土质较紧密，含大量绳纹瓦片及陶片。厚0.4～0.7米。第2层，灰褐色土，土质紧密，含大量绳纹灰褐陶片、瓦片。厚0.65～1.05米（图5.1-28）。

2005YJBK1　平面呈圆角方形，位于2005YJBT1005中，部分伸入该方东隔梁及2005YJBT0905北隔梁内。开口于第3b层下，打破第4a、第4b、第5a层。其平面形状呈圆角方形，斜壁，平底。在坑的西北壁有三步由石块砌成的台阶。坑长径4米，短径3.5米，坑口距坑底0.8～0.9米，距地表3米左右（图5.1-29）。坑内堆积有两层：第1层，黑土层，含较多的瓦片和少量的陶、瓷片等，厚0.6～0.7米。第2层，灰土层，土质较紧密，含较多的陶片等，厚

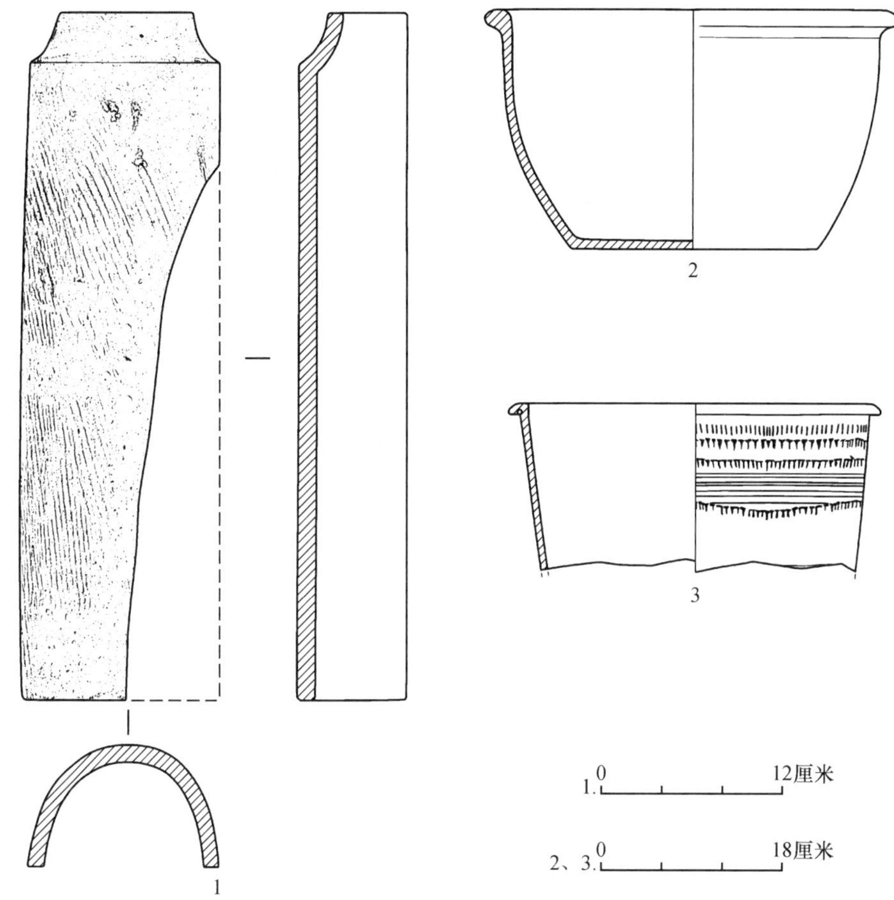

图5.1-25　2005YJBH3出土器物

1. 筒瓦（2005YJBH3：2）　2、3. 陶盆（2005YJBH3：1、2005YJBH3：3）

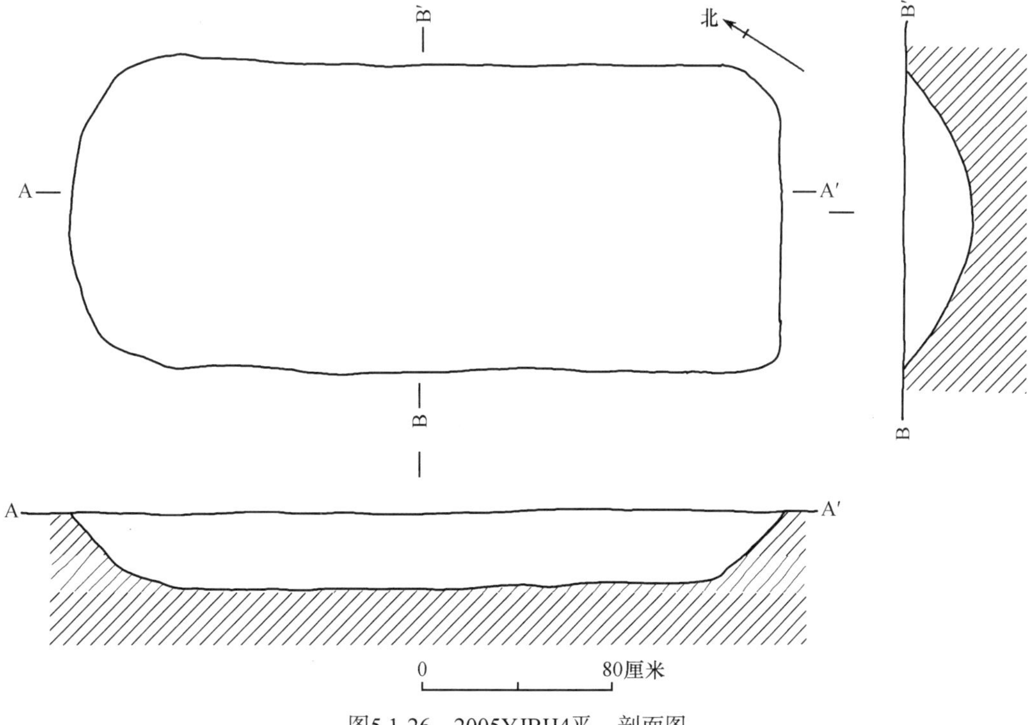

图5.1-26　2005YJBH4平、剖面图

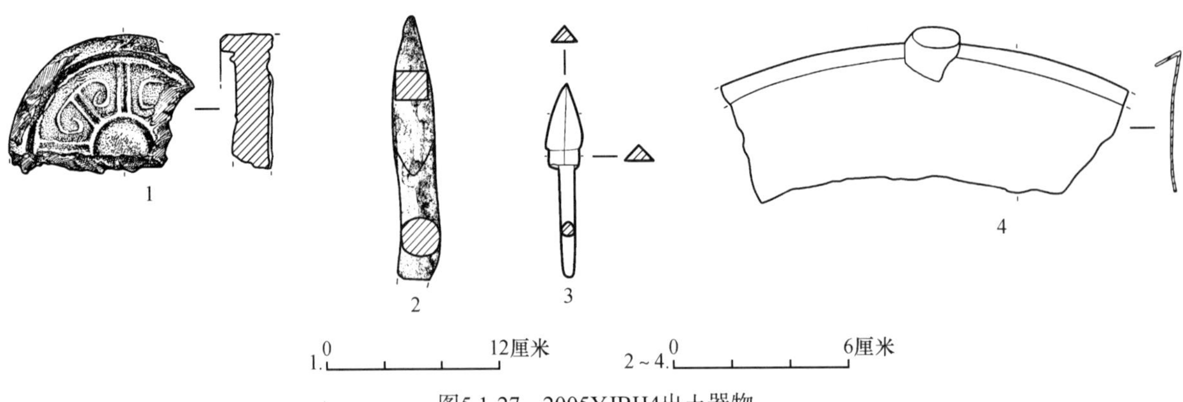

图5.1-27 2005YJBH4出土器物

1. 陶瓦当（2005YJBH4：1） 2. 铁镞（2005YJBH4：2） 3. 铜镞（2005YJBH4：3） 4. 铜器残片（2005YJBH4：4）

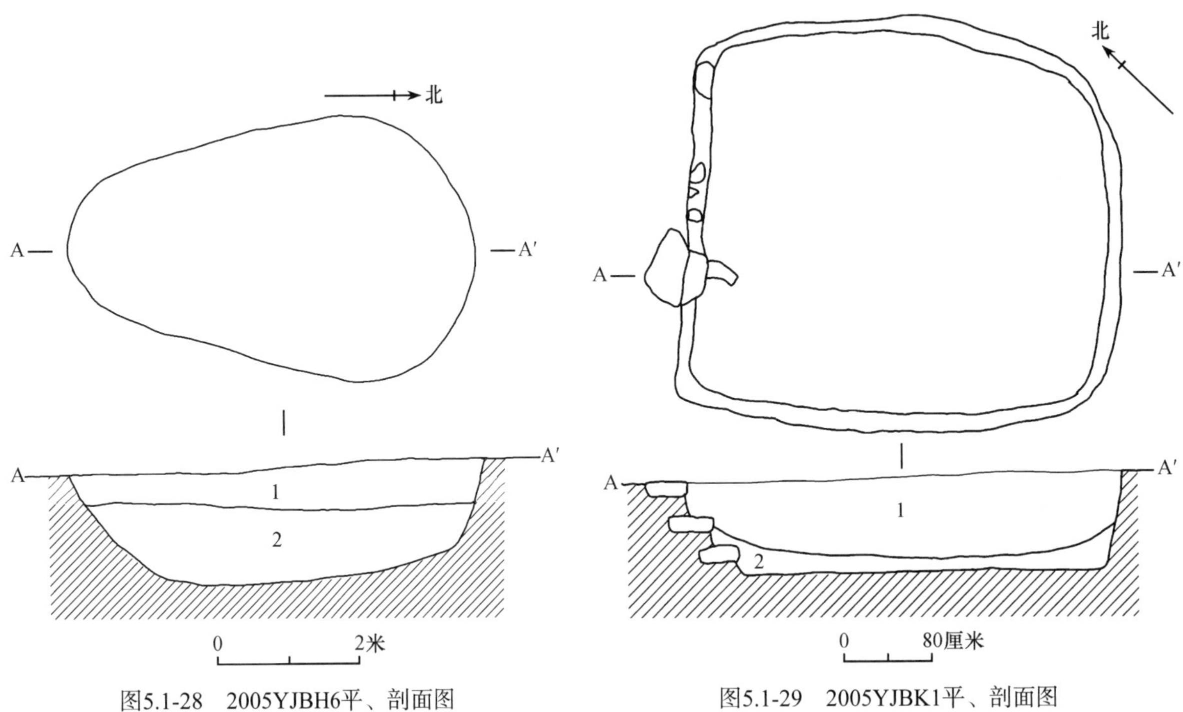

图5.1-28 2005YJBH6平、剖面图

图5.1-29 2005YJBK1平、剖面图

0.14～0.4米，具体出土器物如下。

陶瓦当 1件。2005YJBK1①：1，泥质灰陶。卷云纹，中间凸起为人像（图5.1-30，1）。

陶钵 1件。2005YJBK1①：2，灰陶。圆唇，敞口，斜腹，小平底。素面。口径12.4厘米，底径4.4厘米，高5厘米（图5.1-30，4）。

陶釜 1件。2005YJBK1②：1，灰陶。圆唇，微卷沿，侈口，束颈，下腹部折收呈圜底。沿部内侧有一圈凹弦纹，腹部及底饰绳纹或交错绳纹。口径19.8厘米，最大径22厘米，通高16.4厘米（图5.1-30，2）。

陶盆 1件。2005YJBK1②：2，灰陶。尖圆唇，折沿，敛口，弧腹，平底。在腹部饰两圈不明显的凸棱。口径21.2厘米，底径12厘米，通高8.6厘米（图5.1-30，3）。

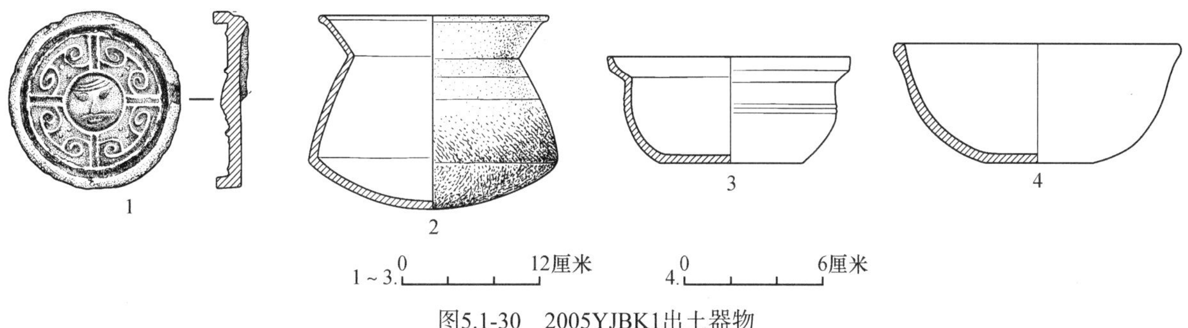

图5.1-30　2005YJBK1出土器物

1. 陶瓦当（2005YJBK1①：1）　2. 陶釜（2005YJBK1②：1）　3. 陶盆（2005YJBK1②：2）　4. 陶钵（2005YJBK1①：2）

3. 甬路

1条，编号2005YJBL1，平面呈折尺形，位于B区西南部，主要在2005YJBT1100及其扩方部分，2005YJBT0901中尚存残砖。开口于第3a层下，打破第4层。东北—西南走向一段为短端长5.3米，西北—东南走向一段为长端长10.1米。路面为三排纵向摆放，长方形块砖紧密平铺而成，整齐有序，局部偶有错位，可能为填埋废弃后被挤压变形所致，其两侧又立砖为缘，在拐角处，有两块砖位于2005YJBL1边缘，顺着地势斜铺（图5.1-31；图版九，2）。据不完全统计，2005YJBL1所用的砖块类型有以下两种。

一种为素面砖，此类砖在2005YJBL1中所占比例很小，其尺寸也相对较小。2005YJBL1：6，青灰色，长35厘米，宽17厘米，厚6.5厘米（图5.1-32，1）。

另一种为花纹砖，此类砖在2005YJBL1中占绝大比例，其纹饰俱在砖的侧面，依主题纹饰不同，可细分为以下两类。

A型　主题纹饰为菱形回字纹与田字纹相间。2005YJBL1：1，青灰色，三侧有花纹，较长一侧为两个斜向田字纹夹一个回字纹，另两侧主题纹饰俱为一个斜向田字纹。长36.6厘米，宽16.4厘米，厚7.6～8厘米（图5.1-32，5；图版二六，1）。2005YJBL1：2，灰褐色，一侧有花纹，主题纹饰为两个斜向田字纹夹三个回字纹。长39厘米，宽18.4厘米，厚7.6厘米（图5.1-32，2）。2005YJBL1：4，黄灰色，纹饰与2005YJBL1：1同，规格稍大，长38.4厘米，宽17厘米，厚8.8厘米（图5.1-32，6；图版二六，5）。

B型　主题纹饰全为菱形回字纹。2005YJBL1：3，黄灰色，一侧有花纹，主题纹饰为四个斜向的回字纹。长40厘米，宽17.4厘米，厚10厘米（图5.1-32，3）。2005YJBL1：5，青灰色，三侧有花纹，较长一侧为四个斜向的回字纹，另两侧主题纹饰分别为一个斜向的田字纹和一个斜向的回纹。长40.8厘米，宽18.8厘米，厚7.6厘米（图5.1-32，4）。

另外，2005YJBL1所用的砖块规格大体与上述标本的尺寸相仿，每一件标本代表一种规格。

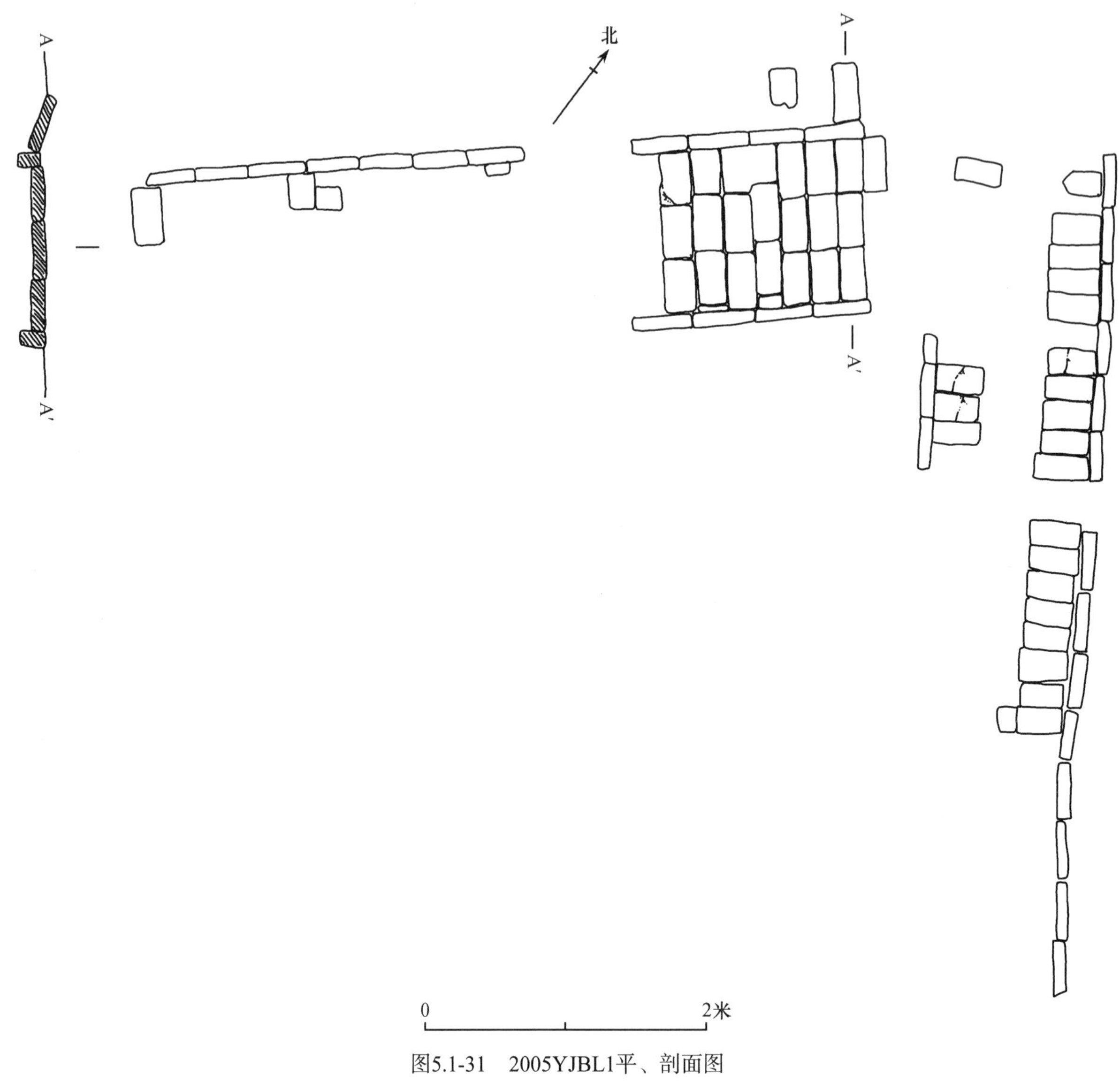

图5.1-31　2005YJBL1平、剖面图

4. 渠

1条。编号2005YJBQ1，由西北向东南依次跨越2005YJBT1104、2005YJBT1004、2005YJBT1005、2005YJBT0905、2005YJBT0906、2005YJBT0805、2005YJBT0806等方。叠压于第3a层下，打破第3b、第4a和第5a层。其平面形状呈长条形，横断面呈“凵”形。修筑方法为：先向地表以下挖一条沟槽，然后在沟槽的两壁用稍微平整的石块和少量的带花纹的汉砖残块垒砌渠壁。从发掘情况看，其渠壁应略高于地表，渠底未发现砖石铺面的痕迹，推测应为泥底。该渠的宽度在1米左右，西北段的宽度要小些，窄到0.3～0.4米，已揭露长度为21米左右（图5.1-33；图版一〇，2）。渠内堆积的土质土色及包含物同地层第3a层，并在2005YJBT0806西北角的渠内发现一立置的陶双耳罐，此罐形制为旧县坪遗址所仅见。

构筑渠壁的汉砖有如下两种形式。

一为榫卯砖。2005YJBQ1：8，黄灰色，一侧有纹饰，主题纹饰为两个斜向回字纹夹一个带对角线的菱形纹饰，该砖平面形状呈梯形，两斜边有凹凸状接口。长32～40.8厘米，宽19厘

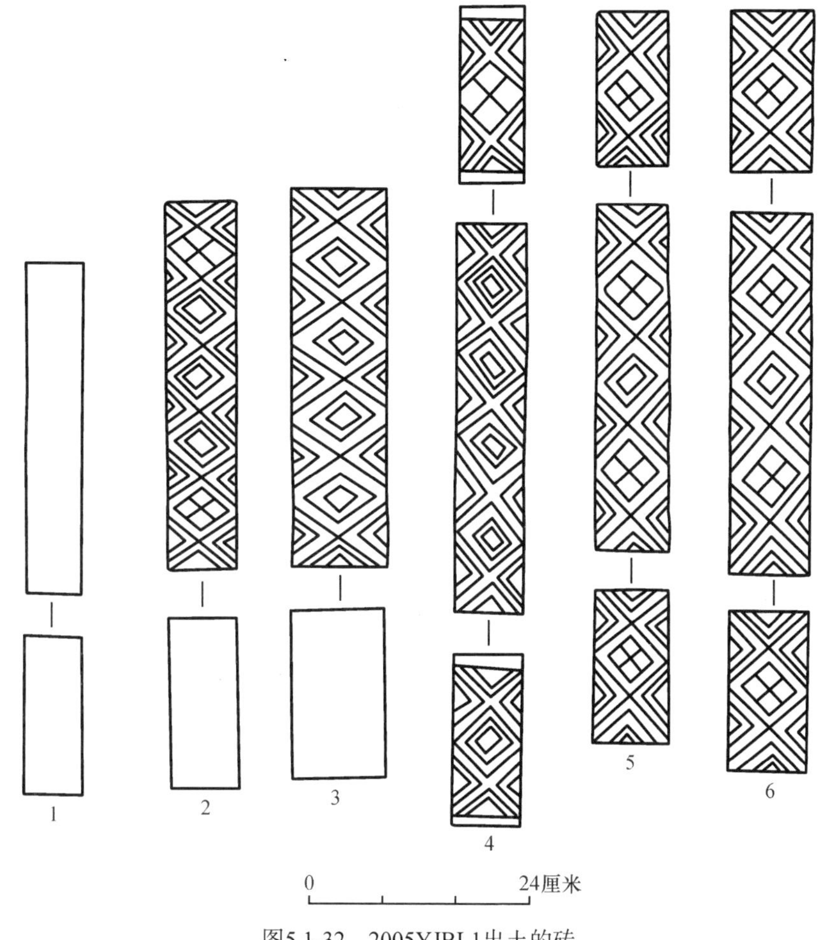

图5.1-32　2005YJBL1出土的砖

1. 素面砖（2005YJBL1：6）　2～6. 花纹砖（2005YJBL1：2、2005YJBL1：3、2005YJBL1：5、2005YJBL1：1、2005YJBL1：4）

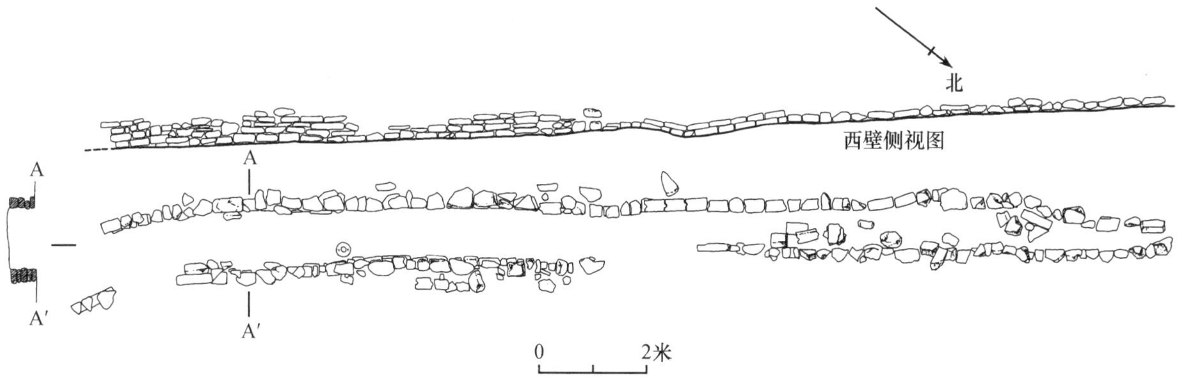

图5.1-33　2005YJBQ1平、剖面图

米，厚10厘米（图5.1-34，1）。

二为长方体砖。2005YJBQ1：7，灰色，一侧有纹饰，主题纹饰为两圆轮中间夹一组由三角形组成的几何纹饰和一匹马。马上立一鸟，马首下垂，其下有一筒状物，整体造型似立马饮水。长41.2厘米，宽20厘米，厚10厘米（图5.1-34，2）。2005YJBQ1：6，青灰色，一侧有纹饰，主题纹饰为三组几何纹饰夹两圆轮。长40.8厘米，宽19.4厘米，厚9.5厘米（图5.1-34，3）。

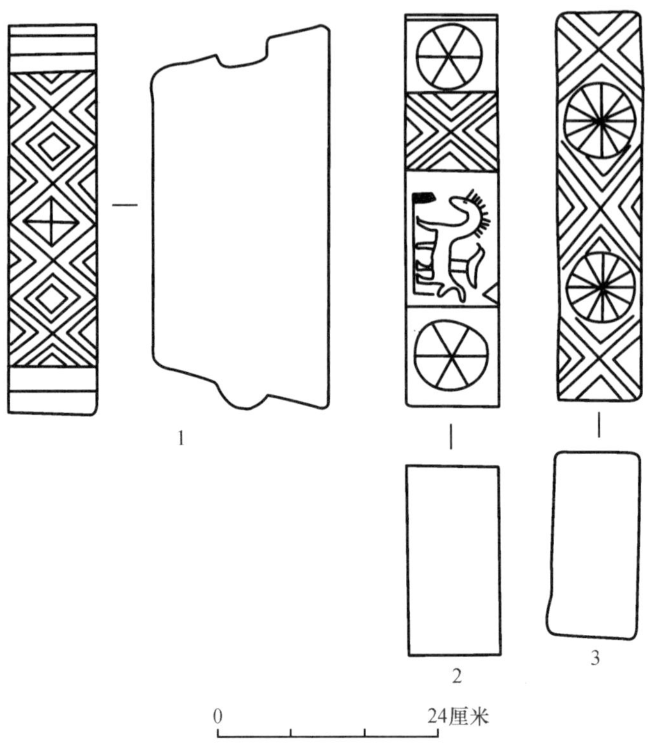

图5.1-34　2005YJBQ1出土的砖

1. 2005YJBQ1：8　2. 2005YJBQ1：7　3. 2005YJBQ1：6

其他出土器物具体如下。

瓷钵　1件。2005YJBQ1：1，酱色瓷。内壁及内底饰釉，内底饰雪花状线纹，外壁半饰釉。圆唇，敛口，浅腹，底微鼓。口径16.6厘米，底径12.8厘米，高5.5厘米（图5.1-35，3）。

陶珠　1件。2005YJBQ1：2，灰陶。球形，中部有孔。孔径0.4厘米，直径2.8厘米，高2.4厘米（图5.1-35，1）。

陶双耳罐　1件。2005YJBQ1：4，灰陶，轮制。敞口，卷沿，溜肩，鼓腹，内凹圜底，肩附两个对称的拱形耳。颈以下至腹部饰细密的间断竖绳纹，再往下底部则饰蜘蛛网似的刻划纹。口径17.6厘米，底径10厘米，高28厘米，最大腹径25.4厘米（图5.1-35，4）。

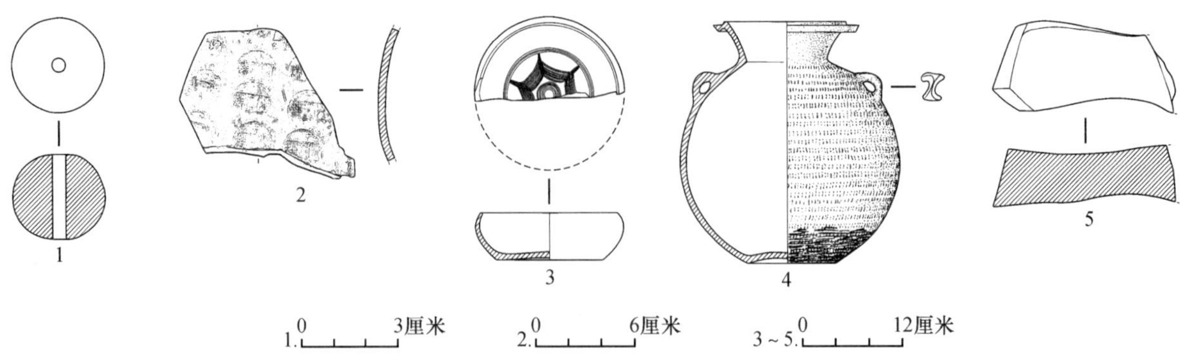

图5.1-35　2005YJBQ1出土器物

1. 陶珠（2005YJBQ1：2）　2. 钱纹陶片（2005YJBQ1：3）　3. 瓷钵（2005YJBQ1：1）　4. 陶双耳罐（2005YJBQ1：4）　5. 磨刀石（2005YJBQ1：5）

钱纹陶片　2枚。2005YJBQ1：3，黑陶，呈弧面。表面布满五铢钱纹。厚0.6厘米（图5.1-35，2）。

磨刀石　1件。2005YJBQ1：5，灰黄长条状，残长22厘米，宽8～11厘米，厚5.3～7厘米（图5.1-35，5）。

5. 窑址

1座。编号2005YJBY1，位于2005YJTG3的北段，火口及烟道略伸出探沟外，方向为35º。发现于该探沟第3层下，打破生土。其平面形状略呈三角形，由火口、火膛、窑室、烟道四部分组成。窑顶残，其余部分保存较好，前膛后室，坐东朝西。火口与火膛相连，为火膛向外伸出的方角；火膛平面略呈三角形，其底为红烧土面且向窑室倾斜，其壁有些内敛，由于长期烧烤已成青烧土；窑室平面略呈方形，东西宽1.8米，南北长2.2米；东壁向外有一条烟道，残存的窑室壁及烟道壁都较直，且为红烧土。整个窑长3.8米，最宽处达2.2米。窑内堆积仅有一层，灰黑土，包含大量的筒瓦残片、少量的板瓦残片及少许的红烧土块，在火膛部分则还可见到少许具有汉砖形制的砖块。火膛底有一层木炭灰烬，厚1～2厘米。根据其废弃的窑内堆积判断，这很有可能是一个小型的烧瓦窑（图5.1-36；图版一一，1）。在窑室内采集了两块较完整的筒瓦。2005YJBY1：1，泥质灰陶，半圆筒体。瓦榫较短，凸面饰斜向绳纹，并有数道棱，凹面布纹，长40厘米，宽14厘米，拱高8厘米（图5.1-37，1）。2005YJBY1：2，泥质灰陶，半圆筒体。瓦榫较短，凸面饰粗绳纹，在其中部有两道凹槽，凹面布纹，长38厘米，宽9.6厘米，拱高7.6厘米（图5.1-37，2）。

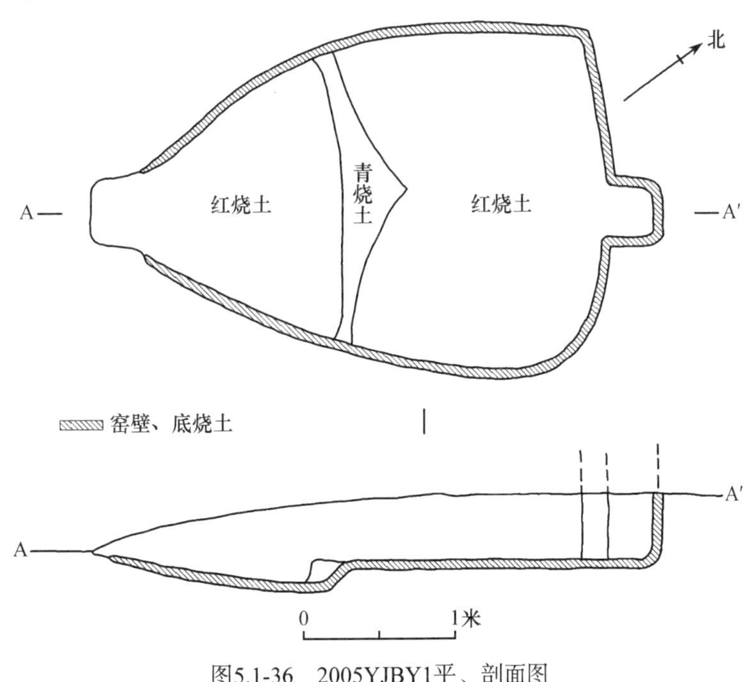

图5.1-36　2005YJBY1平、剖面图

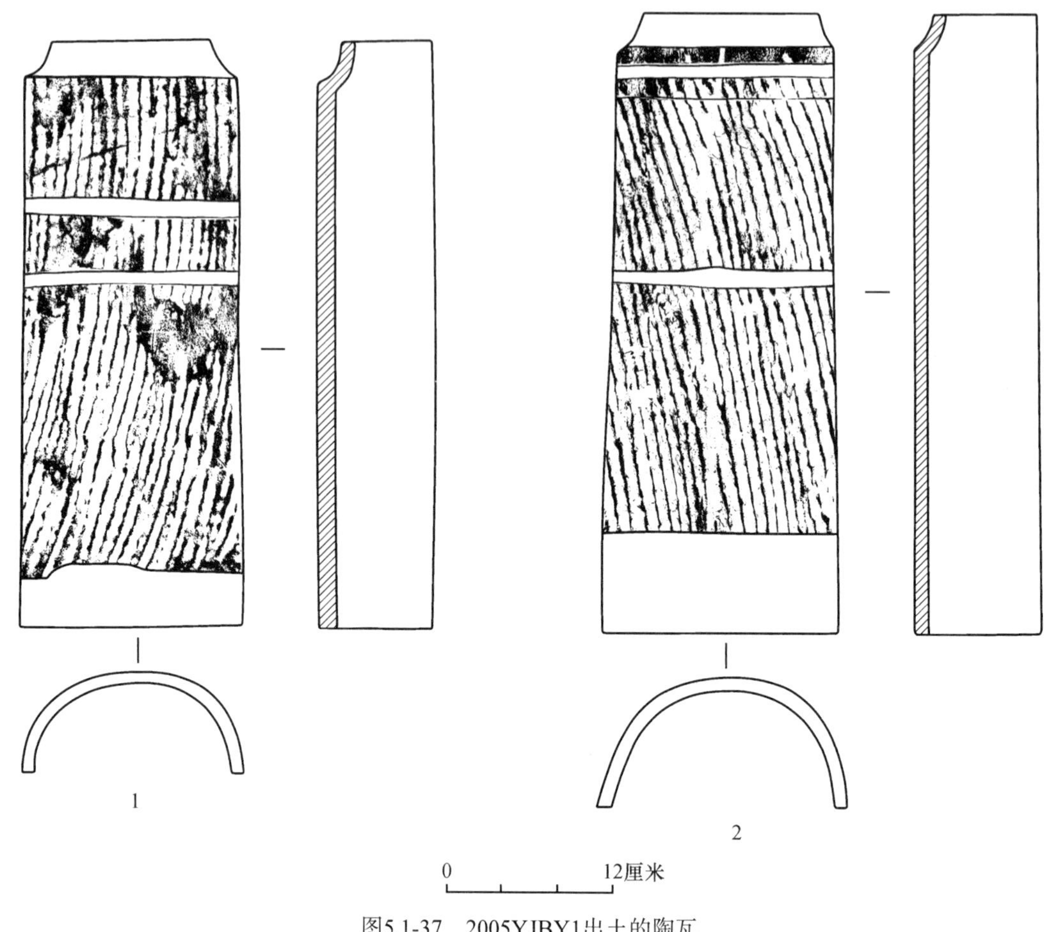

图5.1-37　2005YJBY1出土的陶瓦

1. 2005YJBY1：1　2. 2005YJBY1：2

三、C　　区

C区仅发现灰沟1条，1999年清理，编号1999YJCG3。平面呈长条形，位于1999YJCT6中部，方向为西北转向东向，第2层下开口，沟口距地表0.25米，打破第3～5层和生土层，打破1999YJCH5及1999YJCH12上部，沟底距地表2.4米。沟口宽超出探方外，直径不详，沟底直径0.8～0.9米。沟内堆积分为三层：第1层填土呈红褐色，夹杂砾石，出土陶片、瓦片；第2层填土为夹杂黑褐土的红色沙土，出土青花瓷片；第3层填土为黑褐土，土质较为疏松，出土陶瓦当、铜块、箭镞和青花瓷片等，具体介绍如下。

陶瓦当　1件。1999YJCG3：11，残。泥质灰陶，卷云纹瓦当，中心乳突较小，云纹为单线，边框宽、高。模制。直径13.8厘米，乳突2.8厘米，边框宽1.2厘米（图5.1-38，9）。

铜币　1件。1999YJCG3：1，完整。大泉五十，整体厚重，比例较好，方穿圆郭，钱文为对读，因锈蚀字迹模糊。铸造。直径2.6厘米，穿径0.9厘米。

铜镞　2件。1999YJCG3：7，残。镞身呈三棱锥形，三面各有凹槽，刃锋利。铸造。残长5厘米，宽1.2厘米（图5.1-38，2）。1999YJCG3：8，残。镞身为三刃，刃间有凹槽，尾部有孔，系二次锋之铁铤，铤残。铸造。残长3.5厘米，宽1.2厘米（图5.1-38，3）。

铜簪　1件。1999YJCG3：9，残。铜丝缠绕而成，头部呈放射绕状。手工。残长3厘米，径0.15厘米（图5.1-38，7）。

铜器　1件。1999YJCG3：6，残。扁平条状，边缘渐薄，整体复原为“L”形。铸造。残长8厘米，宽1～1.2厘米，厚0.3厘米（图5.1-38，1）。

铁镞　3件。1999YJCG3：2，完整。镞身呈三棱锥形，圆锥形铤。铸造。长9厘米，宽1.1厘米（图5.1-38，6；图版三三，2）。1999YJCG3：3，完整。镞身呈四棱锥形，圆锥形铤。铸造。通长6.2厘米，宽1.2厘米（图5.1-38，4；图版三三，5）。1999YJCG3：5，残。镞身呈柳叶形，铤为四棱锥形。铸造。长7厘米，宽1.8厘米（图5.1-38，5）。

铁镢　1件。1999YJCG3：10，残。略呈长方形，刃部漫弧，长方形銎。铸造。长13.1厘米，宽5.2～6.1厘米，銎宽3.1厘米，銎长6.3厘米（图5.1-38，8）。

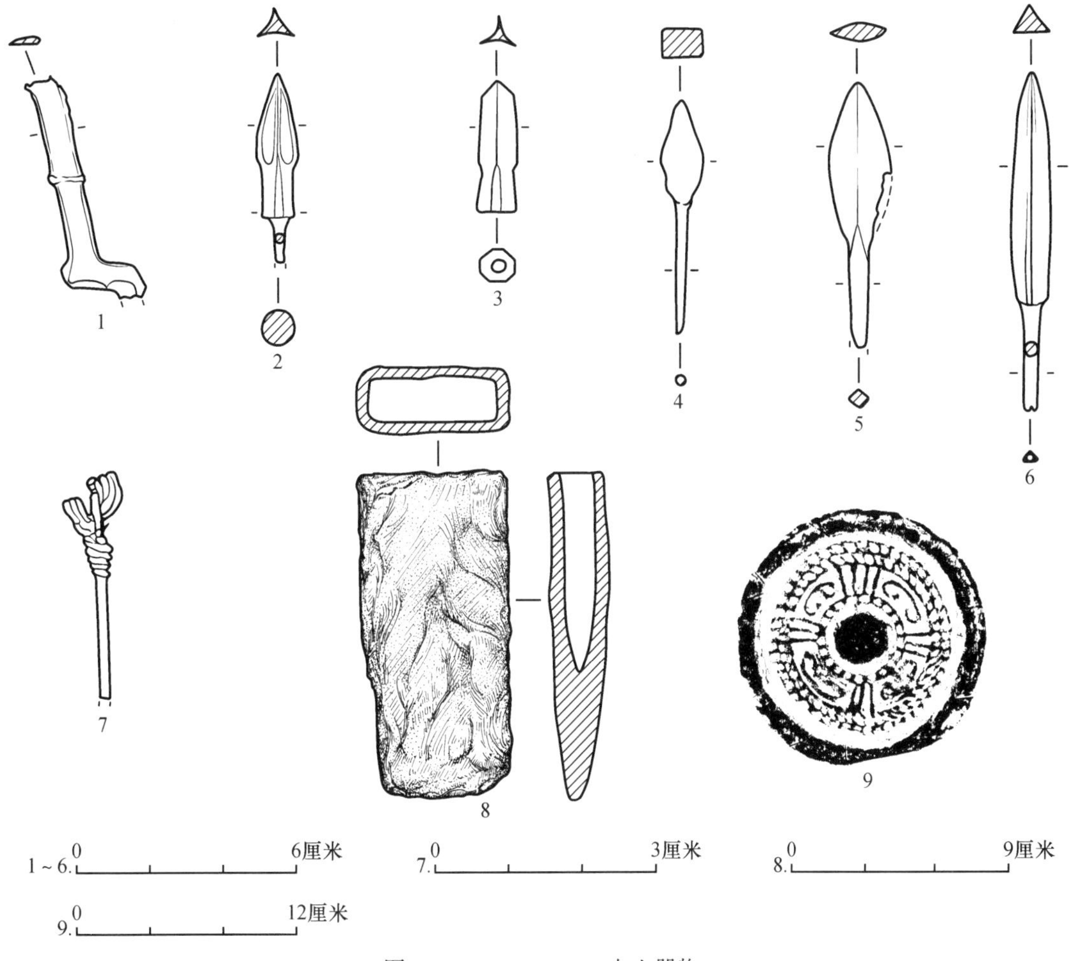

图5.1-38　1999YJCG3出土器物

1. 铜器（1999YJCG3：6）　2、3. 铜镞（1999YJCG3：7、1999YJCG3：8）　4～6. 铁镞（1999YJCG3：3、1999YJCG3：5、1999YJCG3：2）　7. 铜簪（1999YJCG3：9）　8. 铁镢（1999YJCG3：10）　9. 陶瓦当（1999YJCG3：11）

四、E　　区

E区共发现六朝时期房址6座，灰坑13个，灰沟2条，渠8条。

1. 房址

房址共发现6座，其中2001年2座，编号2001YJEF101、2001YJEF102；2003年2座，编号2003YJEF301、2003YJEF302；2004年2座，编号2004YJEF405、2004YJEF408。

2001YJEF101　位于2001YJET0310南部，开口于第4层下，打破第5层。方向45°，墙基用石块砌筑，单层石已散乱，总长8米，可能是南墙。房内堆积仅一层，灰褐土，厚10～15厘米，居住面局部被第3层下开口的2001YJEH101打破，同层其东有一段残渠与墙平行（图5.1-39）。出土陶四耳罐、青瓷片、大小绳纹瓦片和花纹砖等遗物。

陶四耳罐　1件。2001YJEF101：1，泥质黄褐陶，直口，尖唇，短颈，斜肩，鼓腹，平底，肩部有等距的四个横桥状耳，其中有一耳下有挂钩（残）。领部饰两道弦纹，肩部有连续的波浪纹，器表上半身饰满布纹，耳饰为“*”字文，轮制。口径15厘米，颈高2厘米，腹径

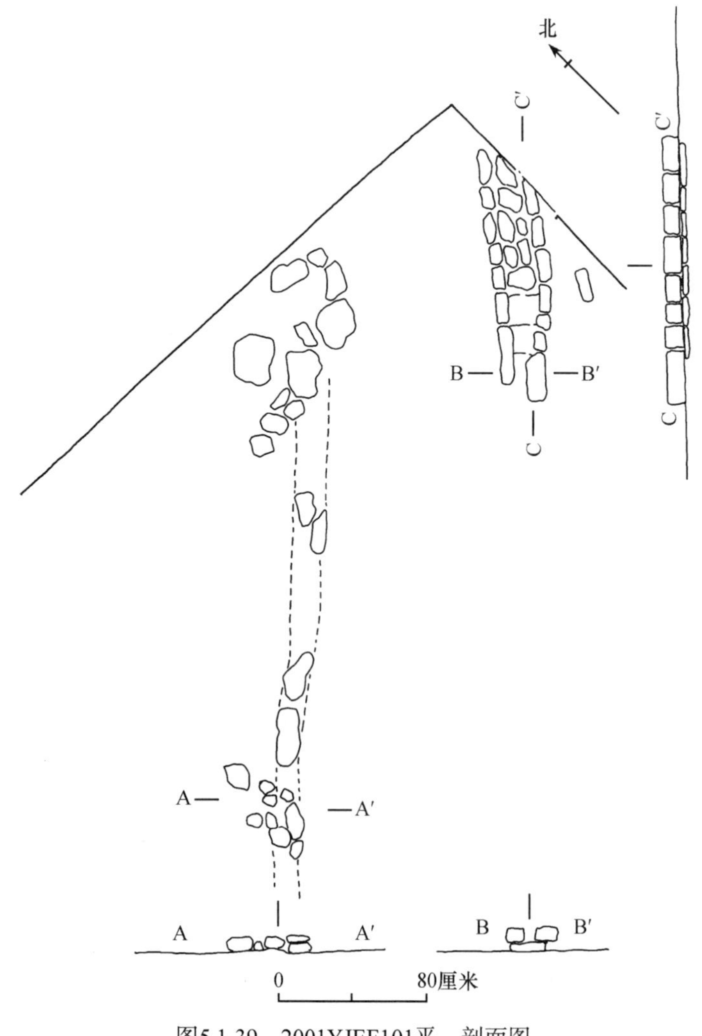

图5.1-39　2001YJEF101平、剖面图

35厘米，底径15.8厘米，耳长2.5厘米，耳宽1.8厘米，通高30.5厘米（图5.1-40）。

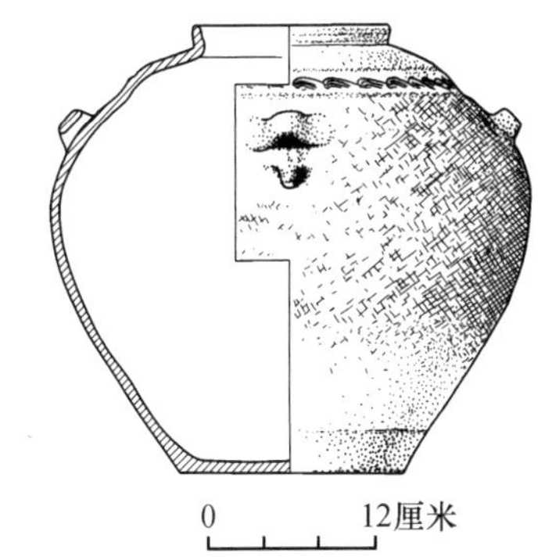

图5.1-40　2001YJEF101出土的陶四耳罐（2001YJEF101：1）

2001YJEF102　位于2001YJET0610中部，开口于第5层下，打破台基及生土层。残墙基方向65°。房址平面长方形，坐在夯土台上，墙基采用石条、汉墓砖混筑，残长9.5米，宽度不详，但两础石间距3米。基础条石长60厘米，高宽各约30厘米，砖有整有残。石础规整有序，三块均为边长0.9、厚0.3米的方形，呈折尺形分布，两块位于基础轴线上，墙基两侧均未明显的居住面，据础石看墙基为北墙。房内堆积为一层灰褐土，较松软。此外，在房址西北角处还发现圆形浅坑窖藏一处（2001YJEH102），内出铜洗、青瓷罐、铁灯等遗物。2001YJEF102遗物主要有花纹砖。

花纹砖　2件。2001YJEF102：2，残。泥质黄褐陶，长条形，一侧面饰纹。两端各饰一半轮纹，中央饰人和马车纹，三者间饰三菱形纹，模制。长40厘米，宽21厘米，厚10厘米（图5.1-41，2）。2001YJEF102：1，残。泥质黄褐陶，长条形，正面饰凤鸟纹，一侧面饰人和马车纹，模制，长29.3厘米，宽18.7厘米，厚8.5厘米（图5.1-41，1）。

2003YJEF301　位于E区西南部，第5层下，方向55°。该房址大致呈长方形，内隔六间，由于破坏严重，墙体大多已无存。房内西半部以方砖及榫卯砖铺地，东半部未铺地，并可见两处砖石铺砌的近圆形台基，直径约1米，可能为工作台，北部有两块边长60、厚11厘米的方形础石，排列方向与墙体平行。房外南侧有一条砖砌的排水渠自北向南呈弧形延伸，长约4米，宽30厘米，房屋内的堆积层为灰绿色土，土质坚硬，结构致密（图5.1-42），包含大量绳纹板瓦、筒瓦残片及红烧土块和木炭粒，并出土铜镞、铁镞、铁刀、五铢及大量素面陶片，青釉、酱黄釉瓷片，可辨识的器形有陶瓮、罐、钵、盆、碗等，出土器物具体介绍如下。

瓷碗　2件。2003YJEF301：23，酱色瓷。圆唇，束口，弧腹，底内凹。口径7厘米，底径4.1厘米，通高3.8厘米（图5.1-43，5）。2003YJEF301：25，青绿色。敛口，尖圆唇，足底内

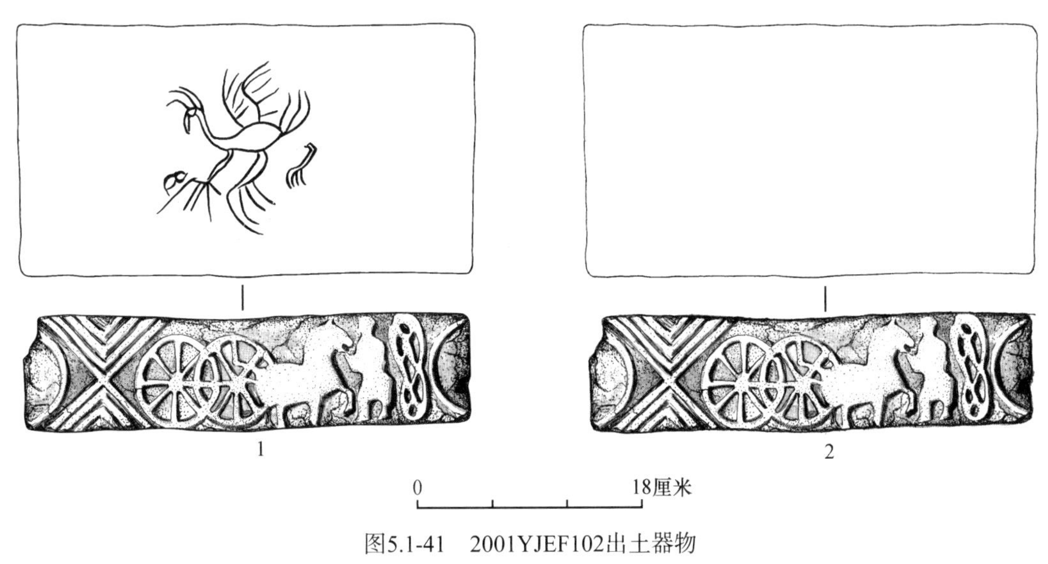

图5.1-41　2001YJEF102出土器物

1、2. 花纹砖（2001YJEF102：1、2001YJEF102：2）

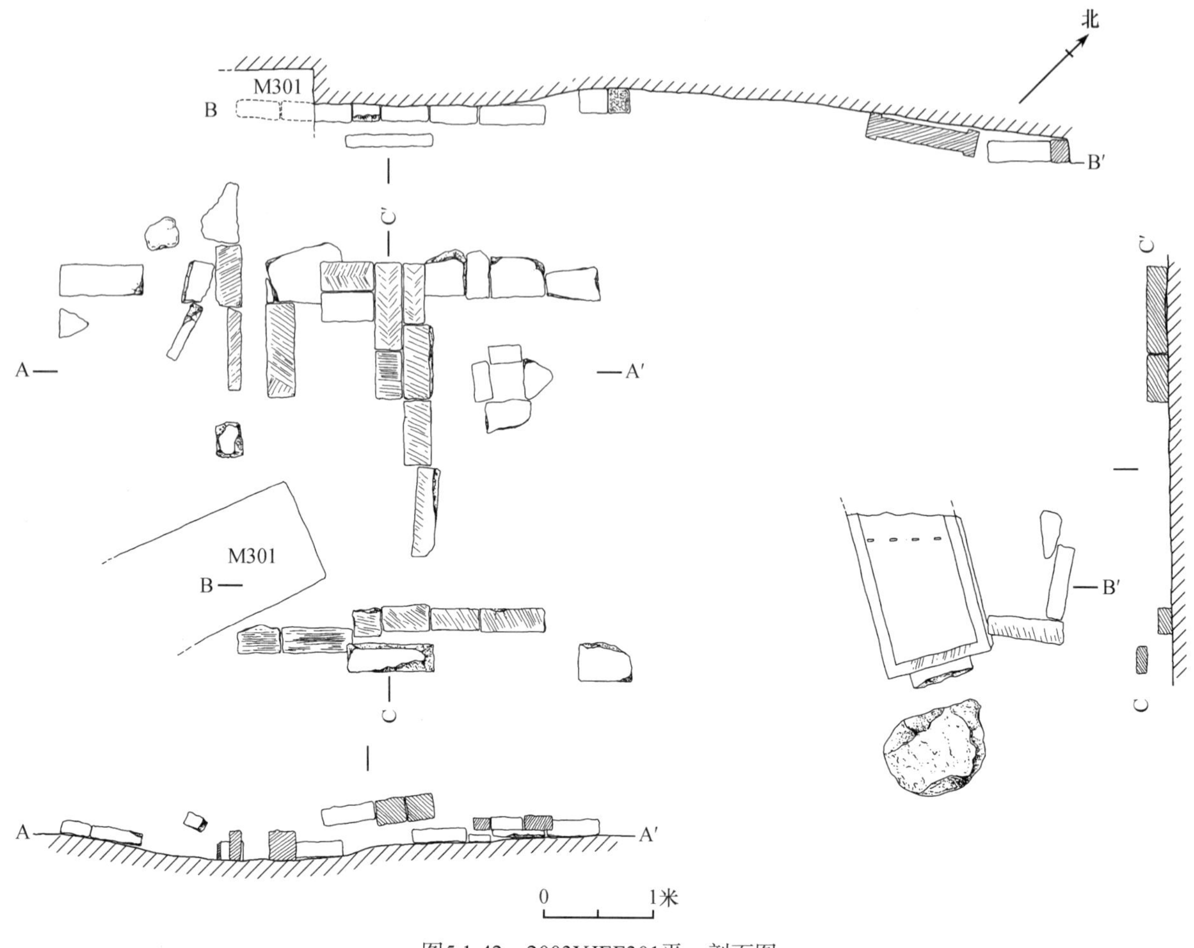

图5.1-42　2003YJEF301平、剖面图

凹。素面。其上半部饰釉，沙底。口径8.8厘米，底径6.2厘米，通高3.4厘米（图5.1-43，6）。

陶饼　1件。2003YJEF301：13，泥质灰陶，磨制。圆形饼状。直径4.5厘米，厚1厘米（图5.1-43，3）。

瓷环　1件。2003YJEF301：26，白瓷。轮制。圆轮形，中间一个圆孔贯通。通体斜向，压方块纹。外径2.9厘米，高1.2厘米，孔径1.3厘米（图5.1-43，4；图版三五，2）。

陶筒瓦　2件。2003YJEF301：38，灰陶。圆唇，斜领，折肩下为半圆形直筒瓦身。瓦背饰弦纹、断绳纹（纵向），内侧饰绳纹（横向）。通长43厘米，宽15.5厘米，高8厘米（图5.1-43，13）。2003YJEF301：39，灰陶。口沿微外翘，圆唇，斜直领，折肩，长直体。瓦背饰弦断绳纹（纵向），内压粗绳纹（横向）。通长43.8厘米，宽16.5厘米，高8.5厘米（图5.1-43，14）。

车马砖　1件。2003YJEF301：37，青灰色。模制。整体呈长方形，长边饰花纹，短边素面。单侧长边饰车马和几何纹。长34.5～35.5厘米，宽19厘米，厚7.5厘米（图5.1-43，15）。

铜钱　6件。2003YJEF301：8，剪轮钱币，模制。圆形方孔，无外郭。直径1.6厘米，边长0.8厘米。2003YJEF301：9，剪轮五铢，圆形方孔，无外郭，均为半字。直径1.7厘米，孔边长0.8厘米。2003YJEF301：17，铜币，圆形方孔有郭。直径2.2厘米，孔边0.6厘米。2003YJEF301：18，五铢，圆形方孔，有郭。直径2.5厘米，孔边长1厘米（图5.1-43，10）。

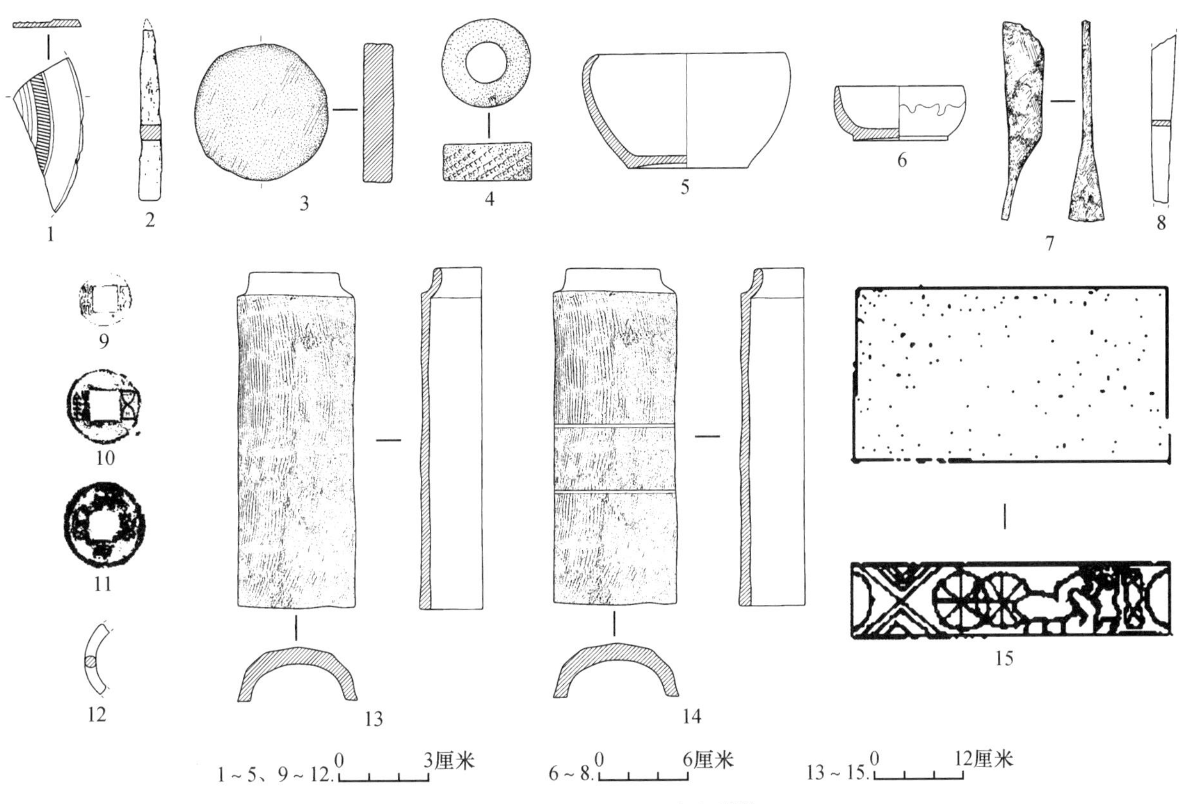

图5.1-43　2003YJEF301出土器物

1. 铜镜（2003YJEF301：15）　2. 铁钉（2003YJEF301：19）　3. 陶饼（2003YJEF301：13）　4. 瓷环（2003YJEF301：26）　5、6. 瓷碗（2003YJEF301：23、2003YJEF301：25）　7、8. 铁器（2003YJEF301：1、2003YJEF301：6）　9～11. 铜币（2003YJEF301：30、2003YJEF301：18、2003YJEF301：36）　12. 铜环（2003YJEF301：11）　13、14. 筒瓦（2003YJEF301：38、2003YJEF301：39）　15. 车马砖（2003YJEF301：37）

2003YJEF301：30，剪轮五铢，外圆无郭，内方穿，正面饰钱纹，左右对读。正面钱纹“五铢”。直径1.7厘米，穿边0.9厘米，厚0.12厘米（图5.1-43，9）。2003YJEF301：36，外圆郭，内方穿，前后有郭，正面饰钱纹，上下左右对读。正面饰钱纹“大泉五十”。直径2.82厘米，内穿边0.8厘米，厚0.7厘米（图5.1-43，11）。

铜镞　12件。2003YJEF301：3，范制。镞身呈三棱，中一棱接近直角，铤末端残，圆锥状。长6.2厘米（图5.1-44，4；图版二九，4）。2003YJEF301：4，范制。镞身呈三棱，铤部残，截面呈三角形。残长2.7厘米（图5.1-44，2）。2003YJEF301：5，范制。三棱形镞身，铤部残，截面呈长方形。长2.7厘米（图5.1-44，3）。2003YJEF301：16，范制。镞身三棱形，平面呈椭圆形，铤部较长。长7.7厘米（图5.1-44，7）。2003YJEF301：21，镞身为三角形，剖面呈菱形，铤为圆柱。残长3.95厘米（图5.1-44，1；图版二九，2）。2003YJEF301：22，镞身前部三棱状，铤部呈圆锥状。残长5.7厘米（图5.1-44，5）。2003YJEF301：24，范制。舌形镞尖，偏向一侧，其中脊凸起，两侧翼外弧，扁圆状铤。通长6厘米，铤颈3厘米，镞尖1.4厘米，翼展0.82厘米，厚0.45厘米（图5.1-44，6）。2003YJEF301：27，范制。三棱状，中脊凸起，两侧翼外弧。通长3.8厘米，铤颈0.4厘米，镞尖长3.1厘米，翼展1.1厘米，厚0.8厘米（图5.1-44，9）。2003YJEF301：28，范制。舌形镞身，中脊凸起，两侧翼外弧中束腰，下与扁圆形铤相连。通长6.3厘米，镞尖长1.25厘米，翼展0.7厘米，厚0.45厘米，铤径0.3厘米（图

5.1-44，8）。2003YJEF301：32，范制。舌形镞尖，中脊凸起，两侧翼外弧，中束腰与扁圆形铤相连。通长5.4厘米，镞尖长1.3厘米，宽0.72厘米，厚0.45厘米，铤径0.32厘米（图5.1-44，10）。2003YJEF301：33，范制。镞尖三棱锥状，中脊凸起，两侧翼外弧，中束腰。通长3.2厘米，镞尖长2.3厘米，宽1厘米，厚0.7厘米，铤径0.32厘米（图5.1-44，11；图版二九，3）。2003YJEF301：35，三棱状镞身，中束腰。通长2.6厘米，镞尖长2.1厘米，厚0.9厘米，翼展0.55厘米，铤径0.32厘米（图5.1-44，12）。

铜环　1件。2003YJEF301：11，模制。环形残存1/4，表面鎏金。壁厚0.45厘米（图5.1-43，12）。

铜镜　2件。2003YJEF301：15，残件。圆形平面。镜子背面凸出，内饰带纹和三道凹弦纹。复原直径10.5厘米，厚1.5～3厘米（图5.1-43，1）。2003YJEF301：34，范铸。圆饼状，面光，弧起。背饰弦纹，款云纹。通长3厘米，宽1.2厘米，厚0.4厘米。

铁悬刀　1件。2003YJEF301：20，铸制。长7.2厘米（图5.1-44，18）。

铁镞　5件。2003YJEF301：2，铸制。镞身为三棱状，尖部残，铤部残，为圆形。残长10.5厘米（图5.1-44，16）。2003YJEF301：7，锻制。镞身呈三棱锥状，铤部均残，通体生锈。残长6厘米（图5.1-44，13）。2003YJEF301：10，锻制。镞身三棱状，铤为圆柱形，残长

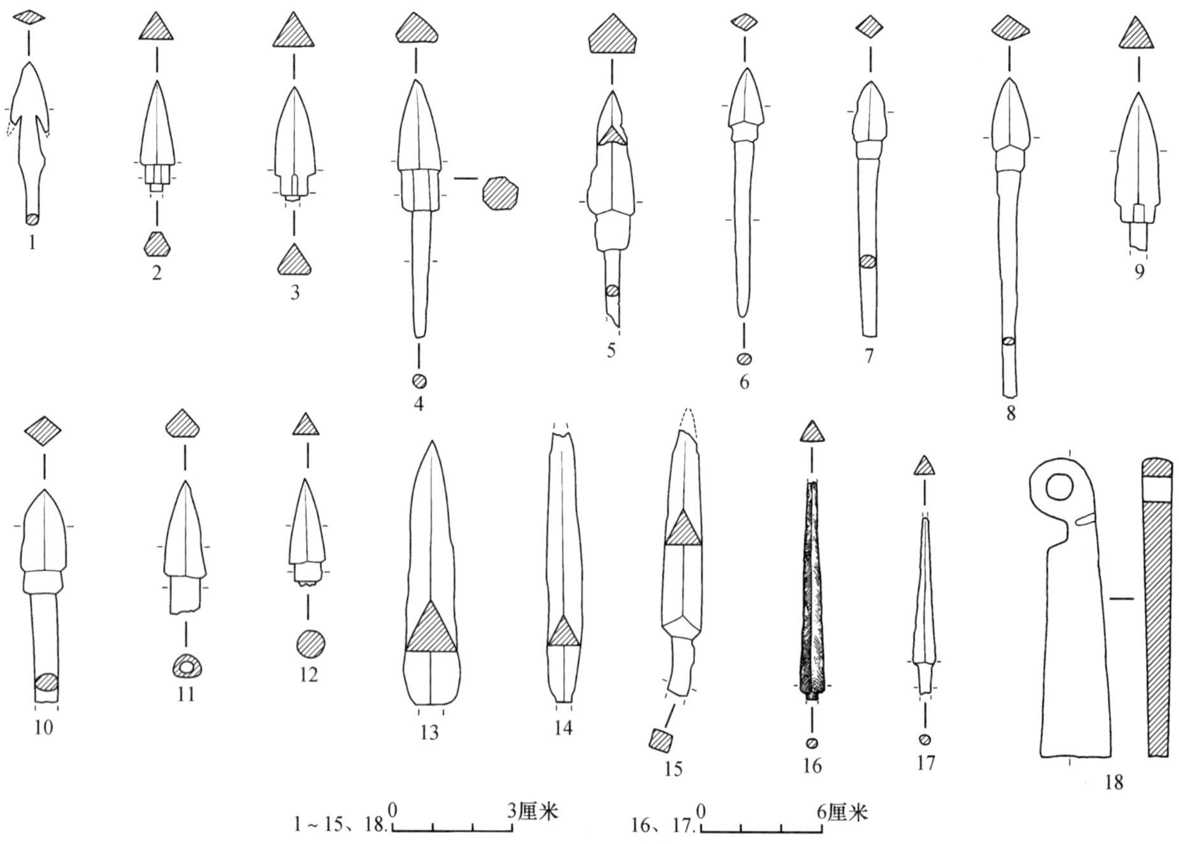

图5.1-44　2003YJEF301出土器物

1～12. 铜镞（2003YJEF301：21、2003YJEF301：4、2003YJEF301：5、2003YJEF301：3、2003YJEF301：22、2003YJEF301：24、2003YJEF301：16、2003YJEF301：28、2003YJEF301：27、2003YJEF301：32、2003YJEF301：33、2003YJEF301：35）　13～17. 铁镞（2003YJEF301：7、2003YJEF301：14、2003YJEF301：31、2003YJEF301：2、2003YJEF301：10）　18. 铁悬刀（2003YJEF301：20）

8.5厘米（图5.1-44，17；图版三三，3）。2003YJEF301：14，锻制。三棱状镞身，尖部残。铤部残。残长6.5厘米（图5.1-44，14）。2003YJEF301：31，范制。镞身修长，呈三棱状，刃浑圆与四棱状铤相连。通长7.4厘米，铤边长0.5厘米，镞尖长5.6厘米，宽1.2厘米，厚1.1厘米（图5.1-44，15；图版三三，4）。

铁刀　1件。2003YJEF301：12，锻制。平背，直刃，锋利，前端残缺，后端没有开刃。残长23厘米，宽0.9～1.9厘米，厚0.2厘米。

铁钉　1件。2003YJEF301：19，锻制。方形锥状，通体生锈，尖部略残。残长5.6厘米（图5.1-43，2）。

铁器　2件。2003YJEF301：1，残件。锻制。残长13厘米，宽2.4～3厘米，厚0.4厘米（图5.1-43，7）。2003YJEF301：6，锻制。前后残，呈长条形，一端宽，另一端窄。残长11厘米，宽1～1.6厘米，厚0.3厘米（图5.1-43，8）。

2003YJEF302　位于E区西南部，第4b层下。该房址为长方形，进深一间，面阔二间的抬梁式木结构基址，长13.1米，宽1.9米，方向48°，有南北两排础石，均为暗础，大多用红色泥质岩加工而成，方圆不一，表面平整，有的方础表面凿出圆台，并刻用于立柱的重心十字线，北排六块，南排八块，方础边长60～90厘米，圆础直径65～80厘米，厚15厘米。南排础石南部1.8米处，另有两块与其平行的础石，间距9.1米。柱础间有明显的踩踏面，厚1～2厘米（图版五）。房屋内的堆积层为红褐色土，具体出土器物介绍如下。

铜镞　5件。2003YJEF302：1，铸制。三棱形镞身，圆关圆铤。通长3.6厘米，镞身2.3厘米，铤0.3厘米（图5.1-45，1）。2003YJEF302：2，铸制。三棱形镞身，圆关圆铤。残长3.4厘米，镞尖1厘米，铤2.4厘米（图5.1-45，2）。2003YJEF302：3，铸制。截面呈三角形。通长7厘米（图5.1-45，3）。2003YJEF302：7，铸制。镞身呈核形，中部有脊不明显，扁圆形铤。通长2.6厘米，镞身1.6厘米，铤1厘米（图5.1-45，4）。2003YJEF302：8，铸制。镞身平面核形，中部有脊，扁圆铤。通长3.3厘米，镞身1.9厘米，铤1.4厘米（图5.1-45，5）。

铜泡钉　2件。2003YJEF302：4，圆形凸面光滑，凹面有柱形纽。直径4.5厘米，高0.7厘米（图5.1-45，7）。2003YJEF302：5，铸制。圆帽形，凹面有柱形纽。直径3.2厘米，高1厘米（图5.1-45，8）。

铁镞　1件。2003YJEF302：10，铸制。三棱形镞身，圆铤，下部呈尖状（图5.1-45，6）。

陶网坠　1件。2003YJEF302：6，灰陶，手制。梭形中部有穿孔，表面有凹凸。残长5.5厘米，最大径2.5厘米，孔径0.6厘米（图5.1-45，9）。

石器　1件。2003YJEF302：9，红褐色，磨制。半圆体，表面光滑。底面长径5.2厘米，短径4.7厘米，高4厘米（图5.1-45，10）。

2004YJEF405　位于E区南部，方向从残存最长的墙基方向定为45°，发现于第5a层下。房址平面近方形，残存三处墙基，大体可以相连，南侧墙基长7.25米，西侧墙基残长5.7米，东侧墙基仅剩1.55米，房内地面保存较好，比较平整，墙基仅存一层，与地面持平，由于缺少一侧墙基因此房址范围难以确定，仅能确定房址的大体形状为长方形（图5.1-46）。

2004YJEF408　位于E区西南部，第5c层下。房基以灰黄色土垫平地面后建造，垫土较致

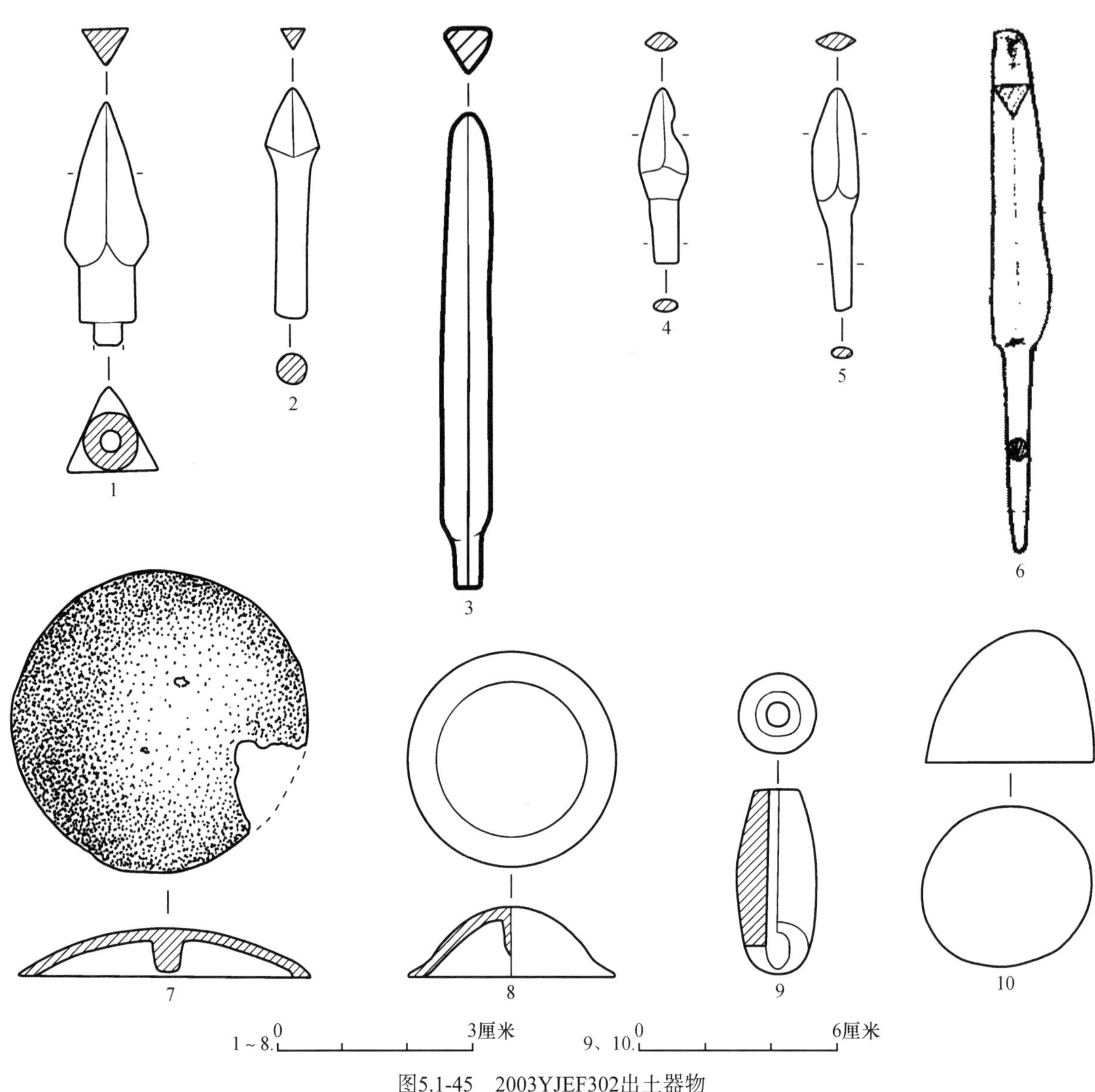

图5.1-45　2003YJEF302出土器物

1～5. 铜镞（2003YJEF302：1、2003YJEF302：2、2003YJEF302：3、2003YJEF302：7、2003YJEF302：8）
6. 铁镞（2003YJEF302：10）　7、8. 铜泡钉（2003YJEF302：4、2003YJEF302：5）　9. 陶网坠（2003YJEF302：6）
10. 石器（2003YJEF302：9）

密，包含物很少，垫土上有平行的两排方形础石，呈东北—西南向排布，础石边长65～70厘米，每排四个，因上层夯台的打破，础石缺失一块。房屋地面为黑色灰烬层。房屋北侧垫土边缘有一段残存的墙基，由长50～90、宽约20厘米的条石筑成，残长6.5厘米。南侧有两个石夯嵌于房基垫土之中，上表面与础石等高（图5.1-47）。地面以上是有一层5～10厘米厚的红色瓦砾及泥块堆积，在这一层堆积中出土了陶瓦当、瓷钵、陶钵等遗物，共计11件。值得注意的是，在房基垫土当中发现两具人骨，均仰身直肢：1号，头向140°，面向左，两臂交叉于胸前；2号，头向320°，面向不明，手臂也似交叉于胸前。在1号人骨左侧1.3米处有一瓮棺（W2），棺内葬一婴儿骨骸。至于为何会在房基内出现人骨，以及死者的身份和死因，都还有待于进一步地鉴定和研究。房址内出土遗物较多，以下具体介绍。

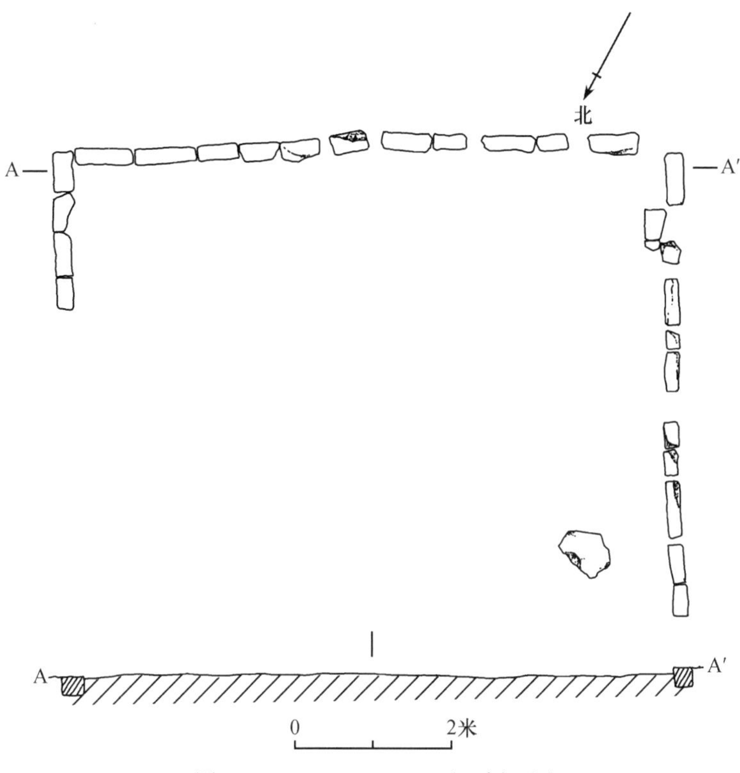

图5.1-46　2004YJEF405平、剖面图

陶瓦当　5件。2004YJEF408：1，灰陶，模制。圆形，中部有一较大乳突，外区分四区，每区饰卷云纹。直径14.5厘米，厚1.5厘米（图5.1-48，1）。2004YJEF408：2，灰陶，模制。圆形，中部有一较大乳突，外区分为四区，每区饰卷云纹。直径14.5厘米，厚1.4厘米（图5.1-48，2）。2004YJEF408：4，土红陶，模制。当面中部饰乳钉，四周分四区饰卷云纹。直径13.5厘米，筒残长8厘米（图5.1-48，3）。2004YJEF408：5，土红陶，模制。当面中部饰一圆形乳突，周围分四区。直径14厘米，筒残长8.5厘米（图5.1-48，4）。2004YJEF408：9，青灰陶，模制。当面中部饰一乳钉，周围分四区，每区饰卷云纹。直径14厘米，厚1.5厘米（图5.1-48，5）。

陶钵　1件。2004YJEF408：3，红陶，轮制。敛口，弧壁，平底。口径20厘米，底径12.2厘米，高8厘米（图5.1-48，6）。

瓷钵　1件。2004YJEF408：6，绿色瓷，轮制。敛口，弧壁，平底，内部有支钉痕，外底不上釉。口径16.5厘米，底径11.5厘米，高6厘米（图5.1-48，7）。

陶纺轮　1件。2004YJEF408：7，灰陶，轮制。平面呈圆形，中部有穿孔，截面菱形。腰部饰两道弦纹。直径3.5厘米，高2.2厘米，孔径0.5厘米（图5.1-48，8）。

琉璃珠　1件。2004YJEF408：8，蓝色琉璃，浇铸。柱形。长1.4厘米，最大径0.8厘米，孔径0.4厘米（图5.1-48，9）。

石臼　2件。2004YJEF408：10，打制。四棱形，上底大下底小，中部有圆坑。边长36厘米，口径25厘米，深22厘米，下边长20厘米，通高35厘米（图5.1-48，11）。2004YJEF408：11，通高3厘米，直径4.5厘米（图5.1-48，10）。

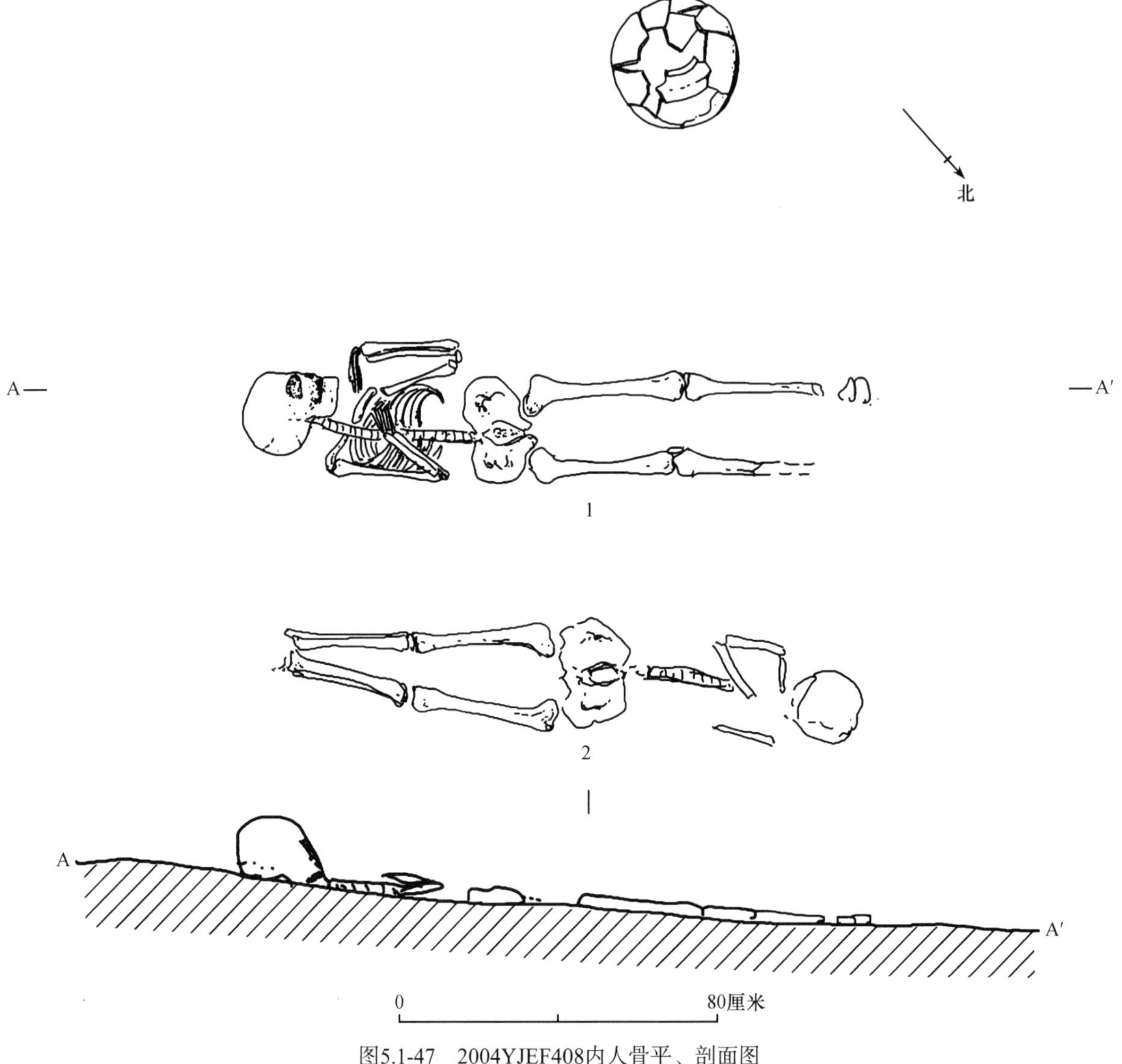

图5.1-47 2004YJEF408内人骨平、剖面图

2. 灰坑

13座，其中2001年2个，编号2001YJEH101、2001YJEH102；2003年7个，编号2003YJEH301～2003YJEH307；2004年4个，编号2004YJEH1～2004YJEH4。

2001YJEH101 位于2001YJET0410中部，开口于第3层下，方向100°，坑口距地表深0.75米。坑平面形状为椭圆形，斜壁，近平底。坑口长2.16米，宽2米；坑底长2.1米，宽1.9米，坑深0.16米（图5.1-49）。坑内填土为黑褐色，有烧土木炭和碎瓦片，出土陶盆、陶罐残片青瓷罐等遗物，可复原器物1件。

青瓷带耳罐 1件。2001YJEH101：1，残。直口，鼓腹，肩为桥状耳，施釉不到底，底微内凹，腹下为一横弦纹，颈下为二横弦纹，器胎在加工时留下布纹。口径13厘米，底径16厘米，高23.6厘米（图5.1-50；图版一六，5）。

2001YJEH102 位于2001YJEF401西间北部，靠近墙基。开口于下层夯土台基表面，约直径1米，深0.7米。坑为圆形，圜底，形制不甚规整，底壁亦不光滑。填红褐色土，质较硬，和

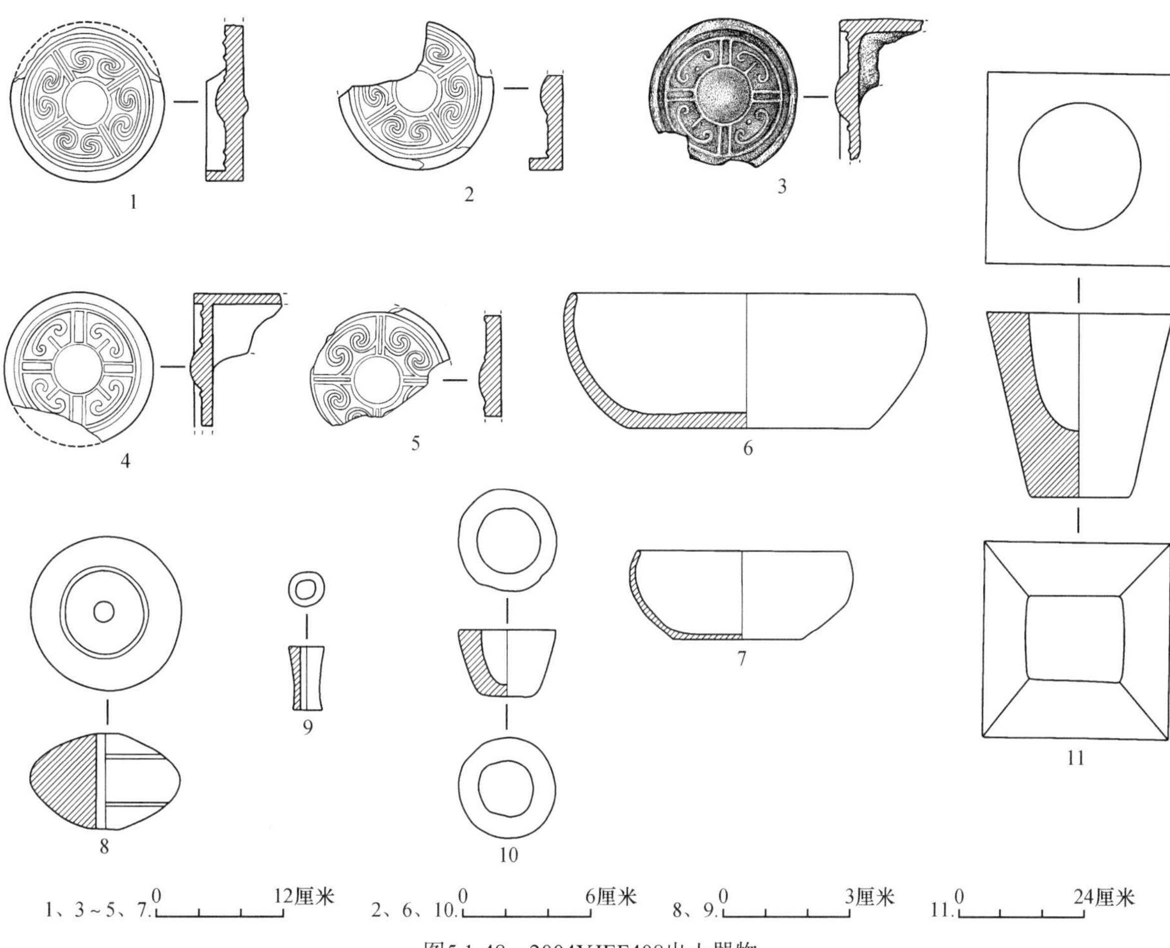

图5.1-48　2004YJEF408出土器物

1～5. 陶瓦当（2004YJEF408：1、2004YJEF408：2、2004YJEF408：4、2004YJEF408：5、2004YJEF408：9）
6. 陶钵（2004YJEF408：3）　7. 瓷钵（2004YJEF408：6）　8. 陶纺轮（2004YJEF408：7）　9. 琉璃珠（2004YJEF408：8）
10、11. 石臼（2004YJEF408：11、2004YJEF408：10）

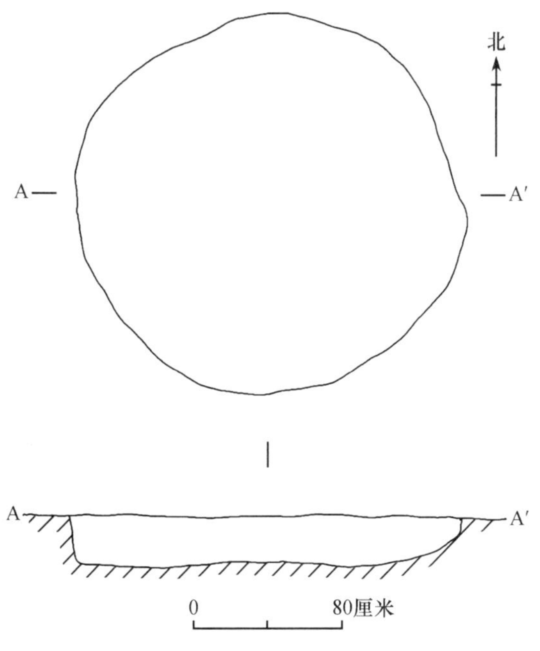

图5.1-49　2001YJEH101平、剖面图

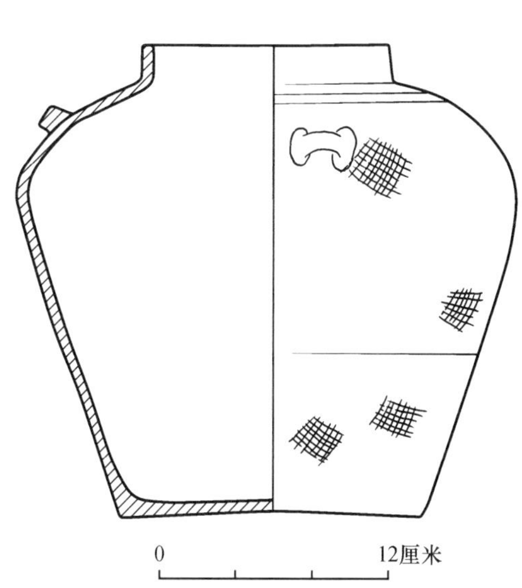

图5.1-50　2001YJEH101出土的青瓷带耳罐
（2001YJEH101：1）

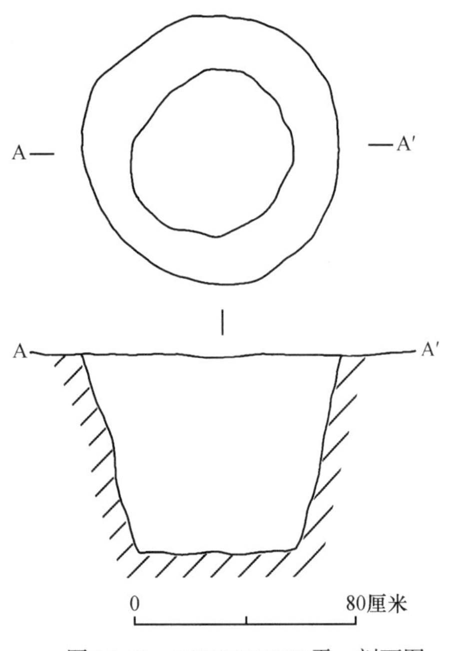

图5.1-51　2001YJEH102平、剖面图

夯台上部夯土质地接近（图5.1-51）。出土1件黄绿釉四系瓷罐，2件青瓷碗，1件铁三足灯，1件陶纺轮，全部放置在1件双耳铜釜中。

四系瓷罐　1件。2001YJEH102：1，黄绿釉，直颈，鼓腹，平底，肩部有四横耳。肩部上下各饰弦纹带，腹下部拍印方格网纹，轮制。口径12厘米，高32厘米（图5.1-52，1）。

青瓷碗　2件。2001YJEH102：2，敛口，弧腹，平底，内外施釉，轮制。口径15厘米，高6厘米（图5.1-52，2）。2001YJEH102：3，敛口，弧腹，平底，内外施釉。口部饰一周弦纹，轮制。口径16.5厘米，高6厘米（图5.1-52，3）。

陶纺轮　1件。2001YJEH102：7，泥质黄褐陶，算珠形，截面近菱形，纵向穿孔，孔内现存一段铁棍。两面各饰一周凸弦纹，轮制。直径4厘米，厚3厘米，孔径0.5厘米（图5.1-52，4）。

铜釜　1件。2001YJEH102：6，敞口，鼓腹，平底，腹部的中部有双耳，腹部中部饰有弦纹。锻制。直径28厘米，高12厘米（图5.1-52，5）。

铁灯座　1件。2001YJEH102：4，灯底有三足，上有支撑灯的支架，灯上的提梁已残，锻

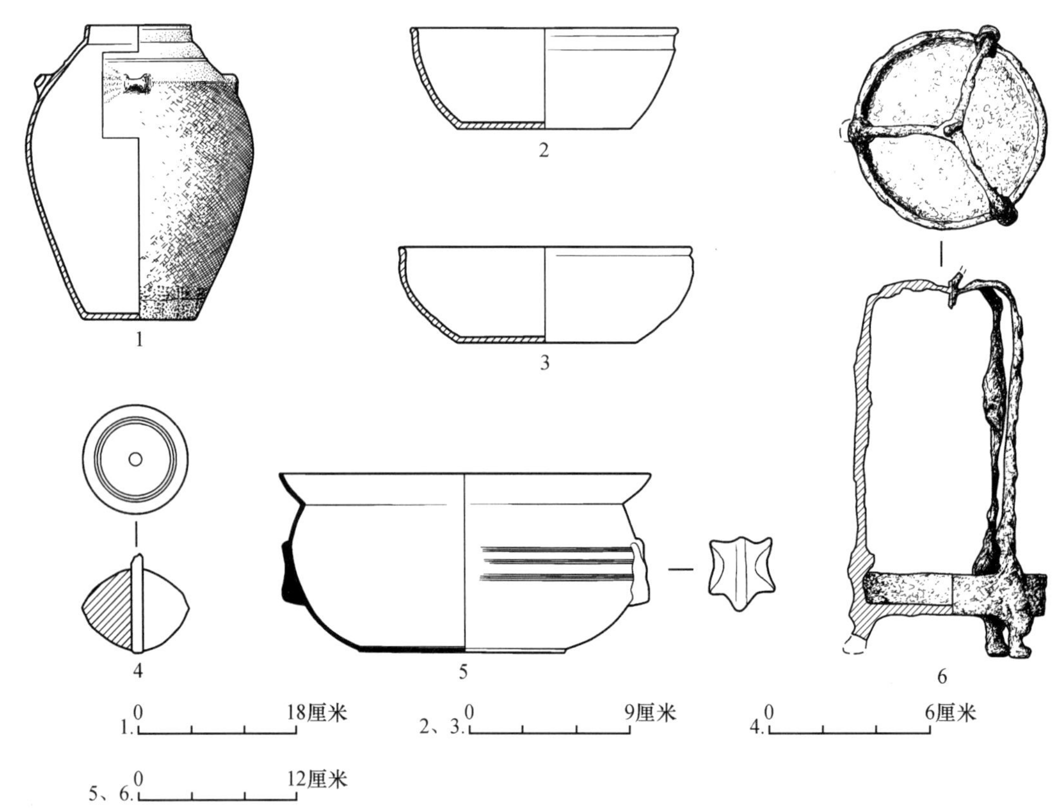

图5.1-52　2001YJEH102出土器物

1. 四系瓷罐（2001YJEH102：1）　2、3. 瓷碗（2001YJEH102：2、2001YJEH102：3）　4. 陶纺轮（2001YJEH102：7）　5. 铜釜（2001YJEH102：6）　6. 铁灯座（2001YJEH102：4）

制。宽12厘米，高32厘米（图5.1-52，6）。

2003YJEH301 平面呈长方形，位于2003YJET3中南部，方向为北偏西57°。开口于第3层下，坑口距地表0.55～0.6米。斜壁，平底，坑口长2.17米，宽1.42米，坑底长2.02米，宽1.3米，坑深1.5～1.56米（图5.1-53）。坑内填土呈黄褐色，土质较为疏松，包含大量泥质粗绳纹红瓦、少许泥质灰瓦及大量陶、瓷残片。陶片可见器形有罐、盆、瓮、四系罐等。

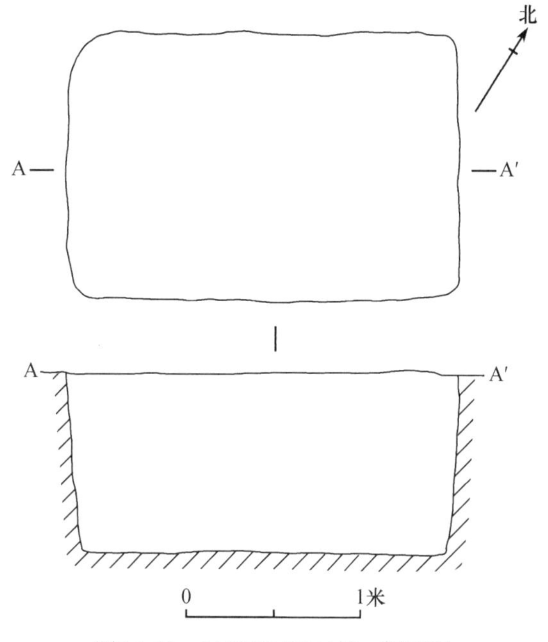

图5.1-53 2003YJEH301平、剖面图

陶四系罐 1件。2003YJEH301：1，灰陶。轮制。敛口，圆唇，口沿外弧，腹壁斜收，底内凹。口沿外饰一道凹弦纹勒口，罐底内饰一道放射状条纹。口径26.2厘米，通高12厘米，底径18厘米（图5.1-54，1）。

陶范 1件。2003YJEH301：2，泥质陶，残。红褐色，残留部分底面为平面，四周有边，中部为凹，素面。模制。残长11厘米，宽6.5厘米，厚5厘米，槽深2厘米。（图5.1-54，2）

石研磨器 1件。2003YJEH301：3，石，完整。青灰色，呈圆柱体，圆顶，平底，通体自然形成砂眼。磨制。直径1.8厘米，通高4.5厘米（图5.1-54，3）。

2003YJEH302 平面呈圆角长方形，位于2003YJET4东部，方向为215°。开口于第2b层下，坑口距地表0.55～0.6米。斜壁，平底，坑口长1.84米，宽1.42米，坑底长1.7米，宽1.35米，坑深1.93米（图5.1-55）。坑内填土为黄黏土，土质较为致密，包含大量泥质瓦片、少量青釉瓷片。坑底发现一条石砌作的池形建筑。

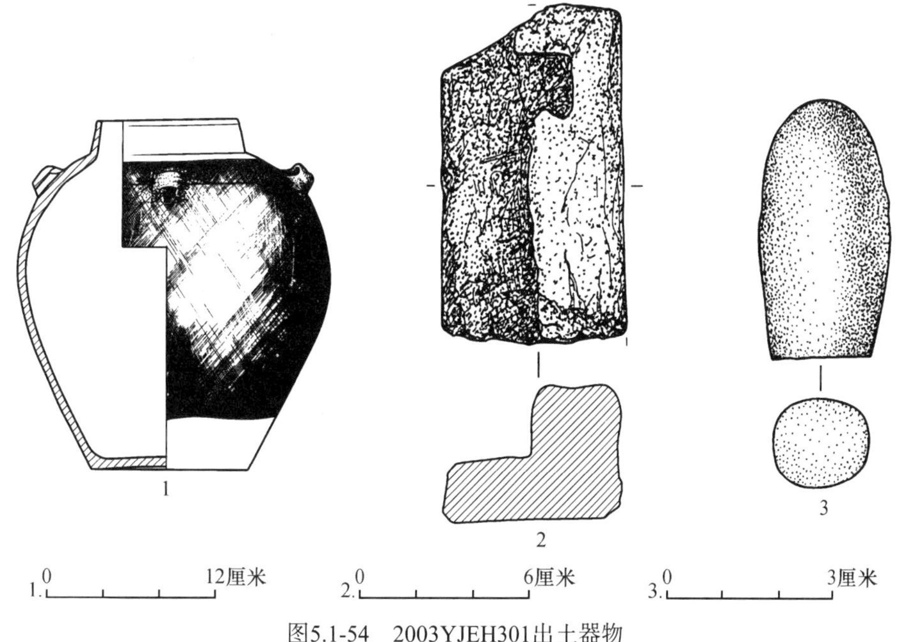

图5.1-54 2003YJEH301出土器物

1. 陶四系罐（2003YJEH301：1） 2. 陶范（2003YJEH301：2） 3. 石研磨器（2003YJEH301：3）

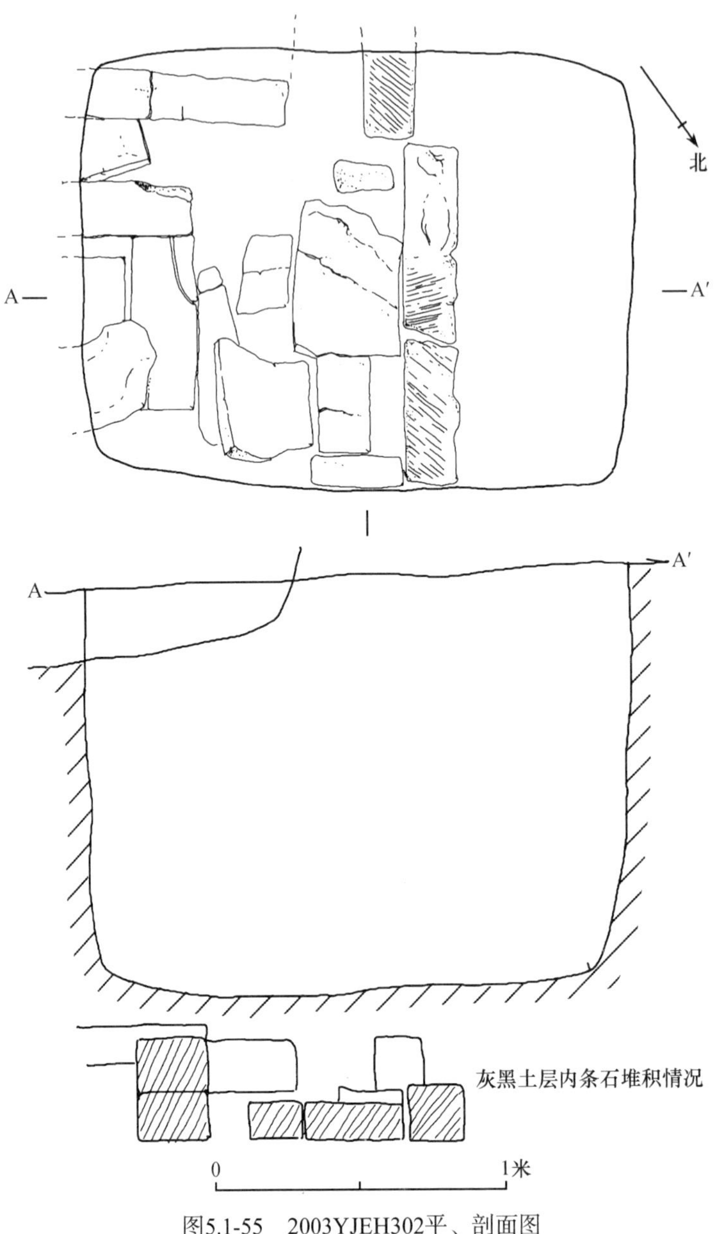

图5.1-55　2003YJEH302平、剖面图

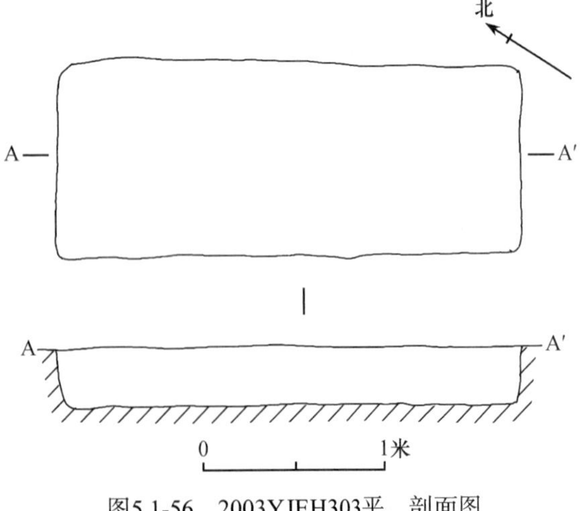

图5.1-56　2003YJEH303平、剖面图

2003YJEH303　平面呈长方形，位于2003YJET3中南部，方向为32°。开口于第3层下，坑口距地表0.5米，打破第5层及2003YJEF301。斜壁，平底，坑口长2.5米，宽1.05米，坑底长2.44米，宽1米，坑深0.8米（图5.1-56）。坑内填土呈深灰色，土质疏松，出土陶盆3件、陶钵3件、瓷碗1件、铜镞3件、剪轮五株1件等，出土器物具体介绍如下。

陶盆　3件。2003YJEH303：2，灰陶，轮制。敞口，方唇，口沿外平折直卷，斜壁，底内凹。盆内饰凹弦纹，外壁上部饰细凹弦纹。口径39.5厘米，通高24厘米，底径24厘米（图5.1-57，1）。2003YJEH303：3，灰陶，轮制。敛口，口沿外弧上翘，深弧腹，壁内收，平底。腹壁外饰凸弦纹。口径23.7厘米，通高10.2厘米，底径12.5厘米（图5.1-57，2）。2003YJEH303：5，灰陶，轮制。平沿外折，方唇，口微敛，深腹，平底微内凹。饰凹弦纹。口径28厘米，通高12.6厘米，底径13.4厘米（图5.1-57，3）。

陶钵　3件。2003YJEH303：1，灰陶，轮制。敛口，圆唇，口沿外弧腹壁斜收，底内凹。口沿外饰一道凹弦纹勒口，钵底内饰一道放射状条文。口径26.2厘米，通高12厘米，底径18厘米（图5.1-57，4）。2003YJEH303：4，灰陶，轮制。敛口，圆唇，深弧腹，平底。素面。口径18厘米，通高7.2厘米，底径10.5厘米（图5.1-57，5）。2003YJEH303：7，灰陶，轮制。敛口，方圆唇，弧形深腹，平底。饰凹弦纹。口径18.3厘米，通高7.5厘米，底径11.2厘米（图5.1-57，6）。

瓷碗　1件。2003YJEH303：6，黄绿色。轮制。敛口，圆唇，弦纹勒口，深弧腹，板饰釉，平底内凹。碗内底饰涡纹，口沿外饰弦纹。口径12厘米，通高4.5厘米，底径7.8厘米（图5.1-57，7；图版一六，1）。

剪轮钱　1件。2003YJEH303：8，范制。外圆形无郭，内方穿剪轮。正面饰“五铢”。直径1.5厘米，穿边0.75厘米，厚0.16厘米（图5.1-57，11）。

铜镞　3件。2003YJEH303：9，范铸。箭头呈核状，箭尾细长。无纹饰。长4.8厘米（图5.1-57，8）。2003YJEH303：10，范铸。舌形镞尖，中脊凸起，两侧翼外弧，束腰一侧抹角下与扁圆形铤相连。通长5.8厘米，镞尖1.4厘米，翼展0.8厘米，厚0.45厘米，铤径0.35厘米（图5.1-57，9）。2003YJEH303：11，范铸。舌形镞尖，中脊凸起，两侧微弧中束腰，一侧抹角与扁圆形锥状铤相连接。通长5.4厘米，镞尖长1.25厘米，翼展0.8厘米，厚0.42厘米，铤宽

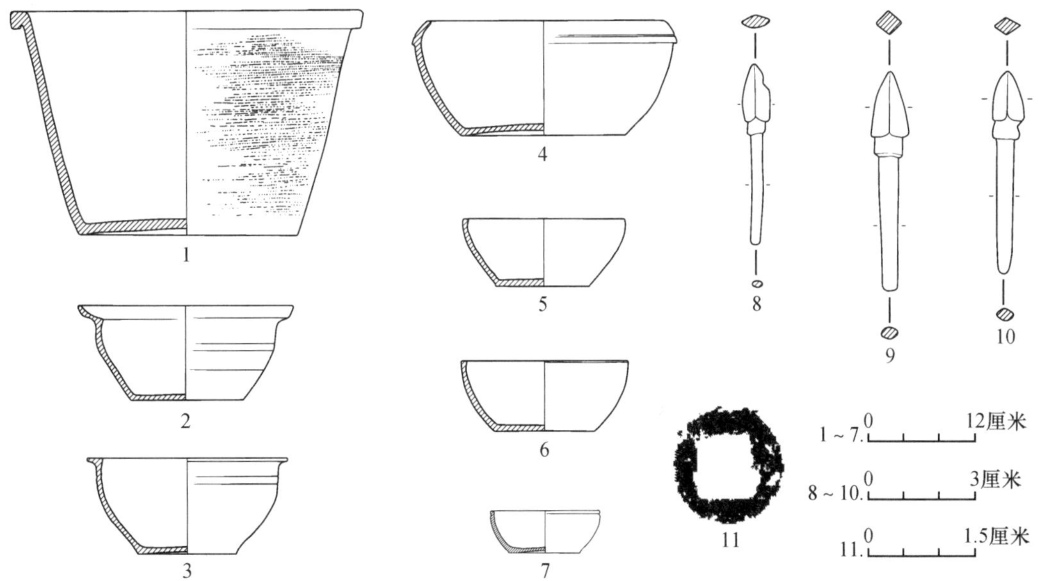

图5.1-57　2003YJEH303出土器物

1～3. 陶盆（2003YJEH303：2、2003YJEH303：3、2003YJEH303：5）　4～6. 陶钵（2003YJEH303：1、2003YJEH303：4、2003YJEH303：7）　7. 瓷碗（2003YJEH303：6）　8～10. 铜镞（2003YJEH303：9、2003YJEH303：10、2003YJEH303：11）　11. 剪轮钱（2003YJEH303：8）

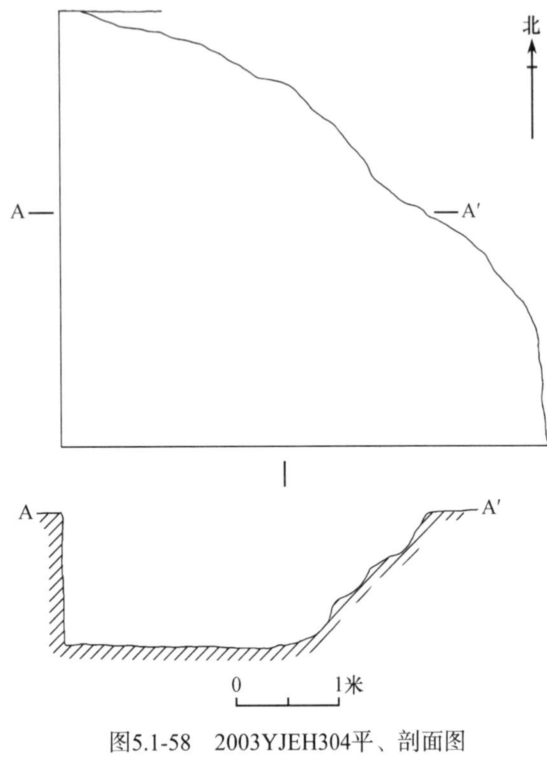

图5.1-58　2003YJEH304平、剖面图

0.4厘米（图5.1-57，10）。

2003YJEH304　位于2003YJET1西侧，正北方向。开口于第5层下，坑口距地表1.85米，打破生土。坑边东侧为弧形，其他大部分被压在西壁、南壁内，坑口直径3.4米，坑底直径1.86米，坑深3.05米（图5.1-58）。坑内填土为黄褐黏土，土质致密，包含草木灰、烧土块，出土夹砂灰陶片、泥质红陶片、红陶鼎足、绳纹灰陶罐、泥质灰陶豆柄、泥质灰陶粗绳纹筒瓦片等，具体出土器物介绍如下。

铜镞　1件。2003YJEH304：2，范铸。三角形，中脊凸起，两侧翼外弧，中束腰扁圆状铤。通长3.6厘米，镞尖长2.6厘米，翼展1.1厘米，厚0.7厘米，铤径0.4厘米（图5.1-59，1）。

瓦当　1件。2003YJEH304：1，灰陶，模制。圆饼形轮模具压印花纹。饰卷云纹。直径8.8厘米，通长56厘米（图5.1-59，2）。

2003YJEH305　平面呈不规则圆形，位于2003YJET1西侧，正北方向。开口于第4层下，坑口距地表1.5米。坑口直径1.7米，坑底直径1.46米，坑深0.75米（图5.1-60）。坑内填土为黄褐黏土，土质致密，包含草木灰、烧土块，出土夹砂灰陶、泥质红陶片、红陶鼎足、泥质红陶罐、绳纹灰陶罐。

2003YJEH306　平面呈不规则圆形，位于2003YJET2西侧南壁下，正北方向。开口于第4层下，坑口距地表1.05米。坑口直径1米，坑底直径0.5米，坑深1.45米（图5.1-61）。坑内填土呈灰褐色，土质较为疏松，包含草木灰、烧土块，出土夹砂灰陶、泥质红陶片，绳纹泥质红陶、

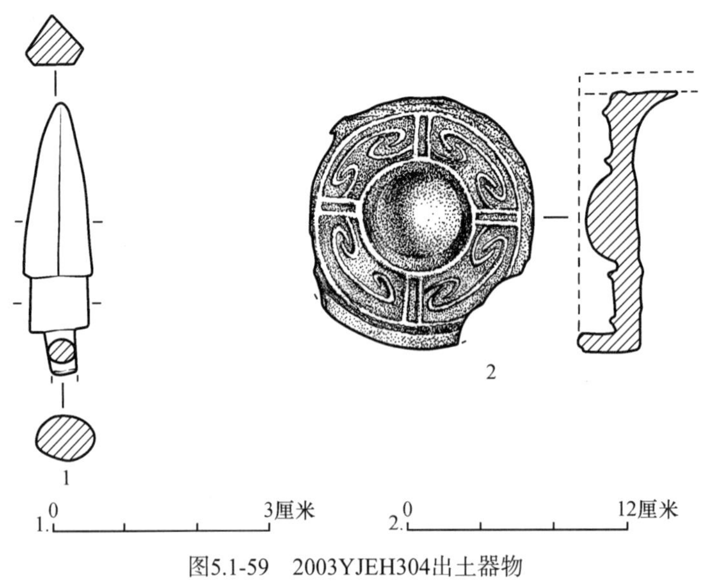

图5.1-59　2003YJEH304出土器物

1. 铜镞（2003YJEH304：2）　2. 瓦当（2003YJEH304：1）

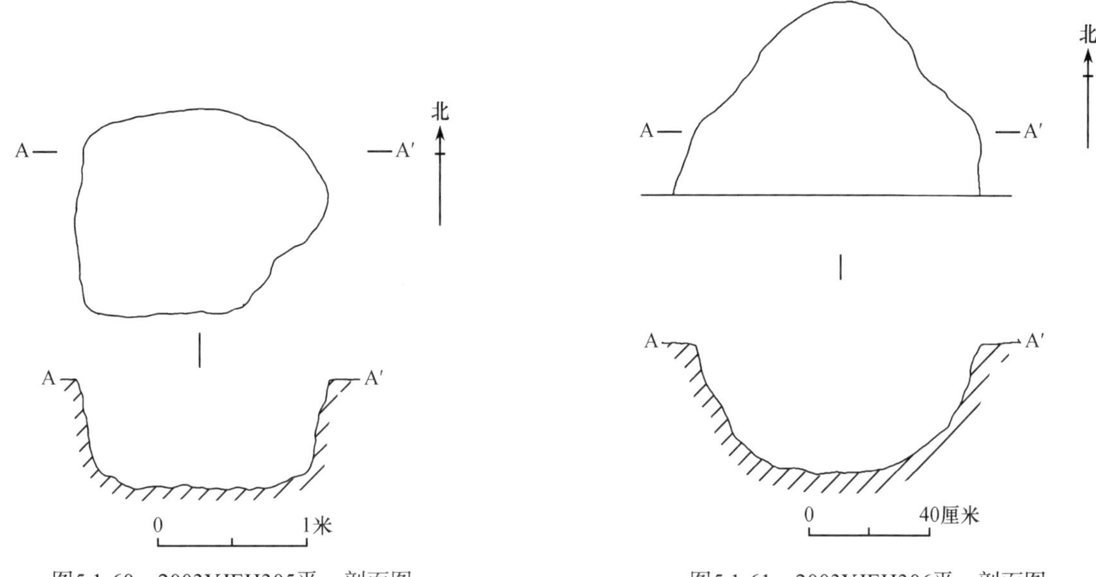

图5.1-60　2003YJEH305平、剖面图　　图5.1-61　2003YJEH306平、剖面图

灰陶罐，黑、灰陶豆等，具体出土器物介绍如下。

陶圜底罐　1件。2003YJEH306：1，灰陶，轮制。敞口，圆唇，束颈，球形腹，圜底。罐腹上饰绳纹，罐口饰凹弦纹。通高15厘米，腹径14.7厘米，口径10.1厘米（图5.1-62，1）。

陶豆　3件。2003YJEH306：2，灰黑陶，轮制。上圆敞口，圆唇，下折腹内中底凹，柱状柄，圆唇。素面。上盘口径13.2厘米，座口径8厘米，通高9.5厘米，豆柄径3.5厘米（图5.1-62，2）。2003YJEH306：3，灰陶，轮制。豆柄残。敞口，斜腹，素面。口径13.3厘米，通高4.4厘米（图5.1-62，3）。2003YJEH306：4，红褐陶，轮制。敞口，圆唇，斜腹，内凹底，中部为柱状，中空，圈状足。素面。上盘口径13厘米，下座径7.8厘米，柄径3.03厘米，通高10厘米（图5.1-62，4）。

陶网坠　1件。2003YJEH306：5，灰褐陶，手制。长圆形，两端较细，中间外弧凸起，中内圆孔贯穿。素面。通长4.9厘米，腹径1.7厘米，外径0.8厘米，中孔径0.6厘米（图5.1-62，5）。

2003YJEH307　平面呈不规则圆形，位于2003YJET2西侧，正北方向。开口于第4层下，坑口距地表0.95米。坑口直径1.36米，坑底直径0.32米（图5.1-63）。坑内填土呈灰褐色，土质较为疏松，包含草木灰、烧土块。

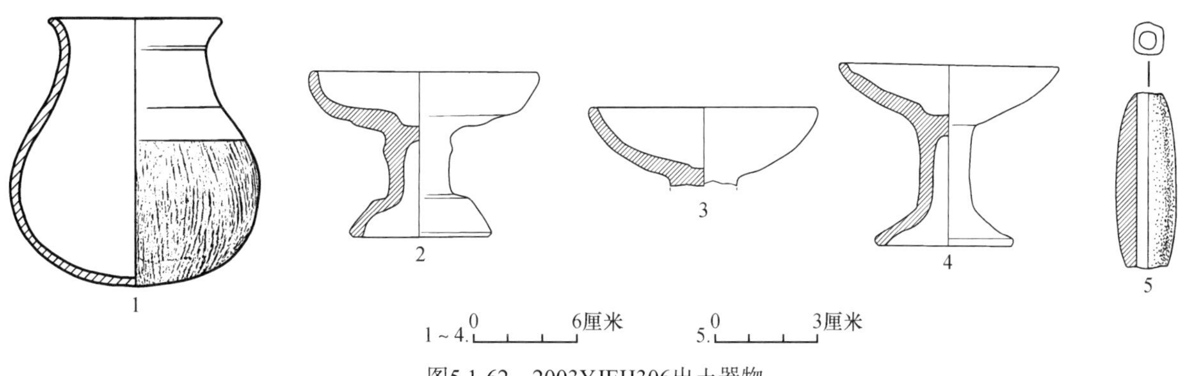

图5.1-62　2003YJEH306出土器物

1. 陶圜底罐（2003YJEH306：1）　2～4. 陶豆（2003YJEH306：2、2003YJEH306：3、2003YJEH306：4）　5. 陶网坠（2003YJEH306：5）

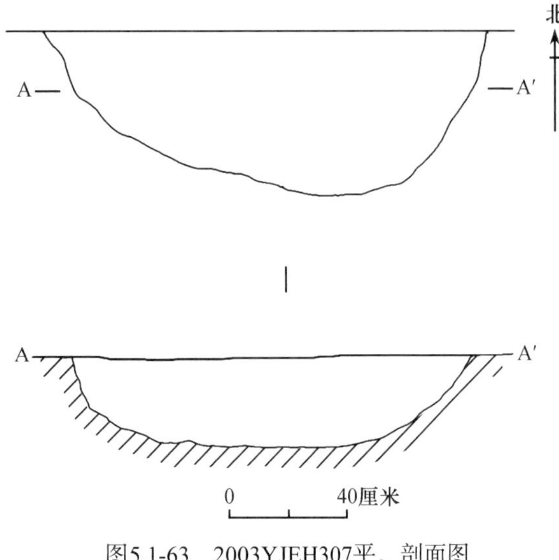

图5.1-63　2003YJEH307平、剖面图

2004YJEH1　平面近圆形，位于2004YJET0308西部。开口于第5c层下，坑口直径1.36米，深1.1米（图5.1-64）。坑内堆积为黑色土，夹杂大量黑色灰烬，出土陶片、瓦片。

2004YJEH2　平面近圆形，位于2004YJET0308西部。开口于第5c层下，坑口直径4.5米，深1.75米。坑内堆积为花土，包含少量碎陶片（图5.1-65）。

2004YJEH3　平面近圆形，位于2004YJET0307西部，开口于第5c层下，打破第6、第7层和生土，坑深1.65米（图5.1-66）。坑内堆积分4层：第1层为灰绿夹细沙的填土，土质致密，厚约0.25米；第2层堆积为瓦片、黑灰，厚约0.4米；第3层填土呈灰色，夹杂人工磨制痕迹的石块，应为建筑材料，厚0.53～0.7米；第4层填土呈黑色，土质较为疏松，包含物很少，厚0.4米。

2004YJEH4　位于2004YJET0307西部，开口于第5c层下。坑平面近似圆形，直径2.32米，深0.72米。坑内含大量碎瓦片，夹杂于黑灰色的填土之中，并夹杂几块石块，有人工打造的痕迹，应该为房屋建筑的石材（图5.1-67）。

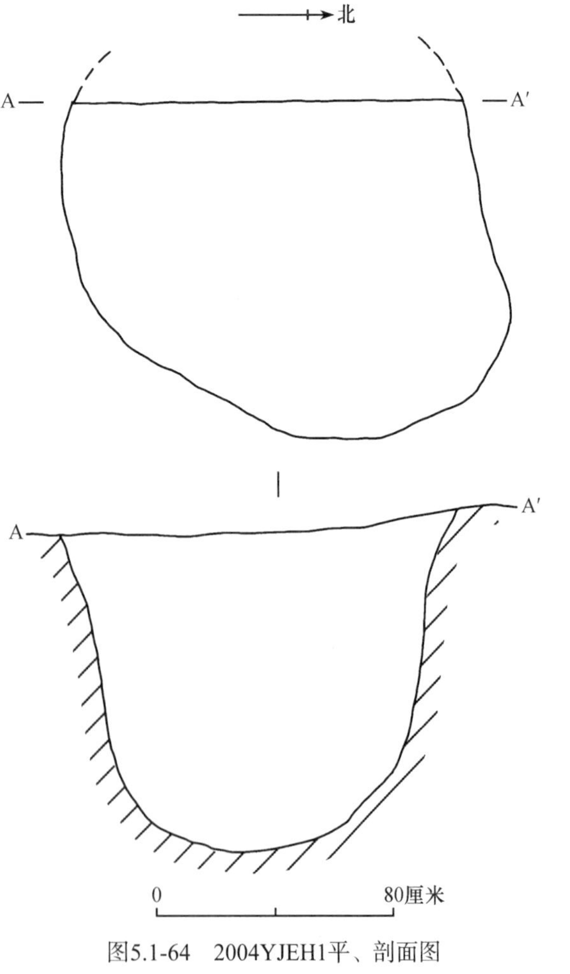

图5.1-64　2004YJEH1平、剖面图

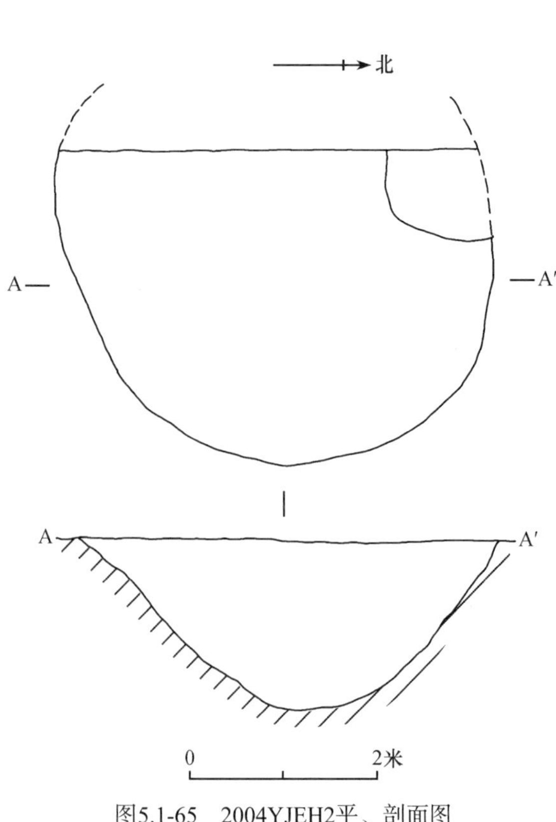

图5.1-65　2004YJEH2平、剖面图

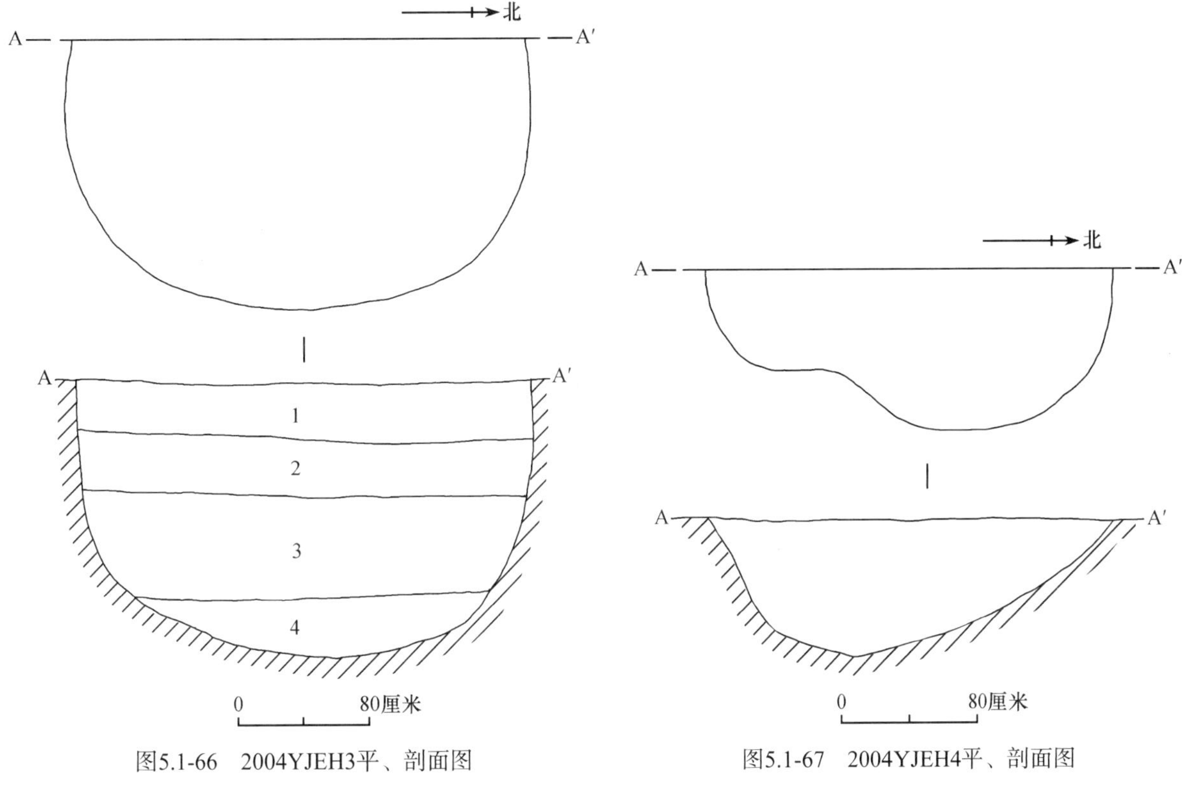

图5.1-66　2004YJEH3平、剖面图

图5.1-67　2004YJEH4平、剖面图

3. 灰沟

灰沟2条，编号2001YJEG101和2004YJEG401。

2001YJEG101　位于2001YJET0810、2001YJET0910两方，两端均向方外延伸，未做扩方（按走向和2001YJET1112、2001YJET1113大沟为同一条）。开口于第5层下，打破第6、第7层和生土。方向43°，沟口距地表2.6米。沟平面为长条形，斜壁，弧形底。沟口宽13.5米，深3.3米（图5.1-68）。沟内堆积分4层：第1层，黑褐土，较黏，厚0.9米；第2层，黑灰土，含沙，厚0.8米；第3层，浅褐土，含沙厚1.1米；第4层浅黄土，较黏，厚1米。各层中均含泥质灰陶绳纹陶片、残瓦片和石块，其中第2层堆积中出青瓷碗、盘各1件。具体出土器物介绍如下。

瓷钵　2件。2001YJEG101：1，圆唇，敛口，曲腹，假圈足，青釉不润，有脱釉，底部露胎，土色灰白。素面，轮制。口径8厘米，底径4.3厘米，高4.5厘米（图5.1-69，2）。2001YJEG101：2，直口，尖唇，漫弧壁，平底，微内凹，内器底饰圆形弦纹，并有三个圆形支点。素面，轮制。口径8.1厘米，底径4.6厘米，高3.9厘米（图5.1-69，3）。

瓷砚　1件。2001YJEG101：3，浅盘状，斜直壁，凹底。素面，轮制。口径7.6厘米，底6厘米，高3厘米（图5.1-69，1）。

2004YJEG401　该沟发现于S区，延伸到E区，长轴方向为48°，发现于S区第3c层下，即E区第5c层下，位于生土之上。该沟总长45米左右，西南部较高，截面为口大底小，宽4米左右，下底宽0.7米，西南部位于山坡上，东北端伸入2004YJEHt2东侧一大坑中，坑深近6米，宽6.5米，长度不明。该沟堆积基本一层，不能划分出明显的地层，土色黑灰，含沙，包含大量瓦片、陶片、石块等物，土质较为致密。该沟南侧为山坡，可能用于排除山水。

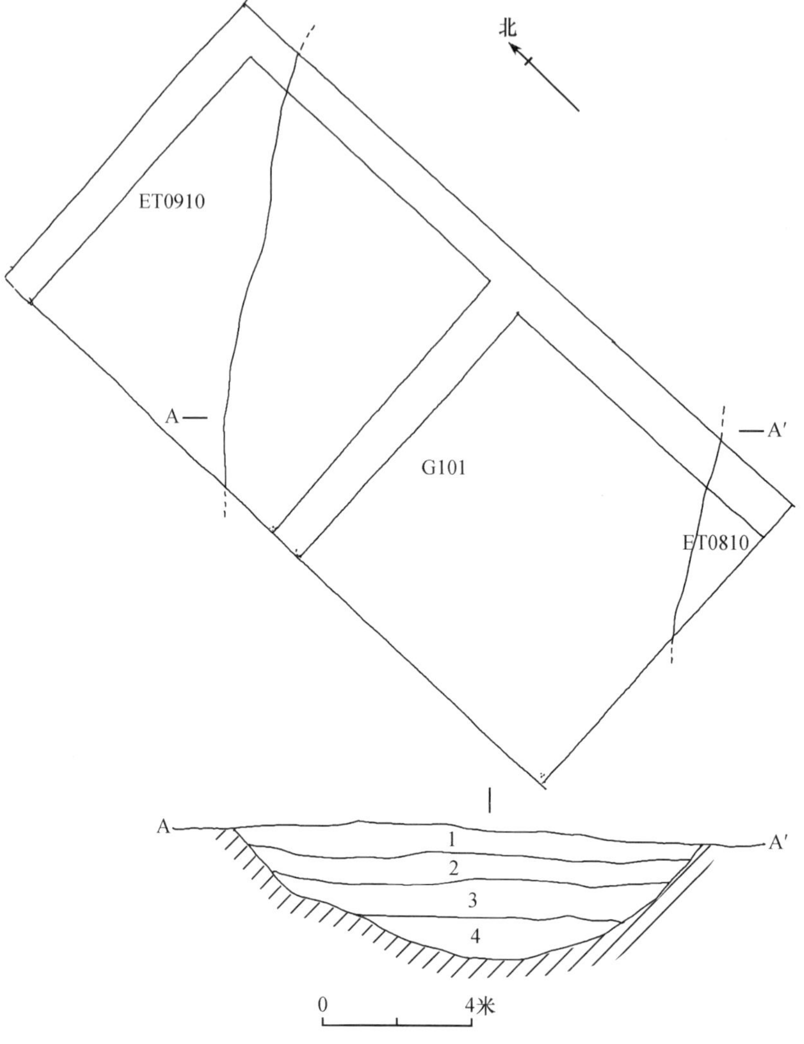

图5.1-68　2001YJEG101平、剖面图

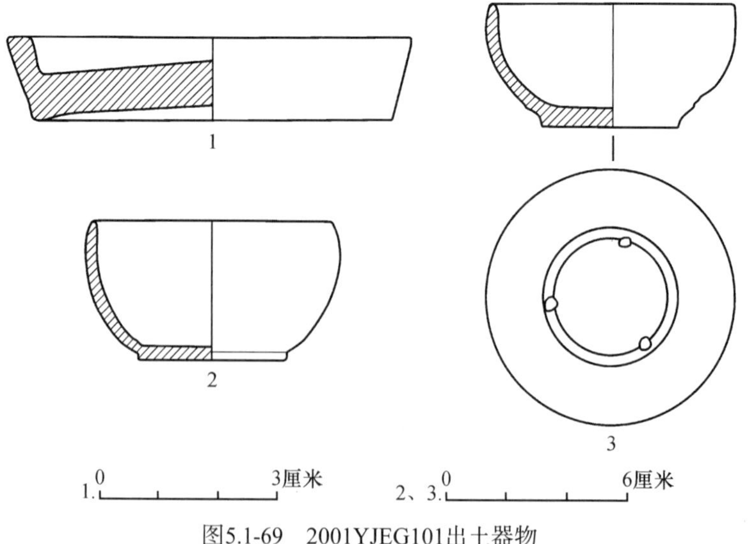

图5.1-69　2001YJEG101出土器物

1. 瓷砚（2001YJEG101：3）　2、3. 瓷钵（2001YJEG101：1、2001YJEG101：2）

4. 渠

共清理六朝时期渠8条，编号分别为2004YJEQ9、2004YJEQ402～2004YJEQ408。

2004YJEQ9　分布于2004YJET0408、2004YJET0308内，方向为71°，开口于第6a层下。该渠为石砌明渠，无底不盖。两侧壁用形制不是很规整的片石砌成，仅在渠首有铺砌的底和盖，残长1.3米，宽0.8米，深0.4米（图5.1-70）。引水渠槽体内填土呈黑褐色，未出土遗物。

2004YJEQ402　挖于2004YJEHt2上的一条简单土沟，流水方向由东北向西南，跨越2004YJET0510、2004YJET0511、2004YJET0611、2004YJET0612四方，两头均残。发现于第5c层下，方向为50°。该渠为长方形，石铺渠底，残长16米，宽0.2米，深0.15米（图5.1-71）。渠内堆积只有一层灰色土，较为细腻，疏松，包含少量的绳纹瓦片、石块砖块等。北侧有2004YJEF401、2004YJEQ401等遗迹，均为魏晋时期遗迹，其南侧有一处可能为房址残迹，2004YJEQ401与2004YJEQ402可能为该路的排水系统。

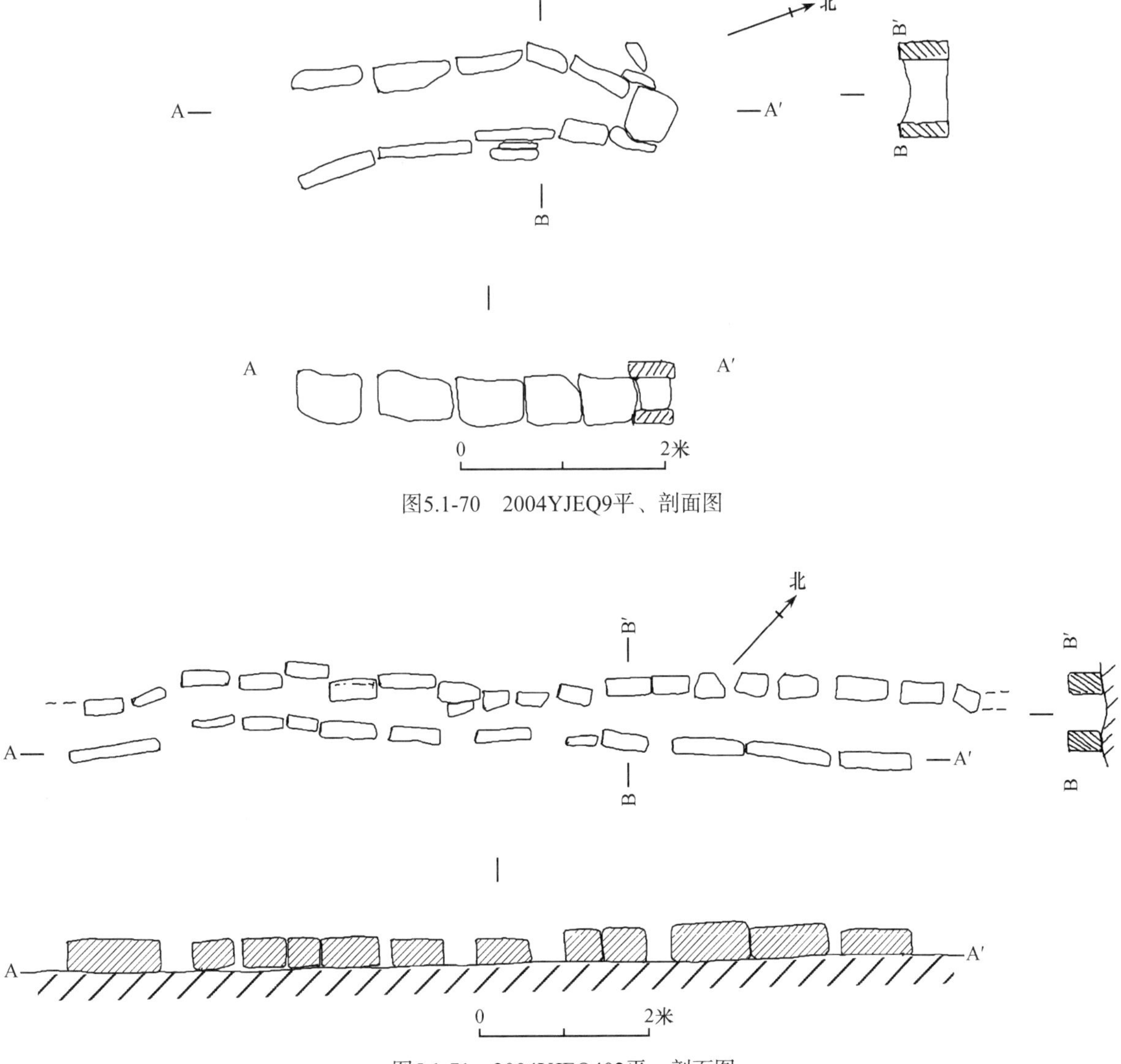

图5.1-70　2004YJEQ9平、剖面图

图5.1-71　2004YJEQ402平、剖面图

2004YJEQ403　位于2004YJET0509方内，往东延伸入2004YJET0409内，发现于第5a层下，嵌入2004YJEHt3中，方向为47°。该渠为长条形石砌暗渠，以石条及石片组合砌成，渠盖以石条为主，但仅一面修平，夹杂一些一面修整的石块，渠身以两层条石交错砌成，石条仅修整一面，渠底以大小不等石片修筑而成，渠身压于渠底两侧。渠身总长6.6米，总宽0.65米，渠内宽0.25～0.3米，高0.65米（图5.1-72）。渠西端应该是渠原有最西端。东端拆毁，原有尺寸不详。渠内堆积有一层淤土，黄褐色泛灰，包含少量陶片。渠嵌入2004YJEHt3内与其西南两侧之2004YJEQ404形制结构完全一致，作用应该也相同，用于夯台东侧排供水，渠东北端较高，另一端低，流水方向不明。

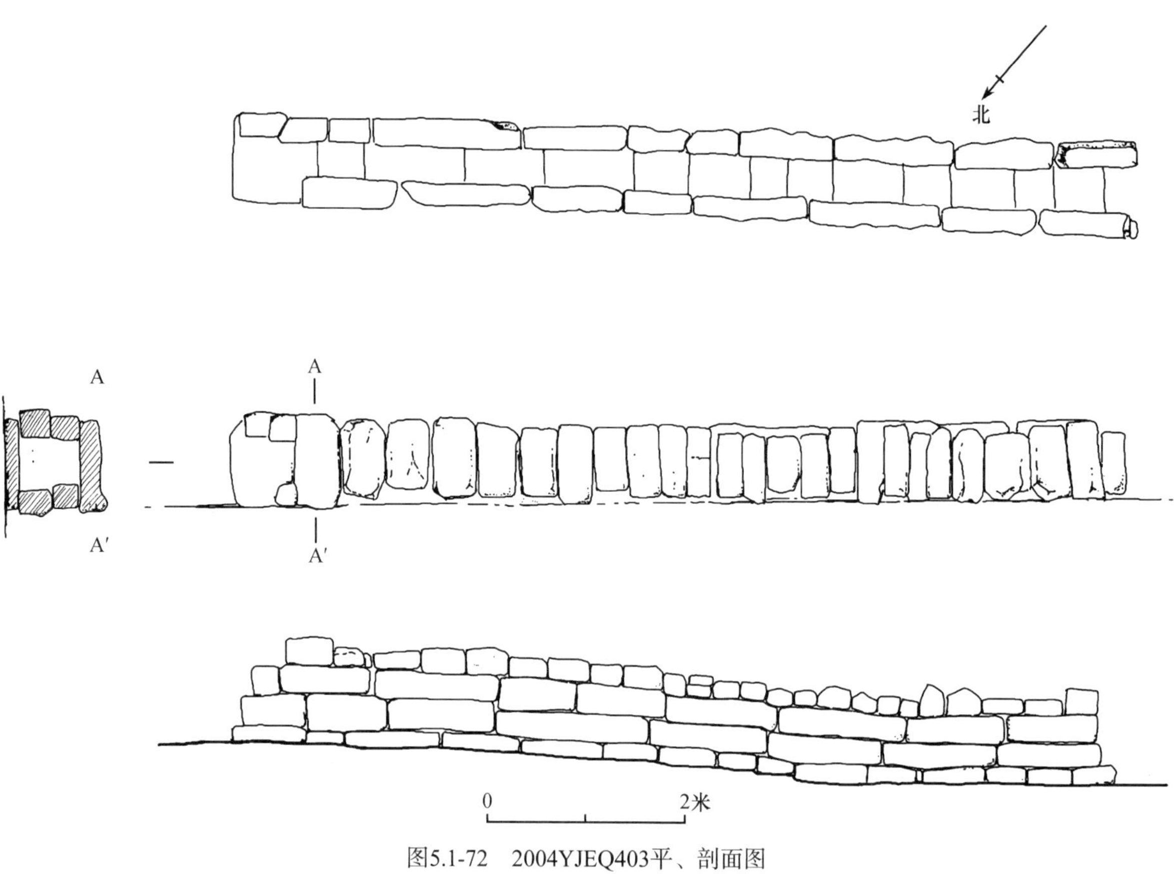

图5.1-72　2004YJEQ403平、剖面图

2004YJEQ404　位于E区西南部，开口于第5a层下，石砌暗渠，由三条分别自东北、东南、西北延伸过来的支渠汇总一处并向西北延伸形成，平面大致呈十字交叉形，渠两侧由长50～90、宽16～20厘米的条石垒砌，底部和渠盖均由形制不甚规则的厚约10厘米的片石铺砌，渠壁砌四五层条石，并夹个别取自汉墓的方格纹砖作为条石的代用品。三条支渠的长度分别为2.5、5、14.5米，汇总后的长度为22米，渠宽与渠深均为0.8米左右，三条支渠头端稍高，至交汇点后渐低，至总渠端部至最低点，两端高度差最大可达1.5米（图5.1-73；图版六）。该渠为建于2004YJEHt3之中的一条暗渠，其上表面与夯台同高，应与该夯台同时代。

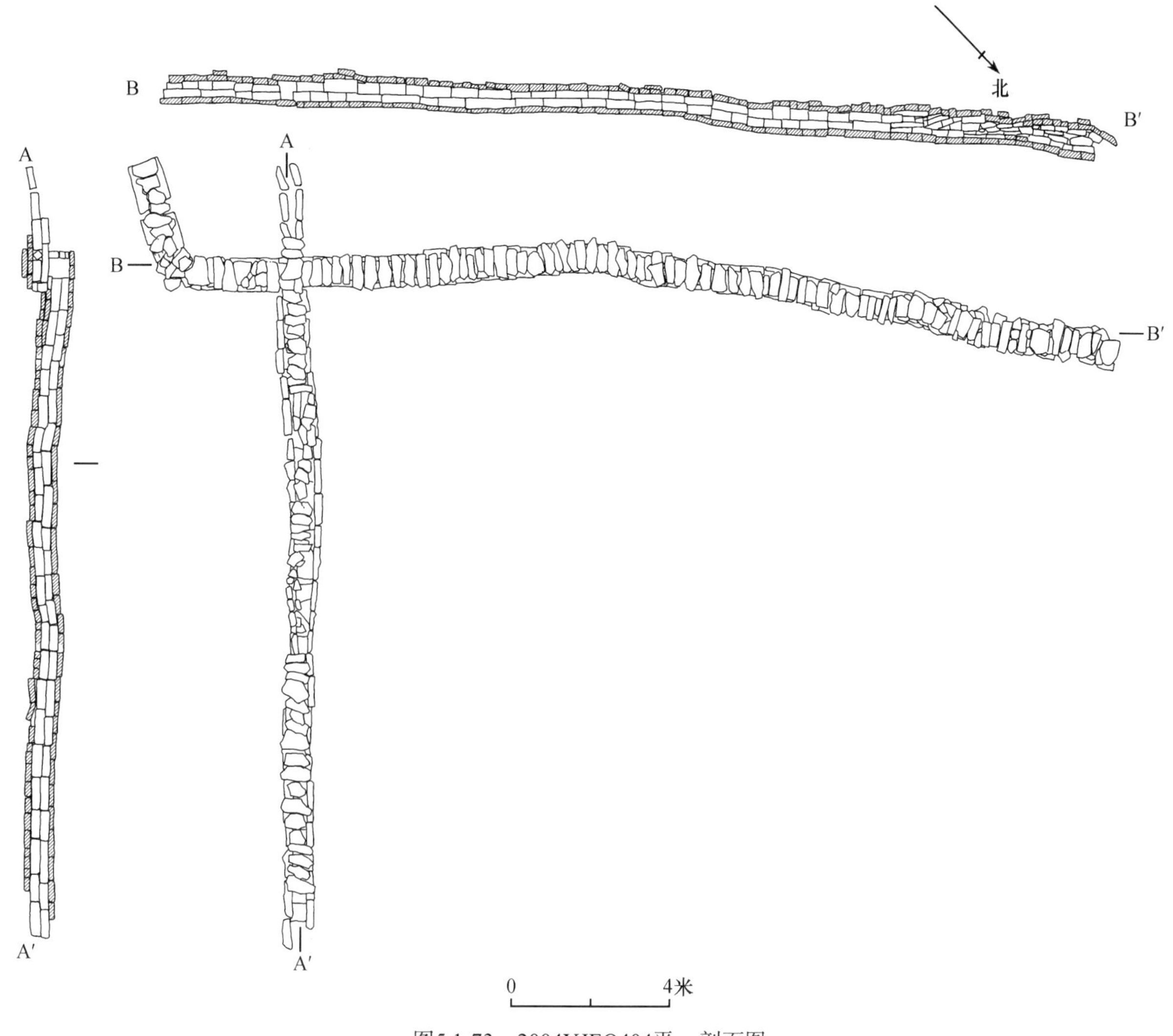

图5.1-73　2004YJEQ404平、剖面图

2004YJEQ405　位于2004YJET0411西部，延伸2004YJET0410东隔梁后进入2004YJET0410中。发现于第5a层下，方向60°。该渠以条石、石块、石片侧立砌成，直接建于地面之上，渠底也以下层堆积表面做成，渠长5米，宽0.75米，内渠宽0.4米，渠底东端略高于西端（图5.1-74）。渠内堆积主要为第5a层，因此无本身堆积。渠附近发现房址，可能该渠与房址有关系，用于排水。

2004YJEQ406　位于2004YJET0411东北部，发现于第5a层下，方向50°。该渠是由石条、石块、石片砌成的暗渠，与明渠共存或原为暗渠被后期破坏，保存较差，渠盖仅保存一部分第5a层堆积，渠壁不直，有弯曲的现象，部分缺失壁底建于地面之上，渠总长7.25米，宽0.5～0.7米，渠内宽0.3米，高0.35米（图5.1-75）。渠内堆积主要为第5a层，包含大量瓦片，非渠内本身堆积，为后期混入，周围发现房址，该渠应该与房址有关系。

2004YJEQ407　位于2004YJET0411内，发现于第5a层下，中部由于其下压2004YJEG401致使中部被冲毁或破坏，方向320°，该渠以条石、石块、石片侧立砌成，东南段以石片侧立于渠底上，渠底亦为近似10厘米的石块，西北段可以分为三部分，渠盖由0.17米的片石盖成，

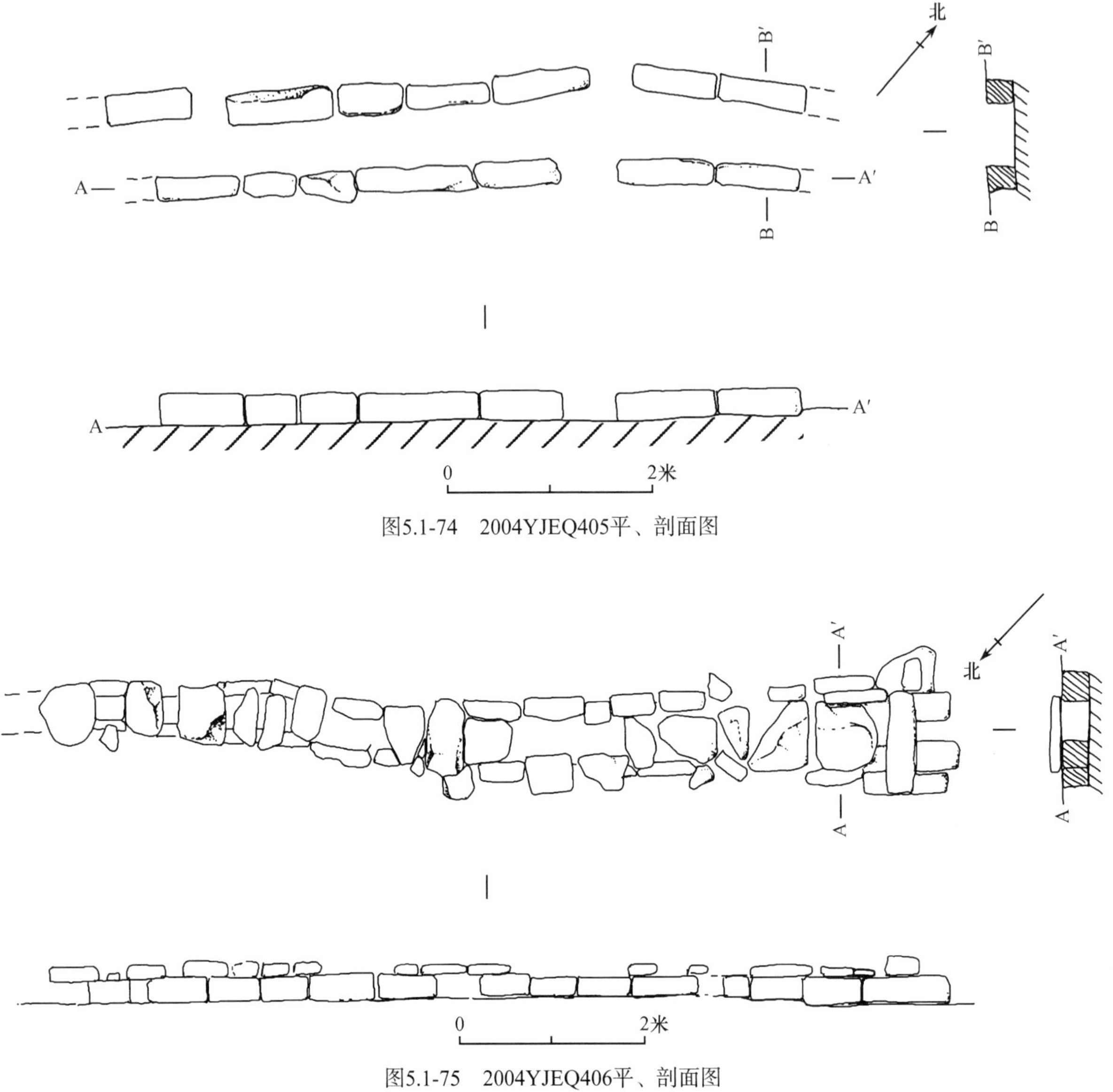

图5.1-74　2004YJEQ405平、剖面图

图5.1-75　2004YJEQ406平、剖面图

渠身有一层或两层石条或石片构成，渠底由石片组成，渠总长15米，宽0.75～1.1米，渠内宽0.45～0.6米，渠中部因2004YJEG401后期排水冲毁，渠残高东南部为0.4～0.66米，西北段为0.5～0.85米（图5.1-76；图版一〇，1）。渠内堆积主要是西北段渠内，为浅灰色淤土，发现一些陶器口沿及黄釉瓷片。

2004YJEQ408　位于2004YJET0712内，发现于第5c层下，打破2004YJEHt2表面一部分，方向289°。该渠用不规则石片侧立砌成，石片高低不平，渠形制极其简陋，南壁毁坏严重，有一个缺口渠壁立于夯土之上。渠内堆积主要为第5c层，因此无本身堆积。周围没有发现其他遗迹（图5.1-77）。

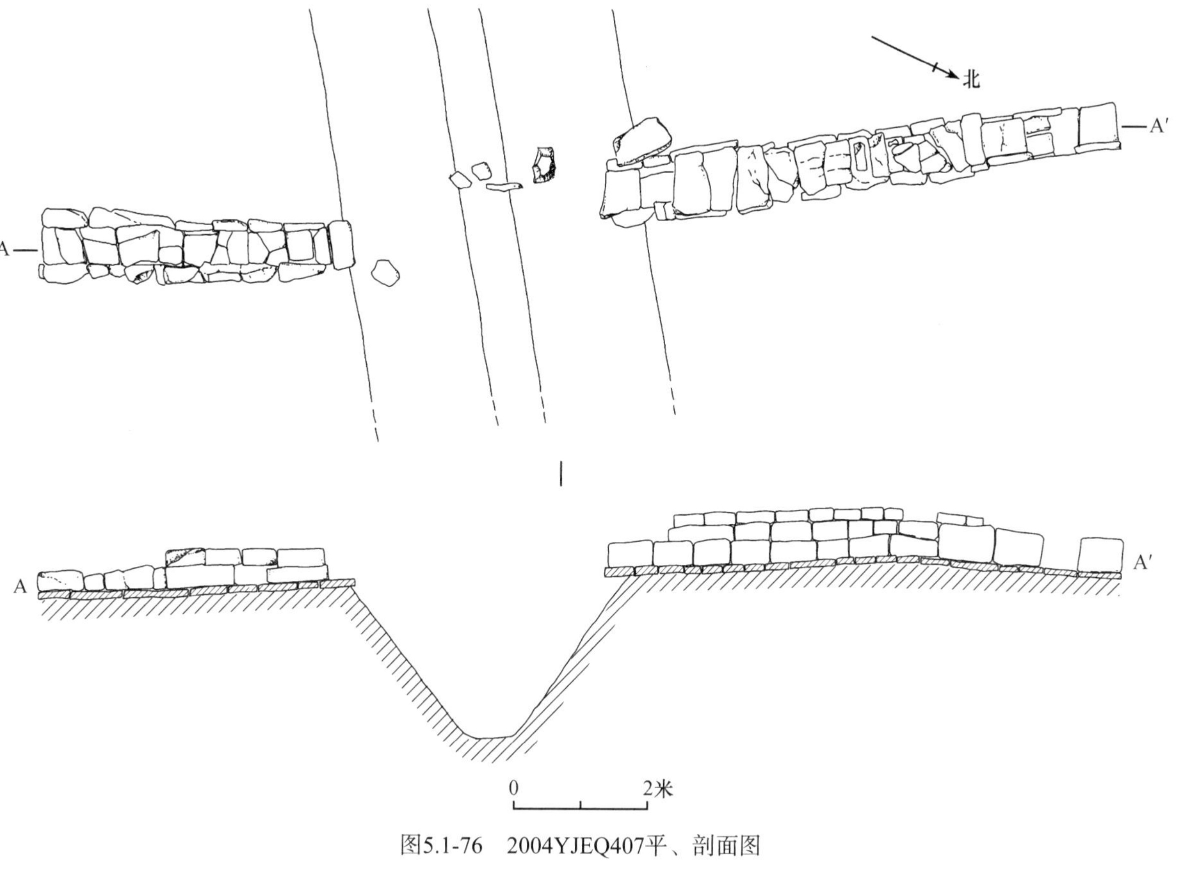

图5.1-76　2004YJEQ407平、剖面图

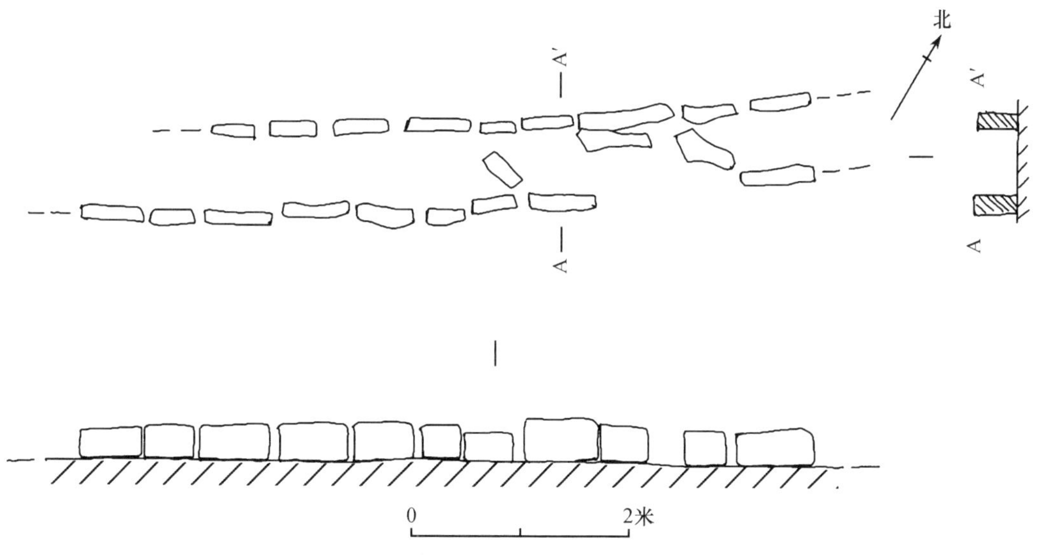

图5.1-77　2004YJEQ408平、剖面图

五、K　　区

共清理房址8座、灰坑5个、灰沟3条、墓葬2座和窑址3座。

1. 房址

房址共清理8座，均为2001年发掘，编号2001YJKF101～2001YJKF108。

2001YJKF101　平面呈正方形，位于2001YJKT0609、2001YJKT0610的中北部，其中东北角在北隔梁外，因故未做扩方。开口于第3层下，距地表1.2～1.67米，北部地面整体下沉约5°。残长8米，宽9.3米，墙基残高0.5米，方向340°（东墙走向）。该房址结构比较清楚，其东墙为整齐的石条垒砌，现残存2层，石条平均长0.5～0.6米，宽0.25米。南墙为条块石混合垒砌，墙中等距间隔排列四块多边形柱础石，础石大多为0.6米×0.6米，其中两块加工痕迹明显。西墙为双层墙体，条、块石混砌，内侧墙基上也有间隔等距的三块多边形础石。2001YJKF101房内正中尚残存一道已坍塌的四块石垒砌的隔墙基础，将房屋分割成东西二间，东间偏南角部有一用块石垒出的小隔断，长3.3米，宽2.5米，可能为储藏室类建筑。西墙外0.5米处有一长方形由块石垒砌的小型建筑物的墙基，长4米，宽2.7米，疑室外灶间（图5.1-78）。2001YJKF101地面保存不好，构造不清，该房址建造在斜度较大的坡地上，因而房基下大部垫极厚的熟土，垫土大致可分2层：上层为黑灰土，内含大量石砾；下层为黄褐、红褐色

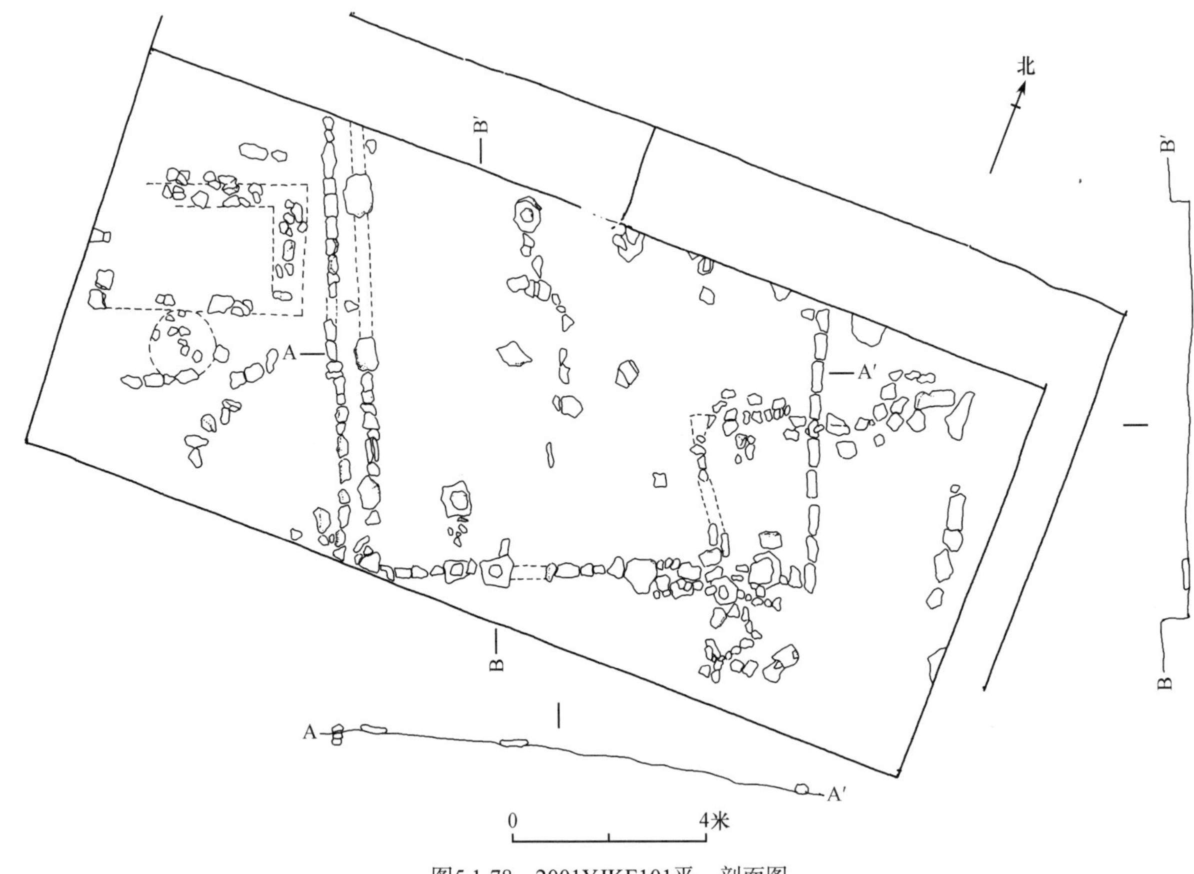

图5.1-78　2001YJKF101平、剖面图

土，夹杂大量烧土块及少量陶片、石块等，也影响到对居住面的判断。在房内和堆积中共出土陶罐、铜镞、铜钱（残）等遗物7件，具体介绍如下。

陶碗盖罐　1件。2001YJKF101：6，泥质灰陶，碗形盖，轮制，方唇，敞口，斜壁，深腹，底略凹，外壁三周弦纹。口径16.5厘米，底径6.5厘米，高6.2厘米；泥质黑灰陶罐，轮制，圆唇，短束颈，折肩，圜底，颈肩接口处略有凸弦纹，腹部压印绳纹。口径11.3厘米，腹径18.7厘米，高11.8厘米（图5.1-79，6）。

铜料勺　1件。2001YJKF101：2，素面。长6.5厘米，勺口径1.6厘米，高0.8厘米（图5.1-79，1；图版三二，4）。

铜镞　1件。2001YJKF101：3，三菱形镞，铤残断。长3厘米，宽1.1厘米（图5.1-79，2）。

铜带钩　1件。2001YJKF101：4，模制。琵琶形钩，后呈方圆形背侧各起一棱，下连接一足。素面。长3.6厘米，宽1厘米，高1.1厘米（图5.1-79，3）。

铁镞　1件。2001YJKF101：1，铸成。镞身呈四棱状，较长，铤为圆柱形，前锋残。长9.8厘米，宽1.2厘米（图5.1-79，4）。

铁器　1件。2001YJKF101：5，整体呈矛状，长10.9厘米，宽1.2～2.5厘米，厚0.6～1.6厘米（图5.1-78，5）。

砺石　1件。2001YJKF101：7，红褐色细砂岩。长方形，一端略宽，磨面呈凹弧形。长19.5～22厘米，宽8～12.5厘米，高5厘米（图5.1-79，7）。

2001YJKF102　位于2001YJKT0608、2001YJKT0609，开口于第3层下。南墙被

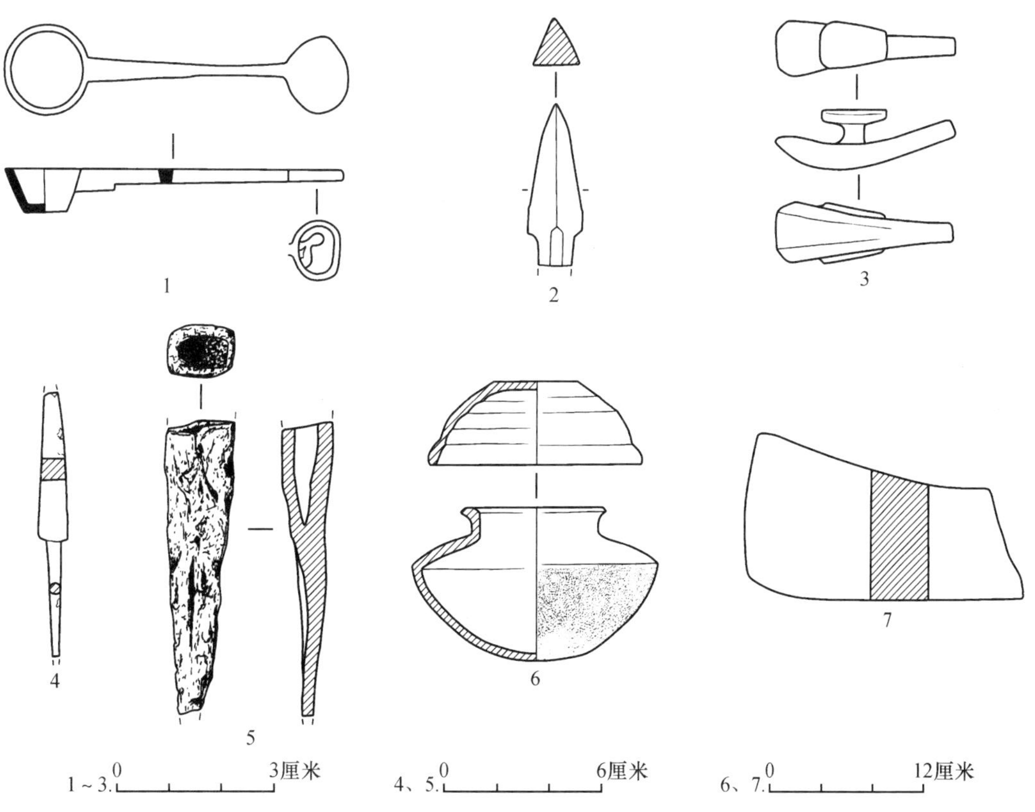

图5.1-79　2001YJKF101出土器物

1. 铜料勺（2001YJKF101：2）　2. 铜镞（2001YJKF101：3）　3. 铜带钩（2001YJKF101：4）　4. 铁镞（2001YJKF101：1）　5. 铁器（2001YJKF101：5）　6. 陶碗盖罐（2001YJKF101：6）　7. 砺石（2001YJKF101：7）

2001YJKT0608的南壁叠压，房址向东北倾斜，房址东西长13.5米，南北宽6.5米（图5.1-80）。房内有排水沟，沟是用瓦垒砌而成，房内有一石臼。

2001YJKF103　平面近长方形，位于2001YJKT0811东南，开口于第3层下，残长4.7米，残宽2.8米。南侧墙体为一层花纹砖，板石铺成，西侧墙体由雕琢规整石条铺成，其下墙基由花纹砖、石块垒成，可分3层，墙体与墙基间有抹泥，其间不平处用碎石块、抹泥等填充。地面为板状石铺成，第1层较平，其下当经过修整，有抹泥痕迹。房内堆积呈黑褐色，内含大量瓦片，厚约0.4米，出土器物介绍如下。

陶瓦当　2件。2001YJKF103：1，灰陶，饰四等分卷云纹。瓦缘内环周有一道凸线，线内为图案，图案中心乳突处有四等分区线，每区内有两个相交的卷云纹。外径14.8厘米，图案区径12.5厘米，乳突径4厘米，缘高1.8厘米，通厚3.3厘米（图5.1-81，1；图版二七，1）。2001YJKF103：2，灰黄陶，双道线十字形辐射，将当面分割四区，每区内饰“云”形卷云纹，云纹上下两侧各饰一道同心圆，中部饰半圆形乳突；瓦当后接绳纹筒瓦，呈圆形，边框高而窄。外径14.5厘米，边宽1厘米，边高1.2厘米，同心圆径5.3厘米，乳突4厘米，筒瓦残长25厘米（图5.1-81，2）。

2001YJKF104　位于2001YJKT0915、2001YJKT0916北隔梁外还有延伸，此次未做扩方。2001YJKF104开口第3a层下，规模较大，长14.3米，宽7.9米，残高0.5米，方向332°。由于该房

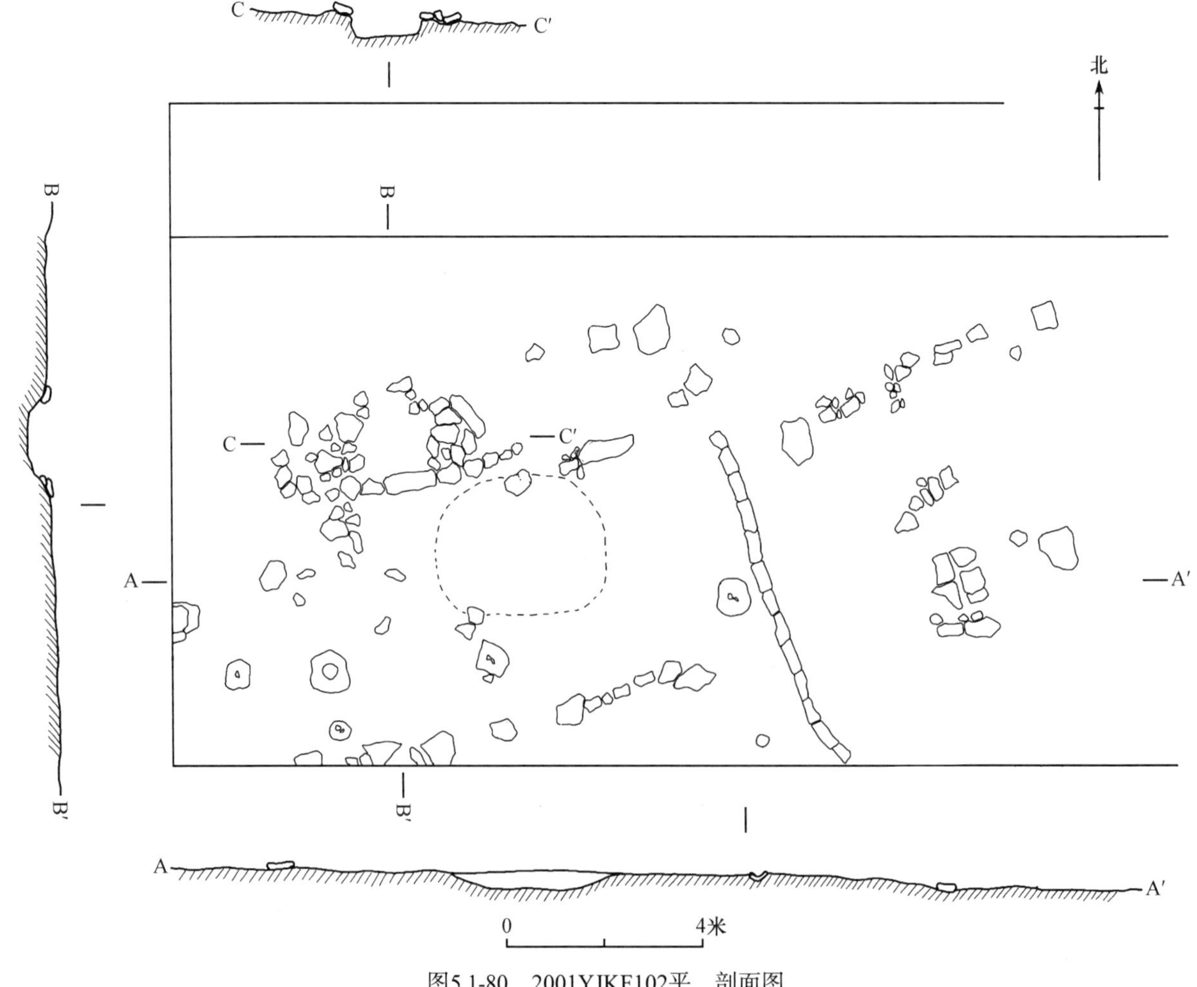

图5.1-80　2001YJKF102平、剖面图

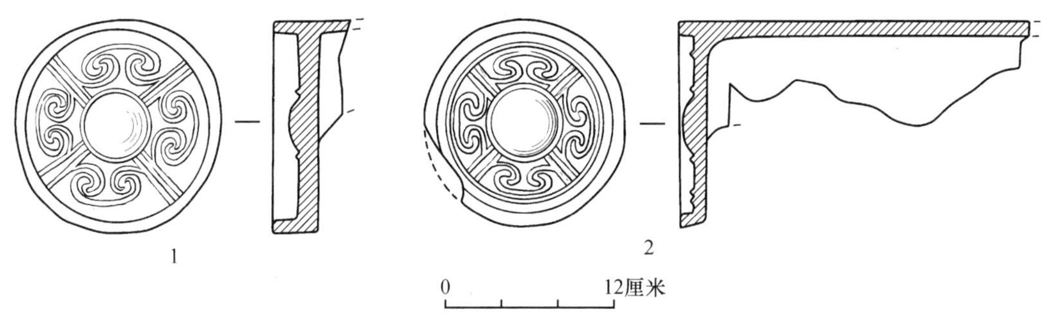

图5.1-81　2001YJKF103出土器物

1、2. 瓦当（2001YJKF103：1、2001YJKF103：2）

址开口区距地表较浅（0.35～0.6米），房内设置没有保存，仅中部见一条东西向隔墙，所存西、南、北墙基保存尚好，其中西墙保留完整，由双层石条垒砌且连绵贯通。石条规格统一，长者为0.7米，短者为0.4米，横截面为0.16米边长的方形。石条垒砌规整，均勾缝砌筑，石缝间填充胶泥。此外，在南墙偏西部分用石板和石条砌成一宽0.45米、长0.44米、穿过石墙的排水口，排水口底面内高外低，通向墙外水沟。房基下有较厚的垫土，结构与2001YJKF101大致相同，无明显层次。

2001YJKF105　位于2001YJKT0915东部，2001YJKT0816、2001YJKT1916西部。开口于第3层下，东侧墙基保存较好，仅残一角。其中中段砌条石3～4层，南北端余1层，石材加工粗糙，仅略作加工整形，大小、薄厚不一。砌筑方式为：底层用较大石材，下部几层为石板，上部为条石。东北角现存四块石条，摆成直角，其中最大一件条石长0.6米，宽、厚为0.2～0.25米（已折断）。大条石的西侧另有一长0.4、宽0.22米的条石，为2001YJKF105北墙仅存的墙石。南墙现存石条三块，排列整齐，此段长3.3米，平行于中央隔墙。东墙中段向西有一隔墙，将房址分为南北二间，两室地面未见柱础。隔墙砌筑规整，保存较好，此墙全部采用块石勾缝垒砌，有3～5层。隔墙以中部最高，西端略矮。东侧有壁间夹柱础石2块，其中1号础石紧邻东墙，柱窝宽0.2、深0.6米，其下的柱础石长0.5、宽0.4、厚0.12米。2号础石与1号础石大小相若，距1号础石3.2米，柱窝宽0.3、深0.7米。室内局部保存铺石板地面，呈不连贯的三片。在隔墙北侧另有一长2米、由二排花纹砖铺就的地面。在距房址东侧外0.8米处，有一条与东墙平行的石砌水沟。沟宽0.4、深0.2～0.4米，水沟由砖石混砌，底部有铺石。西墙外亦有一砖石混砌的排水沟，沟宽0.7、深0.35米，局部可见3层砌石，并在多处有立砖与块石混砌现象。另外，从个别沟段上发现盖顶板石，以及沟槽内填土与房内堆积相一致的现象分析，此沟填土后盖石，可能形成散水。房内堆积厚0.2～0.3米，可分为两层，上层堆积呈黑色，土质致密，包含瓦片、陶片。下层堆积呈黑灰色，夹杂红烧土块，有绳纹瓦片、瓦当、陶器、瓷器等，具体出土器物介绍如下。

五铢钱　1枚。2001YJKF105：4，圆形方孔，外郭较窄，略凸出面书“五铢”钱文。直径2.5厘米，穿边长1厘米（图5.1-82，2）。

铜顶针　1件。2001YJKF105：5，环状，表面遍布凹点（图5.1-82，3）。

铜环　1件。2001YJKF105：7，圆形铜环（图5.1-82，4）。

铜镜　1件。2001YJKF105∶10，圆形，仅余残块，正面磨光，背面饰花纹，模糊不可辨。直径约12.6厘米（图5.1-82，1）。

瓷钵　1件。2001YJKF105∶9，青釉瓷。敛口，弧腹，平底。口径7.2厘米，底径11.2厘米，高6.4厘米（图5.1-82，7；图版一六，2）。

陶罐　1件。2001YJKF105∶6，灰陶，轮制。侈口，圆唇，短颈，折肩，平底。口径8.8厘米，底径7.5厘米，高8厘米（图5.1-82，8）。

纺轮　2件。2001YJKF105∶8，饰弦纹。算珠状，上下各饰四道弦纹，大半脱落，中有一孔，孔内有一铁柱，锈蚀，侧视近似菱形。长3.7厘米，高2.7厘米（图5.1-82，5；图版二二，2）。2001YJKF105∶11，泥质灰陶。算珠状，上下饰四道弦纹，中有一孔，孔内有一铁柱，锈蚀。侧视近似菱形。长3.3厘米，高2厘米（图5.1-82，6）。

陶板瓦　1件。2001YJKF105∶2，灰黄陶，模制。瓦身曲度较小，两端宽度相等。凸面饰粗绳纹。长44厘米，端宽35厘米（图5.1-82，9）。

陶瓦当　1件。2001YJKF105∶3，灰陶，模制。饰四等分卷云纹。以球面形乳突为中心的四等分卷云纹，间以双凸线分隔。外径14.6厘米，图案区径12厘米。乳突径4.2厘米，通厚1.5厘米（图5.1-82，10）。

花纹砖　3件。2001YJKF105∶12，黄褐色，泥质。两端为榫卯结构，墓砖。两端饰纹，

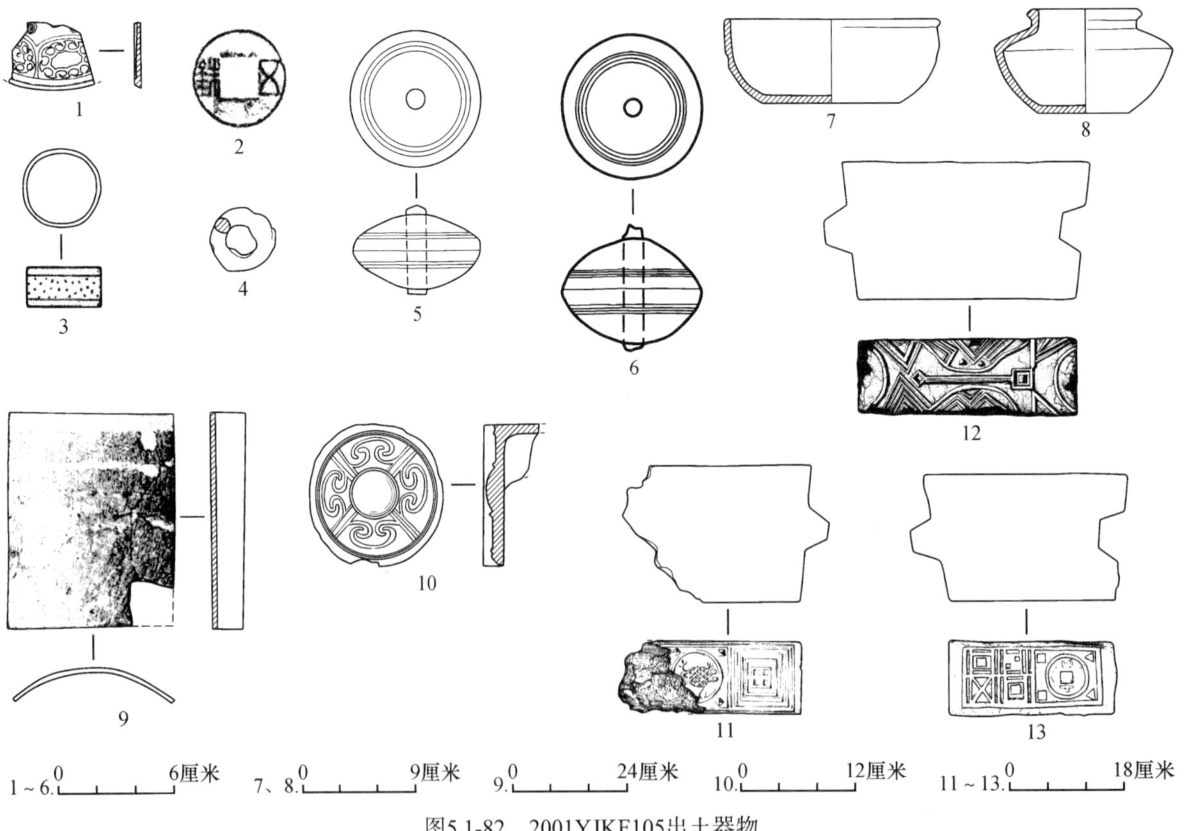

图5.1-82　2001YJKF105出土器物

1. 铜镜（2001YJKF105∶10）　2. 五铢钱（2001YJKF105∶4）　3. 铜顶针（2001YJKF105∶5）　4. 铜环（2001YJKF105∶7）　5、6. 纺轮（2001YJKF105∶8、2001YJKF105∶11）　7. 瓷钵（2001YJKF105∶9）　8. 陶罐（2001YJKF105∶6）　9. 陶板瓦（2001YJKF105∶2）　10. 陶瓦当（2001YJKF105∶3）　11～13. 花纹砖（2001YJKF105∶12、2001YJKF105∶13、2001YJKF105∶17）

榫侧中心饰田字纹，外围多层方枢，其左侧一龟纹，外饰一圆周。长31厘米，宽21厘米，厚10.5厘米（图5.1-82，11）。2001YJKF105：13，黄褐色，泥质。两端为榫卯结构。饰有纹饰，两侧各饰一半圆纹，中央饰一箭纹，钝纹，钝尖，长杆，方尾，箭上下两侧各饰一弧线纹，内饰波折纹，纹饰均不对称。侧边长38.4～34.4厘米，宽21厘米，厚10厘米（图5.1-82，12；图版二六，6）。2001YJKF105：17，泥质，灰褐色。两端为榫卯结构，饰有四组几何饰，两侧饰“大泉五十”钱文。边长36～24厘米，宽19厘米，厚10厘米（图5.1-82，13；图版二六，2）。

2001YJKF106　平面呈长方形，位于2001YJKT0915、2001YJKT0916大部，2001YJKT0815一角。四壁墙基保存较完整。长9.75～10米，宽5.3米，残高0.2～0.25米，方向332°。2001YJKF106墙基为砖石混砌，多处由花纹砖砌就，砖有榫印，应是墓用砖。其中，西墙由花纹砖砌筑，多见残砖，单层，中部串一条石。距西北角2米处砖下，有一块五边形础石（1号础石）埋于地下，北墙亦为花纹砖砌筑，西北角有一础石（2号础石）。距其4米处为3号础石。南、东二墙为砖石混砌，多为2层，东南角略高于西北角，角部未见础石。南墙中有2块墙间础石，一块在西部距西南角2.9米处，圆形，直径0.4～0.5米；另一块在距东南角近2米处，长方形，长0.4米，宽0.25米，厚0.16米。室内还发现不规则形础石2块。另外，从北墙外向北摆放的2块条石情形分析，可能通向内室套间。该房址保存不好，地面结构不清。房下有较厚的垫土，土质较杂，黑灰色，含烧土块，包含物有陶片等。

2001YJKF107　平面呈方形，位于2001YJKT0915东部及2001YJKT0816、2001YJKT1916西部，方向为北偏西16°，开口于第3层下。房址长5.5米，宽3.8米，高0.4米。墙体为条石垒砌，双排条石平行排列。房址下垫土厚约0.4米。房内堆积分为两层：上层为房屋废弃后堆积，厚约0.2米；下层为房下垫土，多为红烧土，夹杂陶、瓦碎片，厚0.3～0.4米，地面已被破坏。

2001YJKF108　平面呈方形，位于2001YJKT0814北部、西部，方向为北偏西30°。开口于第3a层下，打破第4层。房址长6.75米，宽4.2米，高0.2～0.7米。墙体为块石垒砌，双排墙基平行排列。房下有约0.3米厚垫土。地面被破坏，房内生活堆积杂乱。

2. 灰坑

灰坑共清理5个，均为2001年发掘，编号2001YJKH1、2001YJKH7、2001YJKH103～2001YJKH105。

2001YJKH1　平面近圆形，位于2001YJKT0613东隔梁中部，开口于第3层下。平底，坑口直径1.6米。因坑内发现陶瓷碎片为回填土中附带物，该坑内堆积为一次形成，出土绳纹陶瓮残片（图5.1-83）。

2001YJKH7　平面为不规则椭圆形，位于2001YJKT0811西南角，方向为北偏西8°。开口于第3层下，坑口距地表1.25米，坑口距打破第4层，坑底距地表2.55米。斜弧壁，平底，坑口长2.8米，宽1.8米，坑底长1.4米，宽0.9米（图5.1-84），坑深1.36米。坑内堆积可分为两层：第1层堆积呈黑色，土质较为疏松，厚0.5米；第2层堆积为黑灰色黏土，内含红烧土，厚约0.8米。出土大量陶片和瓦片。

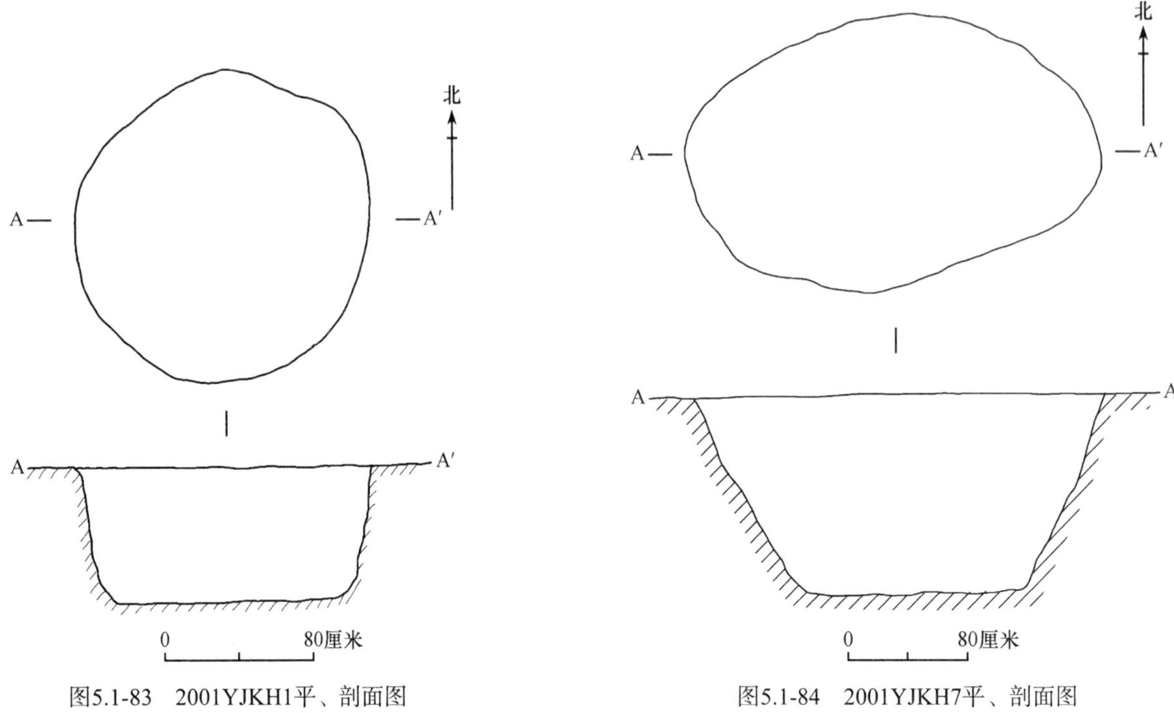

图5.1-83　2001YJKH1平、剖面图

图5.1-84　2001YJKH7平、剖面图

2001YJKH103　平面近长方形，位于2001YJKT0609南隔梁中部附近，方向为345°，开口于第3层下。坑口长1.5米，宽1米，坑底长1.4米，宽1米，坑深0.2～0.25米（图5.1-85）。坑内堆积无层次，整体呈灰绿色，土质较为疏松，包含红烧土、木炭、陶片、瓦片等，可辨器形有泥质绳纹陶罐、泥质灰陶盆和泥质灰陶甑等。

2001YJKH104　平面呈圆形，位于2001YJKT0608西南角，开口于第3层下。坑深0.5米，坑内填土呈褐色，包含灰土、红烧土，土质疏松（图5.1-86），出土陶碗3件及泥质灰陶片和瓦

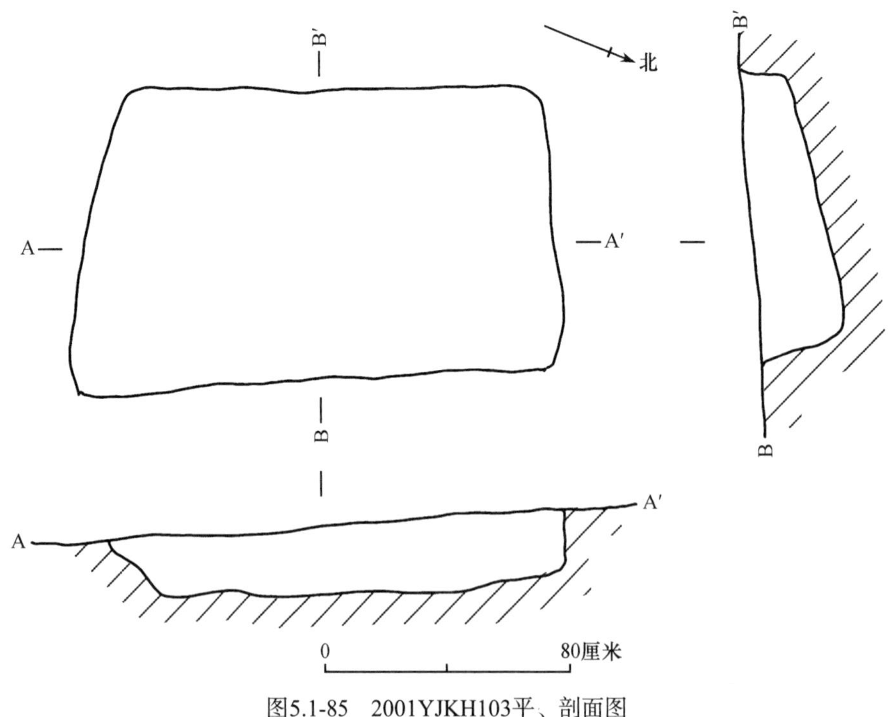

图5.1-85　2001YJKH103平、剖面图

片，具体介绍如下。

陶碗　3件。2001YJKH104：1，泥质灰陶，方唇，敞口，深弧腹，圈足外口沿下一周弦纹。口径15.2厘米，底径7厘米，高7.2厘米（图5.1-87，1）。2001YJKH104：2，泥质灰陶，方唇，斜直口，圈足，外腹部多道弦纹，内碗心有凹心圆。口径12.7厘米，底径5.2厘米，高5.8厘米（图5.1-87，2）。2001YJKH104：3，泥质灰陶，圆唇，敞口，弧腹，底微凹，外壁五道弦纹。口径17.5厘米，底径7厘米，高6.6厘米（图5.1-87，3）。

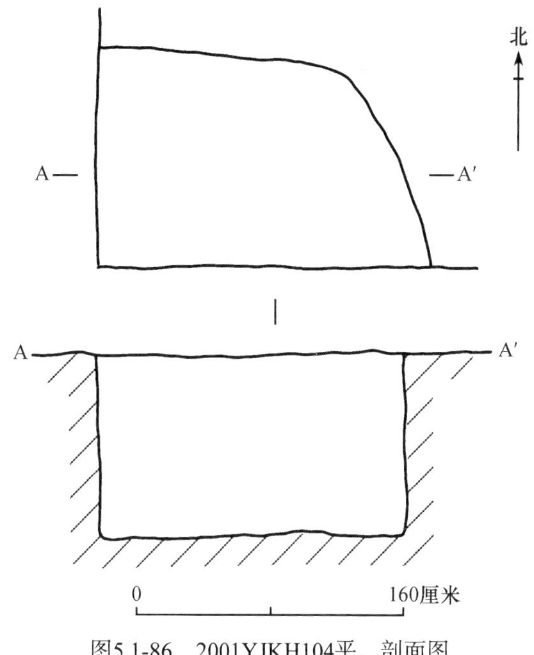

图5.1-86　2001YJKH104平、剖面图

2001YJKH105　平面呈圆形，位于2001YJKT0613西隔梁下，开口于第3层下，打破第5层。坑口长1.5米，宽1.4米，坑底长1.1米，宽1米，坑深3.85米。坑内堆积分为两层，上层堆积呈黑色，包含瓦砾、烧土，厚约2.5米，出土陶片、青瓷碗；下层堆积呈黄褐色，出土少量陶片。

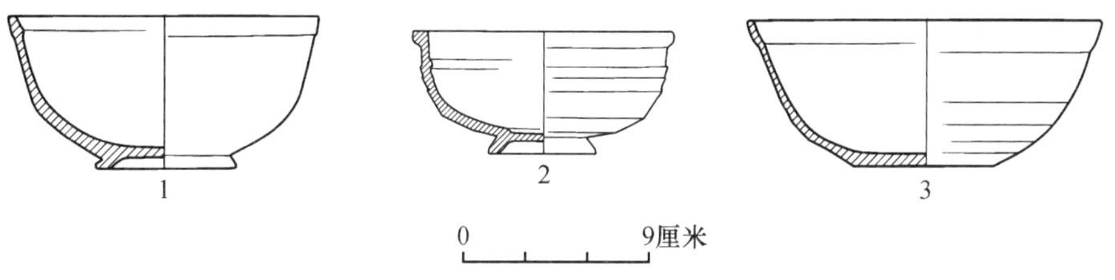

图5.1-87　2001YJKH104出土器物

1～3. 陶碗（2001YJKH104：1、2001YJKH104：2、2001YJKH104：3）

3. 灰沟

灰沟共清理1条，为2001年发掘，编号2001YJKG102。

2001YJKG102　平面呈带状，从2001YJKT0608西南角外，斜向伸至2001YJKT0610西北角，并延伸进入北隔梁，上部为敞口斜壁，下部呈较规整的锅底形，方向为65°，残长29米，上宽2.8米，下宽0.4米，深1.4米。该灰沟开口处局部区段有石块垒砌现象，似为护坡，沟内堆积较杂，大致分为两层：上层填土呈红褐色，土质疏松，下层填土呈灰色，土含沙较大且呈带状平行淤积（图5.1-88）。沟内包含物丰富，除大量陶、瓦碎片外，另出土陶罐、陶洗、陶器盖、铁器、铜器、铜钱等多种器物，出土器物介绍如下。

陶罐　1件。2001YJKG102：12，泥质灰黑陶。平折沿，方唇，束颈，折肩，斜弧腹，平底，肩部饰一周凹轮制弦纹。口径8厘米，内径6.6厘米，腹径11厘米，底径5厘米（图5.1-89，16）。

陶洗　1件。2001YJKG102：13，泥质黑陶。轮制。宽平折沿，直颈，肩微斜，直壁，大平底，口径17厘米，底径14厘米，高5厘米（图5.1-89，14）。

陶器盖　1件。2001YJKG102：9，泥质灰陶。轮制。圆形器盖，顶部原饰器纽三个，呈三

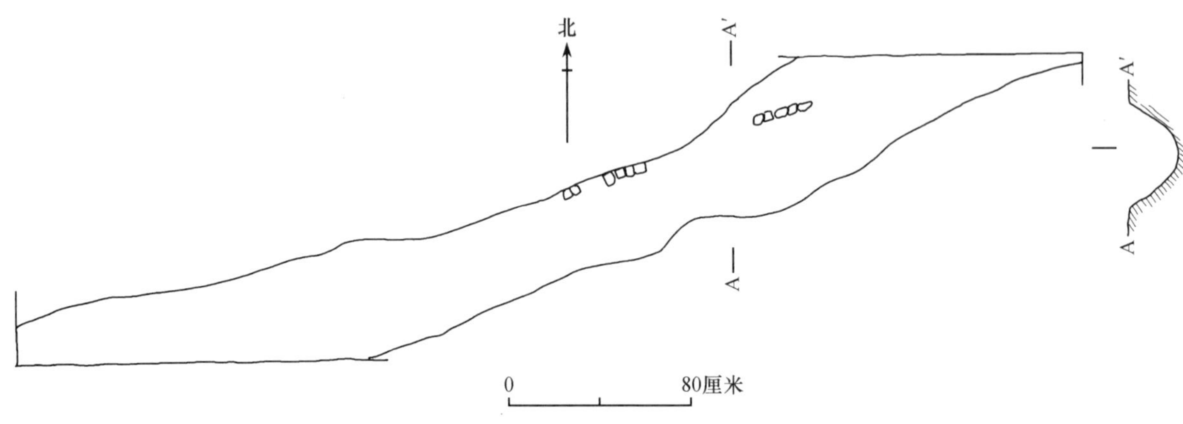

图5.1-88　2001YJKG102平、剖面图

角状分布，下置子口，方圆唇，顶内凹。直径8厘米，高2.3厘米（图5.1-89，15）。

板瓦　1件。2001YJKG102：1，泥质，灰黄色。平面呈长方形，瓦身曲度较大。凸面饰粗绳纹，之上遍布椭圆形拍压痕迹。残长42厘米，宽32厘米（图5.1-89，9）。

半两钱　1枚。2001YJKG102：3，圆形方孔，平背，无郭，面书“半两”钱文，钱文较细。直径2.3厘米，穿宽0.8厘米（图5.1-89，1）。

铜环　1件。2001YJKG102：15，圆形环，中空，横截面为圆形。外径1.9厘米，内径1.2厘米（图5.1-89，2）。

铜锥　1件。2001YJKG102：7，四棱锥尖，下为管形锥刃，中空。残长3.9厘米，宽0.7厘米（图5.1-89，3）。

铜镞　1件。2001YJKG102：6，镞身上饰三翼，下渐收（呈圆弧形）与柱状铤相接，其内插铁芯。残长3.3厘米，宽1厘米，铤0.7厘米（图5.1-89，4）。

铜勺　1件。2001YJKG102：2，面形勺，内凹，后置管状柄，中空。残长6.4厘米，宽4.1厘米，柄0.8厘米（图5.1-89，5）。

铜足　1件。2001YJKG102：10，圆柱形，上端弧曲，器身略有六道棱线，足呈椭圆形，底部向上凸有1.2厘米直径圆，内镶铁丝。长7.3厘米，宽2.5～3厘米（图5.1-89，10）。

铜器盖　1件。2001YJKG102：16，直径3.5厘米，内径3.3厘米，高0.9厘米（图5.1-89，6）。

铜器　1件。2001YJKG102：11，铜器呈梯形，剖面半圆形，顶端半径0.6厘米，底径0.9厘米。长3.2厘米，宽1.2～1.8厘米，高0.6～0.9厘米（图5.1-89，7）。

骨镞　1件。2001YJKG102：4，削制而成。略磨制。扁菱形，长身尖锋略残，带扁方铤，尾部残断。长7.5厘米，宽1.5厘米（图5.1-89，12）。

铁刀　1件。2001YJKG102：5，铁刀残断，平背单面刃。残长14.2厘米，宽2.6厘米，高0.6厘米（图5.1-89，13）。

铁器　1件。2001YJKG102：8，平底，弧顶，器身两侧各有一槽，截面呈亚腰铲形。通长13厘米，厚6.6厘米（图5.1-89，8）。

石镞范　1件。2001YJKG102：14，镞残断。素面。残长7厘米，宽3.2厘米，高2.1厘米（图5.1-89，11）。

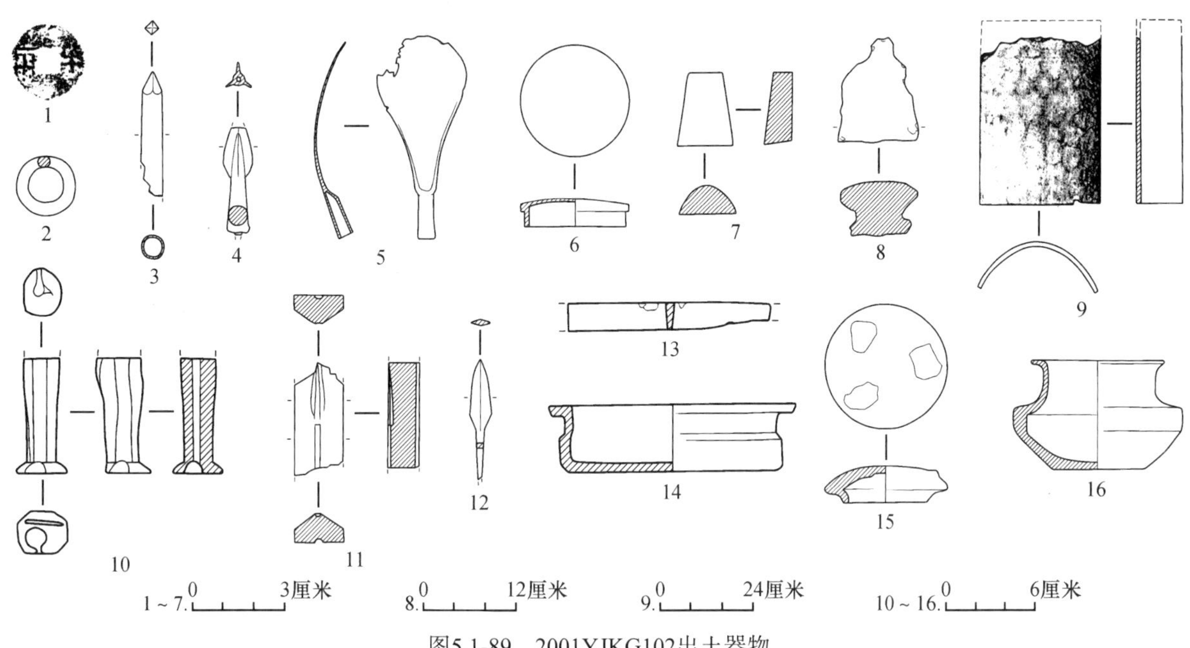

图5.1-89　2001YJKG102出土器物

1. 半两钱（2001YJKG102：3）　2. 铜环（2001YJKG102：15）　3. 铜锥（2001YJKG102：7）　4. 铜镞（2001YJKG102：6）　5. 铜勺（2001YJKG102：2）　6. 铜器盖（2001YJKG102：16）　7. 铜器（2001YJKG102：11）　8. 铁器（2001YJKG102：8）　9. 板瓦（2001YJKG102：1）　10. 铜足（2001YJKG102：10）　11. 石镞范（2001YJKG102：14）　12. 骨镞（2001YJKG102：4）　13. 铁刀（2001YJKG102：5）　14. 陶洗（2001YJKG102：13）　15. 陶器盖（2001YJKG102：9）　16. 陶罐（2001YJKG102：12）

4. 墓葬

墓葬分为竖穴土坑墓和瓮棺葬两种，其中竖穴土坑墓2001年清理1座，编号2001YJKM101；瓮棺葬2001年清理1座，编号2001YJKW101。

2001YJKM101　墓圹呈长方形，位于2001YJKT0916东南部，方向为60°。开口于第3c层下，墓口距地表1.9米，墓底距地表2.15米。2001YJKM101为土坑竖穴墓，墓口长2.3米，宽0.7米，墓底长2.3米，宽0.7米。葬具似用大型板石拼合，填土为较为疏松的黄色花土。清理时，在墓口处发现多块大型绳纹板瓦，并在墓底发现2块仰置的大板瓦。板石上有一副腐蚀严重的人骨架，性别已无法辨认（图5.1-90）。葬式为仰身直肢，在人骨的左侧腰部整齐排列11件陶、铜器物，具体介绍如下。

陶釜　1件。2001YJKM101：1，泥质灰陶，轮制。敞口，窄沿，束颈，圆鼓腹，圜底，最大腹部居中，其上饰有漫漶不清的竖暗绳纹，较浅，其下为斜篮纹。口径17厘米，高13～14厘米（图5.1-91，1）。

陶盂　1件。2001YJKM101：2，泥质灰陶，轮制。敞口，窄沿，圆唇略高起，束颈，圆鼓腹，修成平底，口部略呈椭圆形，口残。素面。口径15.2厘米，底径6.8厘米，高10.4厘米（图5.1-91，2）。

陶钵　4件。2001YJKM101：3，泥质灰陶，轮制。直口，厚圆唇，内凸起，弧形腹，小平底。素面。口径9厘米，底径3.7厘米，高5.2厘米（图5.1-91，3）。2001YJKM101：4，泥质灰陶，轮制。直口微敛，斜弧腹，平底，圆唇，内唇凸起，胎轻，火候不高。素面。口径12.8厘

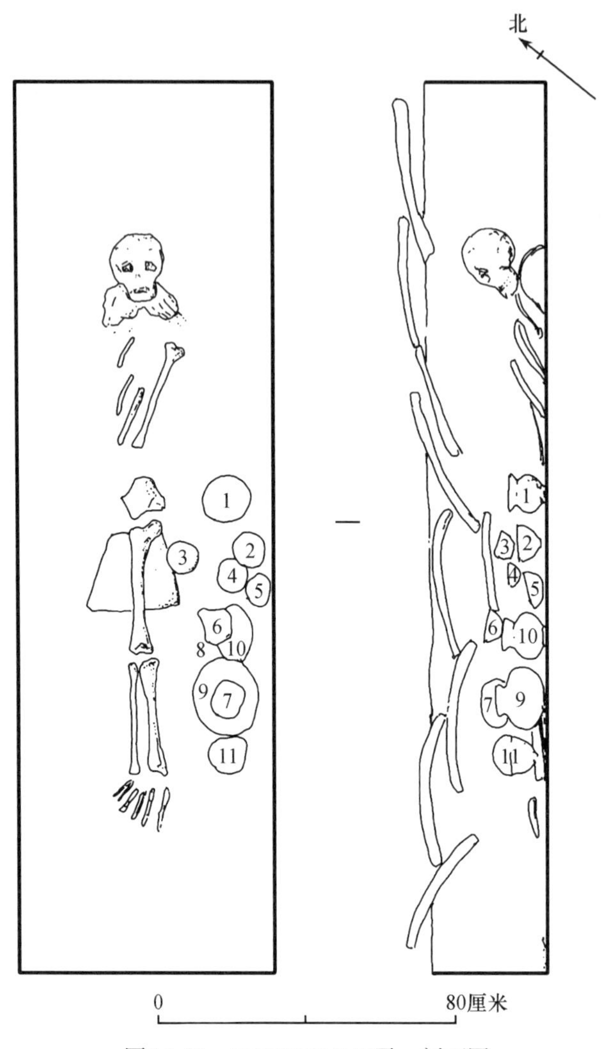

图5.1-90　2001YJKM101平、剖面图

1. 陶盂（2001YJKM101：2）　2. 铜碗（2001YJKM101：11）　3、5、7、8. 陶钵（2001YJKM101：3、2001YJKM101：4、2001YJKM101：4、2001YJKM101：5）　4、6. 陶碗（2001YJKM101：8、2001YJKM101：7）　9. 陶釜（2001YJKM101：1）　10. 陶罐（2001YJKM101：10）　11. 碗盖罐（2001YJKM101：6）

米，底径5.2厘米，高5.2厘米（图5.1-91，4）。2001YJKM101：5，泥质灰陶，轮制。直口，厚圆唇内凸起，斜弧腹，小平底，底有修痕。素面。口径16.3厘米，底径4.3厘米，高6.5厘米（图5.1-91，5）。2001YJKM101：9，泥质灰陶，轮制。敞口，尖圆重唇，折腹，折棱凸起，缓收到底，小平底。素面。口径16.5厘米，底径7厘米，高6厘米（图5.1-91，6）。

陶碗盖罐　1件。2001YJKM101：6，泥质灰陶，轮制。碗：直口微敛，厚圆唇，弧腹小平底；盖：顶残，盖体呈平盘状，尖唇。口径13.8厘米，底径4.8厘米，高5.4厘米（图5.1-91，7）。

陶碗　2件。2001YJKM101：7，泥质灰陶，轮制。直口微敞，弧腹缓收到底，底不规整。素面。口径16厘米，高6厘米（图5.1-91，8；图版二一，3）。2001YJKM101：8，泥质灰陶，轮制。直口微敛，厚圆唇，弧腹小平底。素面。口径12.2厘米，底径5.5厘米，高5厘米（图5.1-91，9）。

陶罐　1件。2001YJKM101：10，泥质灰陶，轮制。直口外折沿，尖圆唇，沿下中部

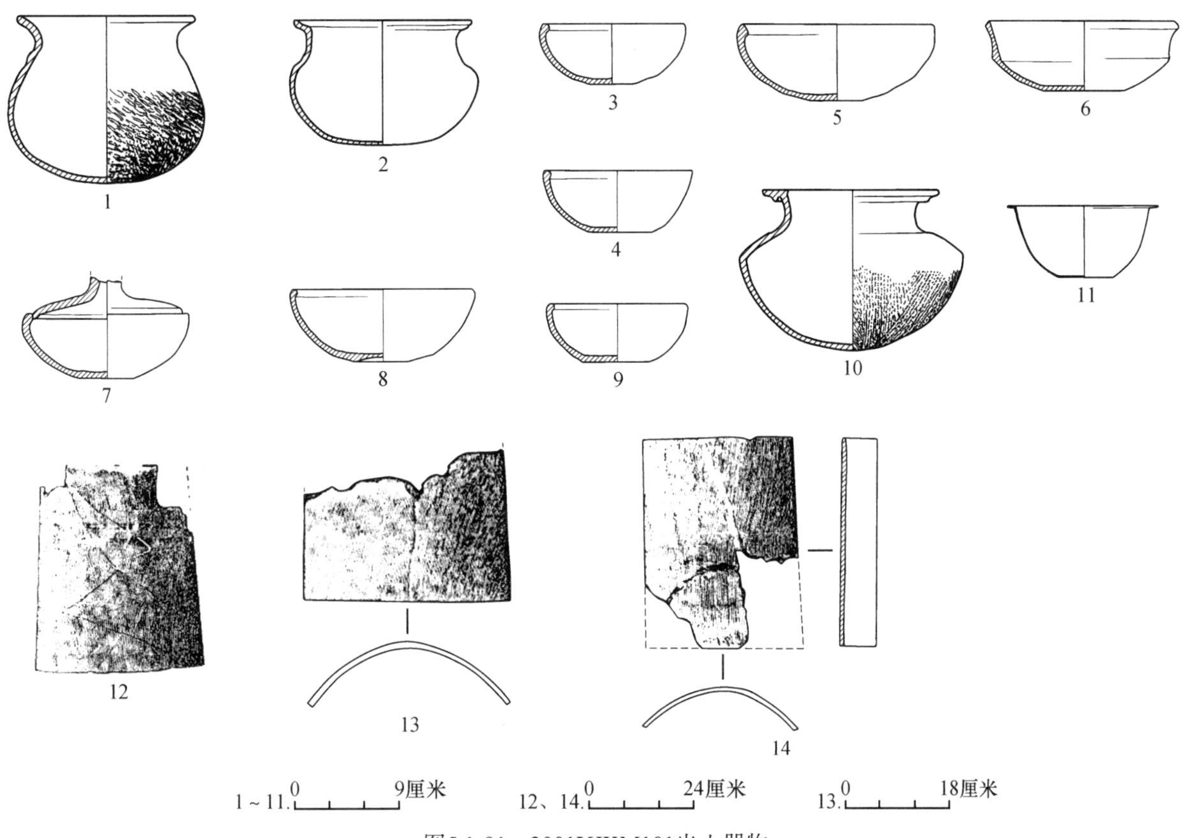

图5.1-91 2001YJKM101出土器物

1. 陶釜（2001YJKM101：1） 2. 陶盂（2001YJKM101：2） 3～6. 陶钵（2001YJKM101：3、2001YJKM101：4、2001YJKM101：5、2001YJKM101：9） 7. 陶碗盖罐（2001YJKM101：6） 8、9. 陶碗（2001YJKM101：7、2001YJKM101：8） 10. 陶罐（2001YJKM101：10） 11. 铜碗（2001YJKM101：11） 12～14. 板瓦（2001YJKM101：12、2001YJKM101：13、2001YJKM101：14）

有凸棱纹，短颈，广肩，圆腹，圜底，肩下饰竖绳纹。素面。口径15.4厘米，高13.5厘米（图5.1-91，10）。

铜碗 1件。2001YJKM101：11，黑绿色，打造。敞口，外折小平沿，圆唇，弧腹，下腹部残，壁薄打制规整。素面。口径13厘米，高6厘米（图5.1-91，11）。

板瓦 3件。2001YJKM101：12，泥质，灰褐色。瓦两端宽度。凸面饰粗绳纹，上饰两周弦纹间断。长46厘米，端宽32.5～39厘米（图5.1-91，12）。2001YJKM101：13，泥质，灰黄色。瓦身曲度较大。凸面饰粗绳纹。残长25厘米，端宽36厘米（图5.1-91，13）。2001YJKM101：14，泥质，红黄色。瓦身曲度较大。凸面饰粗绳纹，唇部纹饰抹平。长50厘米，端宽34～36厘米（图5.1-91，14）。

2001YJKW101 墓圹呈长方形，位于2001YJKT0608南隔梁中段，开口于第3层下，墓口距地表1.75米，墓底距地表2.05米。墓穴长0.5米，宽0.3米，墓深0.3米，直壁。葬具为盆、罐组合，内置婴儿骨骼一具，无遗物，2001YJKW101埋于一长方形浅坑之内，呈南北向倒置（图5.1-92）。

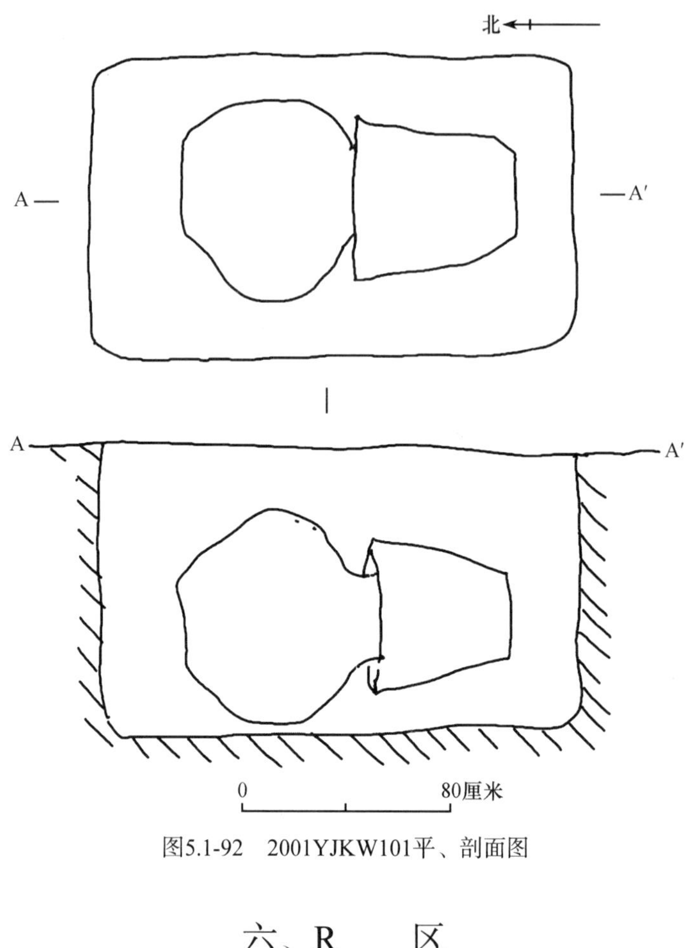

图5.1-92 2001YJKW101平、剖面图

六、R 区

R区发现的属于六朝时期的遗迹主要有房址3座，均为2003年发掘，编号2003YJRF1～2003YJRF3。

2003YJRF1 位于R区北部、2003YJRT2东部，方向为西偏北25°，开口于第1层下。为条石和块石混砌，墙基东端北侧有一圆形石块，可能是柱础。圆形柱础北侧有一堆乱石，最北端疑似灶，由三块块石砌成。房内堆积为黑褐土，较为纯净，出土少量瓷片。

2003YJRF2 位于R区北部、2003YJRT2南部，方向为西偏北25°，开口于第2层下。南侧有一条不连贯块石砌成的墙基，墙基东端北侧有一圆形石块，可能是柱础。圆形柱础北侧有一堆乱石，最北端疑似灶，由三块块石砌成。无房内堆积，出土少量瓷片等。

2003YJRF3 平面大致呈梯形，位于2003YJRT3西北侧，方向为45°，开口于第5层下。长11.9米，南端宽7.28米，北端宽5.52米，由于多年沉降，出现轻度滑坡现象，自西向东倾斜，落差0.5米。共设4间，以墙相隔，并设门相通。房内东部有一石砌圆柱形台基，直径1.1米，残高0.36米，其东南侧0.4米处放置一储水用的圜底瓮；房内南端有一刀把形水池，长2.9米，宽0.8米，深0.2～0.5米，四周用石板围起，石板铺底。房屋北墙外西端有一大瓮，东端有两个直径1米左右的椭圆形储泥坑，直壁，平底，深约0.5米。两坑间距2米，坑内填充黄黏土，土质细腻纯净；房屋南墙外侧与墙平行建一条护坝，以较规则的石块单层错缝叠砌而成，与墙间距0.74米（图5.1-93）。房屋内堆积一层瓦砾，夹杂少量较硬的红褐土，出土石拍、铁凿、五铢、货

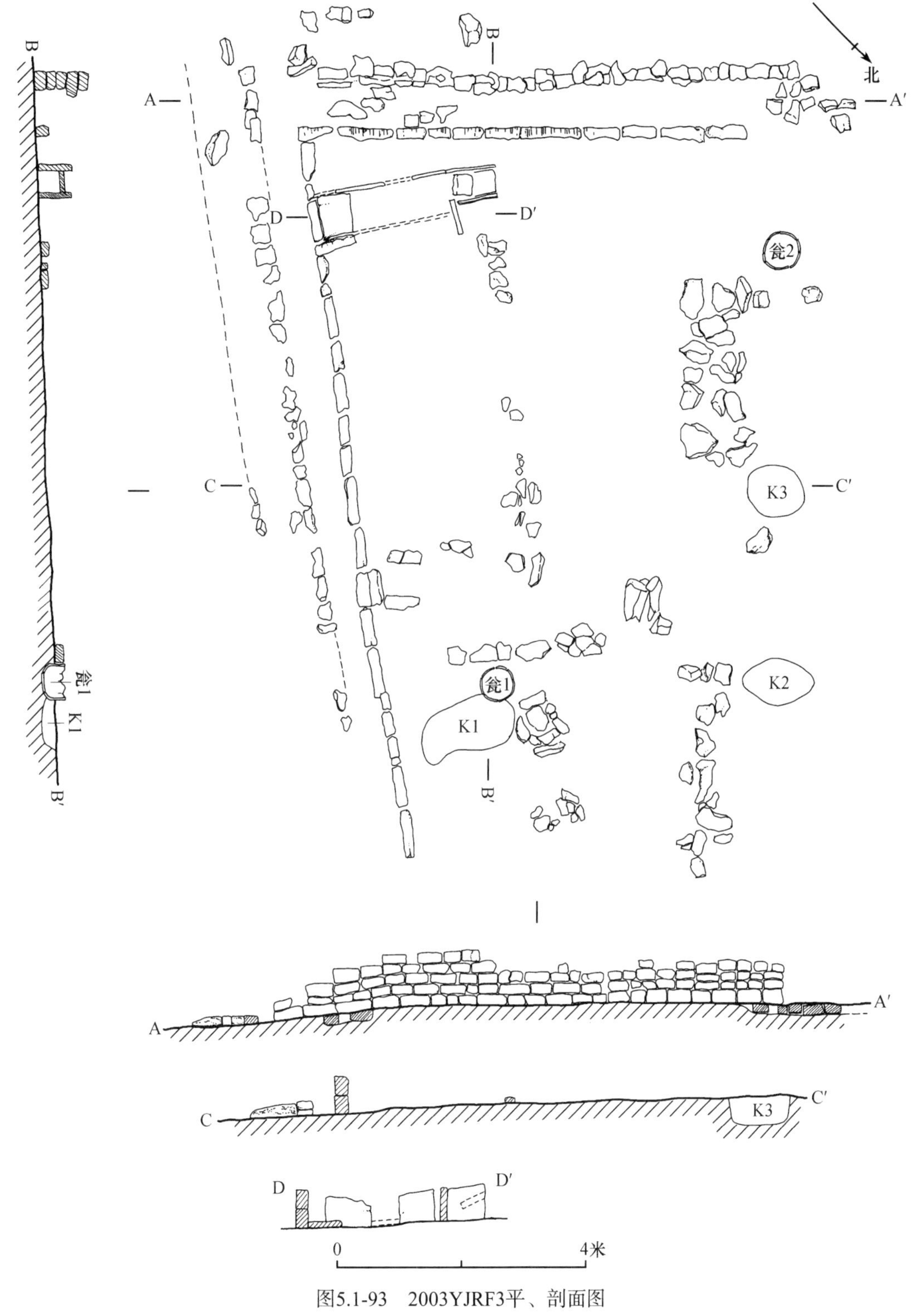

图5.1-93　2003YJRF3平、剖面图

泉、少量陶片，可辨识的器形有陶瓮、罐、盆、碗等。从该房址内外设施可判断其是一制陶作坊，由所处层位及形制判断其建于六朝时期，具体器物介绍如下。

瓷罐　1件。2003YJRF3：1，灰白色。轮制。方唇，敛口，折沿上弧，球形腹，圜底。通体饰网格纹。口径13.5厘米，内径9.8厘米，通高9厘米，腹径13厘米（图5.1-94，1）。

瓷碗　1件。2003YJRF3：20，酱色瓷。轮制。敛口，圆唇，深腹，平底。口沿外饰凹弦纹一道，内中间饰凸弦纹。口径17厘米，底径10.5厘米，通高6.1厘米（图5.1-94，2）。

陶瓮　3件。2003YJRF3：3，灰陶，轮制。口微敛，直领，方唇，溜肩。口沿上饰断绳纹，肩部有绳纹，横纵呈网纹。口径56厘米，残高14厘米，口沿厚2.5厘米，壁厚1厘米。2003YJRF3：2，灰陶，轮制。直腹，上用附加堆纹，下圜底。饰交叉绳纹，另有菱形网格纹。腹径52.6厘米，通高34厘米，壁厚0.8厘米（图5.1-94，10）。2003YJRF3：1，灰陶，轮制。直腹，圜底。弦断绳纹。残高30厘米，外径54厘米，壁厚0.7厘米。

陶罐　5件。2003YJRF3：2，灰陶，轮制。直领口，圆唇，束颈，斜折肩，弧腹，小平底。素面。通高8.4厘米，口径9.1厘米，底径6厘米，腹径15.8厘米（图5.1-94，3）。2003YJRF3：3，灰陶，轮制。直口沿外弧，尖唇，束颈，肩微弧，球形腹，圜底。腹下饰绳纹。口径11.7厘米，口径8.4厘米，腹径19.7厘米，通高12.8厘米（图5.1-94，4）。2003YJRF3：4，青灰陶，轮制。敛口，方唇，直领，无沿，折肩，深腹。饰网格纹。口径11.2厘米，通高18.4厘米，底径12.9厘米，腹径19.7厘米（图5.1-94，6）。2003YJRF3：5，灰陶，轮制。敛口，圆唇，斜领，折肩，弧腹向下渐收。饰凹弦纹。口径11.6厘米，通高17.2厘米，腹径22.6厘米，底径13厘米（图5.1-94，7）。2003YJRF3：22，灰陶，轮制。斜方肩，敛口，直领，溜肩，弧腹斜向下收，底微凹。肩腹部饰菱形网格纹。口径28.6厘米，通高33.5厘米，腹径38.6厘米，底径20.8厘米（图5.1-94，5）。

陶碗底　1件。2003YJRF3：7，灰陶，轮制。碗底下圈足，底内凹，腹上弧。碗底内有方

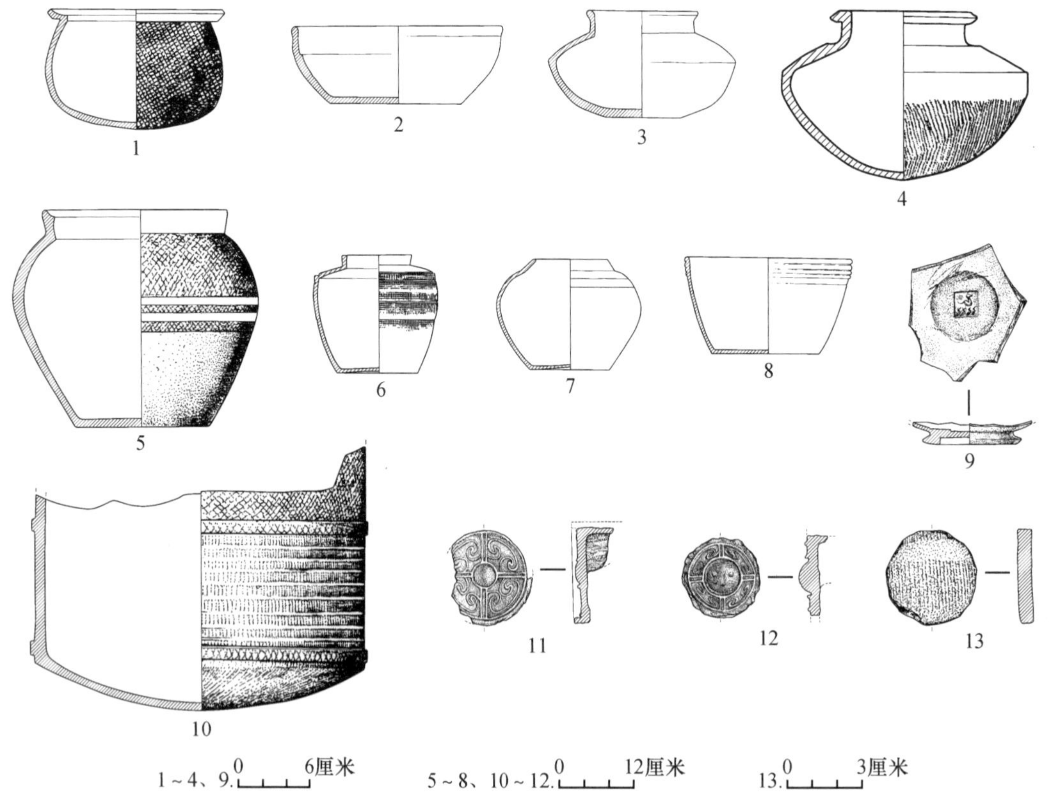

图5.1-94　2003YJRF3出土器物

1. 瓷罐（2003YJRF3：1）　2. 瓷碗（2003YJRF3：20）　3～7. 陶罐（2003YJRF3：2、2003YJRF3：3、2003YJRF3：22、2003YJRF3：4、2003YJRF3：5）　8. 陶盆（2003YJRF3：21）　9. 陶碗底（2003YJRF3：7）　10. 陶瓮（2003YJRF3：2）　11、12. 陶瓦当（2003YJRF3：6、2003YJRF3：25）　13. 陶饼（2003YJRF3：9）

款，中饰鸟形纹（图5.1-94，9）。

陶盆　1件。2003YJRF3：21，灰陶，轮制。直口，圆唇，上有螺旋式凹槽。口沿下凹弦纹一道。口径27厘米，底径17.2厘米，通高15厘米（图5.1-94，8）。

陶饼　1件。2003YJRF3：9，灰陶，打磨。圆轮形外饰细绳纹，内素面微外弧，利用陶器残片制作而成。直径3.7厘米，厚0.6厘米（图5.1-94，13）。

陶瓦当　2件。2003YJRF3：6，灰陶，轮制。圆形瓦当，中内凹，半圆形筒瓦其上有绳纹。正面饰卷云纹。外径15.5厘米，厚0.8厘米（图5.1-94，11）。2003YJRF3：25，灰陶，磨制。圆饼形。瓦当中心一人面，长鼻圆眼，周围饰四组卷云纹，中间两条棱相隔。外径12.8厘米，厚1.6厘米，内径4.4厘米（图5.1-94，12）。

玻璃耳珰　1件。2003YJRF3：27，天蓝色玻璃制成。圆柱状，上端略细下端粗，中间有一圆孔。通高1.82厘米，上径0.05厘米，下径1.25厘米，孔径1.21厘米（图5.1-95，1；图版三五，1）。

货泉　2件。2003YJRF3：19，范铸。外圆郭内方穿，钱文左右对读。正面钱文“货泉”。①钱径2.3厘米，穿边0.79厘米，厚0.13厘米。②钱径2.1厘米，穿边0.9厘米，厚0.12厘米（图5.1-95，2）。

铜刀　1件。2003YJRF3：10，范铸。直背微弧，下渐收，直刃直柄，断面呈楔形。通长4.2厘米，宽2.5厘米，厚0.4厘米（图5.1-95，4）。

铜铃　1件。2003YJRF3：15，铸制。角钟形铃，方肩，斜直身，下尖足。下外沿饰之字纹。通高2.9厘米，宽3.5厘米，厚1.1厘米（图5.1-95，3）。

铜扣　1件。2003YJRF3：16，范铸。长方形，一侧平直，另一侧微弧中空上平直。素面。通长2.9厘米，宽2.7厘米，厚0.82厘米（图5.1-95，5）。

铜环　1件。2003YJRF3：23，范铸。圆环形，中空，顶部扁平，正视呈椭圆形。外径2.4厘米，内径1.9厘米，高0.3厘米（图5.1-95，6）。

铜泡钉　1件。2003YJRF3：24，范铸。盔式泡钉，顶部圆弧形下外折沿。直径3.6厘米，通高1.9厘米，帽高1.7厘米（图5.1-95，9）。

铜器足　1件。2003YJRF3：28，范铸。楔形足，上端较厚，呈梯形下端较薄。通高4.3厘米，宽2.2厘米，厚0.15～1.8厘米（图5.1-95，7）。

铜带钩　1件。2003YJRF3：26，范铸。琵琶形皆弧起。饰三角形纹。通长3.9厘米，通高1.1厘米，宽1.4厘米（图5.1-95，8）。

铁刀柄　1件。2003YJRF3：11，锻制。直柄，方孔圜首，其他部位现在已经不存。通长7.2厘米，柄宽1厘米，圜首长1.7厘米，宽1.3厘米（图5.1-95，12）。

铁刀　1件。2003YJRF3：12，锻制。长条形，平背单侧直刃，双面开刃仅存一段刀刃。长10.5厘米，宽2.6厘米，厚0.4厘米（图5.1-95，13）。

铁凿　1件。2003YJRF3：13，锻制。长条形，上平，中间长直，下刃扁弧，双侧开刃。通长20.6厘米，宽0.8～1.5厘米，厚0.9厘米（图5.1-95，10）。

铁足　1件。2003YJRF3：14，范铸。蹄形足外弧内凹，下呈马蹄状。饰条形纹。长7.5厘

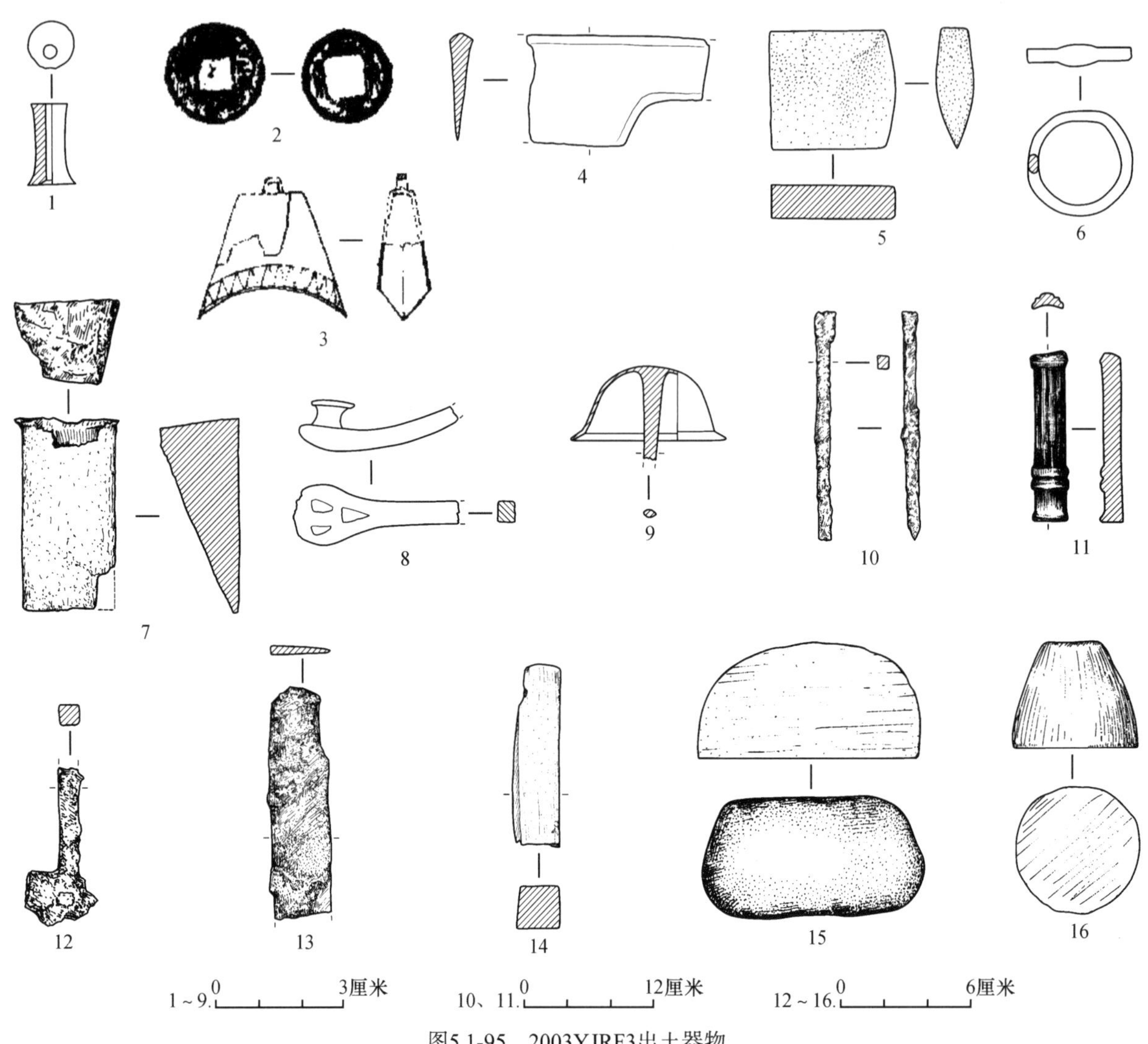

图5.1-95　2003YJRF3出土器物

1. 玻璃耳珰（2003YJRF3：27）　2. 货泉（2003YJRF3：19）　3. 铜铃（2003YJRF3：15）　4. 铜刀（2003YJRF3：10）　5. 铜扣（2003YJRF3：16）　6. 铜环（2003YJRF3：23）　7. 铜器足（2003YJRF3：28）　8. 铜带钩（2003YJRF3：26）　9. 铜泡钉（2003YJRF3：24）　10. 铁凿（2003YJRF3：13）　11. 铁足（2003YJRF3：14）　12. 铁刀柄（2003YJRF3：11）　13. 铁刀（2003YJRF3：12）　14. 砺石（2003YJRF3：8）　15、16. 石拍（2003YJRF3：17、2003YJRF3：18）

米，宽3.5厘米，厚19厘米（图5.1-95，11）。

砺石　1件。2003YJRF3：8，细砂岩制成，磨制。长条形，四直棱平直，下端呈弧状，内凹。长8.2厘米，宽2.1厘米，厚1.7厘米（图5.1-95，14）。

石拍　2件。2003YJRF3：17，磨制。下平直上弧，自然形成。长5厘米，宽2.6厘米，高2.66厘米（图5.1-95，15）。2003YJRF3：18，磨制。上下呈圆柱形，下端平整如镜光滑（图5.1-95，16）。

七、S　区

S区发现属于六朝时期的遗迹有房址3座，灰坑8个，渠2条和墓葬1座。

1. 房址

共3座，编号2004YJSF301、2004YJSF401和2004YJSF402。

2004YJSF301　位于S区东北部，开口于第3a层下，方向为55°。因破坏严重，该房址现存进深一间，面阔两间，残长7.8米，宽3.1米，墙残高18～36厘米，南墙用长方形条石砌起，北墙下用未加工过的较为规整的石块砌基，上抹草拌泥，并用条石错缝平砌，两墙间设隔墙，东西墙残缺，西南部被一石椁墓打破，东端使用汉碑下半段做房础。房址西侧有一排水沟，自南向北穿墙而过，沟两侧用条石和未加工的较为规整的石块砌成，渠底未铺石，上无盖板，沟宽0.6米，深0.24米，残长1.8米，南高北低，落差0.15米。房屋内的堆积层为红褐黏土，夹杂炭粒、红烧土粒，土质致密，包含少量绳纹板瓦、筒瓦，绿釉瓷钵、罐残片。与墙体下底水平处有一层厚1～2.5厘米的踩踏面。

2004YJSF401　跨2004YJST0805东南角及2004YJST0705东北角，从仅存墙基方向判断，方向为50°，门向从出土门臼判断为310°。开口于第3a层下，仅存石砌墙基一条，以单层或双层石条叠砌而成，残长4.1米，宽0.25米（图5.1-96）。室内居住面为垫土，垫土厚薄不一，东南部垫土高于西北部约0.4米。墙基西北侧紧贴墙基发现一门臼，应与房址有关系，可以提供准确的门址及门向。

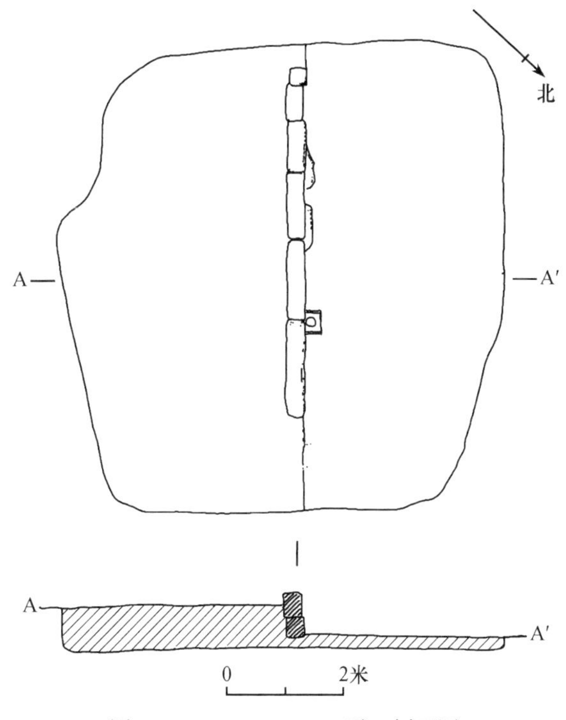

图5.1-96　2004YJSF401平、剖面图

2004YJSF402　位于S区，延伸到E区，开口于S区第3a层下，即E区第5a层下，方向为55°。该房址仅存石砌墙基三条，虽然不相连接，但是在同一平面上构成一座房址的残迹，且各墙基延伸方向均支持这一推断，房址仅存东西北三条墙基，北侧墙基最长为11.75米，东侧西侧墙基分别长4.3、2.95米，房址为长方形，南墙不存在，房内地面保存极差，墙基经过解剖应该仅剩底层，房内西北角发现以石条平铺成约长1.9、宽1.1米的平面，可能用作房屋内的础石，北墙外侧东北角处发现另一条石砌边，与墙基构成一条水渠，应与房址排水有关系。房内堆积为上层地层堆积，房址周围同层发现数条水渠及数座房址，构成一个小居住区（图5.1-97）。

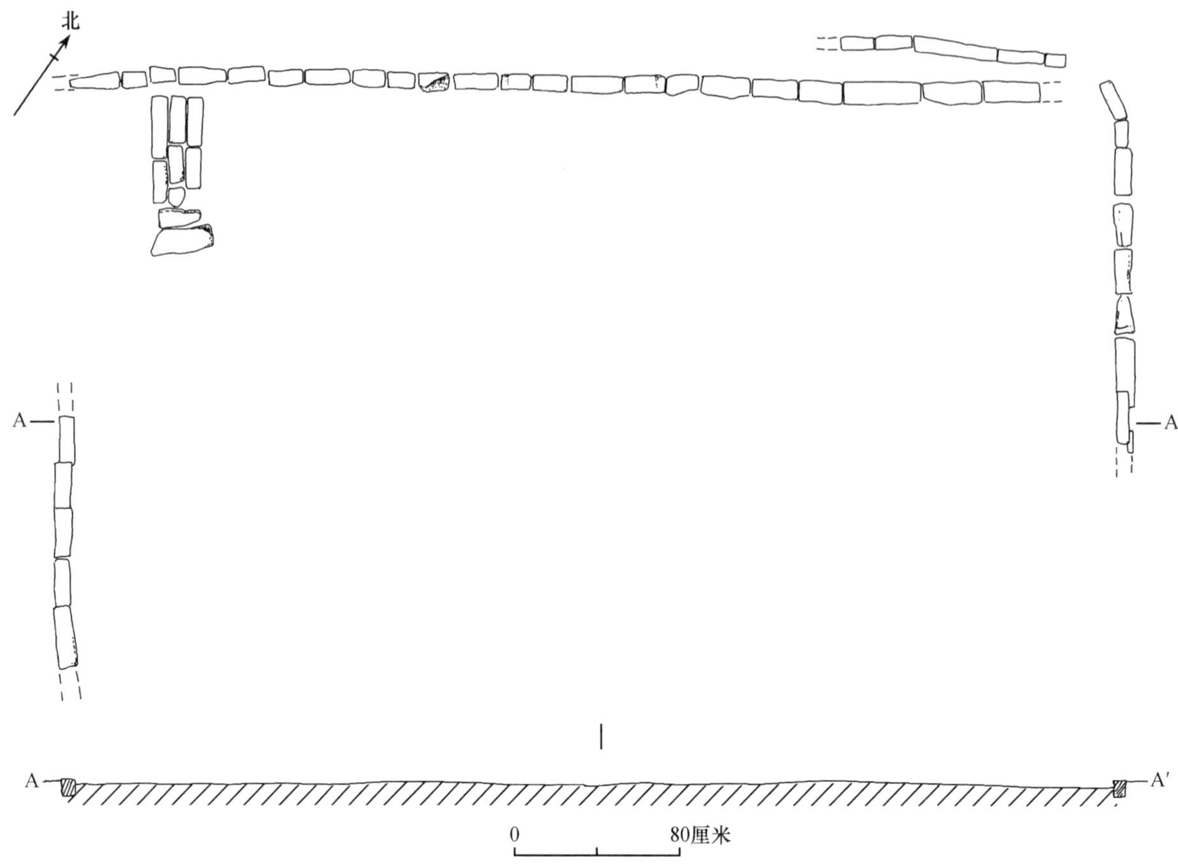

图5.1-97　2004YJSF402平、剖面图

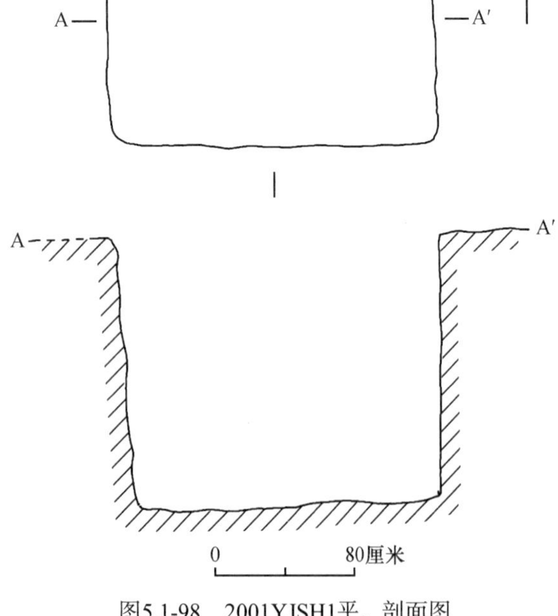

图5.1-98　2001YJSH1平、剖面图

2. 灰坑

共发现灰坑8个，其中2001年清理1个，编号2001YJSH1，2004年清理7个，编号2004YJSH401～2004YJSH407。

2001YJSH1　位于2001YJST0706南壁，开口于第3层下，打破第4层。坑口距地表深1米。坑平面形状为长方形，直壁，平底。坑口和底均长1.8米，宽1.3米，坑深1.5米。坑内多见红烧土及草木灰，掺黑色腐殖土（图5.1-98）。出土器物有陶盆、瓷片、铜蒺藜、铜镞和银钗等，具体介绍如下。

陶盆　1件。2001YJSH1：11，灰陶，折沿微弧，斜腹，平底，口沿下饰一周凸弦纹，轮制。口径51.5厘米，底径30厘米，通高26.5厘米（图5.1-99，8）。

铜镞　1件。2001YJSH1：9，呈三棱形，铤部为圆柱状（图5.1-99，6）。

铜带钩　1件。2001YJSH1：10，残。尾部呈勺状，上有一圆扣。长6厘米（图5.1-99，4）。

铜蒺藜　1件。2001YJSH1：1，呈菱角形，尖部锋利，铸制（图5.1-99，1）。

铜饰件　2件。2001YJSH1：4，圆形，中间有一方孔，周边镂空（图5.1-99，2）；2001YJSH1：8，平面呈"8"形，一端平，另一端呈三角形（图5.1-99，3）。

鎏金铜铃　1件。2001YJSH1：5，铃铛状，上有一纽，通体鎏金（图5.1-99，5）。

银钗　1件。2001YJSH1：2，用银条折成，卡头呈扣状，锻制。长9.5厘米（图5.1-99，7）。

铅块　1件。2001YJSH1：3，残。不规则形，铸造用铅块。

2004YJSH401　平面近圆形，位于S区中部，开口于第3a层下，打破2004YJSH403、2004YJSH406。圜底，坑口最大径为9.9米，坑内最深为2.03米（图5.1-100），坑内堆积分为两层：第1层填土泛灰，土质较为疏松，堆积厚度不一，坑周边较薄，中间较厚，包含少量的瓦片、陶片，出土铜镞、铜泡钉，厚0.6米。第2层填土呈黑绿色，其底部有一层黄沙土，分布不均，该堆积层受坑形状限制，边缘薄，包出土花纹砖、石块、石条、碎瓦片等，厚1.43米。具体出土器物如下。

铜镞　3件。2004YJSH401：1，三棱形镞身，圆铤。铸造，通长8.7厘米，镞身长2.7厘米，铤长4.8厘米（图5.1-101，1）。2004YJSH401：3，残。三棱形镞身，圆关，圆铤。铸造，通长6.5厘米，镞身长2.5厘米，关长1.5厘米，铤长2.5厘米（图5.1-101，2）。2004YJSH401：4，四棱形镞身，铤较长，截面圆形，铸造。通长9厘米，镞身长2.9厘米，铤

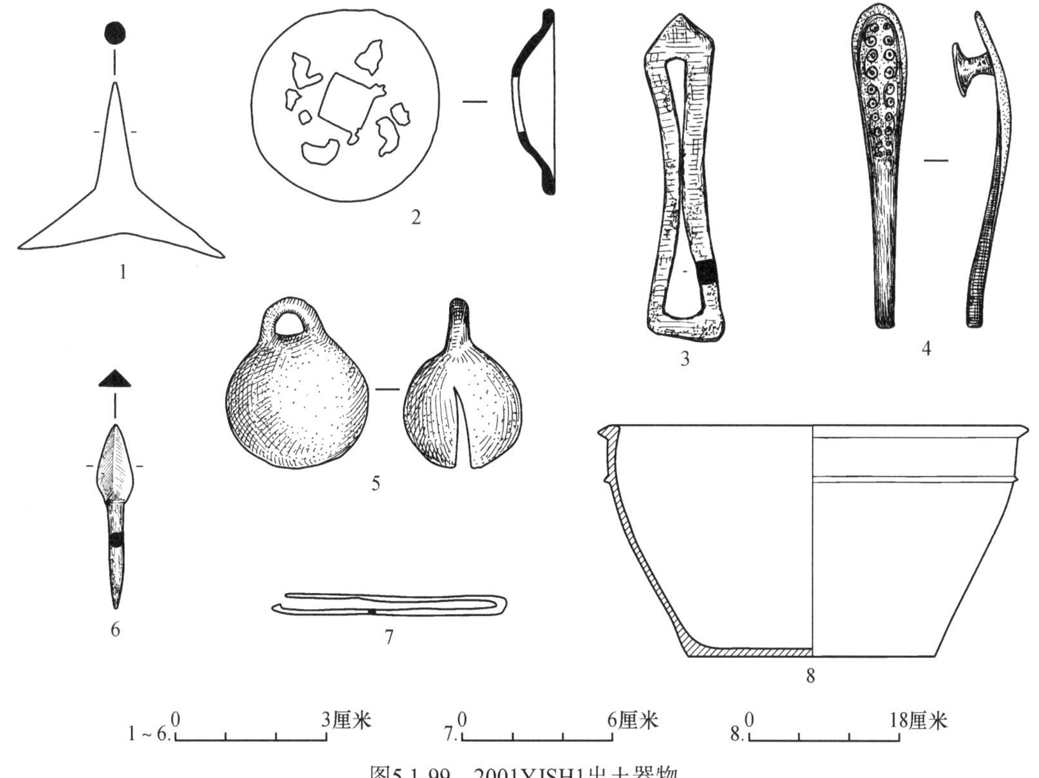

图5.1-99　2001YJSH1出土器物

1. 铜蒺藜（2001YJSH1：1）　2、3. 铜饰件（2001YJSH1：4、2001YJSH1：8）　4. 铜带钩（2001YJSH1：10）　5. 鎏金铜铃（2001YJSH1：5）　6. 铜镞（2001YJSH1：9）　7. 银钗（2001YJSH1：2）　8. 陶盆（2001YJSH1：11）

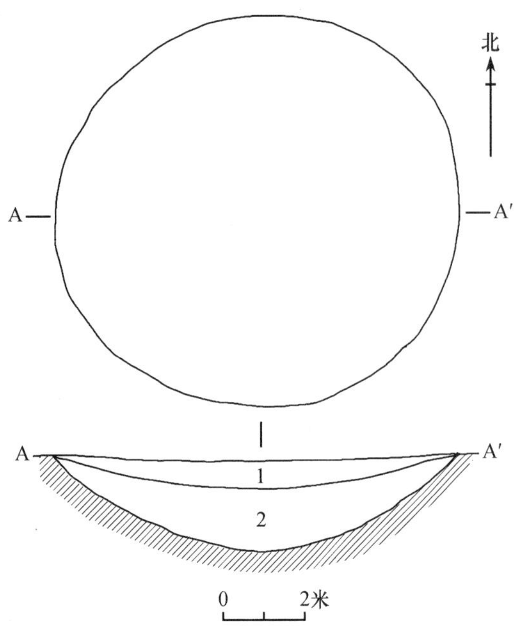

图5.1-100　2004YJSH401平、剖面图

6.1厘米（图5.1-101，3）。

铜泡钉　1件。2004YJSH401：2，残。帽形，平面圆形，铸造。残长1.5厘米（图5.1-101，4）。

2004YJSH402　平面近圆形，位于2004YJST0705内，南部延伸至2004YJST0605。开口于第4b层下。斜壁，坑底不平，西北底部略高。坑口最大径4.85米，坑最深处约0.8米，坑底总长4.35米。坑内堆积只有一层，呈灰绿色，土质较为疏松，仅发现少量石块（图5.1-102）。

2004YJSH403　平面呈圆形，主要位于2004YJST0804内，一部分压于2004YJST0804东隔梁下，一部分伸入2004YJST0805内。开口于第4a层下，被2004YJSH401打破。直壁，平底，深约1米，口径1.9米，最大底径1.8米。坑内填土呈灰绿色，土质较为疏松、纯净，偶见残石块，未见其他包含物（图5.1-103）。

2004YJSH404　平面呈不规则形，位于2004YJST0603内，延伸到2004YJST0604，未发掘深入探方南部部分。开口于第3c层下，由于该坑没有完全发掘，仅观察完成清理部分：斜壁，底部为缓坡状。坑口长径9.65米，短径最宽处3.5米，最深处2.73米。坑内堆积大体分为2层，第1层堆积土色泛黄，土质较为致密，夹杂少量红色砂岩残块，应为后期修整时垫土，厚0.7米。第2层堆积呈黑绿色，含沙，土质极为疏松，含水量大，仅有数块砂岩条石，厚1.67米

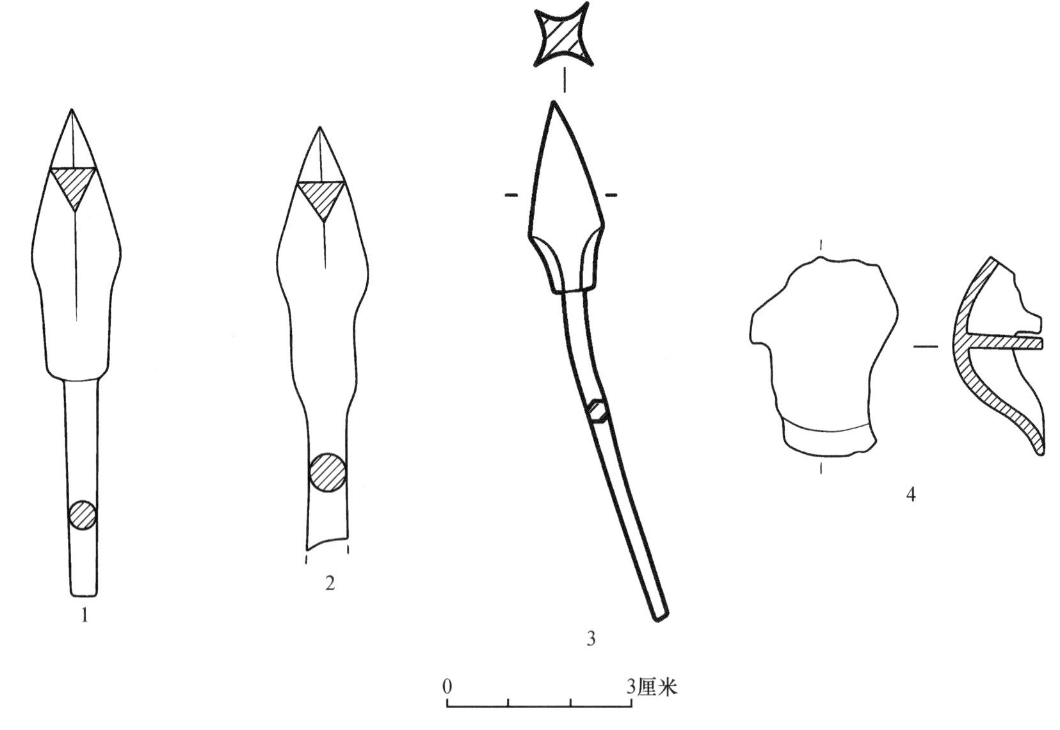

图5.1-101　2004YJSH401出土器物

1～3. 铜镞（2004YJSH401：1、2004YJSH401：3、2004YJSH401：4）　4. 铜泡钉（2004YJSH401：2）

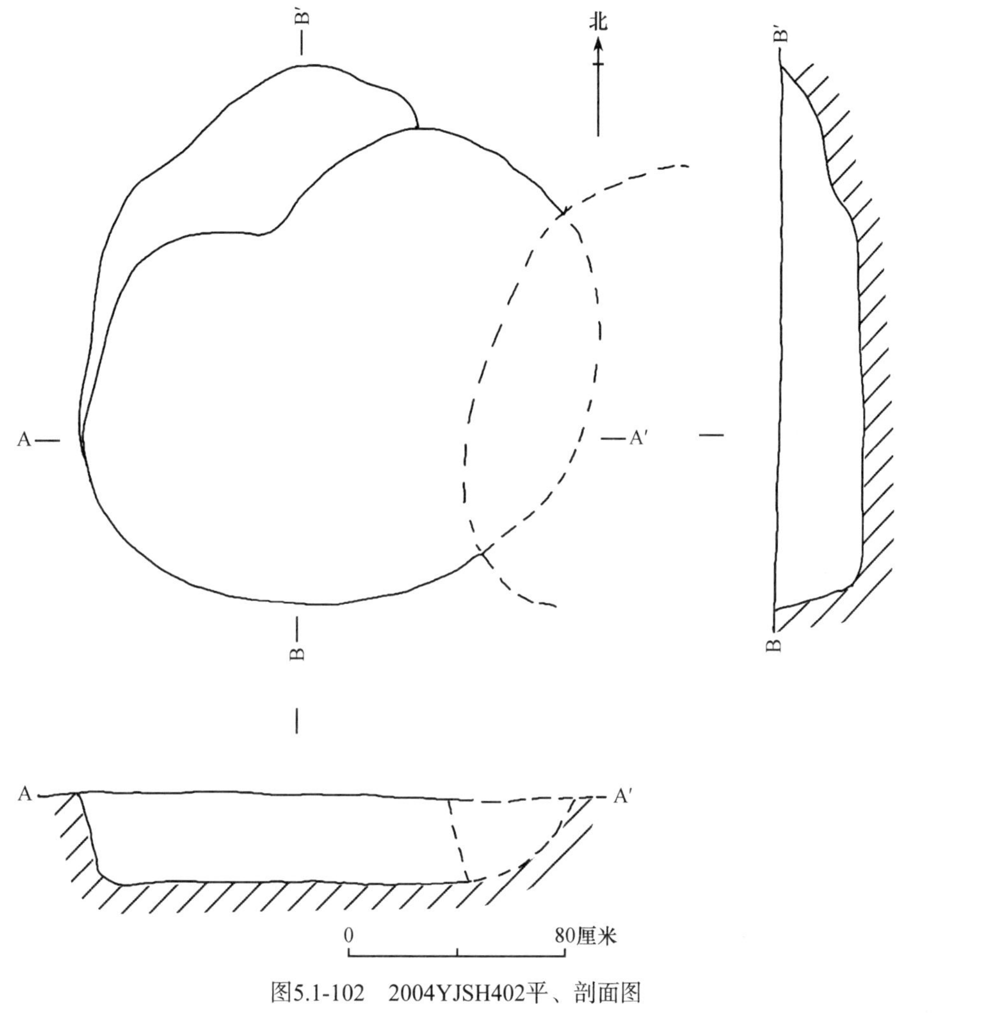

图5.1-102　2004YJSH402平、剖面图

图5.1-103　2004YJSH403平、剖面图

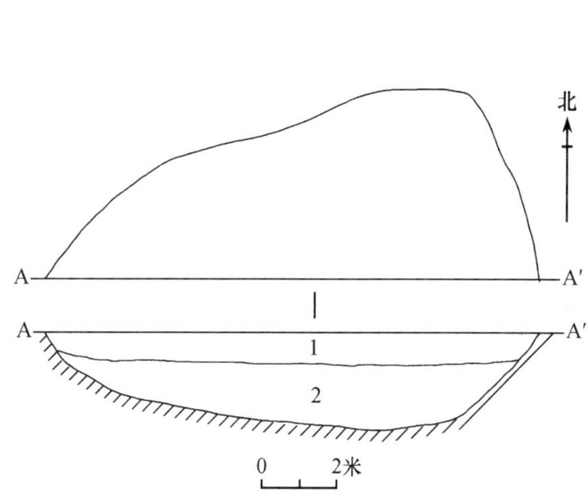

图5.1-104　2004YJSH404平、剖面图

（图5.1-104）。

2004YJSH405　根据已发掘部分推测：平面呈圆形，位于2004YJST0603内，延伸入隔梁中，由于堆积单一，且无遗物出土，因此仅发掘方内一部分，开口于第3c层下。底部有突出部分，将坑分为内外两个圆，外圆较浅，最深处仅为0.25米，内圆较深最深处0.95米，已经发掘部分，坑口南北最长径5.5米，东西最宽3.85米。坑内堆积为灰色土，较为疏松，没有见到其他包含物，仅有少量石块出土（图5.1-105）。

2004YJSH406　平面呈椭圆形，位于2004YJST0705、2004YJST0805之间，大部分处于隔梁内，开口于第3b层下，被2004YJSH401打破。直壁，平底，坑口长径2.65米，短径1.8米，坑深1.8米，底径略小于口径（图5.1-106）。

2004YJSH407　平面近椭圆形，位于2004YJSF0908和2004YJST0909之间，平底，壁外斜，坑口最大径3.05米，深约1.35米（图5.1-107）。

铁镢　1件。2004YJSH407：1，残。平面呈梯形，截面呈椭圆形，下部较扁。铸造。残长6.5厘米，宽5.2～6.8厘米（图5.1-108）。

3. 渠

共发现2条，编号2004YJSQ401和2004YJSQ402。

2004YJSQ401　平面呈长条形，位于2004YJST0704偏北处，方向为130°，发现于第3a层下。渠两侧以条石或片石侧立砌成，北端有两块石块将渠封住，可能为渠的一端。残长2.28米，渠总宽0.34～0.4米，渠内宽0.2米。由于内侧渠底保存情况较差，难以推定流水方向。周围没有发现相关遗迹，因此难以确定此渠用途（图5.1-109）。

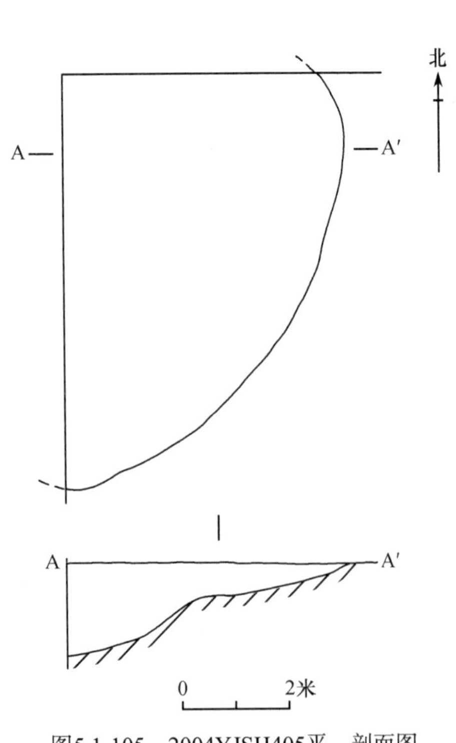

图5.1-105　2004YJSH405平、剖面图

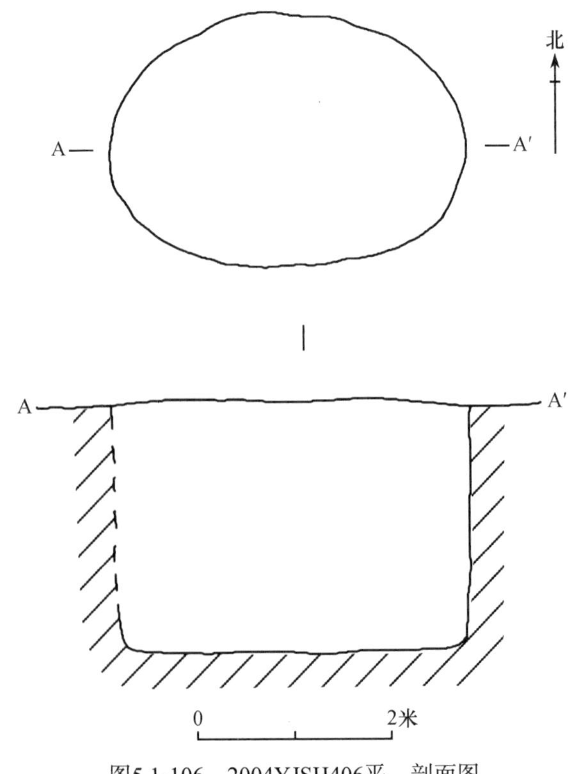

图5.1-106　2004YJSH406平、剖面图

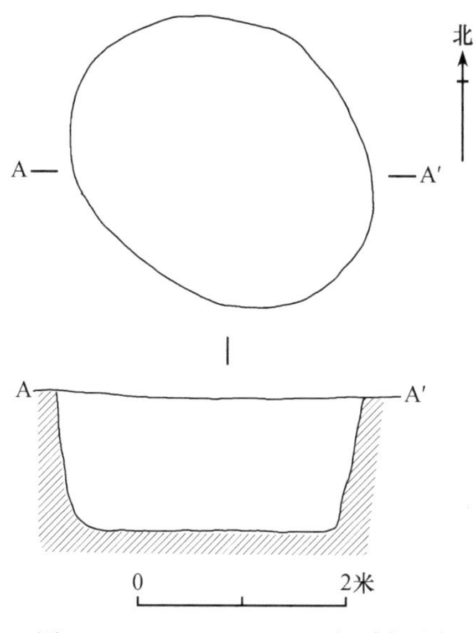

图5.1-107　2004YJSH407平、剖面图

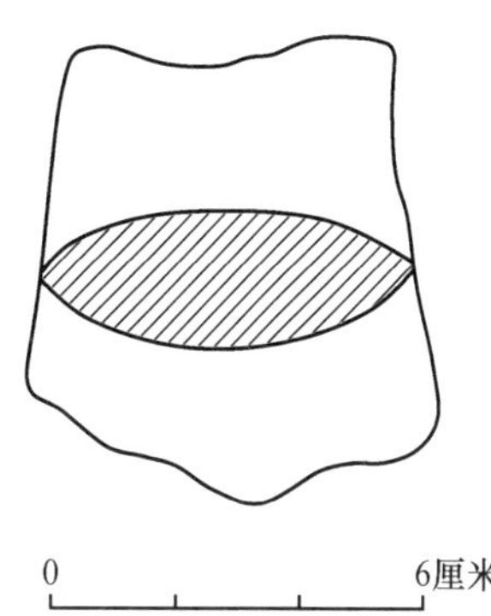

图5.1-108　2004YJSH407出土铁镢（2004YJSH407：1）

2004YJSQ402　位于2004YJST0804偏北处，开口于第3a层下，方向为46°。长条形石砌渠，由条石及片石侧立砌成，渠底直接构筑于地面上。结构比较粗糙，渠边不规整，渠底保存情况较差，存在一定高差，呈东高西低，流水应该由东往西。残长7.9米，保存较好处宽0.75米，渠内宽0.4米。周围存在一些房址残基，推测可能与水渠有关，用于房屋周围排水的可能性比较大（图5.1-110）。

4. 墓葬

墓葬共清理1座，为竖穴土坑墓，2004年发掘，编号2004YJSM301。

墓葬位于S区东北部，开口于第3a层下，打破2004YJSF301南部。石椁墓，椁长2.43米，宽0.62～0.75米，墓向197°。先在地面上挖出长方形浅竖穴，以两层碎瓦夯实做墓底，再于竖穴侧壁砌上下两层石条，墓两端及墓口则以石条、石板、花纹砖等铺盖，所用石材与被其打破的2004YJSF301相同，可能是就地取材而建。墓内填土黄褐色，质地疏松，夹杂少量料姜石，并

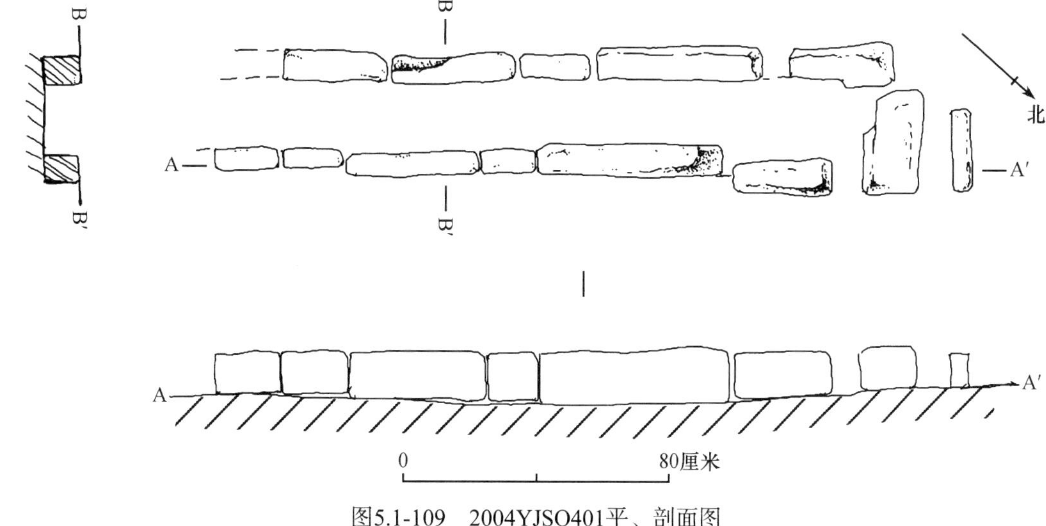

图5.1-109　2004YJSQ401平、剖面图

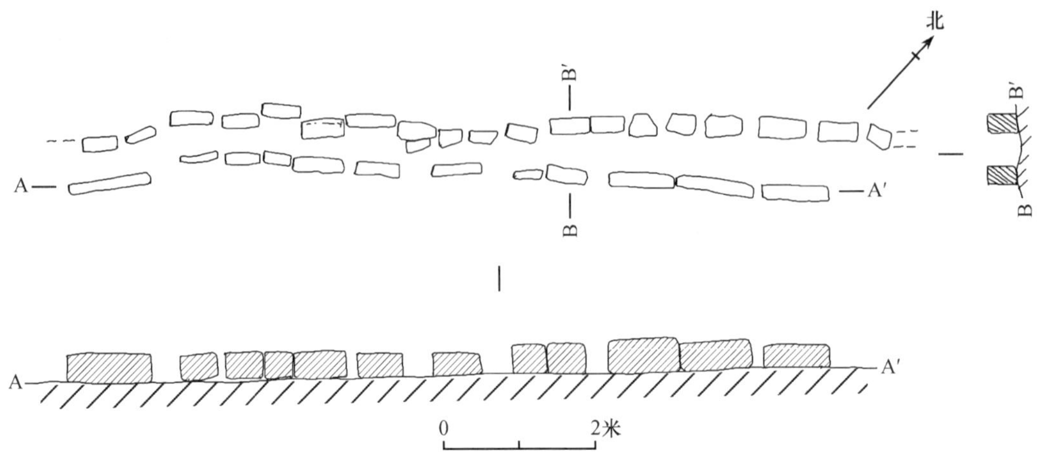

图5.1-110　2004YJSQ402平、剖面图

包含少量粗绳纹瓦片及绿釉瓷片。墓中部遭破坏，盖板及墓底瓦片被扰动，人骨架保存较差，仅存少量颅骨残片、三枚牙齿、股骨、右侧胫骨和少量趾骨，葬式为仰身直肢（图5.1-111）。墓内发现3件随葬品：1件银钗，位于头骨左侧；1枚银戒指，位于左股骨外侧，应戴于墓主人左手指上；1件铜釜，位于左脚下，釜底及外壁布满黑灰，应为墓主生前实用器。从牙齿磨损程度及随葬品看，墓主人应为年轻女性。

铜釜　1件。2003YJSM301：3，残。黑绿色，斜直口，微敞，束颈，直腹微外弧，有耳，中有圆孔，素面。范铸。直径19.45厘米，通高10.7厘米，腹径18.65厘米，壁厚1.1厘米（图5.1-112，3）。

银钗　1件。2003YJSM301：1，残。黑灰色，“U”形钗，顶部扁圆，鱼鳞形纹饰。范铸。通长15.7厘米（图5.1-112，1）。

银戒指　1件。2003YJSM301：2，完整。灰白色，前部凸起，呈山形，后与圆形指环相连接，阴刻“山”形纹。范铸。外径2.2厘米，内径1.8厘米，高0.3厘米（图5.1-112，2）。

第二节　其他遗物

除了遗迹中出土的器物外，在各区属于六朝时期的地层中也发现了大量的遗物。主要包括瓷器、陶器、石器、铜器和铁器等，其中以铜器数量最多，以下将具体介绍。

1. 瓷器

六朝地层中出土的瓷器数量很多，以瓷钵和瓷碗为主，另有一定数量瓷罐、瓷盘、瓷盆和瓷环等。

瓷碗　可复原53件。选取13件标本进行介绍。2000YJET1207④：5，完整，直口，尖唇，斜腹，假圈足，平底，豆绿色，满釉。素面，轮制，口径13.7厘米，底径9.5厘米，假圈足高0.5厘米，高6.2厘米（图5.2-1，1）。2000YJET1109④：3-1，残，细砂灰胎，尖唇，敛口，腹较深，假圈足，施青灰釉。轮制，口径8厘米，高4.5厘米（图版

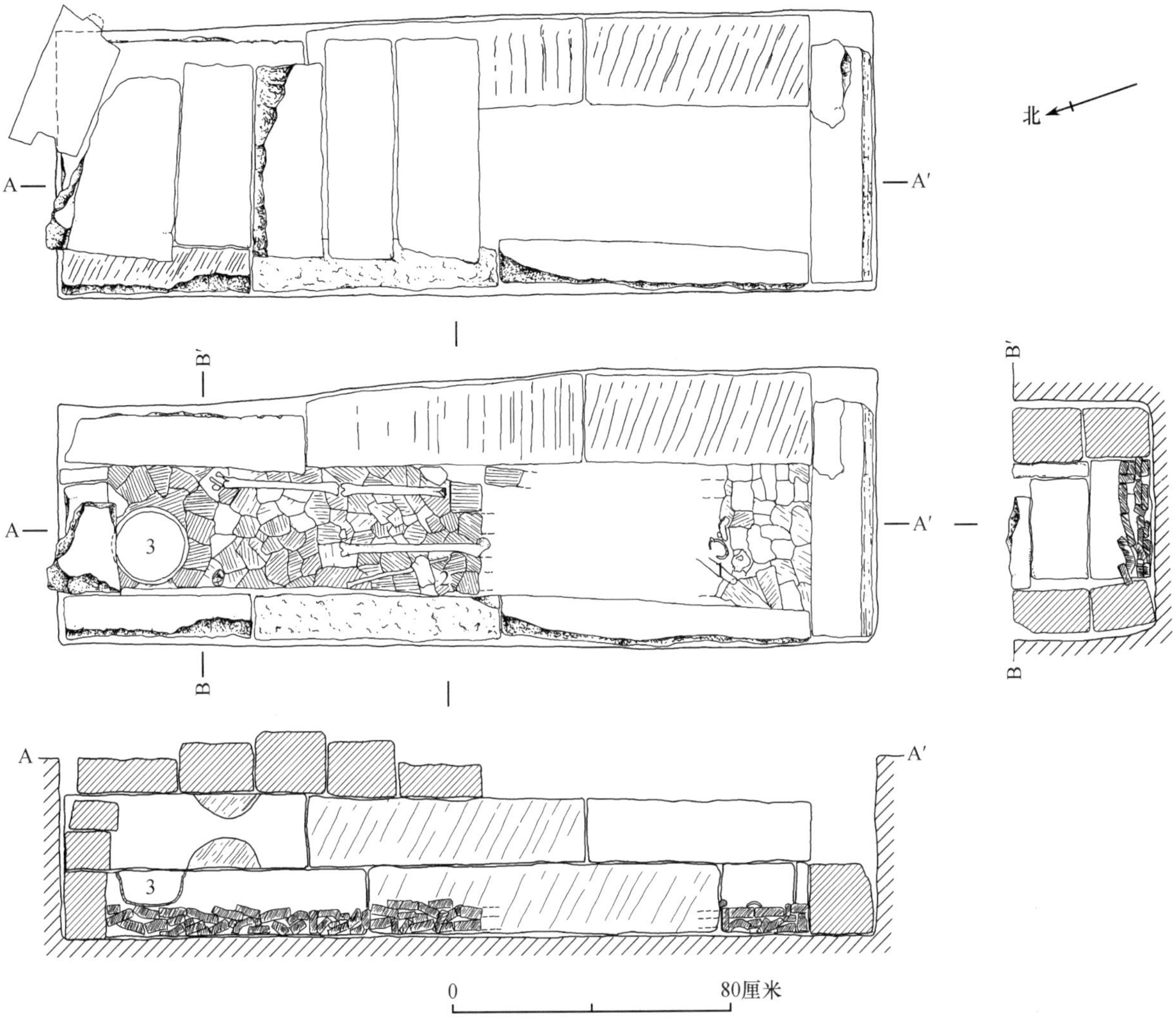

图5.1-111　2003YJSM301平、剖面图
1. 银钗　2. 银戒指　3. 铜釜

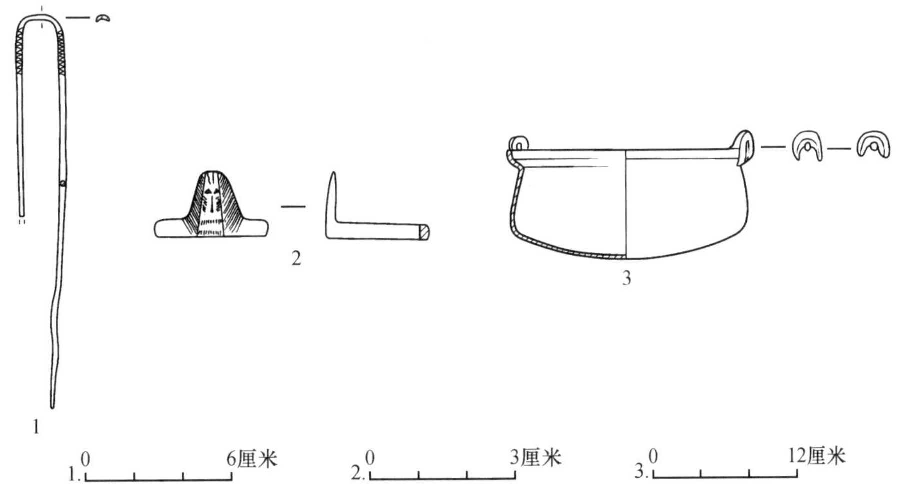

图5.1-112　2003YJSM301出土器物
1. 银钗（2003YJSM301：1）　2. 银戒指（2003YJSM301：2）　3. 铜釜（2003YJSM301：3）

一六，4）。2003YJET3⑤：24，残。豆绿色，敛口，圆唇，深腹，外弧平底，口沿外饰凹弦纹一道，内腹部有一道波浪纹，底部有两组弦纹。轮制。口径21.3厘米，底径14.5厘米，通高6.4厘米（图5.2-1，2）。2003YJET2⑤：2，残。灰白色，敛口，圆唇，鼓腹外弧斜，平底内部有凹弦纹，口沿外侧饰凹弦纹。口径17.5厘米，底径11厘米，通高5.8厘米（图5.2-1，3）。2004YJET0613⑤：13，青绿色，敞口，尖唇，腹微鼓，矮圈足，通体施青绿釉，口沿外饰一道凹弦纹。轮制。口径20.1厘米，底径15.2厘米，高6.5厘米（图5.2-1，4）。2004YJST0603③：33，平底，尖唇，腹壁较直，施绿釉，轮制。口径8.4厘米，底径4.2厘米，高4.4厘米（图5.2-1，5）。2004YJET0712⑤c：27，青白色，饼形底，口沿无棱，垂直于碗壁，外壁有弦纹。轮制。口径7.8厘米，底径4.2厘米，高3.8厘米（图5.2-1，6）。2005YJBT1100③：11，灰白胎，釉质已全脱落。尖唇，敛口，弧腹，台底。口径8.6厘米，底径5.2厘米，高4.6厘米（图5.2-1，7）。2004YJST0604③：10，直口，平底，内壁及外壁上半部分施绿釉，外壁饰一道弦纹，轮制。口径11厘米，底径6.5厘米，高4厘米（图5.2-1，8）。2005YJBT1100③：5，灰白胎，内壁全施灰绿色釉，外壁施半身釉。尖圆唇，敛口，弧腹，台底，内底可见支钉痕。口径8.6厘米，底径4.9厘米，高3.4厘米（图5.2-1，9）。2004YJST0604③：5，口微敞，腹微鼓，平底，假圈足，青灰色釉，外壁饰凹弦纹，轮制。口径8厘米，底径3.8厘米，高3厘米（图5.2-1，11）。2004YJST0704③：17，直口，尖唇，平

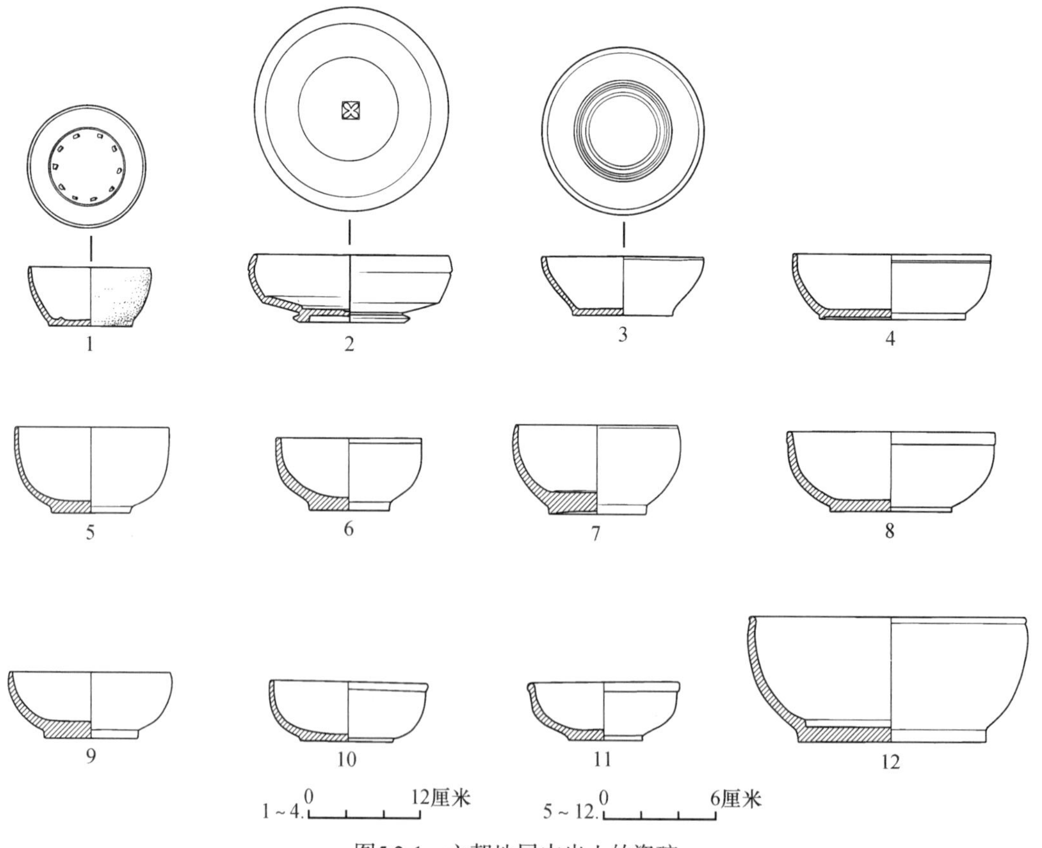

图5.2-1 六朝地层中出土的瓷碗

1. 2000YJET1207④：5 2. 2003YJET3⑤：24 3. 2003YJET2⑤：2 4. 2004YJET0613⑤：13 5. 2004YJST0603③：33 6. 2004YJET0712⑤c：27 7. 2005YJBT1100③：11 8. 2004YJST0604③：10 9. 2005YJBT1100③：5 10. 2004YJST0704③：17 11. 2004YJST0604③：5 12. 2003YJET1④：4

底，假圈足，施绿釉，口沿外饰一道凹弦纹，轮制。口径8.6厘米，底径5厘米，高3厘米（图5.2-1，10）。2003YJET1④：4，残。豆绿色，敞口，圆唇，深腹外弧，平底饼形足，口沿外侧饰凹弦纹一道，豆绿釉胎底，有小部分脱落现象。轮制。口径14.3厘米，底径10厘米，通高6.5厘米（图5.2-1，12）。

瓷钵　可复原的37件。选取12件标本进行介绍。2003YJET1BK④B：9，残。青绿色，口微敛，圆唇，外束口，腹壁斜收到底，矮圈足，内满釉，外上半饰釉，口沿外饰凹弦纹一道，内底饰细弦纹。轮制。口径17厘米，通高6厘米，底径10.5厘米（图5.2-2，1）。2001YJKT0812③：5，黄白粗胎，青绿色釉略泛黄，器壁上半部施釉，敛口，圆唇，弧腹，平底，内壁底部饰由弦纹、蛛网纹组成的几何图形，口径15.3厘米，底径10.5厘米，通高6.9厘米（图5.2-2，2）。2001YJKT0917③：9，豆绿色釉，敛口，圆唇微外侈，弧腹，平底，内壁施全釉，外壁近底处不施釉，内侧底部饰由弦纹、蛛网纹组成的几何图形，口径17厘米，底径11.8厘米，通高7.2厘米（图5.2-2，3）。2001YJKT0917③：8，灰绿色釉，敛口，圆唇微外侈，弧腹，平底，内壁施金釉，外壁近底处不施釉，内侧底部饰太阳图案，口径17.6厘米，底径12.6厘米，通高6厘米（图5.2-2，4）。2003YJET2⑤：20，残。绿色，敛口，圆唇，深腹，外弧斜收，平底内部印有数道凹弦纹，口沿外侧饰凹弦纹一道。轮制。口径17.5厘米，底径11厘米，通高5.2厘米（图5.2-2，5）。2004YJET0411⑤：8，口微敛，壁微弧，平底，通体施绿釉，轮制。口径16.8厘米，底径10厘米，高5.5厘米（图5.2-2，6）。2004YJET0412⑤：8，口微敛，弧壁，平底，施绿釉，外底不上釉，轮制。口径16厘米，底径11厘米，高5.5厘米（图5.2-2，7）。2003YJET2⑤：23，残。灰白色，敛口，圆唇，深腹，外弧斜，平底，底部有数条弦纹。轮制。口径13.8厘米，底径10.7厘米，通高5.5厘米（图5.2-2，8）。2003YJET2⑤：24，残。黄釉，敛口，圆唇，深腹，外弧斜，平底。轮制。口径16厘米，底径10.4厘米，通高5.2厘米（图5.2-2，9）。2001YJKT0916③：14，酱绿色釉，敛口，圆唇，唇外侧饰一周弦纹，弧腹，平底，外侧近底处不施釉，器身腹部饰压细密的网格纹，口径20厘米，底径12.4厘米，通高9厘米（图5.2-2，10）。2003YJET2⑤：21，残。绿色，敛口，圆唇，深腹，外弧斜收，平底印有凹弦纹，口沿外侧饰凹弦纹。轮制。口径17.3厘米，底径10.5厘米，通高5.6厘米（图5.2-2，11）。2002YJAT0708③：7，灰黄胎，表施绿釉，底不施釉，釉多已脱落，沿外侧饰一周凹弦纹。口径16.8厘米，底径10.8厘米，高6.4厘米（图5.2-2，12；图版一六，3）。

瓷罐　4件。2000YJCT1202②：1，直口，直颈。口沿下饰一周浅凹弦纹，溜肩，弧腹，平底，肩一道凸起弦纹，对称四个横桥耳，腹部刻划斜方格纹，施青釉至腹下，轮制。口径9厘米，腹径15厘米，底径11.2厘米，高11厘米（图5.2-3，1）。2004YJET0412⑤：7，直口，鼓腹，平底，施绿釉，外底未上釉，轮制。口径5.8厘米，最大腹径10.8厘米，底径4.8厘米，高6.9厘米（图5.2-3，2）。2001YJKT0608③：5，青绿色釉，敛口，重唇，小口束颈，弧腹，大平底，肩部对饰一双小桥状耳，耳间饰四道凹弦纹，颈下饰一周波浪纹，腹部饰细密的网格纹，近底未施釉，口径8.8厘米，底径14厘米，腹径16.5厘米，通高11.7厘米（图5.2-3，4）。2000YJCT1202②：2，直口，直颈，溜肩，收腹，平底，肩部饰一周浅凹弦纹，对称四个横桥

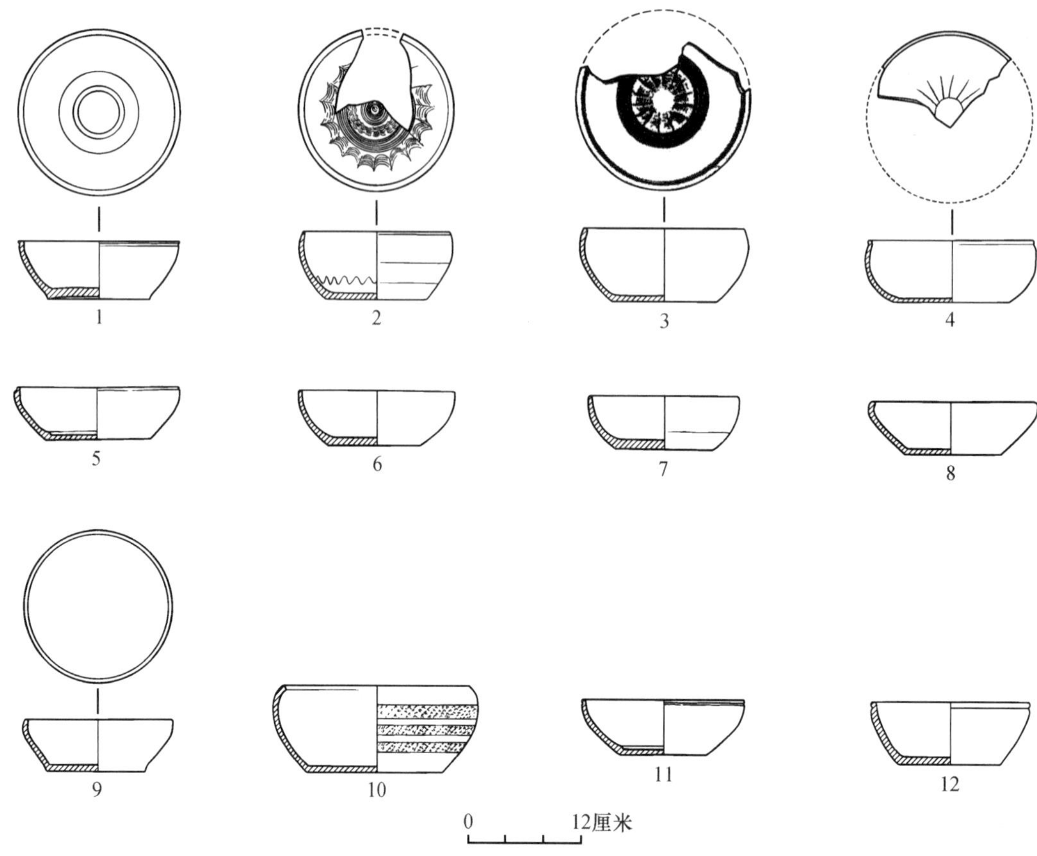

图5.2-2　六朝地层中出土的瓷钵

1. 2003YJET1BK④B：9　2. 2001YJKT0812③：5　3. 2001YJKT0917③：9　4. 2001YJKT0917③：8　5. 2003YJET2⑤：20　6. 2004YJET0411⑤：8　7. 2004YJET0412⑤：8　8. 2003YJET2⑤：23　9. 2003YJET2⑤：24　10. 2001YJKT0916③：14　11. 2003YJET2⑤：21　12. 2002YJAT0708③：7

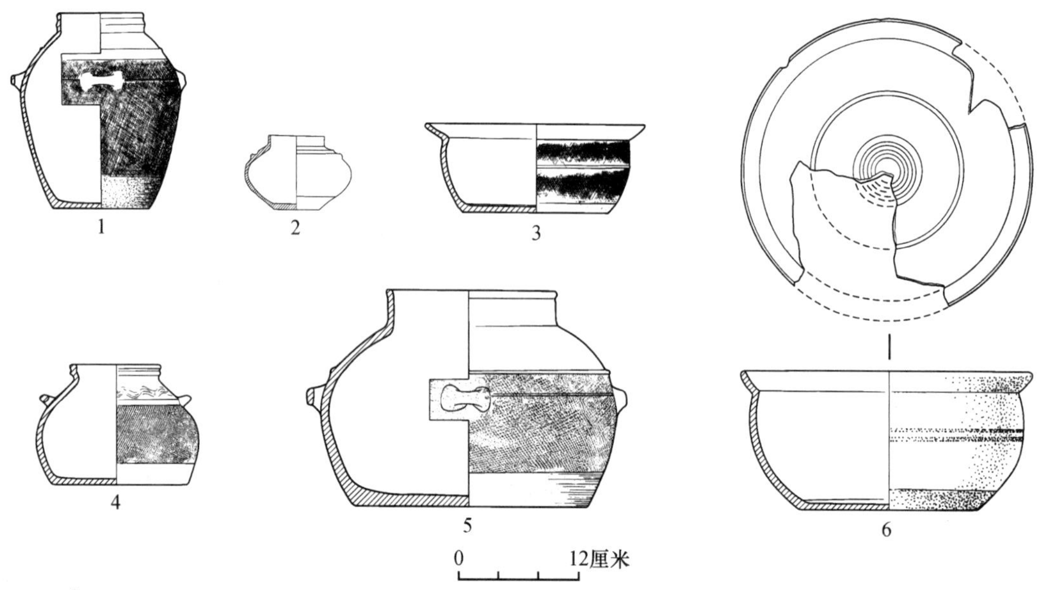

图5.2-3　六朝地层中出土的瓷盆和瓷罐

1、2、4、5. 瓷罐（2000YJCT1202②：1、2004YJET0412⑤：7、2001YJKT0608③：5、2000YJCT1202②：2）
3、6. 瓷盆（2004YJET0408⑤：20、2001YJKT0513③：2）

耳，腹部刻划斜方格纹，施半釉，灰白胎，轮制。口径9厘米，腹径16厘米，底径10厘米，高19厘米（图5.2-3，5）。

瓷盆　2件。2004YJET0408⑤：20，侈口，圆唇，深腹，外弧上部施釉，外平底，内底微凹。器表饰网格纹，腹中部有几道弦纹，轮制。口径22.5厘米，底径15.4厘米，高8.4厘米（图5.2-3，3）。2001YJKT0513③：2，青绿色釉，圆唇，盘形口，弧腹，平底，腹部饰二周凹弦纹，内侧底部饰均等分的7个同心圆，外壁近底部不施釉，饰数道细密的弦纹，口径29厘米，底径17.5厘米，通高12.6厘米（图5.2-3，6；图版一六，6）。

瓷器盖　4件。依其形状可分二型。

A型　1件。宝盖形，微侈口。2005YJBT1200③：2，灰白胎，表面原施灰绿色釉。尖圆唇，弧顶，顶上有柱形纽。口径11.2厘米，高4.6厘米（图5.2-4，4）。

B型　3件。整体形状略呈梯形，子母口。2005YJBT1000③：2，尖唇，平顶。外缘及纽附近饰一道凹弦纹。口径6厘米，沿径9厘米，残高1.4厘米（图5.2-4，1）。2005YJBT1000③：8，灰白胎，外壁残留灰绿色釉。尖圆唇，平顶，顶上有纽，已残。口径5厘米，沿径8.6厘米，残高1.8厘米（图5.2-4，2）。2005YJBT0903③：3，灰白胎，外壁施釉，釉质全已脱落。尖圆唇，平顶，顶上有一个桥形纽。口径8.8厘米，沿径12.6厘米，高2.6厘米，纽高1厘米（图5.2-4，3）。

瓷盘　3件。形制相同。2003YJST1⑤：27，残。灰白色，敞口，圆唇，直腹，平底，

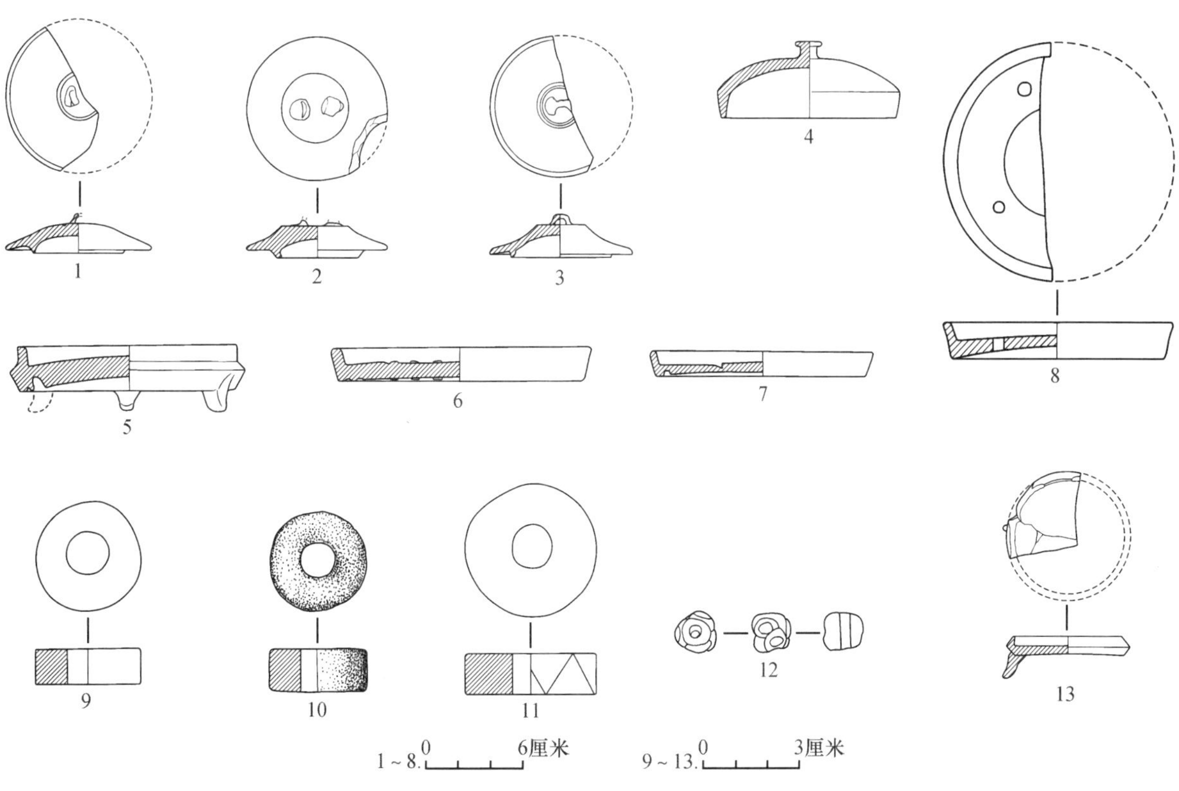

图5.2-4　六朝地层中出土的其他瓷器

1～4. 瓷器盖（2005YJBT1000③：2、2005YJBT1000③：8、2005YJBT0903③：3、2005YJBT1200③：2）　5、13. 瓷三足盘（2003YJET3K2⑤：19、2005YJBT0904③：2）　6～8. 瓷盘（2003YJST1⑤：27、2003YJET2⑤：22、2005YJBT0905③：5）　9～11. 瓷环（2004YJET0512⑤：13、2004YJST0805③：4、2005YJBT1100③：4）　12. 瓷珠（2001YJKT0917③：17）

盘底内外侧饰凹弦纹。轮制。口径16厘米，底径15.1厘米，高1.9厘米（图5.2-4，6）。2003YJET2⑤：22，残。灰白色，敞口，圆唇，浅盘，盘底部印凹形弦纹，盘口至底向上凸起。轮制。口径13.8厘米，底径13.2厘米，通高1.6厘米（图5.2-4，7）。2005YJBT0905③：5，灰白胎，通体施浅绿色釉。尖圆唇，侈口，浅腹，底内凹。在外底边缘有一圈凹槽。口径14.2厘米，底径13.4厘米，高2厘米（图5.2-4，8）。

瓷三足盘　2件。2003YJET3K2⑤：19，残。灰白色，直口，圆唇，外折腰，收底，三个楔形足，盘底饰凹形纹。轮制。通高3.5厘米，口径13.4厘米，腰径14.2厘米（图5.2-4，5）。2005YJBT0904③：2，灰白胎，表面施浅绿色釉。尖圆唇，微敛口，蹄形足。盘底边缘有两圈很小的凹槽。口径13.2厘米，高4.6厘米（图5.2-4，13）。

瓷环　3件。2004YJET0512⑤：13，圆环形，灰白色胎，青绿色釉，轮制。外径3.2厘米，内径1.3厘米，厚1厘米（图5.2-4，9）。2004YJST0805③：4，圆柱状，中部有孔，表面施绿釉，侧壁有斜浅分布的戳点，轮制。直径3厘米，孔径1厘米，高1.2厘米（图5.2-4，10）。2005YJBT1100③：4，灰白胎，釉质已脱落。在其外壁饰一圈锯齿纹。外径4厘米，内径1.4厘米，高1.2厘米（图5.2-4，11）。

瓷珠　1件。2001YJKT0917③：17，土黄色釉，圆珠状，中有对穿圆孔，直径1.2厘米，通高1.2厘米（图5.2-4，12）。

2. 陶器

六朝地层中出土的陶器数量也较多，陶容器主要以陶罐和陶钵（碗）为主，还有陶盆、陶仓、陶瓮、陶豆、陶盘等，另外还有数量陶纺轮和陶网坠。

陶罐　可复原32件，按照底部特征可以分为圜底、平底和凹底三类。

陶圜底罐　19件。下择较完整器加以描述。2001KT0915③：2-1，罐上覆盖碗，直口，平折沿，圆唇，低颈，折腹，圜底。口外径12.6厘米，内径9.4厘米，腹径21.5厘米，高13厘米（图5.2-5，1）。2001KT0814③：5-1，罐上覆盖碗，敞口，折沿，尖唇，低颈，圆弧折腹，环底，折腹之上饰三周宽带凸弦纹上拍印细篮纹，折腹下环底均饰绳纹，口径10厘米，颈高1.3厘米，腹径25厘米，高14.5厘米（图5.2-5，2）。2001KT0915③：2-2，罐上覆盖碗，直口，平折沿，圆唇，低颈，折腹，圜底，腹部饰细绳纹，底部绳纹交错。口外径11.4厘米，肩径17.8厘米，高9.5厘米（图5.2-5，3）。2002YJAT0602③：14，泥质青灰陶。直口，圆唇，折沿，低领，折腹，下腹至底饰细绳纹。口外径13.5厘米，口内径10厘米，腹径22.5厘米，高14厘米（图5.2-5，4）。2001YJKT0916③：41，敞口，平折沿，圆唇，低颈，折肩弧圆，圜底，折肩三上饰一周凹弦纹，三下饰一周凹弦纹，腹底饰细绳纹。口内径10.5厘米，口外径13.9厘米，腹径21.5厘米，高15厘米（图5.2-5，5）。2001YJKT0814③：3-2，灰色泥质陶，轮制，直口，尖唇，平折沿，短颈，斜肩，弧腹，圜底略平，下腹部及底部饰细绳纹。口径9.6厘米，腹径17厘米，通高10.8厘米（图5.2-5，6）。2000YJCT1403②：7，夹砂灰陶，平折圆唇，束颈，一道凹弦纹，斜肩，弧腹，圜底罐，腹压印绳纹，器表平行擦痕不流畅可能是慢轮制成，口沿烧变形。口径9厘米，腹径18厘米，高13厘米（图5.2-5，7）。2001YJKT0815③：16，

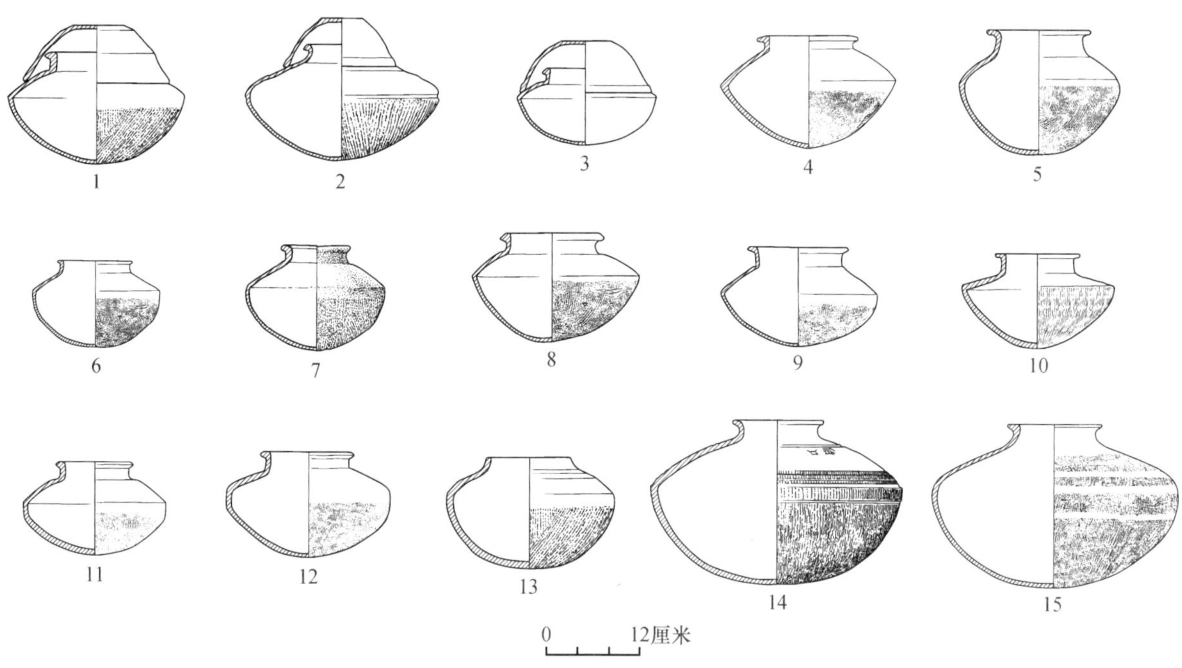

图5.2-5　六朝地层出土的陶圜底罐

1. 2001KT0915③：2-1　2. 2001KT0814③：5-1　3. 2001KT0915③：2-2　4. 2002YJAT0602③：14　5. 2001YJKT0916③：41　6. 2001YJKT0814③：3-2　7. 2000YJCT1403②：7　8. 2001YJKT0815③：16　9. 2001YJKT0815③：4-2　10. 2001YJKT0916③：28　11. 2001YJKT0608③：6　12. 2001YJKT0509③：7　13. 2001YJKT0917③：15　14. 2003YJET1⑤：22　15. 2002YJAT0608③：11

盘形口，束颈，溜肩，圜底，腹以下饰绳纹。口径13.2厘米，腹径21.8厘米，高13.8厘米（图5.2-5，8）。2001YJKT0815③：4-2，尖唇，直口，平折沿，短颈，斜肩，圜底，器身下部饰细绳纹。口径13.2厘米，腹径21厘米，高12.4厘米（图5.2-5，9）。2001YJKT0916③：28，直口，平沿，圆唇，短颈，广肩，最大腹部在肩部，从肩部急收到底形成圜底。折腹以下饰绳纹，口径11厘米，高12厘米（图5.2-5，10）。2001YJKT0608③：6，尖唇，宽平折沿，短束颈，折肩，弧腹，圜底，颈肩接口处制一周凹弦纹，腹压印绳纹。口径10.7厘米，腹18.4厘米，高11.7厘米（图5.2-5，11）。2001YJKT0509③：7，圆唇，直口，圜底，腹压印绳纹。口径12厘米，腹径22厘米，高13.2厘米（图5.2-5，12）。2001YJKT0917③：15，短颈，鼓腹，圜底，口残。口径11厘米，底径21.7厘米，高14厘米（图5.2-5，13）。2003YJET1⑤：22，完整。其上原倒扣一碗，为盖，灰色，敞口，圆唇，束颈，溜肩，球形腹，圜底，肩上弦断绳纹，刻有“伯□”二字，肩下通体绳纹。轮制。口径11.9厘米，腹径32.3厘米，通高20.4厘米（图5.2-5，14）。2002YJAT0608③：11，泥质灰陶，侈口，圆唇，平折沿，低领，折腹处缓圆，腹中部饰四周弦断绳纹，下腹和环底饰细绳纹。口外径12厘米，口内径9.2厘米，最大腹径34厘米，高20.5厘米（图5.2-5，15）。

陶平底罐　9件。2001YJKT0815③：7-1，灰色泥质陶，轮制，侈口，尖唇，平折沿，束颈，广肩，折腹，小平底微内凹，口径10.8厘米，底径6.8厘米，腹径15.6厘米，通高8.4厘米（图5.2-6，1）。2001YJKT0915③：7，尖圆唇，平折，直口，斜广肩，斜腹下部内折，底介于圜底与平底之间，器身上2/3轮制光滑，下1/3手制粗糙。口径11.2厘米，腹径17厘米，高10

厘米（图5.2-6，2）。2000YJCT1403②：12，夹砂灰陶，卷沿，束颈，颈下、肩部各饰一道凹弦纹，凹纹之间饰一周刻划倒正三角形，鼓腹扁圆罐，平底，火候较低，从陶器上平行擦痕不太流畅推测陶轮转速不高，慢轮制成。口10厘米，底8.2厘米，高12厘米（图5.2-6，3）。2005YJBT1201③：1，直口罐。泥质灰陶，方唇，圆肩，斜腹，平底。肩及上腹先饰以绳纹，然后再以数周抹痕将其断开。口径15.4厘米，最大腹径22厘米，底径9.6厘米，通高16厘米（图5.2-6，4）。2001YJKT0916③：8，灰黑色泥质陶，轮制，直口，尖圆唇，沿平折微外卷，短颈，鼓腹，小平底上腹部饰一周凹弦纹，器形规整，口径8.5厘米，底径6厘米，通高10厘米（图5.2-6，5；图版二〇，5）。2001YJKT0815③：15，上扣一碗，直口，小折沿，尖唇，折肩，平底，口径10.9厘米，底径6.7厘米，高8.5厘米（图5.2-6，6）。2001YJKT0615③：6，盘形口，束颈，鼓腹，平底。肩部饰三道凹弦纹，口径13.6厘米，腹径21厘米，高15.5厘米，底径7.5厘米（图5.2-6，7）。2001KT0614③：2，灰色泥质陶，直口，方唇，平折沿，斜颈，球形腹，小底微内凹，肩及中腹部饰三周凹弦纹，口径13厘米，底径6厘米，腹径21厘米，通高15.7厘米（图5.2-6，8）。2001YJKT0814③：11，方唇，宽平外折沿，口微侈，束颈，弧腹，底微弧，颈肩接口处饰一周弦纹，肩饰一周弦纹。口径12.2厘米，底径8厘米，高16厘米，腹径20.2厘米（图5.2-6，9）。

陶凹底罐　4件。2001YJKT0614③：1，灰色泥陶，轮制，直口，尖唇微外卷，束颈，球形腹，小底内凹，肩部饰三周凹弦纹，下腹部及底部饰细绳纹，口径14.2厘米，底径6厘米，腹径20.5厘米，通高16厘米（图5.2-7，1）。2001YJKT0613③：4，灰色泥质陶，直口，

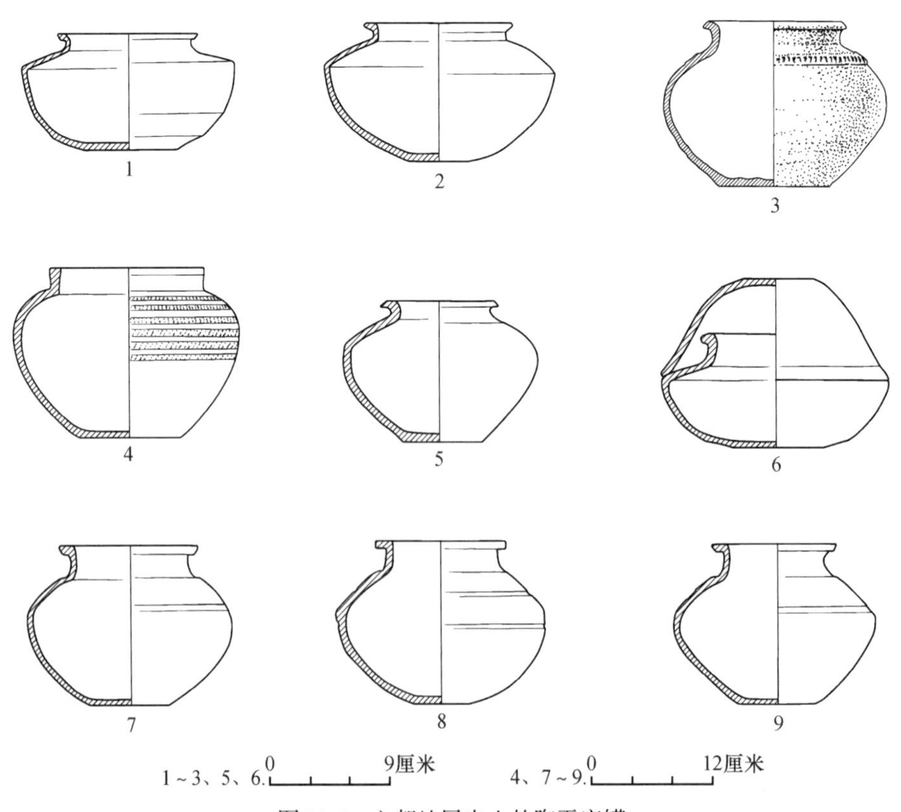

图5.2-6　六朝地层出土的陶平底罐

1. 2001YJKT0815③：7-1　2. 2001YJKT0915③：7　3. 2000YJCT1403②：12　4. 2005YJBT1201③：1　5. 2001YJKT0916③：8　6. 2001YJKT0815③：15　7. 2001YJKT0615③：6　8. 2001YJKT0614③：2　9. 2001YJKT0814③：11

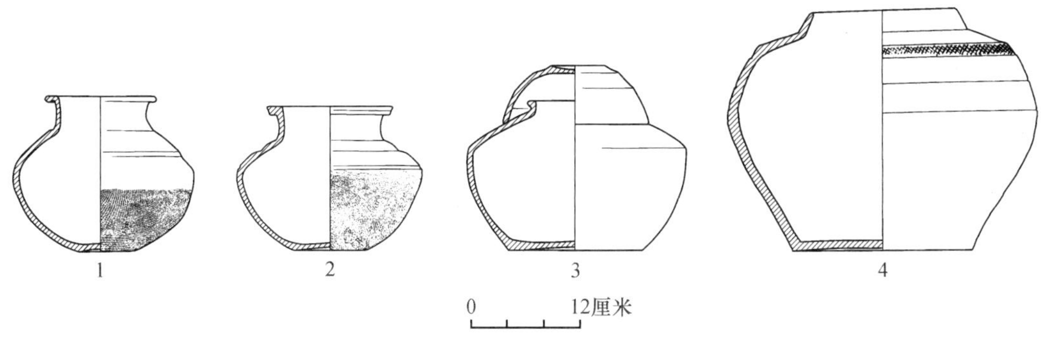

图5.2-7　六朝地层出土的陶凹底罐

1. 2001YJKT0614③：1　2. 2001YJKT0613③：4　3. 2001YJKT0508③：1　4. 2000YJET1110⑤：10

尖唇，大平折沿，短直颈，斜肩，腹微外弧，小底微凹，肩部饰二周凹弦纹，肩以下腹部及底部饰绳纹，口径13.8厘米，底径6厘米，腹径21.2厘米，通高15.4厘米（图5.2-7，2）。2001YJKT0508③：1，黑灰色泥质陶，轮制，直口，圆唇略外翻，短颈，广肩，斜腹略外弧，大平底微内凹。口径10.6厘米，底径15厘米，腹径24.6厘米，通高15.8厘米（图5.2-7，3；图版二一，1）。2000YJET1110⑤：10，完整，细砂黑陶，圆唇，斜颈，敛口，斜肩，鼓腹，平底，肩下一周压印斜方格纹，器表凹凸不平抹光，部分表面因火候不均出现灰色。轮制，口径16厘米，腹径35.5厘米，底径20厘米，高26厘米（图5.2-7，4）。

陶钵（碗）　共出土可复原51件，此类器物多与陶罐、陶仓组合出土（大多用于器盖）器形间差异较大，按照口部特征可以分为敛口和敞口二型，以下选取其中典型标本进行介绍。

A型　敛口，17件。下择较完整器加以描述。2001KT0813③：1，口稍敛，方唇，斜腹，平底。口径18.4厘米，底径12.5厘米，高5.8厘米（图5.2-8，1）。2001YJST0706③：10，灰陶，侈口，弧腹，假圈足。素面，轮制。直径21厘米，宽9.6厘米，高8厘米（图5.2-8，2）。2003YJET3⑤：8，对钵，残。灰色，上下对钵，皆为敛口，尖唇，深腹，平底，口沿外侧饰凹弦纹。轮制。上口径18.2厘米，底径8厘米，通高8厘米（图5.2-8，3）。2003YJET3⑤：22，残。灰褐色，敛口，圆唇，鼓腹外弧斜收，平底，口沿外饰凹弦纹，底部饰凹弦纹。轮制。口径22厘米，底径14.5厘米，通高6.2厘米（图5.2-8，4）。2000YJET1110⑤：9，完整，细砂黑陶，圆唇，敛口，弧腹下折收，假圈足，灰胎表面黑色，内碗心戳印正方形，火候较高，表面磨光，器形规整。轮制，口径21厘米，底径9厘米（图5.2-8，5）。

B型　敞口，34件。2002YJAT0703③：6，泥质灰陶，器表遗有轮痕，平底，沿内侧加厚。口径19厘米，底径6.6厘米，高6.2厘米（图5.2-8，6）。2000YJCT1403②：11，泥质灰陶，敞口，圆唇下饰一道弦纹，斜弧腹，腹较深，平底。口径17厘米，高7厘米，底径5.6厘米（图5.2-8，7）。2000YJCT1403②：1，夹砂灰陶，敞口，斜壁，折腹，小平底，轮制。口径16.6厘米，高5.8厘米，底径5.2厘米，厚0.4～0.6厘米（图5.2-8，8）。2000YJCT1403②：10，夹砂灰陶，敞口，圆唇下饰一道弦纹，斜弧腹，较深平底。口径17.4厘米，高6.8厘米（图5.2-8，9）。2003YJET1⑤：42，完整。灰色，圆唇，敞口，斜腹，小平底，出土时倒扣二球形罐上，素面。轮制。口径16.8厘米，底径6.2厘米，通高6.5厘米（图5.2-8，10）。2004YJST0605③：4，敞口，唇微凸，平底，素面，轮制。口径17.5厘米，底径6.5厘米，高6.6

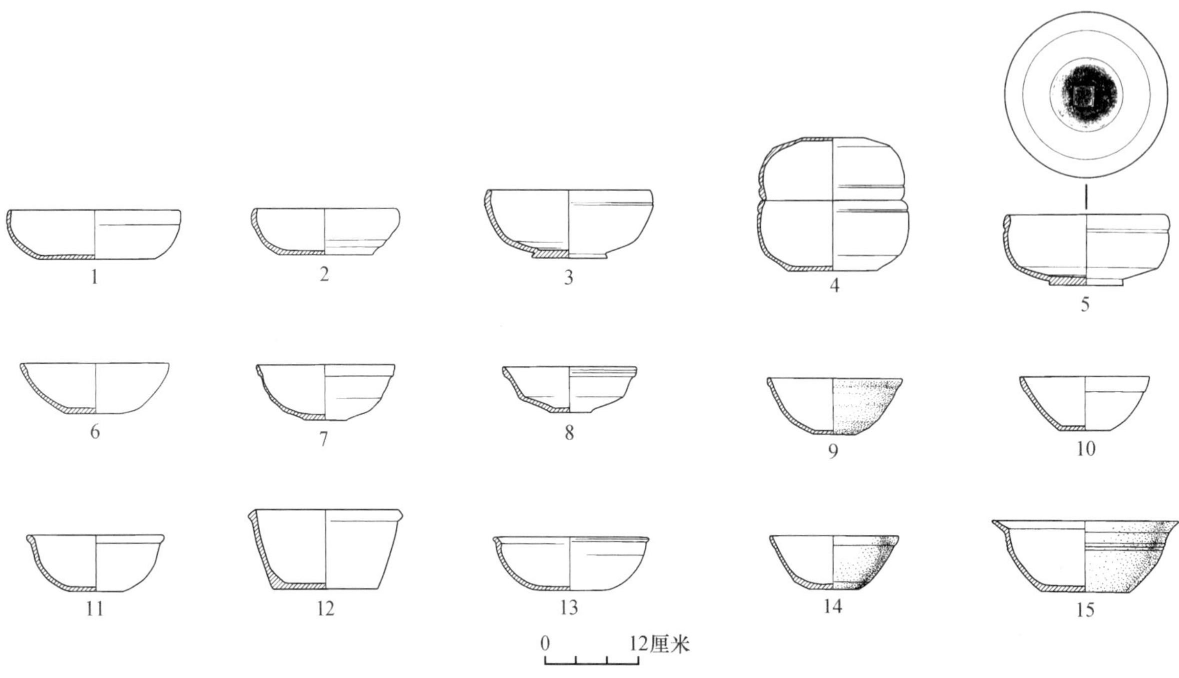

图5.2-8　六朝地层中出土的陶钵（碗）

1～5. A型（2001YJKT0813③：1、2001ST0706③：10、2003YJET3⑤：8、2003YJET3⑤：22、2000YJET1110⑤：9）
6～15. B型（2002YJAT0703③：6、2000YJCT1403②：11、2000YJCT1403②：1、2000YJCT1403②：10、2003YJET1⑤：42、2004YJST0605③：4、2001YJKT0916③：31、2001YJKT0812③：6、2001YJET1110⑤：12、2001YJET1110⑤：11）

厘米（图5.2-8，11）。2001YJKT0916③：31，灰色泥质陶，轮制，敞口，圆唇，外凸，斜直腹，平底，口径20厘米，底径14厘米，通高10厘米（图5.2-8，12）。2001YJKT0812③：6，侈口，内圆唇，弧腹，平底。口径20厘米，底径10.5厘米，高6.6厘米（图5.2-8，13）。2001YJET1110⑤：12，完整，泥质灰陶，尖唇，敞口，深弧腹，平底外唇加厚。素面，轮制，口径16.6厘米，底6.5厘米，高6.7厘米（图5.2-8，14）。2001YJET1110⑤：11，完整，泥质黑陶，仰折沿，深弧腹，底微凹，腹部三道轮制弦纹。轮制，外径23.2厘米，内径18.4厘米，底径10.5厘米，高9厘米（图5.2-8，15）。

陶盆　12件。依据腹的深浅分为二型。

A型　桶腹，3件。2001YJKT0915③：4，方唇，折沿，略呈盘形口，上腹部略外弧，下腹基本斜直，大平底，器身上部有三道凹弦纹，中间饰小网纹。内径28厘米，腹径16.8厘米，高22.8厘米（图5.2-9，1）。2001YJKT0915③：3，灰褐色泥质陶，轮制，方唇，折沿，微呈盘口，上腹陡直1/3处向下内收，大平底，器身上部有三道凹弦纹，其间饰细密的小网格纹。下腹部纵向饰不规则凹条纹，口径28厘米，底径16厘米，通高23厘米（图5.2-9，2）。2001YJKT0608③：2，灰色泥质陶，轮制，直口，方唇，斜直腹，大平底微内凹，器身饰三道凹弦纹，口径24厘米，底径15.8厘米，通高17.8厘米（图5.2-9，3）。

B型　深腹，9件。2004YJET0613⑤：8，灰色，截面为弧边梯形，口沿饰三道弦纹。轮制。口径36厘米，底径20厘米，高21厘米（图5.2-9，4）。2004YJST0805③：3，红陶，直口，口沿外侧加厚一层，并修出三道弦纹，平底。口径35厘米，底径22厘米，高18厘

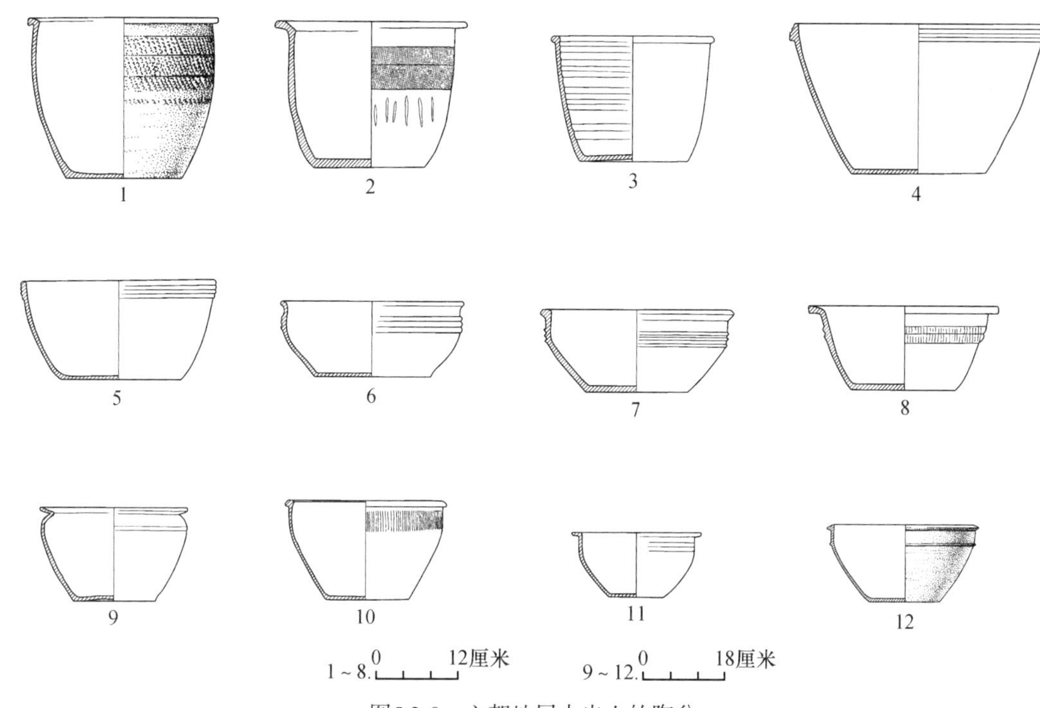

图5.2-9　六朝地层中出土的陶盆

1～3. A型（2001YJKT0915③：4、2001YJKT0915③：3、2001YJKT0608③：2）　4～12. B型（2004YJET0613⑤：8、2004YJST0805③：3、2003YJET3⑤：4、2001YJKT0917③：5、2001YJKT0916③：36、2001YJKT0917③：11、2004YJET0613⑤：12、2001YJKT0916③：37、2001YJST0706③：12）

米（图5.2-9，5）。2003YJET3⑤：4，残。灰色，敞口，圆唇，深腹，外弧斜收，口沿下翻，腹部凹弦纹。轮制。口径26.5厘米，底径16.5厘米，通高10.5厘米（图5.2-9，6）。2001YJKT0917③：5，灰色泥质陶，轮制，直口，尖圆唇外凸，上腹部陡直1/3处向下急内收，平底，沿下饰三道凸棱，口径28.4厘米，底径15厘米，通高11.5厘米（图5.2-9，7）。2001YJKT0916③：36，灰色泥质陶，轮制，敞口，方唇，平折沿，斜直腹微外弧，近底部缓收，平底，上腹部饰二周凸起的纵向细绳纹，口径28厘米，底径16厘米，通高12厘米（图5.2-9，8）。2001YJKT0917③：11，灰色泥质陶，轮制，盘形口，方圆唇，束颈，短肩，弧形腹，平底微内凹，上腹部饰二周凹弦纹，周身饰细密的网格纹，口径32.5厘米，底径18厘米，通高20厘米（图5.2-9，9）。2004YJET0613⑤：12，灰陶，卷沿，圆唇，敛口，斜直腹，口沿下有细线刻划纹。轮制。口径31厘米，底径17.5厘米，高21厘米（图5.2-9，10）。2001YJKT0916③：37，灰色泥质陶，轮制，直口微侈，尖圆唇，平折沿，上腹部陡直，1/3处向下急内收，小平底，口沿下饰三道弦纹，口径18厘米，底径12厘米，通高13厘米（图5.2-9，11）。2001YJST0706③：12，灰陶，敞口，折沿，腹弧近底，平底。素面，轮制。直径32.6厘米，底径15.2厘米，高15.5厘米（图5.2-9，12）。

陶仓　6件。2001YJKT0814③：4，灰色泥质陶，轮制，方唇，子母口，耸肩，腹壁微外弧，深腹，平底，器身上部饰三周凹弦纹，口径9.6厘米，底径10.5厘米，通高14.4厘米（图5.2-10，1）。2001YJKT0815③：9，灰色泥质陶，轮制，尖唇外侈，子母口，耸肩，筒形腹，下腹内收，小平底饼形足，上腹部饰一周凹弦纹，整个器形短粗，口径8.6厘米，底径5.7厘

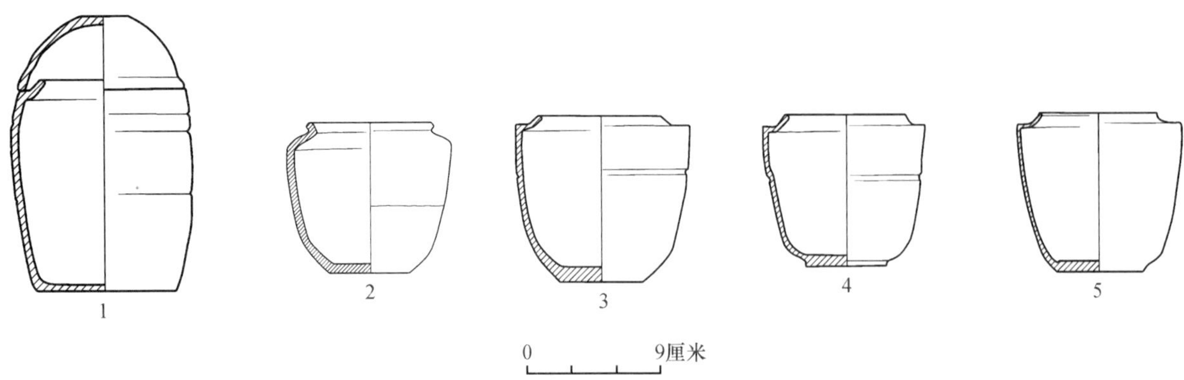

图5.2-10　六朝地层中出土的陶仓

1. 2001YJKT0814③：4　2. 2001YJKT0815③：9　3. 2001YJKT0815③：10　4. 2001YJKT0915③：5　5. 2001YJKT0915③：6

米，通高9.8厘米（图5.2-10，2）。2001YJKT0815③：10，尖唇外侈，敛口，有肩呈细口，桶形腹，小平底，略呈假圈足，上腹部有一周凹弦纹。口径8.6厘米，底径8.9厘米，高10.8厘米（图5.2-10，3）。2001YJKT0915③：5，尖唇，子母口，广肩，腹壁较直与相接处向内急收，假圈足，器身饰两道凹陷纹。口径8.4厘米，底径5.8厘米，高10厘米（图5.2-10，4；图版二〇，2）。2001YJKT0915③：6，尖唇外侈，敛口，小平底，器身呈筒形，广肩。口径8.2厘米，底径5.9厘米，高10.4厘米（图5.2-10，5）。

陶瓮　4件。2001YJKT0509③：6，灰色泥质陶，轮制，侈口，尖唇，短颈，斜肩，折腹，大平底，上腹及肩部饰七道组合绳纹，下半部饰细绳纹，口径19.3厘米，底径20.5厘米，腹径35厘米，通高26厘米（图5.2-11，1）。2001YJKT0615③：4，灰黑色泥质陶，轮制，直口，方唇，平折沿，短颈，鼓腹，小平底内凹，周身饰细绳纹，口径18.8厘米，底径12厘米，腹径39厘米，通高31厘米（图5.2-11，2）。2001YJKT0521③：1，灰色泥质陶，敛口，尖唇，外卷与肩贴附，短肩，筒形腹，环底，肩下及近底处饰三道泥条附加堆纹，周身饰多道组合细绳纹，口径39厘米，底径54厘米，通高59.6厘米（图5.2-11，3；图版二〇，4）。2001YJKT0613③：6，灰色泥质陶，轮制，敛口，尖唇外卷，短肩，下垂腹，腹最大径处接大环底，器身肩下及接底处饰三道泥条附加椎纹，除肩外，周身饰满多道组合细绳纹，口径30厘米，底径56厘米，通高60厘米（图5.2-11，4；图版二〇，3）。

陶豆　5件。2001YJKT0917③：18，灰色泥质陶，轮制，浅盘状豆盘，敞口，圆唇，弧腹，高圈足，喇叭口形底座，口径12.8厘米，底径7.2厘米，通高10厘米（图5.2-12，1）。2000YJCT1609②：2，泥质灰褐陶，盘口，柱把形，圈足，轮制。口径12.5厘米，底径7.5厘米，高9.2～9.8厘米（图5.2-12，2）。2000YJCT1608②：1，泥质黑陶，盘口，柱把形，圈足。素面，轮制。口径14厘米，高7.8厘米，底径13.5厘米，肩径12厘米（图5.2-12，3）。2000YJCT1609②：4，泥质灰褐陶，盘口，柱把形，圈足，轮制。口径14厘米，底径8.2厘米，通高11～16厘米（图5.2-12，4）。2000YJKT0615③：4-1，黑灰色泥质陶，轮制，形状近似倒置的矮圈足豆，口径17.8厘米，底径7.7厘米，通高7.6厘米。

陶釜　1件。2005YJBT1106③：1，泥质红陶，尖唇，直领，斜肩，下腹折收，略呈圜底状，但底部较尖。其口沿内侧有一圈小凹槽，腹部及圜底饰以较粗的绳纹。口径24.6厘米，最

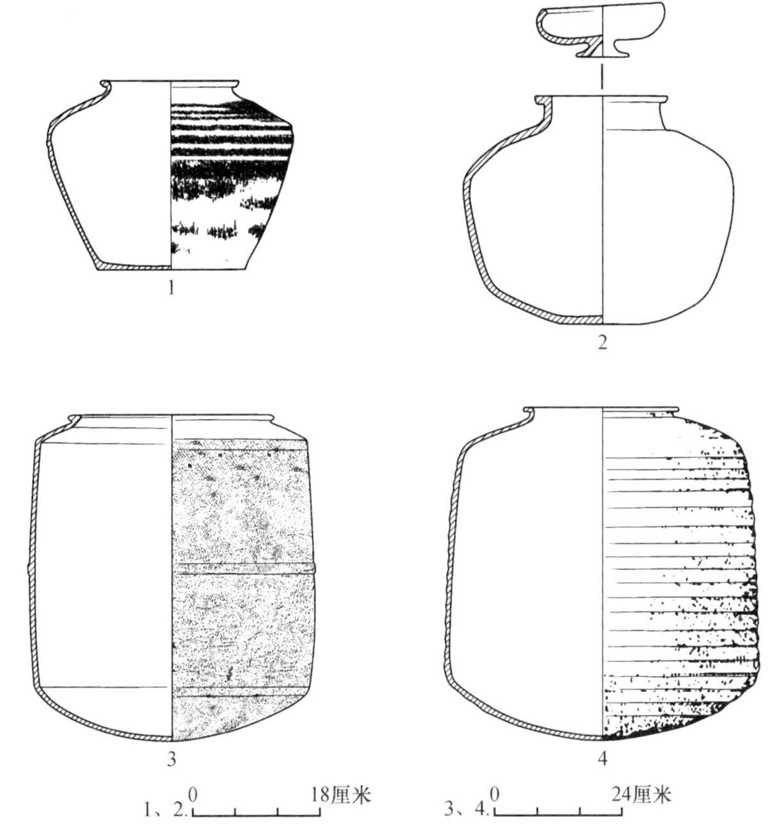

图5.2-11　六朝地层中出土的陶瓮

1. 2001YJKT0509③：6　2. 2001YJKT0615③：4　3. 2001YJKT0512③：1　4. 2001YJKT0613③：6

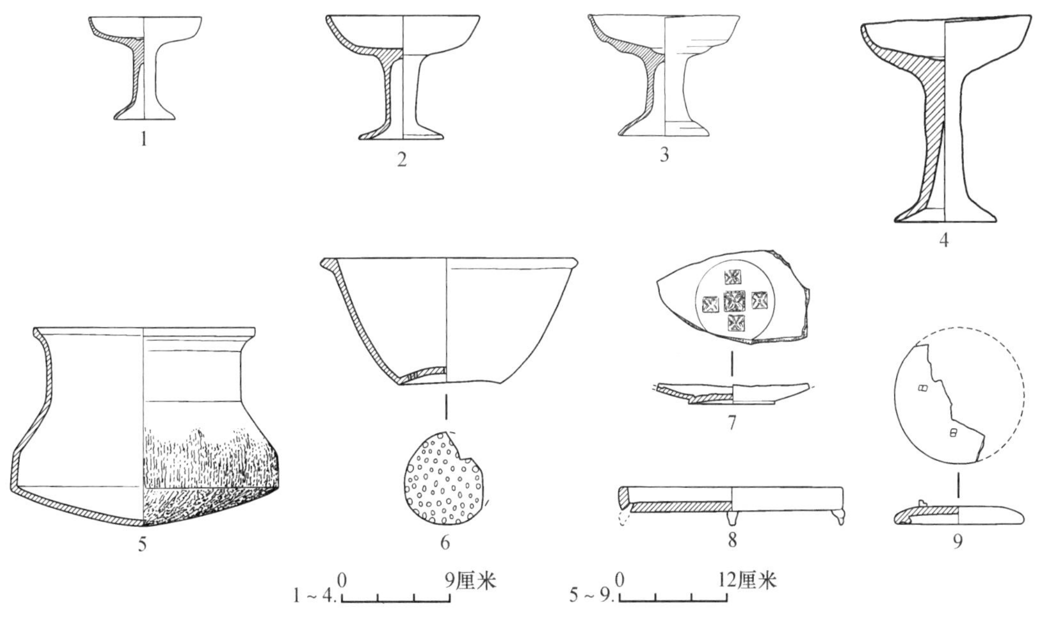

图5.2-12　六朝地层中出土的其他陶容器

1～4. 陶豆（2001YJKT0917③：18、2000YJCT1609②：2、2000YJCT1608②：1、2000YJCT1609②：4）

5. 陶釜（2005YJBT1106③：1）　6. 陶盆形甑（2001YJKT0816③：1）　7、8. 陶盘（2003YJET3⑤：21、2003YJST1⑤：28）

9. 陶器盖（2005YJBT0803③：3）

大腹径29.6厘米，通高21.4厘米（图5.2-12，5）。

陶盆形甑　1件。2001YJKT0816③：1，灰色泥质陶，轮制，直口，尖圆唇外折，斜弧腹，凹底，底部贯穿有数十小孔，素面。口径28.8厘米，底径11.2厘米，通高13.6厘米（图5.2-12，6）。

陶盘　2件。2003YJST1⑤：28，残。灰褐色，直口，方唇，略斜平底，方形口沿中间有凹槽。轮制。口径24.5厘米，底径23厘米，通高4.2厘米（图5.2-12，8）。2003YJET3⑤：21，残。黑色，凹平足，平底，一组方格内有戳印花纹。轮制。底径9.8厘米（图5.2-12，7）。

陶器盖　2件。2005YJBT0803③：3，泥质灰胎黑皮陶，圆形，顶部残存两个乳钉状纽。外径14.6厘米，内径11厘米，高1.6厘米（图5.2-12，9）。2004YJST0704③：13，红陶，顶部较平，底部内凹，素面，轮制。底径6.8厘米，顶径3.5厘米，高2.2厘米。

陶纺轮　44件。按照形状可分为算珠形和圆饼形二型。其中以算珠形纺轮为主。

A型　算珠形，34件。2000YJET1110⑤：2，完整，泥质陶黑灰陶，纺轮呈双锥状中间穿孔，边缘略残。表面有弦纹，轮制，直径4厘米，穿径0.5厘米，高2.5厘米（图5.2-13，1）。2004YJET0408⑤：6，平面圆形，中部有孔，剖面为弧边形，两个表面各饰四条凸棱形。直径3.7厘米，孔径0.5厘米，高2.7厘米（图5.2-13，2）。2000YJET1107④：2，完整，泥质灰陶，算珠形，中央穿孔。轮制，直径3厘米，高1.8厘米（图5.2-13，3）。2004YJST0804③：26，红褐陶，平面圆形，中部有孔，上下各饰三道弦纹，模制。直径4厘米，高2.5厘米（图5.2-13，4）。2001YJKT0816③：14，灰色泥质陶，轮制，正视圆形，截面呈椭圆形，边缘略尖，中心纵向有穿孔，并有铁条穿过的锈迹，两斜面各饰三道细凹弦纹，直径3.4厘米，厚2.3厘米，孔径0.3厘米（图5.2-13，5）。2004YJET0511⑤c：18，青灰陶，平面呈圆形，剖面为菱形，轮面上饰弦纹，轮制。直径2.6厘米，高1.9厘米（图5.2-13，6）。

B型　圆饼形，10件。2004YJET0410⑤：16，黄陶，圆饼形，中部有穿孔。直径3.1厘米，最大径3.9厘米，孔径0.5厘米（图5.2-13，7）。2001YJKT0917③：3，灰色泥质陶，轮制，正视圆形，截面呈长方形，器形圆饼状，中心对穿圆孔，直径3.6厘米，厚0.8厘米，孔径0.5厘米（图5.2-13，8）。2004YJET0308⑤：5，灰陶，圆饼状，中有孔。直径4.2厘米，孔径0.6厘米，高0.6厘米（图5.2-13，9）。

陶网坠　26件。2004YJST0907③：6，灰黑陶，上下两端较窄，中腰外鼓，内有一圆孔，素面，手制。通长4厘米，腰径1.2厘米，孔径0.4厘米，底径0.9厘米（图5.2-14，1）。2004YJET0712⑤c：24，青灰色，菱形，中部有穿孔。模制。残长4.4厘米，最大径2厘米，孔径0.6厘米（图5.2-14，2）。2004YJET0612⑤c：16，土黄色，梭形，有圆孔。模制。长5厘米，最大直径2厘米（图5.2-14，3）。2004YJET0611⑤c：5，深灰色，呈枣核形，表面光滑，中部有穿孔。模制。长4.8厘米，宽2厘米，孔径0.6厘米（图5.2-14，4）。2004YJET0307⑤：18，红陶，梭形，中部有柱状穿孔。长5厘米，最大径1.5厘米，孔径0.65厘米（图5.2-14，5）。2003YJET1⑤：1，完整。红褐色，椭圆形管状，上下两端较窄，中间外鼓，内有一圆孔贯通，素面。手制。长5.4厘米，腹径2.6厘米，内径0.8厘米（图5.2-14，6）。

陶范　7件。2000YJCT0901②：4，夹砂红陶，方形，一侧内凹，范外壁遍布网格

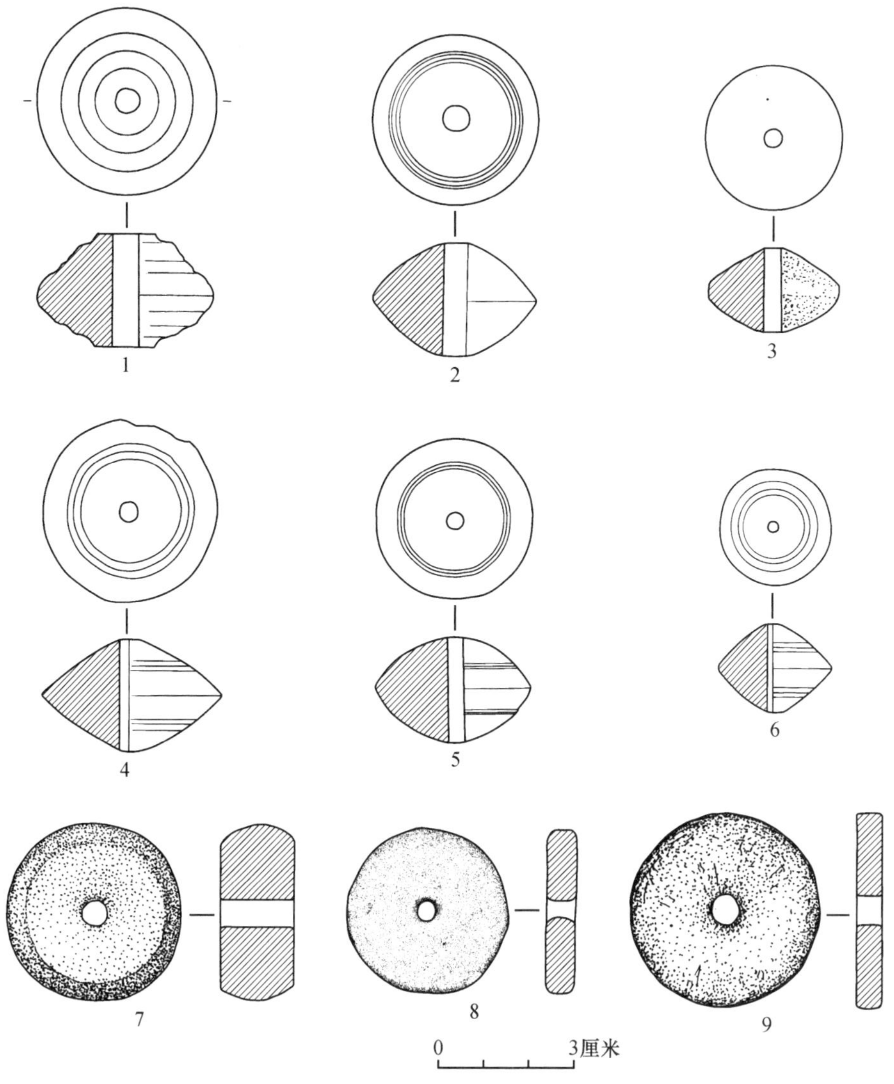

图5.2-13　六朝地层中出土的陶纺轮

1～6. A型（2000YJET1110⑤：2、2004YJET0408⑤：6、2000YJET1107④：2、2004YJST0804③：26、2001YJKT0816③：14、2004YJET0511⑤c：18）　7～9. B型（2004YJET0410⑤：16、2001YJKT0917③：3、2004YJET0308⑤：5）

纹凹槽，内壁四周起边框，边框内为平板。长13.3厘米，宽14.5厘米，高3.6～4厘米（图5.2-15，1）。2000YJCT1105②：1，残。夹砂褐陶，长13.2厘米，宽9～11厘米，厚7.5厘米（图5.2-15，2）。2001YJCT1104②：1，残。夹砂红褐陶，一面外凸，上饰方格纹，另一面为平面，中部有一截面为半圆形的凹槽。残长11厘米，宽6.8厘米，厚3.3厘米（图5.2-15，3）。2001YJCT1104②：3，残。黄灰陶，圆管状，长11厘米，宽3～4.8厘米（图5.2-15，4）。2000YJCT1104②：2，残。夹砂红褐陶，长条形两端皆残，范面较平整，两道均等凹槽。长4.4～6厘米，宽3.6厘米，高2.2～3厘米（图5.2-15，5）。2000YJCT0902②：4，残。泥质红陶，豆柄形，轮制，残长5.9厘米（图5.2-15，6）。2001YJKT0813③：10，红褐色夹砂陶，手制，为残器，合范的单面，整体平面呈半椭圆形，外侧面有二道凸棱，内侧面（浇注面）模具刻出"U"形凹槽，器形不明，残长5.8厘米，宽5厘米（图5.2-15，7）。

陶球　共10件，大多数形制相同，大小相近，只有1件呈瓜棱形。2000YJET1114⑤：1，灰蓝

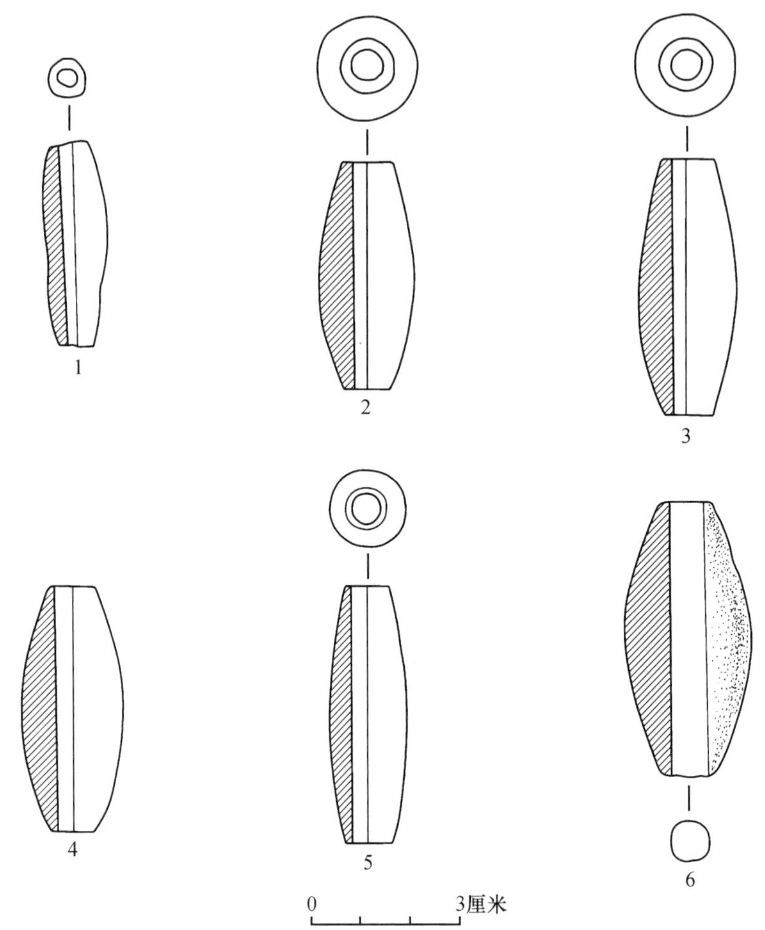

图5.2-14　六朝地层中出土的陶网坠

1. 2004YJST0907③：6　2. 2004YJET0712⑤c：24　3. 2004YJET0612⑤c：16　4. 2004YJET0611⑤c：5　5. 2004YJET0307⑤：18　6. 2003YJET1⑤：1

陶，瓜棱形圆球，中间一孔。直径1.8厘米，孔径0.6厘米（图5.2-16，1）。2001YJKT0916③：5，红褐色，泥质陶，手制，实心球，直径2.6厘米（图5.2-16，2）。2004YJET0307⑤：4，黑陶，球体，手制。直径1.6厘米（图5.2-16，3）。2004YJET0410⑤：13，黄陶，圆形球体。直径1.8厘米（图5.2-16，4）。

陶饼　9件。形制相同，均为圆饼状，2005YJBT1005③：1，近圆形，表面饰绳纹，系用青灰色陶质瓦片打磨而成。直径5.6厘米，厚1.2厘米（图5.2-16，5）。2005YJBT1005③：2，圆形，素面。系用泥质黄灰陶打磨而成。直径4厘米，厚0.7厘米（图5.2-16，6）。2003YJET3⑤：23，灰色，直径3.6厘米，厚1.1厘米（图5.2-16，7）。2002YJAT0708③：32，泥质黄褐陶，以陶片磨制成圆饼状。长径3.5厘米，短径3厘米，厚0.5厘米（图5.2-16，8）。

陶拍　2件。2001YJKT0917③：7，灰色泥质陶，轮制，伞形，顶端为半弧形突心体，圆柱形长柄，近柄端1/3呈空心状，拍头直径12厘米，柄直径3.4厘米，通高9.5厘米（图5.2-16，9）。2001YJKT0615③：2，灰色泥质陶，手制轮修，伞形实心体，顶端直径10厘米，柄端直径3.6厘米，长10.4厘米（图5.2-16，10）。

除了上述陶器外，六朝地层中还出土了大量建筑构件，以瓦当为主，并有少量板瓦、筒瓦

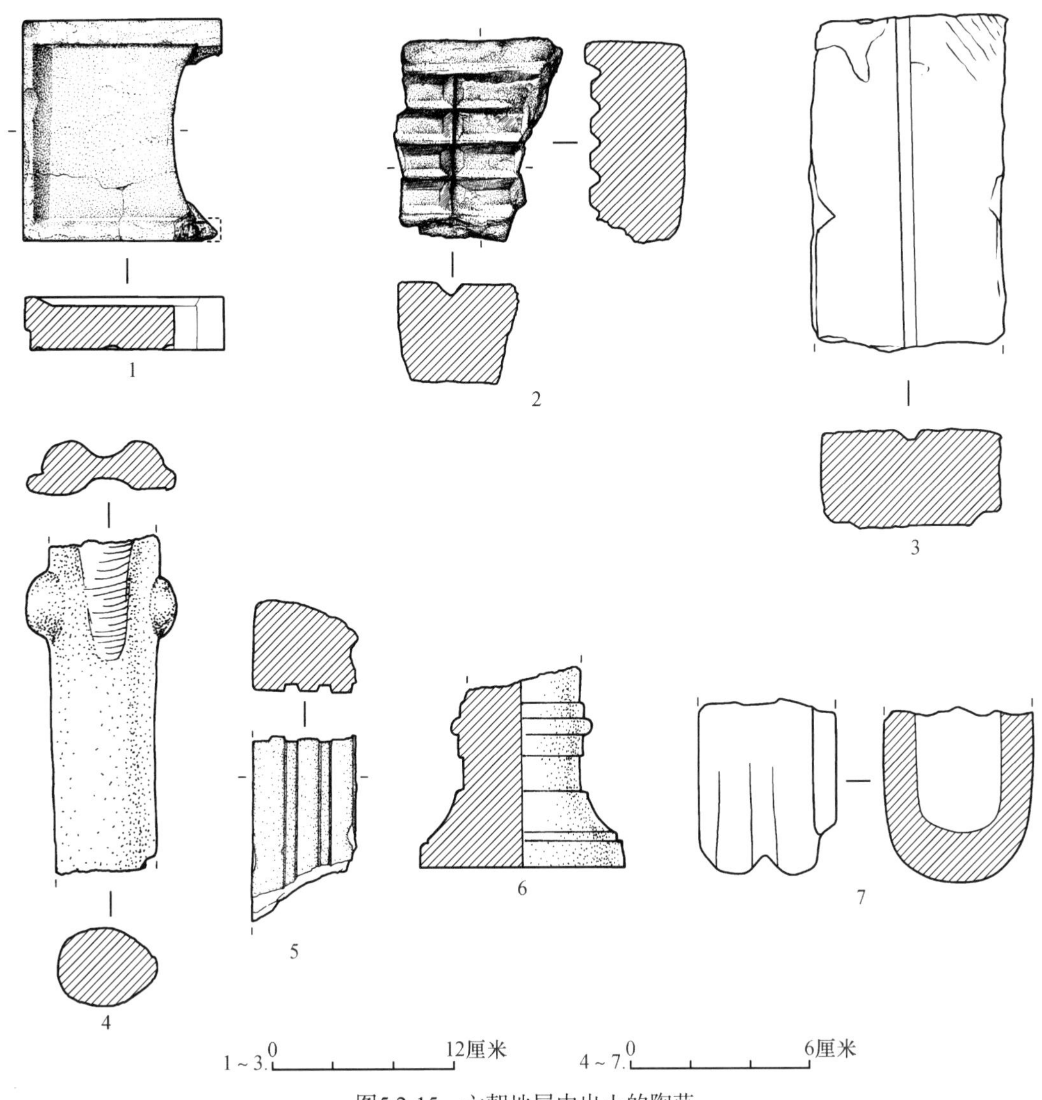

图5.2-15　六朝地层中出土的陶范

1. 2000YJCT0901②：4　2. 2000YJCT1105②：1　3. 2001YJCT1104②：1　4. 2001YJCT1104②：3　5. 2000YJCT1104②：2　6. 2000YJCT0902②：4　7. 2001YJKT0813③：10

及方砖。

陶瓦当　38件。均为泥质陶，模制，主体纹饰为四组卷云纹，按中心纹饰可分三型。

A型　中心为乳突。可分二亚型。

Aa型　30件。乳突外饰凸弦纹，与轮之间被四组短线纹分隔成四个区域，每个区域内饰一组卷云纹。2005YJBT0905③：7，直径14.6厘米，缘厚2.6厘米（图5.2-17，1）。2005YJBT0903③：4，直径14.4厘米（图5.2-17，2）。2002YJAT0602③：12，直径14.3厘米，轮厚2.1厘米，高0.3厘米，宽0.8厘米（图5.2-17，3）。2003YJET3⑤：31，直径14.7厘米（图5.2-17，4）。

Ab型　2件。乳突外饰一周小斜方格纹，与轮下的一周凸弦纹之间以四组双短线纹分隔为四个区域，每区饰一组卷云纹。2000YJET1207③：2-1，直径14.2厘米，厚2.5厘米，边框高1.2厘米，边框宽0.8厘米（图5.2-17，5）。2000YJCT0802②：4，直径13.8厘米，高1.6厘

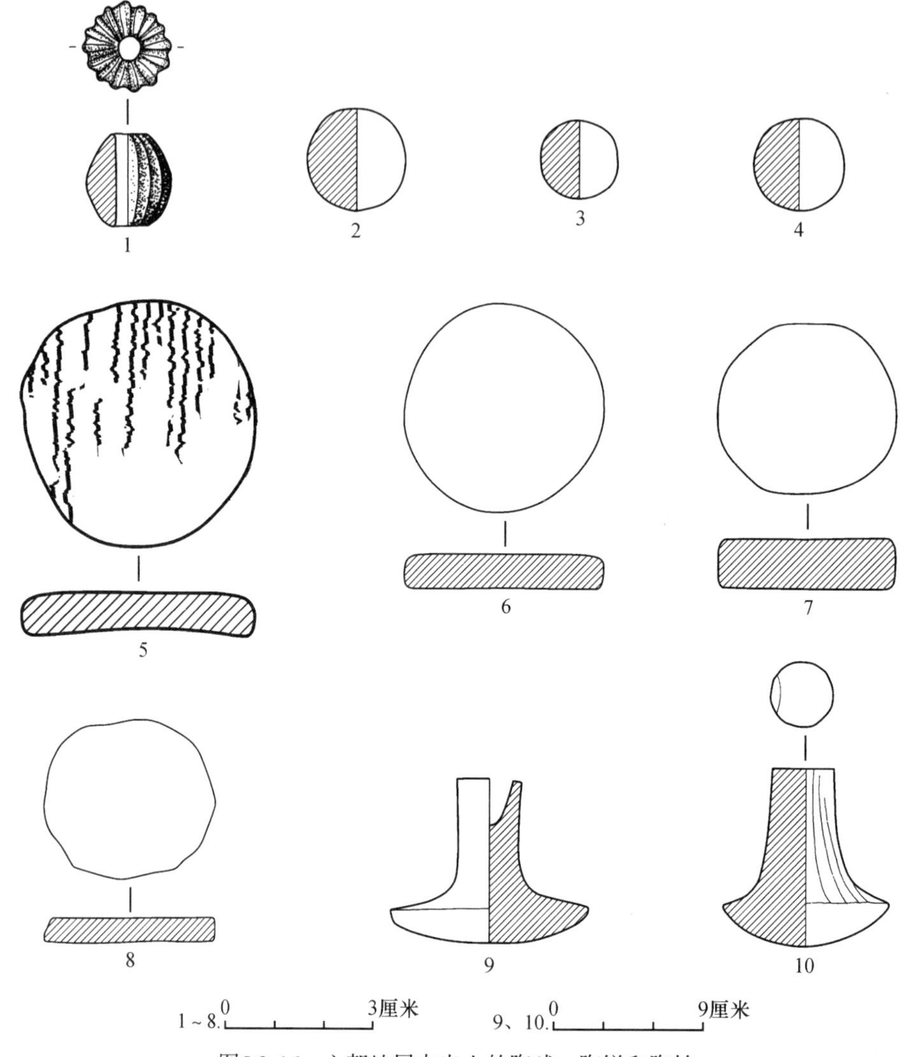

图5.2-16 六朝地层中出土的陶球、陶饼和陶拍

1～4. 陶球（2000YJET1114⑤：1、2001YJKT0916③：5、2004YJET0307⑤：4、2004YJET0410⑤：13）

5～8. 陶饼（2005YJBT1005③：1、2005YJBT1005③：2、2003YJET3⑤：23、2002YJAT0708③：32）

9、10. 陶拍（2001YJKT0917③：7、2001YJKT0615③：2）

米（图5.2-17，6）。

B型 3件。瓦当中心纹饰为双线十字纹乳突，外饰一周凸弦纹，外以双短线纹分隔四组卷云纹图案。2000YJET1114⑤：2，残。灰陶，当面正中为一大圆圈，中间双钩十字，其周围等距离4个放射状扇面栏相隔内饰卷云纹。模制，直径14.8厘米，高2.2厘米（图5.2-17，7；图版二七，5）。2004YJET0512⑤：14，直径14厘米，厚3厘米（图5.2-17，8）。2002YJAT0602③：6，直径14.6厘米，乳突直径4厘米，轮厚2.8厘米，高1.2厘米，宽0.8厘米（图5.2-17，9）。

C型 3件。瓦当中心饰人面纹乳突，人面口眼鼻俱全，双目微闭，上额有两至三道皱纹，有的上唇似有胡须，作闭目养神状，或许示意为云朵当中的太阳公公。乳突外饰一周或两周凸弦纹，与轮下饰的凸弦纹间以四组双短线纹分隔为四区，每区内饰一组卷云纹，卷云纹外部饰以单线双勾曲线，并以两斜弧曲线与两侧短线纹相连，轮较高且宽。2002YJAT0703③：1，直径16.2厘米，轮厚3.3厘米，高2厘米，宽约1厘米（图5.2-17，11；图版二七，4）。

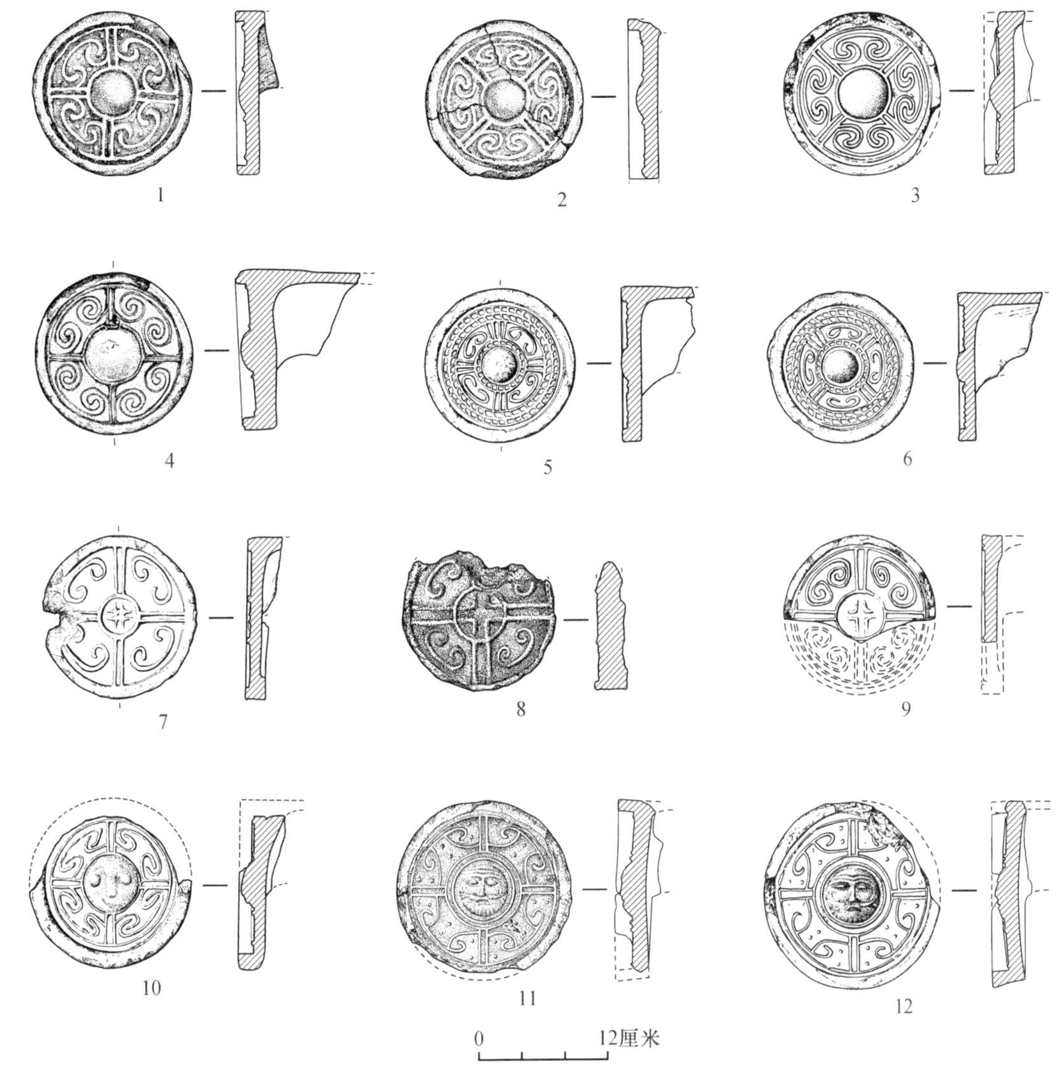

图5.2-17　六朝地层中出土的陶瓦当

1～4. Aa型（2005YJBT0905③：7、2005YJBT0903③：4、2002YJAT0602③：12、2003YJET3⑤：31）
5、6. Ab型（2000YJET1207③：2-1、2000YJCT0802②：4）　7～9. B型（2000YJET1114⑤：2、2004YJET0512⑤：14、2002YJAT0602③：6）　10～12. C型（2000YJET1107④：9、2002YJAT0703③：1、2002AT0703③：8）

2000YJET1107④：9，直径15.3厘米，厚3厘米，边框高1.5厘米，边框宽1.2厘米（图5.2-17，10）。2002AT0703③：8，直径16.8厘米，边宽1厘米，高2厘米，内同心圆最大径7厘米（图5.2-17，12；图版二七，3）。

陶瓦　出土数量极多，几乎均为残片，分为板瓦和筒瓦两种：板瓦，模制，形体大且薄，平面呈梯形，凸面遍饰粗绳纹，均为泥质，以灰陶为主；筒瓦，形体细长且薄，瓦唇短小略微上翘，凸面遍饰粗绳纹，凹面多有布纹或篮纹，以灰陶为主，另有黄灰、红褐、青灰等杂色，现选取以下标本进行介绍。2004YJST0705③：10，筒瓦，灰陶，半圆筒形，瓦唇较直较圆，外表面饰粗绳纹，模制。长51厘米，宽15厘米，高7.5厘米，厚0.9厘米，瓦唇长4厘米（图5.2-18，1）。2002YJAT0610③：24，筒瓦，泥质黄灰陶，凹面无布纹，长41厘米，瓦身宽16厘米，唇长2.4厘米（图5.2-18，2）。2005YJBT1004③：3，板瓦，泥质灰陶，凸面饰斜向的粗绳纹，凹面残存一个“氏”字。残长13厘米（图5.2-18，3）。2004YJET0512⑤：15，长方

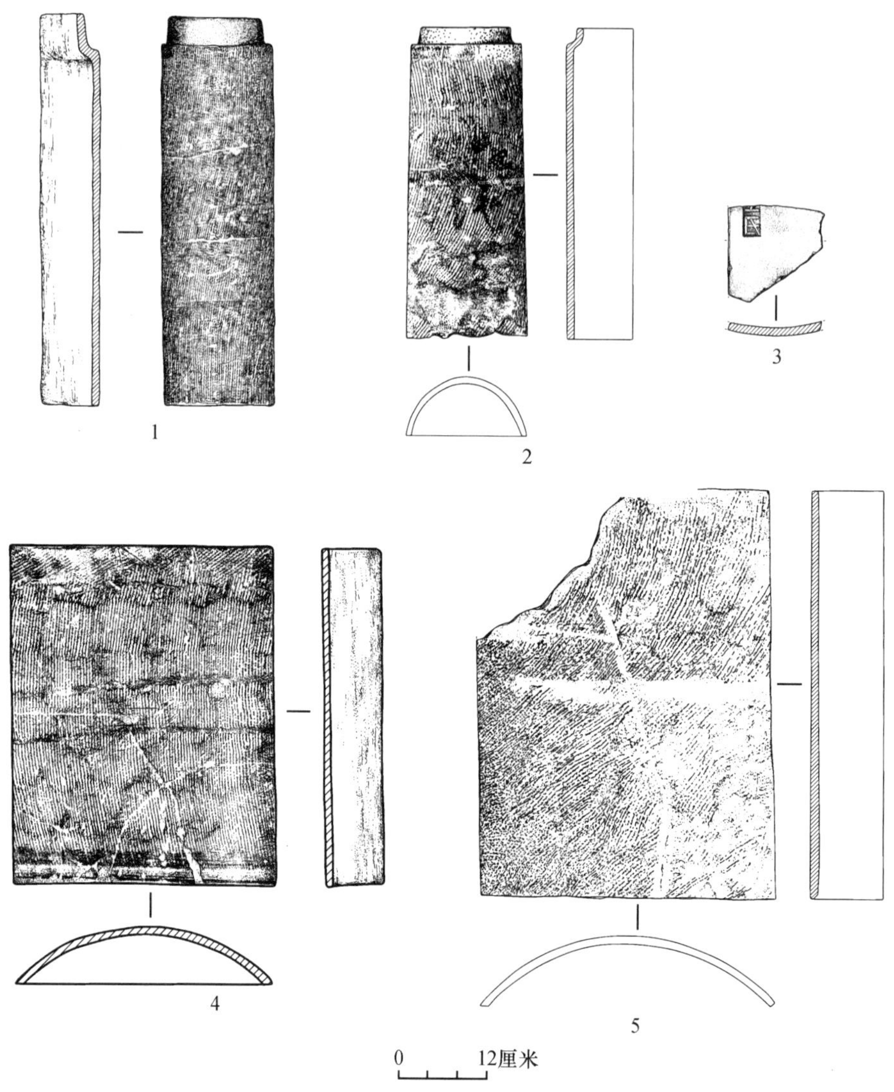

图5.2-18 六朝地层中出土的陶瓦

1、2. 筒瓦（2004YJST0705③：10、2002AT0610③：24） 3～5. 板瓦（2005YJBT1004③：3、2004YJET0512⑤：15、2002YJAT0608③：9）

形，截面拱形，外表面压印粗绳纹，内表面压印网格纹，模制。长44厘米，宽35厘米，高7.5厘米，厚1厘米（图5.2-18，4）。2002YJAT0608③：9，泥制红黄陶，凸面绳纹被两道凹弦纹间断。瓦身平面近正方形，曲度较小，一角残，长53厘米（图5.2-18，5）。

花纹砖 模制，几乎均为泥质灰陶，按形状分为方形和长方形两种。

A型 方形花纹砖，多为铺地砖，数量较少，正面有纹饰，一面饰花纹，砖体较薄。2005YJBT1003③：6，泥质青灰陶，表面满饰交错四边形和圆点组成的几何纹饰。边长32厘米，厚6.5厘米（图5.2-19，1）。2005YJBT1003③：5，泥质青灰陶，纹饰为三角形和菱形组成的几何纹。边长28厘米，厚3.7厘米（图5.2-19，2）。2002YJAT0602③：8，泥质黄褐陶，平面近方形，两角稍残，花纹面饰以交错方格纹间饰乳钉，长35.2厘米，宽33厘米，厚6.5厘米（图5.2-19，3）。2005YJBT1005③：3，泥质青灰陶，菱形纹，残长18厘米，厚3厘米（图5.2-19，4）。2005YJBT1001③：8；泥质青灰陶，由四边形、米字纹和“╳”形纹饰组成的几何纹以方块状分布于其表面，残长15厘米，厚3.9厘米（图5.2-19，5）。2005YJBT1001③：7，纹饰与2005YJBT1001③：8相似，残长13.5厘米，厚2.4厘米（图5.2-19，6）。

B型　长方形花纹砖，一般墓砖，数量较多，形制均较为规整，砖侧模印花纹。前者平面作梯形，纹饰施在短侧面，后者长宽厚比例接近4：2：1，饰纹多在长面，少量连至端面。2004YJST0906③：1，上面刻划文字，模制。残长15厘米，残宽11厘米，高9.5厘米（图5.2-19，7）。2000YJET1208⑤：2，泥质黄褐陶，长短侧边，榫卯砖上下互错。短侧面饰纹，两端各饰一半圆之间饰纵弦断菱形纹。模制，长34~36厘米，宽17厘米，厚11.5厘米（图5.2-19，8）。2000YJET1208⑤：1，泥质黄褐陶，长短侧边，榫卯砖，短侧面遍饰菱形纹，模制，边长36~40厘米，宽19.5厘米，厚11.2厘米（图5.2-19，9）。2002YJAT0708③：35，残。泥质黄褐陶。长侧纹饰分三区，两侧饰细小的菱形纹，正中饰十字和四组直角折线纹，残长24厘米，宽20厘米，厚10厘米（图5.2-19，10）。

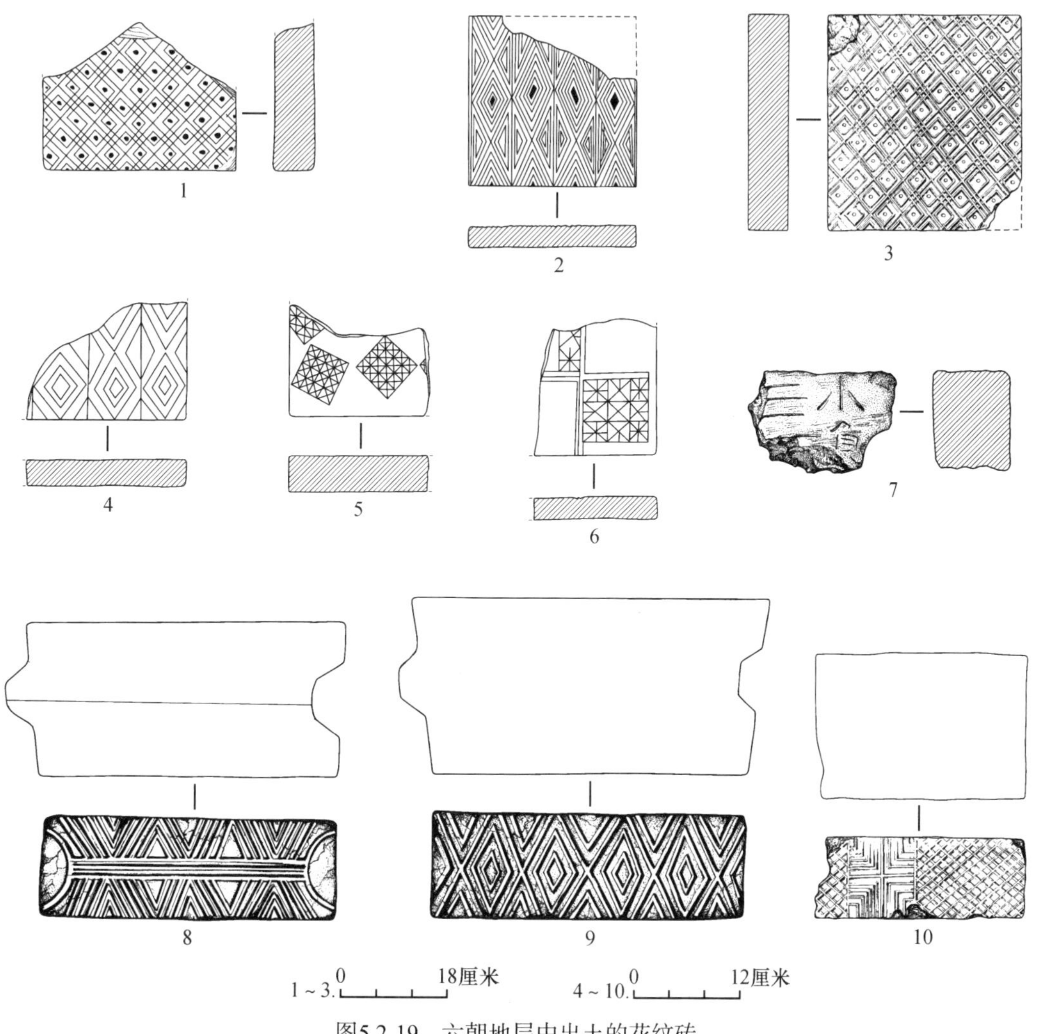

图5.2-19　六朝地层中出土的花纹砖

1~6. A型（2005YJBT1003③：6、2005YJBT1003③：5、2002YJAT0602③：8、2005YJBT1005③：3、2005YJBT1001③：8、2005YJBT1001③：7）　7~10. B型（2004YJST0906③：1、2000YJET1208⑤：2、2000YJET1208⑤：1、2002YJAT0708③：35）

3. 铜器

六朝地层中发现的铜器数量非常多，其中以铜镞数量最多，还有一定数量的铜容器、铜钱、铜镜、铜带扣、铜带钩、铜印及大量的装饰铜构件。

铜容器　铜容器数量较少，包括铜碗2件、铜器座1件和其他容器口沿残片。

铜碗　2件。2000YJET1207⑤：8-2，方唇，敞口，斜壁，底微凹，口沿下饰一周29个均为0.5厘米小圆孔，底部饰三个距离不等圆孔。口径9.3厘米，底5厘米，高3.2～3.8厘米（图5.2-20，1）。2000YJET1207⑤：8-1，圆唇，敞口，深腹，假圈足，腹饰两周凸弦纹，碗内心下凹。口径10.5厘米，底径5.3厘米，高5厘米（图5.2-20，2）。

铜洗口　1件。2000YJET1208④：10，口沿仅残存约1/20，直口，斜腹，底残，焊接半环直耳。口部外侧有凸棱四条，腹部素面，铸造（图5.2-20，5）。

铜容器口沿　2件。2001YJKT0509③：5，残存一小段，敞口，尖唇，斜肩，素面（图5.2-20，3）。2004YJET0309⑤c：10，仅剩一段，沿部外翻呈折角。残长12厘米（图5.2-20，4）。

铜器座　1件。2004YJST0704③：3，平面圆形方孔，孔外有四个镂空装饰，下部饰斜刻划

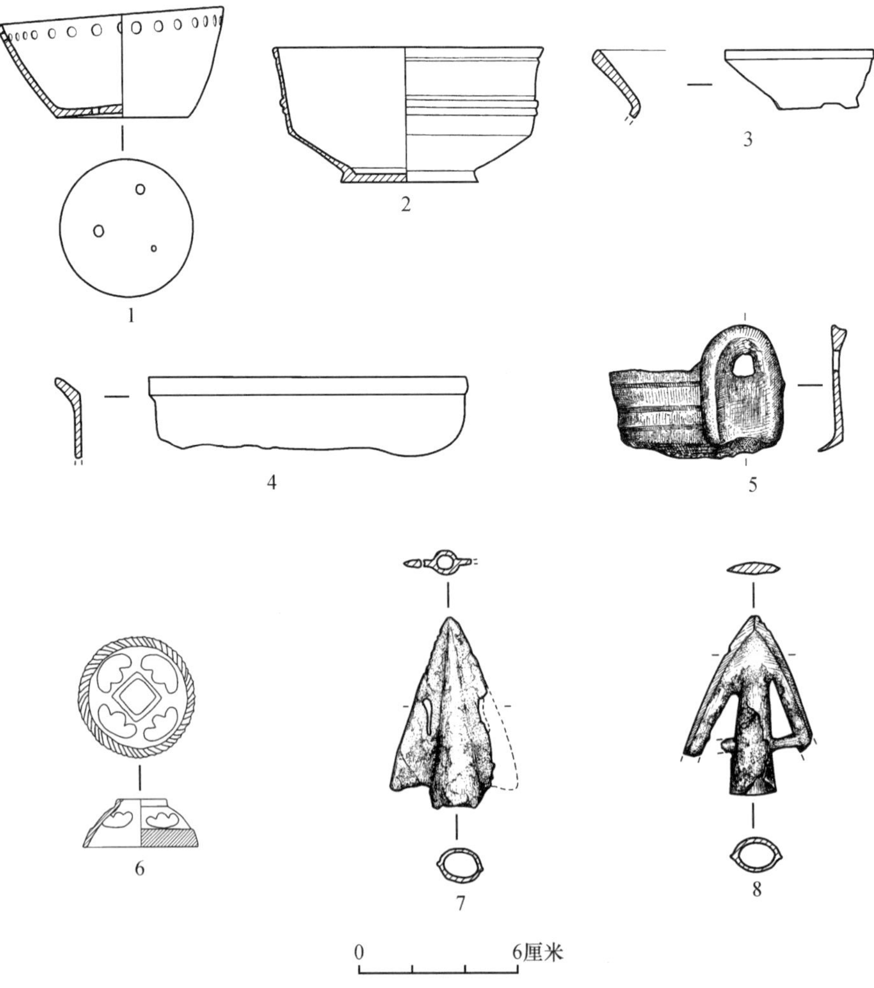

图5.2-20　六朝地层中出土的铜容器和铜矛

1、2. 铜碗（2000YJET1207⑤：8-2、2000YJET1207⑤：8-1）　3、4. 铜容器口沿（2001YJKT0509③：5、2004YJET0309⑤c：10）　5. 铜洗口（2000YJET1208④：10）　6. 铜器座（2004YJST0704③：3）　7、8. 铜矛（1999YJAT2④：14、2001YJST0806③：5）

纹，铸造。直径4.5厘米，高1.8厘米（图5.2-20，6）。

铜方盘残片　1件。2003YJET2⑤：29，方形，敞口，斜直壁，因残缺边长不详，高0.6厘米。

铜矛　2件。1999YJAT2④：14，双翼圆銎青铜矛，矛脊平直至銎口，呈锥状，两翼为对称的等腰三角形，翼面两侧有弧形镂空，铸缝略错开0.1厘米，全长7厘米，翼尖宽5厘米，銎径1.3～1.4厘米（图5.2-20，7）。2001YJST0806③：5，残。呈等腰三角形，两侧镂空，柄銎口，铸制。长6.6厘米，銎径1.4厘米，残宽3.6厘米（图5.2-20，8）。

铜镞　共276件，除2件为有銎三翼镞外，其余274件均有铤，按镞身形态差异，可分为六型。

A型　镞身为三棱形，铤截面多为圆形或扁圆形，共169件。2003YJET2⑤：5，残。镞身呈绿色，略微变形，铤截面为抹角长方形。残长6.9厘米，镞身长2.5厘米，厚0.7厘米（图5.2-21，1）。2002AT0710③：2，铤截面近圆形。通长6.6厘米，铤径0.4厘米（图5.2-21，2）。2005YJBT0801③：1，铤截面近长方形。通长5厘米，铤长3厘米（图5.2-21，3）。2004YJET0410⑤：11，铤截面为圆形，通长4.5厘米，镞身长2.3厘米，铤长1.2厘米（图5.2-21，4）。2001YJKT0813③：7，铤截面为圆形，通长4.7厘米（图5.2-21，5）。2004YJET0712⑤：15，关为圆柱形，铤微弯曲，截面呈圆形。镞身长1.2厘米，铤长2.8厘米（图5.2-21，6）。2004YJET0412⑤：9，扁圆形关，铤截面为扁圆形，通长4.8厘米，镞身长1.3厘米，铤长2.9厘米（图5.2-21，7）。2004YJET0408⑤：2，残。关截面大致呈三角形，铤截面为椭圆形。通长4.5厘米，镞身长1.5厘米，铤长2.3厘米（图5.2-21，8）。2004YJET0512⑤：17，关截面为六边形，铤截面近圆形。通长4.5厘米，镞身长1.8厘米，铤长2.1厘米（图5.2-21，9）。2003YJET3⑤：35，残。关截面为六边形，铤截面近圆形。通长4.6厘米，镞身长2.3厘米，铤径0.3厘米（图5.2-21，10）。2004YJET0411⑤：12，铤截面为圆形。通长6.6厘米，镞身长3.7厘米，铤长2.9厘米（图5.2-21，11）。2003YJET1④B：2，铤截面为圆形，通长4.6厘米（图5.2-21，12）。2000YJET1109④：4，铤截面为圆形，通长4厘米（图5.2-21，13）。2004YJET0410⑤：4，铤截面为圆形，铤微弯曲。通长4.7厘米，镞身长1.7厘米，铤长3厘米（图5.2-21，14）。2004YJST0603③：2，铤截面为圆形，通长5厘米，镞身3厘米，铤长2厘米（图5.2-21，15）。

B型　镞身为四棱形，铤截面多为圆形或扁圆形，共69件。

2001YJKT0815③：13，铤剖面近圆形，通长7.1厘米（图5.2-22，1）。2003YJST1⑤：8，残。铤剖面近圆形，中脊两端有斜向棱纹。通长6.6厘米，镞身长4.4厘米（图5.2-22，2）。2003YJET3K2⑤：23，残。铤截面近扁圆形。通长7.24厘米，镞身长1.7厘米（图5.2-22，3）。2003YJET2⑤：4，铤剖面近圆形，通长6.2厘米（图5.2-22，4）。2003YJET3⑤：7，铤剖面近扁圆形。通长6厘米（图5.2-22，5）。2005YJBT1100③：9，铤截面近圆形，通长5厘米（图5.2-22，6）。2000YJET1207④：3，铤剖面近圆形，通长4.5厘米（图5.2-22，7）。2000YJET1113④：1，铤剖面近椭圆形，通长5.2厘米（图5.2-22，8）。2000YJET1107④：6，铤剖面为圆形。通长4.5厘米（图5.2-22，9）。2004YJET0612⑤c：1，铤截面近椭圆形。通长5.6厘米（图5.2-22，10）。2003YJET3K2⑤：46，铤截面近长方形。通长4.7厘米，镞身长

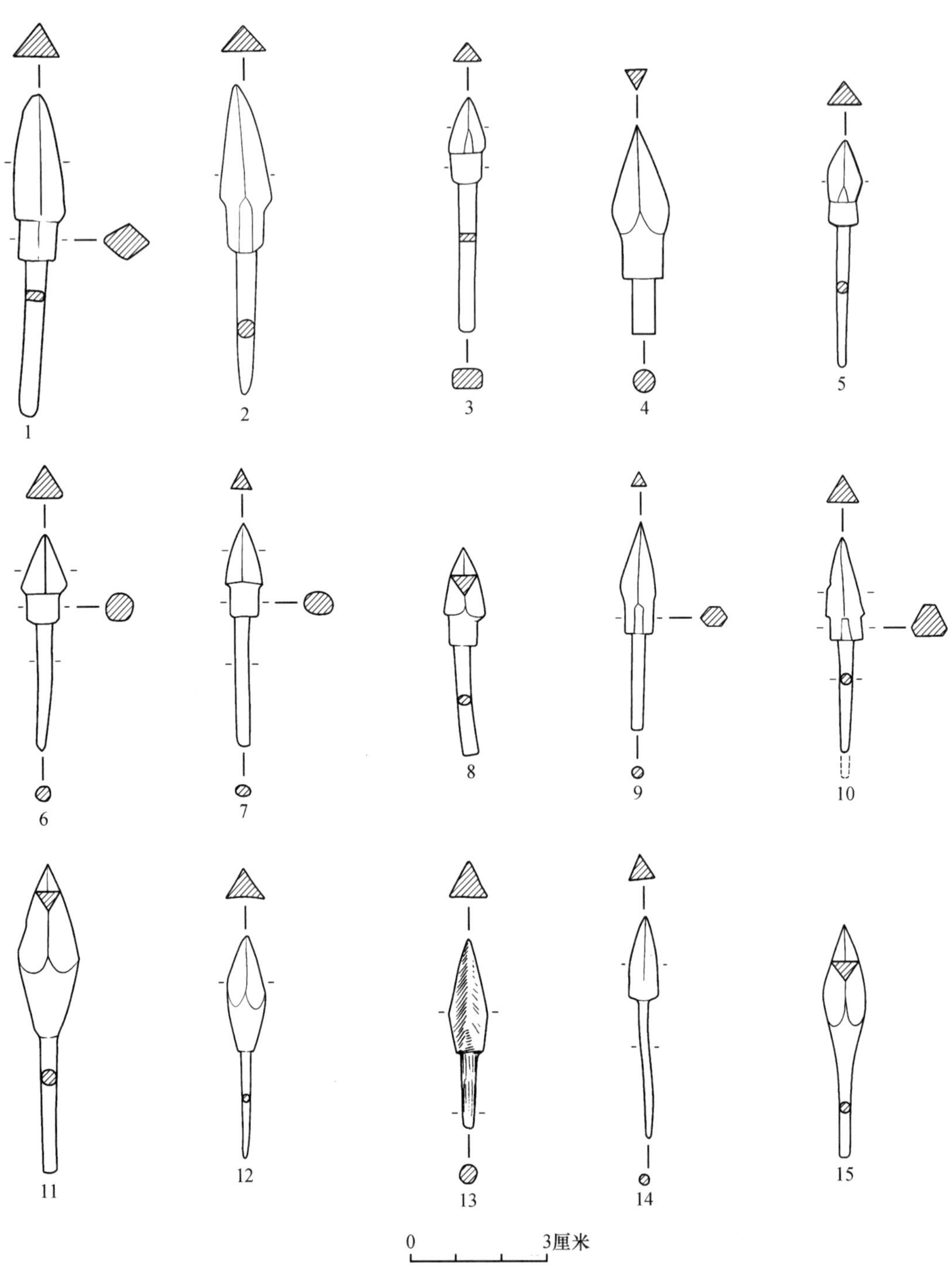

图5.2-21　六朝地层中出土的A型铜镞

1. 2003YJET2⑤：5　2. 2002AT0710③：2　3. 2005YJBT0801③：1　4. 2004YJET0410⑤：11　5. 2001YJKT0813③：7
6. 2004YJET0712⑤：15　7. 2004YJET0412⑤：9　8. 2004YJET0408⑤：2　9. 2004YJET0512⑤：17　10. 2003YJET3⑤：35
11. 2004YJET0411⑤：12　12. 2003YJET1④B：2　13. 2001YJET1109④：4　14. 2004YJET0410⑤：4　15. 2004YJST0603③：2

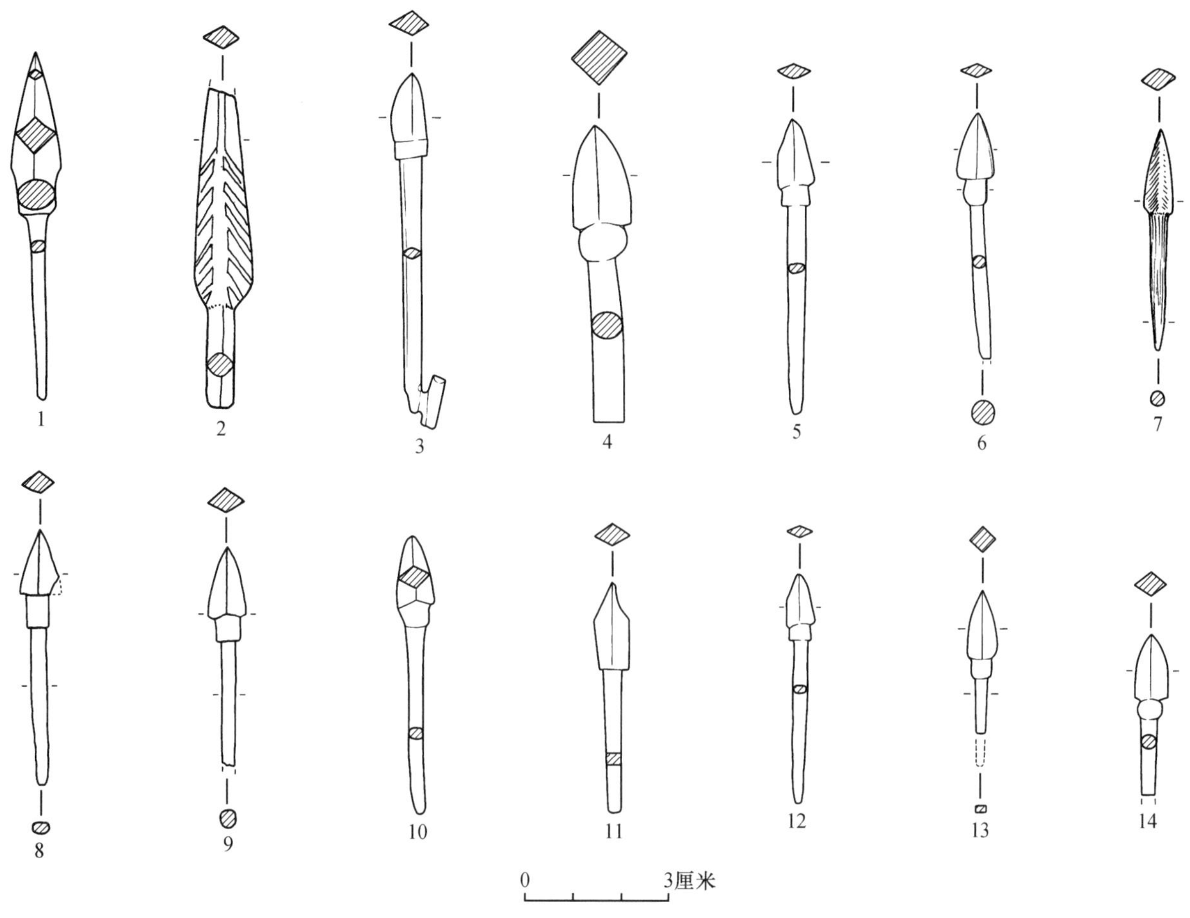

图5.2-22　六朝地层中出土的B型铜镞

1. 2001YJKT0815③：13　2. 2003YJST1⑤：8　3. 2003YJET3K2⑤：23　4. 2003YJET2⑤：4　5. 2003YJET3⑤：7　6. 2005YJBT1100③：9　7. 2000YJET1207④：3　8. 2000YJET1113④：1　9. 2000YJET1107④：6　10. 2004YJET0612⑤c：1　11. 2003YJET3K2⑤：46　12. 2003YJET1④：1　13. 2003YJET3K2⑤：1　14. 2003YJET1⑤：17

1.3厘米（图5.2-22，11）。2003YJET1④：1，铤截面扁圆形。通长4.7厘米，镞身长3.3厘米（图5.2-22，12）。2003YJET3K2⑤：1，铤截面近长方形。通长3厘米，镞身长1.2厘米（图5.2-22，13）。2003YJET1⑤：17，铤剖面扁圆形。残长3.3厘米，镞身长1.4厘米（图5.2-22，14）。

C型　镞身有双翼，共9件。2004YJET0309⑤c：24，残。中铤直达前端尖部，铤截面为圆形。长6厘米，镞身长4厘米，铤长2厘米（图5.2-23，1）。2004YJST0705③：2，铤截面为方形。通长3.5厘米，镞身长2厘米，关长1厘米，铤长0.5厘米（图5.2-23，2）。2003YJET1⑤：18，残。两镞翼后有倒刺，中铤直达前端尖部，铤截面为圆形。通长3.5厘米，镞身长2.4厘米（图5.2-23，3）。

D型　镞身有三翼，共13件。2005YJBT0905③：3，铤剖面三角形。通长4.5厘米，铤长0.8厘米（图5.2-23，4）。2002YJAT0601③：3，镞身较短，宽翼，圆铤已残，截面为圆形。残长4厘米，镞身长3.6厘米（图5.2-23，5）。2005YJBT1400③：2，圆关，铤截面为圆形。通长5.8厘米，铤长3.2厘米（图5.2-23，6）。

E型　镞身柳叶形，有铤，共11件。2003YJET1BK④B：4，残。前端尖锐，铤截面为扁圆形。通长5.9厘米，镞身长2.4厘米，铤径0.2厘米（图5.2-23，7）。2004YJET0511⑤c：5，关与

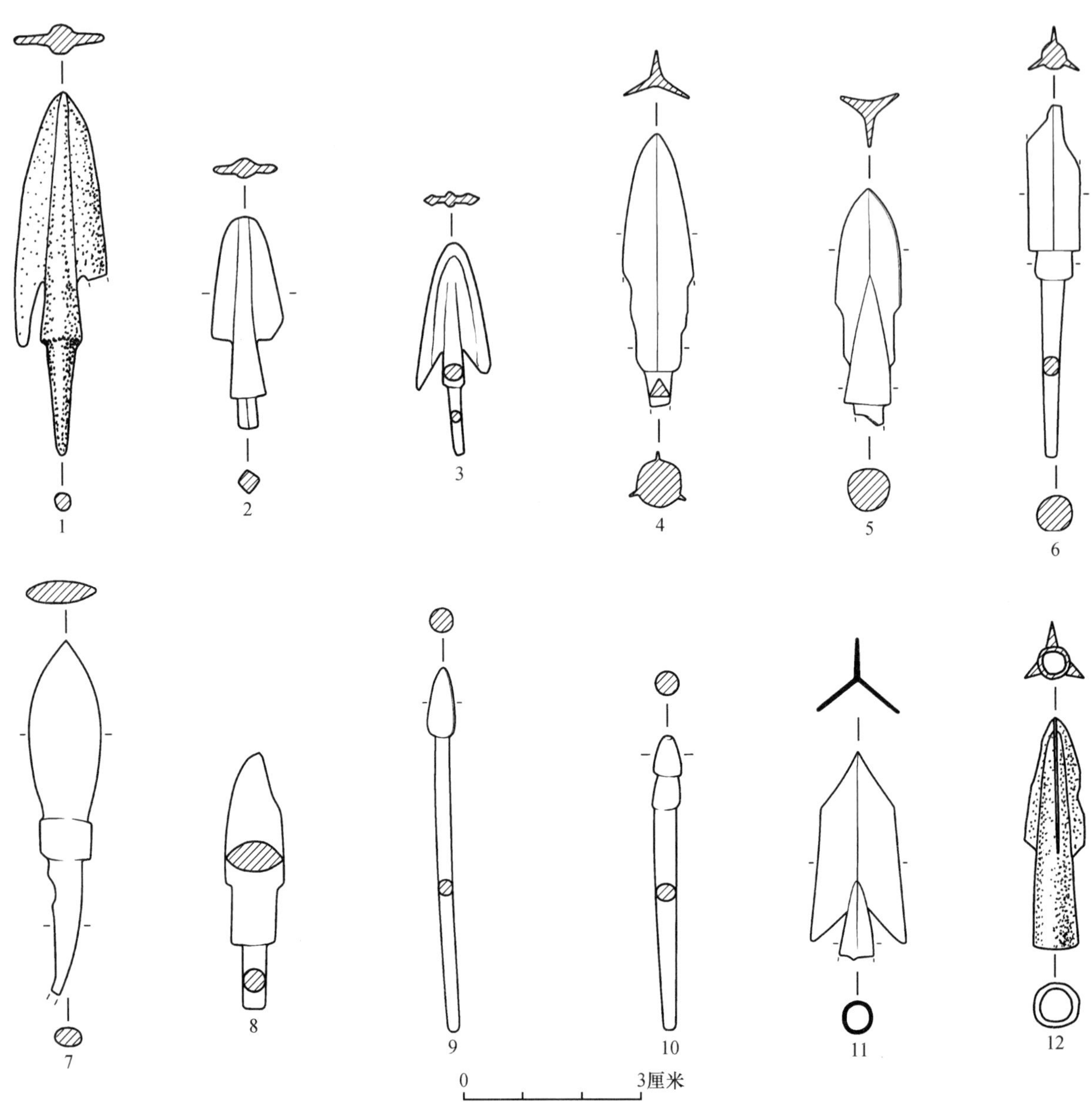

图5.2-23　六朝地层中出土的其他铜镞

1～3. C型铜镞（2004YJET0309⑤c：24、2004YJST0705③：2、2003YJET1⑤：18）　4～6. D型铜镞（2005YJBT0905③：3、2002YJAT0601③：3、2005YJBT1400③：2）　7、8. E型铜镞（2003YJET1BK④B：4、2004YJET0511⑤c：5）　9、10. F型铜镞（2005YJBT1200③：1、2003YJET3K2⑤：57）　11、12. 有銎三翼镞（2001YJKT0613③：1、2004YJET0511⑤c：20）

铤截面均为圆。镞身长2.2厘米，关长0.9厘米，铤长1厘米（图5.2-23，8）。

F型　镞身为圆锥形，有铤，锥尖多有磨损，共3件。2005YJBT1200③：1，镞身和铤截面均为圆形。通长6厘米，铤长4.9厘米（图5.2-23，9）。2003YJET3K2⑤：57，残。铤截面为扁圆形。通长4.8厘米，镞身长0.6厘米，铤径0.3厘米（图5.2-23，10）。

此外，还有2件铜镞形制较为特殊，无铤，有銎，镞身有三翼。2001YJKT0613③：1，残。銎截面为圆形，残长3.4厘米（图5.2-23，11）。2004YJET0511⑤c：20，銎截面呈圆形，通长3.8厘米，镞身长2.3厘米（图5.2-23，12）。

铜印　3件。2003YJET2⑤：3，印面正方形，边长2.25厘米，上部略窄，侧视呈梯形，阴刻“军曲侯印”字样，印纽桥形，通高2厘米（图5.2-24，1；图版二八，1）。2003YJST2③：1，印面正方形，边长2.3厘米，上部略窄，侧视呈梯形，阴刻“军假侯印”字样，印纽桥形，通高2.88厘米（图5.2-24，2；图版二八，2）。2003YJET3K2⑤：24，残。方形印章，方宽内阳文“誌”，其上四棱柱状柄上窄下宽。印章边长0.9厘米，厚0.22厘米；柄高1.62厘米，宽0.16厘米，高0.25厘米（图5.2-24，3）。

铜镜　14件。均为圆形铜镜残片。我们选取其中有纹饰的11件铜镜进行介绍。2004YJET0412⑤：12，残。圆形，外缘饰“S”形纹，并有一圈文字，铸造。残长3.8厘米（图5.2-24，4）。2004YJET0411⑤：19，残。圆形，镜缘饰栉齿纹，内有一圈文字（图5.2-24，5）。1999YJSTG2③：5，残。尚存乳钉和连弧纹等。残宽5厘米，厚0.13厘米（图5.2-24，6）。2004YJET0613⑤：4，残。圆形，饰云纹、三角纹。直径14厘米，厚0.45厘米（图5.2-24，7）。2004YJET0307⑤：9，残。圆形，外缘较厚，上表面饰卷云纹和栉齿纹。残长2.8厘米，厚0.15～0.25厘米（图5.2-24，8）。2005YJBT1104③：2，残。残片中间一个圆圈，圈内一个乳突，圈外双直线四份，每分内饰横卧“了”字卷云纹，直径14厘米（图5.2-24，9）。2004YJET0611⑤c：4，残。灰黑色，圆形，饰连核纹及异形文字。模制。残长8.9厘米，残宽5.7厘米，厚0.4厘米（图5.2-24，10）。2002YJAT0708③：28，铜质较差，周身布满绿锈，现仅残存周缘一段，镜背外缘一周较高，其上饰一周折线纹，缘下饰一周短线纹，直径约为15厘米，缘宽约2厘米，高约0.6厘米（图5.2-24，11）。2002YJAT0703③：2，铜质较好，镜身呈墨绿色，平背，镜背有浅浮雕花纹，镜背外缘有铭文“宜象……”直径约16厘米，镜身厚约0.3

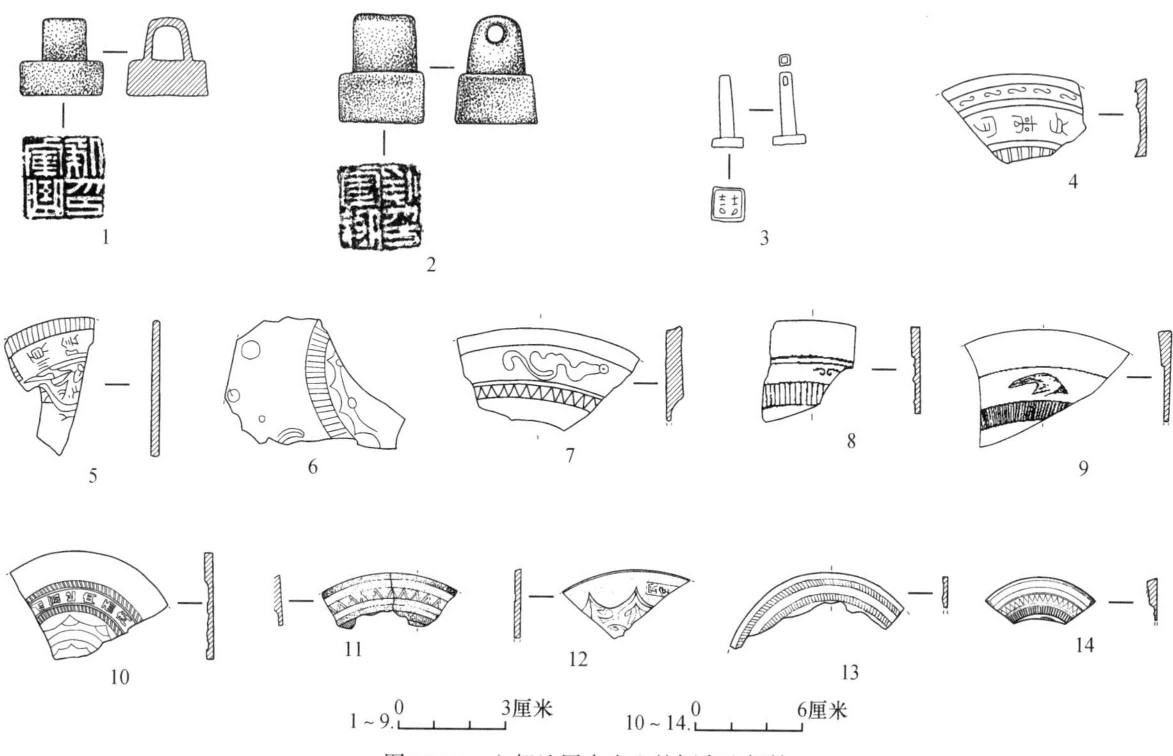

图5.2-24　六朝地层中出土的铜印和铜镜

1～3. 铜印（2003YJET2⑤：3、2003YJST2③：1、2003YJET3K2⑤：24）　4～14.铜镜残片（2004YJET0412⑤：12、2004YJET0411⑤：19、1999YJSTG2③：5、2004YJET0613⑤：4、2004YJET0307⑤：9、2005YJBT1104③：2、2004YJET0611⑤c：4、2002YJAT0708③：28、2002YJAT0703③：2、2004YJET0412⑤：15、2001YJKT0815③：1）

厘米（图5.2-24，12）。2004YJET0412⑤：15，残。圆形，镜缘饰弦纹和栉齿纹，铸造。残长9.8厘米，厚0.3厘米（图5.2-24，13）。2001YJKT0815③：1，残片，上饰凹凸弦纹、三角阴阳纹和篦纹等。残长6.2厘米，宽2.4厘米，厚0.1～0.6厘米（图5.2-24，14）。

铜钱　铜钱数量较多，多腐蚀严重，以五铢数量最多，还有少量货泉、半两、四铢、大泉五十和铲形币等。2004YJET0410⑤c：10，圆形方孔，正面印"五铢"。直径2.6厘米，厚0.1厘米（图4.2-25，1）。2003YJET3⑤：19，完整。绿色，外圆有郭，内方穿，背面凸起，正面字左右对读，钱纹"五铢"。范铸。外圆2.3厘米，穿边0.8厘米，厚0.1厘米（图4.2-25，2）。2004YJET0612⑤c：24，断裂两半。圆形方孔，正面有"五铢"二字，反面没有字。浇铸。直径2.5厘米，厚0.1厘米（图4.2-25，3）。2003YJET1⑤：12，完整。绿色，货泉，外圆有郭，内方穿，正面书"货泉"钱文（图4.2-25，4）。2003YJET3K2⑤：59，完整。绿色，外圆内方，背穿，微凸四角初棱，钱纹"货泉"。范铸。外径2.55厘米，穿边0.87厘米，厚0.19厘米（图4.2-25，5）。2004YJET0712⑤c：22，圆形方孔，正面有"货泉"。浇铸。直径2.4厘米，

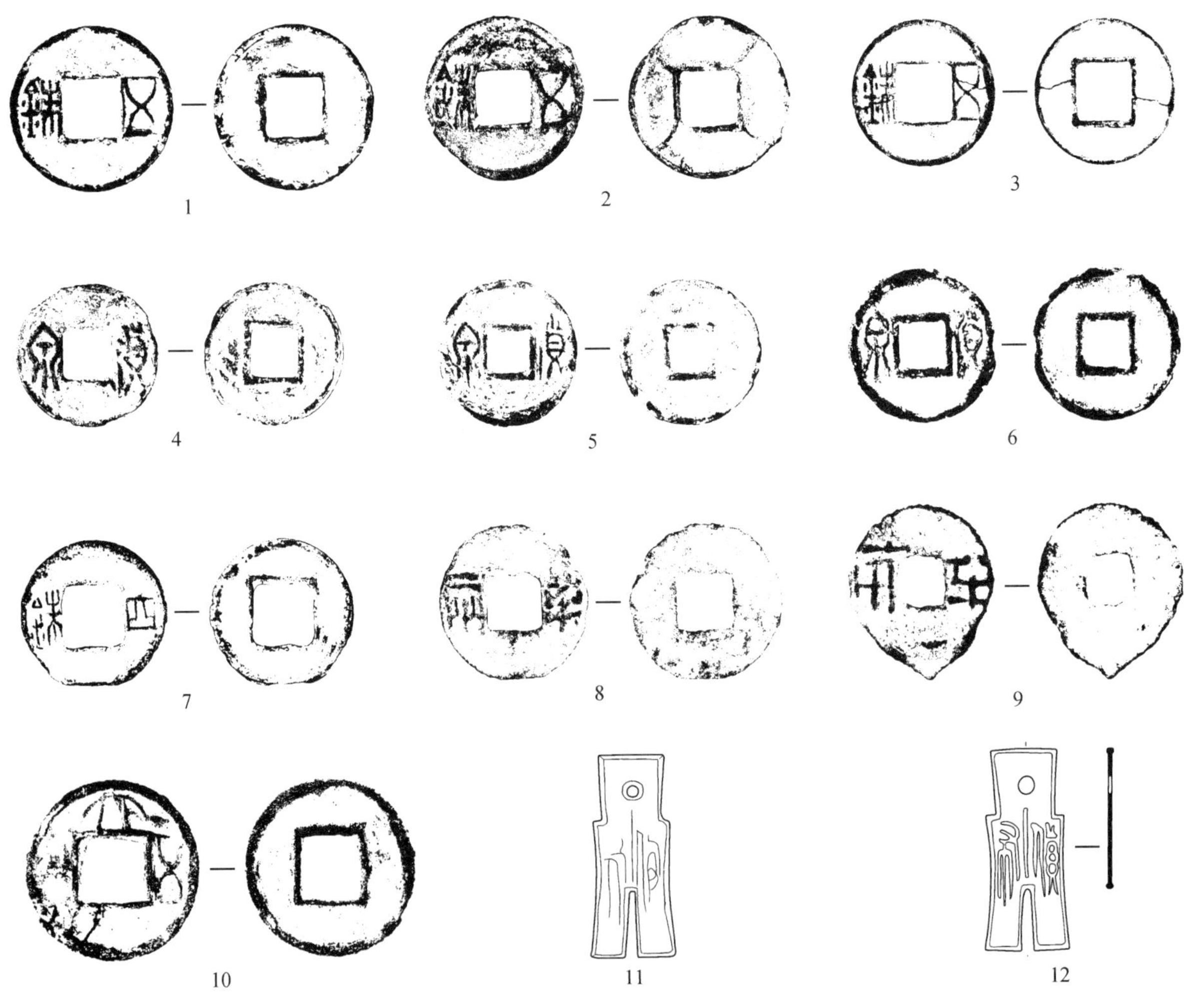

图5.2-25　六朝地层中出土的部分铜钱拓片

1～3. 五铢（2004YJET0410⑤c：10、2003YJET3⑤：19、2004YJET0612⑤c：24）　4～6. 货泉（2003YJET1⑤：12、2003YJET3K2⑤：59、2004YJET0712⑤c：22）　7. 四铢（2005YJBT0905③：1）　8、9. 半两（2002YJAT0601③：18、2004YJET0512⑤：20）　10. 大泉五十（2004YJET0411⑤：9）　11、12. 铲形币（2001YJKT0916③：25、2001YJKT0916③：43）

厚0.1厘米（图4.2-25，6）。2005YJBT0905③：1，面文“四铢”，圆形方穿，正背两面皆有外郭。直径2.3厘米，孔边长0.9厘米（图4.2-25，7）。2002YJAT0601③：18，保存完好，圆形方孔，无外郭，正面书写篆书“半两”钱文。直径2.2厘米，穿宽0.8厘米（图4.2-25，8）。2004YJET0512⑤：20，圆形方孔，右下角多出一角，剪轮，正面书“半两”字样，铸造。外径2.35厘米，内边0.7厘米，厚0.1厘米（图4.2-25，9）。2004YJET0411⑤：9，圆形方孔，正面书“大泉五十”字样，浇铸。外径2.7厘米，内径1.1厘米，厚0.2厘米（图4.2-25，10）。2001YJKT0916③：25，铲形币，平肩，平足，平顶，顶中有孔，分裆。面文“货布”，背素，残长5.8厘米，头宽2厘米，尾2.5厘米（图4.2-25，11）。2001YJKT0916③：43，铲形币，上部有圆形穿孔。正面印“货币”二字，直径5.8厘米，肩宽2.2厘米，厚0.15厘米（图4.2-25，12）。

铜带钩　17件。按照器身形状差异可分为二型。

A型　3件。器身较长，整体呈琵琶形。2001YJKT0916③：19，范铸，钩尖呈鹅首状，器身作流线形，中部偏下垂直，钩背面有一菌形纽，器物制作极为精良。通长9.5厘米，宽0.5～1.1厘米（图5.2-26，1）。2004YJET0308⑤：3，残。弧形，头部扁圆，尾部方正。钩背面有一菌形纽，残长3.5厘米，高0.7厘米（图5.2-26，2）。2004YJET0307⑤：7，残。琵琶形。钩背面饰条状凸棱，尾端有单线卷云纹，纽残缺。长5.1厘米，宽1.1厘米（图5.2-26，3；图版三一，2）。

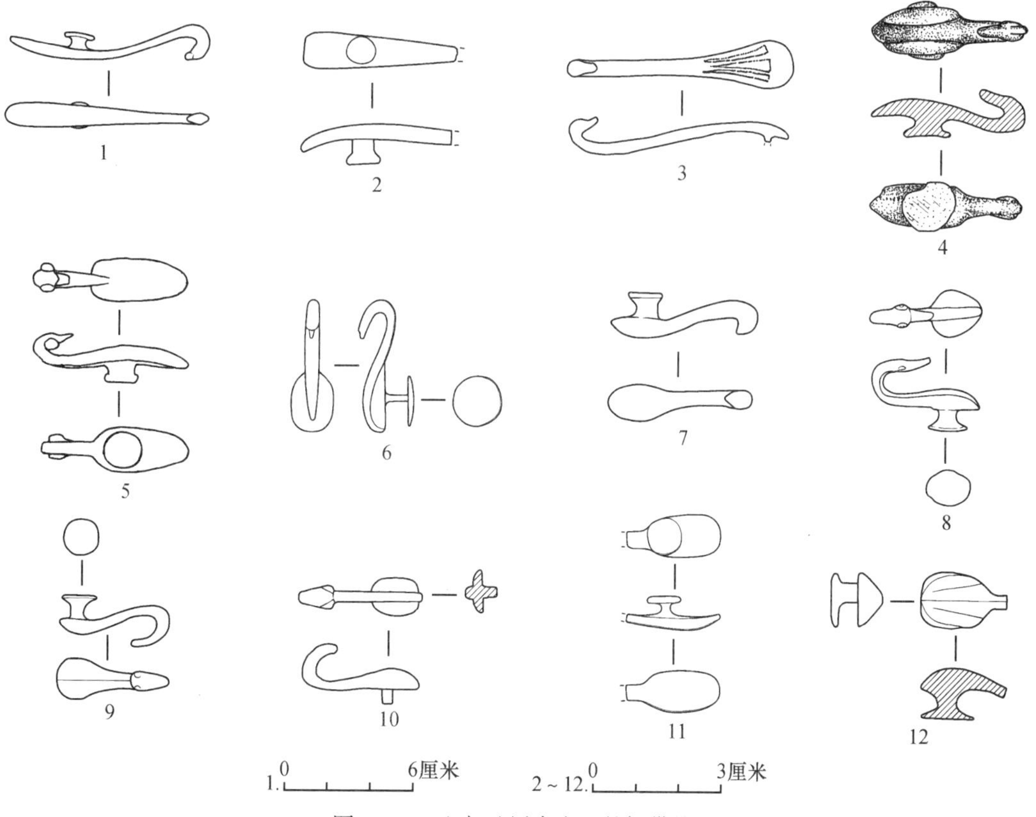

图5.2-26　六朝地层中出土的铜带钩

1～3. A型铜带钩（2001YJKT0916③：19、2004YJET0308⑤：3、2004YJET0307⑤：7）　4～12. B型铜带钩（2004YJET0712⑤c：8、2000YJBT2821④：1、2005YJBT1100③：10、2004YJST0906③：4、2003YJET3K2⑤：39、2001YJKT0612③：3、2000YJET1108④：6、2002YJAT0709③：4、2004YJET0611⑤c：3）

B型　14件。器形小巧，钩头呈鹅首状。2004YJET0712⑤c：8，上部核形，一端有一个凸起的钩，钩背面有一菌形纽。长3.5厘米（图5.2-26，4）。2000YJBT2821④：1，钩头作鹅头形，钩背面有一菌形纽。长3.7厘米，宽1厘米，高1厘米（图5.2-26，5）。2005YJBT1100③：10，整体造型呈鹅状，钩背面有一菌形纽。长3.2厘米（图5.2-26，6）。2004YJST0906③：4，鹅形态，俯身回首状，钩背面有一菌形纽。长3.4厘米，高1厘米（图5.2-26，7）。2003YJET3K2⑤：39，曲颈状，素面，钩背面有一菌形纽。通长2.66厘米，高1.78厘米，宽1.1厘米（图5.2-26，8）。2001YJKT0612③：3，器形小巧，钩头呈鹅首状，钩尾扁圆，盘向连接一圆形扁拍，钩背面有一菌形纽。通长2.7厘米，宽0.3～0.9厘米，高0.9厘米（图5.2-26，9）。2000YJET1108④：6，完整，钩背面有一柱状纽。长2.7厘米，宽0.9厘米，高1.2厘米（图5.2-26，10）。2002YJAT0709③：4，钩尖残，钩背面有一菌形纽，残长2.2厘米，残高0.9厘米（图5.2-26，11）。2004YJET0611⑤c：3，残。表面光滑，上部呈叶状，下部呈椭圆状。钩背面有一菌形纽。残长2厘米，宽1.2厘米，高1.2厘米（图5.2-26，12）。

铜带扣和铜带环　9件。2004YJST0603③：10，上端为长方形，下端为圆形，长3.4厘米，宽2厘米（图5.2-27，1）。2004YJST0604③：9，残。上端弧形，下端柱形，正面有若干沟槽，纹饰不明，铸造。长5.5厘米，宽4厘米（图5.2-27，2）。2004YJET0307⑤：23，一端方形，另一端圆环形，中间有锥状连接体。长2.5厘米，宽1.2厘米，厚0.3厘米（图5.2-27，3）。2004YJET0309⑤c：20，拱形，下端有穿。长2厘米，宽1.6厘米（图5.2-27，4）。2004YJET0410⑤c：18，平面呈花瓶状，截面呈长方形。长5厘米，宽1.7厘米（图5.2-27，5；图版三一，4）。2004YJST0704③：9，大致呈梯形，铸造，长3.2厘米，宽2厘米（图5.2-27，6）。2004YJET0511⑤c：21，平面呈拱形，下端有穿，铸造。长3.5厘米，宽2.1厘米（图5.2-27，

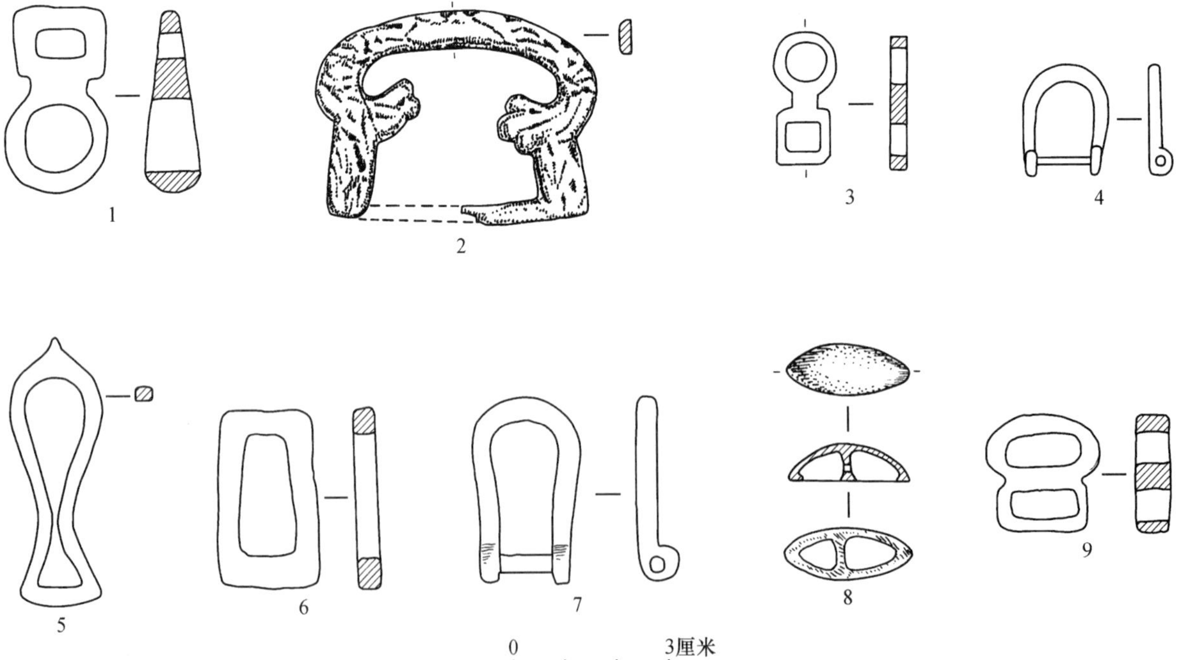

图5.2-27　六朝地层中出土的铜带扣和带环

1. 2004YJST0603③：10　2. 2004YJST0604③：9　3. 2004YJET0307⑤：23　4. 2004YJET0309⑤c：20　5. 2004YJET0410⑤c：18　6. 2004YJST0704③：9　7. 2004YJET0511⑤c：21　8. 2000YJET1110⑤：8　9. 2004YJST0603③：40

7）。2000YJET1110⑤：8，完整。橄榄形，背面内凹，中间横鼻梁用系绳。铸造，长2.4厘米，宽0.7厘米（图5.2-27，8）。2004YJST0603③：40，“8”形，上端为椭圆形，下端为长方形，铸造。长2.2厘米，宽2.2厘米，厚0.4厘米（图5.2-27，9）。

铜环　23件。形状大小差异较大，部分铜环有一定残损。现选取其中8件进行介绍。

2004YJET0410⑤c：8，平面呈环状，截面圆形。外径1.5厘米，内径1厘米，截面直径0.25厘米（图5.2-28，1）。2003YJET1BK④B：10，圆环形，中空，横截面呈扁圆状，粗细不均。范铸。外径2.7厘米，内径1.75厘米，厚0.3厘米（图5.2-28，2）。2004YJET0410⑤c：9，平面呈环状，截面圆形。外径1.6厘米，内径1.1厘米，截面直径0.25厘米（图5.2-28，3）。2000TJCT1708②：1，用宽为0.2厘米的铜丝弯曲成，环状，无纹饰，无衔接处。直径2厘米（图5.2-28，4）。2004YJET0511⑤c：4，圆环形，截面圆形，外径2.1厘米，内径1.7厘米，截面直径0.2厘米（图5.2-28，5）。2004YJET0711⑤c：3，圆环形，表面锈蚀。模制。外径1厘米，内径0.8厘米，厚0.2厘米（图5.2-28，6）。2004YJET0613⑤：16，圆环形，内侧较平，外稍鼓。范铸。直径1.65厘米，内径1.5厘米，高0.15厘米（图5.2-28，7）。2004YJST0907③：4，圆形，中空，平底，顶部呈弧形，正面饰花瓣形纹，范铸。外径4.3厘米，内径3厘米，厚0.4厘米（图5.2-28，8）。

铜铃　23件。按照铃身形制差异可以分为二型。

A型　3件。铃身为梯形或三角形，2001YJKT0814③：7，梯形铃，上有象鼻穿，下呈弧形内凹，中空，内舌不详。高1.4厘米，宽1.3厘米，厚1厘米（图5.2-29，1）。2001YJKT0815③：8，合铸，正视近似三角形，底部内弧，顶部呈片状，中有一孔，底视呈椭圆形，器身除纹，饰微微凸起的乳钉纹，内侧铃锤已残没，高2.7厘米，宽2.5厘米（图5.2-29，2）。2000YJET1107⑤：1，完整，铜铃顶有铜丝焊接拱形小孔，斜肩，口内凹，两侧尖角突出，横剖面呈椭圆形，表面锈蚀局部隐见叶草纹。长1.5厘米，宽1厘米，高1.5厘米

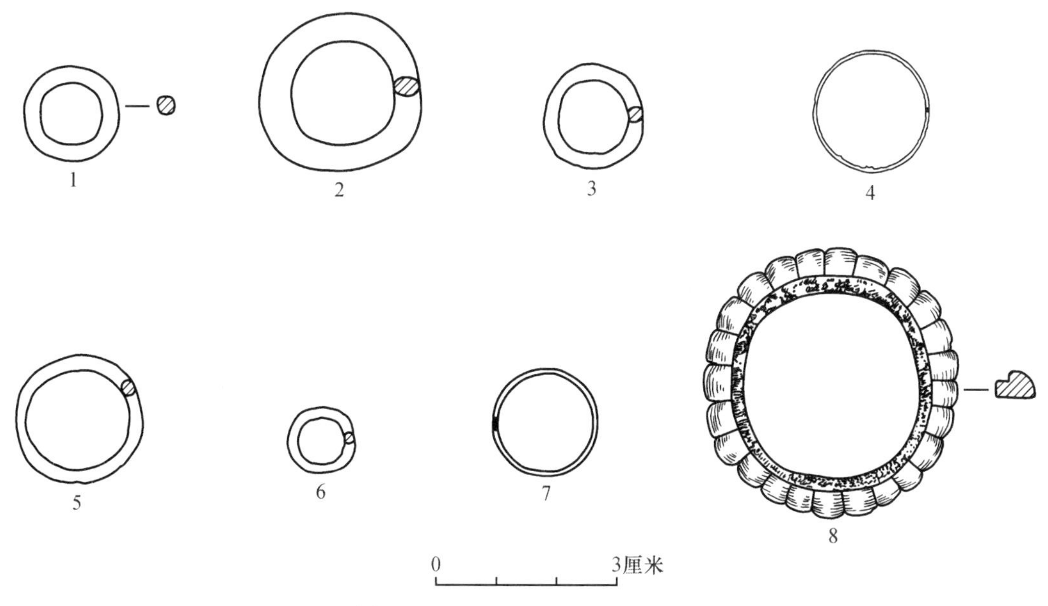

图5.2-28　六朝地层中出土的铜环

1. 2004YJET0410⑤c：8　2. 2003YJET1BK④B：10　3. 2004YJET0410⑤c：9　4. 2000TJCT1708②：1　5. 2004YJET0511⑤c：4　6. 2004YJET0711⑤c：3　7. 2004YJET0613⑤：16　8. 2004YJST0907③：4

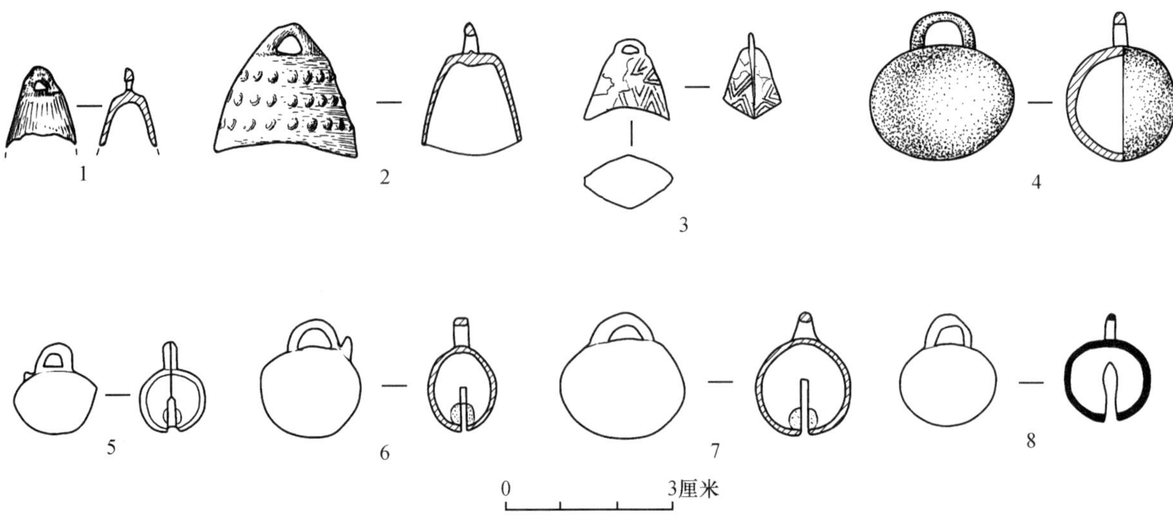

图5.2-29　六朝地层中出土的铜铃

1～3. A型铜铃（2001YJKT0814③：7、2001YJKT0815③：8、2000YJET1107⑤：1）　4～8. B型铜铃（2004YJET0512⑤：7、2004YJET0613⑤：22、2003YJET2⑤：6、2003YJET2⑤：25、2004YJET0711⑤c：4）

（图5.2-29，3）。

B型　20件。铃身为圆球形，2004YJET0512⑤：7，椭圆形球体，中空，顶部有桥形纽，铸造。长径2.5厘米，短径2厘米，纽高0.6厘米（图5.2-29，4）。2004YJET0613⑤：22，上端一鼻形穿，下接豆形铃，中空，内置一球形珰，下半部开口。高1.6厘米，宽1.5厘米，厚1.2厘米（图5.2-29，5）。2003YJET2⑤：6，完整。绿色，扁圆形，上铸圆形穿孔，下腹有一条铜铃半径底弧线。范铸。通高2.1厘米，直径1.2厘米（图5.2-29，6）。2003YJET2⑤：25，完整。绿色，不规则圆形铜铃，上铸有圆环，下有半径铜珠。范铸。直径2.3厘米，通高2.2厘米（图5.2-29，7）。2004YJET0711⑤c：4，圆形，顶部有弧形纽，下部开口。直径1.7厘米（图5.2-29，8）。

铜铺首　3件。2004YJET0309⑤c：22，残。兽面形，表面有须状纹。长4厘米，宽4.2厘米（图5.2-30，1）。2004YJET0509⑤：5，残。兽头状，背面有凸起的纽。长4.4厘米，宽4厘米（图5.2-30，2）。2004YJET0308⑤：4，残。兽状，钩状鼻。残高2.6厘米，宽3.2厘米（图5.2-30，3）。

铜钉　11件。现选取其中8件进行介绍。2001YJKT0917③：1，顶部为帽盔式，下部为圆锥式。长4.5厘米（图5.2-30，4）。2000YJET1108④：4，完整，顶部凸起半圆状，背铸一钉。长3.5厘米，宽1.8厘米（图5.2-30，5）。2001YJKT0811③：9，通体呈圆钉状，帽扁圆，顶端平，并有一孔，长4.4厘米，帽径1.5厘米，柱径0.5～0.7厘米（图5.2-30，6）。2003YJET3K2⑤：22，完整，上方棱，下柱状锥形杆，末端浑圆一侧开圆形孔。通长6.3厘米，钉帽1.4厘米，钉径1厘米（图5.2-30，7）。2004YJST0603③：27，伞形钉帽，钉身柱状，通高4.6厘米，钉帽直径2厘米，钉身截面0.6厘米（图5.2-30，8）。2004YJET0711⑤c：1，钉帽呈伞状，钉身圆柱状。长4.2厘米，钉身0.7厘米，钉帽直径1.8厘米（图5.2-30，9）。2004YJST0603③：5，五瓣形钉帽，表面鎏金。长2.2厘米（图5.2-30，10）。2004YJET0613⑤：18，钉帽为球形花蕾

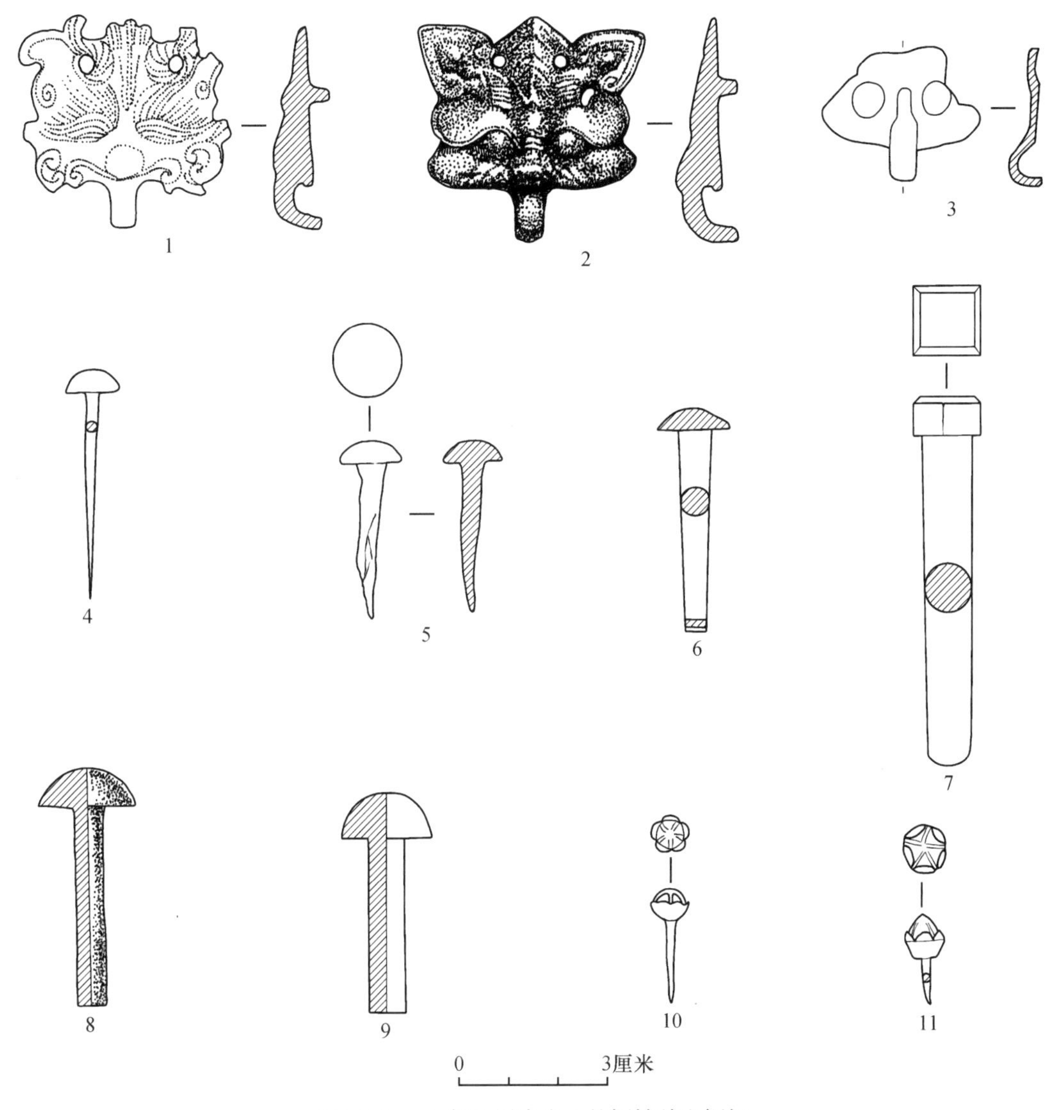

图5.2-30　六朝地层中出土的铜铺首和铜钉

1～3. 铜铺首（2004YJET0309⑤c：22、2004YJET0509⑤：5、2004YJET0308⑤：4）　4～11. 铜钉（2001YJKT0917③：1、2000YJET1108④：4、2001YJKT0811③：9、2003YJET3K2⑤：22、2004YJST0603③：27、2004YJET0711⑤c：1、2004YJST0603③：5、2004YJET0613⑤：18）

状，共五瓣，下为锥状钉，鎏金花蕾形。范铸。通长1.78厘米，钉长0.9厘米，帽径0.88厘米（图5.2-30，11）。

铜泡钉　26件。因用途不同种类较繁杂，大多数器表鎏金。2001YJKT0815③：2，鎏金，弧形帽，内侧中心饰一锥形钉，直径1.8厘米，高2厘米（图5.2-31，1）。2000YJET1114④：1，锈蚀严重，周沿平折，正面中部凸起，背面内凹铸一钉。直径1.6厘米（图5.2-31，2）。2001YJKT0509③：2，鎏金，外观方弧形帽，锥形钉尖顶部饰蛇形图案，整体小巧精致，长2.8厘米，宽1.7～2厘米，高0.8～1厘米（图5.2-31，3）。2001YJKT0613③：2，范铸，鎏金，弧形帽，内侧中心饰一锥形钉，直径2.4厘米，高1.2厘米（图5.2-31，4）。2004YJET0308⑤：1，残。帽形，内部有一截面为椭圆形之钉身。直径2.6厘米，高1.3厘米，钉身长1厘米（图5.2-31，5）。

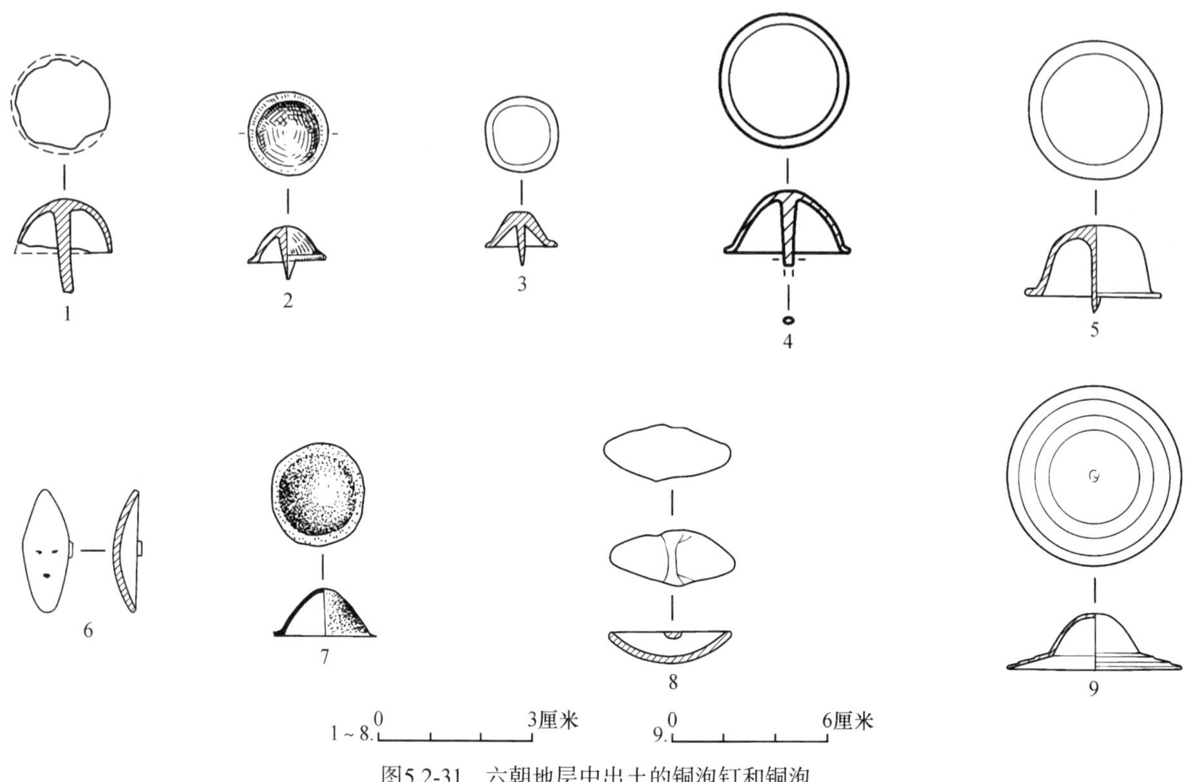

图5.2-31　六朝地层中出土的铜泡钉和铜泡

1～5. 铜泡钉（2001YJKT0815③：2、2000YJET1114④：1、2001YJKT0509③：2、2001YJKT0613③：2、2004YJET0308⑤：1）
6、7、9. 铜泡（2002YJAT0608③：5、1999YJSTG2③：10、2003YJET1⑤：35）　8. 铜扣（2004YJET0511⑤c：22）

铜泡和铜扣　共4件。其中铜泡3件，铜扣1件。2002YJAT0608③：5，铜泡，平面呈枣核形，表面外鼓，上有几个凸起的小圆点，背面短边间有一条形横梁。泡长2.3厘米，宽约1厘米，壁厚0.1厘米（图5.2-31，6）。1999YJSTG2③：10，铜泡，残。俯视呈正圆形，正视呈盅形，壁薄，中空。直径2厘米，高0.9厘米（图5.2-31，7）。2003YJET1⑤：35，铜泡，残。鎏金色，内凹，中部凸起，呈斗笠形，背饰弦纹，顶部有一圆孔，其上鎏金并饰弦纹，鎏金大部均已脱落，仅有一部分。范铸。外径6.8厘米，通高2厘米，厚0.15厘米（图5.2-31，9）。2004YJET0511⑤c：22，铜扣，扣面弧形，有拱形纽，铸造。长2.4厘米，宽1厘米，高0.6厘米（图5.2-31，8）。

铜顶针　17件。均为圆环形，形制较为相似，选取其中6件标本进行介绍。2001YJKT0915③：9，剖面片状，器身布满窝，直径1.8厘米，厚1厘米（图5.2-32，1）。2004YJET0509⑤：4，表面饰戳刺纹，直径1.8厘米，高0.7厘米（图5.2-32，2）。2004YJET0412⑤：14，侧壁饰五道戳刺纹，铸造。外径1.3厘米，内径1.1厘米，高0.8厘米（图5.2-32，3）。2003YJET2③：1，稍残。上下两端微起凸棱，其间通体饰点状纹。铸造。通高0.7厘米，外径1.6厘米，壁厚0.1厘米（图5.2-32，4）。2003YJET3⑤：26，残。铜片加工形状，顶针周围有均匀小点。直径1.7厘米（图5.2-32，5）。2004YJET0408⑤：9，上下两端突起，中间饰突状纹。直径1.8厘米，高0.7厘米，壁厚0.1厘米（图5.2-32，6）。

铜钩形器　2件。2004YJET0412⑤：16，条状，弯曲，截面圆形，通长9.6厘米，直径0.25厘米（图5.2-33，1）。1999YJAT2④：12，条状，弯曲呈U形，一端漫弧，两边稍内弧，另一

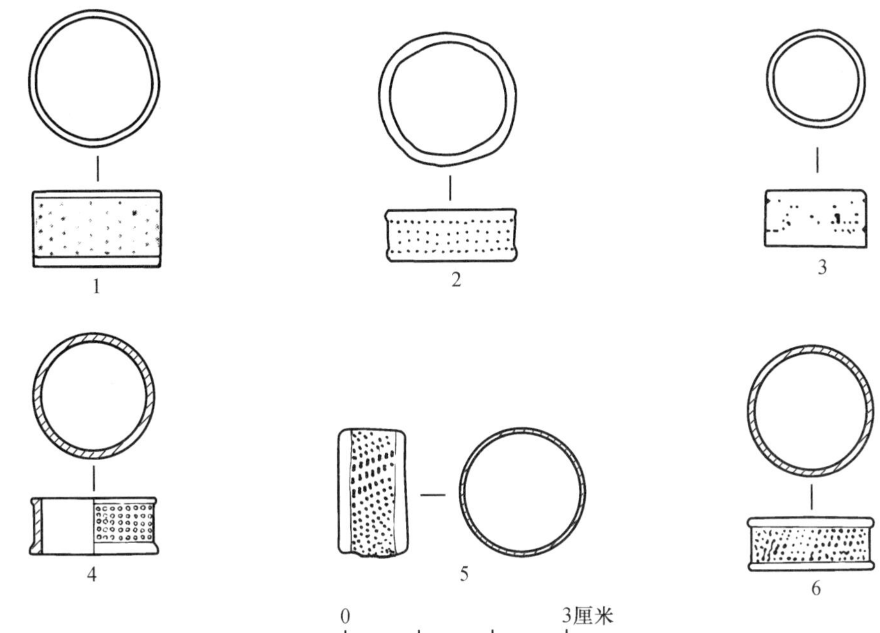

图5.2-32　六朝地层中出土的铜顶针

1. 2001YJKT0915③：9　2. 2004YJET0509⑤：4　3. 2004YJET0412⑤：14　4. 2003YJET2③：1　5. 2003YJET3⑤：26　6. 2004YJET0408⑤：9

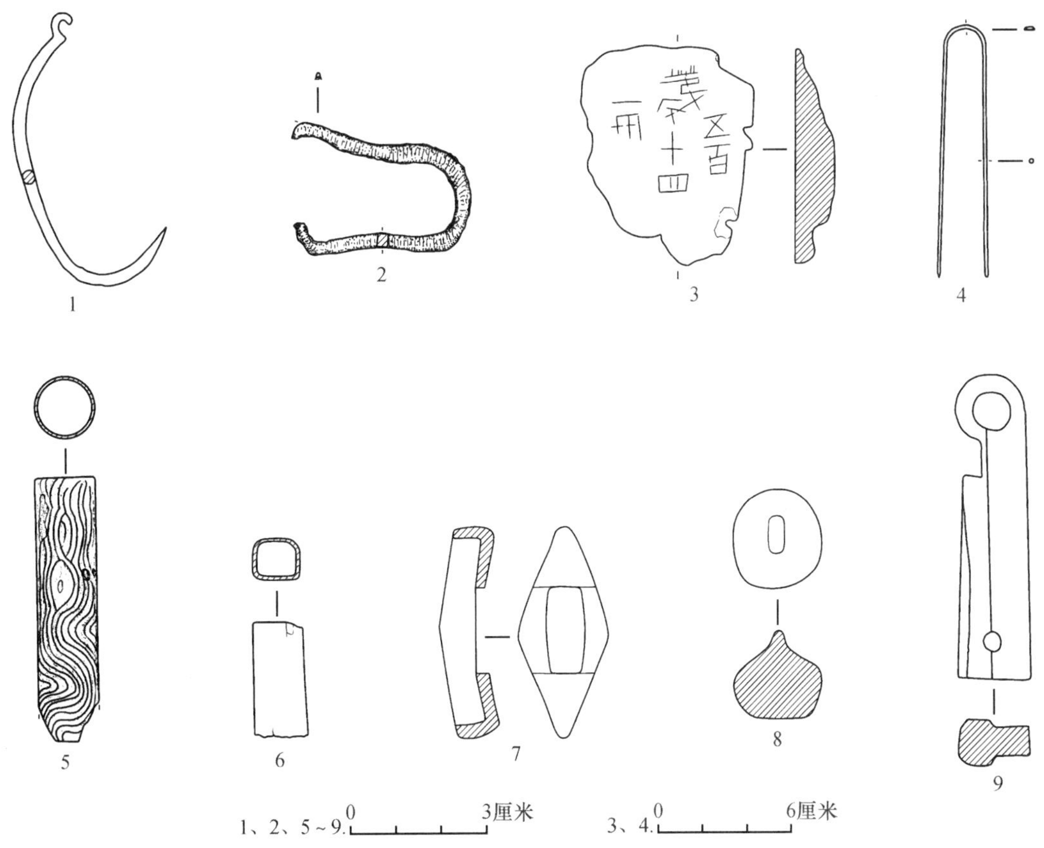

图5.2-33　六朝地层中出土的其他铜器

1、2. 铜钩形器（2004YJET0412⑤：16、1999YJAT2④：12）　3. 铜饼（2003YJET1⑤：41）　4. 铜钗（2004YJET0613④：6）　5、6. 铜管（2003YJET1⑤：10、2003YJET1⑤：38）　7. 铜剑镡（2002YJAT0703③：4）　8. 铜杈（2005YJBT1101③：2）　9. 铜悬刀（2004YJET0309⑤c：11）

端稍宽，呈开口状，横剖面呈方形。长4厘米，宽2～2.8厘米（图5.2-33，2）。

铜饼　1件。2003YJET1⑤：41，完整。绿色，不规则长条形，一面平整，并錾刻文字，另一侧呈弧状凸起，边缘不规则，呈自然滴流状，上有錾刻隶书七字。为冶炼成形的铜材，上部有其重量单位。长9.5厘米，宽7.8厘米，厚1.8厘米（图5.2-33，3）。

铜钗　1件。2004YJET0613④：6，“U”形钗，顶部扁圆，钗杆圆锥形下端略尖。总长10.6厘米，杆径20.16厘米，杆距1.9厘米（图5.2-33，4）。

铜管　3件。2003YJET1⑤：10，残。圆柱形管，中空上有铸造时形成的凸棱和镂孔，通体饰波状纹。长5.7厘米，内径1.1厘米，外径1.3厘米（图5.2-33，5）。2003YJET1⑤：38，残。绿色，管状，上端呈方形较细，下端较粗，中空，壁较薄，素面，应为盖弓帽残段。范铸。通长2.5厘米，直径1.1厘米（图5.2-33，6）。2004YJET0613⑤：3，残。截面椭圆形，中间有椭圆形穿孔。最大径1.5厘米，高1.5厘米。

铜剑镡　1件。2002YJAT0703③：4，完整，平面呈菱形，中有一近长方形的穿孔，侧视为凹字形，长4.5厘米，宽2厘米，厚0.9厘米（图5.2-33，7）。

铜权　1件。2005YJBT1101③：2，平面形状呈椭圆形。长2厘米，宽1.8厘米，高1.9厘米（图5.2-33，8）。

铜悬刀　1件。2004YJET0309⑤c：11，残。刀形，一端有圆形，另一端有穿孔。长6.4厘米，宽1.7厘米，厚0.65厘米（图5.2-33，9）。

除了上述器物外还出土了一些其他的铜饰件，还包括很多的铜片、铜块等，我们选取以下标本进行介绍。2004YJST0804③：28，残。人形，背面有柱形纽，铸造，高4厘米（图5.2-34，1）。2002YJAT0601③：2，人形成正身立姿，双腿微曲，双臂抱于胸前，背生双翼，

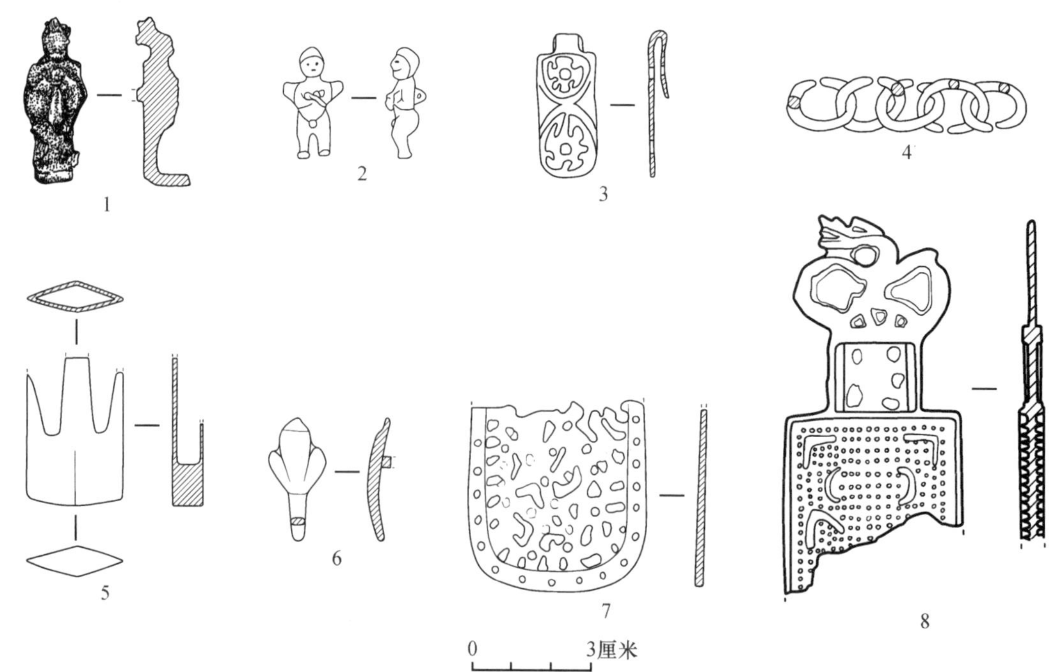

图5.2-34　六朝地层中出土的铜饰件

1. 2004YJST0804③：28　2. 2002YJAT0601③：2　3. 2004YJET0613⑤：14　4. 2004YJET0613⑤：10　5. 2005YJBT0806③：4　6. 2005YJBT1001③：2　7. 2004YJET0511⑤c：19　8. 2004YJET0711⑤c：6

腿间似为男性生殖器。通高2.7厘米（图5.2-34，2；图版三二，5、6）。2004YJET0613⑤：14，长条牌状，下端呈圆弧，上端一钩后曲，上鎏金并饰不规则花纹。通长3.5厘米，宽1.5厘米，厚1.2厘米，前孔径0.3厘米，后孔径0.13厘米（图5.2-34，3）。2004YJET0613⑤：10，由五个环连接在一起，总长6厘米（图5.2-34，4）。2005YJBT0806③：4，截面呈菱形，平面呈山字形。残长3.6厘米，宽2.4厘米，最厚处0.7厘米（图5.2-34，5；图版三二，3）。2005YJBT1001③：2，整体造型似一朵花，长3厘米（图5.2-34，6）。2004YJET0511⑤c：19，残。大致呈方形，中部大量形状不规则的孔，边缘饰圈纹。残长4.6厘米，宽4.4厘米，厚0.2厘米（图5.2-34，7）。2004YJET0711⑤c：6，残。顶部龙形装饰，下部长方形、有挫状突起。残长9.5厘米，宽4.3厘米，厚0.4厘米（图5.2-34，8）。

4. 铁器

六朝地层中出土的铁器种类比较丰富，其中以铁镞数量最多，此外，还包括铁刀、铁斧、铁钁、铁镰、铁鐏等。

铁镞　81件，均有铤，铤截面多为圆形、扁圆形或四边形，依据镞身形态差异，可分为三型。

A型　43件。镞身为四棱形，铤截面近圆形或四边形。

2004YJST0604③：7，残。铤截面近方形，残长7厘米，镞身长4.7厘米，铤长2.3厘米（图5.2-35，1；图版三三，6）。2000YJCT0901②：1，表面锈蚀严重，锋中间起脊，铤截面近圆形。长7厘米（图5.2-35，2）。2004YJET0411⑤：17，铤为四棱形，铤身分为两段，上段粗下段细，通长6.6厘米，镞身长3.2厘米，铤长3.4厘米（图5.2-35，3）。2002YJAT0602③：17，器体较小，铤稍残，截面为圆形，残长7.5厘米，镞身长4.6厘米（图5.2-35，4）。2005YJBT0900③：1，铤截面为圆形，通长6.5厘米，铤长4.4厘米（图5.2-35，5）。2004YJET0512⑤：1，残。铤截面为圆形，残长7厘米，镞身长4厘米，铤长3厘米（图5.2-35，6）。2001YJKT0812③：1，短铤，剖面为圆形，长4.1厘米（图5.2-35，7）。2004YJET0712⑤c：23，残。铤截面近圆形，长4.5厘米，铤长2厘米（图5.2-35，8）。2004YJET0410⑤c：19，关与铤截面均为圆形，镞身长1.2厘米，关长1.8厘米，铤长1.7厘米（图5.2-35，9）。2004YJET0408⑤：4，残。铤截面为圆形，残长5.4厘米，镞身长2.8厘米，铤长2.6厘米（图5.2-35，10）。

B型　28件。镞身为三棱形，铤截面为圆形或扁圆形。

2004YJET0612⑤c：25，残。铤截面扁圆形，残长10.7厘米，镞身长5厘米，铤长5.7厘米（图5.2-36，1）。2004YJST0603③：22，残。圆铤，残长8.9厘米，镞身长7厘米，铤长1.9厘米（图5.2-36，2）。2004YJET0512⑤：2，残。圆铤，铸造，残长8.2厘米，镞身长5.6厘米，铤长1.6厘米（图5.2-36，3）。2004YJET0511⑤c：1，铤截面圆形，通长8厘米（图5.2-36，4）。

C型　10件。镞身柳叶形，铤截面为圆形或扁圆形。

2004YJST0704③：1，残。柳叶形镞身，圆铤，残长6.7厘米，镞身长2.6厘米，铤长4.1厘米（图5.2-36，5）。1999YJSTG2③：6，残。镞身叶状，铤呈圆锥状，截面为圆形，通长5.5

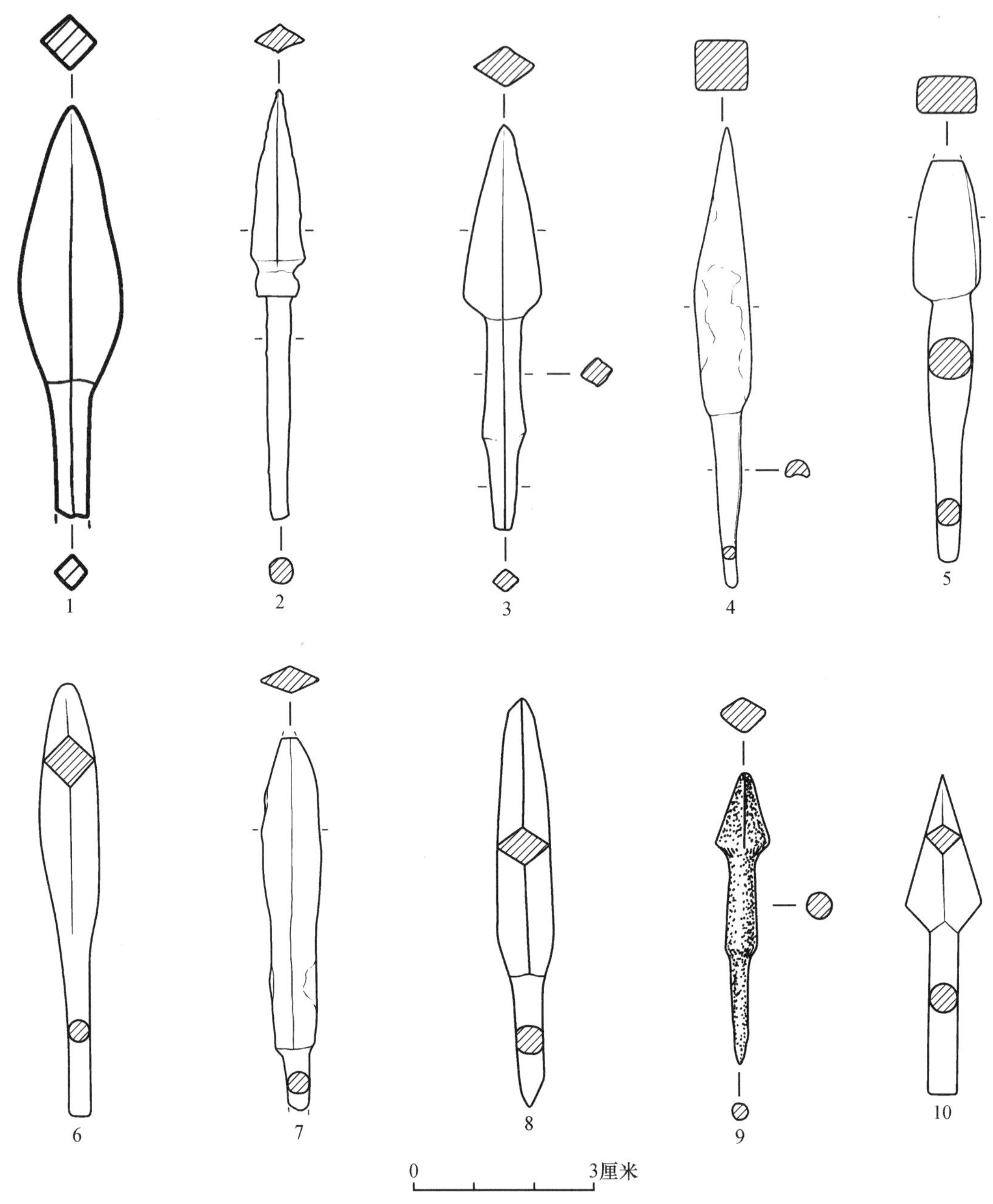

图5.2-35 六朝地层中出土的A型铁镞

1. 2004YJST0604③：7 2. 2000YJCT0901②：1 3. 2004YJET0411⑤：17 4. 2002YJAT0602③：17 5. 2005YJBT0900③：1 6. 2004YJET0512⑤：1 7. 2001YJKT0812③：1 8. 2004YJET0712⑤c：23 9. 2004YJET0410⑤c：19 10. 2004YJET0408⑤：4

厘米，镞身宽1.7厘米（图5.2-36，6）。2004YJST0603③：4，铤截面扁圆形，通长6.5厘米，镞身长2.3厘米，铤长4.2厘米（图5.2-36，7）。2004YJET0712⑤c：19，残。镞尖扁平，铤截面为圆形，残长6.1厘米，镞身长3.2厘米，铤长2.9厘米（图5.2-36，8）。

铁矛 3件。2003YJET3⑤：1，残。锈色，略薄，柄部中空，通长60厘米，柄直径0.5厘米，刃部厚0.2厘米（图5.2-37，1）。2002YJAT0610③：12，矛尖为柳叶形，中部起脊，骹部为筒形，柄端稍残，残长27厘米，矛头长16.5厘米（图5.2-37，2）。

铁剑 3件。2004YJET0712⑤c：30，残。一端形制规整，棱角分明，另一端残，残长24厘

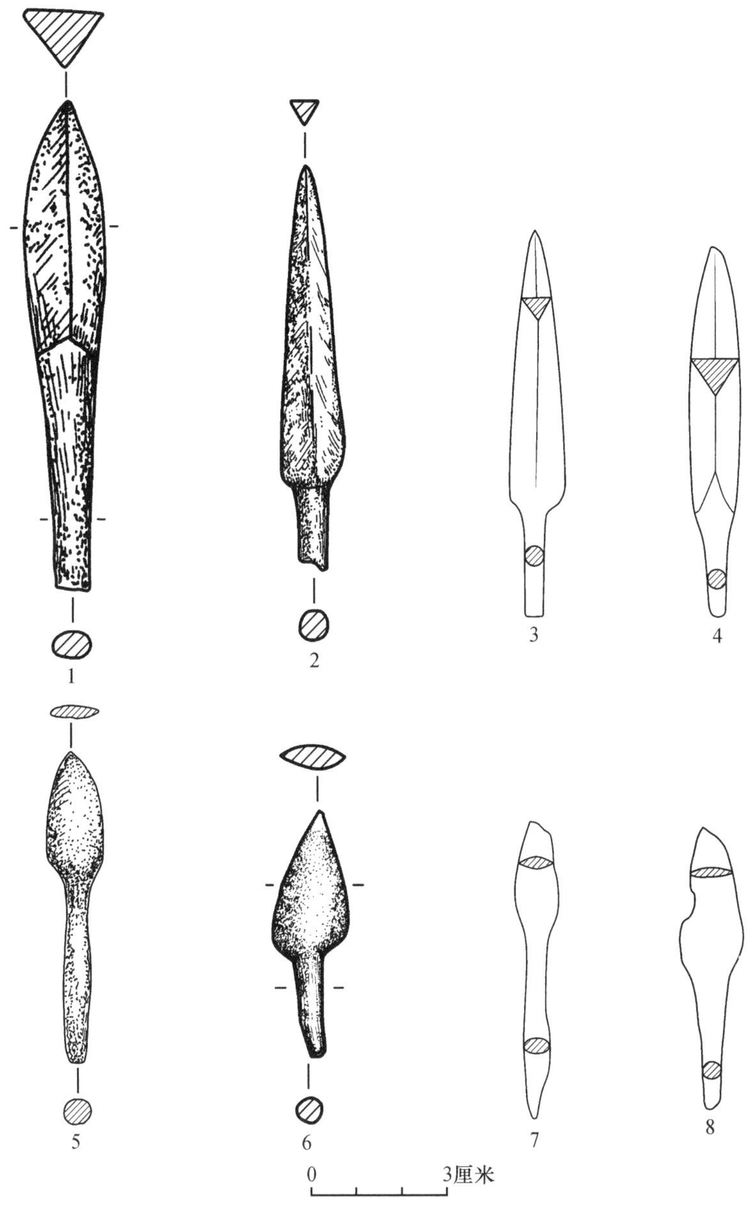

图5.2-36　六朝地层中出土的B型和C型铁镞

1～4. B型铁镞（2004YJET0612⑤c：25、2004YJST0603③：22、2004YJET0512⑤：2、2004YJET0511⑤c：1）　5～8. C型铁镞（2004YJST0704③：1、1999YJSTG2③：6、2004YJST0603③：4、2004YJET0712⑤c：19）

米，宽1.8厘米，厚0.3厘米（图5.2-37，3）。2004YJET0511⑤c：11，残。一端为柱状柄，剑身上宽下窄，残长13厘米，剑柄残长4.8厘米（图5.2-37，4）。

铁鐏　5件。2005YJBT1002③：2，残。圆锥体，中空，残长19厘米，最大截面直径3.6厘米（图5.2-37，5）。2004YJET0511⑤c：23，残。圆锥体，中空，残长11厘米，最大截面直径2.8厘米（图5.2-37，6）。2004YJST0804③：12，残。圆锥体，中空，残长9.8厘米，最大截面直径3.5厘米（图5.2-37，7）。

铁臿　4件。2001YJST0608③：1，弧刃，宽12.7厘米，高13.4厘米（图5.2-38，1）。2000YJCT0901②：2，残。弧刃，宽13厘米，高6.2厘米（图5.2-38，2）。2004YJET0411⑤：10，

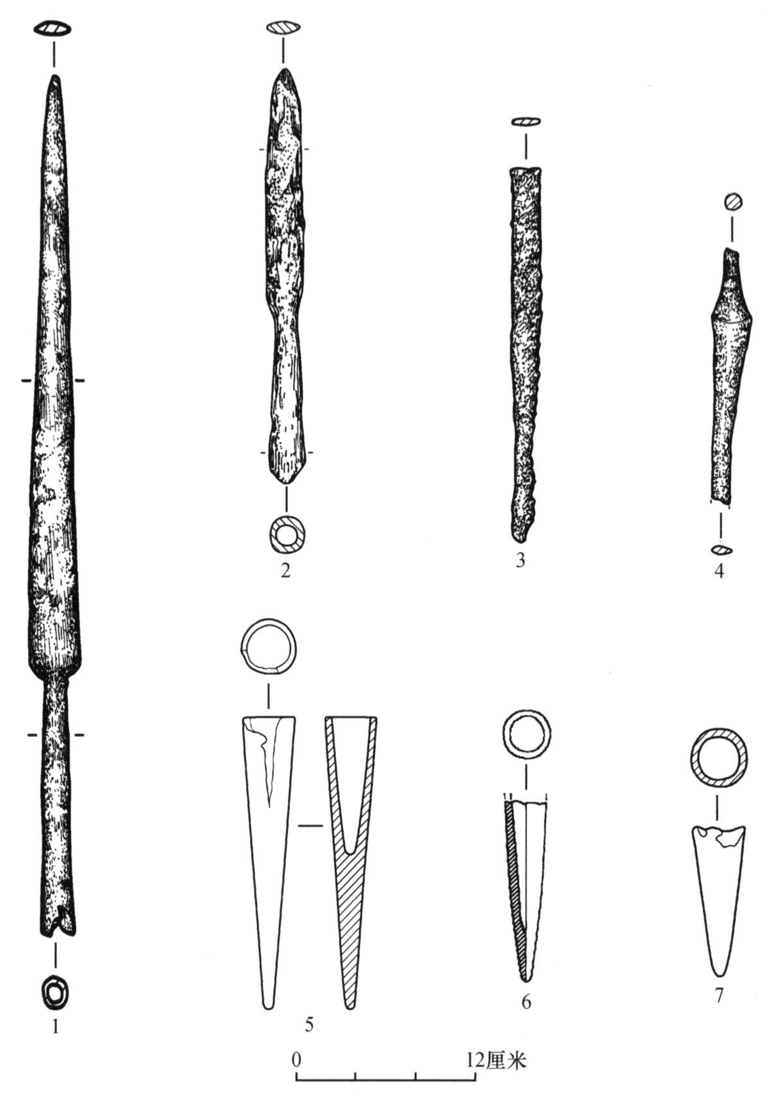

图5.2-37　六朝地层中出土的铁矛、铁剑和铁鐏

1、2. 铁矛（2003YJET3⑤：1、2002YJAT0610③：12）　3、4. 铁剑（2004YJET0712⑤c：30、2004YJET0511⑤c：11）
5～7. 铁鐏（2005YJBT1002③：2、2004YJET0511⑤c：23、2004YJST0804③：12）

残。弧刃，残宽8厘米，残高12厘米（图5.2-38，3）。

铁锄　2件。2002YJAT0610③：15，刃近长方形，斜向内收，长方形銎孔，残长12.4厘米，宽15厘米，銎孔长2.8厘米，宽1.7厘米（图5.2-38，4）。

铁钁　7件。2001YJKT0612③：2，直刃，纵剖面“V”形，銎截面为长方形，长13.4厘米，宽5.7厘米，銎宽2.5厘米（图5.2-38，5）。2001YJST0506③：4，残。弧刃，纵剖面“V”形，长12厘米，宽8厘米，銎宽2厘米（图5.2-38，6）。2004YJST0804③：25，残。刃较圆钝，銎截面近长方形，残长10厘米，宽6.5厘米（图5.2-38，7）。

铁镰　5件。2004YJST0705③：12，刃部残，柄与刃大致垂直，细长柄，截面为抹角方形，长17厘米（图5.2-38，8）。2003YJET2⑤：15，刃部残，柄与刃大致垂直，柄为四棱形，通长15厘米，刃残长4.1厘米，刃宽1.4厘米（图5.2-38，9）。2004YJET0512⑤：10，残。柄与刃大致垂直，柄长7.5厘米，刃残长7厘米（图5.2-38，10）。

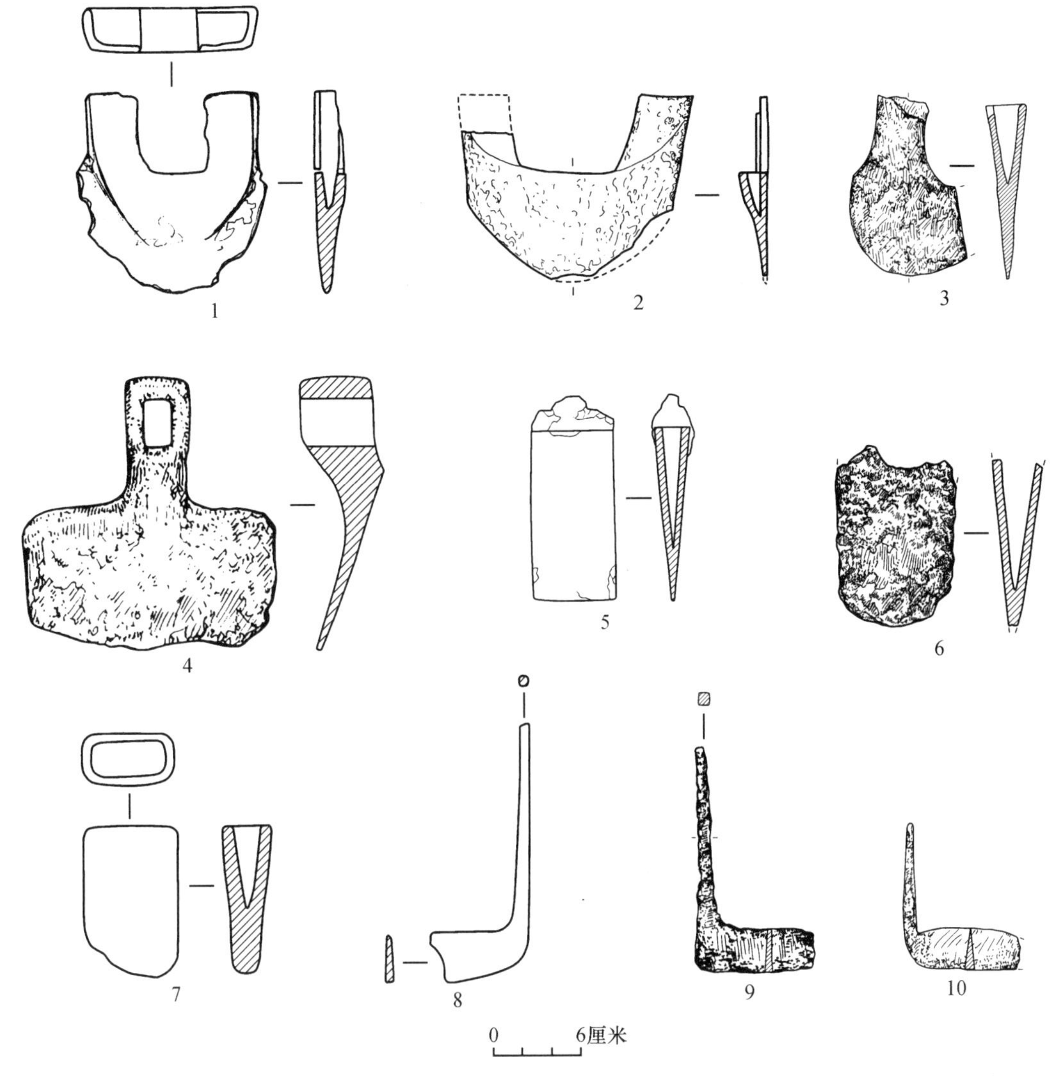

图5.2-38　六朝地层中出土的铁农具

1～3. 铁臿（2001YJST0608③：1、2000YJCT0901②：2、2004YJET0411⑤：10）　4. 铁锄（2002YJAT0610③：15）
5～7. 铁䦆（2001YJKT0612③：2、2001YJST0506③：4、2004YJST0804③：25）　8～10. 铁镰（2004YJST0705③：12、2003YJET2⑤：15、2004YJET0512⑤：10）

铁刀　20件。按功能和形制差异可分为二型。

A型　18件。刀身细长，刀背平直，需额外装柄。现选取其中6件进行介绍。2004YJET0612⑤c：15，尖部残，残长34厘米，刃宽3厘米，背厚0.7厘米（图5.2-39，1）。2004YJST0804③：7，尖部残，残长24厘米，刃宽2.8厘米（图5.2-39，2）。1999YJAT1③：4，残。刀身窄长，刀背平直，残长17.2厘米，刃宽1.9厘米，柄宽0.8厘米（图5.2-39，3）。2004YJST0704③：12，残。刀背平直，刃微弧，残长16.5厘米，宽2.6厘米（图5.2-39，4）。2004YJET0613⑤：27，残。上背平直，残长9厘米，宽2.2厘米，厚0.74厘米（图5.2-39，5）。2004YJST0604③：1，柄部残，残长7.1厘米，宽1.1厘米（图5.2-39，6）。

B型　2件。柄身合铸，弧刃较宽，柱状柄。2004YJET0308⑤：7，头端呈尖状，直背较厚，弧刃，柄部为柱状，中空，长7.5厘米（图5.2-39，7）。2004YJET0907③：9，锐尖，平直背，刀刃呈弧形，向后渐展，双侧开刃，实心柱状柄，通长7.2厘米，柄长3.2厘米，背厚0.4厘

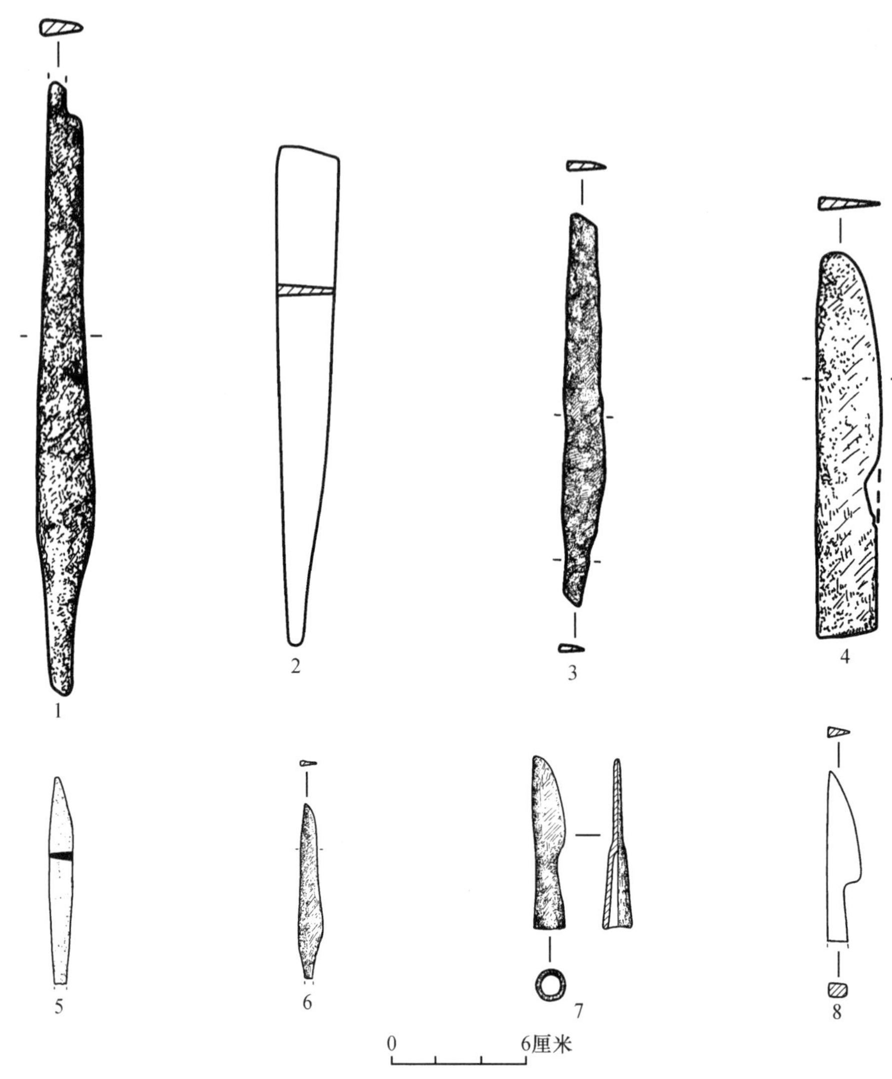

图5.2-39　六朝地层中出土的铁刀

1～6. A型铁刀（2004YJET0612⑤c：15、2004YJST0804③：7、1999YJAT1③：4、2004YJST0704③：12、2004YJET0613⑤：27、2004YJST0604③：1）　7、8. B型铁刀（2004YJET0308⑤：7、2004YJST0907③：9）

米（图5.2-39，8）。

铁叉　1件。2002YJAT0708③：13，叉尖截面前圆后方，柄截面为圆形，残长32厘米，柄长22厘米（图5.2-40，1）。

铁斧　8件。2001YJST0608③：2，刃宽，呈扇形，弧刃，斧剖面呈“V”形，銎口长方形，长12厘米，刃宽10.9厘米，銎口宽4.6厘米（图5.2-40，2）。2001YJKT0815③：14，弧刃，剖面呈“V”形，銎口长方形，长12厘米，刃宽9厘米，銎口宽4.6厘米（图5.2-40，3）。2004YJET0613⑤：26，斧身上宽下窄，呈扇形，双侧开刃，斧剖面呈“V”形，长10.4厘米，刃宽7.8厘米，銎口宽2.4厘米（图5.2-40，4）。2004YJET0308⑤：8，残。刃宽，呈扇形，弧刃，斧剖面呈“V”形，銎口为扁圆形，长10.5厘米，宽8厘米，銎口短径2.5厘米（图5.2-40，5）。2001YJST0606③：4，残。斧刃呈半月形，剖面呈“V”形，銎口截面长方形，长10厘米，宽6厘米（图5.2-40，6）。

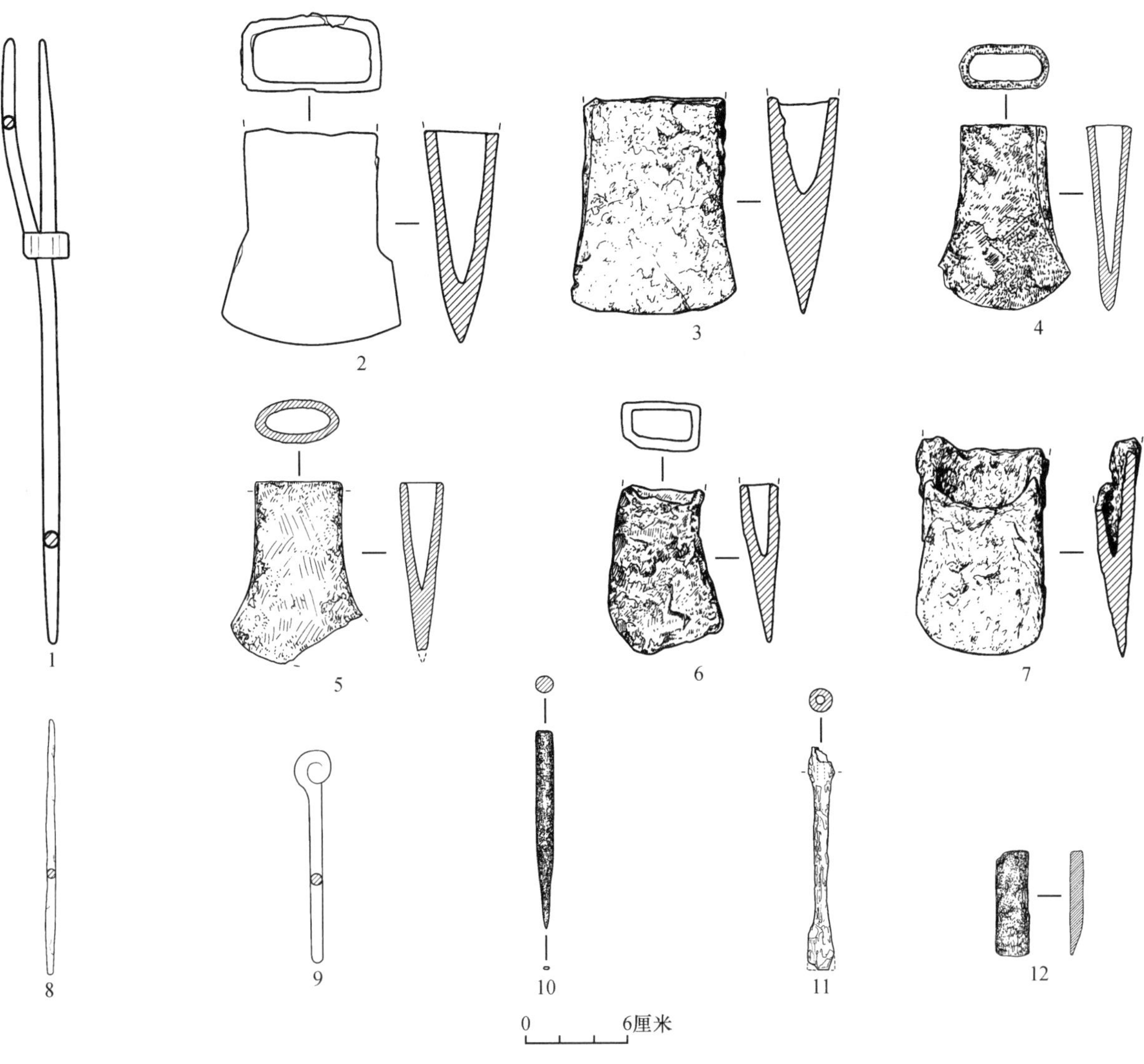

0　6厘米

图5.2-40　六朝地层中出土的铁工具

1. 铁叉（2002YJAT0708③：13）　2～6. 铁斧（2001YJST0608③：2、2001YJKT0815③：14、2004YJET0613⑤：26、2004YJET0308⑤：8、2001YJST0606③：4）　7. 铁锛（2001YJKT0813③：9）　8～10. 铁锥（2002YJAT0708③：11、2004YJST0603③：7、2004YJET0412⑤：1）　11、12. 铁凿（2000YJET1208④：7、2003YJET3⑤：2）

铁锛　1件。20001YJKT0813③：9，残。单面刃，长12厘米，宽8厘米（图5.2-40，7）。

铁锥　6件。2002YJAT0708③：11，残。截面为圆形，残长14.6厘米，截面直径约0.5厘米（图5.2-40，8）。2004YJST0603③：7，残。柄部似圆饼形，锥体截面为圆形，通长12厘米，柄长2厘米，锥身长10厘米（图5.2-40，9）。2004YJET0412⑤：1，尖扁平，锥身截面为圆形，长11.2厘米（图5.2-40，10）。

铁凿　3件。2000YJET1208④：7，锈蚀严重，整体呈长条形，上端残断，可见孔，下端呈铲状，长12.8厘米，宽1.5厘米（图5.2-40，11）。2003YJET3⑤：2，残。一面刃，残长5.4厘米，宽1.7厘米，厚0.6厘米（图5.2-40，12）。

铁棍　1件。2004YJET0408⑤：7，残。截面为圆形，残长15.5厘米，截面直径0.7厘米（图5.2-41，1）。

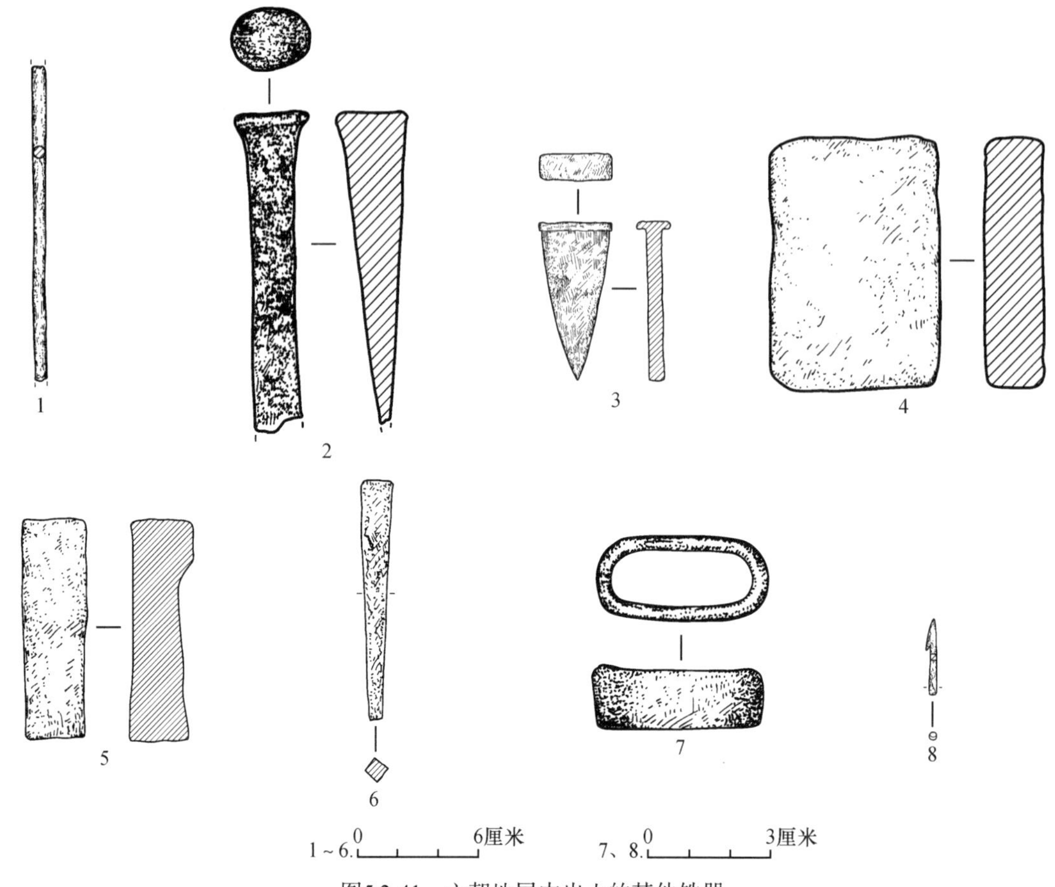

图5.2-41　六朝地层中出土的其他铁器

1. 铁棍（2004YJET0408⑤：7）　2、3. 铁錾（2004YJST0906③：5、2004YJET0411⑤：16）　4、5. 铁锭（2004YJST0605③：1、2004YJST0705③：18）　6. 铁钉（2004YJET0412⑤：4）　7. 铁环（2004YJET0612⑤c：14）　8. 铁鱼鳔（2002YJAT0602③：2）

铁錾　2件。2004YJST0906③：5，残。一端截面为椭圆形，残长15厘米，宽2.5厘米（图5.2-41，2）。2004YJET0411⑤：16，一端截面为长方形，长7.5厘米（图5.2-41，3）。

铁锭　2件。2004YJST0605③：1，长方体，长12厘米，宽8.5厘米，厚3厘米（图5.2-41，4）。2004YJST0705③：18，残。长方形，残长10.5厘米，宽3厘米，厚3厘米（图5.2-41，5）。

铁钉　1件。2004YJET0412⑤：4，截面近方形，残长11.5厘米（图5.2-41，6）。

铁环　1件。2004YJET0612⑤c：14，扁圆形，长径4厘米，短径2厘米，环面宽1.3厘米（图5.2-41，7）。

铁鱼鳔　1件。2002YJAT0602③：2，尖部一侧有倒钩，尖端截面为方形，后端为圆截面，长1.8厘米（图5.2-41，8）。

5. 石器

六朝地层中出土的石器数量不多，但种类丰富，以下将具体介绍。

石雕　3件。2000YJET1110⑤：5，残。褐色砂岩，熊猫状，手制，宽9.4厘米，高11厘米（图5.2-42，1）。2000YJET1110⑤：6，残。褐色砂岩，狮形，手制，长16～17厘米，宽12厘米，高13.6厘米（图5.2-42，2）。2004YJST0804③：35，残。圆形容器外壁打磨，外侧兽头形，凿刻。直径21.8厘米，厚3.2厘米，残高13厘米（图5.2-42，7）。

石器座　2件。2004YJST0804③：19，残。长方形，一面有两个凸起，另一面有两条平行凸棱，磨制。残长20厘米，宽18.2厘米，厚4厘米（图5.2-42，3）。2004YJST0804③：20，圆形，上表面平坦，边缘有一圈凸起的棱，磨制。直径19.5厘米，厚11厘米（图5.2-42，4）。

石坩埚　1件。2004YJST0804③：32，残。圆槽形，直壁，内壁中有一圈横向的凸起，打制。外径24厘米，内径16厘米，高18厘米（图5.2-42，5）。

石门枢　1件。2004YJST0805③：6，方台形，中部有一个圆形孔，打制。上底边17厘米，

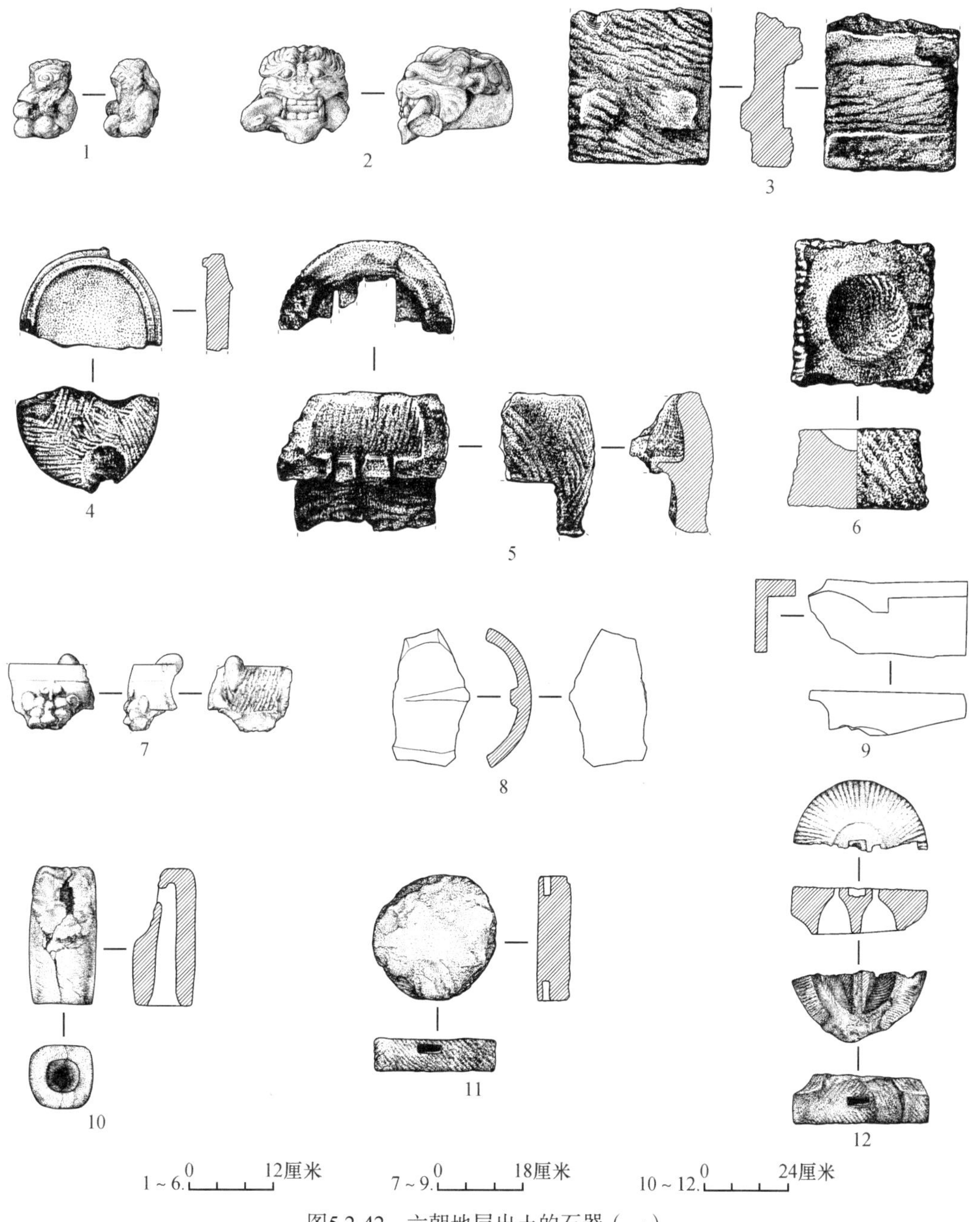

图5.2-42　六朝地层出土的石器（一）

1、2、7. 石雕（2000YJET1110⑤：5、2000YJET1110⑤：6、2004YJST0804③：35）　3、4. 石器座（2004YJST0804③：19、2004YJST0804③：20）　5. 石坩埚（2004YJST0804③：32）　6. 石门枢（2004YJST0805③：6）　8、9. 石范（2001YJKT0917③：16、2001YJKT0811③：4）　10. 石鼓风管（2004YJST0604③：12）　11. 石夯（2004YJST0704③：20）　12. 石磨盘（2004YJST0603③：13）

下底边20厘米，高11厘米，凹坑直径12厘米，深3.5厘米（图5.2-42，6）。

石范 2件。2001YJKT0917③：16，灰色砂岩，横剖弧形，内壁纵向有多道凹槽，中心似为条形榫，外壁有条线状凿痕，残长18厘米，宽30厘米，厚3厘米（图5.2-42，8）。2001YJKT0811③：4，褐色砂岩，平面呈不规则状，内壁较平滑，外壁素面，残长34厘米，宽16厘米，高10厘米（图5.2-42，9）。

石鼓风管 1件。2004YJST0604③：12，残。圆柱体，中部有出风口。长37厘米，截面16厘米，孔径7.5厘米（图5.2-42，10）。

石夯 1件。2004YJST0704③：20，残。圆形，侧壁有两个对称的方形槽，磨制。直径33厘米，高8.5厘米（图5.2-42，11）。

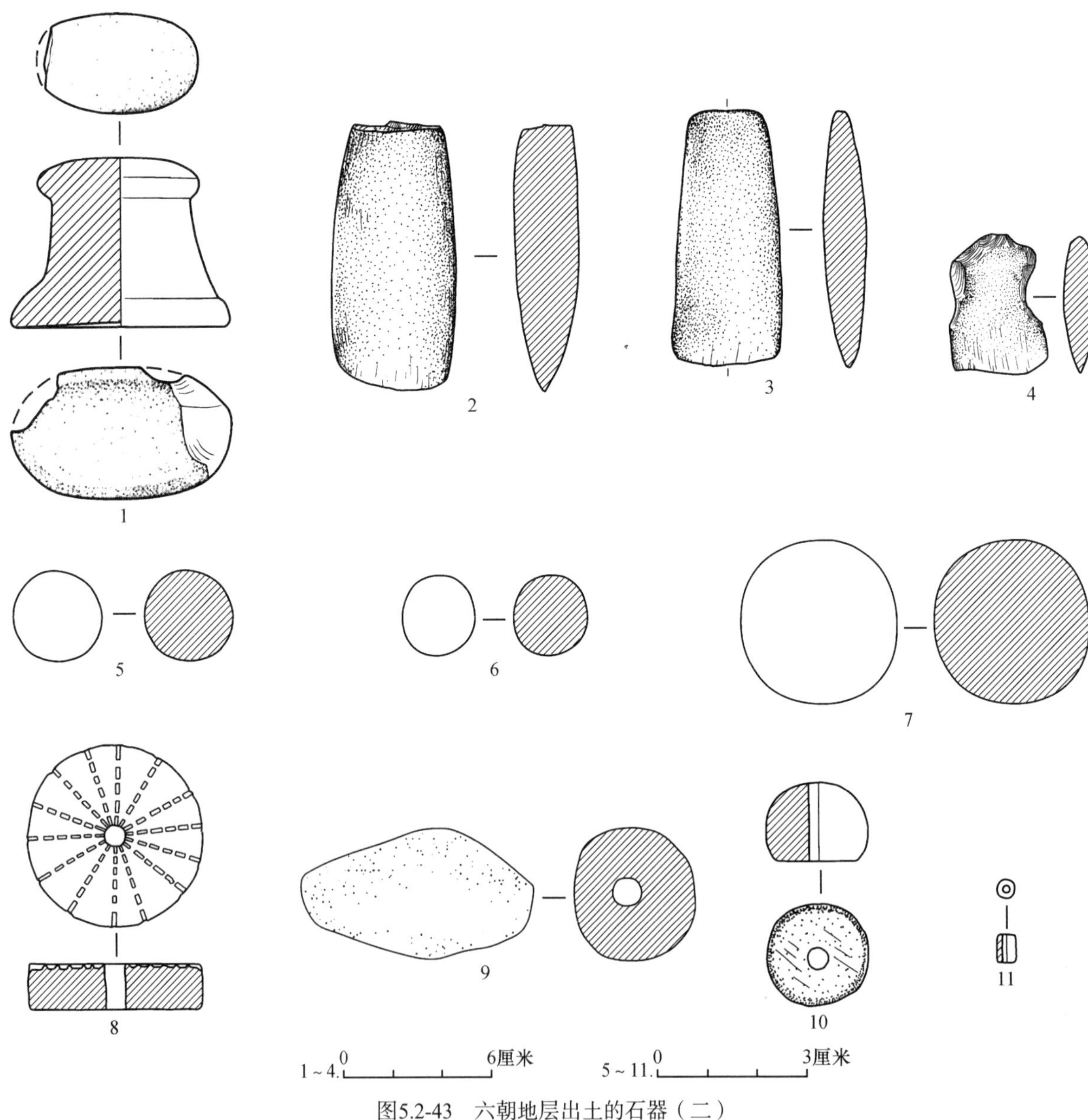

图5.2-43 六朝地层出土的石器（二）

1. 石研磨器（2001YJKT0608③：4） 2～4. 石斧（2004YJET0612⑤c：17、2004YJET0508⑤：1、2004YJST0805③：5） 5～7. 石球（2004YJET0411⑤：11、2004YJET0512⑤：6、2004YJST0603③：25） 8. 石纺轮（2004YJST0907③：3） 9. 石网坠（2002YJAT0602③：4） 10、11. 石珠（2004YJST0603③：12、2004YJET0408④：7）

石磨盘　1件。2004YJST0603③：13，残。圆形，中部有两个半圆形槽，打制。直径36厘米，高12厘米（图5.2-42，12）。

石研磨器　1件，2001YJKT0608③：4，黑色，砂岩，磨制光滑，器身有明显的磨合面和手磨痕，高6.8厘米，宽5.2～9厘米（图5.2-43，1）。

石斧　3件。2004YJET0612⑤c：17，残。长方形，表面光滑，一端有刃。磨制。长10厘米，宽5厘米，厚2.5厘米（图5.2-43，2）。2004YJET0508⑤：1，平面长方形，两端有刃。磨制。长10厘米，宽2.8～4.8厘米，厚1.5厘米（图5.2-43，3）。2004YJST0805③：5，残。亚腰形。磨制。残长5.5厘米，宽3.9厘米（图5.2-43，4）。

石球　9件。2004YJET0411⑤：11，球体，模制，直径1.8厘米（图5.2-43，5）。2004YJET0512⑤：6，球体，表面有划痕，磨制，直径1.5厘米（图5.2-43，6）。2004YJST0603③：25，圆球体，表面光滑，磨制，直径3.2厘米（图5.2-43，7）。

石纺轮　1件。2004YJST0907③：3，圆饼状，中间孔贯通整体，正面饰放射形纹，磨制。轮径3.6厘米，孔径0.4厘米，厚0.9厘米（图5.2-43，8）。

石网坠　1件。2002YJAT0602③：4，灰褐色花岗岩，琢制，半球形，直径14厘米，高8厘米，凹槽宽1.2厘米（图5.2-43，9）。

石珠　2件。2004YJST0603③：12，圆形，中部钻孔，一端磨平，磨制。直径2厘米，孔径0.4厘米，高1.6厘米（图5.2-43，10）。2004YJET0408④：7，圆管状，两侧微弧，中间有圆孔，磨制，长0.5厘米（图5.2-43，11）。

6. 骨角器

骨角器发现的数量较少，仅有少量的骨角管、鹿角板、骨针。

骨角管　3件。2000YJCT0910②：1，残。大动物肢骨折断，一端略经打制，另一端以刀削出数个小平面，加工极为粗糙。残长9.2厘米（图5.2-44，1）。2004YJET0309⑤c：23，残。圆柱体，中空。残长10.3厘米，直径2.5厘米，孔径1.3厘米（图5.2-44，2）。2004YJET0411⑤：7，残。柱状，中空，上部被分割成7个尖状凸起，其中2个已经断裂，刹刻。长8厘米，直径2.5厘米（图5.2-44，3）。

鹿角板　1件。2004YJET0612⑤c：6，大致呈长方形，饰弦纹。雕刻。长9.7厘米，宽3.4～4.2厘米，厚0.8厘米（图5.2-44，4）。

骨针　2件。标本2004YJST0603③：24，一端平头，另一端尖头，截面呈长方形，磨制，长18厘米，最宽处1.3厘米，厚0.4厘米（图5.2-44，5）。

7. 其他器物

除了上述质地的器物外，还有少量的银器、琉璃器、锡器等其他质地的器物，以下具体介绍。

银钗　2件。2001YJKT0916③：33，锻制，器形简朴，两件均长而细，头部有扁椭圆形和菱形两种（图5.2-44，6）。

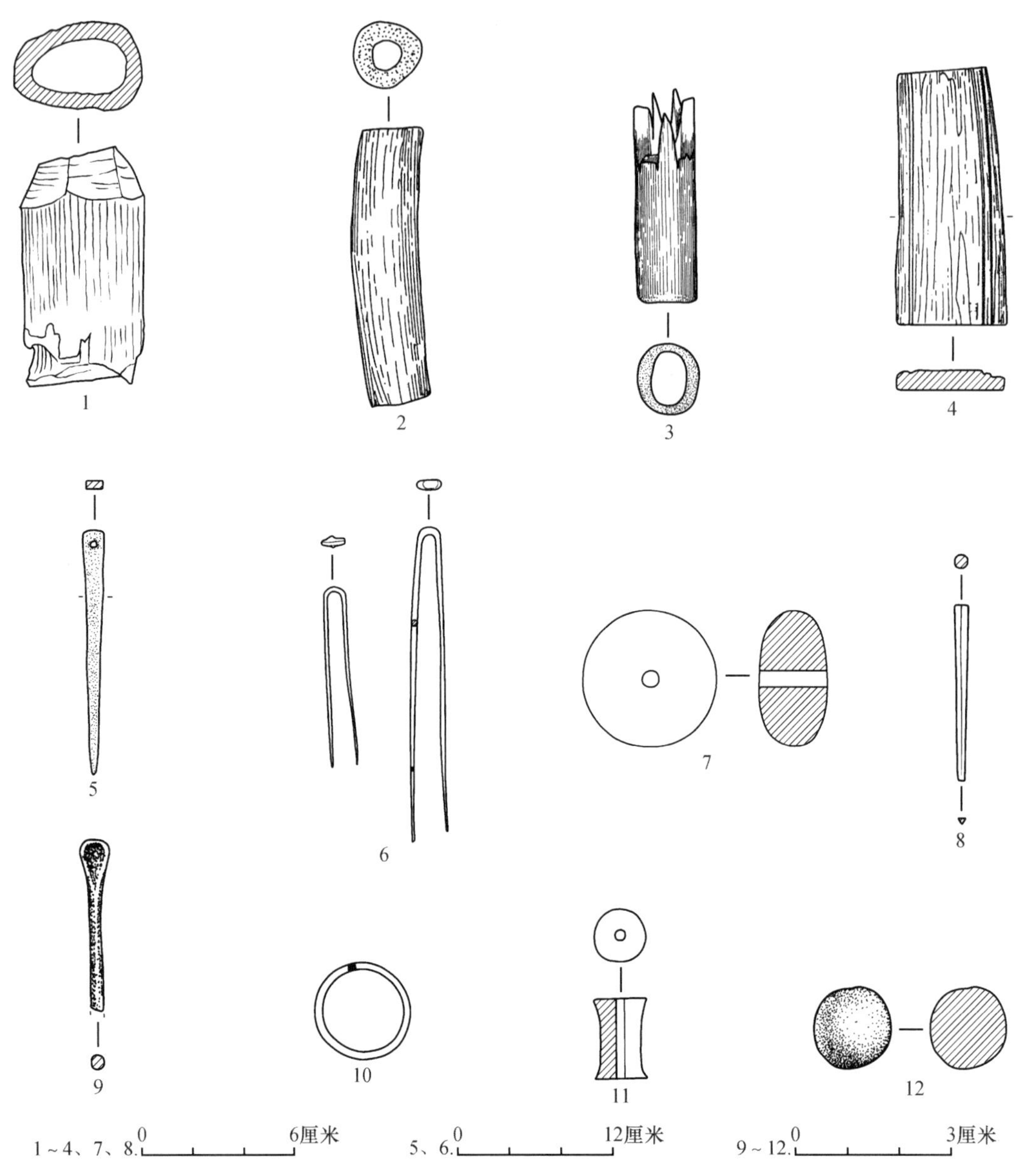

图5.2-44　六朝地层中出土的其他器物

1～3. 骨角管（2000YJCT0910②：1、2004YJET0309⑤c：23、2004YJET0411⑤：7）　4. 鹿角板（2004YJET0612⑤c：6）　5. 骨针（2004YJST0603③：24）　6. 银钗（2001YJKT0916③：33）　7. 琉璃纺轮（2001YJKT0613③：7）　8. 锡铤（2004YJST0704③：15）　9. 银耳勺（2004YJST0805③：2）　10. 银指环（2001YJKT0916③：9）　11. 琉璃耳珰（2004YJET0308⑤：10）　12. 铅球（2004YJET0512⑤：8）

银耳勺　1件。2004YJST0805③：2，圆柱形，一端残段，另一端呈勺形，铸造。残长3.3厘米，勺端宽0.6厘米（图5.2-44，9）。

银指环　2件。2001YJKT0916③：9，铸制，圆环，直径2厘米，截面直径0.15厘米（图5.2-44，10）。2003YJET1⑤：39，完整。黑褐色，圆形环，中空。铸造。外径1.7厘米，内径1.5厘米。

琉璃纺轮　1件。2001YJKT0613③：7，浅黄色，烧制，圆饼形，中有一处穿孔，直径5厘米，厚2.7厘米，孔径0.8厘米（图5.2-44，7）。

琉璃耳珰　1件。2004YJET0308⑤：10，长1.5厘米，最大径1厘米（图5.2-44，11）。

锡铤　1件。2004YJST0704③：15，残。体形细长，表面有打磨痕迹，一端截面圆形，另一端三角形，铸造，残长6.6厘米（图5.2-44，8）。

铅球　1件。2004YJET0512⑤：8，球体，铸造，直径1.5厘米（图5.2-44，12）。

第三节　小　　结

旧县坪遗址的六朝时期遗存分布最为广泛，A区、B区、C区、E区、K区和S区都有发现。

其中，C区发现的遗迹和遗物数量最少，遗物中含有许多青瓷盘、碗碎片，网格纹和弦纹流行，不见粗绳纹，敞口、侈口、直口器及盆类有所增多，铜、铁器数量、种类有所增多。钱币除半两、五铢外，又出土了剪轮五铢、直百钱。建筑材料中的花纹砖当是东汉至六朝的常见形制。C区是战国到汉时期遗址的铸造中心，发掘表明到六朝时期这个铸造区已经衰落了。

A区六朝时期地貌较现在东南高西北低的地势还要陡些，地层无连续和普遍分布。在连方西端2002YJAT0601和2002YJAT0602两方中生土东高西低，20米距离内高差近3米，汉和六朝堆积层均作倾斜状，而东边“老鹰包”上现代耕土即为原来生土，表土已然流失，1998、1999年发掘情况与此相同。多年水土流失之后，现今东西两边高差仍有10余米，汉魏六朝时期的坡度更加陡峭，不适于大范围居住，可能不是主要居住区，遗迹相对集中在山坡中下部，发现了3座六朝时期的房址。

B区发现了六朝时期的房址、灰坑和其他填埋坑、甬路、渠和窑。所有能看出方向或走势的遗迹皆呈西北—东南向或东北—西南向。值得一提的是，B区出土的四铢钱，史书记载，历史上仅有南朝刘宋文帝元嘉年间（424～453年）曾铸过此钱，该钱面文“四铢”，形制同汉五铢。而此次所出土的四铢钱正是如此，加之其出土于六朝层，就更证实了把该钱年代定为刘宋时期的准确性了。

K区发掘的主要收获为2001年发现了一批规模较大、排列有序的房屋基址（编号2001YJKF101～2001YJKKF108）。

K区房屋建筑的大量出现在六朝时期，8座房屋基础大致可分为条石垒砌、砖石混砌和石块垒砌三种建筑形式。其中，砖石混砌和块石垒砌为早期建筑普遍应用，早期的建筑仅2001YJKF101使用条石垒砌形式。晚期房屋基础全部为条石垒砌，并在房屋四周使用条石或砖、石砌筑排水沟或散水。另外，房址中多发现隔墙，早期房屋有室外附属建筑，中、晚期房屋都有在室内铺设石板或花纹砖的现象。

R区发现的属于六朝时期的遗迹主要是2003年清理的房址3座，其中2003YJRF3，平面大致呈梯形，共设4间，以墙相隔，并设门相通，从房址内外设施可判断其是一制陶作坊。

E区和S区是六朝时期的主要居住区，在这两个区发现了六朝时期的大量房屋，还有灰坑、灰沟、渠、夯土台等众多遗迹。从已发现的几个大型建筑台基看，这里具有较大规模和较高等级的房屋，同时发现了不少形制规整的排水渠，这些用条石修砌的渠依房而建，纵横交错，显然是配合房屋及建筑台基的一个完整而细致的规划，并不是普通小户有能力或有必要修建的，极有可能就是朐忍县城的衙署所在，抑或是县城高官显贵们的聚居地。

同时值得注意的是，整个E区的第1～4层堆积层表都比较平，层中遗物稀疏，西半部表土普遍为一层厚达40厘米的基本不见人类活动遗迹的红褐土堆积。这种堆积的形成应该是骤发性的，可能是大规模山洪造成的水成淤积。因为红土是基岩风化的结果，原本叠压在黄土之下，如今这种倒装的地层，推测是在坡上表土和黄土已被剥蚀殆尽的情况下，这里又曾有过较大范围的滑坡的缘故。魏晋以后，朐忍的迁移或与此有关。

第六章　其他遗存

除了战国、两汉和六朝时期遗存外，旧县坪遗址还存在一些跨越不同时间段的遗迹，如汉到六朝时期的夯土台基、城墙、道路及相关遗迹，还有少量宋元时期的遗存，本章将对这些遗存进行专门介绍。

第一节　E区夯土台基及相关遗迹

在E区共发现3座夯土台基，编号分别为2004YJEHt1、2004YJEHt2和2004YJEHt3，其中2004YJEHt1、2004YJEHt2位于E区南部，和S区交接位置处，为上下叠压，属于两个不同时代的夯土台基。

一、夯台2004YJEHt1

1. 夯台形制

2004YJEHt1属于上层台基，规模较大，平面近长方形，横截面呈梯形。限于布方面积，台基东北端未作发掘。台基略呈东北—西南走向，方向43°，清理部分顶面宽约7米，底面宽12米，长约37米。由于起建地面凸凹不平，夯筑时又未经平整，台基夯土厚度差别较大，厚0.9～1.8米。夯台以黄、红、黑色花土夯筑，局部根据不同色土所占比例不同，剖面上可划出0.1～0.3米厚度的夯层，最多处可见8层，夯层上不见夯窝。

台基表面破坏严重，不见原生地面，遗迹现象破坏殆尽。台基西部及南侧边残留数段条石垒砌的墙基，另在台基西部清理出两道条石作壁，板石为底和盖的水渠，分别与台基同向和垂向。构筑水渠所用条石略经琢制，盖板石未经修整，均为当地产灰红色砂岩。仅于东南部靠近台基边缘处发现不等距柱洞5个，其南侧台基中间区域，出土许多残碎板瓦（图版八，1）。根据现存遗迹尚难辨识台基上的整体建筑布局，从瓦片中夹杂的瓷片观察，其年代应在六朝中晚期。

此台整体叠压在下层夯台（2004YJEHt2）北半部之上，只间隔一层厚0.15～0.9米的第5c层。其宽度不及下层夯台，但长度较之大了很多，两端均在下层台基之外。

2. 出土器物

夯台2004YJEHt1共出土各类器物37件，包括陶器、铜器、铁器和石器几大类，以下将具体介绍。

陶纺轮　4件。2004YJEHt1：21，灰陶，平面圆形，中部有穿孔，剖面呈菱形，表面有弦纹。直径3.8厘米，孔径0.5厘米，高2.3厘米（图6.1-1，11）。2004YJEHt1：20，黄陶，平面圆形，中部穿孔，剖面呈圆角长方形。直径3.4厘米，孔径0.6厘米，高1.8厘米（图6.1-1，12）。2004YJEHt1：26，灰陶，平面圆形，中部有穿孔，剖面呈圆角长方形。直径4.1厘米，孔径0.8厘米，高2.15厘米（图6.1-1，13）。2004YJEHt1：8，灰陶，平面呈圆形，中部穿孔，剖面呈菱形。直径3.8厘米，孔径0.4厘米，高2.8厘米（图6.1-1，14；图版二二，3）。

陶网坠　2件。2004YJEHt1：13，红陶，梭形，中部有穿孔。长6厘米，最大腹径1.4厘米（图6.1-1，9）。2004YJEHt1：25，黄陶，梭形，中部有穿孔。长4.8厘米，最大径1.5厘米，孔径0.4厘米（图版二二，4）。

陶棋子　2件。2004YJEHt1：11，黄陶，下端圆柱体，上端圆台体。底面直径2.1厘米，高2厘米（图6.1-1，6）。2004YJEHt1：5，黄陶，下端圆柱体，上端台体。底面直径1.8厘米，高1.9厘米。

陶球　1件。2004YJEHt1：19，灰陶，圆球体，手制。直径1.5厘米（图6.1-1，7）。

铜镞　7件。2004YJEHt1：27，镞身三棱形，铤截面呈圆形。镞身长3.3厘米，铤长1.8厘米（图6.1-2，1）。2004YJEHt1：28，残。三棱形镞身，铸制。残长3.1厘米（图6.1-2，2）。2004YJEHt1：16，镞身三棱形，关与铤截面均为扁圆形。镞身2.5厘米，铤0.7厘米（图6.1-2，3）。2004YJEHt1：6，三棱形箭头，柱状箭尾。长3.8厘米，镞身1.8厘米，铤2厘米

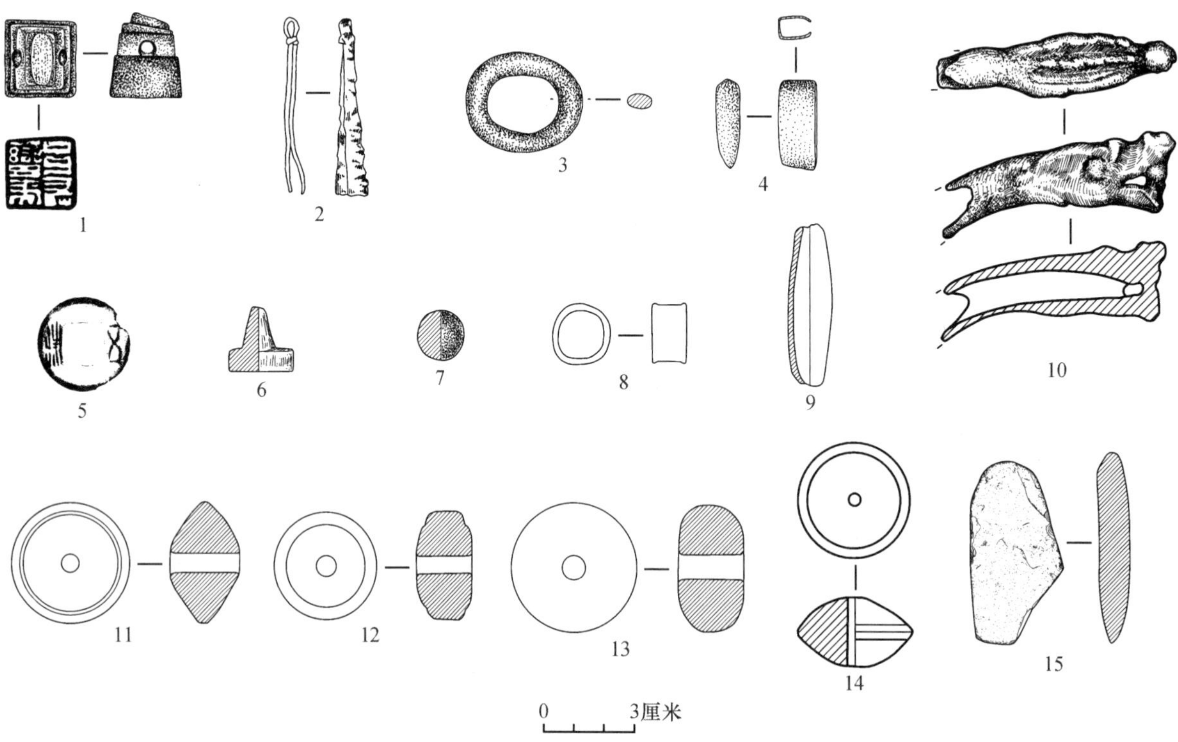

图6.1-1　2004YJEHt1出土器物

1. 铜印（2004YJEHt1：18）　2、4. 铜饰件（2004YJEHt1：10、2004YJEHt1：7）　3、8. 铜环（2004YJEHt1：9、2004YJEHt1：30）　5. 铜钱（2004YJEHt1：14）　6. 陶棋子（2004YJEHt1：11）　7. 陶球（2004YJEHt1：19）　9. 陶网坠（2004YJEHt1：13）　10. 铜器残件（2004YJEHt1：15）　11～14. 陶纺轮（2004YJEHt1：21、2004YJEHt1：20、2004YJEHt1：26、2004YJEHt1：8）　15. 石斧（2004YJEHt1：24）

（图6.1-2，4）。2004YJEHt1：12，三棱形镞身，关与铤截面为椭圆形。镞身长3.1厘米，关0.8厘米，铤0.9厘米（图6.1-2，5）。2004YJEHt1：2，三棱形箭头，尾部呈柱状，截面椭圆。总长6.5厘米，镞身2.5厘米，关0.7厘米，铤3.3厘米（图6.1-2，6）。2004YJEHt1：29，四棱形镞身，铤截面呈椭圆形。镞身长1.6厘米，关长0.4厘米，铤长4.7厘米（图6.1-2，8）。

铜环 2件。2004YJEHt1：9，圆环，截面椭圆形。长径3.8厘米，短径3.2厘米，截面0.7厘米（图6.1-1，3）。2004YJEHt1：30，平面呈圆环状，侧面长方形。外径1.9厘米，内径1.5厘米，高1.2厘米（图6.1-1，8）。

铜饰件 3件。2004YJEHt1：7，残。平面呈长方形截面呈“U”形。长2.7厘米，宽1.2厘米（图6.1-1，4）。2004YJEHt1：10，由长条形铜片弯折而成。长5.7厘米（图6.1-1，2）。2004YJEHt1：23，平面呈菱形，中部有菱形孔。边长2.5厘米，厚1厘米。

铜钱 1件。2004YJEHt1：14，圆形方孔，上书篆文“五铢”。直径2.2厘米，厚0.26厘米（图6.1-1，5）。

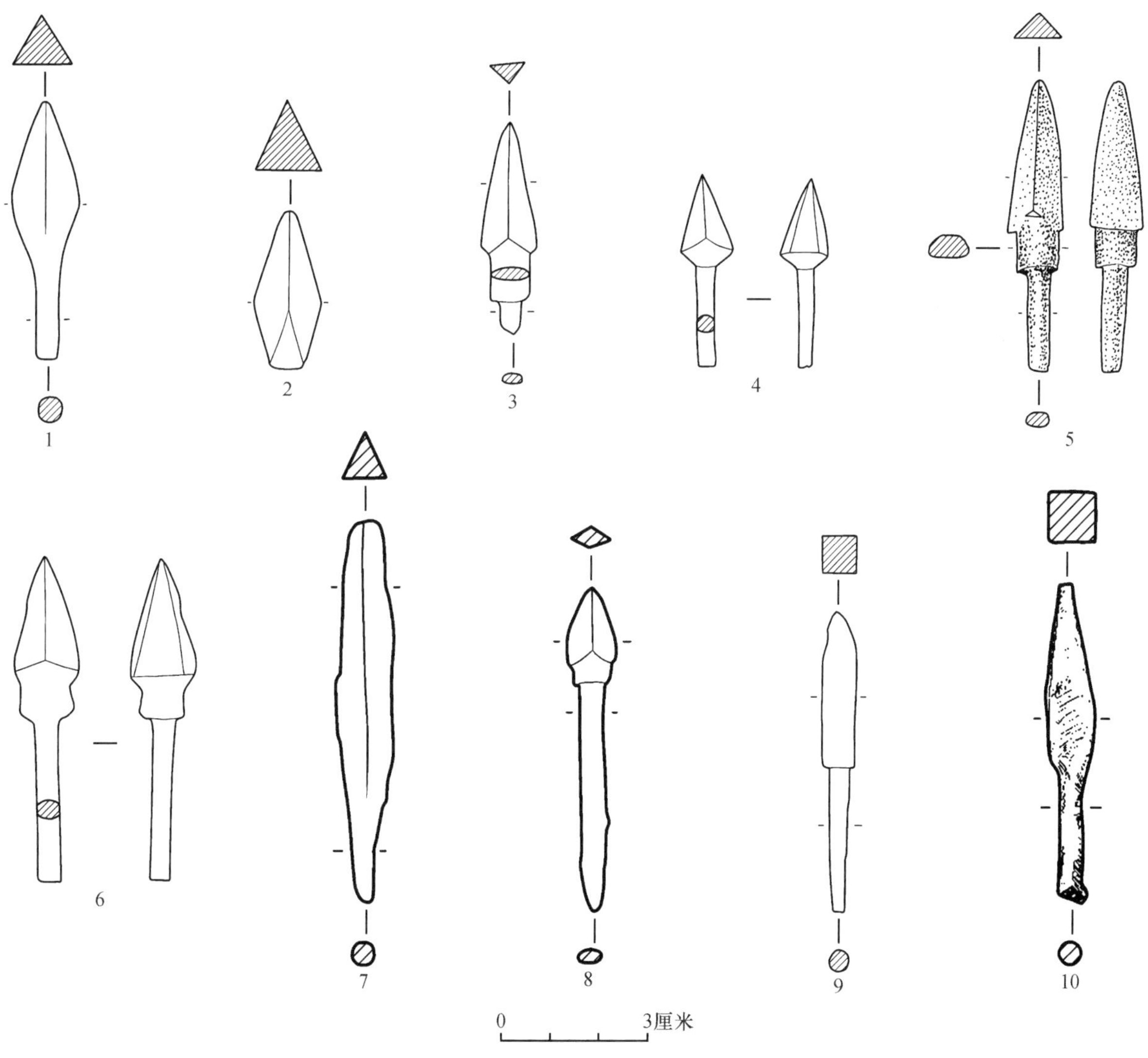

图6.1-2 2004YJEHt1出土的镞

1～6、8. 铜镞（2004YJEHt1：27、2004YJEHt1：28、2004YJEHt1：16、2004YJEHt1：6、2004YJEHt1：12、2004YJEHt1：2、2004YJEHt1：29） 7、9、10. 铁镞（2004YJEHt1：17、2004YJEHt1：3、2004YJEHt1：4）

铜印　1件。2004YJEHt1：18，“蛮夷邑长”铜印，保存完好，印身铜质很好，呈青绿色，无锈蚀。印身呈覆斗形，印面正方，阴刻篆书“蛮夷邑长”印文。印纽呈长方覆斗状，短边正中设一圆穿孔。长方覆斗之上相互叠压两个一侧高一侧低的椭圆形纽。边长2.3厘米，高2.2厘米（图6.1-1，1；图版二八，3）。

铜器残件　1件。2004YJEHt1：15，龙头形，吻部有孔。残长7.8厘米（图6.1-1，10）。

铜器口沿　1件。2004YJEHt1：22，直口，折沿，铸制。残长13厘米，残高2.8厘米。

铁镞　3件。2004YJEHt1：3，镞身为四棱形，铤截面呈圆形。镞身长3.1厘米，铤长2.8厘米（图6.1-2，9）。2004YJEHt1：4，镞身为四棱形，铤截面呈圆形。镞身长4厘米，铤长2.1厘米（图6.1-2，10；图版三三，1）。2004YJEHt1：17，三棱形镞身，铤截面圆形。长7.9厘米（图6.1-2，7）。

石斧　1件。2004YJEHt1：24，残。圆角长方形，磨制。长5.8厘米，宽2.9厘米（图6.1-1，15；图版三五，3）。

石磨盘　1件。2004YJEHt1：32，单面设棱，分六个区。每区六七个整棱、2个半棱。直径56厘米，同心圆径20厘米，厚5.8厘米，孔边长4厘米，深3厘米（图6.1-3，4）。

石臼　3件。2004YJEHt1：34，方形，中部有圆形槽。边长40厘米，槽口径28厘米，深24厘米，通高40厘米（图6.1-3，7）。2004YJEHt1：35，圆形，中部有圆形底槽。直径68厘米，槽径40厘米，通高36厘米（图6.1-3，6）。2004YJEHt1：36，近似圆形，槽口圆形。直径和通高40厘米，槽径28厘米，深22.4厘米（图6.1-3，5）。

蛙形础石　1件。2004YJEHt1：31，蛙形，以暗红色砂岩雕琢而成，形体较小，下部有长方形底座。基座琢制，侧面保留沟槽状琢痕。基座之上雕琢一石雕青蛙，通体光滑圆缓，不见琢痕，可能雕后经打磨。青蛙头部残缺，身体中部横向断裂。石蛙前腿俯卧、后腿蹲踞，脚很大，四趾，前脚尖略向内斜。腹部圆鼓，背部被打磨成一个圆形平面，可能为立础之用。长72厘米，宽58厘米，高27.2厘米（图6.1-3，1）。

石禽头　1件。2004YJEHt1：33，禽头形，嘴中衔食物，打制。出土于上层夯台的夯土之中，出土时仅残存头部和一爪。以红色砂岩雕琢而成。祥禽头部基本完整，头部较小，头顶正中雕有一冠，顶部已残，仅存基部。立目，近枣核形，眼珠浑圆，分于头部两侧。眼睛后下方雕近半圆形的耳郭。脸下部由上至下雕三道横“S”形曲线，似示意为面部的皮肤。面部正面雕长喙，喙顶面雕两个椭圆形鼻孔。嘴紧闭，之中叼一长条形的物体，一端完好，另一端已残。从形态上看，形似一虫。头后残存一段脖颈。祥禽爪部中为饼形脚掌，前端三趾，脚趾呈细长锥形，中趾略长，掌后两趾，亦呈锥形，相当短小，外侧趾略大。脚爪雕于基座之上，基座仅残存一角，基座厚约9厘米，器物长30厘米，宽12厘米，高16.5厘米（图6.1-3，3）。

石禽爪　1件。2004YJEHt1：37，方形石板，上有一禽爪石刻。残长40厘米，残宽26厘米，厚8厘米（图6.1-3，2）。

石辟邪　1件。2004YJEHt1：1，兽形，雕刻。以暗红色砂岩雕琢而成。底部为长方形基

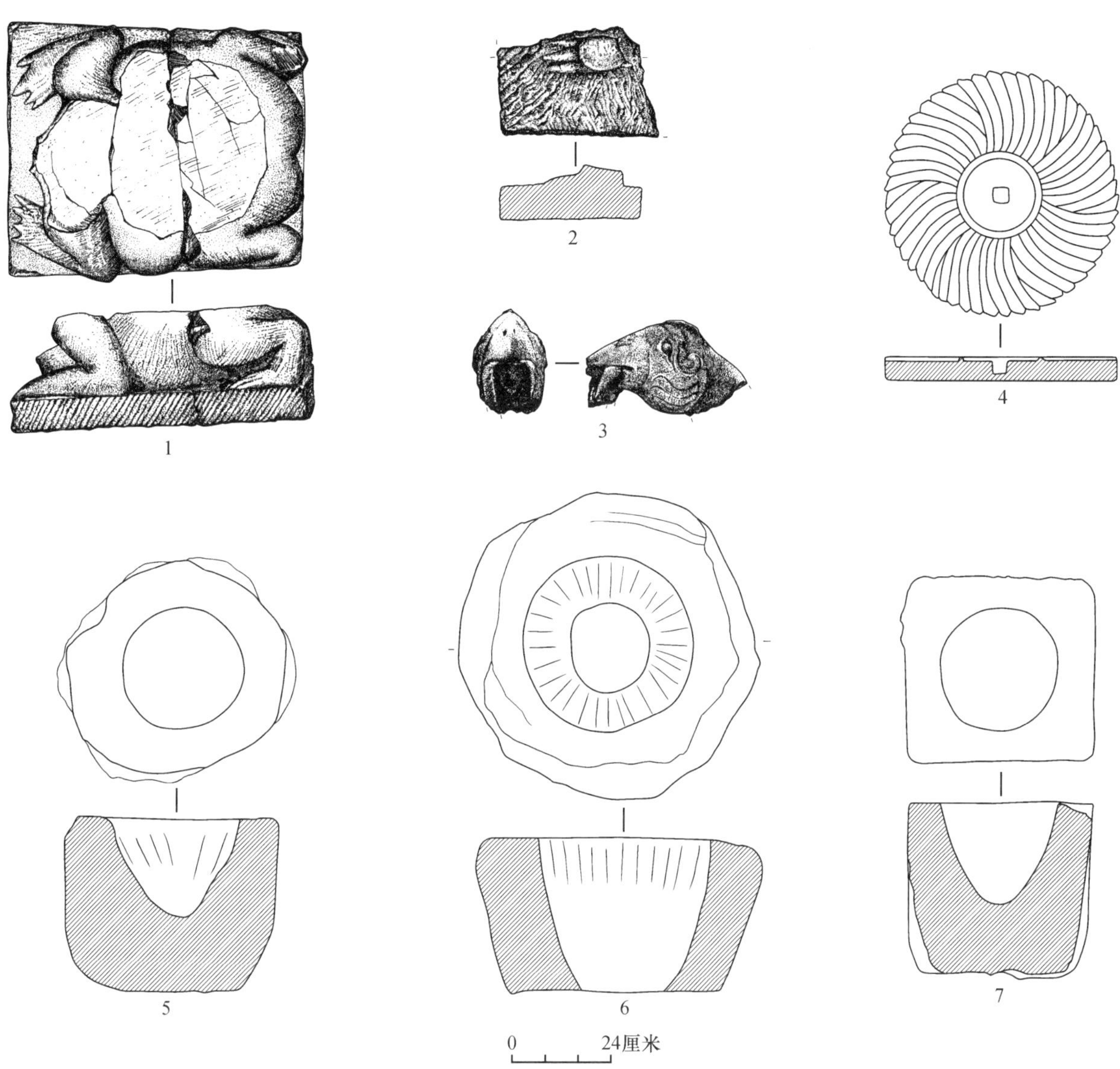

图6.1-3 2004YJEHt1出土的大型石器

1. 蛙形础石（2004YJEHt1：31） 2. 石禽爪（2004YJEHt1：37） 3. 石禽头（2004YJEHt1：33） 4. 石磨盘（2004YJEHt1：32）
5～7. 石臼（2004YJEHt1：36、2004YJEHt1：35、2004YJEHt1：34）

座，基座表面遍布沟槽状琢痕。基座之上雕琢一神兽，神兽卧于基座之上，颈部粗壮、向上高昂，头部已残缺，残存的颈部正面可见一段卷曲的纹饰，形似神兽肩上的羽翅。四肢粗短，脚宽大，四趾，趾尖锋利。肩生羽翅，背部平直。臀后生一尾，粗壮，根部雕琢三道凸棱，从身下缠绕，在左侧前后腿之间伸出，尾尖一分为二，搭于脊背左上部。在神兽身体左侧，雕一小石兽，顶生双圆耳，面部残缺，腹部坠于地面，并高高隆起。下肢粗短，不见上肢。长96厘米，宽48厘米，高50厘米（图6.1-4）。

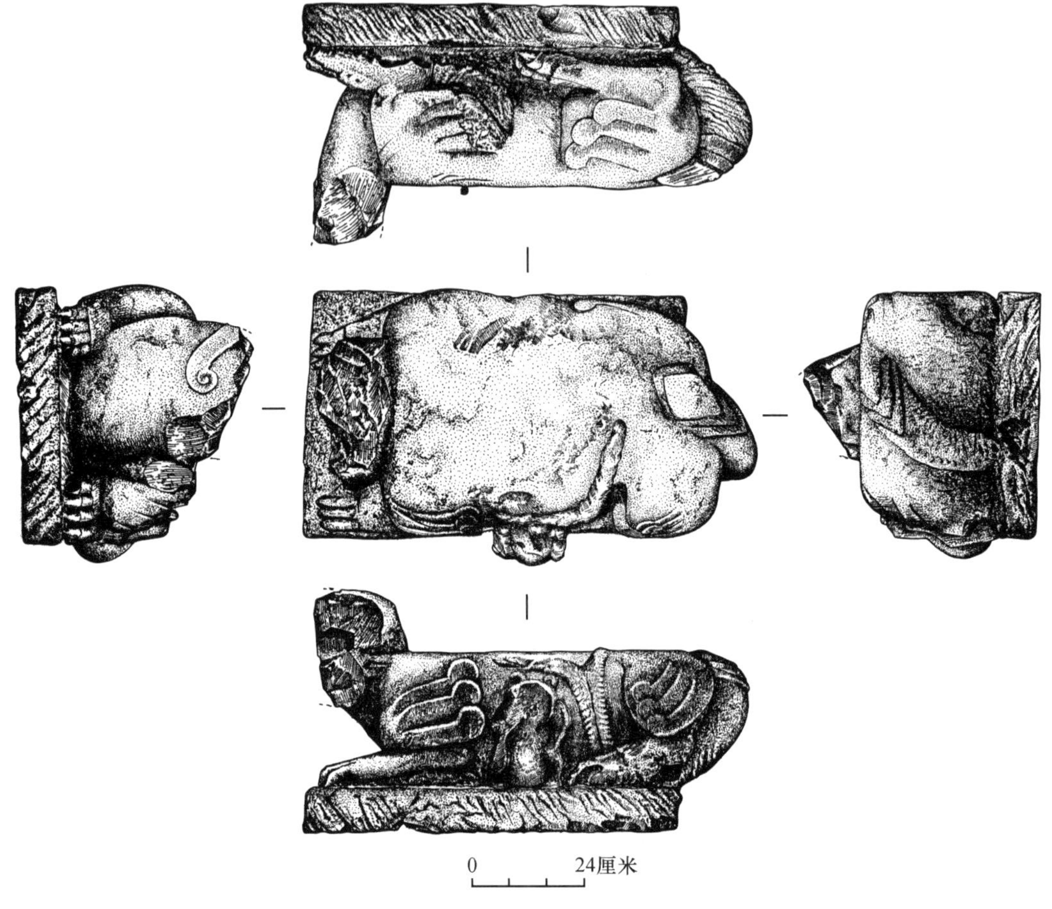

图6.1-4　2004YJEHt1出土的石辟邪（2004YJEHt1：1）

二、夯台2004YJEHt2

1. 夯台形制

夯土台基2004YJEHt2压在2004YJEHt1之下，大致呈东西稍长、南北略窄的长方形覆斗状。长边方向50°。台基顶面略微平坦，周缘破坏较严重，平面近圆角长方形。顶面残长30.7米，宽21.5米。底面长31.8米，宽24.3米。夯台起建地层凹凸不平，导致不同部位夯土的厚度有差异。最薄处0.8米，最厚处1.5米。

台基以红色砂岩风化土和黄绿色黏土夯筑而成，夯土较为松散，硬度不高。夯层上不见夯窝。从台基的解剖情况看，多数地段夯层较为清晰，但夯层分布不均，厚度也不尽相同。夯层厚0.15～0.3米，局部厚0.5米以上。一般4～6层，西北部达到10层。其中第1～5层较为连贯，相对较为水平，第5层下的夯层则断续分布，厚度也因地势而异。夯土中夹杂陶、瓦碎片，夯台中部偏北位置的第9层夯层中出土“大泉五十”铜钱1枚。台基表面不平，南部中段存留最高，西部保存最差，表面有多处被打破的凹坑。西南角近40平方米已遭人为破坏。东南角经人工修整出平面，有石砌墙基、础石和残渠等遗迹。从解剖情况看，东北角以黄绿色黏土和红褐色风化土交替夯筑，剖面上呈坡状叠压，和其他部位有所不同，可能是台基损坏后进行的修补。台基南侧有一条沿其底边挖出的拦截山水的长沟，东西两侧各有一个蓄水的大坑（图版七）。

在2004YJEHt2台基上部清理出房址1座、水渠1条和坑1个。

1）房址（2004YJEF401）

房址起建于下层夯土台基之上，长边方向51°。尚存磉墩、础石、柱洞和用条石、花纹砖垒砌的墙基数段，均居于台基西北部。从现存遗迹分析，2004YJEF401为面阔3间、进深1间，外围有廊的建筑格局，主体建筑东侧另有一增建的简易建筑（图6.1-5）。

主体建筑发现8处磉墩，分为南北两排，每排4处，两两相对。南排磉墩自西向东（S1～S4），以磉墩中心计，间距分别为6米、6.5米、5.8米，北排磉墩由西向东（S5～S8），间距分别为5.8米、6.5米、5.8米，两排间距约4米。

磉墩平面近圆角方形，系挖坑后夹石填土夯筑而成。边长约2米，坑深约1.3米。口大底小，内夯层平，多数夯筑10层左右，层厚0.1～0.2米。夯层中夹垫两三层卵石，卵石层平面呈长方形，分布范围未及坑的边缘，仅略大于其上所放置的础石。所用卵石经筛选，长径均约15厘米。

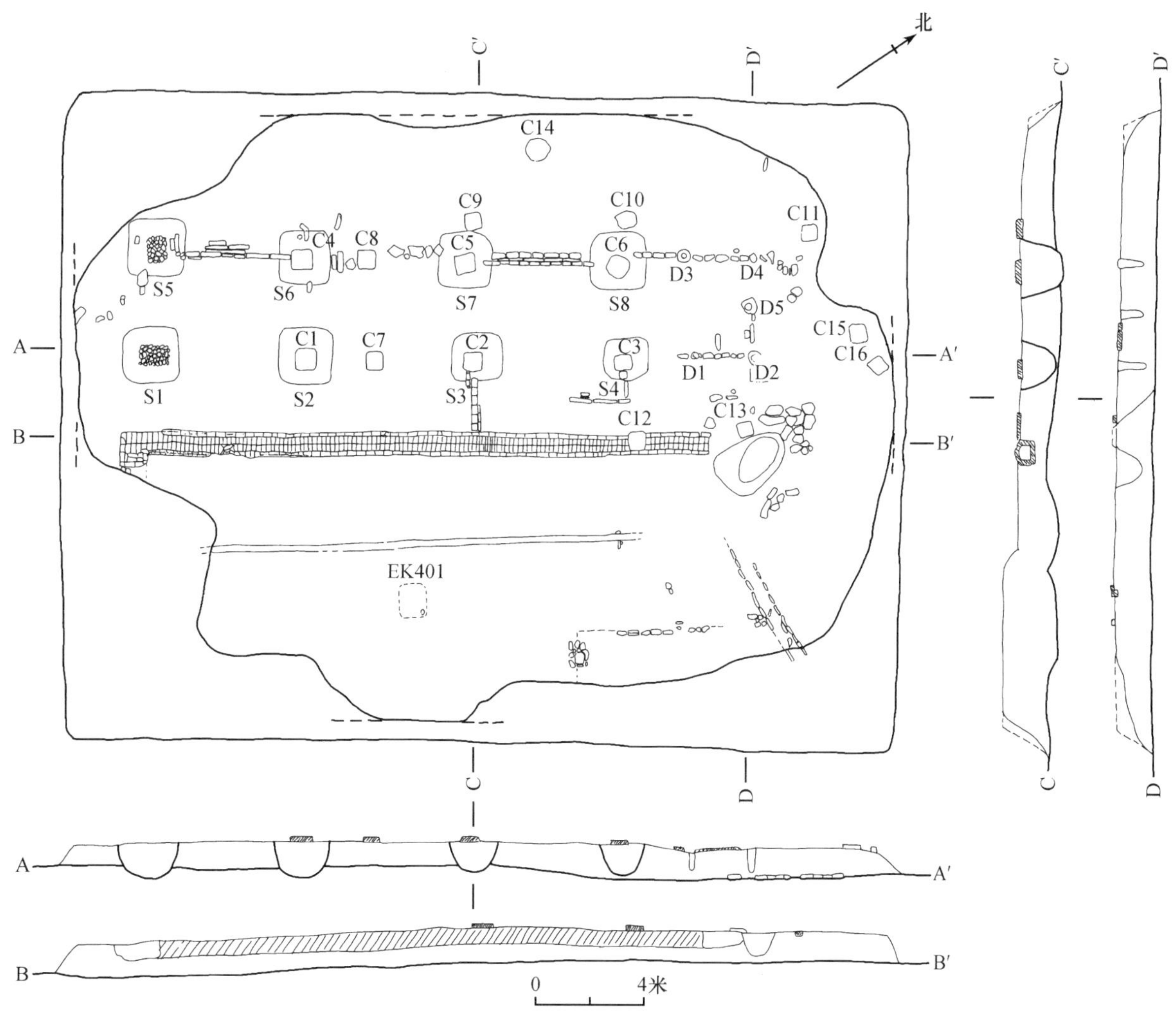

图6.1-5　2004YJEF401平、剖面图

础石现存16块，多数尚在原位。明显未经移动的6块在磉墩上，自西向东、由南至北分别编号Cl～C16，5号磉墩上的础石缺失。础石均为深褐色砂岩，5块为方形，边长0.65～0.8米；1块为圆形，直径约0.9米。厚度均约0.2米。

C1和C2、C4和C5之间，分别设一间础（C7、C8），均处于各排中轴线上偏西位置，可能是没有移动的补间或增间础石。其形状、质地、规格与磉墩上础石相同，唯其下不设磉墩。

北排础石以北约1.6米有3块础石（C10～C12），质地、形制与主础石相同，均方形。排列与北排础石平行，础石间距为5.8、7.5米，可能为廊柱之础。西侧的2块与C5、C6位置相对应，东侧C12位于增建房址柱洞D5之外2.2米处。

南排础石南侧，也有2块质地、形制与磉墩、础石相近的方形础石。1块在C3之东水渠之上（C13），1块在其东3.5米处（C14），两础石排列与EF401南列础石大致平行，间距约为2.2米，可能是其南侧之廊础。其中C14摆放不甚平整，位置亦可能稍有移动，C13压在排水渠上，显然并非原来位置。

其余的3块皆位于台基边缘，距离房址稍远，排列亦不规则，可能均非原位。东边的2块为方形（C15、C16），边长0.65～0.7米，厚0.22米。南北排列，间距约1米。西边1块（C9）为圆形，直径0.8米，厚0.2米，几乎贴近台基边缘。

2004YJEF401的墙基主要发现于北排础石之间和东侧增间柱洞附近，南侧只见两段隔墙基础，分别以条石、块石和花纹砖混筑。西侧磉墩S1和S5之间仅残存2块块石，墙基已经破坏，其西散落数块砖石，不知是否来自墙基。

北侧墙基基本贯通。内中S5和C4之间，墙基以双排条石垒砌，内侧条石6块，保存基本完好，外侧条石残存2块。C4和C5之间，墙基分作两部分，西部以2块修理规整的纵向摆放的条石和1块未经修整的块石构成，东部以未经修整的块石垒砌，且略偏于北侧。其东C5和C6之间，墙基用内外双层花纹砖垒砌，内侧存砖2层，外侧存砖1层。

南排础石之间未见墙迹，东间之南却见两部分不相连接的墙基。东部墙基长约2.3米，北端连于C2，南端直达2004YJEF401南侧水渠。此墙以两排几何花纹砖构筑，西排存砖3块，单层摆放，东排存砖10块，作两层平砌。下层7块保存完好，上层仅余3块，其南端外侧，立埋3块相同花纹砖，顶面与上层砖表面相平。西部墙基呈折尺形，以经修整的条石立砌，条石宽约0.12米。其南北向段长约1米，单层石条，西折段长2.3米，北侧并置1块花纹砖。

2004YJEF401东边增建的简易建筑，现存5个呈长方形分布的圆形柱洞，三面有墙基。柱洞（D1～D5）直径均约0.2米，底部均垫石块或半块花纹砖。其中D2～D4上口径约0.5米，D1、D4深约0.6米，D2、D3、D5深约1.1米，直至夯台底部。从分布看，D1～D4四柱平面呈南北方向的长方形，约长3.5米，宽2米。D5为增柱，位于D2和D4之间，间距大致相等。柱间墙基均为砖石结构，整体来看，原筑墙体只有三面，西边或借2004YJEF401东墙。其北面墙基与2004YJEF401北墙基础呈一直线。此墙基础东西两段筑法不一，东段（D3、D4）用单层石块摆砌，西段（D3、D6）以单层几何花纹砖排铺。南侧墙基较之EF401南排础石中心线内缩0.3米，筑法与北墙相同，但在D1～D3只发现1块花纹砖，此砖以西或辟门。D1、D2段墙基之北，单独摆放1块条石，方向与墙基相垂直，顶面高出墙基较多。东侧墙基由于加柱柱洞

（D5）的存在而自然分成两段，南段D2和D5之间以未经修整的块石和残砖条石砌筑，方向与南北两墙均相垂直，外层摆块石、条石各一，内侧只存一方形石块。北部D4和D5之间一段已遭破坏，其东散布10余块呈外弧形分布着的砖石，很可能就是原来这段墙基的材料。

总体来说，2004YJEF401主体建筑的磉墩、础石一带，破坏扰动不大。但除西、北两侧，其余三对南北础间和南排四础之间都未见墙基。夯台表面清理中，也没有发现土墙或木骨泥墙的迹象。故不能排除2004YJEF401木构墙体和开放式两廊的可能。此外，门址迹象不清。但房址东南分布两片嵌入夯台的块石，石块大小和间距不等，但表面基本平齐。一片在C14东侧，一片在其南，相距2米，二者略有高差，中间夯土呈坡状，西半边被一开口第5c层表的灰坑打破，疑是2004YJEF401南廊向东转南的路面。

2）水渠（2004YJEQ401）

位于2004YJEF401南侧，呈折尺形，长边方向与房址一致，以长条和榫卯花纹砖修砌。渠身整体处于夯台地面之下，顶面与台基表面平齐，平面呈折尺形，其西端南折。水渠两端残，中段保存较完好。东西向残长22.3米，东端未及增建房址东墙，西端略长出2004YJEF401西墙，南折部分残长约0.7米。渠约外宽0.9米，内宽0.5米，深0.5米。渠底东高西低，高差0.4米。水渠中部在C2南侧墙体以北，保存长约0.75米的拱形渠顶，8排榫卯砖并排侧立于水渠侧壁上。每排均以2块榫卯砖榫卯相扣拱砌，砖两端的榫卯卡于水渠侧壁之上。水渠侧壁以4层花纹砖构筑，底部并排横铺两道长条花纹砖，侧壁砖平砌于渠底砖上。现渠壁大部分存留砖三四层，底面和侧壁平整，南折段侧壁损坏严重，局部仅存砖一两层。

2004YJEQ401砌筑整齐，砖的形制有4种。渠底和侧壁下两层砖为整砖，一侧面饰双轮几何纹（图6.1-6，3）或浮雕车马纹（图6.1-6，4；图版二六，3），渠壁上层混用有榫卯的券顶砖，其侧面纹饰均为中间加两横线的双轮几何纹（图6.1-6，1）。券拱渠顶的榫卯砖侧面纹饰为加单轮的菱形几何纹（图6.1-6，2；图版二六，4）。从渠内壁平整而未见鼓凸的情况看，该渠是在夯土台基夯成后砌筑的。此渠与2004YJEF401方向一致，花纹砖与房址墙基及其南侧隔墙基础用砖的形制、规格上几乎没有区别，渠内填土为第5c层土，只出土少量残瓦，未见其他杂物。据此2004YJEQ401应是2004YJEF401的组成部分，即其南侧庭院的排水渠。

3）其他遗迹

台基南半部中央偏西处，解剖时发现一长方形坑（2004YJEK401），开口于现存夯土层表。坑内为一层夯土，四壁较直，平底。口底长1.2米，宽0.9米，深0.14米。坑内东北角处覆置瓷钵1件，坑内填土中有一似犬的头骨及数段肢骨，其北有1件铜盘，盘下压一或两件难以辨认的铁器。从坑内的夯土看，此坑应是在2004YJEHt2建造时有意构筑，可能和建筑奠基或祭祀有关（图6.1-7）。

2. 出土遗物

2004YJEHt2夯台及相关遗迹共出土器物30件。以下具体介绍。

瓷钵　1件。2004YJEHt2：26，敛口，弧壁，平底。素面，轮制。口径15.2厘米，底径10.2厘米，高5.5厘米（图6.1-8，2）。

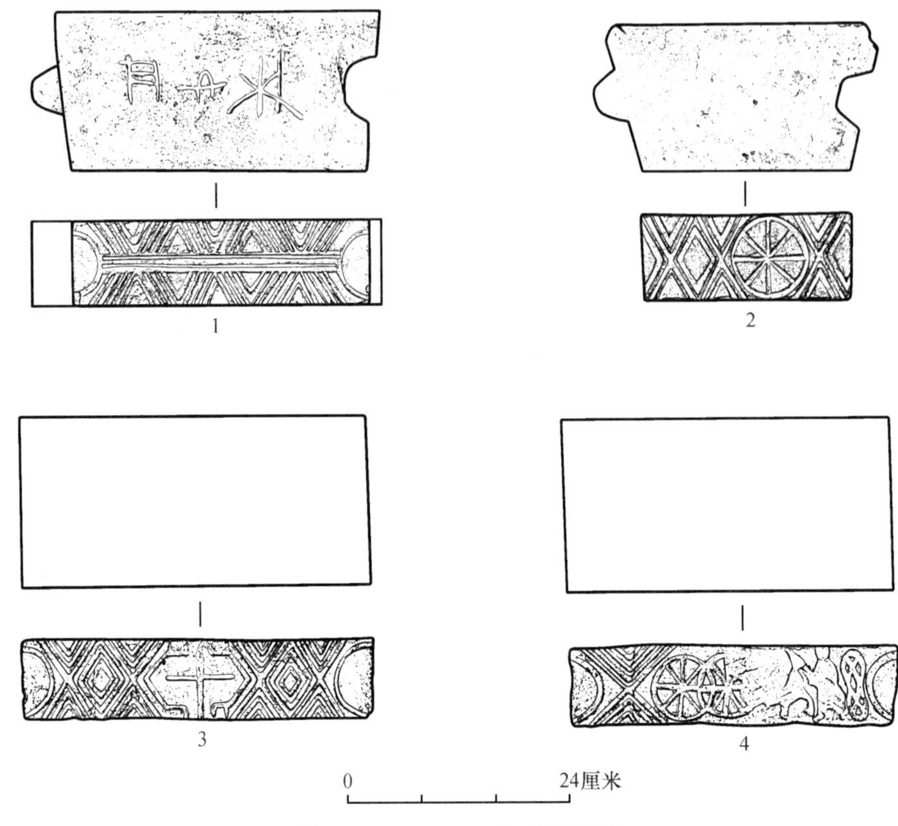

图6.1-6　2004YJEQ401出土的砖

1. 2004YJEQ401：1　2. 2004YJEQ401：2　3. 2004YJEQ401：3　4. 2004YJEQ401：4

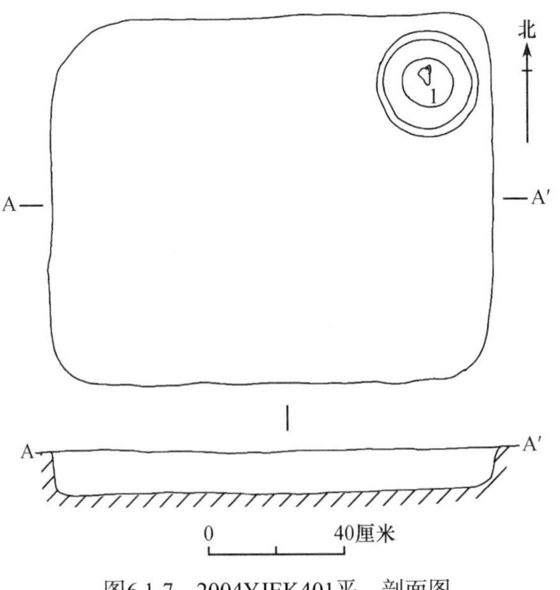

图6.1-7　2004YJEK401平、剖面图

1. 陶钵

陶盆 1件。2004YJEHt2：5，灰黑陶，侈口，鼓腹，平底。素面，轮制。口径23厘米，底径10厘米，高9.5厘米（图6.1-8，1）。

陶网坠 2件。2004YJEHt2：14，红陶，椭圆形，中部有穿孔，手制。长6.6厘米，最大径4.8厘米，孔径1厘米（图6.1-8，8）。2004YJEHt2：18，灰陶，菱形，中部有穿孔。长5.2厘米，最大径2.5厘米，孔径0.7厘米（图6.1-8，7；图版二二，5）。

陶纺轮 1件。2004YJEHt2：19，灰陶，平面圆形，中部有穿孔，截面近似菱形。腰部饰三道凸弦纹。直径4厘米，高2.8厘米，孔径0.6厘米（图6.1-8，6）。

陶瓦当 2件。2004YJEHt2：15，残。青灰陶，当面饰十字纹，将其分为四区，每区饰双线卷云纹，模制。直径14厘米，厚1.8厘米，残长5厘米（图6.1-8，4）。2004YJEHt2：29，圆形，由双线分为四格，残约1/4。复原直径1.4厘米，外厚2.2厘米，内厚1.9厘米（图6.1-8，5）。

铜盘 1件。2004YJEHt2：6，残。圆形，直口，鼓腹，台底。口径16厘米，底径10厘米，高4厘米，厚0.1厘米（图6.1-8，3）。

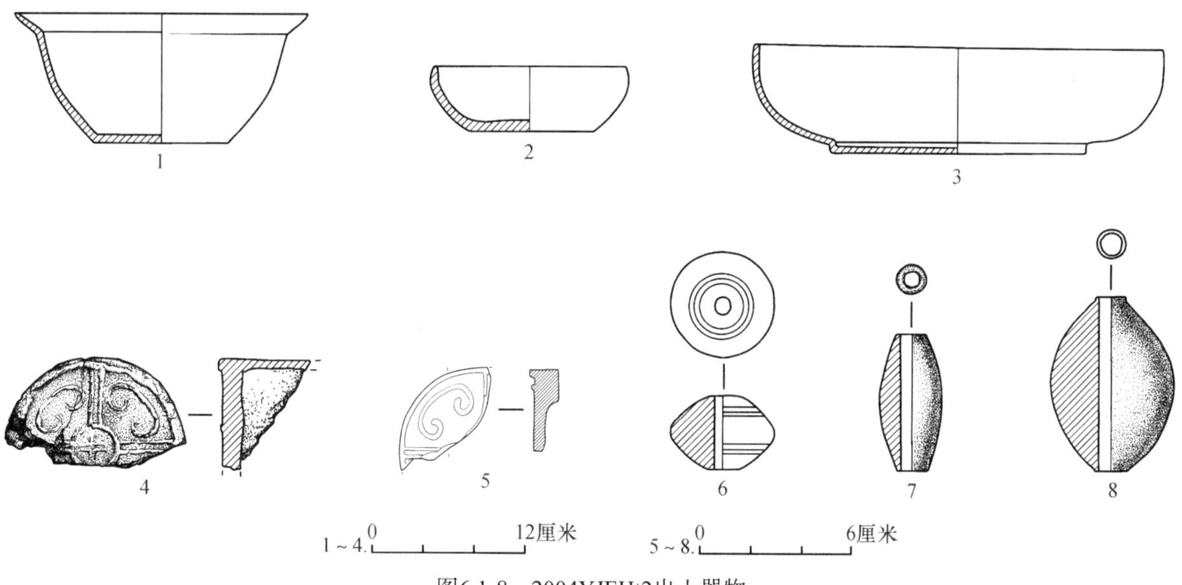

图6.1-8 2004YJEHt2出土器物

1. 陶盆（2004YJEHt2：5） 2. 瓷钵（2004YJEHt2：26） 3. 铜盘（2004YJEHt2：6） 4、5. 陶瓦当（2004YJEHt2：15、2004YJEHt2：29） 6. 陶纺轮（2004YJEHt2：19） 7、8. 陶网坠（2004YJEHt2：18、2004YJEHt2：14）

铜镞 8件。2004YJEHt2：2，残。镞尖截面菱形，扁圆关，扁圆铤。通长4厘米，镞身1.3厘米，关0.5厘米，铤2.2厘米（图6.1-9，3）。2004YJEHt2：3，残。三棱形镞身，关截面六边形，圆铤。通长3厘米，镞身2.2厘米，铤0.3厘米（图6.1-9，4）。2004YJEHt2：9，残。三棱形镞身，关截面六边形，圆铤。通长2.7厘米，镞身长1.9厘米，关长0.6厘米，铤长0.2厘米（图6.1-9，7）。2004YJEHt2：10，残。双翼形镞身，中部有圆形脊，扁圆铤。通长5.5厘米，镞身4厘米，铤1.5厘米（图6.1-9，1）。2004YJEHt2：12，残。三棱形镞身，扁圆关，扁圆铤。通长2.5厘米，镞身长1.7厘米，铤长0.5厘米（图6.1-9，5）。2004YJEHt2：17，三棱形镞尖，关截面六边形，铤残。通长3厘米，镞身2.2厘米，关0.5厘米，铤0.3厘米（图6.1-9，8）。2004YJEHt2：23，残。镞身截面菱形，扁圆铤。通长4.8厘米，镞身1.8厘米，铤3厘米（图6.1-9，

2）。2004YJEHt2：24，三棱形镞身，关截面六边形，圆铤。通长3.2厘米，镞身2.4厘米，关0.6厘米，铤0.2厘米（图6.1-9，6）。

铜钉 1件。2004YJEHt2：1，残。椭圆形钉帽，楔状钉身。高0.7厘米（图6.1-9，11）。

铜泡钉 1件。2004YJEHt2：13，残。钉帽盔形，钉身扁平。高1.3厘米（图6.1-9，14）。

铜顶针 2件。2004YJEHt2：7，圆环形，外表面有戳刺纹。直径1.8厘米，高0.7厘米（图6.1-9，9）。2004YJEHt2：21，环形，外表面有四排戳刺纹。直径1.9厘米，高0.9厘米（图6.1-9，10）。

铜环 2件。2004YJEHt2：4，圆环形，截面长方形。外径1.6厘米，内径1.4厘米（图6.1-9，12）。2004YJEHt2：20，环形，截面长方形。外径1.4厘米，内径1厘米（图6.1-9，13）。

铜带扣 1件。2004YJEHt2：16，头端圆形，铸制。长4.2厘米，宽1厘米，厚0.4厘米（图6.1-9，16）。

铜钩 1件。2004YJEHt2：11，残。鸟头状钩头，钩身较直，截面长方形。残长3厘米（图6.1-9，17）。

铜器足 1件。2004YJEHt2：25，蹄形，表面有三条凸棱。残高3.5厘米（图6.1-9，18）。

铜钱 2件。2004YJEHt2：8，圆形方孔，内外郭较浅。上书“大泉五十”。直径2.5厘米，内孔边0.9厘米，厚0.15厘米。2004YJEHt2：28，圆形方孔，内外有郭。上书“大泉五十”。外径2.65厘米，内径0.8厘米，厚0.2厘米（图6.1-9，15）。

铁镬 1件。2004YJEHt2：27，头端长方形，刃端微弧，中空。长9.5厘米，宽5厘米，厚2.5厘米（图6.1-9，20）。

铁管 1件。2004YJEHt2：22，残。管状，一端翘，另一端细。残长9厘米，最大截面直径1.7厘米，最小截面直径1.3厘米（图6.1-9，19）。

石雕蟾蜍 1件。2004YJEHt2：30，出土于2004YJEF401北侧的第5c层中，与房址北侧地面间夹厚约5厘米的第5c层土。以一整块青灰色砂岩雕琢而成，石雕为一俯卧蟾蜍造型，下设一长方形基座。蟾蜍头顶略高于脊背，双目大而外凸，目后雕两道弯月形眉，双目之间雕一鼻。大口紧闭，呈倒“V”形，几与头部等宽，口下正中雕一方框，框内雕四道竖向凸棱。前腿粗短，四趾大爪，趾尖内向相对。后腿蹲蜷，小爪朝前。腹部圆鼓，垂于基座之上，臀部浑圆，正中雕一圆形肛门。背部平直，中央偏后处有一正方形槽卯。此兽雕琢的线条简明，蟾蜍的颈下、腹、臀等多处保留沟槽状琢痕。长118厘米，宽96厘米，高78厘米，槽边长26厘米，深22厘米（图6.1-10；图版三四）。

除了上述器物外，在台基东南部还出土1件重要文物，即“汉巴郡朐忍令广汉景云碑”，可能与夯台2004YJHt2有关。此碑出土时碑文面朝下，已断为两截。碑身下半部分被用作一晚期建筑的础石，碑身背面折断处留下了数个清晰的錾子坑。碑身的上半段出土于下半段西北方向的第5c层中，碑身两段间隔4米有余。

此碑除正中折为两段外，仅折断处和碑身边缘略有损坏，整体保存相当完好。此碑通高240厘米，宽95厘米，厚22厘米，以一整块淡红色砂岩雕刻而成。长方形碑身，底部有长方形的榫，榫端已折。

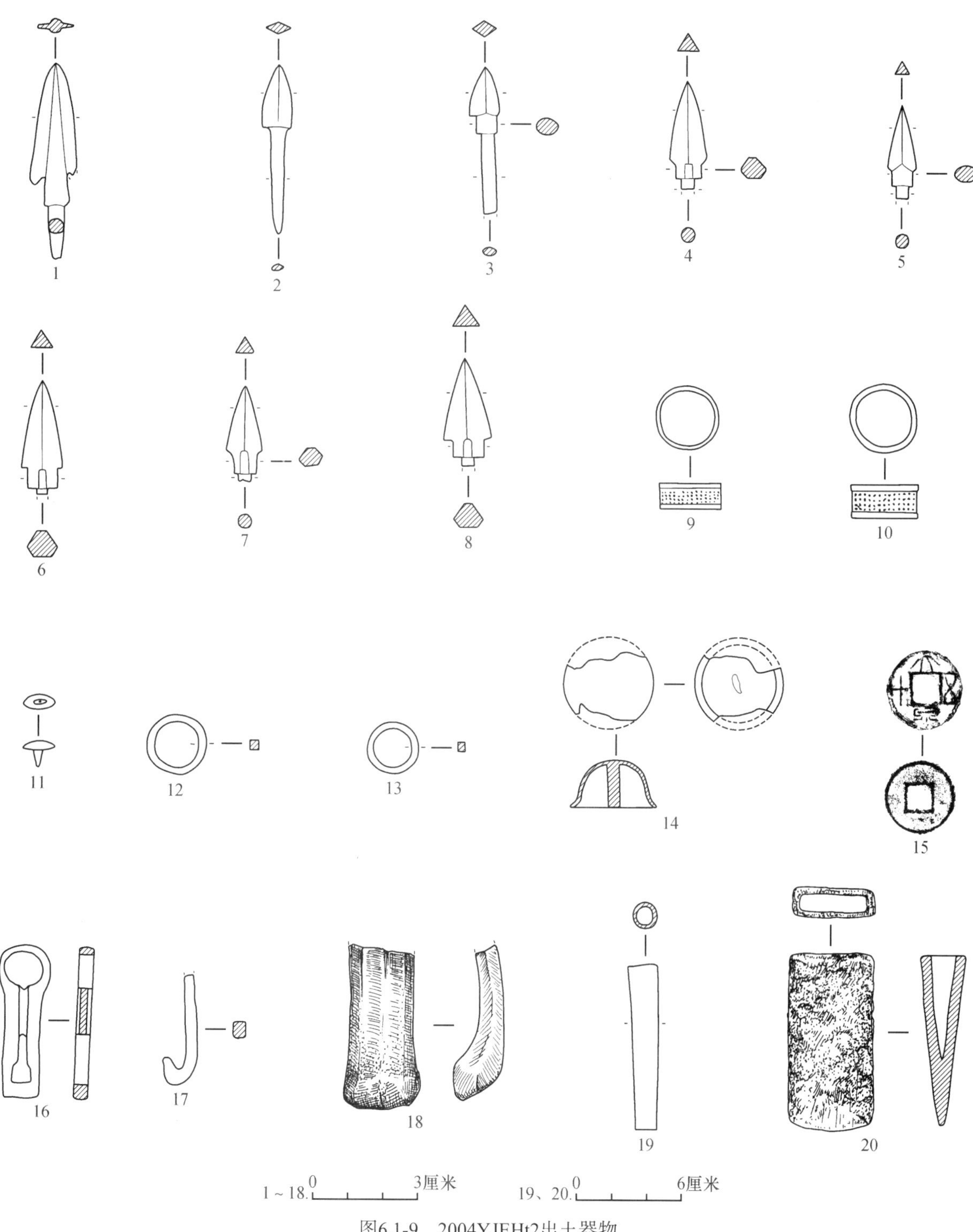

图6.1-9　2004YJEHt2出土器物

1~8. 铜镞（2004YJEHt2：10、2004YJEHt2：23、2004YJEHt2：2、2004YJEHt2：3、2004YJEHt2：12、2004YJEHt2：24、2004YJEHt2：9、2004YJEHt2：17）　9、10. 铜顶针（2004YJEHt2：7、2004YJEHt2：21）　11. 铜钉（2004YJEHt2：1）　12、13. 铜环（2004YJEHt2：4、2004YJEHt2：20）　14. 铜泡钉（2004YJEHt2：13）　15. 铜钱（2004YJEHt2：28）　16. 铜带扣（2004YJEHt2：16）　17. 铜钩（2004YJEHt2：11）　18. 铜器足（2004YJEHt2：25）　19. 铁管（2004YJEHt2：22）　20. 铁䦆（2004YJEHt2：27）

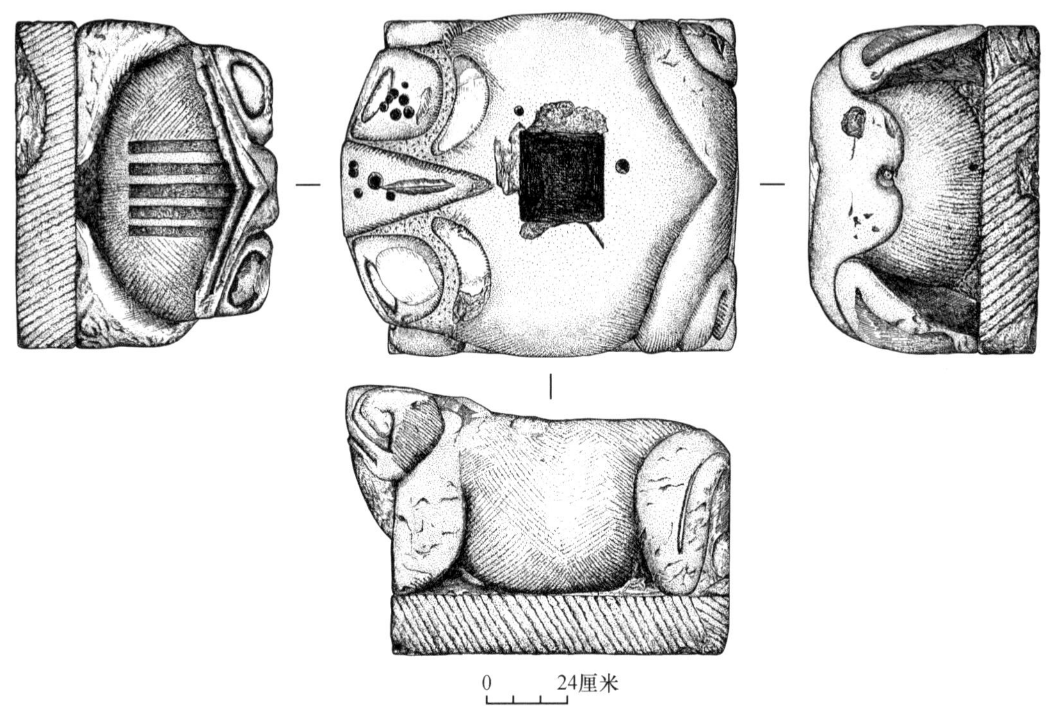

图6.1-10 2004YJHt2出土的石雕蟾蜍（2004YJEHt2：30）

碑首高55厘米，正反两面各刻三道晕线，正面晕线左起，晕环内刻三幅浮雕，正中为汉代常见的“妇人启门”，左右分饰玉兔、金乌。

正中的“妇人掩门”浮雕较高，立体感很强，门为两扇，一侧门关闭、另一侧门内开，妇人探身于门外，右手扶于门之上，身体半遮半露。妇人形体丰满，面若满月，樱桃小口，大耳垂轮，鼻、目线条简单小巧，扶于门上的右手光润丰满。头戴巾帼，身着长袍、衣袖宽大，足履布鞋。

左右两幅均采用浅浮雕，右侧的金乌圆目、短喙、头顶有冠，长颈、颈内侧至下腹可见横向琢痕，示意为羽。长尾、尾羽指向下方，左腿直立，右腿略为弯曲上抬，大足，形似鹰爪，两翅上扬，做展翅欲飞状。玉兔作人形，形体修长，高鼻小口，长耳长于头顶。上身很长，超过身高的2/3，四肢相对较短。左臂前伸，右臂略向后错，前臂平端，手心向上，双掌中各横握1件横截面为圆形的物体。右足着地，支地腿略向前倾，左腿弯曲上抬，作前行的运动姿态。脚很大，侧视近长方形，未着履。

出土时在妇人唇上、金乌的尾羽、玉兔的腋下等数处发现极小块的朱彩，估计原本浮雕之上曾涂朱彩。

碑文四周阴刻云纹，整个纹饰以一条主曲线贯通，主线两侧再雕刻多组云纹。云纹线条流畅，婉转勾连。上下方的云纹带较宽，云纹间阴刻形态各异的四只飞鸟，上方云纹带正中设一圆穿。

碑侧左右浮雕青龙白虎，线条简洁流畅，局部又不失细致。青龙身体舒展，白虎蓄势待发，把所谓龙腾虎跃的形意表达得较为传神，只是白虎表情较为木讷，神情温顺，虎威不足。龙虎头上，左右对称雕大小相近的两圆。左侧的青龙作蹬腾状，身颈修长。头部为侧视，长吻前伸，大口微张，口中的舌、齿清晰可辨，上颚后部接一龙角，杏核眼。颈部略残，尾部细长弯曲。四肢相对较为粗短，前后伸展，一条后腿雕刻得长而粗壮，与身躯浑然一体，脚掌刻画得较为简单，并未雕琢出典型的龙爪形。右侧白虎头部为正视，头部浑圆，顶生双耳，耳轮圆缓，虎目圆睁、宽鼻阔口。身颈修长，前肢错落，俯卧于地面，后肢形似青龙，前腿蓄势弯曲，后腿与身躯浑然一体，夸张地向后蹬开。虎爪雕琢得较为细致，均为四趾，每只脚趾的骨节、趾尖清晰可辨，尾部形态亦与龙尾相似（图6.1-11；图版一五）。

碑文保存完好，字迹清晰。字体为八分隶书，共367字，当出自善书文吏之手。此碑立于熹平二年（173年），碑主景云叔于是东汉和帝时的朐忍县令，卒于永元十五年（103年），灵帝时其后任朐忍县令同乡雍陟为之所铭。释文如下：

汉巴郡朐忍令广汉景云叔于，以永元十五年季夏仲旬己亥卒。君帝高阳之苗裔，封兹楚熊，氏以国别。高祖龙兴，娄敬画计，迁诸关东，豪族英杰，都于咸阳，攘竟蕃卫。大业既定，镇安海内。先人伯况，匪志慷慨。术禹石纽，汶川之会。帷屋甲帐，龟车留遰。家于梓潼，六族布列。裳絻相袭，名右冠盖。君其始仕，天资明哲。典牧二城，朱紫有别。强不凌弱，威不猛害。政化如神，烝民乃厉。州郡并表，当亨符艾。大命颠覆，中年徂殁。如丧考妣，三载泣怛。遏勿八音，百姓流泪。魂灵既载，农夫恻结；行路抚涕，织妇喑咽。吏民怀慕，户有祠祭；烟火相望，四时不绝。深野旷泽，哀声忉切；追歌遗风，叹绩亿世。刻石纪号，永永不灭。乌呼哀哉，乌呼哀哉！

赞曰：皇灵炳璧，郢令名矣。作民父母，化洽平矣。百工维时，品流刑矣。善劝恶惧，物咸宁矣。三考绌敕，陟幽名矣，振华处实，畅遐声矣。

重曰：皇灵秉气，卓有纯兮。惟汶降神，梃斯君兮。未升卿尹，中失年兮。流名后载，久而荣兮。勒铭金石，表绩勋兮。冀勉来嗣，示后昆兮。

熹平二年仲春上旬朐忍令梓潼雍君讳陟字伯曼为景君刊斯铭兮

三、夯台2004YJEHt3

1. 夯台形制

夯台2004YJEHt3位于E区西部，第5a层下，打破第5b及第5c层，呈东北—西南向，长方形，方向38°，台基由花土层层夯筑而成，夯层厚5～10厘米，长32米，宽11米，平均厚度为1.5米。西南端被上层台基遗迹打破约0.5米深。台内有12个平面大致呈长方形的夯墩，也为层层夯筑而成，夯层更薄，多在5厘米以下，夯墩深度为3～3.5米，最深处可至生土层。这些夯墩呈平行的两排分布，用作立柱的基础或用于加固夯台，但这些夯墩的中部往往可见空洞，形成原因不明，推测可能立木柱，年久腐朽后造成空洞现象。夯台边缘大致垂直于地面（图6.1-12；图版八，2）。

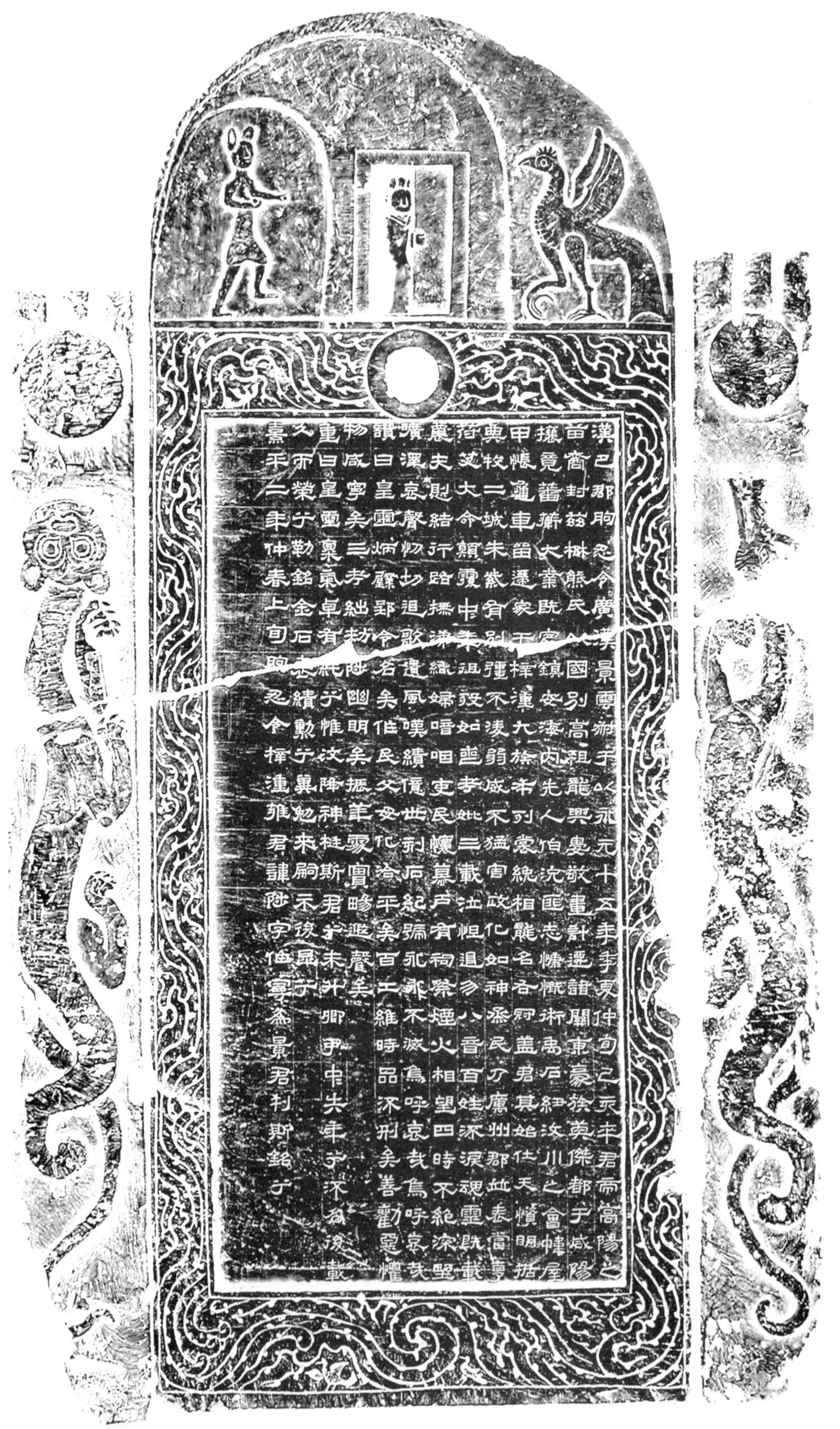

图6.1-11 “汉巴郡朐忍令广汉景云碑”拓片

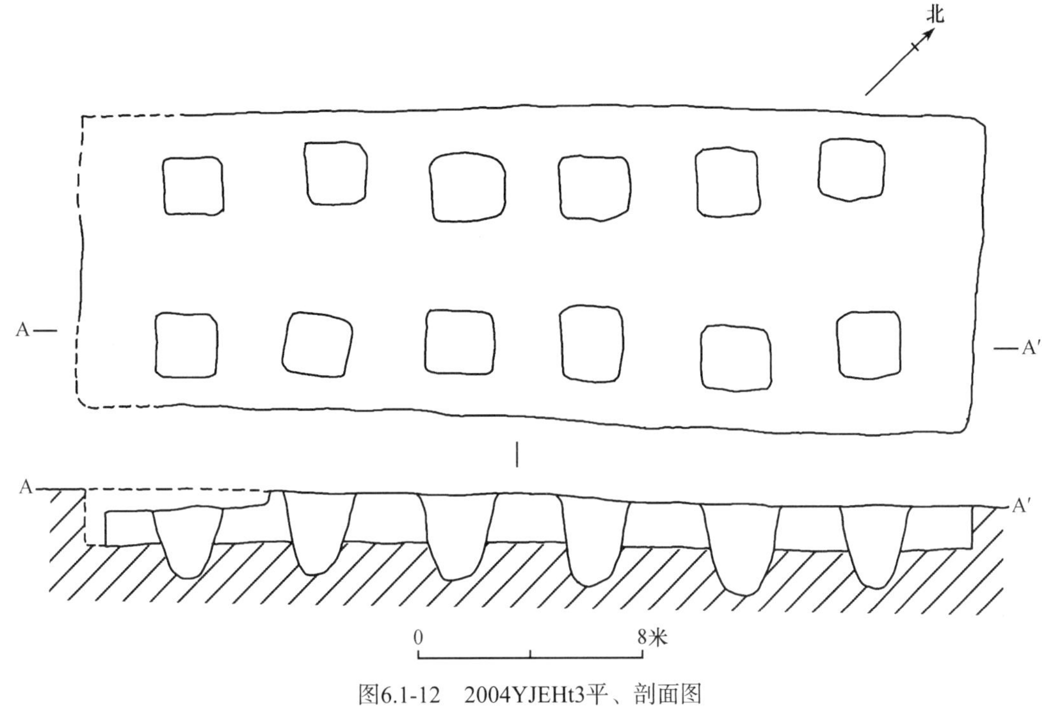

图6.1-12　2004YJEHt3平、剖面图

2. 出土器物

夯台内出土各类遗物共112件，主要有陶瓷容器、陶纺轮、陶网坠、铜镞、铜泡钉、铜铃、铁器等，以及大量瓦片和陶瓷器残片，以下具体介绍。

瓷钵　2件。2004YJEHt3：30，敛口，弧壁，平底。素面，轮制。口径12.8厘米，底径7.8厘米，高4.3厘米（图6.1-13，1）。2004YJEHt3：48，敛口，弧壁，平底，不施釉，轮制。口径18.8厘米，底径12.8厘米，高5.8厘米（图6.1-13，2）。

陶钵　2件。2004YJEHt3：55，灰陶，敛口，弧壁，平底。口沿外侧施一道弦纹，轮制。口径17.5厘米，底径7.5厘米，高7厘米（图6.1-13，3）。2004YJEHt3：70，灰陶，敛口，弧壁，平底。素面，轮制。口径17.5厘米，底径11.2厘米，高6.5厘米（图6.1-13，4）。

陶碗　1件。2004YJEHt3：110，黑陶，敛口，尖唇，台底，折腹。外部最大径处饰一道凹弦纹，轮制。口径9.6厘米，底径5厘米，高4.2厘米（图6.1-13，5）。

陶器底　1件。2004YJEHt3：102，残。台底，内底饰方形印花纹。外底径7.8厘米，内底径5.5厘米，底厚0.8厘米（图6.1-13，6）。

陶纺轮　4件。2004YJEHt3：41，灰陶，圆形，中部有孔。直径8.5厘米，高6.8厘米，孔径0.8厘米（图6.1-13，9）。2004YJEHt3：91，灰陶，平面圆形，中部有穿孔，铁轴仍存在其中。腰部饰三条凸弦纹。直径3.5厘米，高2.5厘米，孔径0.5厘米（图6.1-13，10；图版二二，1）。2004YJEHt3：106，圆饼状，中部有穿孔。直径4厘米，高2厘米，孔径0.5厘米（图6.1-13，11）。2004YJEHt3：111，灰陶，圆轮形，左右两侧凸起，中部有一个圆孔贯穿。轮径0.3厘米，厚0.24厘米（图6.1-13，12）。

陶瓦当　2件。2004YJEHt3：8，残。圆形，中部，有一个较大的乳突，饰人面。外区

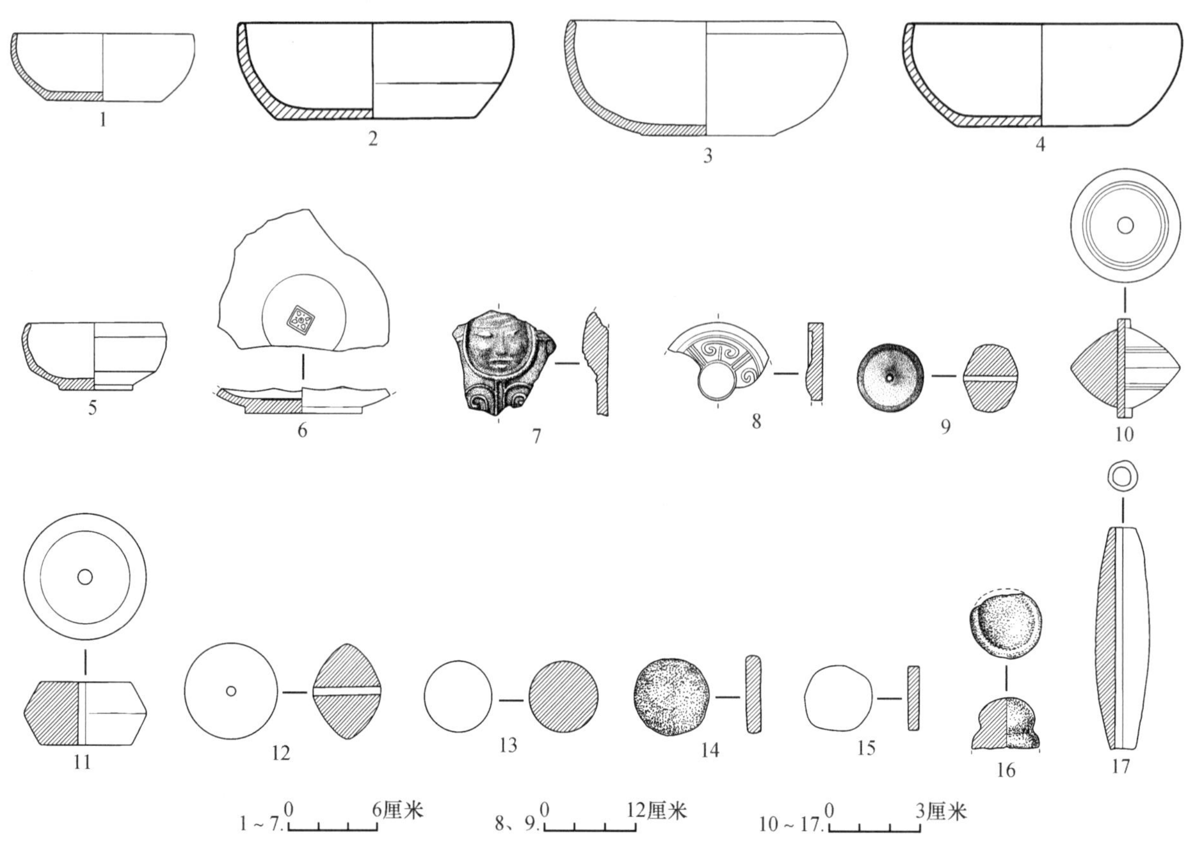

图6.1-13　2004YJEHt3出土器物

1、2. 瓷钵（2004YJEHt3：30、2004YJEHt3：48）　3、4. 陶钵（2004YJEHt3：55、2004YJEHt3：70）　5. 陶碗（2004YJEHt3：110）　6. 陶器底（2004YJEHt3：102）　7、8. 陶瓦当（2004YJEHt3：8、2004YJEHt3：28）　9～12. 陶纺轮（2004YJEHt3：41、2004YJEHt3：91、2004YJEHt3：106、2004YJEHt3：111）　13. 陶球（2004YJEHt3：57）　14、15. 圆形陶片（2004YJEHt3：33、2004YJEHt3：81）　16. 陶器纽（2004YJEHt3：12）　17. 陶网坠（2004YJEHt3：56）

分四区，饰卷云纹。残长6.5厘米，厚0.8厘米（图6.1-13，7）。2004YJEHt3：28，残。红陶，圆形，中部有较大的乳突，外区分四个区，每区有单线卷云纹。直径14.5厘米，厚2厘米（图6.1-13，8）。

陶球　1件。2004YJEHt3：57，球体，手制。直径2.2厘米（图6.1-13，13）。

陶器纽　1件。2004YJEHt3：12，残。圆形，纽状。最大径2.1厘米，高1.5厘米（图6.1-13，16）。

圆形陶片　2件。2004YJEHt3：33，圆形，片状。直径2.5厘米，厚0.5厘米（图6.1-13，14）。2004YJEHt3：81，残。灰陶，圆饼形，磨制。直径2厘米，厚0.4厘米（图6.1-13，15）。

陶网坠　1件。2004YJEHt3：56，梭形，中部有穿孔。长7厘米，最大径1.8厘米，孔径0.6厘米（图6.1-13，17）。

钱文陶片　1件。2004YJEHt3：107，残。灰陶，长方形，外表面印钱纹。残长11厘米，残宽6厘米，厚0.8厘米。

铜镞　14件。2004YJEHt3：2，残。三翼形镞身，中部有脊，截面圆形。残长2.8厘米（图6.1-14，1）。2004YJEHt3：4，镞身五边形，关截面六边形，扁圆铤。通长8.3厘米，镞尖2.8厘米，关0.9厘米，铤4.6厘米（图6.1-14，12）。2004YJEHt3：14，四棱形镞身，扁圆关，扁圆铤。通长5.3厘米，镞尖1.4厘米，关0.6厘米，铤3.3厘米（图6.1-14，8）。2004YJEHt3：21，镞尖截面菱形，扁圆关，扁圆铤。通长5.3厘米，镞身1.4厘米，关0.5厘米，铤3.4厘米（图6.1-14，7）。2004YJEHt3：23，残。三棱形尖，镞身截面五边形，关截面椭圆形，圆铤。通长4厘米，镞身3厘米，关0.8厘米，铤0.2厘米（图6.1-14，2）。2004YJEHt3：29，残。四棱形镞身，残长2.2厘米（图6.1-14，3）。2004YJEHt3：32，残。三棱形镞身，残长3厘米。2004YJEHt3：36，四棱形镞尖，扁圆铤。通长5.5厘米，镞身1.7厘

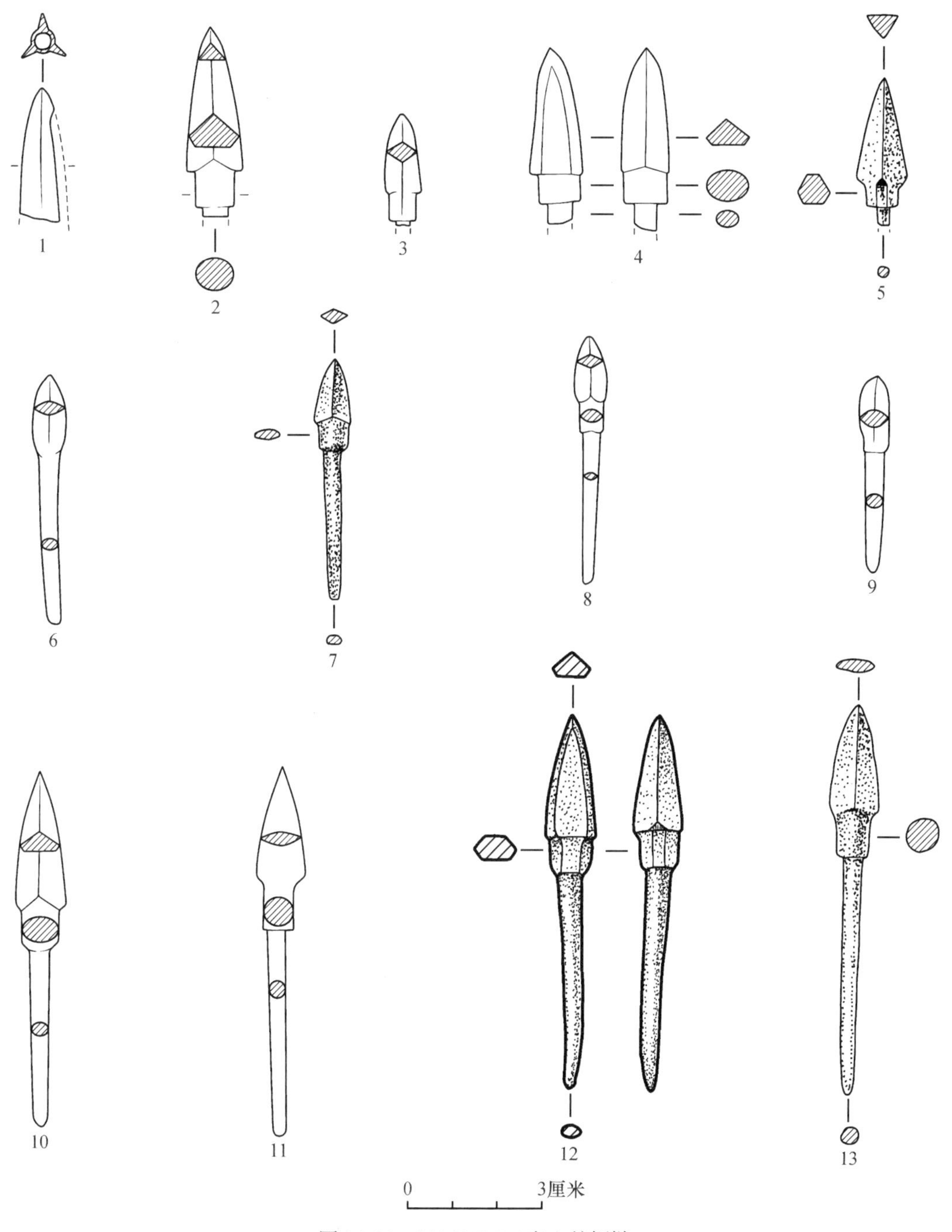

图6.1-14　2004YJEHt3出土的铜镞

1. 2004YJEHt3：2　2. 2004YJEHt3：23　3. 2004YJEHt3：29　4. 2004YJEHt3：88　5. 2004YJEHt3：84　6. 2004YJEHt3：36　7. 2004YJEHt3：21　8. 2004YJEHt3：14　9. 2004YJEHt3：113　10. 2004YJEHt3：103　11. 2004YJEHt3：63　12. 2004YJEHt3：4　13. 2004YJEHt3：68

米，铤3.7厘米（图6.1-14，6）。2004YJEHt3：63，残。镞尖三角形，扁体，圆关，圆铤。通长8厘米，镞身2.6厘米，关0.9厘米，铤4.5厘米（图6.1-14，11）。2004YJEHt3：68，镞尖三角形，扁体，圆关，圆铤。通长8.3厘米，镞身2.3厘米，关1厘米，铤5.1厘米（图6.1-14，13）。2004YJEHt3：84，残。三棱形镞尖，关截面六边形，圆铤。通长3.2厘米，镞尖2.3厘米，关0.5厘米，铤0.4厘米（图6.1-14，5）。2004YJEHt3：88，残。五边形镞身，扁圆关，扁圆铤。通长3.9厘米，镞身2.5厘米，关0.8厘米，铤0.6厘米（图6.1-14，4）。2004YJEHt3：103，三棱形镞身，扁圆关，扁圆铤。通长7.6厘米，关0.8厘米，铤3.8厘米（图6.1-14，10）。2004YJEHt3：113，形体短小，镞前部分呈舌形，断面为菱形，两翼外弧向下渐收，下连四棱锥形铤。通长4.2厘米，镞边长1.6厘米，厚0.42厘米，翼展0.72厘米（图6.1-14，9）。

铜钱　11件。2004YJEHt3：83，圆形方孔，正面有“五铢”二字。直径2.5厘米，孔边长0.9厘米，厚0.1厘米（图6.1-15，1；图版三二，1）。2004YJEHt3：40，圆形方孔，有外郭，正面有“五铢”。直径2.5厘米，孔边长0.9厘米，厚0.1厘米。2004YJEHt3：62，微残。圆形方孔，有外郭，面书“五铢”。直径2.5厘米，孔边0.9厘米，厚0.15厘米。2004YJEHt3：69，圆形方孔，有外缘，正面有“货泉”二字。直径2.3厘米，孔边长0.8厘米，厚0.15厘米。2004YJEHt3：71，圆形方孔，剪轮，正面有“五铢”二字。直径1.9厘米，孔边长1厘米，厚0.05厘米。2004YJEHt3：76，圆形方孔，无外郭，正面有“五铢”二字，背面四出。直径2.5厘米，孔边长1厘米，厚0.1厘米（图6.1-15，2）。2004YJEHt3：77，圆形方孔，无郭，正面有“五铢”二字。直径2.3厘米，孔边长1厘米，厚1厘米。2004YJEHt3：10，圆形方孔，正面有“大平百铢”四字。直径2厘米，孔边0.75厘米，厚0.1厘米（图6.1-15，3）。2004YJEHt3：89，圆形方孔，剪轮，正面有“五铢”二字，背面有内郭。直径2.1厘米，孔边长0.9厘米，厚0.1厘米（图6.1-15，4；图版三二，2）。2004YJEHt3：90，圆形方孔，一面有内郭。直径1厘米，孔边长0.5厘米，厚0.1厘米。2004YJEHt3：112，外圆无郭，内方穿。直径1.7厘米，厚0.13厘米，穿边长0.88厘米。2004YJEHt3：6，圆形方孔，剪轮，无字。直径1.9厘米，孔边1厘米，厚0.03厘米（图6.1-15，5）。

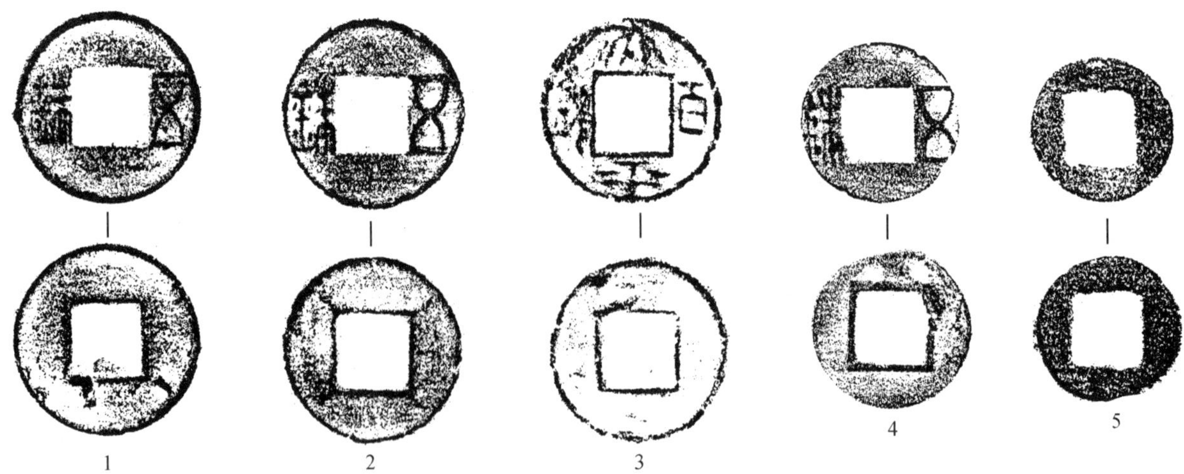

图6.1-15　2004YJEHt3出土的部分铜钱拓片

1、2. 五铢（2004YJEHt3：83、2004YJEHt3：76）　3. 大平百铢（2004YJEHt3：10）　4. 剪轮五铢（2004YJEHt3：89）　5. 无字铜钱（2004YJEHt3：6）

铜盖弓帽 1件。2004YJEHt3：5，残。圆柱状，一端侧面，有突出柱状体。残长3.3厘米，截面0.7厘米（图6.1-16，1）。

铜带钩 2件。2004YJEHt3：9，鸭形。通长3.5厘米，高1.5厘米（图6.1-16，3）。2004YJEHt3：92，残。形体较长，头端微翘，尾端较宽，下部有突起。残长4厘米（图6.1-16，2）。

铜铃 3件。2004YJEHt3：17，椭圆形，顶部有桥形纽。长径1.5厘米，短径1.2厘米（图6.1-16，6）。2004YJEHt3：39，椭圆形，略扁，顶部有桥形纽。长径2.4厘米，短径1.8厘米，高2.5厘米（图6.1-16，4）。2004YJEHt3：50，残。圆形，略扁，顶部有纽。直径1.5厘米（图6.1-16，5）。

铜顶针 4件。2004YJEHt3：43，圆环形，表面饰戳刺纹。宽0.6厘米（图6.1-16，10）。2004YJEHt3：51，残。圆环形，外表面饰戳刺纹。直径1.7厘米，高0.7厘米（图6.1-16，7）。2004YJEHt3：82，圆环形，外表饰戳刺纹。直径2厘米，高0.8厘米（图6.1-16，8）。2004YJEHt3：104，圆形，外表有四排戳刺纹。直径1.5厘米，高1厘米（图6.1-16，9）。

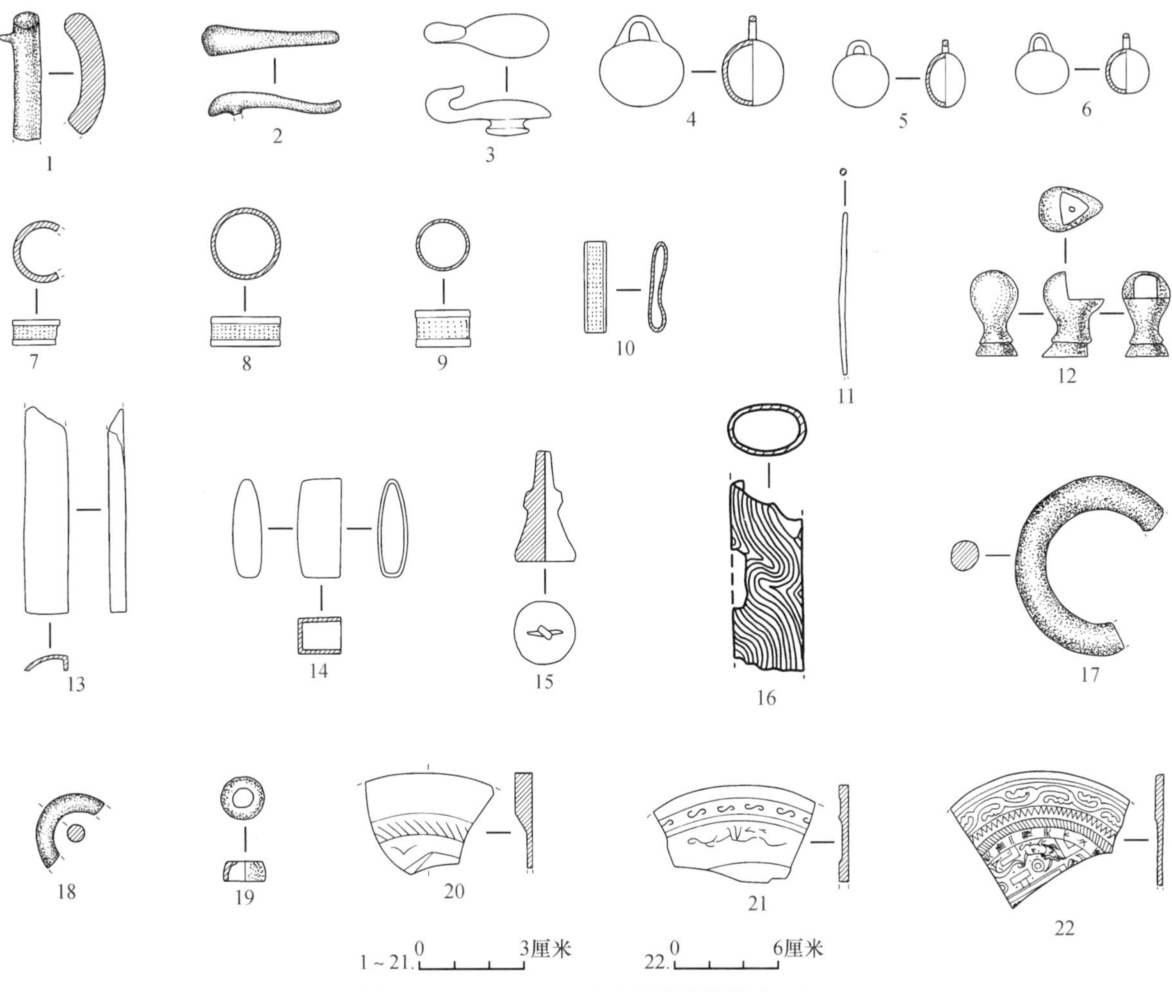

图6.1-16 2004YJEHt3出土的其他铜器（一）

1. 铜盖弓帽（2004YJEHt3：5） 2、3. 铜带钩（2004YJEHt3：92、2004YJEHt3：9） 4～6. 铜铃（2004YJEHt3：39、2004YJEHt3：50、2004YJEHt3：17） 7～10. 铜顶针（2004YJEHt3：51、2004YJEHt3：82、2004YJEHt3：104、2004YJEHt3：43） 11. 铜针（2004YJEHt3：61） 12～16. 铜饰件（2004YJEHt3：54、2004YJEHt3：75、2004YJEHt3：73、2004YJEHt3：79、2004YJEHt3：80） 17～19. 铜环（2004YJEHt3：97、2004YJEHt3：87、2004YJEHt3：26） 20～22. 铜镜（2004YJEHt3：47、2004YJEHt3：45、2004YJEHt3：64）

铜针　1件。2004YJEHt3：61，残。直条形，截面圆形。残长4.5厘米，截面直径0.2厘米（图6.1-16，11）。

铜饰件　5件。2004YJEHt3：54，残。蹄形，中空。高2.4厘米（图6.1-16，12）。2004YJEHt3：73，残。槽形，平面长方形。长2.7厘米，宽1.2厘米，厚0.8厘米（图6.1-16，14）。2004YJEHt3：75，残。片状，条形（图6.1-16，13）。2004YJEHt3：79，残。喇叭状，残高3厘米（图6.1-16，15）。2004YJEHt3：80，残。柱状，截面为椭圆形，由一块方形铜片卷成，表面饰曲线纹。残长5厘米，截面长2.1厘米，短径1.4厘米（图6.1-16，16）。

铜镜　3件。2004YJEHt3：45，残。圆形，外缘有"S"形纹饰。残长4.5厘米，残宽2.6厘米（图6.1-16，21）。2004YJEHt3：47，残。圆形，内部外周饰栉齿纹。缘厚0.5厘米，内部厚0.2厘米（图6.1-16，20）。2004YJEHt3：64，残。圆形，外区饰云纹，内区饰栉齿纹及动物画像，残长10厘米（图6.1-16，22）。

铜环　3件。2004YJEHt3：26，残。环状铜器，直径1.2厘米，高0.5厘米（图6.1-16，19）。2004YJEHt3：87，残。圆环形，截面圆形。外径2.5厘米，内径1.5厘米（图6.1-16，18）。2004YJEHt3：97，残。圆环形，截面圆形。外径5厘米，内径3.2厘米（图6.1-16，17）。

铜泡钉　5件。2004YJEHt3：37。圆形钉帽，中部柱状钉身。直径2.5厘米，高1厘米（图6.1-17，1）。2004YJEHt3：66，残。圆帽形，中部有柱状突起。直径2.2厘米，高1.3厘米（图6.1-17，2）。2004YJEHt3：67，圆帽形，内有突起。直径2.5厘米，高1.5厘米（图6.1-17，3）。2004YJEHt3：98，圆帽形钉，头中部有柱形钉身。直径1.8厘米（图6.1-17，4）。2004YJEHt3：99，残。圆帽形钉，头中部有柱形钉身。直径2.5厘米，高1.1厘米（图6.1-17，5）。

铜构件　7件。2004YJEHt3：13，一端直边，另一端拱形。高4.5厘米（图6.1-17，6）。2004YJEHt3：53，残。条形，截面为等腰梯形。残长7厘米，宽1.8厘米，高0.8厘米（图6.1-17，7）。2004YJEHt3：85，上部花蕾状，下部长方形。通长5.5厘米，宽2.5厘米，厚1.2厘米（图6.1-17，8）。2004YJEHt3：86，残。半球形，实体。直径2厘米，高1厘米（图6.1-17，9）。2004YJEHt3：96，长方形，片状。长5厘米，宽1.3厘米，厚0.15厘米（图6.1-17，10）。2004YJEHt3：100，残。宽条带状，弯折。长6.5厘米，宽1.5厘米（图6.1-17，11）。2004YJEHt3：109，残。半月形，槽状。长4.5厘米，宽1.2厘米，厚0.8厘米（图6.1-17，12）。

铜钩　1件。2004YJEHt3：78，残。钩形，截面圆形。长2.5厘米（图6.1-17，13）。

铜链　1件。2004YJEHt3：94，链状，残长3.8厘米。

铜珠　1件。2004YJEHt3：16，椭圆形，中部穿孔。长径1厘米，短径0.7厘米，孔径0.2厘米（图6.1-17，14）。

铜牌饰　1件。2004YJEHt3：18，残。方形，内有穿孔，表面成排整齐并分布底柱状凸起。残长3.8厘米，宽4.4厘米，厚0.3厘米（图6.1-17，15）。

铜圈　2件。2004YJEHt3：20，残。半圆环形，截面圆形。截面直径0.15厘米（图6.1-17，16）。2004YJEHt3：38，残。圆环状，截面近方形。直径5厘米，截面直径0.3厘米（图6.1-17，17）。

铜器盖纽　1件。2004YJEHt3：7，扁圆球状，中空。直径2.5厘米，高1.5厘米

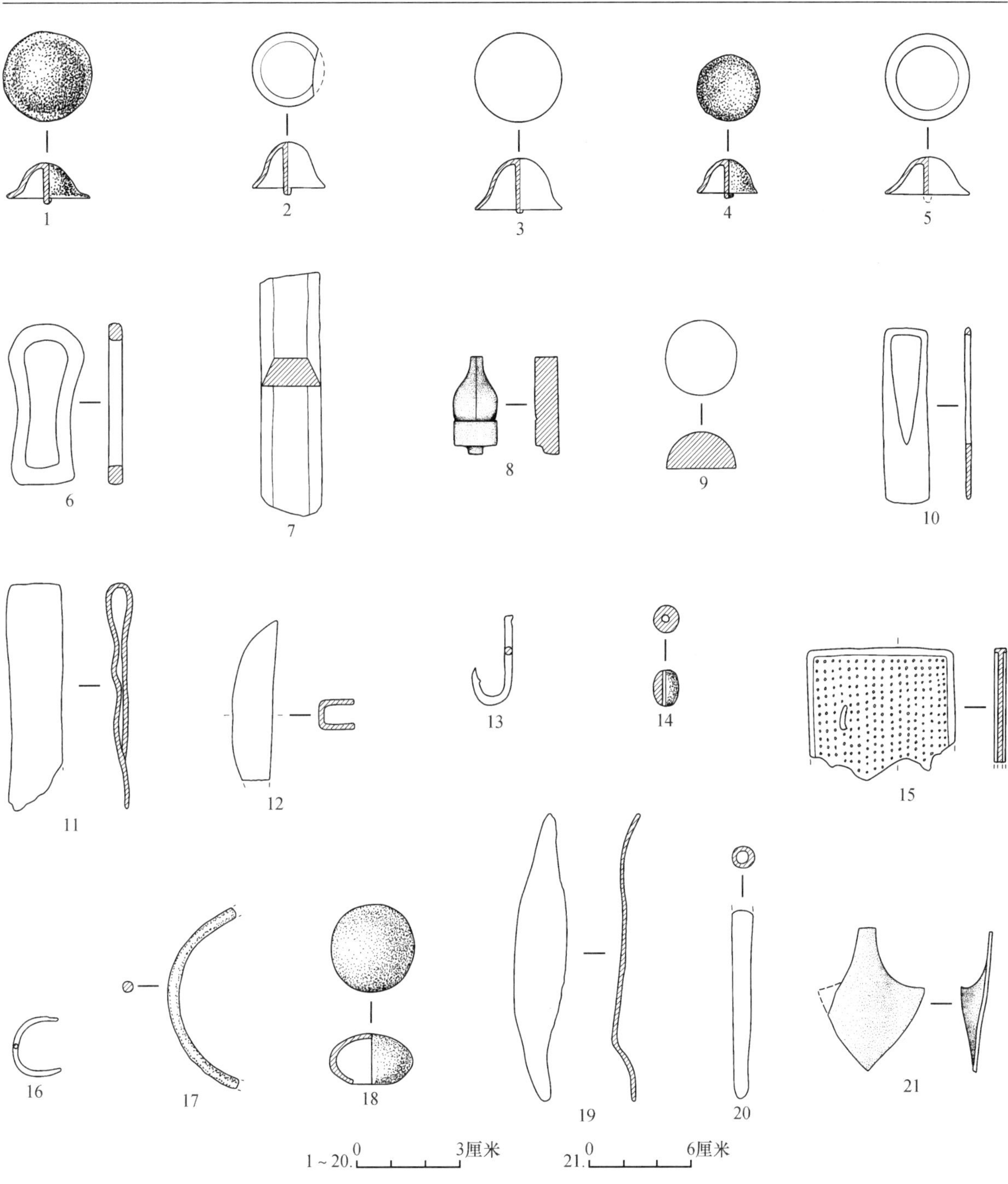

图6.1-17　2004YJEHt3出土的其他铜器（二）

1~5. 铜泡钉（2004YJEHt3：37、2004YJEHt3：66、2004YJEHt3：67、2004YJEHt3：98、2004YJEHt3：99）
6~12. 铜构件（2004YJEHt3：13、2004YJEHt3：53、2004YJEHt3：85、2004YJEHt3：86、2004YJEHt3：96、2004YJEHt3：100、2004YJEHt3：109）　13. 铜钩（2004YJEHt3：78）　14. 铜珠（2004YJEHt3：16）　15. 铜饰牌（2004YJEHt3：18）
16、17. 铜圈（2004YJEHt3：20、2004YJEHt3：38）　18. 铜器盖纽（2004YJEHt3：7）　19. 铜片（2004YJEHt3：42）
20、21. 其他铜器（2004YJEHt3：59、2004YJEHt3：49）

（图6.1-17，18）。

铜片 1件。2004YJEHt3：42，残。片状，核形，两端呈带状弯曲。长8.1厘米，宽1.5厘米，厚0.15厘米（图6.1-17，19）。

其他铜器 3件。2004YJEHt3：15，残。正面大致呈梯形，底部为核形。长2.4厘米，高1.7厘米。2004YJEHt3：49，残。铲形，头端三角形。残长8厘米，厚0.2厘米（图6.1-17，21）。2004YJEHt3：59，残。棍形，管状。残长5.3厘米，最大截面直径0.5厘米（图6.1-17，20）。

铁镞 4件。2004YJEHt3：11，四棱形镞身，圆铤。通长15.5厘米，镞身4.5厘米（图6.1-18，5）。2004YJEHt3：19，残。镞身截面四边形。残长7.3厘米（图6.1-18，7）。

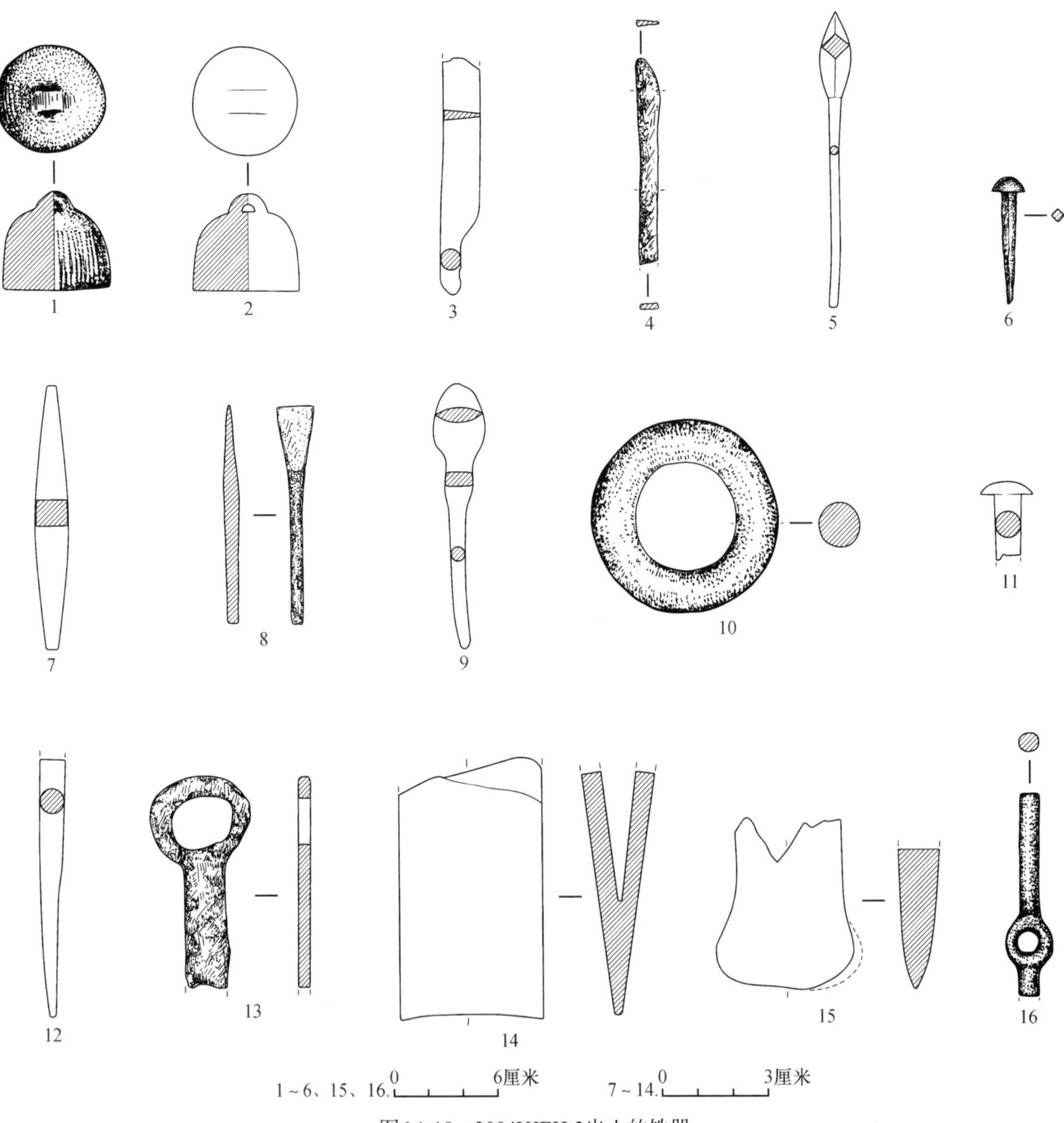

图6.1-18 2004YJEHt3出土的铁器

1、2.铁权（2004YJEHt3：25、2004YJEHt3：24） 3、4. 铁刀（2004YJEHt3：74、2004YJEHt3：93） 5、7～9. 铁镞（2004YJEHt3：11、2004YJEHt3：19、2004YJEHt3：34、2004YJEHt3：22） 6、11. 铁钉（2004YJEHt3：31、2004YJEHt3：44） 10. 铁环（2004YJEHt3：35） 12. 铁锥状器（2004YJEHt3：72） 13. 铁器（2004YJEHt3：46） 14、15. 铁镢（2004YJEHt3：27、2004YJEHt3：95） 16. 铁镳（2004YJEHt3：108）

2004YJEHt3：22，扁圆形镞身，关截面圆角长方形，圆铤。通长7.3厘米，镞身1.9厘米，关1.2厘米，铤4.2厘米（图6.1-18，9）。2004YJEHt3：34，铲形，头扁平，方铤。通长6厘米（图6.1-18，8）。

铁杈 2件。2004YJEHt3：24，半球体，顶部有桥形纽。外表面饰竖条纹。直径6厘米，高5.5厘米，纽宽1.5厘米（图6.1-18，2）。2004YJEHt3：25，半球体，顶部有桥形纽。外表面饰竖条纹。直径6厘米，高5.5厘米，纽宽1.5厘米（图6.1-18，1）。

铁刀 2件。2004YJEHt3：74，残。直背，直刃，柄截面圆形。残长12.6厘米，宽2厘米（图6.1-18，3）。2004YJEHt3：93，残。扁柄，弧刃，直背。残长11厘米（图6.1-18，4）。

铁锥状器 1件。2004YJEHt3：72，残。柱形，一端呈尖状。残长7.8厘米，最大截面直径0.7厘米（图6.1-18，12）。

铁环 1件。2004YJEHt3：35，环形，截面圆形。直径5.2厘米，截面直径1.1厘米（图6.1-18，10）。

铁镢 2件。2004YJEHt3：27，残。平面呈长方形，截面三角形。残长7厘米，宽4.2厘米（图6.1-18，14）。2004YJEHt3：95，残。弧刃，弧壁。残长9厘米，宽8厘米，厚2.5厘米（图6.1-18，15）。

铁镳 1件。2004YJEHt3：108，残。圆柱形，中部为环形。残长11厘米，直径1厘米（图6.1-18，16）。

铁钉 2件。2004YJEHt3：31，圆形钉帽，钉身截面为四棱形。通长7厘米，钉帽直径2厘米（图6.1-18，6）。2004YJEHt3：44，残。圆形钉头，钉身截面圆形。残长2.2厘米，钉头直径1.5厘米，钉身直径0.8厘米（图6.1-18，11）。

铁器 1件。2004YJEHt3：46，残。顶端呈环状，柄残。通长6厘米，厚0.3厘米（图6.1-18，13）。

琉璃饰件 1件。2004YJEHt3：65，残。平面，为不规则椭圆形，中凹槽状。长2.2厘米，宽1.4厘米，高0.6厘米（图6.1-19，7）。

石球 6件。2004YJEHt3：1，球体，磨制。直径2厘米（图6.1-19，1）。2004YJEHt3：3，球体，略扁，磨制。长径6厘米，短径5厘米（图6.1-19，6）。2004YJEHt3：52，球体，磨制。直径2厘米（图6.1-19，2）。2004YJEHt3：58，球体，略扁，磨制。长径2.3厘米，短径1.9厘米（图6.1-19，3）。2004YJEHt3：60，球体，略扁，磨制。长径1.9厘米，短径1.7厘米（图6.1-19，4）。2004YJEHt3：101，球体，略扁，磨制。长3.5厘米，腹径2.8厘米（图6.1-19，5）。

石器 1件。2004YJEHt3：105，残。平底，一侧顶端为三角形，中部有一凸纹。高21厘米，底厚4.5厘米（图6.1-19，8）。

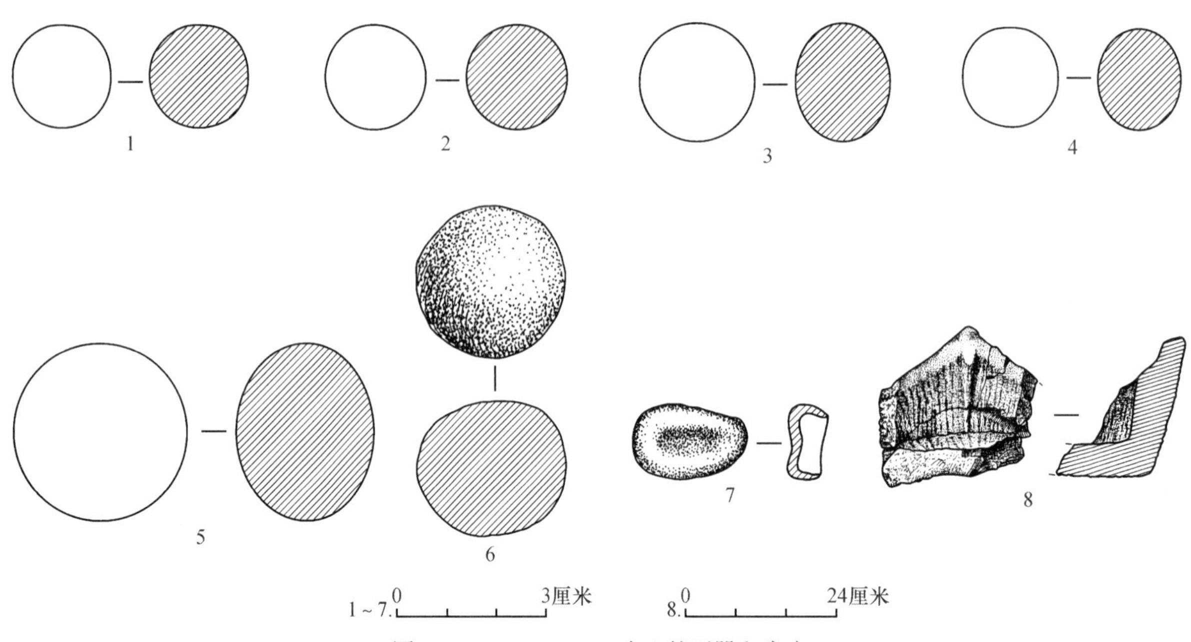

图6.1-19 2004YJEHt3出土的石器和琉璃

1～6. 石球（2004YJEHt3：1、2004YJEHt3：52、2004YJEHt3：58、2004YJEHt3：60、2004YJEHt3：101、2004YJEHt3：3） 7. 琉璃饰件（2004YJEHt3：65） 8. 石器（2004YJEHt3：105）

四、小　　结

E区大型夯土台基及其相关遗迹的发掘清理，出土了一些较为重要的遗物，对云阳旧县坪遗址汉代朐忍县城的认定等相关问题提供了重要证据。

1. 夯土台基和其上房址、水渠、窖藏等相关遗迹之间的关系

2004YJEQ401位于2004YJEF401南侧，与2004YJEF401方向一致，2004YJEF401有南北向的墙体直达2004YJEQ401的北侧壁，2004YJEQ401所用花纹砖与2004YJEF401所用花纹砖形制规格上几乎没有区别，2004YJEQ401很可能即为2004YJEF401南侧排水渠，是2004YJEF401的组成部分。

2004YJEK401位于台基南半部中央偏西处，开口于现存夯土层表此坑应是在2004YJEHt2建造时有意构筑，可能和建筑奠基或祭祀有关。

2004YJEF401起建于2004YJEHt2之上，其年代有两种可能：第一种是二者为同时期建筑，第二种是房址晚于2004YJEHt2。从2004YJEHt2上现存的遗迹现象来看，似乎更趋向于第二种可能，其理由有四：第一，2004YJEHt2面积较大，而2004YJEF401所占用的面积要小得多。2004YJEF401主间以8块础石构建，础下设磉墩，础石间设双层砖石结构的墙体，房屋主间东、南两侧还设增建的房间。分布范围仅限于2004YJEHt2北半部，在夯台南半部未见任何遗迹现象，浪费了2004YJEHt2近半的使用空间，很可能房址利用了早期夯台修建。第二，2004YJEHt2周边的第5c层中和上层夯台填土中出土为数不少的石像生，这些石像生与2004YJEF401内所用础石格格不入，显然不是用于2004YJEF401，在石像生出土地点周边数十米范围内未见大型建筑址，可能是2004YJEHt2上早期建筑所用础石。第三，2004YJEHt2东南约10米处的地层中出土了“汉巴郡朐忍令广汉景云碑”，大型汉碑的出土证明了其附近应存在早至东汉的建筑，而2004YJEF401的年代最早也仅可推至魏晋早期，似可证明在2004YJEF401之前，2004YJEHt2上就曾存在过一个东汉建筑。第四，2004YJEHt2东北角存在大面积的修补痕迹，可证明台基长期沿用。

综合以上几点，可基本确定，夯台2004YJEHt2的年代要早于2004YJEF401的年代。

2. 出土石像生与夯台及夯台上建筑的关系

2004YJEHt1，夯土中及第5c层中出土的石像生，从其出土位置看，已废弃不再使用。且均形体较大、不易移动，其所属遗迹的位置应该不会很远。在旧县坪遗址六年的发掘中，除此台基外未见规模可使用此种石雕的遗迹，很可能这些石雕原本即用于台基上的建筑。2004YJEHt2上现存的2004YJEF401，年代晚于2004YJEHt2，使用的础石与这些石像生不相符合。这些石像生应是2004YJEHt2上早期建筑上所用的，早期建筑废弃后，后人将早期建筑上所用石兽废弃，在夯台表面建了新建筑，即为2004YJEF401。

2004YJEHt1，夯土之中出土的石像生，除蟾蜍石雕尚属完整之外，祥禽碎成数块，另外两件头部均已残缺，就连藏于神兽体下的小兽，面部亦未幸免。蟾蜍石雕虽保存完整，但其头顶位置，可见多个钻磨形成的圆坑，似为破坏头部所为，因蟾蜍颈部过于粗壮而并未达到目的，这些显系为有意破坏的结果。这种并无实际功用的刻意破坏，是否寓意一种朝代更迭、政权兴替等重大原因引起的破旧立新，它们被夯入台基，除了取土带进的碎块，极可能具有奠基意义。

3. 汉碑的年代、性质及其与台基的关系

碑文保存完好，字迹清晰。字体为八分隶书，共367字，当出自善书文吏之手。此碑立于熹平二年（173年），碑主景云叔于是东汉和帝时的朐忍县令，卒于永元十五年（103年），灵帝时其后任朐忍县令同乡雍陟为之所铭。此碑发现于大型台基附近，文辞内容与墓碑不类，应为德政碑。碑身四周刻宽大的纹样，碑首无题额，左右雕玉兔金乌以象征日月，正中雕刻妇人掩门，为汉碑所仅见。总观其形制、字数、书法水平，堪称汉代西南第一碑。

此碑身形巨大，不易移动，出土于下层台基附近，很可能与夯台2004YJEHt2存在直接关系。

4. 台基、房址的年代和性质

2004YJEHt2的年代下限可由起建于其上的2004YJEF401、打破2004YJEF401确定，2004YJEF401础石下设磉墩，现今已基本确认磉墩在魏晋时期方才出现，房址的墙体使用流行于东汉的花纹砖，可基本确定2004YJEF401为魏晋时期房址，因此夯台2004YJEHt2的年代下限可至魏晋。

2004YJEHt2的年代上限可由其起建地层的年代确定，在2004YJEHt2起建的第7b层中出土一枚“大泉五十”铜币，另在2004YJEHt2第9层夯层中亦出土一枚“大泉五十”铜币，据此可确定2004YJEHt2的年代上限可至新莽。

云阳旧县坪遗址台基的年代上限可推至新莽，下限至魏晋，其表原本的东汉建筑早因东汉末年连年战乱，三国鼎立后又三国归晋等连续的政权更迭、政治动乱而破坏殆尽。其上现今仅存魏晋建筑，但无论从地层学上看其所起建地层或是从出土遗物上看，夯台2004YJEHt2上都应该曾经存在过一个早至东汉的建筑，大型石像生柱础、较高大的夯土台基、周边出土东汉碑刻，这些都是其曾为东汉时期朐忍衙署的有力证据。

第二节　城墙和道路等遗迹

在2006年的发掘中，发现城墙1处，道路4条，这些遗迹都沿用了很长时间，以下分别介绍。

一、城　　墙

2006年的发掘中在B区发现城墙一处，编号2006YJBCq（图6.2-1）。该城墙位于B区东北部之2006YJBTg601中，墙体为黄色黏土夯筑而成，大多采用散夯的方式，靠近城门处采用平夯，局部发现夯窝。主墙体大部叠压于第1层现代耕土层下，在主墙体内侧护坡上叠压第3～5层，即魏晋层和东汉层。墙体共揭露出约53米长，墙体最宽约6米，残高约1米，墙体方向约291°（图版一二）。共发现早晚两个有叠压关系的门址（图版一三，2），上层门址编号为2006YJBCm1，门向25°；下层门址编号为2006YJBCm2，门向40°。门道分别编为2006YJBL1和2006YJBL2，城北端内侧发现一条方向为304°的道路，延伸并叠压于城墙部分墙体之上，应为上城之马道，编号为2006YJBL3（图版一三，1）。

主墙体由城门处分为南北两段，北段城墙呈折尺状，向山脊方向延伸，主要是将原有山梁生土层略微修整成一个平面，然后于生土之上夯筑墙体，墙体残存部分下宽上窄，在墙体内侧发现由下至上宽度逐层递减的三层台状的护坡，墙体外侧是斜面，未发现护坡；墙体靠近城门处，包括向东北方向转折的挡墙部分，墙体下侧有基槽，以夯土夯筑成墙基并于其上夯筑墙体。

南段城墙亦呈折尺状，残高0.5米，南侧墙体主要向东南方向的天然断崖靠近，借以增加墙体优势。墙体最南端应延伸至“老鹰包”，其东南两侧均为天然断崖。南侧崖下即为长江，该处也是整个城址的东南角。墙体夯筑方式与北段墙体一致，主墙体内侧均构筑护坡土台，但只发现两层。

城门有2座，分别表述如下。

2006YJBCm1：该门址将现在发掘出之城墙分为各长25米的两段，城门可以分为三个部分，两侧挡墙间一段，残长6.5～10米，墙体一段由埋设于2006YJBL1上的石质门槛分为内外两个部分，内侧为喇叭口形，宽2.8～3.8米，长约2.5米，外侧为直边后又向南北两侧敞开，总长2米，宽2.8米。城门南北两侧基本对称，两侧各有一段挡墙，南侧仅存城门南侧边，墙体大部已经坍塌，应该与北侧挡墙建筑形式一致，门道分为三段，内侧喇叭口状，中间长方形转喇叭

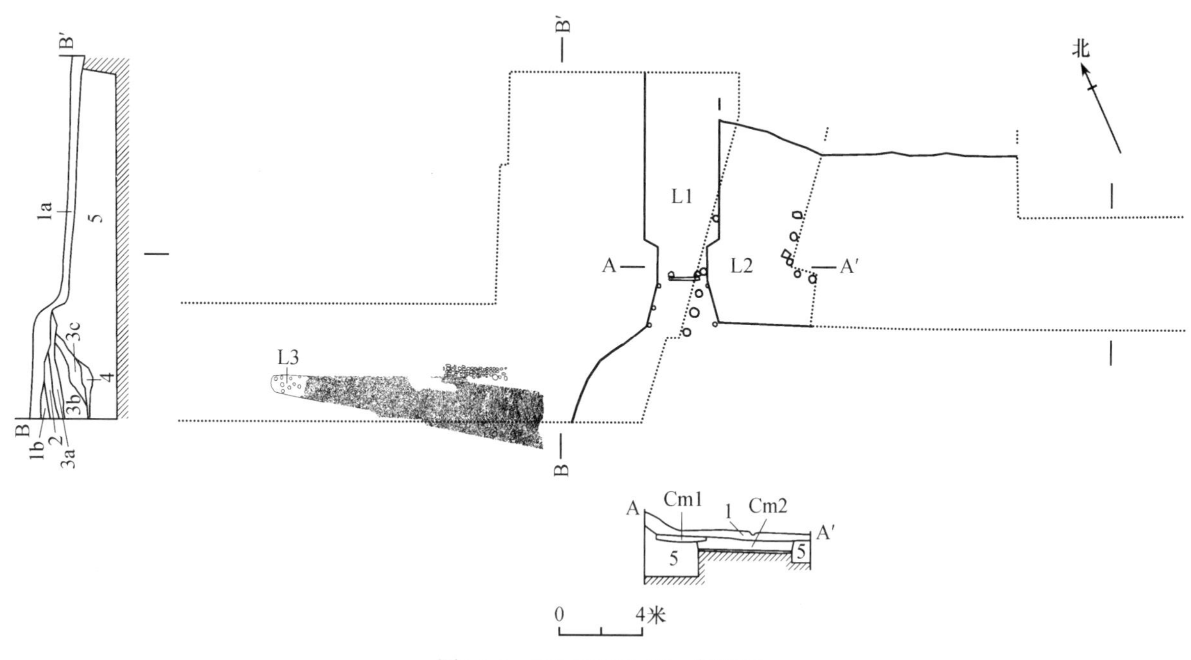

图6.2-1 2006YJBCq平、剖面图

口形，内侧一段于两边墙体下发现左右对称的五个柱洞，南侧柱洞残缺一个，柱洞直径15厘米左右。

2006YJBCm2：门址宽5～6.7米，门址两侧边均为折尺状，北侧边总长包括挡墙为19.6米，南侧为9.4米。由于墙体南北两侧交错，因此城门不是很规整，也可以分为两部分，一部分为长方形，另一部分稍微宽一些，也是长方形，墙体两侧边下部均发现数个相互对称柱洞，有些柱洞内尚存木炭，门道两侧墙体表面均有一层约5厘米厚的烧结面，地面亦发现许多白色灰烬、烧结面、木炭块和烧土块等，可以确认2006YJBCm2毁于大火。2006YJBCm2两侧亦有挡墙建筑，北侧挡墙长12.5米，宽10～12.6米，南侧挡墙长3.2米，宽11.5米。

道路有三条，其中两条与两座城门分别同时使用，另一条为马道。分别表述如下。

2006YJBL1：即2006YJBCm1的门道，可以分为内外两段，由石质门槛分开，内侧有厚20～30厘米的垫土，含有大量灰烬、红烧土块、瓦片等物，其下为夯土；外侧全建于夯土上，门道内侧尚埋一段由筒瓦扣合形成的排水管，可能与城门有关系。

2006YJBL2：即2006YJBCm2的门道，大致呈内高外低的斜坡状，路面经过火烧有一层烧结面，靠近门址两侧烧结较为严重，中间部分烧结程度较低，保留部分路土，有细小分层，道路不是很平整。道上亦存在一层垫土，包含大量烧土块、瓦及瓦当残块等，城内侧道路上还发现一些较完整瓦当，该层垫土应为该门址废弃后垫入。

2006YJBL3：即北城内上城坡路，由瓦片立砌而成，残迹长15米，宽1.5～4米，高处窄低处宽，方向304°，上部建于城墙上，其中段有一部分为现代破坏，下端与城墙相邻处亦被破坏。2006YJBL3与城墙紧邻处用河卵石铺成散水，道路中间低两边高，而遭到破坏之处为道路低处，因此可能毁于流水冲刷，而后又重建，建造方法一致，该路是于生土面上挖一槽，后又摆砌上瓦片，中间填灰土，路上瓦片间亦夹杂一些河卵石及陶器残块，如陶豆等。

2006YJBCm1与2006YJBCm2存在叠压关系，2006YJBCm2为城墙原有门址，后来因为大火废弃，其上垫土并夯筑成2006YJBCm1南侧挡墙的一部分；2006YJBCm2北侧挡墙在构建2006YJBCm1时经过修整，2006YJBCm1和2006YJBL1整体位于原2006YJBCm2北侧挡墙的部分夯土之上。2006YJBL2为2006YJBCm2门道与该门址为同时建筑，2006YJBL3经过修补，但其最初应与城墙同时修筑。

由地层的叠压关系可以确认，城墙最初为西汉时期构建，2006YJBCm2及2006YJBL2为当时遗迹；2006YJBCm1于2006YJBL1为后期改建，可能为东汉到魏晋时期使用。2006YJBL1垫土亦为较晚填入作为路面使用，2006YJBL3为西汉时修建，但是使用过程中经过修补或改建。

城墙内、外两侧均经过发掘，内侧为倒塌及废弃堆积，主要集中于门址附近，外侧由于滑坡已经露出生土堆积；内侧倒塌废弃堆积及道路垫土内出土大量的建筑构件，主要有瓦当、筒瓦、板瓦及一些铜器残件，可以判断出原门址之上应有建筑。

二、道　路

2015年发掘共发现道路四条：其中A区1条，B区3条，B区道路（2006YJBL1、2006YJBL2、2006YJBL3）均与城墙有关，已做了介绍，现仅对A区道路做一下介绍。

道路2006YJAL1为石制阶梯状，由砂岩石板逐层叠砌而成，再铺砌石板，部分路基直接铺于基岩上，道路外侧地基高于地表处有大块立石挤压住，增加稳定性。该路现存长54米，宽3米左右，道路随地形地势有所曲折，所用石料均为当地所产砂岩，厚0.1～0.15米，宽约0.4米，规格不是很一致。该道路建造年代由其下垫土中的遗物可确认为东汉时期，魏晋时期可能做过修补，其主要应用于通往江边码头，是该时期内外交通最重要的一条道路（图6.2-2；图版一一，2）。由于道路现在有一部分仍然在沿用，因此人为及自然破坏仍在继续。

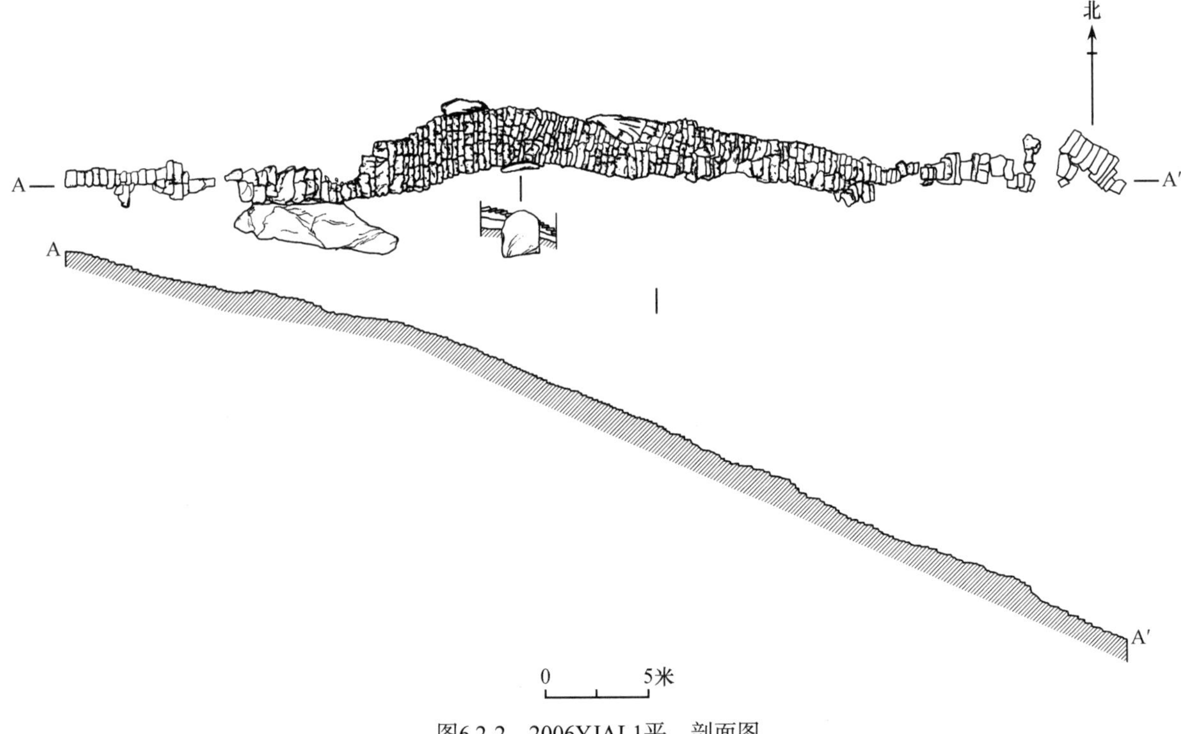

图6.2-2　2006YJAL1平、剖面图

三、出土遗物

各遗迹及相关探沟出土器物主要有板瓦、筒瓦、瓦当等建筑构件，以及陶钵、铜泡钉、铜钱、铜钏、铜带钩、铜钱等物。板瓦见于2006YJBL3上部；筒瓦中两块出于城墙内侧边上堆积的东汉层，另外有两块较大的出于2006YJBL2的填土中，两块较小的出于2006YJBL1的排水管中；瓦当主要为云纹瓦当，主体纹饰稍有差别，出于城门2厘米内侧为多，多有涂白灰及涂朱等现象。铜泡钉出土于2006YJBL1的填土；铜钱出于2006YJBL3的填土中，与铜钱伴出陶钵一件，铜钱装于陶钵之中；铜钏、铜带钩与一具散碎人骨共出于2006YJBL3的填土中，以下将具体介绍。

1. 陶器

陶器数量不多，共发现可复原陶器13件，主要有陶钵、陶盆和陶器盖、陶纺轮、陶网坠、陶球等。

陶钵　均为弧腹，可修复3件。2006YJATg12③：5，敛口，泥质灰陶，尖圆唇，弧腹，平底，口径17.8厘米，底径10.4厘米，高6厘米（图6.2-3，1）。2006YJBTg601④：22，泥质灰陶，圆唇，内沿加厚，斜腹，平底，口径16.1厘米，底径10.3厘米，高7厘米（图6.2-3，2）。2006YJATg9③：2，直口，夹砂灰褐陶，圆唇，腹部较直，大平底，素面。口径25.5厘米，底径17.5厘米，高9.8厘米（图6.2-3，3）。

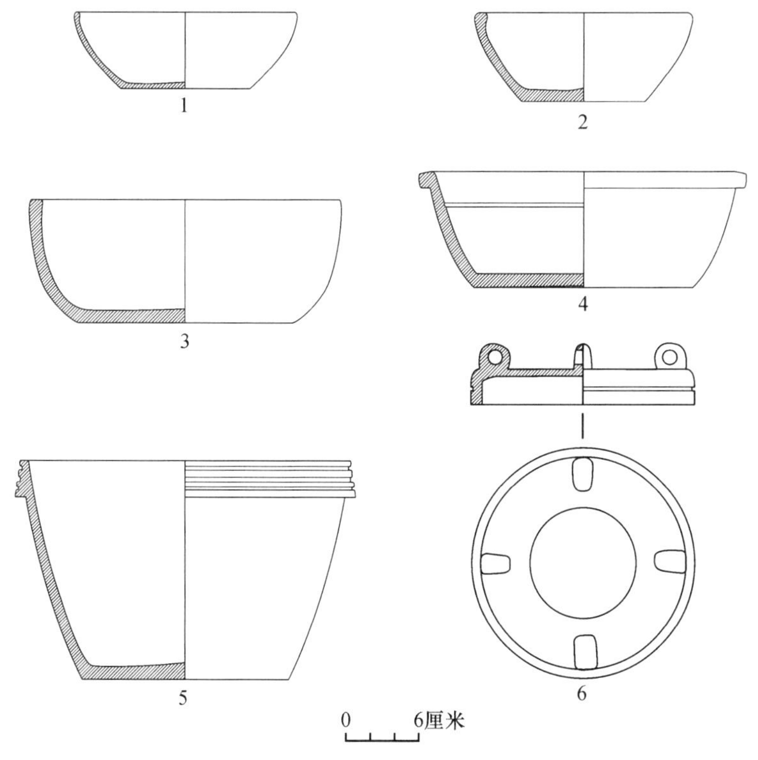

图6.2-3　陶容器

1～3. 陶钵（2006YJATg12③：5、2006YJBTg601④：22、2006YJATg9③：2）　4、5. 陶盆（2006YJATg7③：1、2006YJATg7③：2）　6. 陶器盖（2006YJATg7③：3）

陶盆　可修复2件，分为二型。

A型　1件。2006YJATg7③：2，泥质灰陶，微侈口，方唇，外沿加厚，深腹，斜腹下收，平底较厚，沿面饰三周凹弦纹，口径26.9厘米，底径17.2厘米，高17.4厘米（图6.2-3，5）。

B型　1件。2006YJATg7③：1，泥质灰陶，敞口，平折沿，方唇，腹部较浅，中部微鼓，平底微内凹，内壁饰一周凹弦纹，口径27.2厘米，底径18厘米，高9.2厘米（图6.2-3，4）。

陶器盖　共发现1件。2006YJATg7③：3，泥质黄褐陶，平面呈圆形，平顶，弧身，直口，方唇，顶部贴塑四个环状耳，盖顶饰一圆圈纹，盖身饰一周凹弦纹，盖直径18厘米，高2.8厘米，耳高2厘米，孔径1厘米（图6.2-3，6）。

陶纺轮　出土4件，可分为三型。

A型　2件。近圆饼形，中心有圆形穿孔。2006YJATg12③：3，泥质灰陶，平面近圆形，中心有竖直穿孔，直径5.6厘米，孔径0.55厘米，高1.1厘米（图6.2-4，1）。2006YJATg3②：4，泥质灰褐陶，以板瓦残片打制为近圆形，中心穿孔，直径5.5厘米，孔径0.8厘米，高1.1厘米（图6.2-4，2）。

B型　1件。2006YJATg12③：2，泥质灰陶，截面呈弧边菱形，中心有穿孔，上下两面各饰四道凸弦纹，直径3厘米，孔径0.4厘米，高2厘米（图6.2-4，3）。

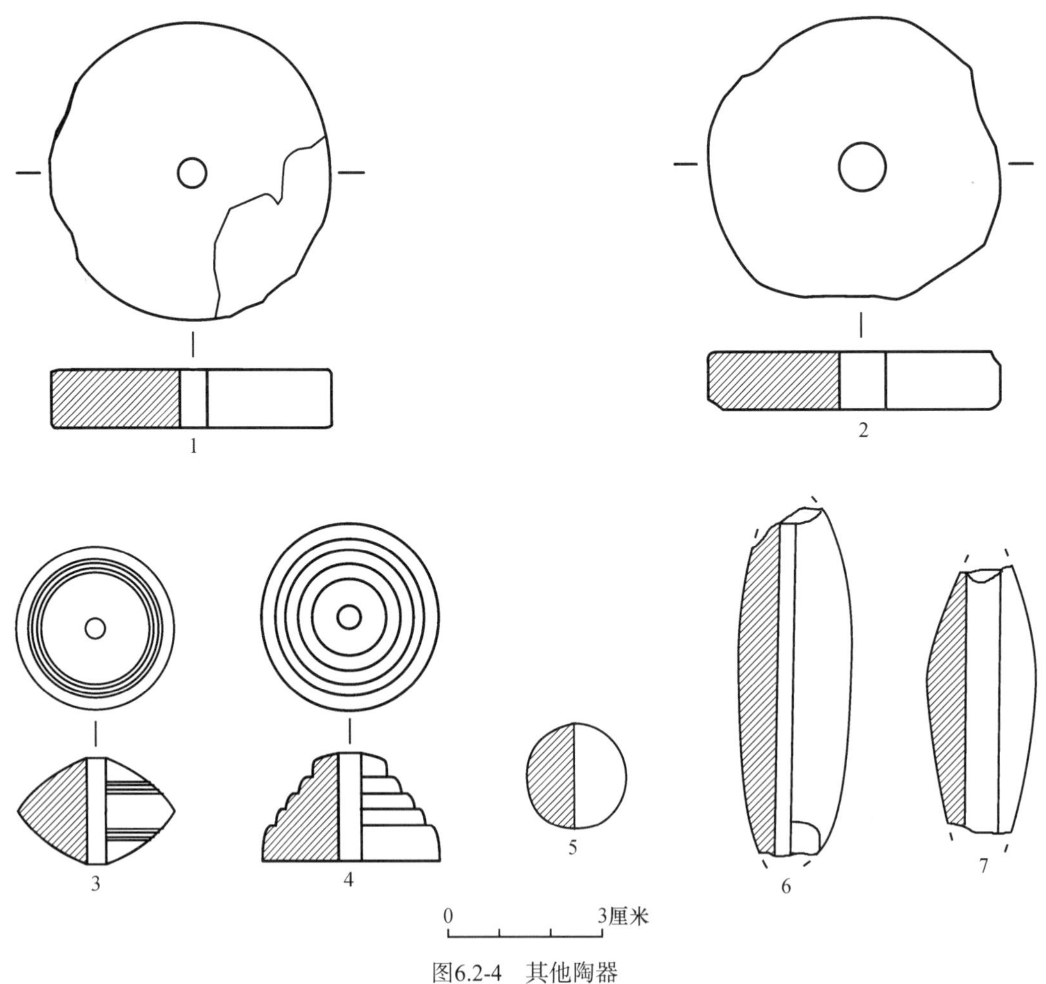

图6.2-4　其他陶器

1～4. 陶纺轮（2006YJATg12③：3、2006YJATg3②：4、2006YJATg12③：2、2006YJBTg601④：31）
5. 陶球（2006YJBTg601④：32）　6、7. 陶网坠（2006YJATg3②：1、2006YJBTg601④：23）

C型 1件。2006YJBTg601④：31，泥质红褐陶，截面呈阶梯状锥形，中心有孔，底径3.5厘米，孔径0.45厘米，高2.4厘米（图6.2-4，4）。

陶网坠 出土2件，均为捏制，略呈枣核形，中心有竖直穿孔。2006YJATg3②：1，泥质灰陶，残长6.5厘米，最大径2厘米，孔径0.6厘米（图6.2-4，6）。2006YJBTg601④：23，泥质红褐陶，残长5.1厘米，孔径0.65厘米（图6.2-4，7）。

陶球 1件。2006YJBTg601④：32，泥质红褐陶，近圆球形，直径2厘米（图6.2-4，5）。

2. 建筑构件

主要包括筒瓦、板瓦、瓦当。

筒瓦 出土数量极多，可修复6件，分为三型。

A型 3件。形体规整，平面俯视为长方形，瓦身前段截面多呈半圆形，后段截面为多边形，瓦舌平伸或稍外翻，瓦唇多为圆唇，凸面多饰绳纹，靠近瓦舌部分为素面或将绳纹抹去，内部印麻点和布纹。标本2006YJBTg601④：12，泥质灰陶，瓦舌微外翻，瓦凸面饰绳纹，前段有一条较宽抹带将绳纹分为两部分，长49厘米，宽14.3厘米，高7.6～10厘米（图6.2-5，1）。标本2006YJBTg601④：30，泥质灰陶，瓦舌平直，舌内侧有一凹痕，长49厘米，宽15.6厘米，高6～8.8厘米（图6.2-5，2）。

B型 2件。形体规整，平面俯视为长方形，瓦身截面为多边形，瓦舌外翻，瓦唇多为圆唇，凸面多饰被抹带分为几段的绳纹，内部印布纹。标本2006YJBTg601④：39，泥质灰陶，长36厘米，宽16厘米，高7.2～8.6厘米（图6.2-5，3）。

C型 1件。2006YJBTg601④：24，泥质灰陶，平面俯视为梯形，瓦舌平伸，瓦身后段比前段宽且高，凸面前段饰绳纹和抹带，后段除少量绳纹斑块外为素面，长42.2厘米，跨度10～16.5厘米，高6.8～8.4厘米（图6.2-5，4）。

板瓦 出土数量极多，均为残块，可修复1件。2006YJBTg601④：29，夹砂红褐陶，平面呈长方形，凸面通体饰较粗的绳纹，凹面印布纹，长54.4厘米，宽42.8厘米，厚0.8～1.2厘米，高11.6厘米（图6.2-5，5）。2006YJBTg601④：44，夹砂红褐陶，残存部分呈梯形，较完整一段形制规整，后段两侧向外扩，凸面前端为素面，余部为抹带和绳纹。残长36.4厘米，宽46.4～49.6厘米，高11.2厘米（图6.2-5，6）。

瓦当 出土40余件，多为残块，形制均为圆饼形，后接筒瓦均残缺，其中17件至少有一组完整纹饰，主题纹饰以云纹为主，瓦当面有涂白灰、涂朱等现象，可分为六型。

A型 1件。2006YJBTg601④：1，夹砂灰褐陶，圆形，外郭多有残缺，中心区为圆丘状突起，中心圆突外为单凸线圆圈纹，单栏四分区，每区内为左右对称的单线圈云纹、云头三圈，其外为单凸线圆圈纹，直径15.4厘米（图6.2-6，1）。

B型 8件。主题纹饰均为蘑菇形云纹，可分为三亚型。

Ba型 2件。云头朝向外郭。2006YJBTg601④：14，泥质灰陶，圆形，残存一半，中心区为圆丘状突起，中心圆突外为单凸线圆圈纹，双栏四分区，每区内为一单线蘑菇形云纹，云纹下面有纵向排列的两个乳钉纹，直径15.4厘米（图6.2-6，2）。2006YJBTg601④：16，夹砂黄

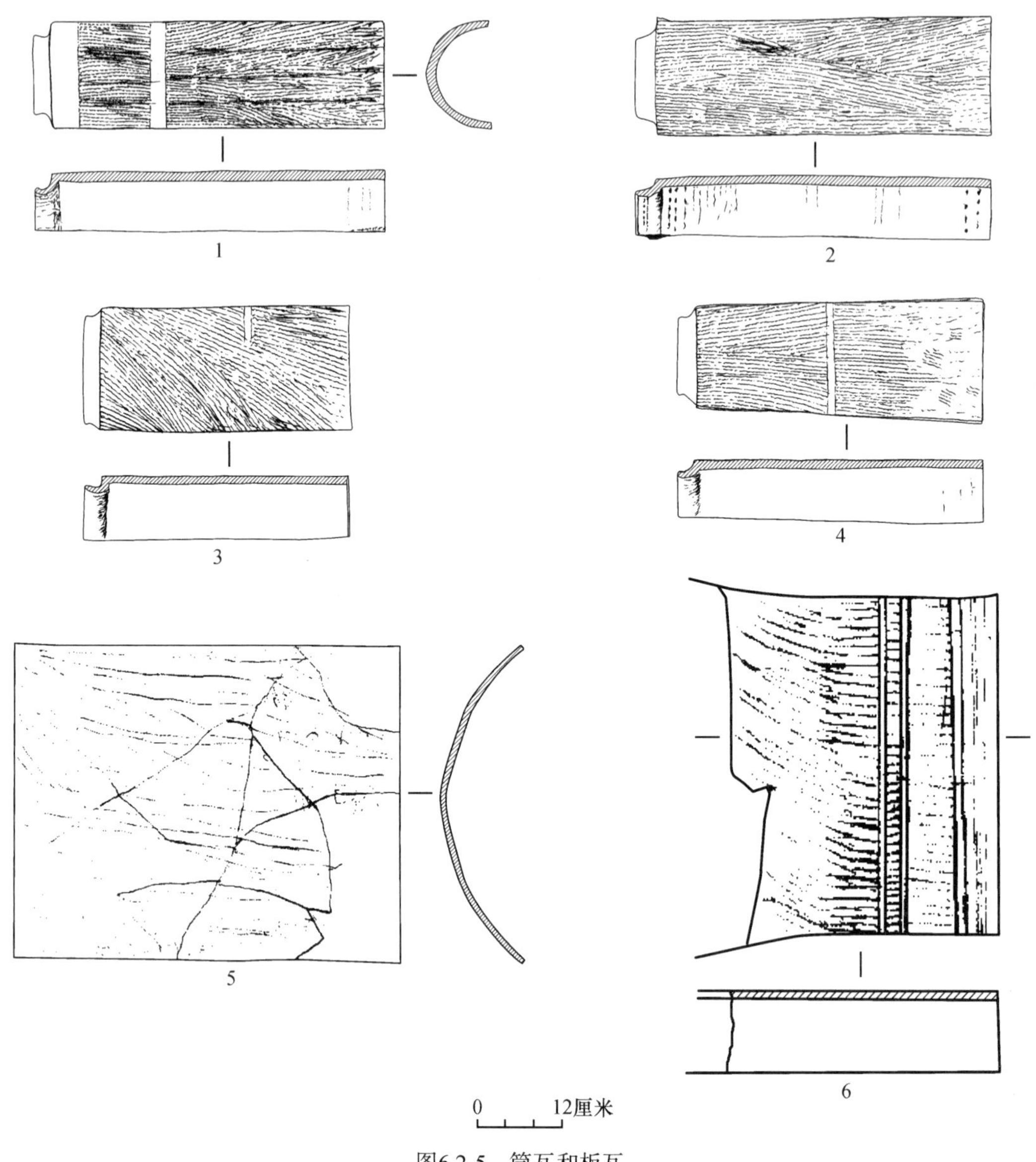

图6.2-5 筒瓦和板瓦

1、2. A型筒瓦（2006YJBTg601④：12、2006YJBTg601④：30） 3. B型筒瓦（2006YJBTg601④：39）
4. C型筒瓦（2006YJBTg601④：24） 5、6. 板瓦（2006YJBTg601④：29、2006YJBTg601④：44）

褐陶，圆形，外郭及纹饰残缺，中心区为圆丘状突起，中心圆突外为单凸线圆圈纹，双栏四分区，每区内为一单线蘑菇形云纹，其外为单凸线圆圈纹，直径15.1厘米（图6.2-6，3）。

Bb型 2件。云头朝向中心区。2006YJBTg601④：10，泥质灰陶，残缺约1/4，中心区为圆丘状突起，中心圆突外有两道凸线圆圈纹，双栏四分区，每区内为一蘑菇形云纹，云纹由两条从界格伸出的左右对称的卷曲单线及一单线卷云纹组合而成，直径14.4厘米（图6.2-6，4）。

Bc型 4件。双栏四分区1件，三栏四分区3件。2006YJBTg601④：6，夹砂黄褐陶，边缘略有残缺，中心区为圆丘状突起，中心圆突外有单凸线圆圈纹，三栏四分区，每区内为一蘑菇形云纹，云纹由两条从中心外圆圈纹伸出的左右对称的折曲单线及一单线卷云纹组合而成，其外为单凸线圆圈纹，直径14厘米（图6.2-6，5）。2006YJBTg601④：8，夹砂黑褐陶，中心区为圆丘状突起，中心圆突外有单凸线圆圈纹，双栏四分区，每区内为一蘑菇形云纹，云纹由两条从中心外圆圈纹伸出的左右对称的折曲单线及一单线卷云纹组合而成，其外为单凸线圆圈纹，直径13厘米（图6.2-6，6）。

C型　3件。主题纹饰均为羊角形云纹，分为二亚型。

Ca型　2件。2006YJBTg601④：3，夹砂灰陶，中心区为圆丘状突起，中心圆突外有单凸线圆圈纹，三栏四分区，每区内为一羊角形云纹，其外为单凸线圆圈纹，直径14.4厘米（图6.2-6，7）。

Cb型　1件。2006YJBTg601④：11，夹砂黄褐陶，中心区为圆丘状突起，圆突上压印十字

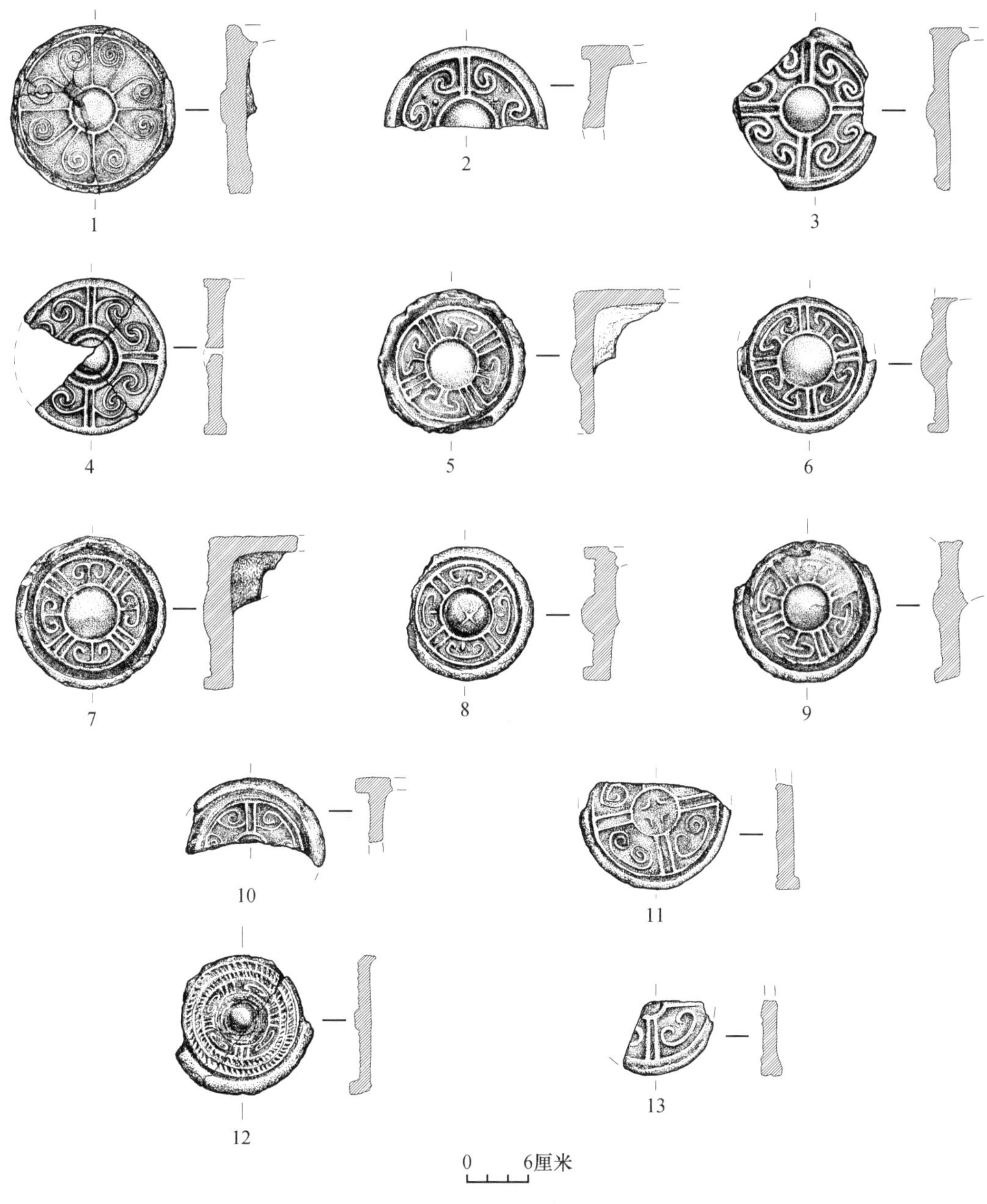

图6.2-6　瓦当

1. A型（2006YJBTg601④：1）　2、3. Ba型（2006YJBTg601④：14、2006YJBTg601④：16）　4. Bb型（2006YJBTg601④：10）　5、6. Bc型（2006YJBTg601④：6、2006YJBTg601④：8）　7. Ca型（2006YJBTg601④：3）　8. Cb型（2006YJBTg601④：11）　9. D型（2006YJBTg601④：7）　10. E型（2006YJBTg601④：17）　11、13. Fa型（2006YJBTg601④：9、2006YJBTg601④：18）　12. Fb型（2006YJBTg601④：38）

形纹，外有单凸线圆圈纹，双栏四分区，每区内为一羊角形云纹，云纹由一单线卷云纹和其下一条短线组合而成，其中一个分区云纹下还有一乳钉纹，其外为单凸线圆圈纹，直径12.6厘米（图6.2-6，8）。

D型　1件。2006YJBTg601④：7，夹砂黄褐陶，中心区为圆丘状突起，圆突外有单凸线圆圈纹，三栏四分区，每区内为一云纹，云纹由从中心圆圈纹伸出的“T”形凸线纹和一单线卷云纹组合而成，其外为单凸线圆圈纹，直径12.6厘米（图6.2-6，9）。

E型　1件。2006YJBTg601④：17，泥质红陶，残存近一半，中心区残缺，中心区外残有单凸线圆圈纹，双栏四分区，每区内为一云纹，云纹由从界格伸出的左右对称的折曲凸线纹和一单线卷云纹连接而成，形状接近蘑菇形云纹，其外为单凸线圆圈纹，直径14厘米（图6.2-6，10）。

F型　3件。主题纹饰均为单线卷云纹，分为二亚型。

Fa型　2件。2006YJBTg601④：9，夹砂灰陶，残存2/3，中心区为折角形规矩纹，其外为单凸线圆圈纹，双栏四分区，每区内有一单凸线卷云纹，云头三圈，其外为单凸线圆圈纹，直径14.6厘米（图6.2-6，11）。2006YJBTg601④：18，泥质黄褐陶，残存1/3，中心区残缺，中心区外为单凸线圆圈纹，双栏四分区，每区内有一单凸线卷云纹，极为简单，直径14厘米（图6.2-6，13）。

Fb型　1件，2006YJBTg601④：38，泥质红褐陶，形制较为粗糙，边缘略有残缺，中心区为圆丘状突起，外有三周单凸线圆圈纹，四栏四分区，每区内为单凸线云纹，极为草率，其外为三周单凸线圆圈纹，圆圈纹之间有斜线纹，直径13厘米（图6.2-6，12）。

3. 铜器

均为小件器物，种类较多，大多锈蚀严重。

铜环　2件。圆圈状，灰绿色，2006YJBTg601④：20，直径2.3厘米（图6.2-7，1）。2006YJBTg601④：36，直径2.3厘米（图6.2-7，2）。

铜钱　5件。均为圆形方孔，钱文有“半两”“五铢”“货泉”等。2006YJBTg601④：27，窄郭，钱文为“货泉”，直径2.35厘米（图6.2-7，3）。2006YJBTg601④：43，剪轮五铢，直径2.25厘米（图6.2-7，4）。

铜铃　1件。2006YJBTg601④：33，球形，贝状，圆环形耳，高1.2厘米（图6.2-7，5）。

铜钏　8件。同时出土，形制形同，均为圆环形，绿色。2006YJBTg601④：34，刻划线纹九组，每组7～10条线纹，直径6.6～6.7厘米，壁厚0.2～0.3厘米（图6.2-7，6）。

铜泡钉　1件。2006YJBTg601④：35，灰绿色，伞帽状，平折沿，圆锥形钉身，高1.4厘米，帽径2.4厘米（图6.2-7，7）。

铜带钩　1件。2006YJBTg601④：37，侧视呈“S”形，钩纽位于钩腹背正中。钩首为一异兽，颈部修长，凸目曲首，嘴为勾喙状，上下相合，中有穿孔，胸部有相互纠结的双翼，头、颈、腹均有错金银镶嵌的纹饰。钩中部为一鱼纹，头、身、尾、鳍俱全，身覆错银线分割成网格状的鳞片，鱼首可活动，被下方一异禽衔于口中，异禽以双爪紧抱鱼身，禽首有冠，冠后垂，与尾翼相连，尾翼为三股，两股上卷，一股下垂，禽身有金银丝镶嵌的羽纹、翅纹。钩

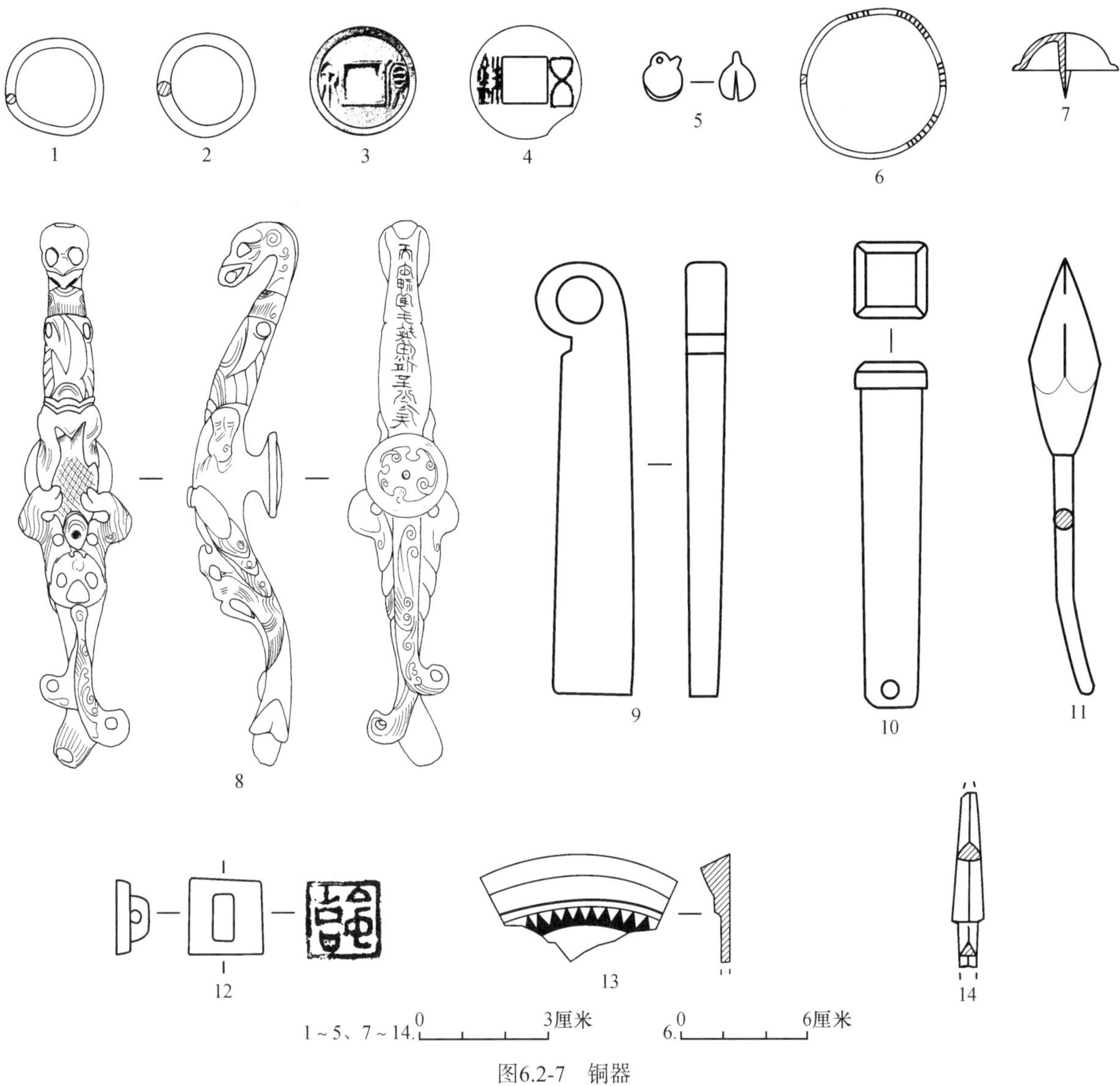

图6.2-7 铜器

1、2. 铜环（2006YJBTg601④：20、2006YJBTg601④：36） 3. 货泉（2006YJBTg601④：27） 4. 剪轮五铢（2006YJBTg601④：43） 5. 铜铃（2006YJBTg601④：33） 6. 铜钏（2006YJBTg601④：34） 7. 铜泡钉（2006YJBTg601④：35） 8. 铜带钩（2006YJBTg601④：37） 9. 铜悬刀（2006YJBTg601④：41） 10. 铜销钉（2006YJBTg601④：42） 11、14. 铜镞（2006YJATg3②：2，2006YJATg12③：4） 12. 铜印（2006YJBTg601④：19） 13. 铜镜（2006YJATg3②：3）

纽为蘑菇状，纽面以银丝镶嵌团状卷云纹。异兽背部以银丝镶嵌篆书体“丙午神勾手抱鱼位至公侯”，钩身首多处有小坑，应用于镶嵌珠玉等物。长12.5厘米，最宽2.6厘米，最高2.3厘米（图6.2-7，8）。

铜悬刀 1件。2006YJBTg601④：41，铸造，刀身为长方体状，后有环形孔，长9.6厘米，宽1.4～1.6厘米（图6.2-7，9）。

铜销钉 1件。2006YJBTg601④：42，铸造，钉帽为覆斗形，钉身圆柱状，底端有一小圆孔，长8厘米，钉身径1.5厘米，孔径0.5厘米（图6.2-7，10）。

铜印 1件。2006YJBTg601④：19，方形印身，桥状纽，印文为阳文，有边框，文字不识，边长1.7厘米，高0.8厘米（图6.2-7，12）。

铜镜　1件。2006YJATg3②：3，残块，仅余一部分，边缘最高，截面为三角形，背面纹饰仅余部分三角纹和弦纹。残长4.5厘米（图6.2-7，13）。

铜镞　2件。2006YJATg3②：2，三棱形镞身，面微凹，圆关，圆铤，长9.8厘米（图6.2-7，11）。2006YJATg12③：4，尖、铤均残，三棱形镞身、铤身，残长3.6厘米（图6.2-7，14）。

4. 铁器

出土数量较少，锈蚀严重。

铁刺　1件。2006YJATg9③：1，平面近圆锥状，圆銎，四棱形刺身，尖稍弯，长31.1厘米，銎径2.5厘米（图6.2-8，1）。

铁刀　1件。2006YJATg9③：3，环首刀，环残缺，刀背平直，刀刃锈蚀严重，残长32.8厘米，残宽2.6厘米（图6.2-8，2）。

铁钁　1件，2006YJATg12③：1，平面近梯形，截面三角形，顶部方銎，器表有三道凸棱纹，长14厘米，宽5.5～6.5厘米（图6.2-8，3）。

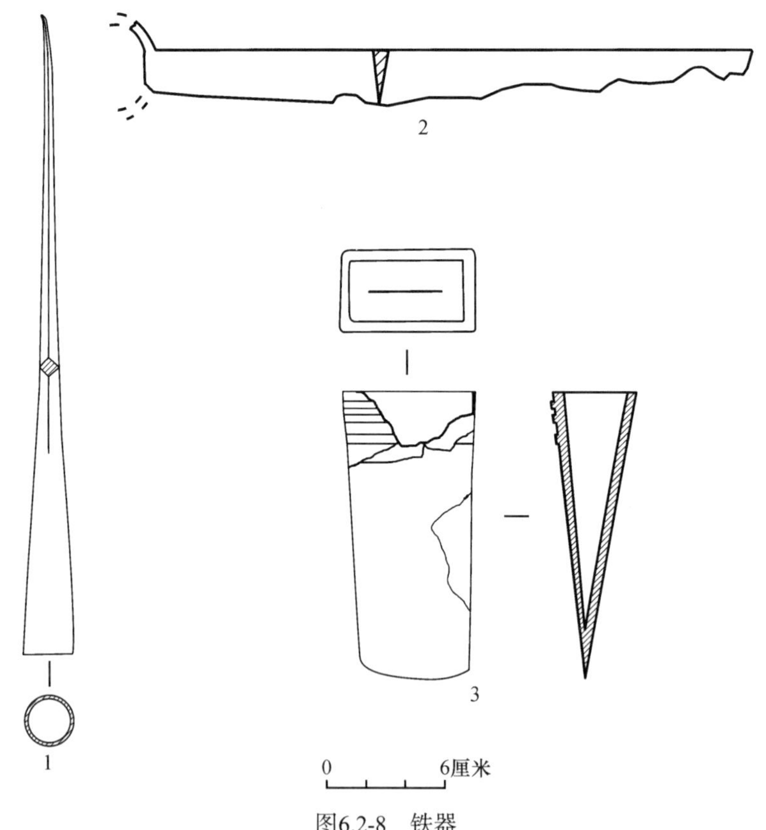

图6.2-8　铁器

1. 铁刺（2006YJATg9③：1）　2. 铁刀（2006YJATg9③：3）　3. 铁钁（2006YJATg12③：1）

四、小　　结

历年发掘对城址的城墙等防御设施的寻找工作从未停止，通过2005年在B区边缘的发掘，确认了城址的北侧城垣和城门的位置，通过地层叠压关系确认城垣最早构筑于汉代，结合叠压城墙的堆积和墙体夯土内出土遗物的特征，认定城垣及门址的构筑使用年代当在西汉—六朝时期，门址曾毁于大火，并于魏晋时期对门址进行过改建。

同时在B区的发掘工作确认了城址北侧门址的位置，对门道及出入城道路的清理亦同时进行。通过清理，只确认了城址北侧的一小段出城道路，由于其向北延伸的范围现为断崖，该道路的延伸方向暂不明确，但是，城址北侧隔一条冲沟即为马沱墓地，通过郑州市文物考古研究院对墓地的发掘，认定该墓地应为朐忍城的墓葬区之一，墓地的使用年代与城址的延续时代也基本相当。因此，北门外通道至少可以通到马沱墓地。而城址西南侧亦存在一处使用时代相当的墓地——张家嘴墓地，因此城址向西南也应有一定距离的陆路通道。

通过在A区的发掘工作，对遗址南侧一条现在仍在部分使用的通江梯道进行了清理，确认该梯道（2006YJAL1）始建年代不晚于东汉时期，魏晋时期曾进行过大规模整修，后代亦多有使用、修整，2006YJAL1连接城内与长江江道，应该是城址通向外界的水路交通的重要通道。

遗憾的是，城内道路的寻找工作收效甚微，由于遗址的使用时间较长，自然力破坏也较为严重，遗址地形变动较大、堆积较厚，加之现代人类活动频繁，城内的道路多遭损坏，仅发现少量相关的遗迹现象，如城址北门向城内延伸的道路大部分叠压在现代路面以下，无法清理。

第三节　灰沟2006YJCH601

灰沟2006YJCH601，位于2006YJCT2006及其扩方中，发现于探方第2层之下，西南侧由于延伸至现代墓葬之下，未予以发掘。沟形状不规格，最长9.7米，最宽4.5米，由于未能发掘出全部，尺寸均以发掘出的部分计算。沟内堆积可分为三层：第1层灰黑土，厚0～0.5米，较为致密，除西边有一小部分未见分布外，其余均发现分布，出土大量瓦片、陶片、陶器和少量缸胎器残块，器形有罐、钵、盆、囷、釜等，罐类以圜底和平底两类为主；第2层黄绿土，厚0.55～0.9米，极为致密，分布整个沟内，土质细腻，含大量陶片、瓦片，还有一些陶器和少量缸胎器残块，出土方式较为多样，器形主要为罐、盆、钵等；第3层灰绿土，厚0.67～1.2米，非常致密，分布整个沟中，亦出土大量瓦片、陶器，其下为基岩（图6.3-1）。

2006YJCH601出土遗物非常丰富，主要为大量的陶器、刻字陶片和少量的铜器，现分述如下。

1. 陶器

陶器出土数量较多，主要器类有罐、钵、囷、盆、壶、瓶、釜、瓮、器盖、网坠和刻字陶片等。均以夹细砂为主，泥质陶数量较少。其中以灰、灰褐、黑、黑褐、黄褐等色为主，仅有少量黑皮陶。制法以轮制为主，只有网坠可能以手制为主。陶器纹饰以绳纹为最多，凹弦纹次

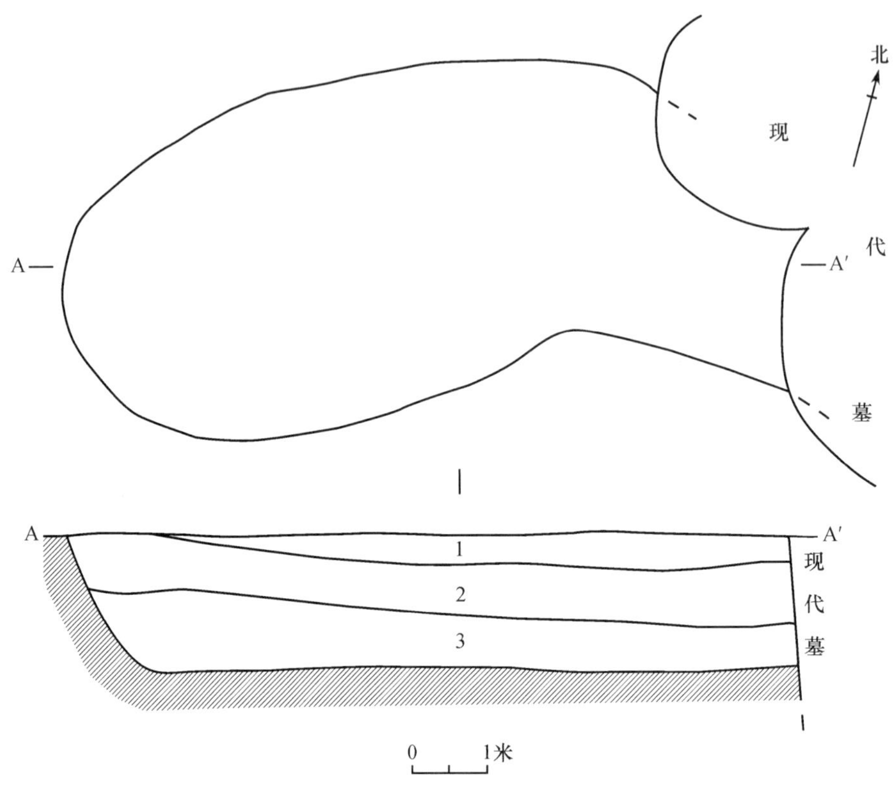

图6.3-1　2006YJCH601平、剖面图

之，并有少量箍带纹、抹带纹、刻划纹、暗纹等，但多与绳纹共同使用。

罐　以圜底罐、平底罐两种较多，另有高领罐、敛口罐、盘口罐、双耳罐、饼底罐等特殊器形，数量较少。圜底罐共出土及修复完整器101件，按其器形大小，分为大圜底罐（最大腹径大于25厘米）和小圜底罐（最大腹径小于25厘米）两类。平底罐共有完整器51件，可分为小口罐（口径小于或等于底径）、大口罐（口径大于底径）两大类。

大圜底罐　修复完整器3件，残片55件，均为夹砂灰陶，整体器形较为接近。依据器形大小可划分为三式。

Ⅰ式：2006YJCH601③：32，夹砂灰陶，直口，卷沿，尖唇，颈肩连接处有一周凹痕，肩腹分界不明显，弧肩，鼓腹，器腹呈扁球形，圜底。肩部及肩腹连接处饰箍带纹及浅凹弦纹各四道，腹部饰绳纹，绳纹以底部为中心向四周呈放射状。肩部刻划一符号，可能为文字。口径16.2厘米，最大腹径38.6厘米，高24.6厘米（图6.3-2，1）。

Ⅱ式：2006YJCH601②：42，夹砂灰陶，直口，卷沿，尖唇，颈肩连接处有一周凹痕，肩腹分界开始显现，弧肩，弧腹，圜底。肩部及肩腹连接处饰箍带纹及浅凹弦纹各四道，腹部饰绳纹，绳纹以底部为中心向四周呈放射状。口径14.2厘米，最大腹径34.6厘米，高23.2厘米（图6.3-2，2）。

Ⅲ式：2006YJCH601①：42，夹砂灰陶，直口，卷沿，尖唇，颈肩连接处有一周凹痕，肩腹分界明显，弧肩，斜腹，腹部较深，圜底。肩部及肩腹连接处饰箍带纹及浅凹弦纹各四道，下腹部饰绳纹，绳纹以底部为中心向四周呈放射状。口径13厘米，最大腹径29.6厘米，高20.5厘米（图6.3-2，3）。

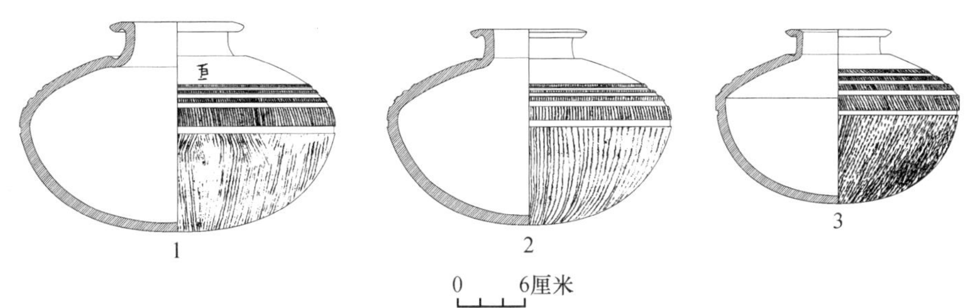

图6.3-2 2006YJCH601出土的大圜底罐

1. Ⅰ式（2006YJCH601③：32） 2. Ⅱ式（2006YJCH601②：42） 3. Ⅲ式（2006YJCH601①：42）

小圜底罐 依肩部构接方式的不同，分为折肩圜底罐和圆肩圜底罐。

折肩圜底罐 共96件，分二型。

A型 32件，轮制，卷沿、折肩，圜底。依肩部特征分二式。

Ⅰ式：17件，直口，尖唇或尖圆唇，肩部较鼓。2006YJCH601③：5，夹砂灰褐陶，颈肩连接处有一周凹痕，斜腹，腹部较深，肩部有刻划文字，下腹至底部饰绳纹，绳纹多有交错，且以底部为中心向四周呈放射状。口径13.8厘米，最大腹径22.8厘米，高15厘米（图6.3-3，1；图版一九，3）。2006YJCH601③：13，夹砂灰陶，鼓腹，腹部较深，下腹至底部饰绳纹，绳纹多有交错。口径13厘米，最大腹径22.5厘米，高15.7厘米（图6.3-3，2）。

Ⅱ式：15件，直口微敛，颈肩连接处有一周凹痕，轮制痕迹明显，肩部微弧，上腹部较直，下腹至底部饰绳纹，绳纹多有交错。2006YJCH601③：12，夹砂灰陶，尖圆唇，口径13厘米，最大腹径22厘米，高14.8厘米（图6.3-3，3）。2006YJCH601③：29，夹砂灰褐陶，尖唇，口径13厘米，最大腹径22厘米，高15.4厘米（图6.3-3，4）。2006YJCH601②：21，夹砂黑皮陶，尖圆唇，腹部较浅，口径11.5厘米，最大腹径18.6厘米，高9.6厘米（图6.3-3，5）。

B型 64件。轮制，直口，折沿，折肩，圜底。分为二亚型。

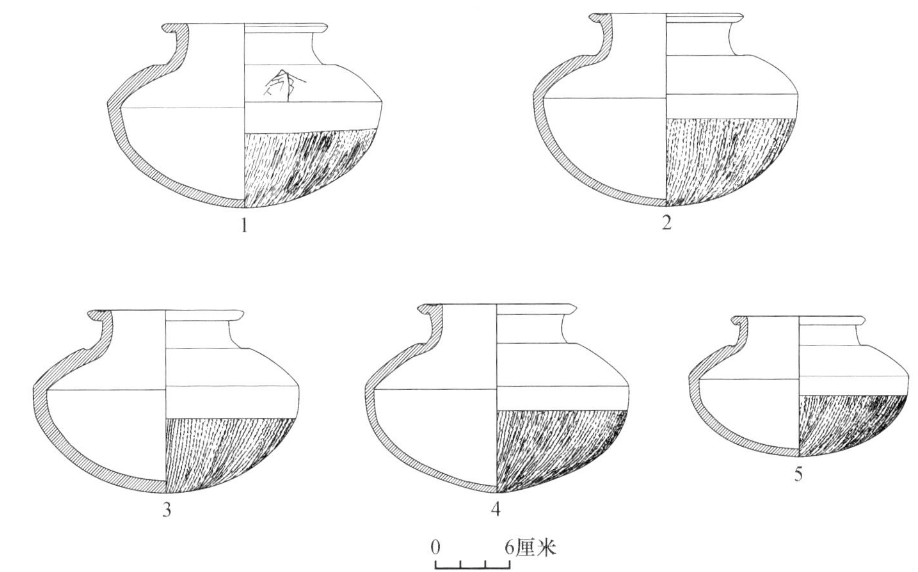

图6.3-3 2006YJCH601出土的A型折肩圜底罐

1、2. A型Ⅰ式（2006YJCH601③：5、2006YJCH601③：13） 3～5. A型Ⅱ式（2006YJCH601③：12、2006YJCH601③：29、2006YJCH601②：21）

Ba型　23件。宽折沿，微外翻，弧腹下收，依肩部特征分为三式。

Ⅰ式：8件。尖圆唇，直颈，肩部较鼓，器形高耸，器腹宽大，底部饰绳纹，绳纹略有交错，向圜底中心集中。2006YJCH601③：14，夹砂黑皮陶，口部微残，火候较高。口径12.2厘米，最大腹径22.4厘米，高15.4厘米（图6.3-4，1）。2006YJCH601③：15，夹砂灰陶，颈部有一周凹痕。口径12.6厘米，最大腹径23.4厘米，高15.2厘米（图6.3-4，2）。

Ⅱ式：9件。颈部微弧或斜颈，弧肩，器形渐低，器腹宽扁，底部饰斜向绳纹。2006YJCH601②：12，尖唇，夹砂黑褐陶，颈部微斜，肩部有刻划符号。口径13厘米，最大腹径22厘米，高13厘米（图6.3-4，3）。2006YJCH601②：22，夹砂灰陶，圆唇，弧颈，烧成温度极高。口径10.8厘米，最大腹径19.3厘米，高11.4厘米（图6.3-4，4）。

Ⅲ式：6件。斜颈，肩部弧度较小，腹部多有明显折痕，底部饰绳纹。2006YJCH601②：37，夹砂黑褐陶，圆唇，肩部饰一周凹弦纹。口径10.9厘米，最大腹径21.4厘米，高12厘米（图6.3-4，5）。2006YJCH601②：38，夹砂灰褐陶，略泛黄，火候较低，尖圆唇，斜颈。口径10.8厘米，最大腹径17厘米，高9.8厘米（图6.3-4，6）。

Bb型　41件。窄折沿，依肩部特征分为四式。

Ⅰ式：7件。圆唇，肩部较鼓，弧腹，无明显折痕，底部饰绳纹。2006YJCH601②：29，夹砂黄褐陶，火候较低，肩部饰一周凹弦纹，圜底较尖。口径11.2厘米，最大腹径20.8厘米，高12.4厘米（图6.3-5，1）。2006YJCH601②：34，夹砂黄褐陶，口径10.4厘米，最大腹径19.9

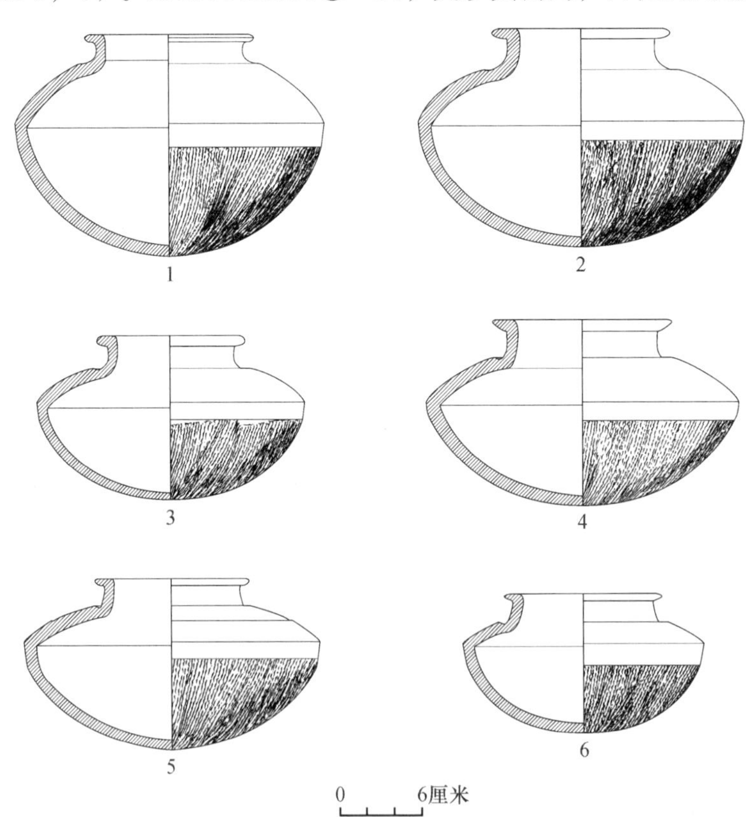

图6.3-4　2006YJCH601出土的Ba型折肩圜底罐

1、2. Ba型Ⅰ式（2006YJCH601③：14、2006YJCH601③：15）　3、4. Ba型Ⅱ式（2006YJCH601②：12、2006YJCH601②：22）　5、6. Ba型Ⅲ式（2006YJCH601②：37、2006YJCH601②：38）

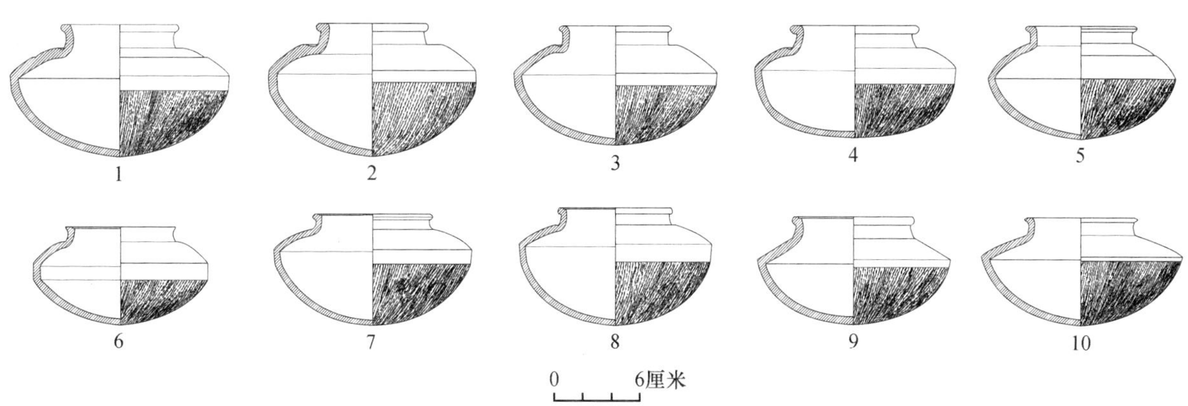

图6.3-5 2006YJCH601出土的Bb型折肩圜底罐

1、2. Bb型Ⅰ式（2006YJCH601②：29、2006YJCH601②：34） 3～6. Bb型Ⅱ式（2006YJCH601②：30、2006YJCH601①：28、2006YJCH601①：43、2006YJCH601①：45） 7、8. Bb型Ⅲ式（2006YJCH601①：12、2006YJCH601①：14） 9、10. Bb型Ⅳ式（2006YJCH601①：33、2006YJCH601①：46）

厘米，高12.4厘米（图6.3-5，2）。

Ⅱ式：19件。直口微敞，尖唇或尖圆唇，肩部弧度较大，底部饰绳纹。2006YJCH601②：30，夹砂黄褐陶，火候较低，圆唇，斜颈，圜底较低平。口径12.2厘米，最大腹径19.2厘米，高10.5厘米（图6.3-5，3）。2006YJCH601①：28，夹砂黑褐陶，尖圆唇，腹部有较明显折痕，口径10.8厘米，最大腹径19.3厘米，高11.2厘米（图6.3-5，4）。2006YJCH601①：43，夹砂黄褐陶，尖唇，直颈，腹部下收，肩部饰一周凹弦纹，腹部饰绳纹位置较高。口径10.4厘米，最大腹径18厘米，高10.6厘米（图6.3-5，5）。2006YJCH601①：45，夹砂黄褐陶，平折沿，尖唇，沿面有浅凹痕，束颈，上腹部较直，下腹收为圜底。口径10.4厘米，最大腹径16.8厘米，高9.2厘米（图6.3-5，6）。

Ⅲ式 13件。束颈，肩部弧度较低平，腹部有较明显折痕，下腹至圜底饰绳纹，绳纹密集，略有交错。2006YJCH601①：12，夹砂黑褐陶，尖唇，沿面有浅凹痕。口径11.2厘米，最大腹径19厘米，高10.3厘米（图6.3-5，7）。2006YJCH601①：14，夹砂灰陶，圆唇，沿面有浅凹痕，肩部刻划文字。口径10.8厘米，最大腹径18.3厘米，高11厘米（图6.3-5，8）。

Ⅳ式 2件，沿面多有浅凹痕，斜肩，无明显腹部，由折肩处开始下收成圜底，底部饰绳纹，饰纹位置较高，纹饰细密。2006YJCH601①：33，夹砂黄褐陶，火候较低，圆唇，斜颈，圜底较低平。口径11.4厘米，最大腹径18.6厘米，高10厘米（图6.3-5，9）。2006YJCH601①：46，夹砂黑陶，尖唇，束颈，圜底下收较急，圜底略尖。口径10.6厘米，最大腹径19.4厘米，高10.1厘米（图6.3-5，10；图版一九，2）。

圆肩圜底罐 仅出土2件。2006YJCH601③：9，夹砂黑灰陶，直口，窄折沿，圆唇，束颈，肩部弧度较大，圆肩，器形呈扁球状，圜底较为低平，肩部饰箍带纹、凹弦纹、暗纹各两周及刻划纹，腹部饰箍带纹一周，底部饰细密绳纹。口径10.2厘米，最大腹径24.4厘米，高14厘米（图6.3-6，1）。2006YJCH601②：4，夹砂黄褐陶，直口，窄折沿，沿面有浅凹痕一周，尖圆唇，束颈，肩部弧度较大，圆肩，腹部略鼓呈扁桃形，圜底较低平，肩部饰一周凹弦纹，底部饰绳纹。口径10.7厘米，最大腹径20厘米，高11.3厘米（图6.3-6，2）。

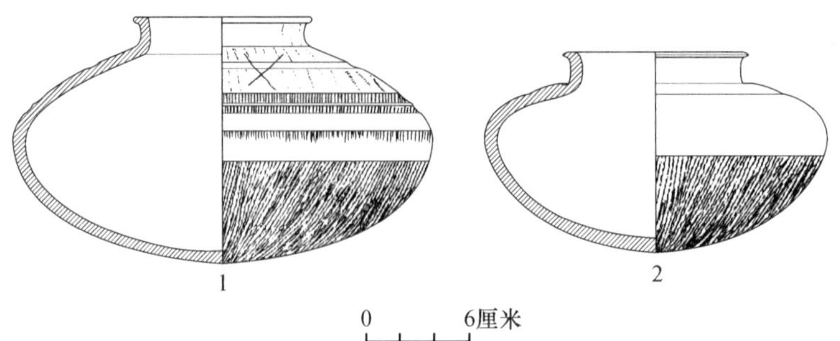

图6.3-6　2006YJCH601出土的圆肩圜底罐
1. 2006YJCH601③：9　2. 2006YJCH601②：4

小口罐　共修复完整器21件。轮制，一部分口径小于或等于底径，腹部下收为平底，可分为折肩小口罐和圆肩小口罐。

折肩小口罐　共15件。直口微敛，折沿，束颈，折肩，腹部下收，平底。依折沿宽窄分二型。

A型　9件。窄折沿，颈肩连接处多有折痕。依整体形态不同分为二亚型。

Aa型　8件。最大腹径位于整个器体的上半部分，依据肩部弧度的变化可分为三式。

Ⅰ式：3件。肩部微鼓，整体器形高耸。2006YJCH601③：30，夹砂灰褐陶，平折沿，圆唇，底部中央加厚，颈部饰一周凹弦纹，口径11.2厘米，最大腹径21厘米，底径10.8厘米，高14.9厘米（图6.3-7，1）。2006YJCH601②：25，夹砂黑皮陶，黑皮多已脱落，呈黄褐色，平折沿，微仰，肩部饰两周凹弦纹，上腹部亦饰一周凹弦纹，口径10.3厘米，最大腹径21.8厘米，底径10.8厘米，高15.8厘米（图6.3-7，2）。

Ⅱ式：2件。肩部弧度减低，器体变矮。2006YJCH601②：2，夹砂黄褐陶，平折沿，圆唇，肩部饰一周凹弦纹，肩腹连接处以下饰两周箍带纹。口径10.3厘米，最大腹径17.8厘米，底径10.6厘米，高11.5厘米（图6.3-7，3）。2006YJCH601①：20，夹砂灰褐陶，折沿微外翻，尖圆唇，沿面有一周浅凹痕，肩部饰一周凹弦纹，折肩处以下饰呈带状分布的不连续三角形方格压印纹，口径10.2厘米，最大腹径17.2厘米，底径10.5厘米，高10厘米（图6.3-7，4）。

Ⅲ式：3件。斜肩，器体更趋扁矮。2006YJCH601①：50，夹砂灰褐陶，平折沿，尖唇，肩部饰一周凹弦纹，口径10.1厘米，最大腹径17厘米，底径9.3厘米，高8.6厘米（图6.3-7，5）。

Ab型　1件。最大腹径趋于器体中部，器形略显矮胖。2006YJCH601①：22，夹砂灰陶，平折沿，圆唇，沿面有一周浅凹痕，肩部微鼓，器壁较厚，肩部有刻划文字“二文”。口径10.7厘米，最大腹径16.9厘米，底径9.2厘米，高9.3厘米（图6.3-7，6）。

B型　6件。宽折沿，颈肩连接处有折痕，器腹较宽。依肩部弧度变化可分为三式。

Ⅰ式：1件。肩部微鼓。2006YJCH601②：50，夹砂灰陶，平折沿，尖圆唇，肩部饰一周凹弦纹，底部有刻划纹，可能是文字，口径11.8厘米，最大腹径22.8厘米，底径13.8厘米，高16厘米（图6.3-7，7）。

Ⅱ式：4件。肩部弧度减低，器形整体变矮。2006YJCH601②：33，夹砂黄褐陶，平折沿，尖圆唇，肩部饰一周凹弦纹。口径12厘米，最大腹径21.4厘米，底径13.4厘米，高12.8厘米（图6.3-7，8）。

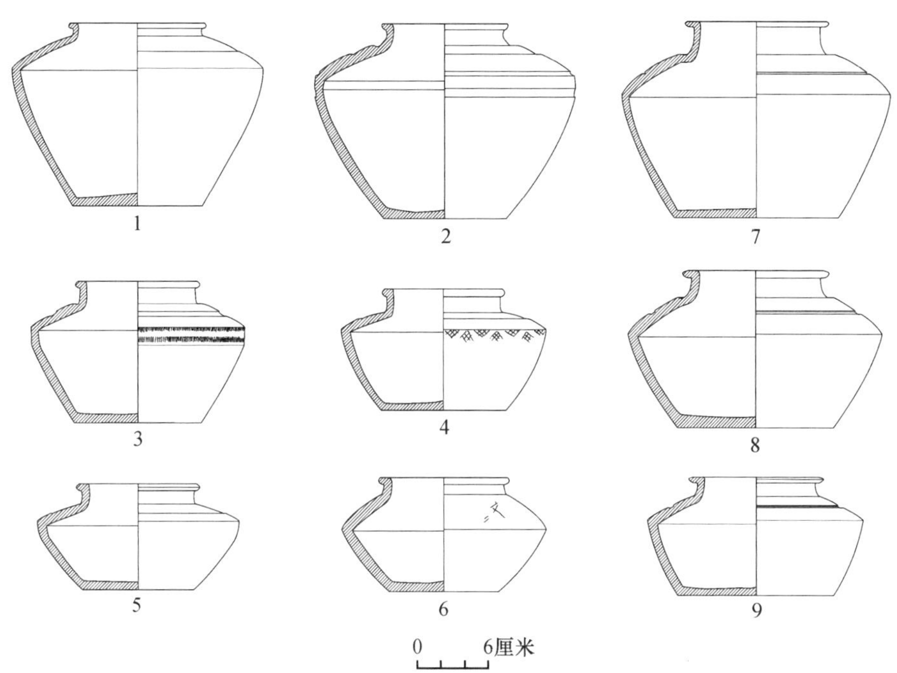

图6.3-7　2006YJCH601出土的折肩小口罐
1～5. Aa型折肩小口罐（2006YJCH601③：30、2006YJCH601②：25、2006YJCH601②：2、2006YJCH601①：20、2006YJCH601①：50）　6. Ab型折肩小口罐（2006YJCH601①：22）　7～9. B型折肩小口罐（2006YJCH601②：50、2006YJCH601②：33、2006YJCH601①：1）

Ⅲ式：1件。斜肩，器体更趋扁矮。2006YJCH601①：1，夹砂灰陶，略泛黄，平折沿，尖唇，肩部饰一周凹弦纹，口径11.1厘米，最大腹径18.5厘米，底径13.6厘米，高9.6厘米（图6.3-7，9）。

圆肩小口罐　6件。直口微敞，窄折沿，束颈，圆肩，腹部下收，平底，肩颈连接处有折痕。依肩部弧度变化可分为三式。

Ⅰ式：3件。平折沿，肩部较鼓。2006YJCH601③：3，夹砂黑皮陶，圆唇，平底微凹。口径9.8厘米，最大腹径20.4厘米，底径12厘米，高15厘米（图6.3-8，1）。2006YJCH601②：43，器形较小，夹砂灰陶，圆唇，肩部饰一周凹弦纹，口径9.3厘米，最大腹径14.3厘米，底径8.1厘米，高10.4厘米（图6.3-8，2）。

Ⅱ式：1件。肩部弧度减低，器形趋矮。2006YJCH601②：5，夹砂灰陶，平折沿，圆唇，肩部饰一周凹弦纹，口径9.4厘米，最大腹径16.8厘米，底径10.8厘米，高10.2厘米（图6.3-8，3）。

Ⅲ式：2件。肩部低平，器形趋矮胖，2006YJCH601①：29，夹砂灰陶，平折沿，圆唇，颈部较直，肩部饰一周凹弦纹，口径10.4厘米，最大腹径17.6厘米，底径10.2厘米，高9.6厘米（图6.3-8，4）。2006YJCH601①：44，夹砂黑褐陶，折沿，略外翻，肩部饰一周凹弦纹，口径10.4厘米，最大腹径18.1厘米，底径8.2厘米，高9.1厘米（图6.3-8，5）。

大口罐　共修复完整器30件，另有可确认是该类器物底部残片73件。轮制，该类器物口径多大于底径，由器体下腹部开始，逐层收分，层次较为明显，小平底。可分为折肩大口罐和圆

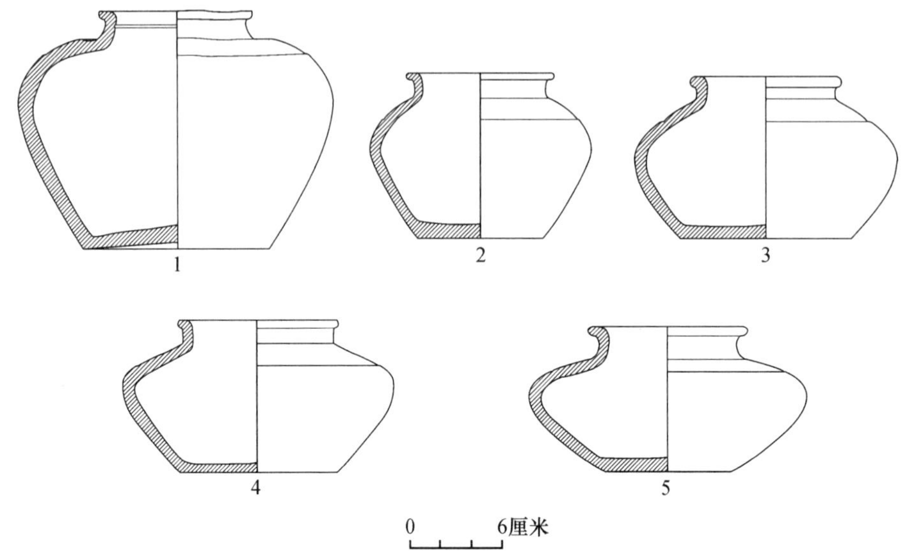

图6.3-8 2006YJCH601出土的圆肩小口罐

1、2. Ⅰ式（2006YJCH601③：3、2006YJCH601②：43） 3. Ⅱ式（2006YJCH601②：5） 4、5. Ⅲ式（2006YJCH601①：29、2006YJCH601①：44）

肩大口罐两类。

折肩大口罐 共有完整器25件，依口部特征分为二型。

A型 22件。直口，折沿，依腹部变化可分为三亚型。

Aa型 16件。斜腹，上腹部与下腹部有明显夹角。依肩部弧度变化，可分为三式。

Ⅰ式：3件。平折沿，肩部微鼓。2006YJCH601③：8，夹砂褐陶，器表颜色分布不均，为黄褐和灰褐色，尖圆唇，直颈，口径12.3厘米，最大腹径17厘米，底径5.6厘米，高9.1厘米（图6.3-9，1）。2006YJCH601③：18，夹砂黑皮陶，圆唇，底中部加厚，口径10厘米，最大腹径14.6厘米，底径6.1厘米，高8.8厘米（图6.3-9，2）。

Ⅱ式：7件。肩部弧度减小。2006YJCH601②：10，夹砂蓝灰色，烧成温度较高，口部微外翻，方唇，斜颈，口径9.4厘米，最大腹径15.6厘米，底径6.2厘米，高8.5厘米（图6.3-9，3；图版一九，1）。2006YJCH601①：30，夹砂黄褐陶，尖圆唇，直颈，肩部饰一周凹弦纹，口径11.4厘米，最大腹径17厘米，底径18.2厘米，高9.6厘米（图6.3-9，4）。

Ⅲ式：6件。肩部低平，器形较矮。2006YJCH601①：21，夹砂灰褐陶，尖唇，束颈，口径10.7厘米，最大腹径16.4厘米，底径4.3厘米，高8.9厘米（图6.3-9，5）。2006YJCH601①：27，夹砂黄褐陶，尖唇，束颈，口径10.8厘米，最大腹径16.8厘米，底径5.6厘米，高8.8厘米（图6.3-9，6）。

Ab型 3件。腹部弧度较大，上腹与下腹无明显分界。依肩部弧度变化，可分为三式。

Ⅰ式：1件。肩部微鼓。2006YJCH601③：7，夹砂黄褐陶，圆唇，束颈，口径10.4厘米，最大腹径15.4厘米，底径5.2厘米，高7.9厘米（图6.3-10，1）。

Ⅱ式：1件。肩部弧度减低。2006YJCH601①：6，夹砂灰陶，圆唇，直颈，口径10.4厘米，最大腹径15.4厘米，底径6.2厘米，高8.6厘米（图6.3-10，2）。

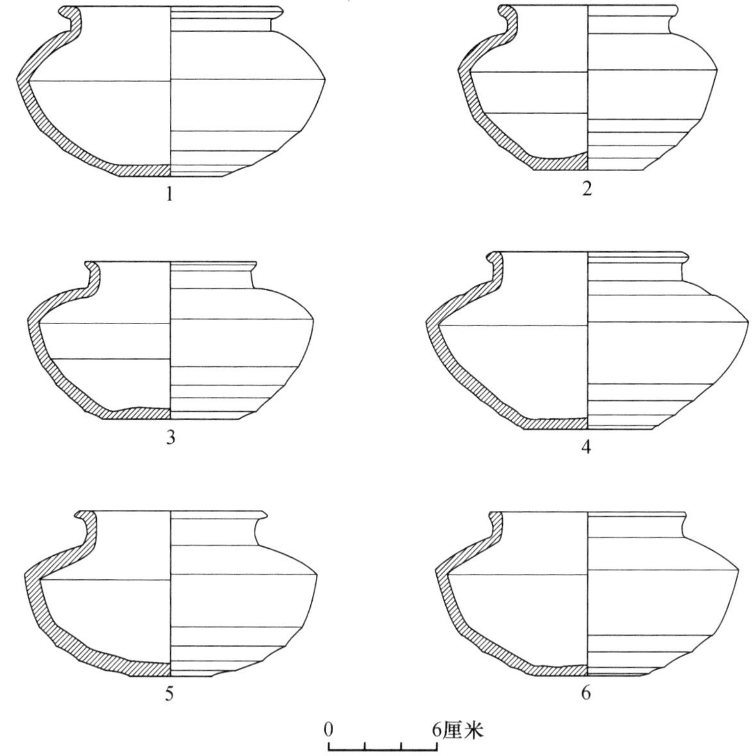

图6.3-9 2006YJCH601出土的Aa型折肩大口罐

1、2. Ⅰ式（2006YJCH601③：8、2006YJCH601③：18） 3、4. Ⅱ式（2006YJCH601②：10、2006YJCH601①：30）
5、6. Ⅲ式（2006YJCH601①：21、2006YJCH601①：27）

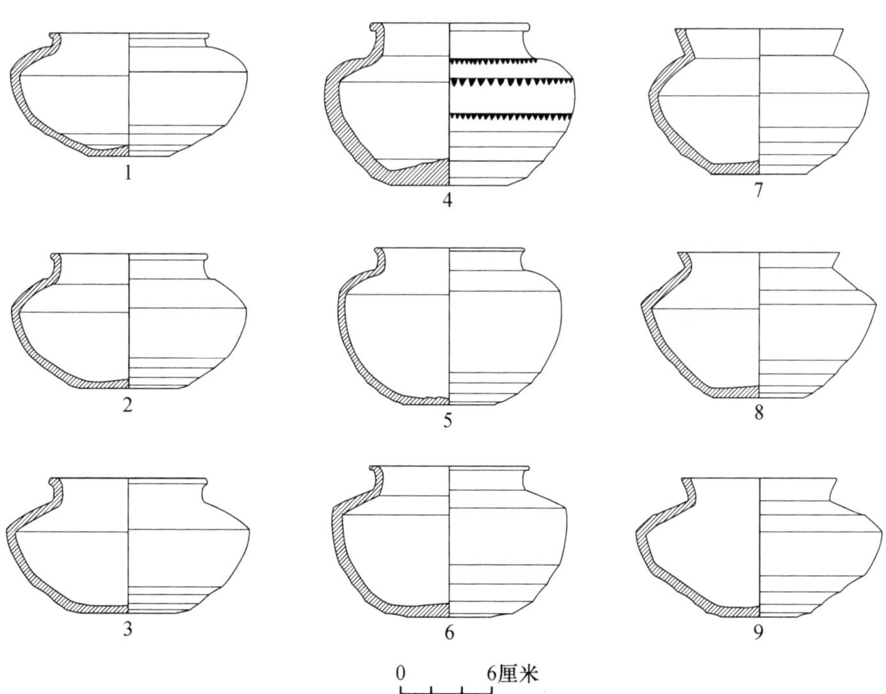

图6.3-10 2006YJCH601出土的Ab型、Ac型和B型折肩大口罐

1. Ab型Ⅰ式（2006YJCH601③：7） 2. Ab型Ⅱ式（2006YJCH601①：6） 3. Ab型Ⅲ式（2006YJCH601①：49）
4. Ac型Ⅰ式（2006YJCH601②：39） 5. Ac型Ⅱ式（2006YJCH601①：7） 6. Ac型Ⅲ式（2006YJCH601①：11）
7. B型Ⅰ式（2006YJCH601②：15） 8、9. B型Ⅱ式（2006YJCH601①：26、2006YJCH601①：31）

Ⅲ式：1件。斜肩。2006YJCH601①：49，夹砂灰陶，尖唇，束颈，口径10.3厘米，最大腹径15.9厘米，底径6.1厘米，高8.6厘米（图6.3-10，3）。

Ac型 3件。腹部较深，微外鼓，依肩部弧度变化，可分为三式。

Ⅰ式：1件。肩部微鼓。2006YJCH601②：39，夹砂灰褐陶，圆唇，直颈，颈部、肩部、上腹部各饰一道戳印三角形纹，口径9.9厘米，最大腹径15.8厘米，底径7.5厘米，高10.2厘米（图6.3-10，4）。

Ⅱ式：1件。肩部弧度减低。2006YJCH601①：7，夹砂黄褐陶，圆唇，束颈，素面，口径9.8厘米，最大腹径14.6厘米，底径5.8厘米，高9.8厘米（图6.3-10，5；图版一九，4）。

Ⅲ式：1件。斜肩。2006YJCH601①：11，夹砂黄褐陶，圆唇，束颈，素面，口径10.2厘米，最大腹径15.3厘米，底径4.6厘米，高9.4厘米（图6.3-10，6）。

B型 3件。口微侈，依肩部变化可分为二式。

Ⅰ式：1件。肩部微鼓。2006YJCH601②：15，夹砂灰褐陶，平沿，尖唇，内唇加厚，素面，口径10.8厘米，最大腹径14厘米，底径6.4厘米，高9.2厘米（图6.3-10，7）。

Ⅱ式：2件。肩部弧度减低。2006YJCH601①：26，夹砂灰陶，尖圆唇，束颈，弧腹下收，肩部饰一周凹弦纹，口径10.8厘米，最大腹径5.4厘米，底径5厘米，高9.7厘米（图6.3-10，8）。2006YJCH601①：31，夹砂黄褐陶，尖唇，束颈，肩部饰一周凹弦纹，口径10厘米，最大腹径15.6厘米，底径5.2厘米，高8.8厘米（图6.3-10，9）。

圆肩大口罐 完整器共有5件，均为直口，折沿，圆唇，依肩部弧度变化分为二式。

Ⅰ式：3件。肩部微鼓。2006YJCH601②：45，夹砂灰陶，颈肩结合明显，肩部饰一周凹弦纹，口径10厘米，最大腹径16.4厘米，底径8.2厘米，高9.7厘米（图6.3-11，1）。2006YJCH601②：47，夹砂黑陶，颈肩结合明显，肩部饰一周凹弦纹，口径10.8厘米，最大腹径16.4厘米，底径8.2厘米，高9.8厘米（图6.3-11，2）。

Ⅱ式：2件。肩部低平。2006YJCH601①：53，夹砂灰陶，肩部饰一周凹弦纹，口径10.4

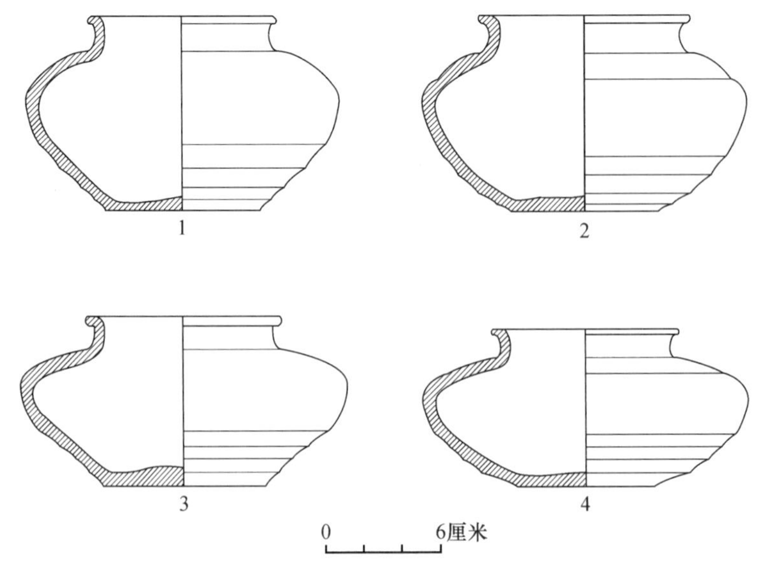

图6.3-11 2006YJCH601出土的圆肩大口罐

1、2. Ⅰ式（2006YJCH601②：45、2006YJCH601②：47） 3、4. Ⅱ式（2006YJCH601①：53、2006YJCH601①：54）

厘米，最大腹径7厘米，底径8.6厘米，高8.5厘米（图6.3-11，3）。2006YJCH601①：54，夹砂灰褐陶，肩部饰一周凹弦纹，口径9.6厘米，最大腹径16.4厘米，底径5.6厘米，高7.6厘米（图6.3-11，4）。

高领罐　可修复3件，可分为二型。

A型　2件。直颈，方唇，圆肩，腹部下收，平底，依肩腹部形态分为二式。

Ⅰ式：1件。2006YJCH601③：1，夹砂黑褐陶，沿面向内倾斜，肩部较鼓，最大腹径位于上腹部，肩腹部饰六周压印网格纹，口径17.6厘米，最大腹径23.1厘米，底径13.5厘米，高18.6厘米（图6.3-12，1）。

Ⅱ式：1件。2006YJCH601②：44，夹砂黑褐陶，沿面向内倾斜，溜肩，最大腹径向中腹部偏移，领部饰两周凹弦纹，口径12.2厘米，最大腹径16.5厘米，底径8.7厘米，高12厘米（图6.3-12，2）。

B型　1件。2006YJCH601①：10，夹砂灰褐陶，口内部加厚，领部微外撇，圆肩，鼓腹微下垂，最大腹径向下腹部偏移，下腹部呈层次状下收，小平底，腹部饰两周凹弦纹，口径12.8厘米，最大腹径16厘米，底径8.8厘米，高10.2厘米（图6.3-12，3）。

盘口罐　1件。2006YJCH601①：9，夹砂黄褐陶，窄盘口，尖唇，圆肩，肩部有层状缩减，弧腹下收，平底。口径9.6厘米，最大腹径17.6厘米，底径9.2厘米，高11.4厘米（图6.3-13，1）。

敛口罐　2件。2006YJCH601①：35，夹砂灰陶，烧造时变形较大，敛口，折沿，尖圆唇，斜颈，折肩，肩部微弧，腹部下收，平底。最大口径13.2厘米，最大腹径21.8厘米，残高15.4厘米，底径13.4厘米（图6.3-13，2）。

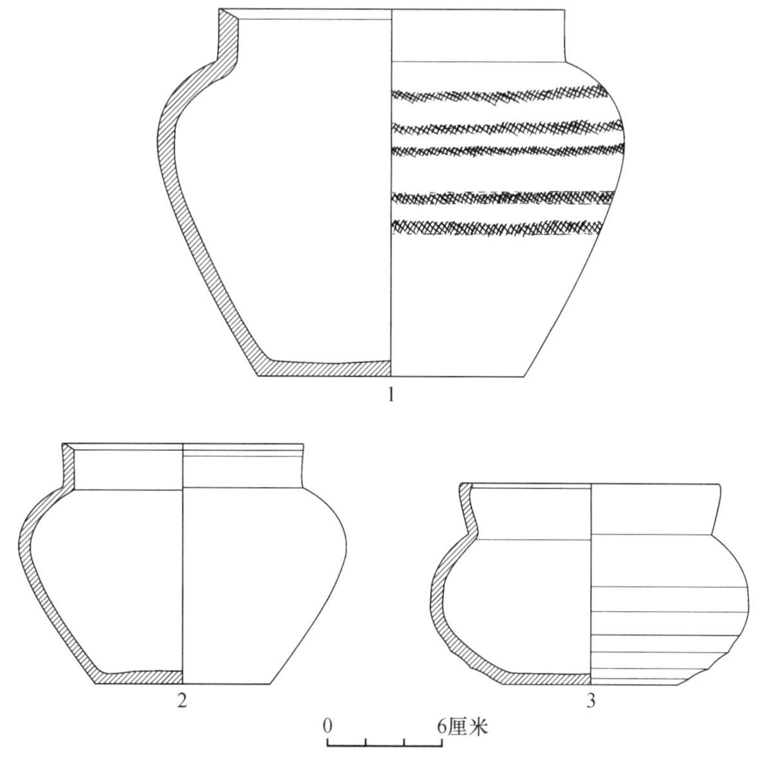

图6.3-12　2006YJCH601出土的高领罐

1. A型Ⅰ式（2006YJCH601③：1）　2. A型Ⅱ式（2006YJCH601②：44）　3. B型（2006YJCH601①：10）

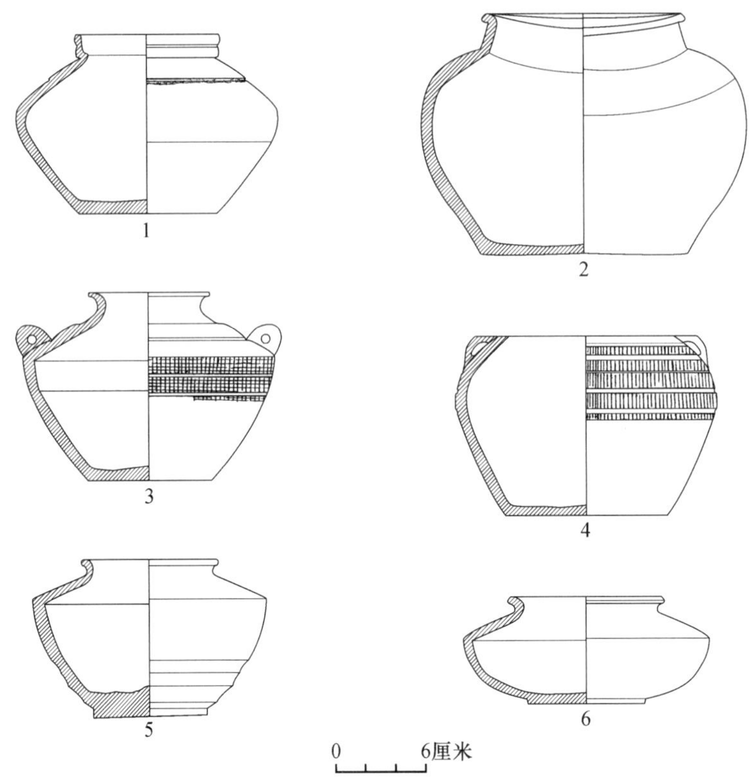

图6.3-13 2006YJCH601出土的陶盘口罐、陶敛口罐、陶双耳罐和陶饼底罐

1. 盘口罐（2006YJCH601①：9） 2. 敛口罐（2006YJCH601①：35） 3、4. 双耳罐（2006YJCH601②：27、2006YJCH601②：40） 5、6. 饼底罐（2006YJCH601②：19、2006YJCH601①：52）

双耳罐 2件。2006YJCH601②：27，夹砂黄褐陶，直口微外翻，折沿，圆唇，束颈，折肩，肩部贴塑一对立耳，耳上有穿孔，颈肩结合痕迹明显，弧腹下收，平底。肩部饰两周凹弦纹，上腹部饰三周宽带状压印方格纹，部分残留两周，以两周凹弦纹分隔。口径7.8厘米，最大腹径16厘米，底径7.8厘米，高12.2厘米（图6.3-13，3）。2006YJCH601②：40，泥质灰陶，为对残器的修整使用，现存器物为敛口，口外侧贴塑一对泥条捏塑的拱形耳，耳顶部与口部齐平，存在明显的打磨痕迹，腹部外鼓，斜腹下收，平底。上腹部饰六周箍带纹，间以凹弦纹分隔。口径10.2厘米，最大腹径17.5厘米，底径11.1厘米，高11.5厘米（图6.3-13，4）。

饼底罐 2件。2006YJCH601②：19，夹砂灰褐陶，口外翻，折沿，圆唇，束颈，折肩，弧腹，下腹部逐层下收，饼状平底，素面。口径9.2厘米，最大腹径15.4厘米，底径7.4厘米，高9.4～9.7厘米，足高0.4～0.6厘米（图6.3-13，5）。2006YJCH601①：52，夹砂灰陶，侈口，折沿，圆唇，束颈，斜肩，弧腹微下垂，饼状平底，素面。口径10.4厘米，最大腹径16.4厘米，底径7.8厘米，高7厘米，足高0.3厘米（图6.3-13，6）。

钵 可修复13件。依腹部形态可分为二型。

A型 折腹，可修复2件。2006YJCH601③：38，夹砂灰陶，敞口，尖圆唇，外沿加厚，平底，腹部饰三周凸棱纹。口径18厘米，底径6.8厘米，高5.8厘米（图6.3-14，1）。2006YJCH601③：39，夹砂灰陶，敞口，尖圆唇，外沿加厚，平底，腹部饰三周凸棱纹。口径17厘米，底径7厘米，高7厘米（图6.3-14，2）。

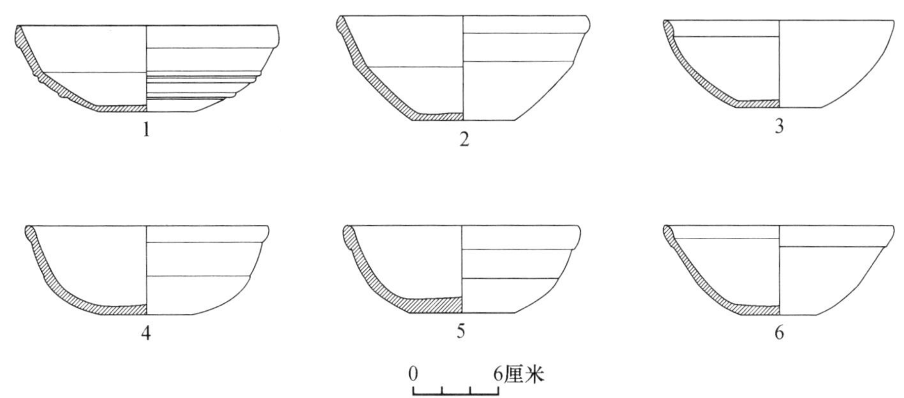

图6.3-14　2006YJCH601出土的陶钵

1、2. A型（2006YJCH601③：38、2006YJCH601③：39）　3. Ba型（2006YJCH601③：24）　4～6. Bb型（2006YJCH601③：40、2006YJCH601②：7、2006YJCH601①：47）

B型　弧腹，可修复11件，可分为敞口和敛口二亚型。

Ba型　敛口，可修复2件。2006YJCH601③：24，夹砂灰陶，内沿加厚形成敛口，圆唇，弧腹，平底，口径16.4厘米，底径5.6厘米，高6厘米（图6.3-14，3）。

Bb型　敞口，修复9件。2006YJCH601③：40，夹砂黄褐陶，圆唇，外沿加厚，弧腹，平底，腹部饰一道凹弦纹，口径16.8厘米，底径6.2厘米，高6厘米（图6.3-14，4）。2006YJCH601②：7，夹砂黄褐陶，圆唇，外沿加厚，弧腹，平底，腹部饰一道凹弦纹，口径15.8厘米，底径6.2厘米，高5.8厘米（图6.3-14，5）。2006YJCH601①：47，夹砂灰陶，圆唇，外沿加厚，斜腹，平底，口径16厘米，底径6.6厘米，高6.2厘米（图6.3-14，6）。

囷　发现残器17件，可修复3件。2006YJCH601③：31，口内斜，尖圆唇，弧肩下折接腹，上腹竖直，下腹微外鼓，平底，上腹饰三周、下腹饰一周凹弦纹，口径10.8厘米，底径12.6厘米，高18.4厘米（图6.3-15，1）。2006YJCH601①：8，夹砂黑皮陶，外皮脱落严重，子母口，口内斜，尖唇，折肩，肩面微下凹，上腹竖直，下腹微弧，平底微呈足状，腹部饰一周凹弦纹，口径8.7厘米，底径6.4厘米，高12.2厘米（图6.3-15，2）。2006YJCH601①：25，夹砂灰褐陶，子母口，口微外翻，尖唇，折肩，肩面微下凹，腹中部有明显折痕，上腹竖直，下腹斜收，平底，腹部饰一周凹弦纹，口径8.2厘米，底径7.6厘米，高11.3厘米（图6.3-15，3）。

壶　出土残器20件，可修复2件。2006YJCH601③：4，喇叭状口，圆唇，束颈较长，肩部微弧，折肩，弧腹下收，平底，圈足较高，颈肩结合处及肩腹连接处均饰两周凹弦纹，肩部饰网格状压印暗纹，口径12.8厘米，最大腹径22厘米，底径13.6厘米，高21.6厘米（图6.3-16，1；图版一九，5）。2006YJCH601②：1，夹砂黄褐陶，喇叭状口，平折沿，圆唇，束颈较长，肩部弧度较小，折肩，斜腹下收，平底，圈足较矮，颈部、颈肩结合处及肩腹连接处均饰凹弦纹，肩部有四处图案状刻划纹，口径13.2厘米，最大腹径19.8厘米，底径13.2厘米，高19.2厘米（图6.3-16，2；图版一九，6）。

盆　可修复2件。2006YJCH601①：38，夹砂灰陶，直口微侈，平折沿，圆角方唇，上腹微内收，折腹，下腹下收较急，平底，下腹上部饰三周凸棱纹，口径25厘米，最大腹径23厘米，底径15厘米，高9.8厘米（图6.3-17，1）。2006YJCH601①：39，夹砂黑皮陶，口微侈，

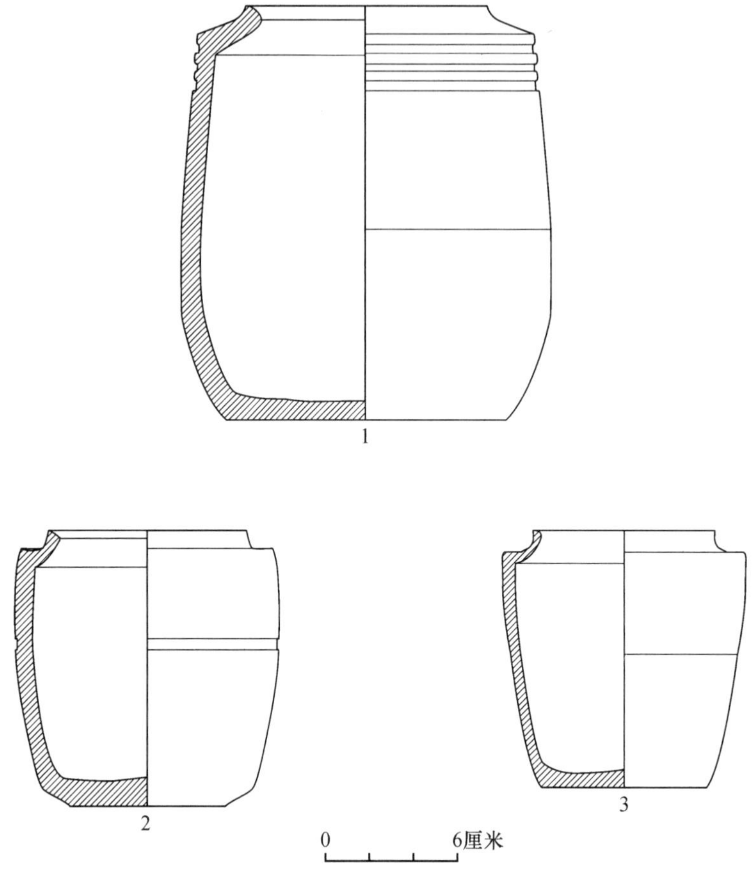

图6.3-15　2006YJCH601出土的陶囷

1. 2006YJCH601③：31　2. 2006YJCH601①：8　3. 2006YJCH601①：25

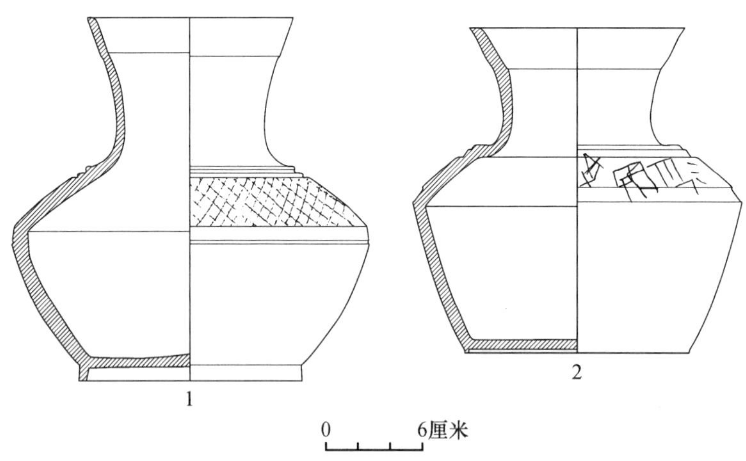

图6.3-16　2006YJCH601出土的陶壶

1. 2006YJCH601③：4　2. 2006YJCH601②：1

平折沿，圆唇，上腹较直，微内收，折腹，下腹下收较急，平底，下腹上部饰三周凸棱纹，口径26.9厘米，最大腹径25.3厘米，底径14厘米，高12厘米（图6.3-17，2）。

瓶　仅出土1件，2006YJCH601①：23，夹砂黑皮陶，黑皮多已脱落，颈部以上残缺，圆肩，斜腹，平底，最大腹径12.3厘米，底径7.5厘米，残高8.4厘米（图6.3-18，1）。

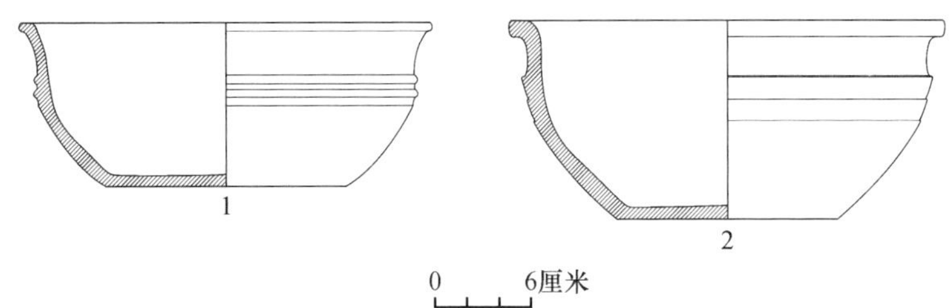

图6.3-17 2006YJCH601出土的陶盆

1. 2006YJCH601①：38 2. 2006YJCH601①：39

釜 仅出土1件，2006YJCH601①：40，夹砂黑褐陶，喇叭口，卷沿，圆唇，束颈，袋状腹，圜底，下腹部及底部饰细绳纹，口径15厘米，最大腹径17.5厘米，底径17.5厘米，高13.1厘米（图6.3-18，2）。

瓮 仅出土1件，2006YJCH601③：4，夹砂灰陶，敛口，卷沿，圆唇，圆肩，弧腹下收，最大腹径位于上腹部，下腹残损，无法与底部连接，平底，肩部饰绳纹不明显，上腹部残存六周弦断绳纹，下腹部接近底部为素面，口径26.4厘米，最大腹径52.4厘米，底径26.6厘米，高度不详（图6.3-18，3）。

器盖 共发现1件。2006YJCH601②：59，残。夹砂灰褐陶，平顶，上贴塑一模制动物状纽（图6.3-18，4）。

网坠 出土1件。2006YJCH601②：49，为捏制，略呈枣核形，中心有竖直穿孔，夹砂灰陶，残长5.9厘米，孔径0.5厘米（图6.3-19，2）。

刻字陶片 16件。多在夹砂灰褐陶或黑陶陶罐肩部刻划文字，也有少量的器底上刻划文字，大多字迹模糊或残缺（图6.3-20）。

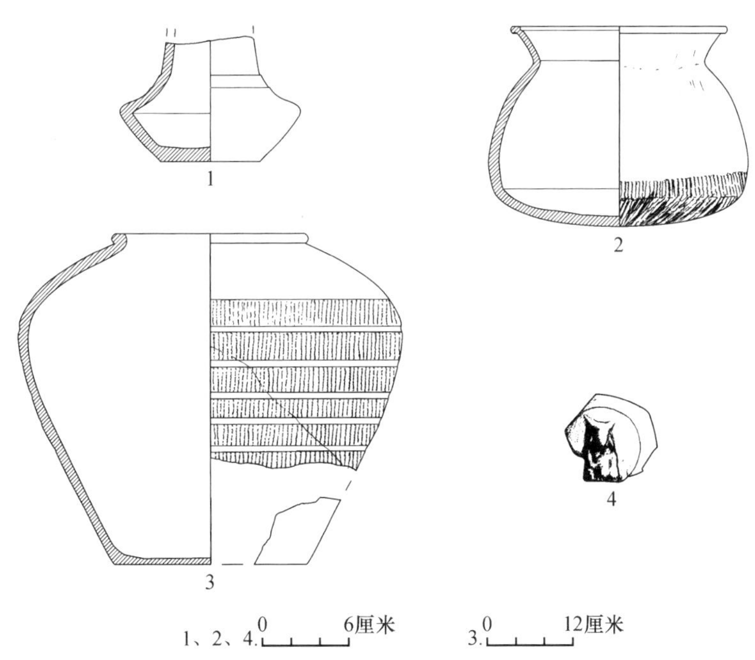

图6.3-18 2006YJCH601出土的其他陶容器

1. 瓶（2006YJCH601①：23） 2. 釜（2006YJCH601①：40） 3. 瓮（2006YJCH601③：4） 4. 器盖（2006YJCH601②：59）

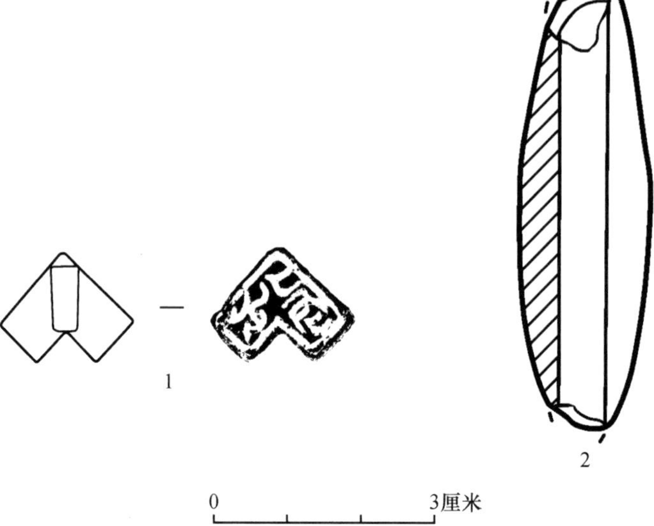

图6.3-19　2006YJCH601出土的陶网坠和铜印

1. 铜印（2006YJCH601②：48）　2. 陶网坠（2006YJCH601②：49）

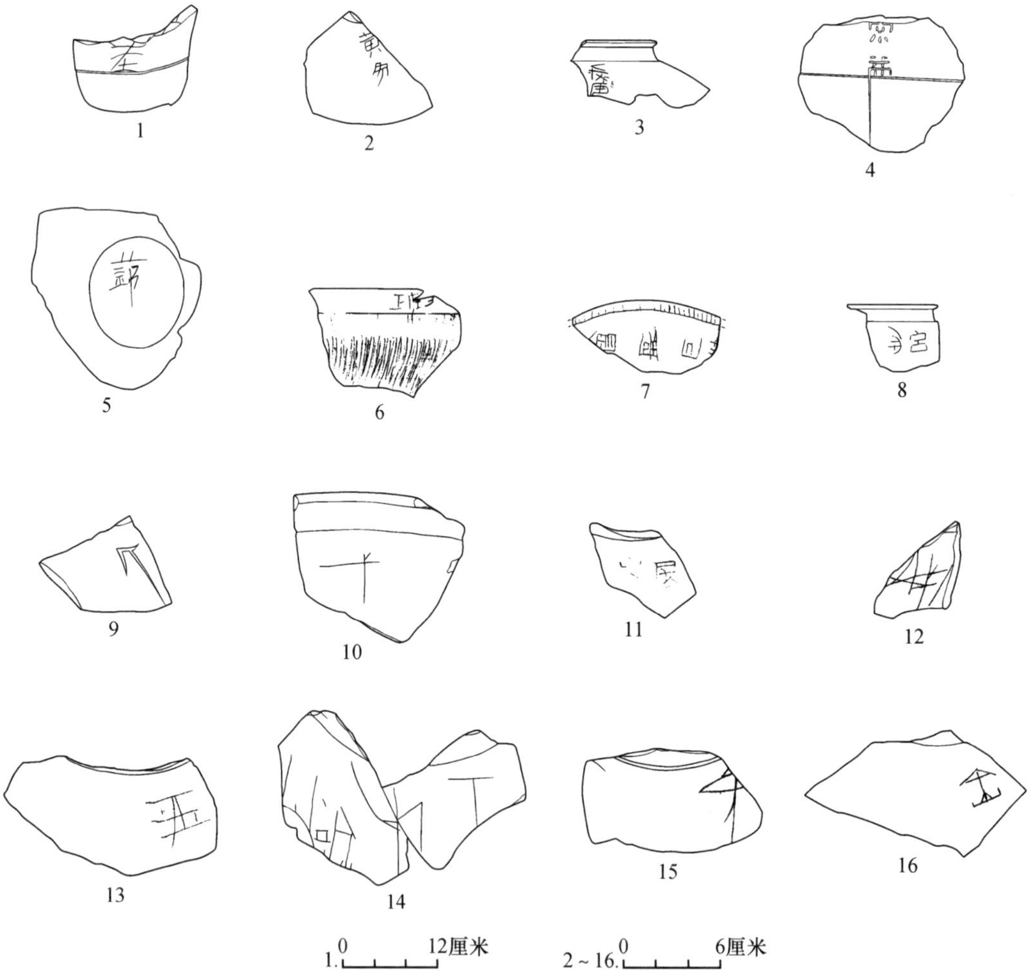

图6.3-20　2006YJCH601出土的刻字陶片

1. 2006YJCH601①：60　2. 2006YJCH601①：59　3. 2006YJCH601①：58　4. 2006YJCH601①：57　5. 2006YJCH601①：56　6. 2006YJCH601②：51　7. 2006YJCH601②：52　8. 2006YJCH601②：53　9. 2006YJCH601②：54　10. 2006YJCH601②：55　11. 2006YJCH601②：56　12. 2006YJCH601②：57　13. 2006YJCH601②：58　14. 2006YJCH601③：37　15. 2006YJCH601③：35　16. 2006YJCH601③：36

2. 铜器

发现的铜器数量很少仅有铜印1件，2006YJCH601②：48，折尺形印身，桥状纽，印文为阴文，有边框，文字不识，边长1.3厘米，高0.8厘米（图6.3-19，1；图版三一，3）。

通过对2006YJCH601的清理，集中出土了大量的陶器残片和完整陶器，为深入研究提供了非常丰富的研究材料。2006YJCH601未发掘完全，但是地层情况及主要包含物情况十分清楚，器形变化较为明显，其延续时间较长，并且早晚关系也很清楚。根据地层关系及器物器形特征，可以认定该沟为西汉晚期到六朝时使用。许多器物的同型器既见于遗址的房屋建筑之内，又大量出土于遗址邻近的马沱墓地。特别是晚期的许多器物已经明显明器化，不具备实用价值，应该专用于随葬。而大量完整器物的出土，更说明其附近应存在一个较大规模的窑址；许多陶器和陶片上有刻划文字或图案的现象，这些图案或文字的作用应该是标识，更可以说明该处可能存在一个用于供应陶器的作坊，结合B、C区的发掘，在这两区的西北侧，现代民居及墓地的范围应有一处制作陶器的区域。

第四节　宋元时期遗存

属于宋元时期的遗迹数量很少，目前可以确定的只有墓葬1座。

2006YJAM1：该墓位于A区西南部，与2006YJATg5相邻，发掘2006YJATg5时发现，墓向43°。该墓应该为长方形，残宽50厘米，由于墓圹仅存部分，其余部分难以确定，因此具体长度不明，残存的一部分墓圹由石块立砌而成（图6.4-1）。于墓葬填土中出土白瓷碗残块，复原后为1件（图6.4-2，1）。墓内人骨保存较差，仅能分辨出头骨和肢骨，头向与墓向相同，葬式为仰身直肢。在两侧肢骨附近均发现铁质棺钉，锈蚀严重，证明应有葬具，但已朽蚀无存。于墓主右侧肩胛骨附近发现铜钱1枚，钱文为“太平通宝”（图6.4-2，2）。

虽然发现的宋元时期遗存很少，但根据墓葬中随葬的瓷碗及“太平通宝”铜钱可以认定至少在北宋时期该遗址范围内仍有人类活动。

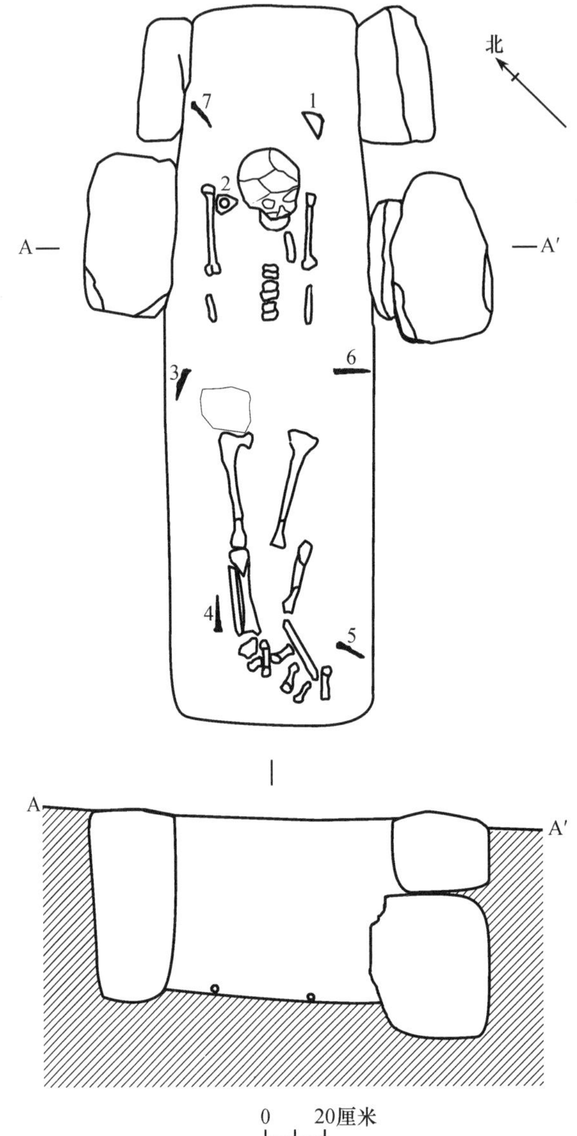

图6.4-1　2006YJAM1平、剖面图

1. 瓷碗　2. 铜钱　3～7. 铁钉

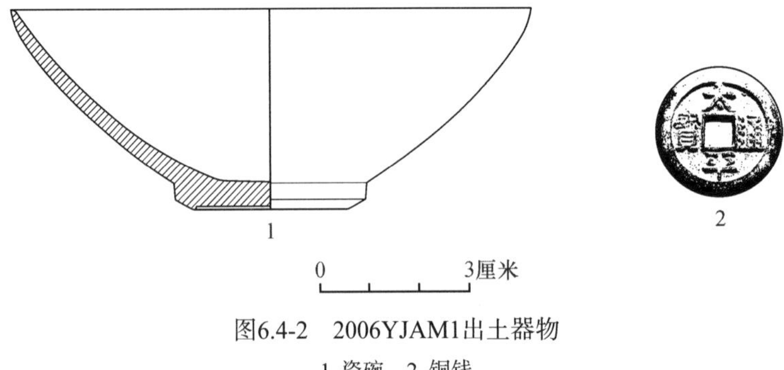

图6.4-2　2006YJAM1出土器物

1. 瓷碗　2. 铜钱

第七章　结　　语

旧县坪遗址是三峡地区一处东周至六朝时期的重要遗址，该遗址东西长约1000米，南北宽约600米。1999～2006年，吉林省文物考古研究所对该遗址进行了7次发掘，发掘面积近2万平方米，取得了一系列重要的发掘成果，以下我们对这些成果进行初步的总结。

1. 朐忍县址的认定

据史料记载，云阳县境古为巴人活动区域，东周赧王元年（前314年），秦灭巴国置巴郡，《汉书·地理志》中所列巴郡辖县中即有“朐忍”，是为云阳地域建县之始。至北周天和三年（568年）更名云安县并迁址，朐忍县作为该地区的一个中心，历时800余年。朐忍县最初的地点史学家多有考证，《中国历史地图集》定朐忍于云阳下游20余千米处。1994年三峡库区文物规划时将旧县坪遗址列为朐忍县之所在。通过考古发掘可以看出，旧县坪遗址以战国到六朝时期的遗存为主体，我们最终确认这个遗址就是文献中所记载的朐忍县城，主要有以下考古证据。

首先是“汉巴郡朐忍令广汉景云碑”的发现，此碑立于熹平二年（173年），是为东汉和帝时的朐忍县令所立的功德碑，景君卒于东汉永元十五年（103年），70年后，其同乡朐忍令雍陟于熹平二年（173年）为其立碑。碑发现的地点即在衙署基址附近，此碑隶书，碑文13行，367字，不仅具有极高的历史、科学和艺术价值，还充分证明了旧县坪遗址为汉代朐忍县城所在这一论断。

其次，2000年C区发现了“朐”字刻款的陶钵。朐忍之“朐”字刻款的陶钵，证明了遗址与汉朐忍县相关，而且遗址发现了冶铸区、居民区、祭祀建筑区、大型建筑区、墓葬区和规整的给排水设施，并出土了大量遗物。其文化堆积从战国延续至六朝，并且主要是两汉到六朝时期的遗存，恰为朐忍存续之时，表明旧县坪遗址是当时地区的行政中心，为确认朐忍县城提供了重要佐证。

此外，2001年S区发掘的埋葬坑2001YJSK1是另一补充证据。此坑开口于汉层下，坑中陶器均为西汉流行式样，木牍文字经吉林大学林沄、吴振武二先生鉴定，属早期隶书，其年代应不晚于汉武帝时期，据此推测，2001YJSK1的年代当于汉代早期。尤为重要的是一批汉早期木牍的发现，从2001YJSK1木牍上行文和排布看，除第一行外，都是记录某日发生了某事的内容，其中“东阳”二字或为地名。根据已有文献的记载，有“东阳滩”之名，如果简牍上所记“东阳”确为滩名，必在云阳至固陵之间，这不仅为朐忍故地认定补充了直接证据，同时也说明简牍上的记事可能多和江航里程有关，是历史地理研究中十分宝贵的资料。

发掘中还发现，在六朝地层上叠压着一层较纯净的红土，分析是滑坡所致。朐忍的废迁可能与之相关，而且旧县坪遗址基本不见六朝以后的文化层堆积，这些证据与史书所记朐忍城存续年代和在六朝后期被废弃的记载完全符合。

汉朐忍县故址的发掘确认，不仅对三峡地区这一时期的政治、经济、文化、军事方面的研究和对沿江山地城市布局特点的研究有重要意义，同时也对中国汉至六朝时期考古学的研究也增添了新的内容。

2. 朐忍城的格局和主要遗迹

根据多年的发掘，基本弄清了朐忍城的城址布局和功能分区。朐忍城的建造是经过严格规划的，在城内较狭长的范围内，依据地形地势，分成衙署区、铸造区、制陶区、生活区等多个功能单位，城外有南、北两处较大规模的墓葬区；在地势较为平缓的区域构筑防御设施，虽然仅发现了北侧的城墙、城门，但是其城市规模仍可见一斑；而水陆交通孔道的发现，更为朐忍城确立其在该区域的地位提供了支撑。

从2000年始，遗址被划分为11个发掘区，发掘区主要分布在相对独立的地理单元，即沿江狭长地带的多个相对平缓的“坝子”上，各区之间相隔较远。城市的整体布局呈现出结构松散、各区相对独立和功能各异的特点。“朐忍”县城址的布局具有十分明显的区域性，不同于黄河流域规整、连贯的城市布局特点。这是峡江地区梯地、坡地、山地的地形结构所致。各区汉到六朝这段时间内的遗迹遗物极为丰富，据遗迹性质可初步判断，E区为衙署和主要建筑区，有大型建筑址、数次修筑的夯土台基、整饬的排水系统等遗迹；S区有战国储物坑和埋葬坑，可能是最初的行政中心；C区为冶铸区，年代跨战国到东汉，有大量陶、石范、范模和窑、炉等；K区主要为制陶区；Z区是东汉及以后的墓葬区（图版一四）。在A、B、E区间发现石板铺就的路面，应是城中的主要街路。E区东端有至今尚用的石阶可能由此去往江边。遗址周边有马沱、张家嘴等大型墓地，城内也有通向墓地的道路。东周、两汉时期人们的生产、生活区域，应该是在B、C两区及其以北的坡上，六朝时期才向今天E区的平坝上扩展。

A区汉魏六朝时期遗迹相对集中在山坡中下部，2002年清理了A区4座房址，3座年代应在六朝时期，1座是西汉时期。另外还发掘到3条排水沟，这些沟都分布在房址周边或高处，这说明至少在汉代，居住区就有了有组织的排水系统。2005年在A区遗址南侧一条现在仍在部分使用的通江梯道进行了清理，确认该梯道（2006YJAL1）始建年代不晚于东汉时期，魏晋时期曾进行过大规模整修，后代亦多有使用、修整，但至少在2006YJAM1修筑时期，该梯道上段可能已经废弃，因为2006YJAM1修筑于2006YJAL1向城内延伸的范围内，墓葬所用石料与2006YJAL1一致，可能来自2006YJAL1。2006YJAL1连接城内与长江江道，应该是城址通向外界的水路交通的重要通道。

B区也是主要是生活区，2005年在B区边缘确认了城址的北侧城垣和城门的位置，通过地层叠压关系确认城垣最早构筑于汉代，结合叠压城墙的堆积和墙体夯土内出土遗物的特征，认定城垣及门址的构筑使用年代当在西汉—六朝时期，门址曾毁于大火，并于魏晋时期对门址进行过改建。在B区确认了城址北侧的一小段出城道路，由于其向北延伸的范围现为断崖，该道路的延伸方向暂不明确，但是，城址北侧隔一条冲沟即为马沱墓地，通过郑州市文物考古研究所对墓地的发掘，认定该墓地应为朐忍城的墓葬区之一，墓地的使用年代与城址的延续时代也基本相当。因此，北门外通道至少可以通到马沱墓地。而城址西南侧亦存在一处使用时代相当的墓地——张家嘴墓地，因此城址向西南也应有一定距离的陆路通道。

由于遗址的使用时间较长，自然力破坏也较为严重，遗址地形变动较大、堆积较厚，加之现代人类活动频繁，城内的道路多遭损坏，仅发现少量相关的遗迹现象，如城址北门向城内延伸的道路大部分叠压在现代路面以下。

C区发现了大量的铸范、铸造器具和制范工具，大量铜铁炼渣、红烧土块、木炭等，较多的鹿角、獐角、骨角器、残陶范、石范、鼓风管、模具，不仅包含于C区黑灰土堆积内，同时也见于灰坑之中。从遗物看，陶、石范、鼓风管等制作规范，不只同类器形式统一，同形器的范体亦大致相近，其中一些镞、环、管、刀、钉等范上都有明显的铸造使用痕迹，发掘中亦有相应器物出土。以上种种都反映出旧县坪铸坊技术的成熟、铸造种类的丰富，说明当时已经存在较发达的铸造业了。另从其规模宏大，延续时间长久来看，很可能是战国至汉代的官办冶铸址。它对研究汉代的冶铸技术、手工业发展乃至铸造发展史等，均是弥足珍贵的资料。

另外，通过对2006YJCH601的清理，集中出土了大量的陶器残片和完整陶器，其延续时间较长，器形特征变化亦较为明显。许多器物的同型器既见于遗址的房屋建筑之内，又大量出土于遗址邻近的马沱墓地。特别是晚期的许多器物已经明显明器化，不具备实用价值，应该专用于随葬。而大量完整器物的出土，更说明其附近应存在一个较大规模的窑址；许多陶器和陶片上有刻划文字或图案的现象，这些图案或文字的作用应该是用于标识，更可以说明该处可能存在一个用于供应陶器的作坊，结合B、C区的发掘，在这两区的西北侧，现代民居及墓地的范围应有一处制作陶器的区域。

S区和E区位于遗址南端，在东周时期地势较陡，南高北低，地层堆积呈斜坡状，未见正常的文化堆积层及早于战国的文化层。S区战国时可能为墓葬区，富庶者或等级较高的人使用有木椁葬具的规整的墓葬，下层贫民及战俘刑犯人等则被较集中地葬在一起，那些地势低洼的地方成了他们的天然墓地。逐年的洪水冲击形成了较厚的淤积层，将原有的沟壑填平，使这一带地势逐渐平缓。进入汉代，已成为一片难得的宜居之地，并逐渐有人居住，尤其东汉、六朝时期在此建大量房屋，从已发现的几个大型建筑台基看，这里具有较大规模和较高等级的房屋，同时发现了不少形制规整的排水渠，这些用条石修砌的渠依房而建，纵横交错，显然是配合房屋及建筑台基的一个完整而细致的规划，并不是普通小户有能力或有必要修建的，极有可能就是朐忍县城的衙署所在，抑或是县城高官显贵们的聚居地，“汉巴郡朐忍令广汉景云碑”就发现于此。同时需要注意的是，整个E区的第1～4层堆积层表都比较平，层中遗物稀疏，西半部表土普遍为一层厚达40厘米的基本不见人类活动遗迹的红褐土堆积。可能是骤发性的大规模山洪造成的水成淤积，魏晋以后，朐忍的迁移或与此有关。

K区是发现了3座陶窑和8座房址，从层位上看，3座窑址均构筑在黄土层上，被六朝时期的灰坑叠压和打破，应属于东汉晚期遗迹。8座房屋基础大致可分为条石垒砌、砖石混砌和块石垒砌三种建筑形式。其中，砖石混砌和块石垒砌为早期建筑普遍使用，晚期房屋基础全部为条石垒砌，并在房屋四周使用条石或砖、石砌筑排水沟或散水。另外，早期房屋有室外附属建筑，中、晚期房屋都在室内铺设石板或花纹砖。K区早期建筑很少，3座窑址的发现及陶、瓦砾层的集中堆积现象，可以理解为早期K区系当时的制陶区。房屋建筑的大量出现在六朝时期，发现了极为丰富的六朝时期的遗迹、遗物，生活类和建筑类遗物普遍，可能反映了K区功能由作坊区向居民区的转变，也说明了当时人口的大幅度增长。K区的全面发掘和揭露，为研究该地区以大坪为中心的汉朐忍县城各区域功能的划分、发展和扩张，以及汉之后六朝时期的居民分布、建筑方式、社会发展状况提供了珍贵的实物资料和初步认识。

D区和W区虽经过发掘，但并未发现遗迹，地层遗物也不丰富，暂时无法得出更多的结论。

旧县坪遗址经过多年发掘，发现了丰富的遗迹和数量巨大的出土器物，遗物中有巴、楚和中原等多种风格。单位清楚的遗物不仅对本地区陶、瓷器分期有重要的标尺作用，也有助于探讨文化的融合与交流。在大量出土文物中最令人珍视的为“汉巴郡朐忍令广汉景云碑”。此碑高2米，宽近1米，晕首有精美的浮雕和线雕，堪称汉碑中的精品。碑文共367字，字文清晰。与时间相近的中原汉碑相比，后者与其精熟而透出行将程式化的信息，此碑则多了几分古朴与鲜活生动之感，有巨大的学术与艺术价值。同出的3件石兽古朴工琢，极具汉风。秦牍、木尺、竹简为三峡文物增添了新的品类，“军假侯印”“军曲侯印”“蛮夷邑长”等文物说明这里是战国到六朝一个文化与行政的中心。

此外，旧县坪遗址的冶铸遗迹是江峡地区罕见的考古资料，已发现熔炉、烘范窑、料场、鼓风管及范和制范工具。重要的是还发现较多冰铜、白冰铜、炼渣和制成品，这在中国古代科技史研究上具有重要的意义。经研究该遗址所用铜料系采用“硫化铜矿—冰铜—铜”工艺冶炼而成。旧县坪的考古发现填补了硫化矿冶铜史的空白，并对寻找铜料产地、焙烧、熔炼工艺及铜产品流向提供了信息，无疑具有重要的学术价值。遗址所见的青铜料、含锡较高的炼渣和锡青铜成品为我们了解其时冶铜工艺的技术水准和合金配制提供了难得的物证，该遗址的冶铸遗迹始于战国，是迄今所知这一地区仅见的铸铜遗址，历经汉晋的发展，在三峡库区古代青铜文明发展史上起到了重要的作用。

总之，云阳旧县坪遗址的发掘成果具有十分重要的学术意义，不仅填补了汉晋时期地方城址发掘的空白，也为研究汉晋地方城市的布局、结构、功能及峡江地区州、县城址的区域特点等提供了比较全面的考古学材料。

附录　云阳旧县坪出土金属遗物检测分析

李辰元　黎高波

（北京科技大学科技史与文化遗产研究院）

为配合云阳旧县坪考古发掘报告资料整理工作，受吉林省文物考古研究所委托，对出土金属遗物进行科技检测分析。本次检测铜器种类较为单一且工艺较为简单，因此直接针对残损破碎遗物进行介入性取样（图一），通过电镜观察分析各类金属制品的制作工艺，通过能谱进行精确的成分分析，对遗物的生产原料信息进行提取。

图一　现场介入性取样典型样品

经过对出土遗物整体的统计发现金属遗物从材料类型来看本次检测分析取样主要分为以青铜为主的有色金属样品和以铁器为主的钢铁样品。检测制样对较小的且质地较软的样品使用电动微型精钢无齿锯进行切割取样，较大的且质地较为坚硬的样品使用金刚石带锯进行切割。切割后的样品使用特鲁利（TROJAN）公司亚克力材料冷镶处理，随即根据材料不同使用不同型号的砂纸进行打磨和抛光处理，并对样品表面进行了真空喷碳。

扫描电子显微镜使用北京科技大学科技史与文化遗产研究院的TESCAN公司的VAGA3-XMU电镜配合BRUKER公司XFlash-Detector 610M能谱分析仪。能谱测试中的工作电压控制在15kV，束流强度根据实验需求进行了微调，半定量的元素组分采样分析使用软件的自动模式，所有测试数据计数率采取软件自动优化模式，采样时间高于60s，确保达到计量有效范围内。所获得数据参考测量误差采用至少小于所得数据。

检测现场取样133件，在实验室制备有色金属样品26件，钢铁样品18件。研究所涉数据与出土遗物编号见表一：

表一　检测样品编号与出土编号对照表

类别	出土编号	样品编号	出土编号	样品编号
有色金属样品	1999YJEG2-3：10	jxp80	2002YJAT0807②：3	jxp130
	1999YJEG2-3：4	jxp84	2003YJET1⑤：10	jxp119
	2000YJET0710-3：4	jxp71	2003YJET2-5：29	jxp31
	2000YJET0710-3：5	jxp75	2003YJET3②：2	jxp118
	2000YJET1107④：5	jxp133	2003YJET3扩⑤：58	jxp100
	2001YJAT0709③：5	jxp132	2003YJRF3：16	jxp107
	2001YJAT0709-3：6	jxp63	2003YJRF3：24	jxp113
	2001YJET1510-11	jxp74	2003YJRT4③：2	jxp99
	2001YJKT0609G102：2	jxp21	2003YJST3④：9	jxp103
	2001YJKT0614②：7	jxp28	2004YJET0410-2：7	jxp76
	2002YJAF204：4	jxp128	2004YJET1610⑤：标	jxp18
	2002YJAT0609②-2	jxp131	2004YJET1710-5：3	jxp73
	2002YJAT0708-3：28	jxp64	2005YJBT0806-3：4	jxp56
钢铁样品	1999YJCH2：17	jxp45	2002YJKG102：5	jxp19
	1999YJCT10⑤：6	jxp95	2003YJEF301：14	jxp40
	1999YJCT2④：2-2	jxp85	2003YJEF301：31	jxp46
	1999YJEG2-3：16	jxp81	2003YJET3F301：6	jxp44
	2001YJAT0809④：24	jxp122	2003YJET4⑤：8	jxp115
	2001YJCT0608④：1	jxp26	2003YJRF3：11	jxp91
	2001YJKT0811③：8	jxp20	2003YJRF3：12	jxp50
	2002JAT0710③：3	jxp125	2003YJST3④：7	jxp94
	2002YJAT0708③：24	jxp126	2003YJT3扩2⑤：16	jxp108

一、有色金属样品检测

有色金属样品中仅有少量红铜制品（图二，左上）基体见单一α固溶体晶粒，整体晶粒分布均匀，偶见夹杂物形变但未见孪晶组织，除铸造外还可能存在部分热锻工艺。类红铜制品的器物中有个别器物仅含1%～3%的铅锡合金成分，由于对机械性能提升较小可能非故意添加，其基体大部分较为纯净的红铜组织，少量不溶于铜金属的细小铅颗粒弥散分布（图二，右上）。此类遗物多为铸造，部分夹杂物有一定形变，未能判断是否经过热锻等加工工艺过程。

样品中最多的铅锡三元青铜（图二，左下）存在明显α树枝状晶内偏析，存在（α+δ）共析组织，均匀分布在枝晶间隙，偶见铸造缺陷及黑色孔洞，有少量自由铜斑块，不同样品结晶的形态差别可能与冷却速度有关。这些金属基体锡含量在8%～23%，铅含量在6%～16%。由于铅颗粒大小不均，有较大的铅颗粒分布在基体上，且在大的铅颗粒上可见有腐蚀夹杂，因此在检测时尽量避免对铅颗粒集中区域进行分析（图二，右下）在数据处理阶段进行了微调，但所测样品的铅含量仍可能偏低。样品通过背散射图能够辨识优先腐蚀的晶界，晶体形变量较少仍保留有偏析枝晶组织，铅颗粒大小不均，同样形状浑圆且形变量较少，因此可判断主要为铸造工艺制成。铅颗粒中检测到少量金属铋微小颗粒，并有一件青铜器表面检测到鎏金层存在。其他具体检测结果见下文（图三～图二八）。

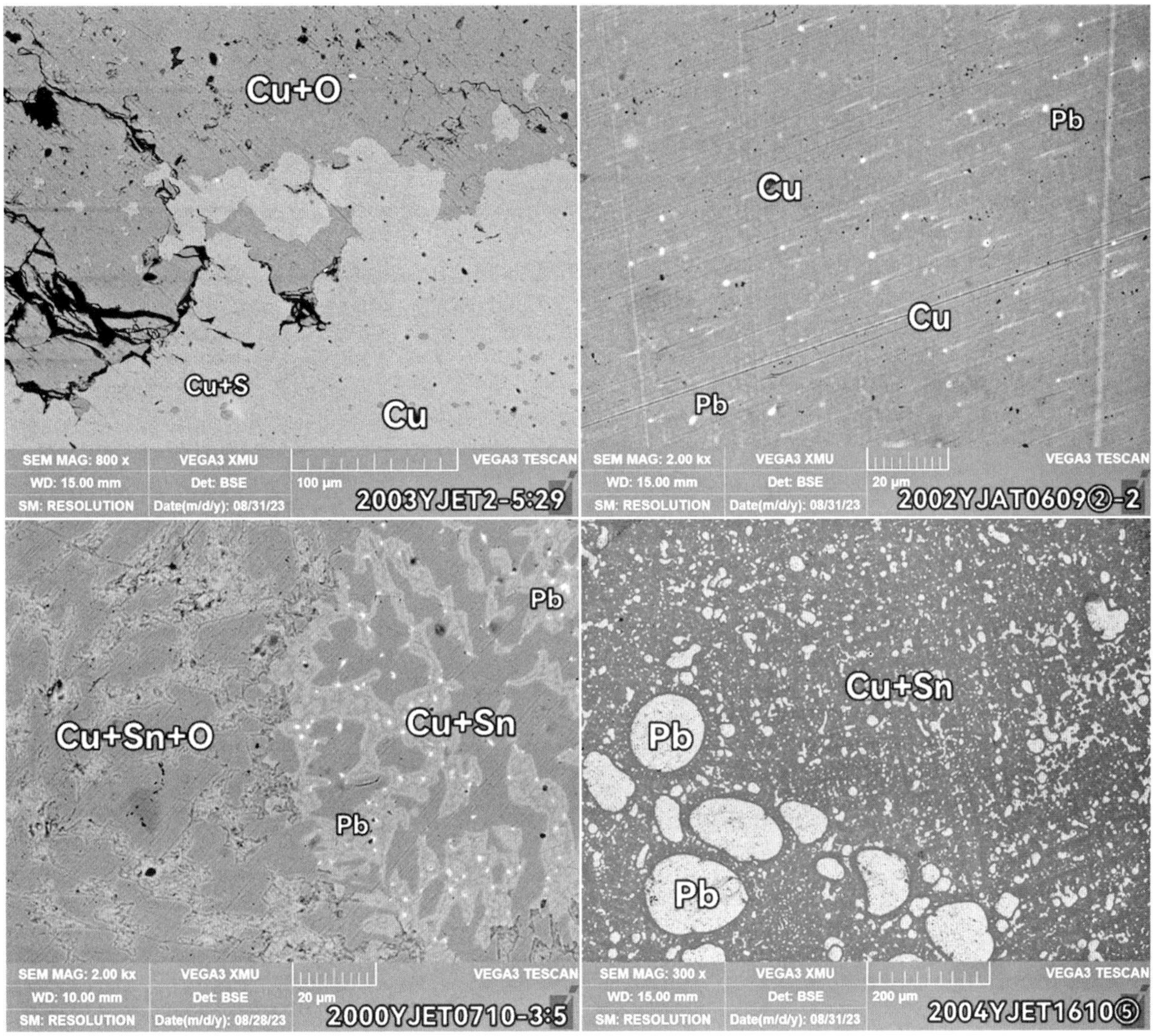

图二　有色金属样品典型基体背散射图

二、有色金属样品扫描电镜能谱检测结果

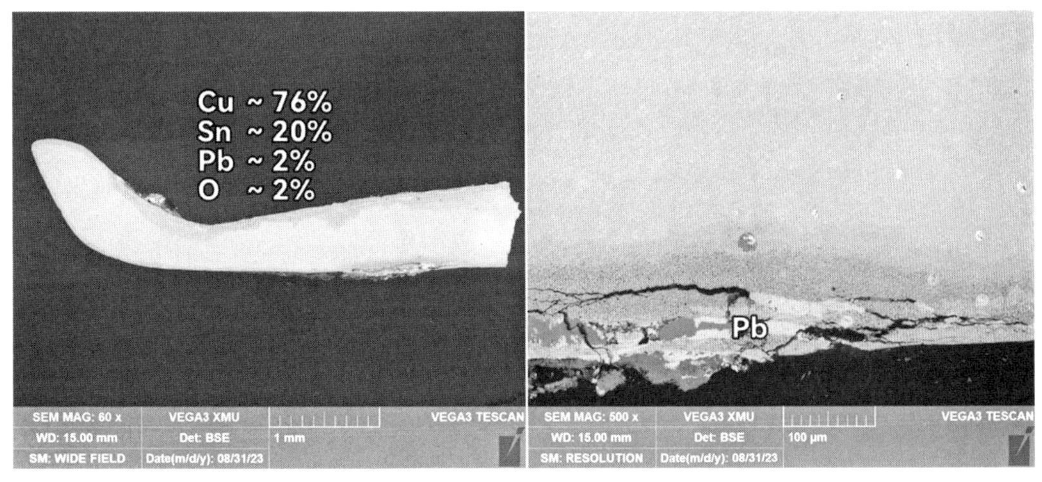

图三　样品1999YJEG2-3：10背散射图及成分（能谱wt%）

（高锡青铜铸造，表面锈蚀，富铅）

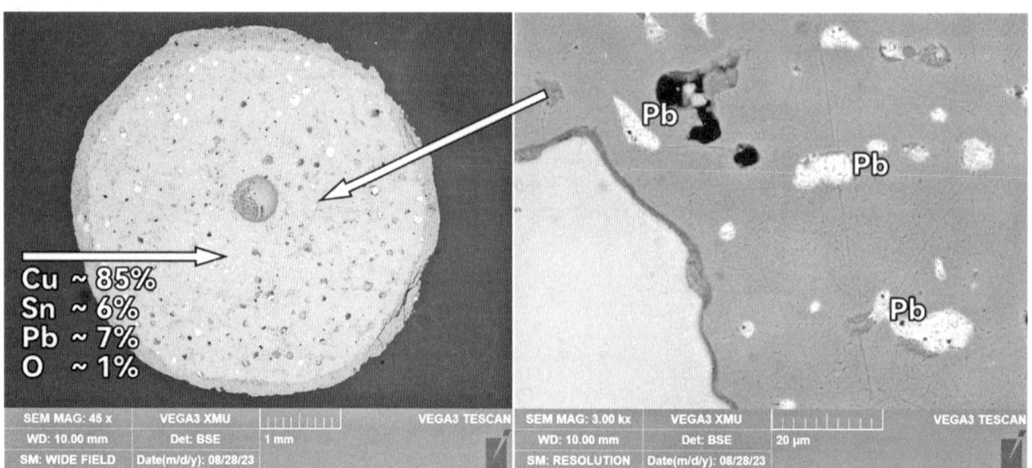

图四　样品1999YJEG2-3：4背散射图及成分（能谱wt%）

（铅锡青铜铸造，表面锈蚀，富锡）

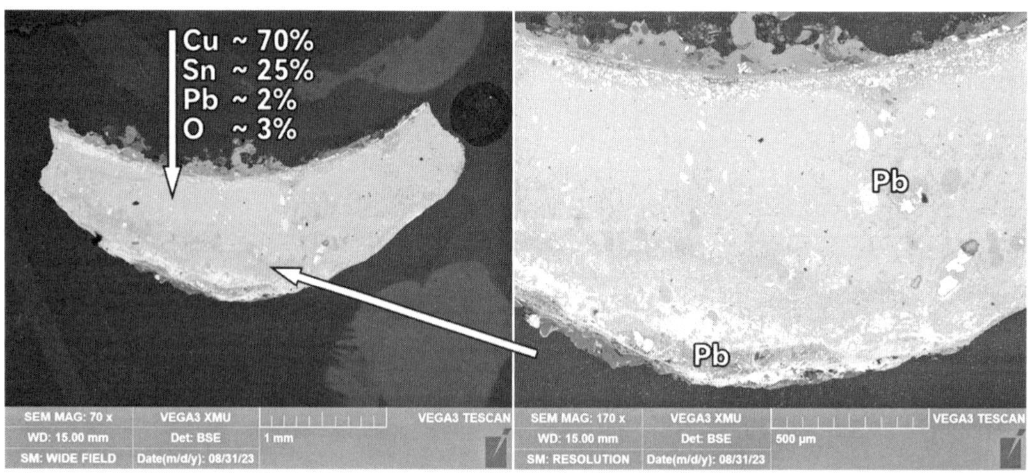

图五　样品2000YJET0710-3：4背散射图及成分（能谱wt%）

（高锡青铜铸造，表面锈蚀，富铅）

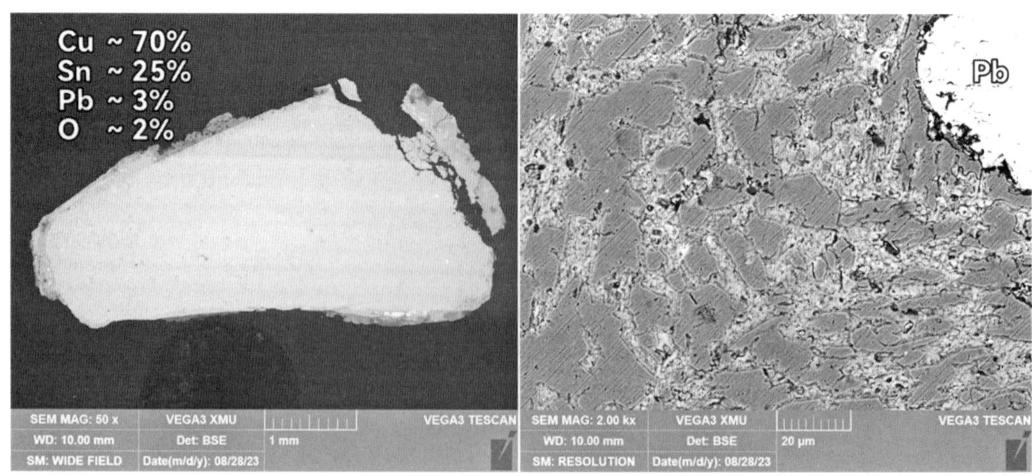

图六　样品2000YJET0710-3：5背散射图及成分（能谱wt%）

（高锡青铜铸造，表面锈蚀，富铅）

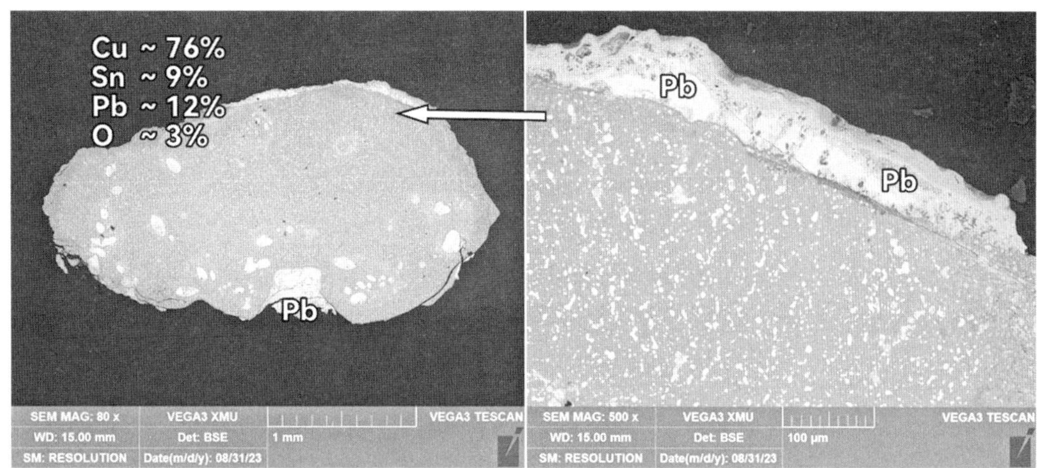

图七　样品2000YJET1107④：5背散射图及成分（能谱wt%）

（铅锡青铜铸造，表面锈蚀，富铅）

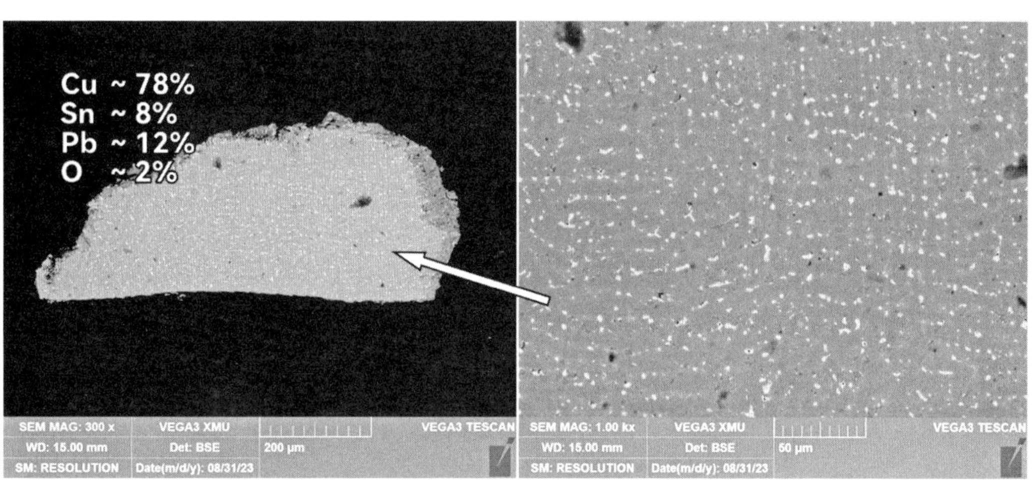

图八　样品2001YJAT0709③：5背散射图及成分（能谱wt%）

（铅锡青铜铸造，表面锈蚀，富锡）

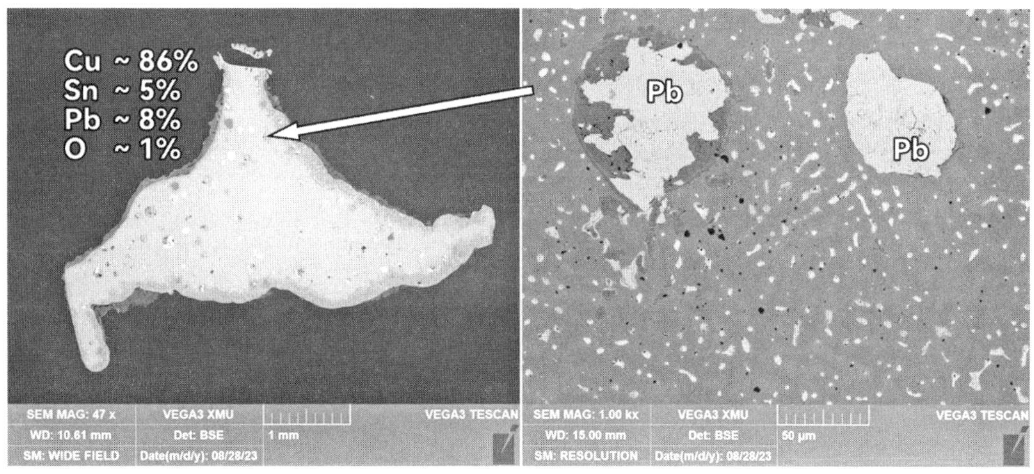

图九　样品2001YJAT0709-3：6背散射图及成分（能谱wt%）

（铅锡青铜铸造，表面锈蚀，富锡）

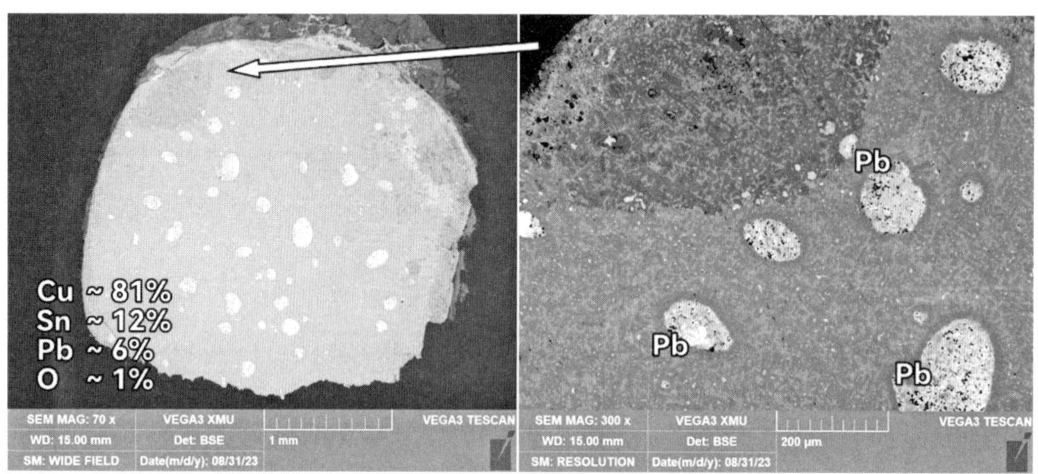

图一〇　样品2001YJET1510-11背散射图及成分（能谱wt%）
（铅锡青铜铸造，表面锈蚀，富铅）

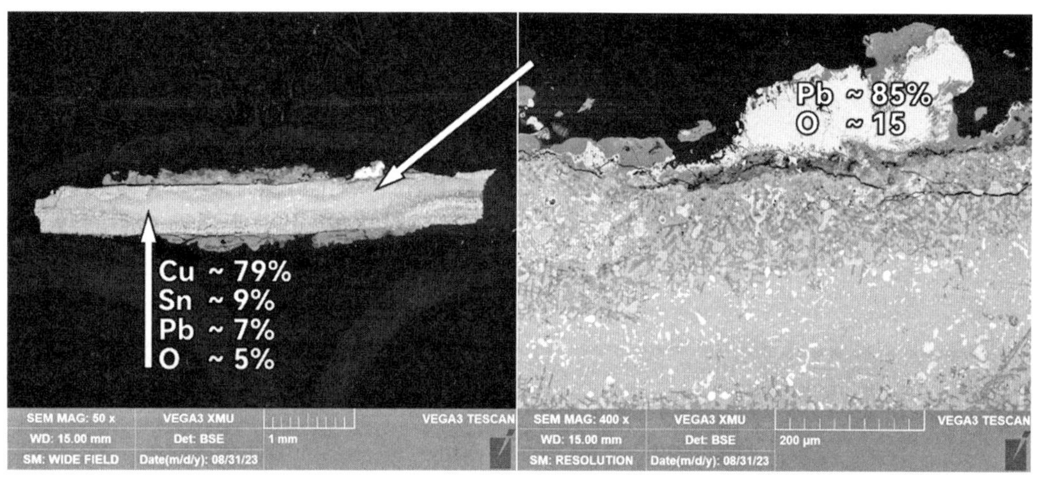

图一一　样品2001YJKT0609G102：2背散射图及成分（能谱wt%）
（铅锡青铜铸造，表面锈蚀，富铅）

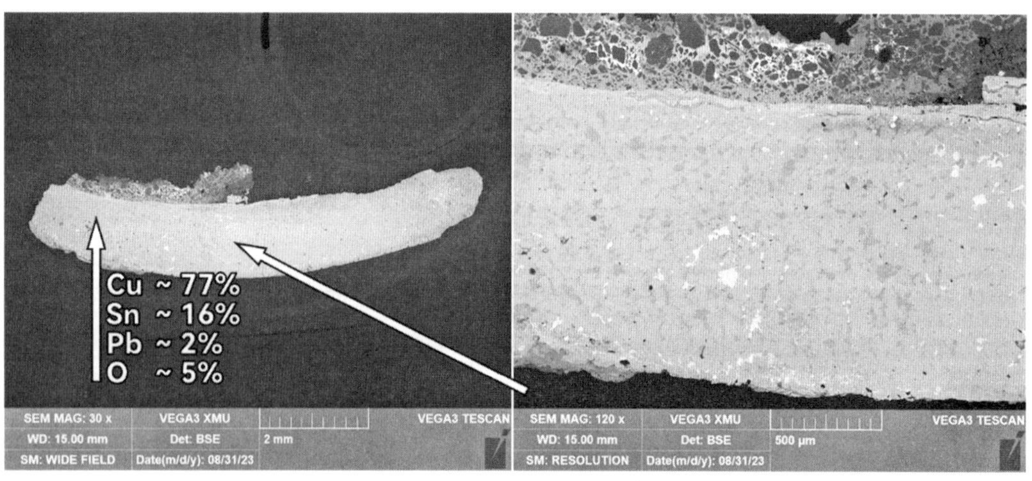

图一二　样品2001YJKT0614②：7背散射图及成分（能谱wt%）
（高锡青铜铸造，表面锈蚀，富铅）

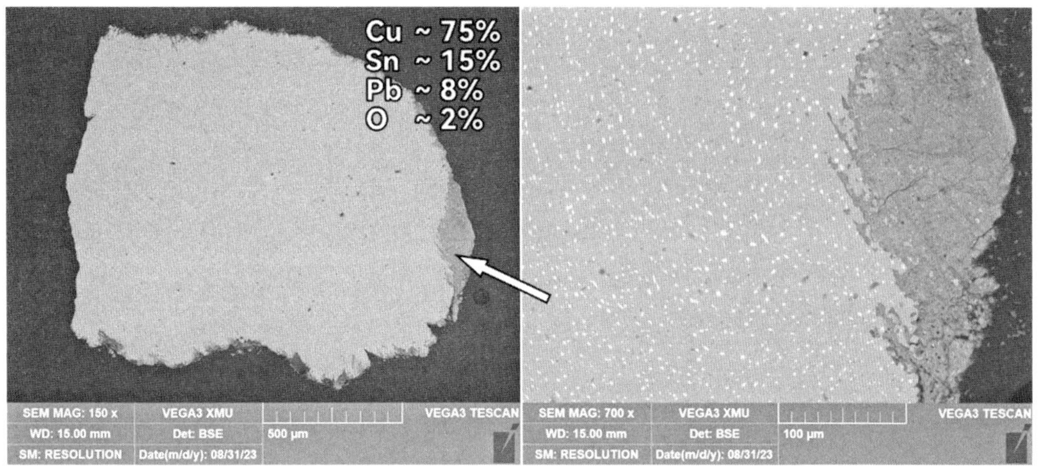

图一三　样品2002YJAF204：4背散射图及成分（能谱wt%）

（铅锡青铜铸造，表面锈蚀，富锡）

图一四　样品2002YJAT0609②-2背散射图及成分（能谱wt%）

（红铜微量铅锡铸造，表面锈蚀，富铅锡）

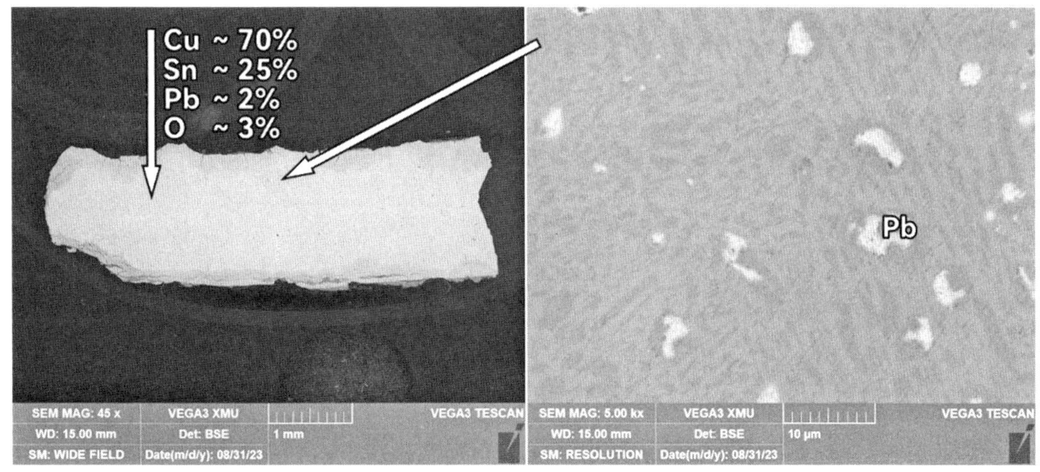

图一五　样品2002YJAT0708-3：28背散射图及成分（能谱wt%）

（高锡青铜铸造，表面锈蚀，富锡）

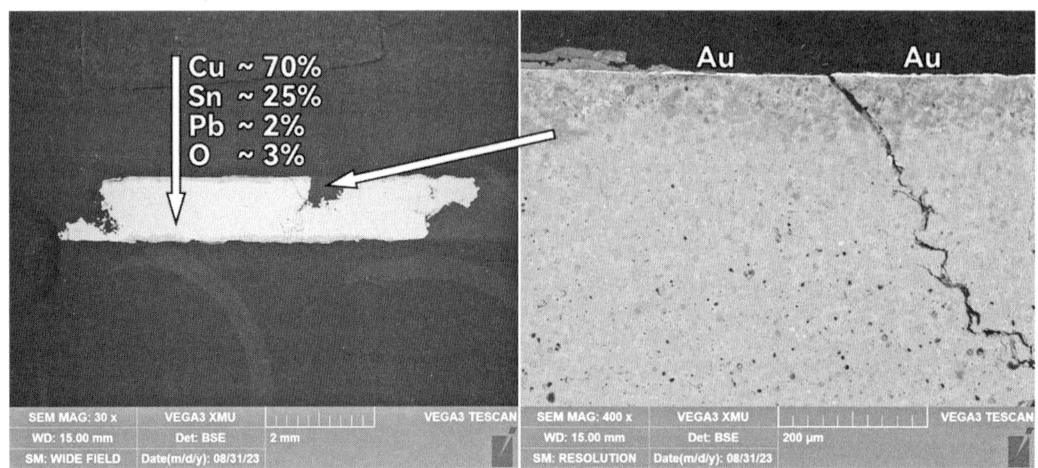

图一六　样品2002YJAT0807②：3背散射图及成分（能谱wt%）

（高锡青铜铸造，表面鎏金，锈蚀富锡）

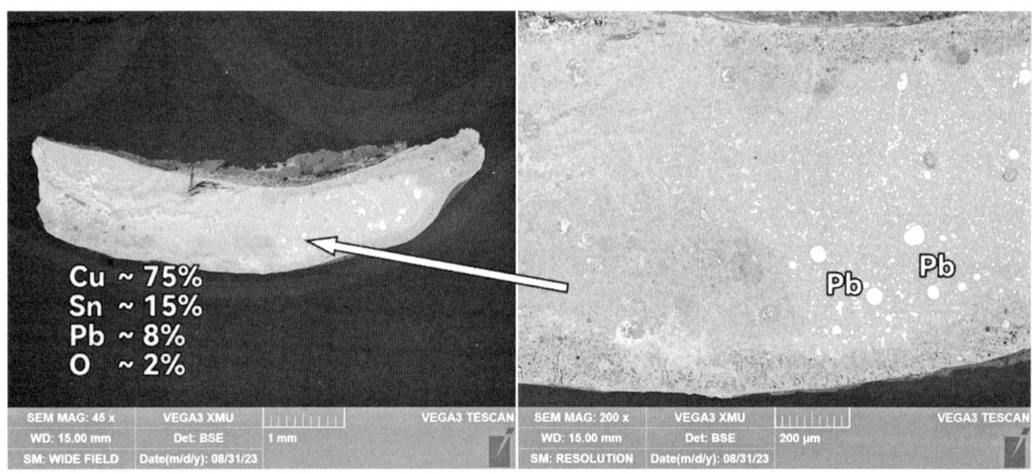

图一七　样品2003YJET1⑤：10背散射图及成分（能谱wt%）

（高锡青铜铸造，表面锈蚀，富锡）

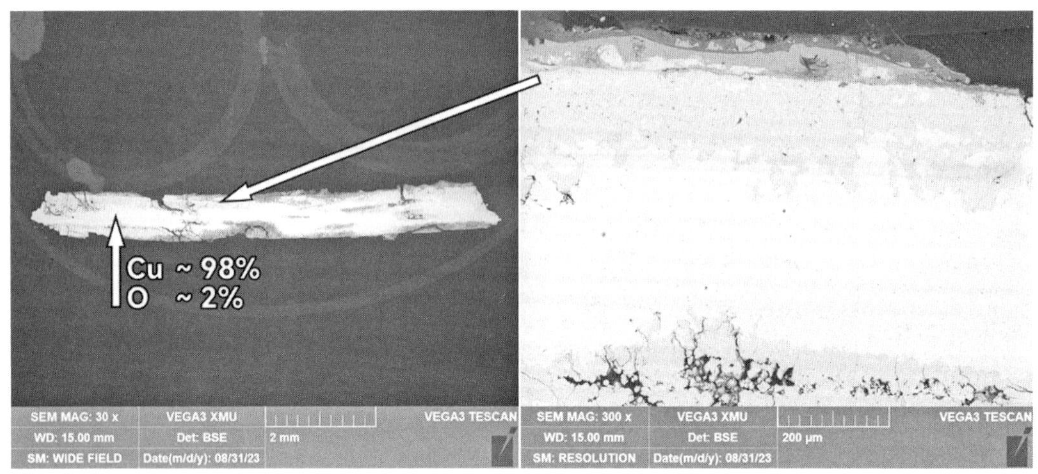

图一八　样品2003YJET2-5：29背散射图及成分（能谱wt%）

（红铜铸造，表面锈蚀）

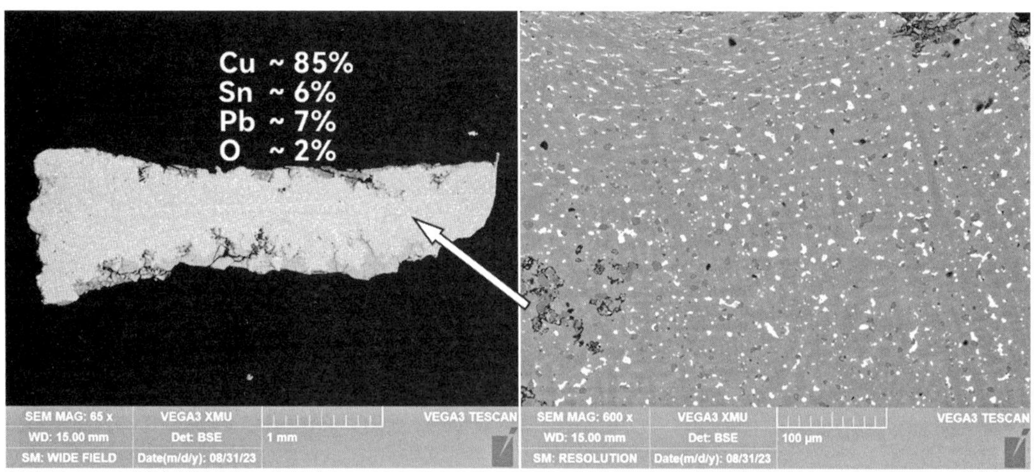

图一九　样品2003YJET3②：2背散射图及成分（能谱wt%）

（铅锡青铜铸造，表面锈蚀，富锡）

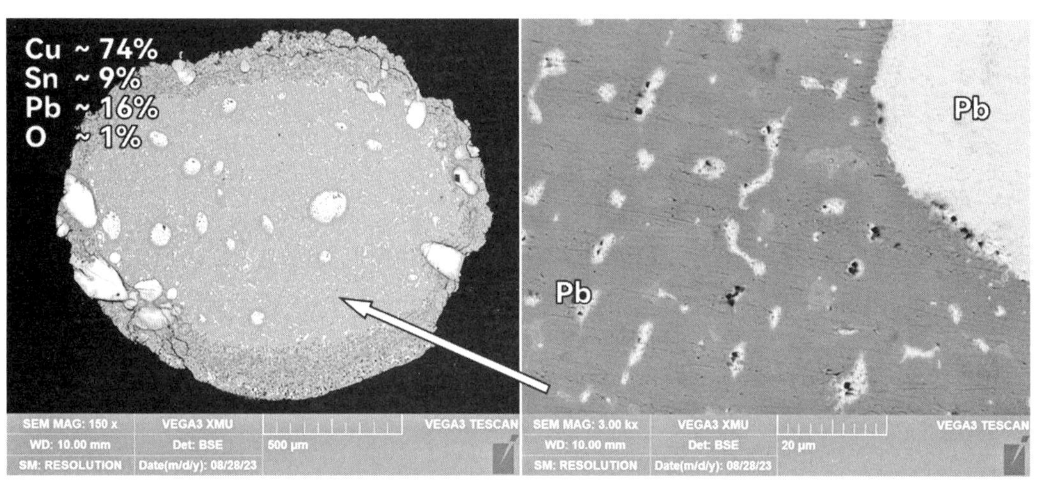

图二〇　样品2003YJET3扩⑤：58背散射图及成分（能谱wt%）

（铅锡青铜铸造，表面锈蚀，富铅锡）

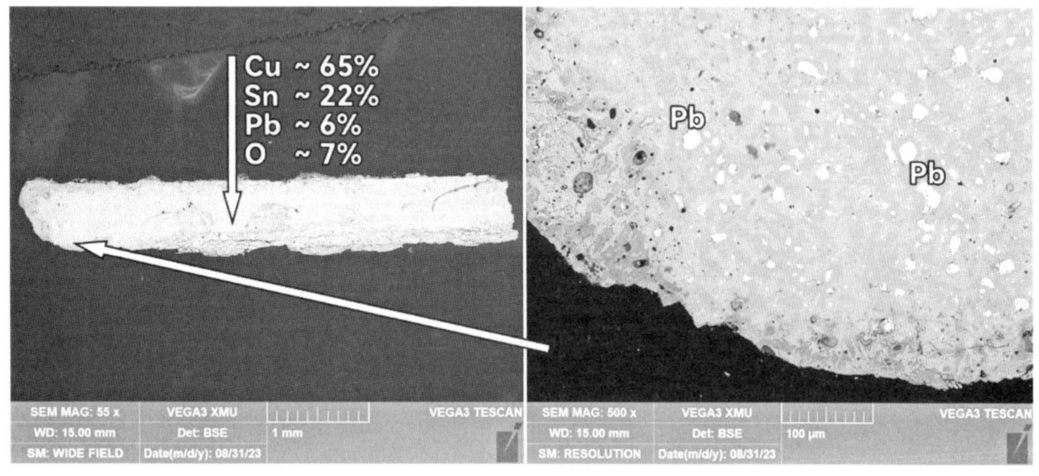

图二一　样品2003YJRF3：16背散射图及成分（能谱wt%）

（高锡青铜铸造，表面锈蚀，富锡）

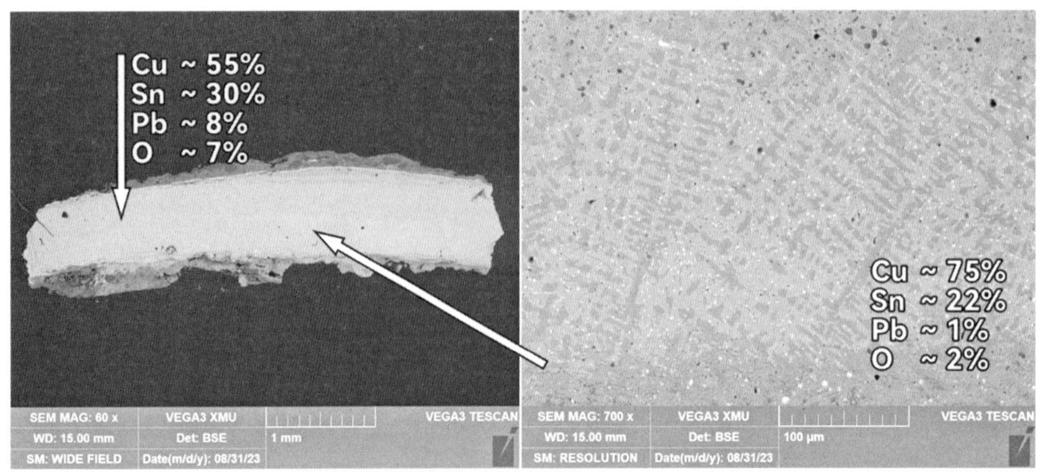

图二二　样品2003YJRF3：24背散射图及成分（能谱wt%）

（高锡青铜铸造，表面锈蚀，富锡）

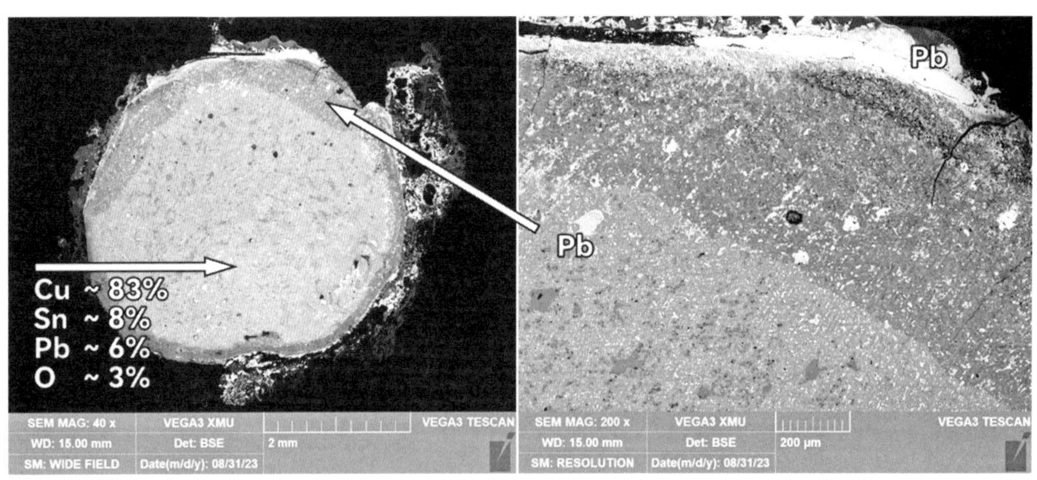

图二三　样品2003YJRT4③：2背散射图及成分（能谱wt%）

（铅锡青铜铸造，表面锈蚀，富铅）

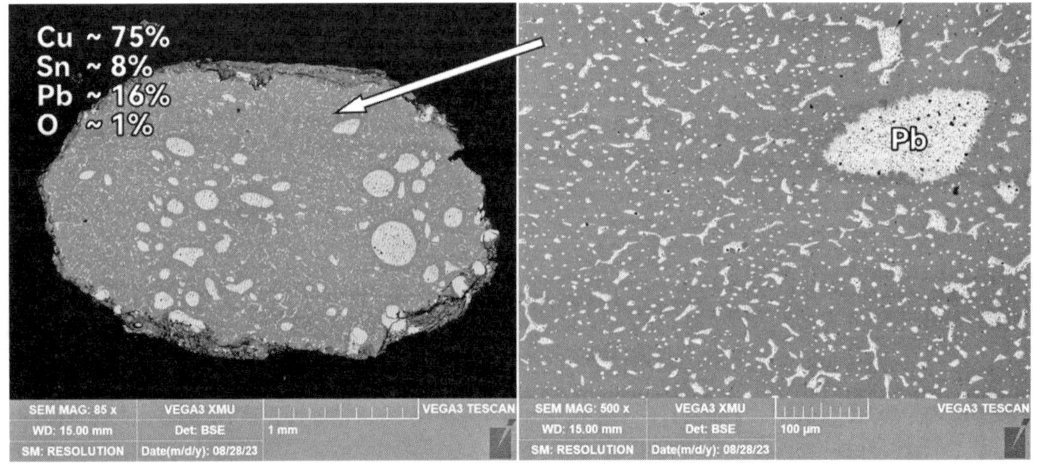

图二四　样品2003YJST3④：9背散射图及成分（能谱wt%）

（铅锡青铜铸造，表面锈蚀，富锡）

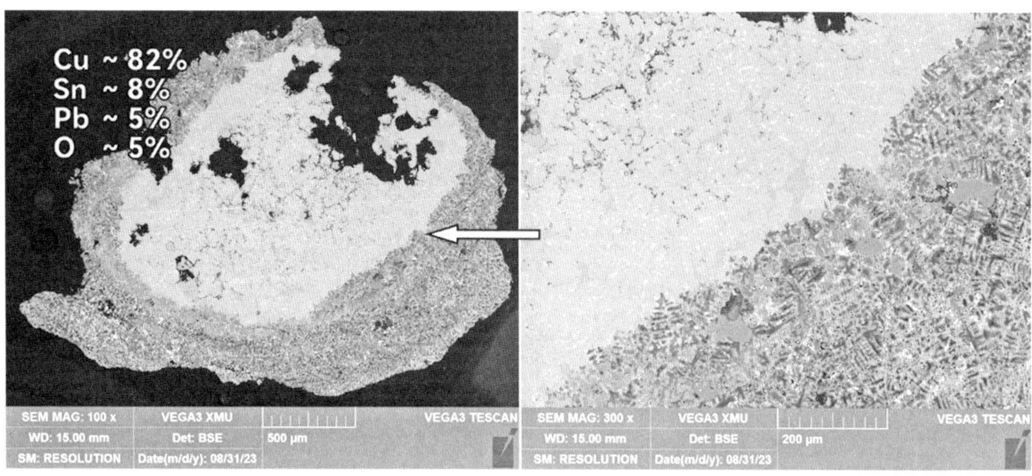

图二五　样品2004YJET0410-2：7背散射图及成分（能谱wt%）
（铅锡青铜铸造，表面锈蚀，富锡）

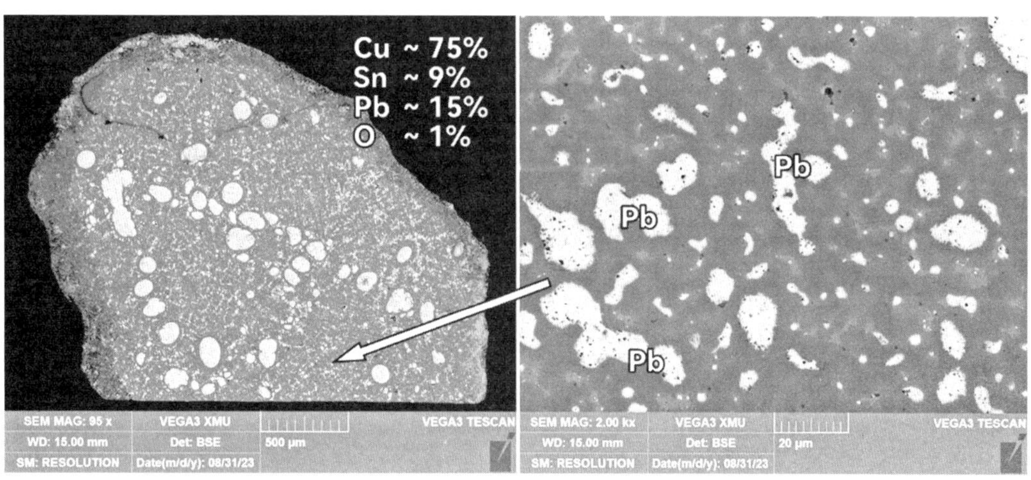

图二六　样品2004YJET1610⑤：标背散射图及成分（能谱wt%）
（铅锡青铜铸造，表面锈蚀，富铅锡）

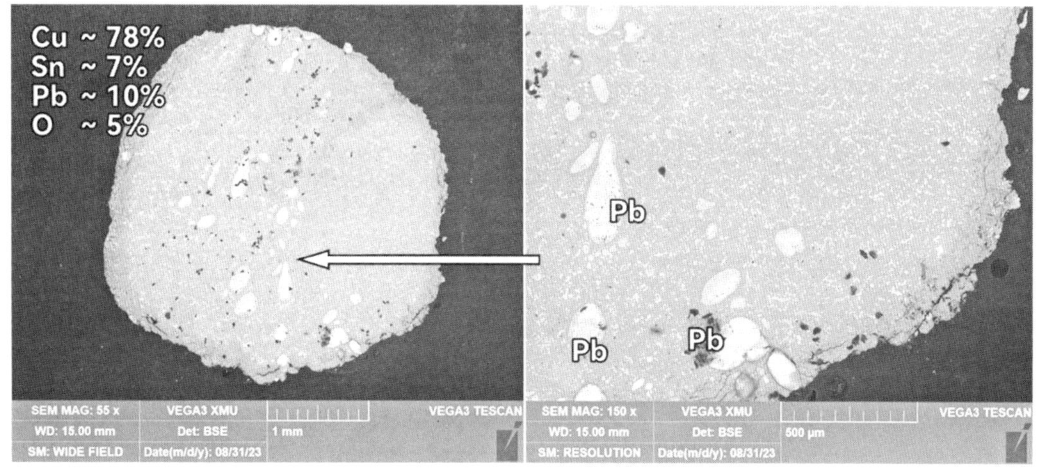

图二七　样品2004YJET1710-5：3背散射图及成分（能谱wt%）
（铅锡青铜铸造，表面锈蚀，富锡）

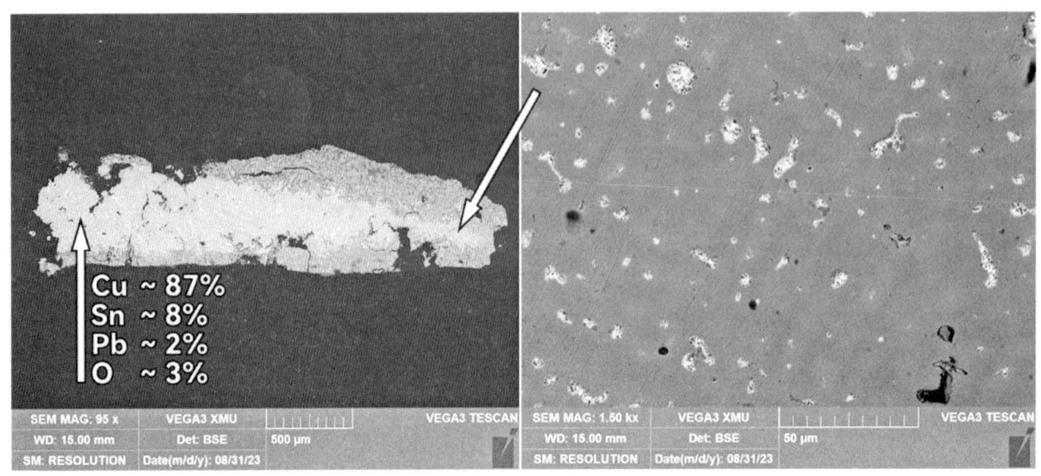

图二八　样品2005YJBT0806-3：4背散射图及成分（能谱wt%）
（锡青铜铸造，表面锈蚀，富锡）

三、钢铁样品检测

钢铁样品由于锈蚀较为严重，较少有金属集体残留，因此很难对金属加工工艺进行判断。在对所有18件钢铁样品进行背散射观察后，能够在样品中心腐蚀较轻处发现部分样品仍残留少量组织结构印迹。有些结构类似晶胞间隙优先腐蚀结构，且锈蚀较轻相质地均匀，无其他节理结构，可能为熟铁的铁素体组织残留（图二九）。还有一些组织残留为点状弥散分布的腐蚀残留结构，细小结构为亚微米级，形态与珠光体锈蚀结构较为类似，因此可能与共析钢或亚共析钢有关（图三〇）。

部分钢铁样品中还可以提取腐蚀较轻区域中残留的夹杂物信息，其中一类为受到加工形变打的细长夹杂物，说明此类钢铁制品经过了锻打等工艺过程，夹杂物主要为氧化铁，其中仅有少量铝硅钙等元素（图三一）。另一类夹杂物形变量较小，兼有单相与复相夹杂，其中复相夹杂中含有较高的磷和钙，与炉渣的成分较为类似，可能与炒钢工艺有关（图三二）。

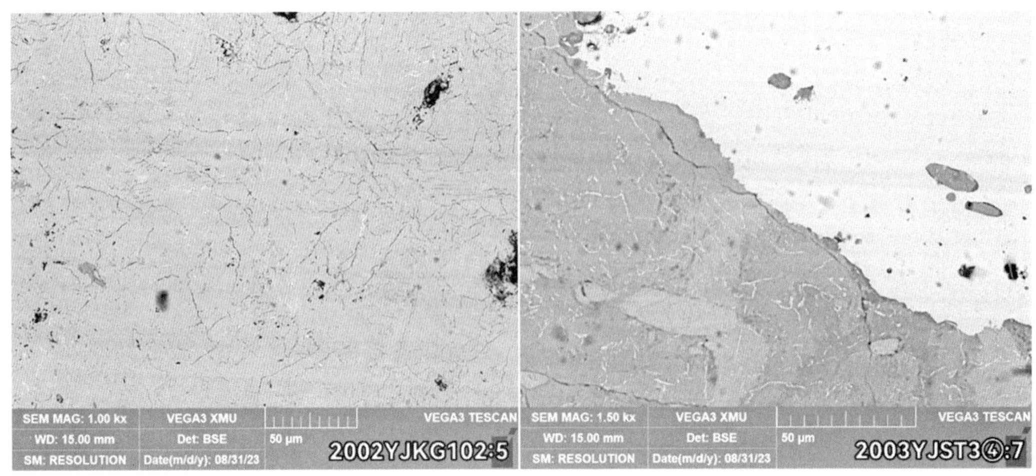

图二九　钢铁样品铁素体残留相

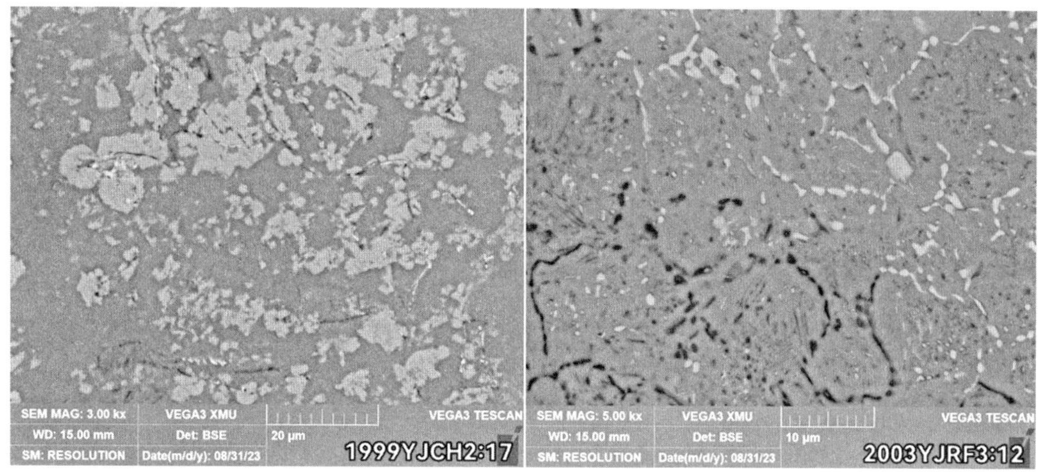

图三〇　钢铁样品珠光体残留相

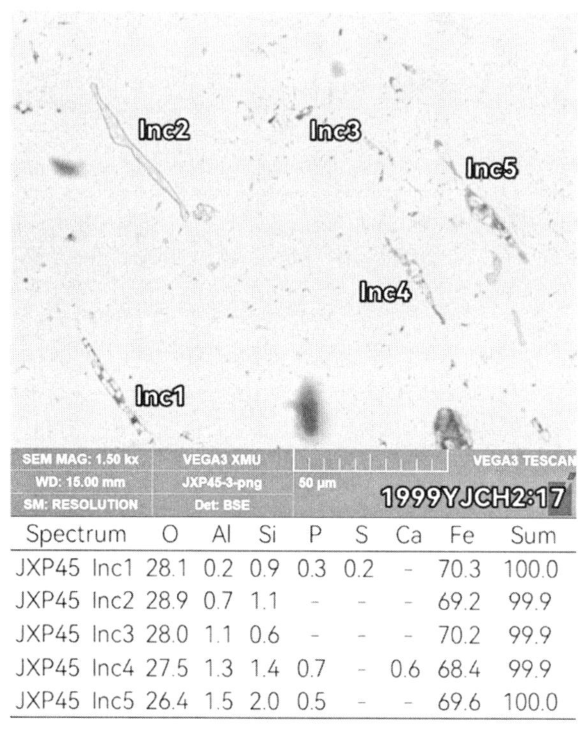

Spectrum	O	Al	Si	P	S	Ca	Fe	Sum
JXP45 Inc1	28.1	0.2	0.9	0.3	0.2	-	70.3	100.0
JXP45 Inc2	28.9	0.7	1.1	-	-	-	69.2	99.9
JXP45 Inc3	28.0	1.1	0.6	-	-	-	70.2	99.9
JXP45 Inc4	27.5	1.3	1.4	0.7	-	0.6	68.4	99.9
JXP45 Inc5	26.4	1.5	2.0	0.5	-	-	69.6	100.0

图三一　细长夹杂物分布及成分

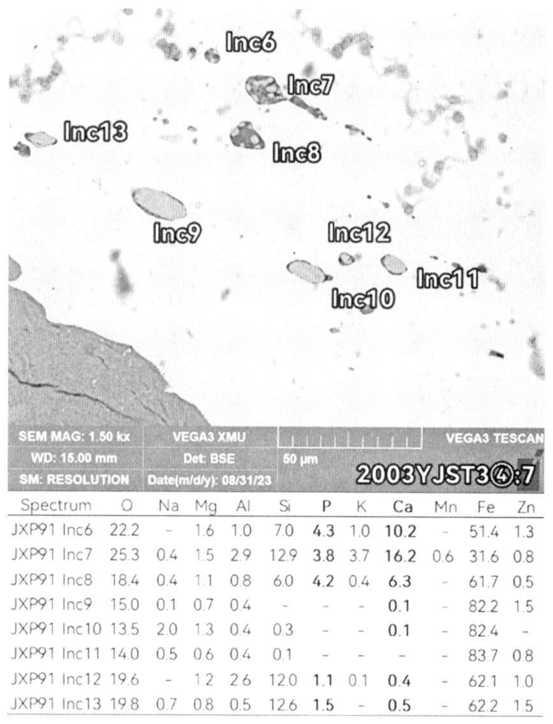

Spectrum	O	Na	Mg	Al	Si	P	K	Ca	Mn	Fe	Zn
JXP91 Inc6	22.2	-	1.6	1.0	7.0	**4.3**	1.0	**10.2**	-	51.4	1.3
JXP91 Inc7	25.3	0.4	1.5	2.9	12.9	**3.8**	3.7	**16.2**	0.6	31.6	0.8
JXP91 Inc8	18.4	0.4	1.1	0.8	6.0	**4.2**	0.4	**6.3**	-	61.7	0.5
JXP91 Inc9	15.0	0.1	0.7	0.4	-	-	-	**0.1**	-	82.2	1.5
JXP91 Inc10	13.5	2.0	1.3	0.4	0.3	-	-	**0.1**	-	82.4	-
JXP91 Inc11	14.0	0.5	0.6	0.4	0.1	-	-	-	-	83.7	0.8
JXP91 Inc12	19.6	-	1.2	2.6	12.0	**1.1**	0.1	**0.4**	-	62.1	1.0
JXP91 Inc13	19.8	0.7	0.8	0.5	12.6	**1.5**	-	**0.5**	-	62.2	1.5

图三二　铸造夹杂物分布及成分

---

①　检测数据说明：本报告所进行相关检测服务工作由李延祥教授团队进行以上数据检测及分析工作，相关检测分析参数与操作均由北京科技大学科技史与文化遗产研究院对准确性和科学性进行了校验，并对委托方提供后续的数据服务。

旧县坪遗址全景

图版二

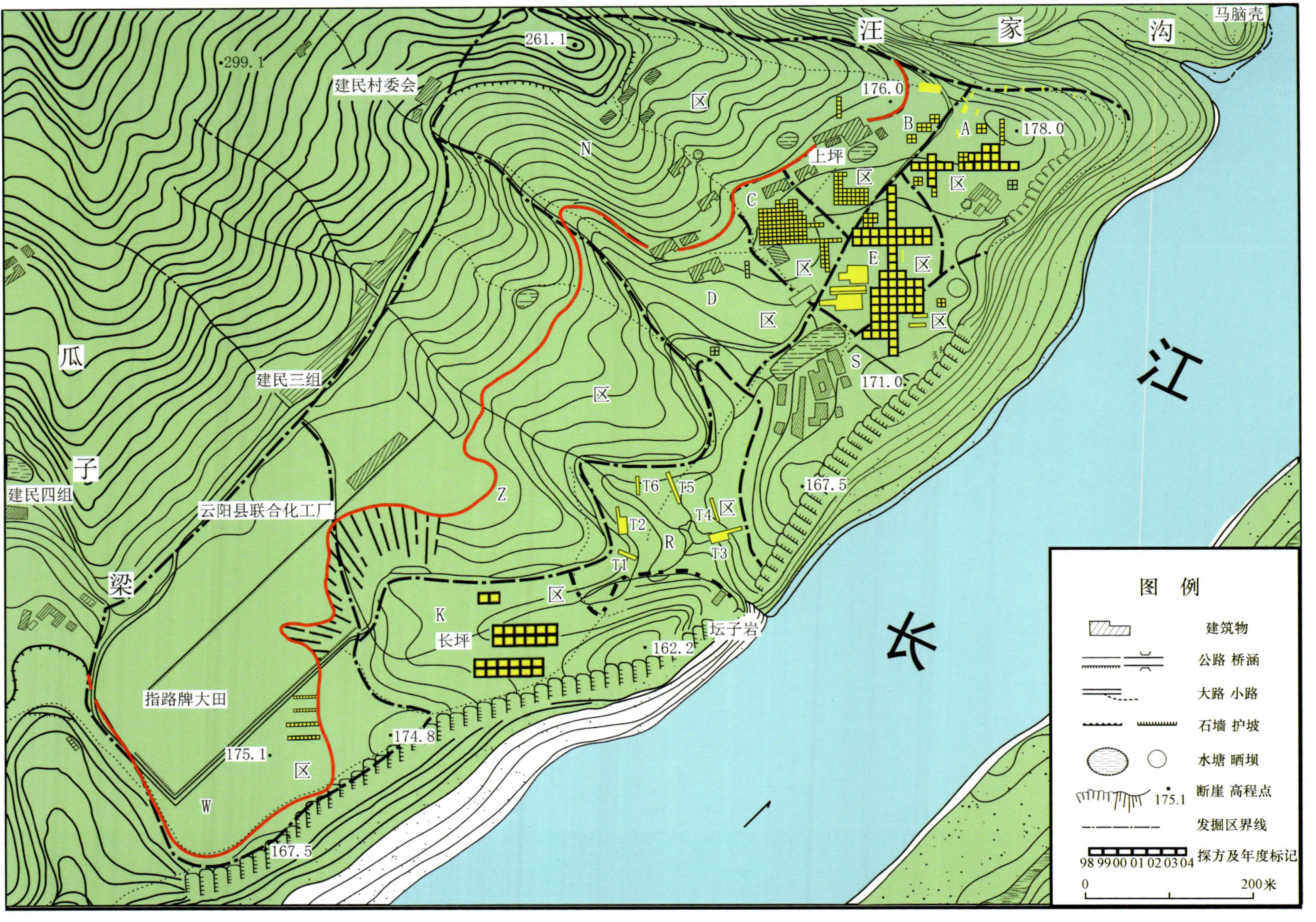
长
江
汪
家
沟
马脑壳
瓜
子
梁
图例
建筑物
公路 桥涵
大路 小路
石墙 护坡
水塘 晒坝
断崖 高程点
发掘区界线
探方及年度标记
98 99 00 01 02 03 04
0
200米
上坪
长坪
坛子岩
建民村委会
建民三组
建民四组
云阳县联合化工厂
指路牌大田
178.0
176.0
171.0
167.5
162.2
174.8
175.1
261.1
299.1

探方分布示意图

1. 俯视图

2. 木挡板

埋葬坑2004YJSK2

1. 俯视（东北—西南）

2. 1～3号人骨

丛葬坑2004YJEK1

房址2003YJEF302

1. 局部（西南—东北）

2. 全景（东南—西北）

渠2004YJEQ404

夯土台基2004YJEHt2（由西向东摄）

1. 2004YJEHt1

2. 2004YJEHt3

奔台2004YJEHt1、2004YJEHt3

1. 房址2005YJBF4（东北—西南）

2. 房址甬路2005YJBL1（西南—东北）

房址2005YJBF4、2005YJBL1

1. 渠2004YJEQ407

2. 渠2005YJBQ1（东南—西北）

渠2004YJEQ407、2005YJBQ1

1. 窑址2005YJBY1（西北—东南）

2. 道路2006YJAL1

窑址2005YJBY1、道路2006YJAL1

城墙2006YJBCq（东南—西北）

1. 城墙2006YJBCq马道全景（东南—西北）

2. 城墙2006YJBCq门道全景（西南—东北）

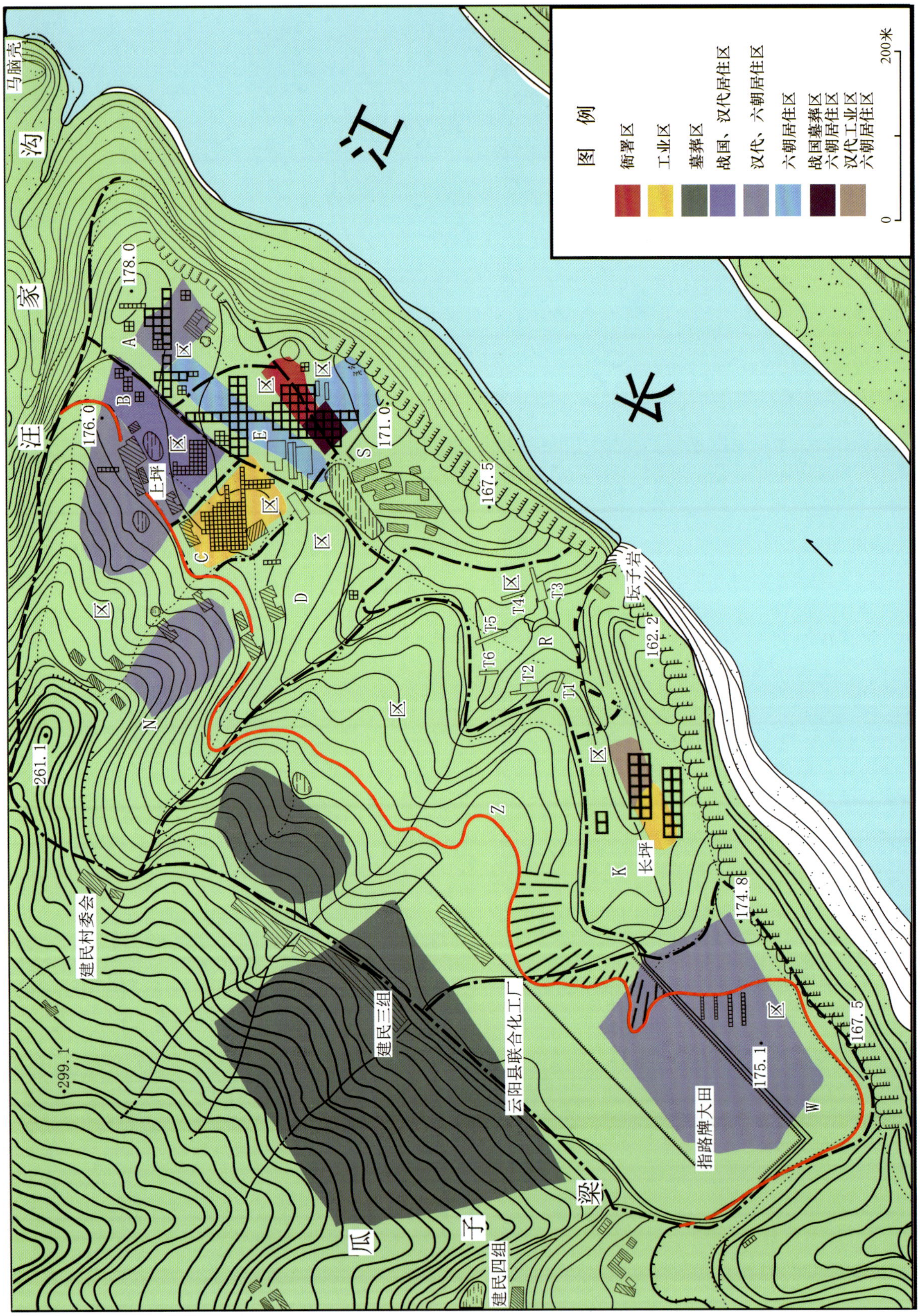
图例
衙署区
工业区
墓葬区
战国、汉代居住区
汉代、六朝居住区
六朝居住区
战国墓葬区
六朝居住区
汉代工业区
六朝居住区
0
200米
长江
汪家沟
马脑壳
瓜子梁
上坪
长坪
坛子岩
指路牌大田
云阳县联合化工厂
建民村委会
建民三组
建民四组
A区
B区
C区
D区
E区
S区
N区
R区
K区
W区
Z区
T1
T2
T3
T4
T5
T6
178.0
176.0
171.0
167.5
162.2
174.8
175.1
167.5
261.1
299.1

朐忍城功能分区示意图

汉巴郡朐忍令广汉景云碑

图版一六

1. 碗（2003YJEH303：6）

2. 钵（2001YJKF105：9）

3. 钵（2002YJAT0708③：7）

4. 碗（2000YJET1109④：3-1）

5. 青瓷带耳罐（2001YJEH101：1）

6. 盆（2001YJKT0513③：2）

瓷器

1. 鬲（2004YJSK2②：8）

2. 鬲（2004YJSK2②：6）

3. 鬲（2004YJSK2②：10）

4. 甗盆（2004YJSK2②：9）

5. 豆（2004YJSK2②：21）

6. 双耳罐（2004YJSK2②：23）

陶器（一）

1. 凹底罐（2004YJSK2②：35）

2. 凹底罐（2004YJSK2②：24）

3. 凹底罐（2004YJSK2②：32）

4. 凹底罐（2004YJSK2②：33）

5. 凹底罐（2004YJSK2②：34）

6. 釜（2004YJSK2②：36）

陶器（二）

1. Aa型Ⅱ式折肩大口罐（2006YJCH601②：10）

2. Bb型Ⅳ式折肩圜底罐（2006YJCH601①：46）

3. A型Ⅰ式折肩圜底罐（2006YJCH601③：5）

4. Ac型Ⅱ式折肩大口罐（2006YJCH601①：7）

5. 壶（2006YJCH601③：4）

6. 壶（2006YJCH601②：1）

陶器（三）

1. 仓（2000YJCH42：1）

2. 仓（2001YJKT0915③：5）

3. 瓮（2001YJKT0613③：6）

4. 瓮（2001YJKT0512③：1）

5. 平底罐（2001YJKT0916③：8）

6. 瓮（2004YJEW1：1）

陶器（四）

1. 凹底罐（2001YJKT0508③：1）

2. 罐（2000YJCH42：2-2）

3. 碗（2001YJKM101：7）

4. 罐（1999YJCH2：1）

5. 豆（1999YJCT8⑦：8）

6. 豆（2001YJST0706⑤：9）

陶器（五）

图版二二

1. 纺轮（2004YJEHt3：91）

2. 纺轮（2001YJKF105：8）

3. 纺轮（2004YJEHt1：8）

4. 网坠（2004YJEHt1：25）

5. 网坠（2004YJEHt2：18）

6. 球（2005YJBT1106④：1）

陶器（六）

1. 2000YJCH45：30-1

2. 2000YJCH45：6

3. 2000YJCH45：32

4. 2000YJCH45：62-1

5. 2000YJCH26：2

6. 2000YJCH45：16

陶范（一）

1. 2000YJCH48：10

2. 2000YJCH45：30-2

3. 2000YJCH26：4

4. 2000YJCH33：4-1

5. 2000YJCH45：45

6. 2000YJCH45：24

陶范（二）

图版二五

1. 1999YJCH2：21

2. 1999YJCH2：23

3. 1999YJCH1：9

4. 1999YJCH12：2

5. 1999YJCH1：6

6. 1999YJCH2：20

陶鼓风管

图版二六

1. 花纹砖（2005YJBL1：1）

2. 花纹砖（2001YJKF105：17）

3. 整砖（2004YJEQ401：4）

4. 榫卯砖（2004YJEQ401：2）

5. 花纹砖（2005YJBL1：4）

6. 花纹砖（2001YJKF105：13）

陶砖

1. 2001YJKF103：1

2. 2002YJAH107：8

3. 2002AT0703③：8

4. 2002YJAT0703③：1

5. 2000YJET1114⑤：2

6. 2002YJAH107：1

瓦当

图版二八

1. 2003YJET2⑤：3

2. 2003YJST2③：1

3. 2004YJEHt1：18

铜印章

1. 2002YJAH116：1　2. 2003YJEF301：21　3. 2003YJEF301：33

4. 2003YJEF301：3　5. 1999YJCH8：4　6. 1999YJCH11：1

铜镞

铜编钟（2004YJET0308⑥：5）

1. 盖弓帽（2001YJKT0608④：6）

2. 带钩（2004YJET0307⑤：7）

3. 印章（2006YJCH601②：48）

4. 带扣和带环（2004YJET0410⑤c：18）

5. 弩机（2002YJAF101：6）

6. 弩机（2002YJAF101：7）

铜器（一）

图版三二

1. 铜钱（2004YJEHt3：83）（正）

2. 铜钱（2004YJEHt3：89）（正）

3. 饰件（2005YJBT0806③：4）

4. 料勺（2001YJKF101：2）

5. 饰件（2002YJAT0610③：2）（正）

6. 饰件（2002YJAT0610③：2）（背）

铜器（二）

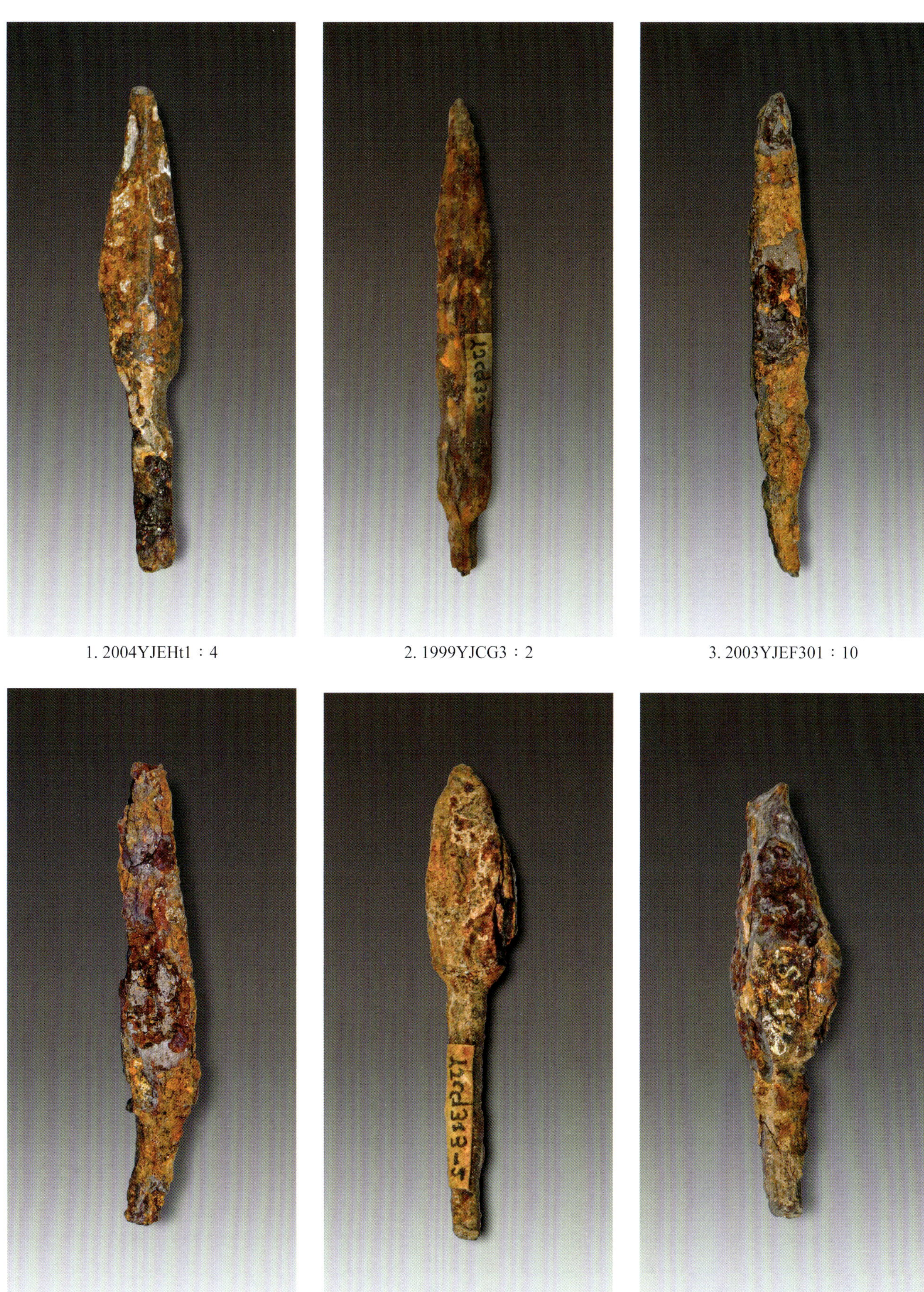

1. 2004YJEHt1：4　2. 1999YJCG3：2　3. 2003YJEF301：10

4. 2003YJEF301：31　5. 1999YJCG3：3　6. 2004YJST0604③：7

铁镞

图版三四

石雕蟾蜍（2004YJEHt2：30）

1. 玻璃耳珰（2003YJRF3：27）

2. 瓷环（2003YJEF301：26）

3. 石斧（2004YJEHt1：24）

4. 石斧（1999YJCT10⑦B：2）

5. 石斧（1999YJCT5⑤：1）

6. 石范（2000YJCH45：11）

玉器、瓷器、石器

1. 角器（1999YJCH2：9）

2. 角器（1999YJCH5：44）

3. 鹿角（2000YJCH45：67）

4. 鹿角（2000YJCH45：65-3）

5. 鹿角（2000YJCH45：68）

6. 鹿角（2000YJCH45：71）

角器、鹿角

www.sciencep.com
(K-3849.01)
ISBN 978-7-03-076142-2

定 价：368.00元